U0798056

**2005年**

# 山西银行业监管统计年鉴

Shanxi Banking Supervision Statistical Yearbook

山西银监局 编

山西出版集团
山西经济出版社

**图书在版编目(CIP)数据**

2005年山西银行业监管统计年鉴/山西银监局编.
太原:山西经济出版社,2008.12

ISBN 978-7-80767-111-4

Ⅰ.2… Ⅱ.山… Ⅲ.银行监督-统计资料-山西省-2005-年鉴 Ⅳ.F832.725-54

中国版本图书馆CIP数据核字(2008)第200424号

2005年:山西银行业监管统计年鉴

编　　者:山西银监局
责任编辑:李慧平　　助理责编:姚　岚
设计制作:山西银行业监管统计年鉴编委会
　　　　　印彩图文工作室

出 版 者:山西出版集团·山西经济出版社
地　　址:太原市建设南路21号
邮　　编:030012
电　　话:0351-4922133(发行中心)
　　　　　0351-4922085(综合办)
E-mail: sxjjfx@163.com
　　　　jingjshb@sxskcb.com
网　　址:www.sxjjcb.com

经 销 者:山西经济出版社
承 印 者:山西煤炭地质制图印务中心

开　　本:889mm×1094mm　1/16
印　　张:27
字　　数:390千字
版　　次:2008年12月　第1版
印　　次:2008年12月　第1次印刷
书　　号:ISBN 978-7-80767-111-4

定　　价:285元

# 献给改革开放三十年

# 山西银监局用数字展示监管成果

# 《山西银行业监管统计年鉴》

## 编委会和编辑人员


**编委会**

主　任：邓智毅

副主任：赵金童　岳予晋　吴增平　罗学东

编　委：（以姓氏笔画为序）

尹有树　卢文礼　史忠诚　任　厚　李瑞杰　宋立新

杨庆和　张茂华　苟海儒　赵邯平　温建平

**编辑部**

总　编　辑：吴增平

副总编辑：苟海儒　李　忠

编辑部主任：张丽敏

编辑部副主任：申晓江　阴晋芳

编辑人员：（以姓氏笔画为序）

卫文涛　邓智广　王亮清　王　雪　吕　慧

乔昱瑞　陈晋斌　陈忠杰　张艳丽　郎东崟

武孟宇　赵治琴　贺晓云　郭素萍　秦　岭

康　虎　梁振雁　薛雅杰

## 编者说明

一、《山西银行业监管统计年鉴》系统收录了山西省以及各地市银行业机构的主要监管统计数据，是一套全面反映山西银监局成立以来，银行业业务发展情况的资料性书籍。

二、本年鉴正文内容分为六个篇章，即：①机构概览，②形势分析，③全省汇总数据，④分机构数据，⑤分地市数据，⑥图表。

三、本年鉴全省汇总数据直接来源于各银行业机构报送的汇总数据。

四、本年鉴所统计银行业数据均为本外币业务数据。

五、由于数据来源于不同的统计制度，数据不符之处均在下方有标注。

六、符号使用说明："空格"表示该项统计数据为"0"。"—"在分机构表中，表示某机构未成立；在全省汇总表中表示由于制度原因，未取得该项数据。

# 目　录

## 五、分地市数据

## 六. 图表

**附：**

# 1

# 机构概览

Survey agencies

# 国家开发银行山西省分行

截至2005年底，国家开发银行山西省分行正式在册员工77人，具有高级职称的员工共25名，占员工总数的32.4%，具有中级职称的26名，占员工总数的33.7%。共设12个职能处室，行长1名，副行长2名，处级干部18名。

2005年，国家开发银行山西省分行重点发挥基础设施领域主力银行作用，深化银政合作，加大对交通、电力、冶金等传统优势产业的融资支持力度；推进与各级政府的合作，推动中小企业融资担保平台建设；打通经济社会发展的瓶颈制约，带动省内外资金，扩大对山西经济社会发展的支持力度。同时继续保持与金融同业合作力度，实现互利共赢。

2005年底，国家开发银行山西省分行本外币资产总额494.62亿元，负债总额486.30亿元；本外币存款余额49.94亿元，较年初减少1.71亿元；本外币贷款余额486.88亿元，较年初增加57.32亿元；中间业务收入实现0.0349亿元；实现利润8.05亿元，人均创利1045万元。

# 中国农业发展银行山西省分行

中国农业发展银行山西省分行成立于1995年，截至2005年底，共有68个正式机构，其中：1个省分行机关，1个省分行营业部，10个市分行，9个市分行营业部，47个县（市、区）支行。另外，还有50个客户服务组。截至2005年底，共有从业人员1627人。

2005年，中国农业发展银行山西省分行坚持以经营效益为核心，以防范风险、提高资产质量为重点，以改变作风、狠抓落实为手段，全行牢固树立“大粮食”观念，积极支持粮棉购销和各级储备体系建设，择优扶持、合理布局培育粮棉产业化龙头企业、加工企业优质客户群体，信贷资产质量进一步提高，经营效益再创新高，不仅实现了全行各项业务的健康、快速发展，而且为推进山西粮食流通体制改革，支持“三农”发展做出了积极的贡献。

截至2005年底，中国农业发展银行山西省分行各项贷款余额169亿元，较年初增加22亿元；不良贷款余额较年初下降8.5亿元；实现利润8818万元，较去年增盈7330万元；旬均存款余额21.14亿元，同比增加3.56亿元，人均存款129.91万元。

# 中国工商银行山西省分行

中国工商银行山西省分行成立于1984年，截至2005年底，共有542个机构，其中：1个一级分行，1个一级分行营业部，10个二级分行，县支行65个，城区支行88个，二级支行110个，分理处142个，储蓄所125个。共有从业人员15922人。

2005年，中国工商银行山西省分行以"效益、质量、安全"为工作重心，全力抓好不良资产处置剥离工作，加大优质信贷市场营销力度，积极拓展存款市场和新业务领域，有力地推动了各项业务的稳步、持续、健康发展。成为继广东分行、北京分行之后工行系统内第三家开办企业年金业务的分行，并进一步提高了电话银行、电子银行业务的社会认知度，产生了较好的效果。全年清收转化不良贷款29.53亿元，剥离损失类贷款69.86亿元，可疑类贷款98.17亿元。

截至2005年底，中国工商银行山西省分行本外币资产总额1576.53亿元；本外币存款余额1427.26亿元，较年初增加194.34亿元；本外币贷款余额677.71亿元，剔除剥离较年初增加85.72亿元；实现中间业务收入3.16亿元；实现经营利润18.98亿元。

# 中国农业银行山西省分行

中国农业银行山西省分行成立于1979年6月，截至2005年底，共有782个机构，其中：1个省分行机关，1个省分行营业部，2个省分行直属支行，11个地市分行，1个地市分行营业部，213个支行，21个办事处，432个分理处和100个储蓄所。共有营业网点780个，ATM机210台，从业人员14212人。

2005年，农行山西省分行紧紧围绕商业化、现代化、国际化目标，以科学发展观、正确业绩观统揽全局，坚持一手抓有效发展，突出存款争第一、贷款调结构、资产高质量、中间业务多创收"四大"重点，促进各项业务的稳健、快速发展；一手抓风险防范，建立完善以事后监督系统等为核心的"十大防御系统"和全省普遍开展员工行为排查、操作风险大检查、员工警示教育等活动，有效促进操作风险防范问题的解决和从根本上遏制新的大案要案的发生。通过"两手抓、两手硬"措施的有力促进，全行上下呈现出了环境和谐、操作安全、业务良性循环的良好局面。

截至2005年底，农行山西省分行各项存款余额1048.16亿元，当年净增178.23亿元；各项贷款余额507.4亿元，日均贷款增量40.2亿元；中间业务收入实现2.13亿元；实现经营利润9.39亿元。

# 中国银行山西省分行

截至2005年底，共有347个机构，其中：1个省分行，5个省分行直属支行，10个地市分行，150个支行（其中包括38个县支行），158个分理处，23个储蓄所。共有自助机具25台，从业人员8411人。

2005年是中国银行股份制改造至关重要的一年，山西省分行把推进业务发展、改善资产质量、强化内部管理、深化各项改革、加强党的建设作为全行工作的重中之重。根据股份制改革的要求，对省分行本部的组织架构、业务管理与操作流程进行了整合与调整，较好地体现了前、中、后台分离，提高资源配置效率的改革精神，推动了各项业务的持续健康发展。荣获“山西省金融行业客户首选品牌”荣誉称号。本年在太原平阳支行建立了第一家理财中心，成功推出5期人民币理财产品；为太钢集团成功续做利率调期业务，实现了我行债务保值业务零的突破。率先在全省同业中推出“北京奥运金”代销业务。全年累计以现金方式清收不良资产6.50亿元。

截至2005年底，中国银行山西省分行本外币资产总额806.14亿元，负债总额805.10亿元；本外币存款余额765.16亿元，较年初增加106.6亿元；本外币贷款余额452.47亿元，较年初增加45.06亿元；中间业务净收入实现0.97亿元；实现净利润1.04亿元。

# 中国建设银行山西省分行

截至2005年底，建行山西省分行共有机构350个，其中一级分行1个，二级分行10个、城区支行3个、省分行直属支行2个，全年撤销机构数8个。全行共有员工10264人，其中中长期合同工7377人，短期合同工2664人，劳务用工223人。

2005年，建行山西省分行以股改上市为中心，准确把握区域经济走势，夯实基础，理清思路，转变作风，凝聚士气，形成稳健规范、积极进取的发展局面。积极拓展思路，加强市场营销，资产业务经营发展初见成效。强化战略意识，坚持精品道路，个人银行业务呈现新的快速发展局面。拓展渠道建设，促进网点结构合理布局，加大自助银行功能的完善及自助设备的投入；精心组织旺季营销活动，整合营销资源，细化营销措施，强化龙卡贷记卡、网上银行、乐当家等品牌产品的业务拓展。致力于赢利模式和业务结构调整，继续努力推进中间业务多元化发展。国际业务方面成功开办了国际保函业务、出口保理预付业务、个人因私购汇业务、两岸汇款即时通、远期结售汇等多项新业务。

截至2005年底，建行山西省分行资产总额900.4亿元，负债总额896.89亿元；一般性存款余额746.38亿元，新增97.37亿元；各项贷款余额为420.46亿元，比年初减少2.95亿元；实现中间业务收入1.44亿元；实现拨备前利润10.9亿元。

# 交通银行太原分行

交通银行太原分行成立于1989年，截至2005年底，有1个省分行机关，1个省分行营业部，1个地市分行，1个地市分行营业部，32个支行。共有营业网点32个，自助机具78台，从业人员765人。

2005年，交通银行太原分行将内控管理作为头等大事，以人为本聚人气，规范经营出特色，抓好发展解难题。一年来，太原分行业务发展健康，在总行和有关监管单位的检查中，均认为分行内部控制有很大改观。本年先后推出国内信用证、对公理财、短期融资券发行主承销、企业年金、内保外贷、太平洋卡报账通、交银理财等新业务。处置、划转、核销不良资产8816万元。

截至2005年底，交通银行太原分行本外币资产总额146.99亿元，负债总额149.16亿元；本外币存款余额142.55亿元，较年初增加22.98亿元；本外币贷款余额91.11亿元，较年初增加13.15亿元；中间业务收入实现0.29亿元；实现税后利润1.7亿元。

# 中国光大银行太原分行

中国光大银行太原分行成立于1999年11月，截至2005年底，共有营业网点10个，自助机具119台，从业人员304人。

2005年，以"调整经营模式、调整工作方法、改善工作环境"为主要举措，以"巩固对公、发展对私、拓展中间"为基本业务指导，各项业务持续稳健发展，除理财业务继续保持领先优势外，个人外汇买卖、银证通、信用卡、个人贷款等特色业务也初显规模。

截至12月末，本外币资产总额达到187.94亿元，比年初增加40.48亿元；各项存款达到171.12亿元，其中一般性存款余额160.82亿元，较年初净增加30.71亿元；各项贷款总额为104.75亿元，较年初增加1.55亿元；全年各项业务收入达到8.83亿元，较上年增加1.19亿元；实现账面税前利润2.83亿元，并累计收回逾期贷款本息0.57亿元。

# 华夏银行太原分行

华夏银行太原分行成立于1998年，截至2005年底，共有11个机构，其中：1个分行机关，1个分行营业部，9个同城支行。共有营业网点10个，自助机具28台，从业人员291人。

2005年华夏银行太原分行认真贯彻科学发展观要求，确立了向结构调整要效益，向管理创新要效益，向不良资产化解要效益的经营思路，全行在保持一定发展速度的基础上，着力进行结构调整，夯实发展基础，努力实现可持续、集约式发展。在克服诸多不利因素的影响下，完成了总行下达的各项主要经营指标，存款规模不断扩大，信贷结构持续优化，赢利能力进一步提高，财务实力逐步增强，内部控制机制逐步完善，整体经营稳健良好。

截至2005年底，华夏银行太原分行本外币资产总额178.44亿元，负债总额176.22亿元；本外币存款余额165.92亿元，比年初增加12.59亿元；本外币贷款余额136.56亿元，比年初增加57.74亿元；中间业务收入实现0.17亿元；实现税后利润2.21亿元。

# 上海浦东发展银行太原分行

截至2005年底，上海浦东发展银行太原分行共有3个机构，其中包括：分行营业部，高新、双西2个同城支行。共有3个离行式自助机具，从业人员182人。

2005年，全行上下坚持科学发展观、效益观和风险观，在创业中迎接挑战，在调整中寻求创新，以结构调整和经营转型为主要目标，在第一个完整的经营年度内初步实现了"四个转型"：认真落实科学发展观，整体经营由粗放经营向集约化经营转型；注重加大品牌战略实施力度，营销模式由单一传统的营销模式向与产品营销并重转型；重锤打造大风险管理格局，经营模式由过重强调发展向合规经营并重转型；全面启动考核机制改革，绩效评估由单一业绩考核向综合素质评价转型。

截至2005年，上海浦东发展银行太原分行本外币资产总额85.06亿元，负债总额91.22亿元；本位币存款余额80.93亿元，较年初增加31.36亿元；本外币贷款余额70亿元；较年初增加28.8亿元；中间业务收入实现0.1亿元；实现税后利润0.61亿元。

# 兴业银行太原分行

兴业银行太原分行成立于2005年12月19日，截至2005年末，共有营业网点1家，自助机具3台，从业人员57人。

兴业银行太原分行2005年12月19日经中国银行业监督管理委员会批准正式开业。在社会各界的大力支持下，太原分行坚持"理性、创新、人本、共享"的核心价值观，依法经营、稳健经营、文明经营，在较短的时间内取得了全面发展。对内增强了凝聚力，对外扩大了影响、树立了形象，提升了服务品质。截至2005年12月31日，开业短短一个月，太原分行大大突破预期经营目标，一连闯三关，资产、存款分别突破10亿元，储蓄实现1亿元。兴业银行太原分行全面办理单位和个人本外币存款、贷款，结算、票据贴现、信用卡、开出信用证、保函、代理发行金融债券和政府债券、代理收付款项及代理保险等金融业务。重点支持能源、交通、电力、化工、冶金等大型骨干企业。同时，兼顾弱势企业和困难企业，帮助一批企业渡过难关，赢得生存空间。

截至2005年末，兴业银行太原分行本外币资产总额14.17亿元，负债总额14.31亿元；本外币存款余额10.55亿元，本外币贷款余额6亿元，中间业务收入实现27万元，实现税后利润-0.14亿元。

# 中国民生银行太原分行

2005 年，民生银行太原分行围绕总行“调整、转型、提升”的战略主线，努力推进事业部制改革，在分行创利水平持续提升的同时，客户结构进一步优化，业务规模和市场份额保持当地领先水平。

截至 2005 年末，民生银行太原分行员工总数达到 469 人，全行总资产达 289.01 亿元，各项存款余额 255.4 亿元，累计创利近 3.1 亿元，上缴税金近 1.8 亿元，存款规模市场占比 9.9%，储蓄存款市场占比 5.6%，均位列股份制同业首位，对公存款份额在当地所有银行中位居第二。

2005 年，全行集中优势资源和力量，切实推动零售业务快速发展，年内新设桃园南路支行，在所有 12 家网点开通了贵宾结算通道，在当地同业首家建成启用机场贵宾厅，截至年末，储蓄存款达 59.36 亿元，较年初净增 26.77 亿元，达到 2004 年净增总量的 1.67 倍，当年储蓄存款增量接近前几年储蓄存款总量。储蓄规模、净增总量、储蓄占比、机构储蓄规模和净增在太原当地股份制银行中遥遥领先。

# 太原市商业银行

太原市商业银行成立于 1998 年，截至 2005 年底，共有 80 个机构，其中：1 个总行营业部，54 个支行，25 个储蓄支行。共有营业网点 80 个，自助机具 26 台，从业人员 2072 人。

2005 年，太原市商业银行以改革和发展为重点，强调审慎经营，突出质量效益，狠抓内部管理，经营管理工作保持良好发展势头，各项经营指标稳中有增，质量效益有所好转。本年度新设立风险管理部，风险管理能力显著增强。

截至 2005 年末，太原市商业银行资产总额达 148.94 亿元，各项存款余额 113.16 亿元，各项贷款余额达 76.94 亿元，实现税后利润 486 万元。

# 大同市商业银行

大同市商业银行成立于2001年1月，截至2005年底，共有营业网点32个，职工919名。

2005年，大同市商业银行全面落实科学发展观，以规模、质量、效益协调发展为长远目标，全面实施“从严治行”、“特色立行”、“人才强行”、“品牌兴行”四大战略，稳定推进改革。2005年，大同市商业银行在进一步完善新一代综合业务系统的基础上，完成了多渠道接入系统、大额支付系统、人民币银行结算账户管理系统、云冈借记卡系统、个人征信系统、反洗钱系统等十多项基础功能的建设任务；重点推出了云冈借记卡业务；进一步完善了绩效考核办法，加大了利润和资产质量的考核权重，最终实现了全行经营模式的根本转变和各项业务的健康协调发展。

截至2005年底，全行各项存款余额达到71.98亿元，较年初增加25.53亿元，增长54.95%；各项贷款余额达到39亿元，较年初增加16亿元，增长69.6%；全年实现经营利润1.06亿元，分别是前两年的3.7倍和5.9倍。不良贷款余额较年初下降7802万元，不良贷款占比较年初下降了11个百分点。

# 长治市商业银行

长治市商业银行成立于2005年12月，截至2005年末，下辖20个支行，共有从业人员575人。

2005年，长治市商业银行兼顾改革和发展双重任务，成功组建了城市商业银行，各项业务稳步、持续发展。

截至2005年末，长治市商业银行资产总额51.85亿元，负债总额48.01亿元；存款余额45.00亿元，较年初增加10.57亿元；贷款余额33.15亿元，较年初增加11.50亿元；中间业务收入实现0.01亿元；实现税后利润0.52亿元。

# 晋城市城市信用社

晋城市城市信用社成立于2001年12月31日，截至2005年底，共有21个机构，其中：1个总部机关，20个营业部。共有营业网点20个，从业人员421人。

2005年，晋城市城市信用社围绕筹建晋城市商业银行的总目标，标本兼治，统筹规划，狠抓不良资产清收，大力调整客户结构和资产结构，加强资金营运管理，严格防范操作风险，促进了各项业务的协调快速发展。成功实现了大额支付系统，人民币银行结算账户管理系统和反洗钱系统等多个系统的正式上线。处置、划转、核销不良资产772万元。

截至2005年底，晋城市城市信用社资产总额达到352353万元，负债总额330979万元；各项存款余额为324880万元，较年初增加99921万元；各项贷款余额为201975万元，较年初增加64941万元；中间业务收入实现31万元；实现税后利润1798万元。

# 阳泉市城市信用社

阳泉市城市信用社成立于1985年，截至2005年底，共有13个机构，其中：1个阳泉市城市信用社机关，下设12个营业部。共有从业人员206人。

2005年，阳泉市城市信用社以开展“严内控、防案件”专项治理活动为契机，加强和完善内控制度建设，实施“1235”工程，以科技支撑为依托，创新业务品种，丰富服务功能，先后上线了账户管理系统、大额支付业务系统、反洗钱业务系统、电子验印系统、个人征信系统；本年度增资扩股3800万元，核销呆账贷款888万元。

截至2005年底，阳泉市城市信用社资产总额17.4亿元，负债总额16.4亿元，各项存款余额15.1亿元，较年初增加4.34亿元；各项贷款余额10.2亿元，较年初增加2.5亿元；中间业务收入504万元，实现税后利润758万元。

# 晋中市城市信用社

2005年，晋中市城市信用社坚持规模、质量、效益统筹发展的理念，以改制商行为重点，不断加强内控建设，大力拓展各项业务，严格控制各类风险，积极调整“四大”结构，资产质量、业务规模、赢利能力和服务水平显著提高，筹建商行工作进展顺利，取得了阶段性成果。

截至2005年底，全社共有员工384人，全社资产总额为21.7亿元，其中：各项贷款余额为11.7亿元，不良贷款余额为1.5亿元，占比为12.6%，全年共清收转化不良贷款5407.58万元。负债总额为20.5亿元，其中：各项存款余额为19.2亿元，资产流动性比为66.37%。各项收入1.2亿元，实现利润1203.5万元，累计上交各项税金648.1万元。全年增资扩股4251.78万元，资本充足率为7.83%。在这一年中，被晋中市劳动和竞赛委员会授予“在社会主义现代化建设中成绩显著荣立集体二等功”的光荣称号。

# 山西省农村信用社联合社

山西省农村信用社联合社于2005年8月24日正式挂牌开业，截至2005年底，共有3259个机构，其中：1个省联社，2个直属机构，8个派出机构（办事处），3个市级联社，110个县级联社（未含经人总行批准停业整顿的汾西县联社），1667个信用社，866个分社，490个储蓄所。共有3133个营业网点，员工26330人。

2005年，山西省农村信用社积极推进改革试点工作，不断加大支农力度，着力推广和完善农户小额信用贷款和农户联保贷款，大力支持地方特色农业经济发展，加大不良贷款清收力度，认真开展案件专项治理工作，努力防范操作风险，强化管理与服务，农村信用社经营水平得到不断提高。

截至2005年底，全省农村信用社资产总额1361.52亿元，负债总额1305.12亿元；各项存款余额达1213.11亿元，较年初净增208.63亿元；各项贷款余额达818.08亿元，较年初净增145.81亿元，其中农业贷款余额达456.95亿元，较年初净增74.69亿元；中间业务收入0.20亿元；实现税后利润6.28亿元。

# 山西省邮政储汇局

2005年，邮政体制改革方案正式下发，方案规定邮储在央行的“老存款”要按照10%、15%、20%、25%、30%的比例分5年转出，邮政储蓄大量资金被推向市场，对邮储的收益、经营方式、经营策略等产生了重大影响。为此，山西省邮政储汇局将目光放在了提高网点经营能力、整合储汇两网资源、做大储蓄业务规模、丰富中间业务品种、强化储汇资金管理上来，通过加快发展缓解政策变动带来的压力。先后完成了“邮保通”邮政代理保险业务计算机应用系统工程、代理开放式基金系统、邮政储汇两网互通工程、邮政外币储蓄系统的上线工作。在原有业务的基础上新开办了邮储系统内转账业务、定期“一本通”业务、网汇通业务、账户汇款业务、短信回执业务、代理保险实时出单业务，并在部分地区开办了代发农村粮食直补款和代收畜牧业款等业务。

截至2005年末，全省邮储共有1050个储蓄网点，1314个汇兑网点，储汇从业人员达到8869人。当年新增存款157.0亿元、发放“绿卡”183.76万张、实现中间业务代收付额75.96亿元。邮储存款累计达到552.2亿元，总余额市场占有率达到13.40%，在全省各金融机构中列第四位。

# 中国华融资产管理公司太原办事处

中国华融资产管理公司是国务院批准设立的国有独资非银行金融机构，太原办事处系其驻山西分支机构，成立于2000年4月29日。办事处内设8个部门，即综合管理部、经营管理部、债权管理一部、债权管理二部、债权管理三部、新业务发展部、资金财务部、审计监察部。截至2005年末，共有员工78人，其中在册员工35人，短期聘用员工43人。

2005年，中国华融资产管理公司受财政部委托，又接收了部分工行损失类资产及非信贷资产。面对政策性资产处置任务艰巨、损失类资产处置刚刚开始的复杂局面，办事处果断推行了“中层干部竞聘”、“员工双向选择”等用人机制的改革，激发了全体员工的工作热情。通过精耕细作，集中力量消灭“钉子户”，全面完成了政策性债权资产处置回收任务；通过积极行使股权，有效维护权益，顺利实现了股权的分红回现；通过积极探索，审慎推进，稳妥地开展了代理处置业务，迈开了商业化业务的坚实步伐；通过大胆开拓，锐意进取，取得了损失类资产处置的良好开局。

全年处置政策性债权资产23975.66万元，回收现金6023.51万元；股权分红回收现金110万元。完成二次国际招标项目代理处置40户。处置财政部委托工行损失类资产39583.86万元，回收现金2450.77万元。

# 中国长城资产管理公司太原办事处

中国长城资产管理公司太原办事处成立于2000年3月16日，内设8个职能部室，有员工80人。办事处的主要业务领域是利用国家赋予的特殊法律地位和专业化优势，综合运用债务追偿，资产置换、租赁、转让与销售，债务重组及企业重组，债权转股权，资产证券化、上市辅导承销等手段，处置国有商业银行剥离的不良资产，实现价值回收的最大化，最大限度地保全国有资产，防范化解金融风险，有效推进地方企业的改革和发展。

2005年，太原办事处以不良资产处置为中心，综合运用多种处置手段，全年处置不良资产12.09亿元，占全年计划11.8亿元的102.47%；回收现金6310万元，占全年考核计划5500万元的114.7%；与此同时，太原办事处按照总公司提出的"抓主体、带两翼"的指导思想，积极寻找和创造机会，开展财务顾问等投行新业务，全年实现新业务收入70万元。2005年，太原办事处连续三年被山西省财贸工委评为优质服务先进集体。

# 中国东方资产管理公司太原办事处

中国东方资产管理公司太原办事处成立于2000年。下设七个部(室)：办公室、资金财会部、资产处置审查部、资产评估部、资产经营一部、资产经营二部、资产经营三部。截至2005年底共有从业人员45人。主要以收购、管理和经营不良资产为主业，兼营投资银行业务，以回收最大化和处置成本最小化为主要目标。

2005年是太原办事处实施三年规划、全面完成政策性处置、积极向商业化转轨的关键之年。在大力推进政策性资产处置的同时，太原办事处积极开拓商业化收购业务，先后完成了对中行损失类贷款和建行可疑类贷款的接收工作，成功竞得工行可疑类贷款并顺利完成接收工作。目前拥有的债权资产总量超过200亿元，在省内同业中排列首位。

2005年，太原办事处实现现金回收6813.01万元，截至05年末，累计处置政策性不良资产15.52亿元，涉及企业189户，累计收回现金2.47亿元。

# 中国信达资产管理公司太原办事处

作为中国信达资产管理公司的派出机构，中国信达资产管理公司太原办事处1999年8月正式设立。其业务范围为：根据授权，收购并经营银行剥离的山西省范围内的不良资产，进行债务追偿、债务重组、资产置换和转让，实施债权转股权，开展资产管理范围内的公司上市推荐及债券、股票承销，资产证券化、财务咨询与顾问等。

信达太原办事处设主任1名，兼党委书记，副主任2名。2005年，办事处机构进行了部分调整，保留了综合管理部和资产经营一、二、三、四部，撤销股权管理部、执行委办公室，新设资产管理部、市场开发部、审核委办公室，原资金财务部更名为计划财务部。机构调整后，办事处设立八部一办，分别为：综合管理部、计划财务部、审核委办公室、资产管理部、市场开发部和资产经营一部、二部、三部、四部。当年人员58人，其中：长期聘用人员41人，短期聘用人员17名。

2005年，太原办事处新增处置回收现金共计7.87亿元（含债转股退出及分红4.3亿元）。累计处置规模内债权资产回收现金15.98亿元。太原办事处牵头实施的6户煤炭企业于2005年12月全部召开债转股新公司创立大会，债转股工作取得阶段性成果。

# 山西信托投资有限责任公司

山西信托投资有限责任公司前身为成立于1985年4月1日的山西省经济开发投资公司，1991年更名为山西省信托投资公司，2002年4月经中国人民银行总行批准，重新登记改制为山西信托投资有限责任公司。2005年，公司人员数为132人，机构数为16个。

公司业务主要分为信托业务和自营业务两大类，公司信托业务品种主要有单一资金信托、集合资金信托、财产信托等。按资金运用方式主要分为投资信托、贷款信托、租赁信托、资产回购信托等。

公司2005年根据业务的发展，调整内设机构。撤销固定收益部，成立信托证券投资部；撤销营业部，成立代理业务部。

2005年，公司面对严峻的市场形势，从强化基础管理和防范风险入手，以增加信托收入和调整资产结构为目标，积极寻找机遇，努力开拓市场。公司的资产结构日趋合理，信托业务规范发展，创新收入大幅提高，逐步形成以资金信托业务为核心的主营业务，全年实现收入10018万元，实现利润3335万元。信托业务获得稳步发展，共推出5个集合资金信托产品，筹集资金7500万元；新增单一资金信托计划13个，新增资金2.67亿元；股权信托业务持续发展，新增4个股权信托产品，截至12月底，股权信托资金余额达11.4亿元，实现手续费收入600万元，是2004年全年的17.9倍。

# 山西金融租赁有限公司

山西金融租赁有限公司成立于1993年3月，主要从事直接租赁、回租、委托租赁等融资租赁业务。至2005年底，公司设董事会、风险控制委员会，总经理1名，副总经理2名，总经理助理2名，6部1室，共有员工36人。

2005年，山西金融租赁有限公司在全面风险管理的理念下，依托股东优势，将电力行业及其延伸领域塑造成为公司核心业务之一，累积"无风险"固定收益精品项目，增强公司抗风险能力。充分发挥公司金融职能，提高股东闲置资金的使用效率。准确定位业务发展思路，群策群力、大胆创新，以拓展生存和发展的空间，首家向银监会提出开展吸收股东存款业务和向商业银行转让应收租赁款业务的申请，为银监会修订《金融租赁公司管理办法》起到了促进和推动作用。

截至2005年12月31日，公司资产总额26.31亿元；负债总额20.96亿元；委托租赁资金余额20.67亿元，较年初减少3.37亿元；应收租赁款余额4.09亿元，较年初增加0.86亿元；实现税后利润0.0072亿元。

# 2

# 形势分析

Situation analysis

# 2005年山西省经济金融运行及银行业风险状况分析

2005年,山西省进一步贯彻落实国家宏观调控政策,经济总体继续保持平稳较快发展,增速快、效益好、质量高,各项主要经济指标走势符合调控预期目标。银行业改革稳步推进,各项业务平稳发展,规模、质量、效益同步提高。但在经济金融发展亮点频现的同时,也存在一些暗点。主要产品需求降温、产能过剩,企业效益下滑,"两金"(在途和产成品资金)增加,小企业融资难等问题突出,银行业不良贷款反弹压力加大,信用风险、操作风险和市场风险值得关注。当前,需深入贯彻全国经济工作会议精神,深化经济金融体制改革,转变增长方式,促进可持续发展,强化银行业监管,推进风险防范长效机制建设。

## 一、经济总体保持平稳较快发展

### (一)经济增长速度快

一是GDP高位增长。预计2005年全省GDP超过4000亿元,增长12%以上,高出全国平均水平3.2个百分点,增速在全国排名第七,在中部六省仅次于河南居第二位。二是工业生产快速稳定增长。1~11月,全省规模以上工业增加值累计完成1549.4亿元,同比增长19.6%,预计全年增长15%以上。三是产业链不同环节的工业差异分化明显。煤炭、氧化铝等能源原材料上游工业增长高位运行,钢铁、建材、机械装备制造业等中游工业增速回落,下游消费品工业增长相对平缓。四是企业改制步伐加快,大型国有企业活力增强。五是民营经济发展迅猛,份额接近50%。

### (二)经济发展效益好

目前,山西省经济综合效益指数处于历史最高水平。一是财政收入大幅提高。1~11月,全省财政总收入完成699.8亿元,增长41.9%,超过上年全年水平,增速居全国第一;预计全年财政收入750亿元,增长近40%。二是居民收入快速增长。预计全年城镇居民人均可支配收入8800元,增长13%以上,在全国排位由第31位上升到第18位;农民人均纯收入2800元,增长8%以上。三是工业企业效益平稳增长。预计全年规模以上工业企业利税增长20%以上。

### (三)经济运行质量高

一是经济增长对投资和出口的依赖程度减弱,消费拉动作用明显增强。投资增幅回落,但仍较快增长。1~11月,全省固定资产投资1304.6亿元,同比增长26.3%、回落9个百分点。出口回落,进口快增,总额趋向平稳。1~11月,全省进出口总额50.9亿美元,增长4%,比年初回落70.2个百分点,全年预计可达56亿美元。其中出口32.2亿美元,下降13.3%;进口18.6亿美元,增长58.7%。消费需求稳步增长。1~11月,全省社会消费品零售总额1054.7亿元,增长15.6%。二是出口产品结构有所改善。焦炭等能源产品出口大幅回落;高新、机电、化工等高附加值产品比重有所提高。1~11月,高新、机电、钢材等产品出口大幅飙升,其中高新技术产品出口8254万美元,同比增长2417%,增速列全国之首。三是物价运行平稳。11月末,工业品、原材料、居民消费和商品零售价格涨幅分别比年初回落5.5个、6个、1.8个、2.9个百分点,全年居民消费物价水平涨幅控制在2.5%以内。四是资源整合和清洁生产步伐加快,资源与环境保护效果明显。

图1　2005年山西省主要经济指标变化情况

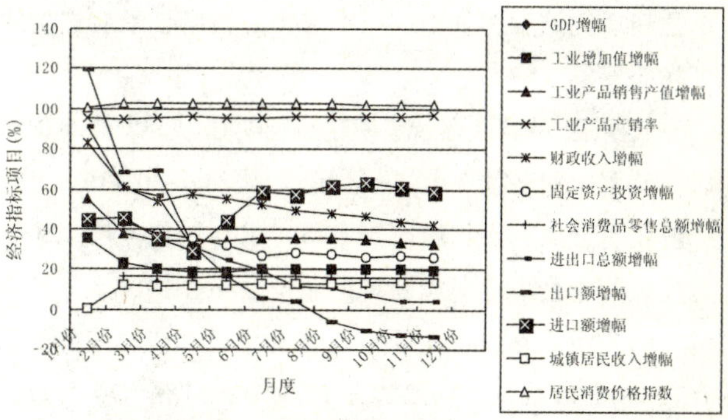


## 二、银行业整体运行健康平稳

### (一)业务规模不断扩大,总体实力明显增强

**1．存款稳步增长,稳定性进一步增强**。年末,全省金融机构负债总额(本外币,下同)7640.3亿元,同比增长22.85%;所有者权益96.65亿元,同比增加67.81亿元。各项存款7151.17亿元,同比增长21.5%,比较上年回落2.37个百分点;当年增加1188.64亿元,同比多增57.05

亿元。

从时序看，存款增加比较平稳。全年各季存款分别增加 484.3 亿元、301.83 亿元、255.81 亿元、146.78 亿元，前三季度分别同比多增 63.96 亿元、6.94 亿元、87.75 亿元，四季度同比少增 103.29 亿元，各季增量呈递减趋势，但全年各月存款同比增幅均保持在 21%~25.41%之间。

图 2　2005 年山西省主要金融指标同比变化情况

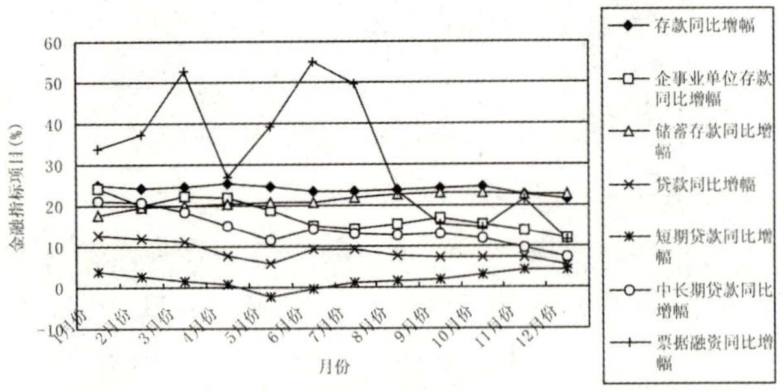


分项目看，储蓄存款增长明显快于企事业单位存款。企事业单位存款 1758.98 亿元，同比增长 11.75%，比上年回落 11.85 个百分点；当年增加 202.32 亿元，同比少增 90.65 亿元。储蓄存款 4168.43 亿元，同比增长 22.79%，比上年上升 3.07 个百分点；当年增加 773.76 亿元，同比多增 214.46 亿元。企事业单位存款少增与贷款紧缩和企业效益下滑、在途和产成品占用资金增加等有密切关系。居民储蓄快速增长的原因：一是居民收入增加，储源丰富，而投资渠道狭窄；二是受焦铁等市场形势逆转影响，民间融资减弱，由体外循环重归金融体系；三是金融机构国债回购等理财业务一度停办，资金回流储蓄；四是居民用于医疗、教育、养老等预防性储蓄增加。各项存款及企事业单位和居民储蓄存款都存在季末当月快增，季后慢增或下降的现象。

从期限结构看，存款定期化特征明显。企事业单位和居民储蓄定期存款 3313.66 亿元，同比增长 20.43%、上升 3.08 个百分点；当年增加 581.36 亿元，同比多增 174.54 亿元，其中企事业单位和居民储蓄定期存款同比分别多增 2.49 亿元和 172.06 亿元。企事业单位和居民储蓄活期存款 2613.75 亿元，同比增长 17.88%、回落 7.79 个百分点；当年增加 394.71 亿元，同比少增 50.73 亿元，其中企事业单位和居民储蓄定期存款同比分别少增 93.14 亿元和多增 42.41 亿元。由于企业效益下滑和居民投资渠道狭窄，扩大资金收益是定期存款增加的主要原因。分行别看，存款主要集中在国有商业银行、农村信用社、股份制商业银行和邮政储蓄。总量份额分别为 55.75%、16.96%、11.41% 和 7.72%，增量份额分别为 48.5%、17.55%、13.24%和 13.21%。当年增幅依次为邮政储蓄 39.73%、城市信用社 34.63%、股份制商业银行 23.88%、农村信用社 20.77%、城市商业银行 18.05%、国有商业银行 16.91%；邮政储蓄、国有商业银行、农村信用社和政策性银行同比分别多增 72.39 亿元、38.07 亿元、21.93 亿元和 2.64 亿元；其余类银行业金融机构均同比少增，其中股份制商业银行同比少增 47.54 亿元。由于信托投资公司逐步清理信托存款和委托存款业务，非银行金融机构存款下降 9.26%。

综上所述，存款在稳步增长的同时，呈现明显的储蓄化和定期化趋势，稳定性进一步增强。

图 3　2005 年山西省主要金融指标月度变化情况

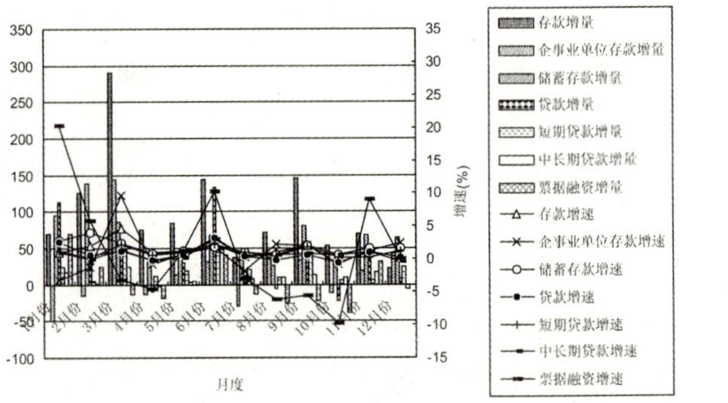


**2．贷款增长明显放缓，投放更趋理性和审慎**。年末，全省金融机构资产总额 7736.95 亿元，同比增长 23.83%。各项贷款 4328.93 亿元，当年增加 426.27 亿元，同比少增 134.67 亿元，增长 10.38%，比上年回落 5.44 个百分点。

从时序看，自 2004 年宏观调控以来信贷投放一直呈下行走势。2005 年各季贷款分别新增 197.6 亿元、153.59 亿元、42.01 亿元、33.06 亿元，除一季度同比多增 12.1 亿元外，其余三季度依次同比少增 14.74 亿元、66.22 亿元、67.07 亿元；同时由于宏观调控投放速度放慢和不良贷款剥离等因素影响，贷款同比增幅呈下降趋势，由年初的 12.65%下降为年末的 5.39%。

从品种结构看，短期贷款同比大量多增，中长期贷款同比大量少增。短贷 2132.31 亿元，新增 259.15 亿元，增长 12.7%，同比多增 82.88 亿元、上升 3.26 个百分点；中长期贷款 1717.34 亿元，新增 147.65 亿元，增长 9.19%，同比少增 192.28 亿元、回落 17.72 个百分点；票据融资 380.89 亿元，新增 39.43 亿元，增长 11.55%，同比多增 4.82 亿元、上升 0.27 个百分点。从月度增量情况看，短期贷款前两季度持续同比少增、后两季度持续同比多增；中长期贷款仅6 月和 9 月同比多增，其余月度均同比少增；

票据融资前两季度除4月外均同比多增、后两季度除11月外均同比少增。从累计增量情况看,短贷前两季度持续同比少增,3季度以来持续同比多增;中长期贷款持续同比少增;票据融资持续同比多增。从同比增幅看,短期贷款增长前两季度逐月下降,年初同比增长5.02%,6月末同比下降0.2%,三季度以来短贷投放逐月加快,到年末同比增长4.33%;中长期贷款则一直下行,同比增幅由年初的22.02%下降为年末的7.12%;票据融资前两季度增长较快,同比增幅年初为11.28%,6月高达54.98%,三季度以来增长放慢,年末同比增长11.55%。

从行别看,贷款主要集中在国有商业银行、农村信用社、政策性银行和股份制商业银行。总量份额分别为47.54%、18.9%、15.15%和13.25%,增量份额分别为7.82%、34.84%、18.49%和33.33%。国有商业银行和非银行金融机构同比分别少增229.58亿元、21.91亿元,政策性银行、股份制商业银行、农村信用社、城市商业银行和城市信用社同比分别多增25.41亿元、52.09亿元、23.86亿元、10.6亿元和5.16亿元。当年增幅依次为城市信用社39.98%、股份制商业银行32.93%、农村信用社21.02%、城市商业银行20.6%、政策性银行13.66%、国有商业银行1.52%。国有商业银行贷款增长大幅回落,农村信用社增量份额已跃居首位。非银行金融机构由于逐步清理委托贷款业务,贷款下降36.04%。

从投向看,信贷投放重点突出。新增短贷主要投向工业、农副产品、农业和乡镇企业,分别新增90.71亿元、15.72亿元、86.62亿元和40.55亿元,同比分别多增35.83亿元、15.59亿元、1.99亿元和18.11亿元;新增中长期贷款主要用于基本建设和其他,分别新增86.54亿元和56.38亿元,同比分别少增117.42亿元和39.2亿元;个人消费信贷明显萎缩,短期和中长期个人消费贷款分别比年初减少8.13亿元和28.03亿元,主要是由于零售贷款违约高发,各银行业金融机构压缩个贷业务。

由上可见,随着宏观调控政策的进一步落实,银行业金融机构改进审慎经营,信贷投放趋缓,保持理性增长的同时,促短压长效果明显,信贷期限和投向结构更趋向合理。

**(二)运行质量不断提高,抗风险能力明显增强**

**1. 不良贷款整体"双降",资产质量继续好转**。全省银行业主要金融机构(包括政策性银行、国有商业银行和股份制商业银行,下同)不良贷款(五级分类)"双降"。年末,余额311.78亿元,比年初减少120.7亿元,比例9.48%,比年初下降4.03个百分点。工商银行股份制改革,对可疑和损失类贷款进行了大量剥离,是银行业主要金融机构不良贷款"双降"的主要原因。其中,国有商业银行和政策性银行"双降",余额分别比年初下降124.25亿元、1.84亿元,比例分别比年初下降4.97个、1.63个百分点;股份制商业银行"双升",余额比年初增加5.39亿元,比例比年初上升0.35个百分点。

表1 山西省主要银行不良贷款情况

2005年12月31日 单位:万元、%、百分点

| 项目<br>机构名称 | 余额 | | 比例 | |
|---|---|---|---|---|
| | 本期 | 比年初 | 本期 | 比年初 |
| 国有商业银行合计 | 2331809 | -1242488 | 11.33 | -4.97 |
| 工商银行 | 227078 | -1533038 | 3.35 | -19.73 |
| 农业银行 | 1533169 | 143479 | 30.22 | 7.02 |
| 中国银行 | 309428 | 57785 | 6.84 | 0.66 |
| 建设银行 | 262134 | 89286 | 6.23 | 2.15 |
| 政策性银行合计 | 630038 | -18432 | 9.60 | -1.63 |
| 国家开发银行 | 151910 | -2750 | 3.12 | -0.48 |
| 农业发展银行 | 478128 | -15682 | 28.27 | -5.18 |
| 其他商业银行合计 | 155944 | 53916 | 2.72 | 0.35 |
| 交通银行 | 56840 | -4627 | 6.24 | -1.65 |
| 光大银行 | 69899 | 52375 | 6.67 | 4.97 |
| 华夏银行 | 13463 | 2267 | 0.99 | -0.43 |
| 浦发银行 | | | | |
| 兴业银行 | | | | |
| 民生银行 | 15743 | 3901 | 0.95 | 0.04 |
| 主要银行合计 | 3117791 | -1207004 | 9.48 | -4.03 |
| 城市商业银行合计 | 391434 | -61383 | 35.34 | -14.45 |
| 太原市商业银行 | 345246 | -54650 | 48.14 | -10.74 |
| 大同市商业银行 | 46188 | -6733 | 11.83 | -11.15 |

城市商业银行不良贷款(五级分类)"双降"。年末,余额39.14亿元,比年初减少6.14亿元,比例35.34%,比年初下降14.45个百分点。其中太原、大同市商业银行均"双降",余额分别减少5.47亿元、0.67亿元,比例分别下降10.74个、11.15个百分点。

**2. 加大准备金提取和核销力度,拨备覆盖率稳步提高**。2005年,全省银行业主要金融机构累计提取各项资产减值准备金1.91亿元,累计核销不良资产9.05亿元。年末,各项资产减值准备金余额36.58亿元,其中贷款损失准备金余额25.03亿元,其他资产减值准备金余额11.55亿元;应提取贷款损失准备金225.93亿元,准备金缺口为189.35亿元,比年初减少72.7亿元;贷款准备金抵补率为11.05%,比年初上升1.25个百分点。

**(三)赢利能力不断增强,经营效益明显提高**

2005年,全省银行业金融机构实现账面利润52.73亿

元，同比增长66%。其中除兴业银行年末刚开业亏损0.14亿元外，全部赢利。银行业金融机构赢利水平大幅提高，表明金融改革成效显著，为其提足拨备、消化不良资产奠定了坚实基础。

表2　2005年山西省银行业金融机构利润情况

单位：亿元、%

| 项目<br>机构名称 | 2005年 | 2004年 | 同比 | |
|---|---|---|---|---|
| | | | 增减额 | 增减幅度 |
| 金融机构 | 52.73 | 31.77 | 20.97 | 66.00 |
| 国有商业银行 | 21.62 | 4.42 | 17.20 | 388.93 |
| 工商银行 | 3.23 | 0.33 | 2.91 | -893.50 |
| 农业银行 | 7.48 | 0.90 | 6.57 | 727.75 |
| 中国银行 | 1.04 | -5.79 | 6.83 | -118.05 |
| 建设银行 | 9.87 | 9.09 | 0.78 | 8.57 |
| 政策性银行 | 8.93 | 6.89 | 2.04 | 29.61 |
| 国家开发银行 | 8.05 | 6.74 | 1.31 | 19.40 |
| 农业发展银行 | 0.88 | 0.15 | 0.73 | 491.35 |
| 股份制商业银行 | 12.48 | 8.47 | 4.01 | 47.35 |
| 交通银行 | 2.44 | 2.09 | 0.35 | 16.50 |
| 光大银行 | 2.83 | 2.41 | 0.43 | 17.75 |
| 华夏银行 | 2.75 | 1.74 | 1.01 | 57.75 |
| 浦东发展银行 | 1.47 | 0.20 | 1.26 | -628.28 |
| 兴业银行 | -0.14 | | | |
| 民生银行 | 3.14 | 2.03 | 1.11 | 54.53 |
| 城市商业银行 | 0.31 | 0.25 | 0.07 | 26.97 |
| 太原市商业银行 | 0.31 | 0.06 | 0.25 | 405.37 |
| 大同市商业银行 | 0.00 | 0.19 | -0.18 | -98.01 |
| 城市信用社 | 1.36 | 0.45 | 0.90 | 199.27 |
| 农村信用社 | 7.66 | 10.92 | -3.26 | -29.85 |
| 非银行金融机构 | 0.36 | 0.36 | 0.01 | 1.52 |
| 信托公司 | 0.32 | 0.15 | 0.17 | 112.27 |
| 租赁公司 | 0.04 | 0.20 | -0.16 | -80.86 |

三、经济金融运行中存在的主要问题

**(一)一些不合理不协调因素，制约着经济的持续快速发展和影响着银行信贷资金的安全**

**1. 产业结构单一，经济运行存在不稳定因素。**2005年全省煤炭、冶金、焦炭、电力四大传统行业工业增加值占全部工业增加值的比重预计超过80%，财政收入和财政增收的贡献度预计分别为51.9%和63.4%。而这四大行业对市场和宏观政策的敏感性很强，一旦市场或政策有较大变动，极易给这些行业带来较大冲击，使经济运行出现大的波动，并影响相关信贷资金的安全。

**2. 主要工业产品市场需求降温、产能过剩，价格回落。**2005年，焦炭市场形势逆转，价格大幅下跌，吨价由上年最高时的400美元跌到目前的130美元；煤炭价格6月份以来也有小幅波动，预测2006年国内和出口煤炭总需求22.5亿吨，截至2005年4月全国核定煤矿产能22.6亿吨，2005年全国新增煤炭产能至少在6000万吨以上；电力行业供需也趋向平衡，但目前仍有较大在建产能。山西作为能源大省，将面临较大的煤、焦、电等行业产能过剩压力，进而使相关行业信贷潜在一定风险。

**3. 投资总量不足，投资方向和结构不合理。**2005年全省固定资产投资不论总量还是增幅都排在全国、中部和周边省份的下游，特别是非国有投资放慢。受利益驱使，投资煤炭、钢铁等利润高的能源原材料行业热情较高，而对装备制造、新型材料等新兴产业的投资不积极。这些将对明年经济增长产生较大影响。

**4. 企业效益下滑，前景不乐观。**2005年全年工业企业应收账款与库存都增长近30%，亏损企业数有所增加，表明企业产销衔接出现问题，明年企业效益形势堪忧，会给相关信贷资金带来潜在风险。

**5. 改革开放进展缓慢，经济发展动力不足。**国企产权制度改革滞后，困难国企破产重组推进缓慢。非公有制经济发展不充分，不及全省经济总量的一半。融资渠道单一，银行信贷超过90%，股市发展缓慢，债券融资几乎为零，利用外资效率不高，截至2005年11月，全省累计利用外资26.58亿美元，2005年1~11月实际利用外资1.4亿美元，预计全年直接利用外资约2亿美元，只占全国总量的0.3%。出口大幅下降，1~11月下降13.3%，而全国增长约30%；出口产品结构不合理，能源原材料初级产品约占80%。外贸进出口和直接利用外资规模在中部和周边省份均居末位。

**6. 安全生产、资源环境破坏和城乡发展不协调问题仍然严峻。**煤焦、冶炼等生产造成了严重的地质和水资源破坏及空气和环境污染。单位地区生产总值能耗超过全国平均水平1.6倍，吨煤生产动用2.5吨煤炭储量，损耗2.48吨水资源，13个城市列入全国30个空气污染严重城市，煤矿采空区达5000平方公里，塌陷区以年均90平方公里的速度递增，煤矿安全问题突出。农资价格上涨，农业基础设施建设亏空，边远地区仍存在饮水困难、安全和温饱问题，农村教育、卫生、文化等比较落后。

**(二)信贷投放“三集中”，影响了银行业的稳健运行和经济的持续均衡发展**

**1. 行业集中。**信贷与经济结构趋同严重。全省煤焦、冶金、电力、交通、化工五大行业贷款份额超过四成，五行业大客户授信与贷款均超过全省所有大客户授信与贷款的80%以上。由于上述行业对市场和宏观政策的敏感性很强，极易因市场和宏观政策变化，引发信贷风险。目前全省生铁、电石、水泥、小焦炭(年产20万吨以下)等行业不良贷款比例均超过25%。

**2. 客户集中。**一是大客户贷款比例高。年末，全省10家银行业主要金融机构亿元以上大客户490户，比年初增加24户，授信额度和贷款余额分别比年初增长45.61%和24.61%，贷款余额和增量份额分别为34.06%和68.32%，余额份额比年初上升5.25个百分点，平均授信额度和贷款余额高达2.99亿元和3.01亿元。二是多头授信严重。有70多户大客户得到两家以上银行的授信或贷款，最多一户获得7家银行的贷款，授信额度和贷款余额超过其资本金的10倍。三是大客户关联交易呈增长态势。年末，大客户关联企业授信额度和贷款余额分别为357.03亿元和849.24亿元，分别较年初增长95.91%和0.43%。四是小企业贷款难。由于小企业自身资质低，银行信贷准入条件相对过高，以及社会信用中介机制不健全等原因，小企业数量多，约占全省企业总数的90%以上，发展快，产值份额近30%，但信贷支持不足，贷款份额不足15%。

**3. 期限集中。**尽管各银行业金融机构积极贯彻宏观调控政策，注重资产负债业务期限结构的合理配置，存贷款增量的期限结构明显改善。从增量份额看，短贷由年初的31.42%上升到年末的60.8%，中长期贷款由年初的60.6%下降为年末的34.64%；定期存款由年初的35.95%上升到年末的48.91%，活期存款由年初的39.37%下降到年末的33.21%。但存贷款总量结构配置仍不尽合理。年末总量份额，短贷为49.26%，比年初下降0.5个百分点，中长期贷款为39.67%，比年初上升0.37个百分点；定期存款为46.34%，比年初下降0.41个百分点，活期存款为36.55%，比年初下降1.1个百分点。

贷款"三集中"特征，使信贷集中度风险和流动性风险增加的同时，不利于不同行业、不同类型企业的均衡发展。

**(二)信用风险、操作风险、市场风险，仍是银行业的主要风险**

**1. 信用风险。**一是不良贷款反弹压力加大。2005年，尽管全省银行业主要金融机构实现了不良贷款余额和比例较年初整体"双下降"，但下降主要是由于工商银行股改政策性剥离不良贷款168.06亿元所致，剔除剥离因素则"双升"，余额反弹47.36亿元，比例上升0.39个百分点。具体来看，农业银行、中国银行、建设银行、光大银行、民生银行"双升"，华夏银行余额增加、比例下降，只有工商银行、交通银行、国家开发银行和农业发展银行"双降"。二是个人零售贷款违约持续高发。年末，零售贷款违约自然人客户24991户，占全国零售贷款违约自然人客户数的近1/10，较年初增加10098户，增长67.8%，月均增加841户。

**2. 操作风险。**2005年，全省银行业金融机构发案45起，比上年增加22起，涉案金额5.1亿元，比上年减少3.19亿元，风险金额4.23亿元，比上年增加1.75亿元；其中，涉案金额在百万元以上案件28起，比上年增加13起，涉案金额5.02亿元，比上年减少3.23亿元，风险金额4.19亿元，比上年增加1.73亿元。

**3. 市场风险。**随着利率市场化和汇率形成机制改革的稳步推进，银行业金融机构业务创新不断加快，纷纷推出各种形式的本外币理财业务，但由于相关制度不健全、风险管理和内部控制薄弱，缺乏相应的理财和管理经验，加上盲目和无序竞争，因此在防范信用风险和操作风险的同时，面临的市场风险也应高度重视。

**四、监管对策及建议**

目前山西经济金融发展中的突出和关键问题是加强自主创新，转变增长方式，构建风险防范和促进发展的长效机制。因此，应当加快产业结构调整和深化改革开放，增加发展动力和有效信贷需求，同时积极推进金融改革，完善信贷管理和内控建设，强化风险管理，狠抓不良贷款"双降"，防范各类风险，保全信贷资产。

**(一)加快产业结构调整**

一是加强产业规划，大力推进传统优势产业的技改升级和产业延伸，实现集群发展和规模效益，加大科技投入，提高自主创新能力，培育自主知识产权的名优竞争产品，推动第二产业向大、强、精发展。二是改造提升传统服务业，积极发展现代服务业和新兴服务业，提高第三产业的比重。三是加强农业基础设施建设，抓好粮食生产，发展种养、农副加工等农业产业化龙头企业，完善农产品产销服务体系，促进农业增产、农民增收。四是加大投资力度，特别是积极引导非国有投资发展，改善投资方向和结构，增加对新兴产业的投资。五是加强对焦炭、电解铝等产能过剩行业的调控，加大环境整治、资源整合力度，增加安全投入，发展循环经济和清洁生产，实现经济发展由粗放型向集约型的转变。六是加大对边远地区和弱势群体的政策扶持，努力改善生活条件。以此实现行业间、城乡间的全面持续协调发展。

**（二）深化改革开放**

一是加速国企产权制度改革，进一步增强国企活力，推进困难国企破产重组。二是拓宽融资渠道，改善融资格局，积极创造条件，大力发展股市和债券融资，加大招商引资力度，提高利用外资效率。三是大力发展对外贸易，增加高新技术产品出口，改善出口产品结构。

**（三）优化信贷结构**

督促银行业金融机构继续贯彻国家宏观调控政策，有保有压，促短压长，积极支持地方经济发展。在继续支持优势行业和重点企业发展和重点项目建设的同时，加大对技改升级和新兴产业的投放力度，积极支持农业产业结构调整和农业产业化发展，做好对小企业和下岗职工与贫困学生等弱势群体的信贷服务。以此实现信贷结构和产业结构的同步优化，防范贷款“三集中”带来的信贷风险。

**（四）加强风险监控，防范各类风险**

一是密切关注市场、政策的变化，加强对大行业、大客户及关联交易的监测分析，加强同业信息交流和风险预警提示，有效防范信贷风险。二是积极推进金融改革，加强和改进银行业金融机构审慎经营，完善风险管理和内部控制，深化案件专项治理，防范操作风险。三是继续抓好不良贷款“双降”工作。督促银行业金融机构在准确贷款风险分类的基础上，提足拨备，加大清收核销力度，积极探索新的处置途径，消化存量不良贷款；同时，审慎投放，调整结构，加强监测分析，防止新不良贷款发生。四是借鉴国内外市场风险管理的先进经验，在促进金融业务创新的同时，提高商业银行市场风险管理水平。五是指导商业银行建立健全科学的经营战略和考核激励机制，避免盲目扩张和无序竞争。六是积极创造条件，帮助中小银行业金融机构引进国内外战略投资者，提高竞争实力和抗风险能力。

# 2005年大同市经济金融运行及银行业风险状况分析

2005年,大同市经济总体运行呈现快速增长态势,工业生产继续保持快速增长,企业效益增幅平稳;全市银行业金融机构存款业务稳步增长,贷款投放适度,资产减值准备不断增加,抗风险能力进一步增强。

## 一、经济运行情况

### (一)经济总量保持快速增长,实现利税平稳增加

2005年,大同市预计生产总值完成345亿元,同比增长13%;规模以上工业增加值完成160亿元,增长16.8%。从1~12月份六大行业完成工业增加值情况看,冶金、医药、建材、煤炭、化学和电力工业增加值同比分别增长24.72%、10.39%、2.15%、18.97%、10.73%和28.72%。全市规模以上工业实现利税保持平稳增长。1~12月规模以上工业实现利税同比增长15.85%,但增幅出现回落,回落近23个百分点。主要原因:一是受国家宏观调控政策影响,以冶金行业为主的高耗能企业受到冲击,利润受到影响,二是水泥、建材行业由于同业竞争加剧;三是电力、水泥等行业受能源原材料价格上涨影响,获利空间缩小。

### (二)固定资产投资继续增长

2005年,全市城镇以上固定资产预计投资累计完成145亿元,比去年同期增加37亿元,同比增长34.16%,截至12月末,第一产业、第二产业、第三产业分别增长63.12%、37.37%、26.93%;房地产开发投资额14.62亿元,比去年增加5.17亿元,同比增长54.57%,房地产投资依然保持快速增长势头。

### (三)财政收入继续增加,消费需求平稳增长

全市财政总收入预计完成61.99亿元,同比增长35.90%,一般预算收入完成20.42亿元,同比增长33.28%;全市社会消费品零售总额实现132.90亿元,同比增长12.01%;城镇居民人均可支配收入累计为8525元,同比增长了16.67%;农民人均纯收入23922元,增长8.63%。

## 二、金融运行基本特征

### (一)各项存款继续保持增长

2005年末,银行业金融机构本外币各项存款余额达765.18亿元,比年初增加182.49亿元,增长31.32%,同比多增121.71亿元。其中:企事业存款余额为226.93亿元,比年初增加66.77亿元,增长41.69%,主要是以煤炭、铁路为主的大型企业存款增加,企事业存款余额占到各项存款余额的29.66%,比年初增加2.17个百分点,企事业存款占比呈现上升态势。年末储蓄存款余额为481.62亿元,比年初增加105.27亿元,增长27.97%,储蓄存款持续增长的主要原因是城乡居民不愿超前消费,仍钟情于养老、教育、住房等预防性储蓄。

### (二)各项贷款增长适度

2005年末,大同市银行业金融机构本外币贷款余额为221.60亿元,比年初增加21.61亿元,增长10.69%。其中:大同市商业银行比年初增加16.01亿元,增长69.55%;农村信用社比年初增加4.52亿元,增长16.94%;国有商业银行贷款余额152.27亿元,比年初增加1.62亿元,增长1.08%。从贷款结构看,中长期贷款投放快于短期贷款和个人消费贷款。年末中长期贷款余额80.9亿元,较年初增加16.31亿元,增长25.19%,中长期贷款增加的主要因素是项目贷款;短期贷款和个人消费贷款呈现下降趋势。12月末短期贷款余额122亿元,较年初减少5.83亿元,下降4.49%;个人消费贷款余额7.05亿元,比年初减少3.18亿元,下降31.09%。短贷下降的主要原因是不良贷款剥离,仅大同市工商银行剥离不良贷款14.4亿元;个人消费贷款下降的主要原因:一是金融机构加强了贷款的风险防范等内控管理工作;二是受市场因素影响,汽车消费贷款发展缓慢;三是住房贷款受房地产价格持续上涨,导致了居民消费热情不高,部分消费者还提前归还银行住房贷款。

### (三)不良贷款“双降”,信贷资产质量进一步改善

据全市银行业金融机构贷款质量月报监测,年末,主要银行业金融机构(不含农村信用社)不良贷款余额30.02亿元,较年初减少11.13亿元,不良贷款比例15.64%,较年初减少7.97个百分点。其中:国有商业银行

不良贷款22.72亿元,占比16.01%,下降7.33个百分点;大同市商业银行不良贷款4.62亿元,占比11.83%,下降11.15个百分点;大同市农信社不良贷款(四级分类)8.02亿元,占比27.62%,比年初下降14.17个百分点。

**(四)银行总资产和资产减值准备增加,经营效益继续提高**

2005年,全市银行业机构总资产(本外币)达808.67亿元,比年初增加194.35亿元,增长31.64%。根据资产减值准备变动情况表显示,年末全市除农信社以外的银行业机构准备金余额9.55亿元,比年初增加7.95亿元,其中:贷款损失专项准备金4.62亿元,比年初增加3.17亿元,其他资产减值准备金4.94亿元,比年初增加4.79亿元。四家国有商业银行年末准备金合计8.48亿元,较年初增加7.12亿元,大同市商业银行准备金1.07亿元,较年初增加0.83亿元。全市银行业金融机构账面所有者权益5.1亿元,比年初增加5.9亿元,其中:当年结益4.02亿元。

三、银行业金融机构风险状况

总体上看,大同市银行业金融机构运行平稳,存款增速增量远快于贷款增速增量,资金上存较多,不容易发生流动性风险;由于受单一能源产业结构所限,贷款集中度高,市场的变化对贷款影响较大,容易导致信用风险;银行业机构内部管理尚存在一些隐患,内控制度执行不够严格,监督制约机制落实不够,容易产生一些操作风险。主要风险包括以下几方面:

**(一)贷款集中度风险进一步显现**

银行业机构贷款继续向大行业、大客户集中。据大同银监分局《非现场风险监测手册》显示,至2005年9月末,全市大额贷款户占贷款总户数的4.33%,贷款余额却占到了68.68%,也就是说全市贷款企业中,4.33%的企业占有全市68.68%的贷款。全市最大单户与最大十户企业贷款分别占全市贷款总额的18%和38.8%,贷款集中度高,贷款风险大。贷款在行业方面也存在集中,全市煤炭和电力行业贷款达80亿元,占全部贷款的39.6%。在宏观调控政策到位、煤电供求形势发生变化的情况,这部分贷款的市场风险可能会显现。

**(二)银行对企业多头授信、多头贷款数额较大**

据《非现场风险监测手册》显示,至2005年9月末,辖内有38家企业在各银行业机构多头贷款,共计436笔,占全辖贷款总额的36.23%,其中同煤集团一家企业在五家银行业机构的贷款余额占全市贷款总额的14.35%。多头授信重点集中在煤炭、电力。目前这些行业生产销售情况看好,但从信贷风险看,一旦受政策、市场等因素的影响造成生产销售困难,就会造成较大的信贷风险。

**(三)对关联客户发放贷款数额较大,控制手段薄弱**

2005年9月末,全辖银行业机构存在关联贷款关系的公司或集团客户共计84户,贷款余额96.1亿元,占全辖贷款总额的44.36%。这些贷款中,不良贷款为3.04亿元,不良贷款率为3.17%,贷款质量相对较高。对于这些关联贷款,目前还没有一家银行能够按照《商业银行集团客户授信业务风险管理指引》的规定,有效地对集团、关联客户进行界定、识别和风险管理,控制手段还很薄弱。

**(四)内控体系不健全,风险管理水平较低**

各银行业机构内控缺乏系统性、操作性和相互制约性。部门、岗位之间的衔接不够紧密,违规行为责任追究机制还不健全。内审稽核部门独立性不强、权威性不高,作用发挥不够。各银行业机构多数没有建立完善的风险管理组织架构,一些银行虽然设立了风险管理部门,但多数只是履行了一些贷款风险分析、资产保全等职责。没有建立起对本系统、本单位风险的识别、度量、评估、控制等工作机制,无法对不同行业、不同地区、不同企业的不同风险进行有效识别,进行不同的风险定价,并采取相应的管控措施。

**(五)地方金融机构风险仍然严重**

一是资本充足率仍然不足。至2005年末,大同市商业银行资本总额1.44亿元,在提足拨备情况下资本充足率为0.16 %,较年初提高4.44个百分点。资本充足率仍然严重不足。二是不良贷款占比较高,处置难度大。至2005年末,大同市商业银行贷款总额为39.04亿元,不良贷款余额为4.62亿元,占比为11.83%。其中,城市商业银行挂牌前原城市信用社不良贷款就达2亿多元,清收处置难度较大。大同市农村信用社不良贷款余额8.02亿元,占比为27.62%,如剔除央行票据置换因素,不良贷款占比为35.13%,不良贷款依然偏高。三是贷款风险集中度高,并存在股东超比例贷款现象。大同市商业银行最大十户贷款余额11.68亿元,占资本净额的572.58%,超过50%的比例要求。有两户属股东超比例贷款,贷款余额为1.1亿元,约为入股金额的6倍。据统计,该行单一客户贷款超比例的有44户余额22.63亿元,占该行贷款余额的57.96%。市农村信用社最大十户贷款超比例的共69家,占全部法人社的49%;最大单户贷款超比例的87家,占全部法人社的61.7%。最大十户贷款均投向工商企业,偏离农村信用社的市场定位。四是历史包袱和贷款欠息严重。2005年末，该行应收利息余额2.06亿元，比年初增加2568万元。该行在政策规定范围内积极消化历史包袱，2003年~2005年共消化历史包袱3576万元，但仍有7949万元历史包袱难以处置。

四、需要关注的问题

**（一）银行机构存差继续扩大，金融资源运用不足**

年末，全市银行机构存差资金达541亿元，再创历史新高，比年初增加185亿元。全市银行的资金存差占全省的19%，存款占全省的10%，贷款占全省的5%。全市的存贷比例只有29.7%，在全省11个市中最低，与全省平均水平相差31.5个百分点，与中部六省平均水平相差40.6个百分点，与全国平均水平相差39.5个百分点。大量存差资金通过上存上级行的方式实现微薄的收入。年末，大同市四家国有商业银行上存资金余额301亿元，比年初增加102亿元。大同市银行机构的资金运用严重不足。

**（二）中小企业整体素质不高，银行支持难度较大**

在对大同市5623户中小企业经营状况的调查，有不良贷款的企业户数占调查企业总户数的80.88%；还贷意愿不强的户数占调查企业总户数的66.39%；有信用评级的户数占调查企业总户数的46.17%；能正常向银行报送财务报表的户数占调查企业总户数的11.45%；财务报表经审计的户数占调查企业总户数的2.69%；符合银行信贷标准的户数占调查企业总户数的15.42%。以上情况进一步说明，银行对中小企业支持难度很大，有效地执行银监会《关于银行开展小企业贷款业务指导意见》还存在一定的困难。

**（三）市场需求不足制约全市经济快速增长**

由于大同市产业结构的特殊性，主要产品处于产业链的上游，对宏观经济反映有一定的滞后性，随着宏观调控的政策效应逐步释放，全市经济会受到一定影响。据大同市经委对全市工业经济运行情况监测，1~11月，全市工业产成品资金占用34.4亿元，同比增长23.4%，除煤炭、橡胶、铸钢轮等少数产品需求旺盛外，多数产品面临需求不足，供大于求的矛盾进一步加剧。

**（四）企业消化能力差，经济效益出现明显下滑**

由于部分过热行业降温，不少行业供大于求矛盾显现，大同市企业先天性消化能力差的问题表面化，脆弱性特征进一步显现，企业整体利润增长不快，企业亏损面和亏损额大量增加。据统计，1~11月全市规模以上工业企业实现利润增长10.75%，增幅同比下降31.11个百分点。亏损企业亏损额增长41.68%，增幅同比上升37个百分点。全市六大行业除煤炭、电力行业外，其他四个累计实现利润同比下降17.1%。从全市“6656”工程60户优势企业来看，30户企业出现微利和亏损，亏损和微利企业户数比重占到50%，同比上升11.7个百分点。进一步说明大同市的企业经营管理粗放，应引起银行部门高度重视，防范银行信贷风险任重道远。

五、几点建议

**（一）商业银行要有效防范和控制信贷集中风险**

商业银行机构要树立科学发展观，优化信贷结构，增强信贷调控机制的弹性和灵活性。同时还要认真按照《商业银行集团客户授信业务风险管理指引》的要求，遵循统一、适度和预警的原则，善于风险定价，防范关联交易风险，通过开展银团贷款、联合贷款和贷款转让来分散风险，完善信贷管理信息系统，认真做好贷后跟踪分析预测。银监部门要充分利用现有统计信息系统，进一步完善大额客户信贷风险提示制度，为辖内银行机构提供企业信用信息平台服务，真正做好“窗口指导”工作。

**（二）创造良好的社会信用环境**

政府要着力打造诚信社会，优化社会信用环境。严厉打击企业逃废银行债务行为，特别要解决企业改制中的不规范行为，维护银行债权。推进企业信用体系建设，规范企业信用行为，一方面督促帮助企业完善公司治理结构、健全财务制度、改善经营管理、增强赢利能力，提升企业的信用水平；另一方面，切实发挥社会信用对企业经营行为的约束力。

**（三）积极推进对小企业信贷服务工作**

改进和完善银行机构支持小企业信贷工作，解决小企业融资难问题，是一项促进社会经济稳定发展和构建和谐社会的重要工作。各银行机构要努力解决小企业金融服务体系不健全问题，根据小企业客户实际需求和选择，量体裁衣，因地制宜，积极进行金融产品服务的开发与创新，满足不同行业、各个层次小企业金融服务的需要，进一步优化信贷流程，简化审批程序，缩短审批时间，降低管理成本，提高工作效率，最大程度地满足小企业贷款需求。

# 2005年朔州市经济金融运行及银行业风险状况分析

2005年，朔州市各级部门认真贯彻中央经济工作会议精神，在贯彻适度从紧货币政策取向的同时，以服务经济发展为中心，坚持科学的信贷投入观，努力加大对地方经济的支持力度，有力地推动了全市经济快速健康发展，经济金融运行呈现稳健协调发展的良好态势。

**一、经济运行基本情况**

一年来，由于工业经济尤其是规模工业的强劲增长，固定资产投资的有力拉动，朔州市经济发展势头稳中趋升，生产总值增速加快，财政收入增幅逐月上升，居民收支日益活跃，消费市场亮点颇多，平稳、快速发展的良好局面基本形成。

**（一）工业经济快速发展，煤、电等主导产品产量稳步回升**

2005年，全市实现地区生产总值181.65亿元，增长13.6%，其中：第一产业完成18.52亿元，下降3.4%；第二产业完成106.15亿元，增长23.3%；第三产业完成56.98亿元，增长6.2%。全市规模以上累计完成工业总产值(现价)230.30亿元，同比增长44.14%；累计完成工业增加值(现价)90.33亿元，同比增长39.10%。在工业产值全面增长的同时，因受煤炭行业安全整顿（地方煤矿停产整顿两个多月）的影响，煤电系统主导产品产量上半年下降幅度较大，下半年稳步回升，全市原煤累计完成7948.45万吨，同比增长25.22%，其中：地方原煤累计完成4970.51万吨，同比增长52.05%；发电量累计完成198.49亿千瓦时，同比增长17.66%。

**（二）投资速度继续保持强劲势头**

作为拉动朔州市经济快速发展的重要增长点之一，投资规模进一步增强，全年累计完成固定资产投资总额73.38亿元，增长21.7%，继续高位行走。

**（三）企业效益进一步好转，财政收入高速增长**

11月底，工业企业实现利税23.6亿元，增长70.3%，为历史上少有的好水平；全年财政总收入完成35.05亿元，增长64.6%；一般预算收入达到11.31亿元，增长69.6%。

**（四）市场繁荣，物价水平平稳回升，居民收入持续增长**

1～12月，全市实现社会消费品零售总额达54.06亿元，同比增长12.7%；城镇居民人均可支配收入8787.3元，增长13.1%，预计农民人均现金收入达3081元，增长10.2%；物价平稳，商品零售价格指数为99.9%，同比下降1个百分点，居民消费品价格指数为101.2%，同比提高1.12个百分点。

**（五）农业生产发展符合产业结构调整趋势**

前三季度，全市累计完成农林牧渔总产值34.9亿元，增长7%，其中农业产值17.42亿元，占总量的49.9%，牧业完成15.62亿元，占农林牧渔总产值的44.8%，增长4.5%，增速最快，活力明显，推动力大，符合朔州市农业生产结构的调整和优化方向。

**二、金融运行基本情况**

2005年，全市金融运行特点是：存款强劲增长，贷款投放回升，结构有所调整，信贷资产质量逐步改善，地方金融机构经济效益稳步提高。

**（一）存款持续保持高速增长，增长结构变化明显**

2005年，全市金融机构存款继续保持高速增长态势，年末全市金融机构本外币各项存款余额为237.32亿元，较年初增加55.65亿元，增幅为30.63%，同比多增20.15亿元，增幅提高5.48个百分点。其中人民币各项存款余额为234.39亿元，较年初增加56.6亿元，增幅为31.83%，同比多增19.82亿元，增幅提高4.79个百分点；外汇存款余额为3629万美元，较年初减少1061万美元，降幅为22.63%，减幅下降2.25个百分点。存款增长结构有以下几个变化特点：

**1. 储蓄存款平稳增长，企业存款增速周期性强劲反弹。**年末，储蓄存款本外币余额157.22亿元，比年初增加38.34亿元，增长32.29%，同比多增15.44亿元，增速同比提高8.43个百分点，储蓄存款继续保持平稳增长态势；企业存款增速在经历去年宏观调控的下滑后，又进入快速增长周期当中，增速快速回升。年末全市金融机构本外币企业存款余额为58.93亿元，比年初增加12.19亿元，增幅为26.08%，同比多增5.25亿元，增幅提高8.65个百分点。从时序上看，企业存款呈现一季度增、二季度增、三季度降、四季度增的变化特点，具体表现为：一季度增6.45亿元，二季度增1.89亿元，三季度降0.81亿元，四季度增4.66亿元。

**2. 储蓄存款定期化趋势明显。**年末，活期储蓄存款余额为45.35亿元，比年初增加14.26亿元，增长45.88%，定期储蓄存款余额为111.87亿元，比年初增加24.08亿元，增长27.42%，储蓄存款定期化趋势很明显。其主要原因：一是加息原因。2004年10月，存款利率提升后，定期存款较活期存款的增长势头更盛。二是股市低迷。2004年以来，股市一路下跌，到2005年12月末只有1100余点，股民纷纷离开股市。在投资渠道有限的情况下，多数居民纷纷将风险相对小的定期储蓄存款作为首选投资对象。

**3. 新增存款以国有商业银行、邮政储蓄为主。**国有商业银行凭借其良好的形象，优质的服务，快捷的电子汇兑等优势，吸引了大部分存款。12月末，国有商业银行存款余额为166.08亿元，比年初增加36.19亿元，同比多增14.31亿元，增长27.86%，其中农行增加13.1亿元，工行增加9.7亿元，中行增加7.6亿元，建行增加6.14亿元。同国有商业银行一样拥有全国通存通兑的邮政储蓄近年来发展迅速，在存款市场上的占有份额越来越大。年末，邮政储蓄存款余额为22.59亿元，比年初增加7.7亿元，增长51.71%，增量占各项存款增量的13.84%，占储蓄存款增量的20.08%，增幅排名第一。地方性金融机构由于在电子汇兑方面的先天不足，对存款的吸引力弱化，市场份额开始流失。2005年农村信用社新增存款8.83亿元，同比多增1.83亿元，增长27.04%，市场存量份额为17.48%，增量份额为15.87%，分别比上年同期下降1个和3.7个百分点。

**(二)贷款投放回升，重点突出，结构继续调整**

2005年，全市金融改革继续不断深化，继建行、中行股份制改造后，工行也加大了股改力度，农村信用社的增资扩股计划也基本完成。2005年，工行剥离不良贷款4.62亿元，人行发行专项票据3.11亿元，其中置换农村信用社不良贷款3.11亿元，冲减了历年亏损。不良贷款剥离后，金融机构活力增强，贷款投放力度加大，全市金融机构本外币各项贷款余额125.9亿元，按可比口径计算比年初增加12.2亿元，增幅为10.73%，同比多增6.42亿元，增幅提高5.63个百分点。其中人民币各项贷款余额为89.23亿元，较年初下降5.54亿元，下降5.85%；全市金融机构外汇贷款余额为4.54亿美元，较年初增加2.26亿美元，增长99.12%。贷款结构与投向呈现出以下几个特点：

**1. 国有商业贷款期限结构发生重大变化。**各国有商业银行经过不良贷款剥离后，贷款期限结构有明显变化，12月末，国有商业银行人民币中长期贷款余额为27.08亿元，占国有商业银行全部贷款的50.43%，超过半数，比2004年同期提高了2.46个百分点，中长期贷款同短期贷款之比为1：0.81，而2004年同期为1：0.97。从各行的贷款期限结构来看，工、农、中、建四家国有商业银行的中长期贷款与短期贷款之比分别为1：0.57、1：1.9、1：0.55、1：0.50。造成国有商业银行贷款期限结构变化的主要原因：一是短期贷款不良率大大高于中长期贷款不良率，剥离贷款以短期不良贷款为主。如2005年内工行剥离了4.62亿元不良贷款，其中剥离短期贷款达2.85亿元。二是上级行的不良贷款率考核对短期贷款的造成的压力较大，故国有商业银行大多选择中长期贷款发放。

**2. 国有银行淡出贷款市场速度加快，农发行、农村信用社成为贷款投放的主渠道。**到12月末，国有商业银行人民币贷款余额为53.7亿元，按可比口径比年初下降14.93亿元，降幅为21.76%，比2004年同期多降7.8亿元。国有商业银行货款下降的原因主要是：一是国有商业银行风险管理进一步加强，贷款权限上收，风险责任考核趋严，贷款门槛提高，审批程序更严。二是消费贷款受房贷利率调高和最高法院新的司法解释的影响较大。三是中行、建行、工行因股改上市步伐加快，其贷款进度受到一定影响。四是煤电行业火爆，朔州市煤电企业产销两旺，自有资金宽松，还贷力度加大。2005年全年，平朔煤炭工业公司、神头第一发电厂、神头第二发电厂分别还贷3.5亿元、4亿元、5亿元。四是社会信用环境欠佳，符合银行贷款条件的企业和项目不足，也是制约信贷投放的主要因素之一。与国有商业银行贷款淡出形成鲜明的对照的是农发行、农村信用社贷款投放更加强劲。12月末，农发行、农村信用社贷款余额分别为10亿元、25.45亿元，比年初分别增加3.06亿元、6.38亿元，分别增长43.49%、33.47%，新增额占比分别为25.1%、52.3%。

**3. 贷款投向重点突出。**一是支持“三农”发展。全市涉农金融机构加大了农村金融服务力度，积极支持“三农”经济发展，支持农民春耕备耕，实现农民增收、农村经济增效。全年全市农业贷款余额22.4亿元，比年初增加6.42亿元，增长40.2%，同比多增0.93亿元，新增额占全部贷款新增额的52.6%。二是支持重点项目的信贷需求。12月末，中国银行平朔支行向平朔安家岭露天煤炭有限公司发放贷款2.6亿美元，帮助企业提前偿还日本能源贷款，规避市场汇率风险。

**（三）金融机构贷款质量明显改观，但赢利能力有所下降**

2005年，各金融机构加大盘活不良资产力度，划转、核销、剥离大量不良贷款，贷款质量得到了明显改观。年末，全市国有商业银行及农发行不良贷款合计为12.65亿元（五级分类），不良贷款率12.59%，比年初减少3.08亿元，占比较年初下降3.46个百分点。农村信用社不良贷款6.65亿元（四级分类），不良贷款率26.1%，比年初减少1.47亿元，占比较年初下降12.4个百分点。截至12月末，金融机构当年结益2.83亿元，与上年同期相比少赢利585万元。

三、当前金融运行当中的热点问题分析

2005年以来全市国民经济运行处于较好状态，经济增速加快，效益同步提高，金融运行平稳。这些成绩的取得，是朔州市委、市政府认真贯彻落实中央精神，引导全市深化改革、优化结构、加快发展的结果，也是内在动力与活力增强、宏观经济环境趋好的表现。但也应清醒地看到朔州市经济运行中仍存在一些问题，必须引起足够的关注。

**（一）农村信用社成为贷款投放主力的原因**

从全年的金融数据看，农村信用社是贷款投放的主力军，成为支持全市经济发展的主要力量，是什么因素促成了农村信用社的贷款快速增长？这是在金融体制改革、宏观调控和市场需求的多重作用下的结果。

**1. 金融体制改革增强农村信用社活力，为农村信用社扩张做好准备。**一是机制显“完善”。通过此次改革，朔州市农村信用社的产权关系更加明晰，法人治理结构更加完善。增资扩股1.29亿元，引进自然人股1.1亿元，法人股0.81亿元，实现股本结构多样化，股权设置更加完善。二是资产显“活力”。央行专项票据的顺利发行，有效解决了农村信用社困境。农村信用社央行票据置换前，贷款不良率高，资金沉淀多，资产缺少活力，2004年底不良贷款率达38.51%，存贷款比例达64.59%，资产置换后，2005年底不良贷款率下降到26.14%，存贷款比例下降到61.35%，农村信用社活力明显增强。三是经营显“效益”。农村信用社体制改革后，信用社的“血液”得到更新，自我“造血”功能加强。2005年12月末，全市农村信用社实现赢利2722万元。

**2. 宏观调控加快了国有商业银行淡出贷款市场，为农村信用社扩张腾出空间。**2005年以来，国有商业银行的集权行为更加明显，朔州市国有商业银行经营被上级“边缘化”，贷款极度萎缩。上级行对朔州市银行进行严格管理，限制银行的贷款权限，严厉处罚不良贷款率超标机构，基层行放贷积极性低落。有计划地实行100万元以下信贷业务退出机制，提高贷款门槛，银行服务对象减少。上级行集权造成的是国有商业银行的淡出，给农村信用社拓展了贷款空间。

**3. 国家支农政策的扶持，农村贷款需求旺盛，为农村信用社扩张奠定基础。**2005年，为了促进粮食增产和农民增收，国家在宏观调控中，加强了对农业的政策支持。各地认真贯彻中央一号文件，增加农业投入，免征农业税，农民得到了较大实惠，务农积极性显著提高，也促进了农业贷款的需求。

**（二）农村信用社存在的问题妨碍其健康发展**

农村信用社贷款业务虽然有很大的发展，但其外部、内部环境存在的一些问题不利于健康稳定发展。

**1. 从市场定位看：**农村信用社“进城”，边远农村的农民难得到金融服务，对“三农”的支持减弱。农村信用社市场定位应在农村，但近年来，朔州市农村信用社市场定位出现摆动，一方面想将自己定位在农村，另一方面却在一步步脱离农村。在机构设置上，重点向城郊转移，边远山区的金融网点纷纷被撤销，连接边远山区农民的纽带被割断，边远山区农民贷款难的问题进一步加剧。

**2. 从外部环境看：**存款市场竞争激烈，资金实力壮大艰难。虽然农村信用社贷款份额上升，但存款市场份额却在逐年下降，存款规模限制了投放额度。国有商业银行淡出的是贷款市场，但对存款市场丝毫没有淡出之意。在存款市场的竞争当中，除了国有商业银行的竞争外，还有邮政储蓄的竞争。农村信用社同其贷款市场份额相比，存款市场份额偏低，市场份额逐年走低。12月末，农村信用社存款余额占比为17.48%，低于贷款份额2.73个百分点，新增存款份额为15.87%，低于新增贷款份额36.43个百分点。

**3. 从金融服务水平来看：**农村信用社的金融创新和服务相对滞后。一是贷款的发放中利率缺乏弹性，往往“一浮到顶”。二是贷款的期限较为单一，没有根据企业生产合理确定，以及信贷产品不多等。三是贷款管理模式，不利于经济平稳发展。农村信用社多年来“春放、秋收、冬不贷”，适应的是传统农业生产，不适应现代农业的生产，更不适应乡村工业生产，易造成生产各环节上的资金链断裂。

**（三）中小企业贷款难的问题依然严峻**

虽然朔州市拥有煤电大型企业，但中小企业的发展对壮大地方经济、解决就业问题有不可忽视的作用，然而，中小企业资金的紧张状况越来越突出，已成为制约朔州市企业发展的瓶颈。

**1. 国有商业银行对中小企业信贷服务缺位。**一是门槛高。工商银行总行最近下发了“中小企业信贷管理办法”规定：只对年销售收入在3000万元以上的中小企业发放贷款，1000万元以下的贷款期限控制在一年以内，其实是提高了中小企业的贷款门槛。二是信贷管理体制严。各国有商业银行信贷审批权限普遍上收，基层行信贷权十分有限，大部分只有推荐权和调查权，然而一旦贷款出现风险时，基层行又是第一责任人，并实行严格的责任追究制度，减弱了基层行信贷发放的积极性。

**2. 缺乏专门为中小企业服务的金融机构。**首先是国有商业银行从朔州市贷款市场淡出；其次是农村信用社因为承担了支持“三农”的历史重任，贷款投放以农业为主，70%的贷款投向“三农”，对中小企业贷款投放相对少且涉及面不足，很难成为支持中小企业贷款的增量部队。

**3. 借款者尤其是新发展起来的个体私营企业自身发育不良，与信贷准入条件不尽相符。**一是可供抵押物少。由于个体私营企业拿出可供抵押的资产太少，加之银行要求的资产抵押率较高，成为制约银行信贷投入的症结；二是财务透明度低。企业财务制度不健全，会计信息失真，运作不规范，甚至有的备有几套账表；三是抵御市场风险的能力弱。由于企业规模小、产品单一、科技含量低，决定了其抵御市场风险能力较弱；四是借款者信用观念淡薄。

**（四）国有商业银行不良贷款反弹风险不容忽视**

年末，四家国有商业银行不良贷款余额9.55亿元，较年初减少2.78亿元，但剔除工行剥离4.6亿元不良贷款的因素后，不良贷款余额实际较年初增加了1.86亿元。原因：一是汽车消费贷款因经销商挤占挪用借款人还款资金，无法按时归还银行贷款，形成不良贷款。如工行2005年新增汽车消费不良贷款2104万元，农行新增汽车消费不良贷款2750万元；二是陶瓷行业日趋竞争激烈，产品销路受阻，导致企业不能按期还贷。如怀仁县嘉明陶瓷公司因内部经营运作不规范，致使经营出现困难，生产萎缩，19条生产线只有2条正常生产，2005年开始在工行和建行贷款7750万元及利息399万元全部进入不良贷款。

**（五）金融结构业务品种单一成为制约其利润增长的主要瓶颈**

当前，国有商业银行中间业务品种较少，扩大中间业务空间较小。2005年，各国有商业银行中间业务收入不到3000万元，仅占收入总额的6%，农村信用社在这方面还处于起步阶段。随着国有商业银行信贷权限的进一步上收，可自主发放的贷款项目越来越少，加上部分效益良好的国有大型企业提前还贷，国有商业银行贷款利息收入将会逐年下降，如不采取有效措施大力开拓中间业务品种来增加创收，其利润逐年下滑是必然趋势。

**（六）金融机构的操作风险仍然比较突出**

2005年，监管部门对各金融机构开展了一系列的现场检查，从检查结果来看，金融机构的风险主要表现在操作风险方面，这些风险占到风险点总数的60%以上，主要表现在：一是有章不循，违规操作；二是内控制度执行不到位；三是信贷管理制度不够完善，缺乏必要的风险监控、识别和防御手段等。这些操作风险如果不及时用健全和完善的内控制度加以规范和约束，极易诱发案件的发生。

四、对下阶段经济金融工作的几点建议

**（一）把握重点，优化投向，积极推动煤炭产业的升级**

朔州市是一个典型的以能源开采为主的城市，传统产业比重很高。政府各相关部门要切实改变朔州市煤炭产业结构单一、品种单一及单一出售原煤的格局，只有以产业政策为依据，以经济全球化为背景，以企业为主体，以提高工业整体为目的，坚持在发展中加快结构的调整，促进传统产业升级换代，才能实现原煤变精煤、矸石变电力、一业变多业，推进煤炭工业由数量速度型向质量效益型转变，由生产初级产品向综合开发加工利用转变，由资源开发型向资源增值型转变，形成煤炭生产、洗选加工、非煤产业各占“三分之一”的格局，进一步调整经济结构，推动经济步入良性循环。金融部门要继续加大对地方煤炭行业的技改资金投入力度，促使其改变落后的生产方式，采取先进的采煤技术，开发以煤为原料的新产品，全面提高煤炭的附加值，真正实现规模化、新型化、科学化经营；对正在兴建的以煤矸石为燃料的环保型电厂应提供必要的配套资金，促进其尽快投产，提高煤矸石的附加值；对污染少、资源消耗小、具有一定规模化的产品和企业，积极给予信贷支持，助其做大做强；对污染严重、浪费资源、工艺落后、没有市场竞争力的产品和企业，要严格信贷退出制度，促进其关停改造，向新型化发展。

**（二）银行机构要树立科学的发展观，建立防范风险的长效机制**

在国家货币政策允许的范围内，增加有效信贷投入，支持地方经济增长。银行机构要围绕贯彻国家宏观调控政策和促进地方经济平稳较快增长的双重目标，积极探索新形势下改进金融服务的机制和方法，努力满足市场多样化需求，加快金融业务产品创新，提高金融服务水平和办事效率。不断优化信贷的期限结构、行业结构，促进朔州市经济的平稳健康发展。各行要在重点保证煤电产业正常合理的生产性资金需求的同时，继续加大对调产项目的信贷支持，促进信贷结构和地方产业结构衔接。适当增加有市场、有效益、有利于增加就业的企业流动资金贷款，加强与粮食等部门的联系与协作，确保粮食等农产品收购资金的及时发放，改进对中小企业和非公有制企业的信贷服务，继续规范和扩大发展消费信贷，为全市经济发展创造良好的金融环境。

**（三）深化信用环境建设，建立健全信用环境建设工作长效机制，进一步改善金融“生态环境”**

根据现行的银行信贷管理制度，良好的信用等级是企业取得信贷支持的“资格证书”。因此，要动员社会各部门积极配合，努力改善朔州市信用等级，走“信用引资”之路。同时，全面优化投资环境，充分调动银行投资的积极性，依靠“环境引资”。一是政府要把各家金融机构当作地方企业来办，要把使用银行信贷资金视同“招商引资”来看待，促进银行业的良性发展，为各银行更好地争取上级行对朔州市的政策支持和资金投入创造条件。二是进一步加大信用环境的整治力度，打击逃废债务行为，清收不良贷款和利息，把企业法人的信用行为纳入各级党政领导的监督之下，把全社会金融“生态环境”的治理作为发展地方经济一项不可忽视的工作来抓；三是进一步为金融部门营造良好的工作环境，特别对那些借执法之名，到金融部门乱收费的行为，政府要采取措施进行规范；四是改善司法环境，提高金融诉讼案件的审结率和执行率；五是进一步规范收费，消除职能部门对企业设置的“贷款门槛”。地方政府要采取措施，对职能部门的收费实行减、免，以降低企业的筹资成本，为企业创造良好的融资环境。

**（四）监管部门要督促金融机构进一步完善内控制度建设，练好内功，从源头上堵塞和防范各类风险的发生**

一是要求各金融机构高度重视案件专项治理工作，将案件专项治理工作进一步引向深入，要加大对案件高发岗位、高发机构的内部检查和处理力度，加强对全员的职业操守教育，提高其严格执行制度的自觉性。二是要求各金融机构进一步健全和完善各项内控制度建设，严堵各类操作风险漏洞，同时要建立行之有效的风险预警机制，对可能发生的风险及时进行预警并采取应对措施。三是要求各金融机构加大对市场风险的关注力度，要引导其加强对重点行业政策及市场变化的分析研究，针对市场风险及时做出应变对策。四是要加大对违规严重的金融机构的监管频率和力度，促进其依法合规经营的自觉性。

# 2005年忻州市经济金融运行与银行业风险状况分析

2005年，忻州市国民经济继续保持了良好的运行态势，各项经济指标均实现较快增长。金融运行基本平稳，银行业金融机构信贷资产质量普遍提高，赢利能力显著增强，市场竞争能力进一步提高，银行业金融风险得到有效释放，为推动全市经济持续、快速发展发挥了积极的作用。

一、经济运行的基本情况

**(一)经济增长速度继续加快,工业生产增势强劲,经济效益不断提高**

2005年忻州市生产总值完成167亿元,增长11.8%；规模以上工业增加值完成43.4亿元,增长28.9%,其中:重工业完成增加值42.53亿元,增长32.5%;大中型工业企业完成增加值27.59亿元，增长50.8%。全市规模以上工业企业实现产品销售收入110.2亿元，比上年增长34.5%，实现利税21.1亿元,增长81.8%,其中利润9.9亿元,增长179.4%。主要工业产品产量均有较大幅度增长，铁矿石、生铁、铁合金、黄金、发电量、白炭黑分别增长71.9%、61.5%、23.5%、33.5%、267.8%、16.4%。

**(二)财政收入和城乡居民收入明显增加**

2005年忻州市财政总收入完成30.78亿元,较上年同期增加10.56亿元,增长52.2%,其中一般预算收入完成11.77亿元,增长48%;受经济快速增加的影响,全市城乡居民收入稳步提高,到2005年末,城镇居民人均可支配收入完成7005元,同比增加653元,增长10.3%;农民人均纯收入完成1910元,同比增加132元,增长7.4%。

**(三)固定资产投资规模不断扩大,消费继续走高,出口增速明显回落**

2005年忻州市固定资产投资完成79.4亿元，增长22.2%,其中:城镇投资75.6亿元,增长16.4%;农村投资1.7亿元,增长0.7%。消费品市场更加活跃,年末,社会消费品零售总额完成64.4亿元,增长10.8%,居民消费价格指数为103.3%,高于上年0.5个百分点;外贸进出口总额完成4002万美元,比上年下降11.5%,其中出口3978万美元,下降9.04%;进口24.6万美元,下降83.6%。

二、银行业运行的基本特点

2005年,忻州市金融运行一直保持平稳发展的态势,银行业金融机构业务稳定发展,存款持续增长,贷款平稳发展,资产质量进一步好转,经营效益显著提高。截至12月末,全市银行业金融机构资产总额336.88亿元,较年初增加66.7亿元,增长25%;负债总额339.26亿元,较年初增加62.1亿元,增长22.4%;所有者权益为-2.38亿元,较年初增加4.58亿元。

**(一)各项存款持续较快增长,存款储蓄化特征明显**

2005年,全市各项存款一直呈持续增长的态势,到12月末，全市银行业金融机构本外币存款余额为362.12亿元,较年初增加70.9亿元,增长24.3%,同比多增21亿元和3.6个百分点。储蓄存款的强劲增长势头是各项存款增加的最主要因素，储蓄存款增加额占到各项存款增加额的66%。

1. **企业存款增长波动较大，受季节性因素影响明显。**12月末,全市金融机构本外币企业存款余额48.8亿元,较年初增加8.2亿元。年内,企业存款月度间波动较大,先后出现3次负增长,其中4月、8月为企事业单位存款增长的最高峰,2月、9月、11月又成为企业存款下降的低谷。同时,企事业单位存款流动性变强,1~12月企业活期存款净增6.9亿元，相当于企业定期存款增加额的5.6倍。

2. **居民储蓄存款增长迅猛,成为各项存款增加的主要增长点。**12月末,全市储蓄存款余额278.95亿元,较年初增加46.6亿元，增长20%，同比多增11.3亿元和2.2个百分点。从年初开始,储蓄存款增速加快,2月份增速达到最高峰,3月份开始,增速开始变缓,但存款余额一直呈稳步增长态势,而且储蓄存款的稳定性进一步增强,全年新增的定期储蓄存款占到储蓄存款增加额的61%。居民储蓄存款的持续增长与全市经济的快速发展，居民收入的稳步提高相吻合。

**(二)银行贷款增速回落,资产结构有所改善**

12月末，全市银行业金融机构本外币各项贷款余额

189.1亿元，较年初增加14.8亿元，增长8.5%，受中长期贷款增速大幅回落因素的影响，各项贷款较上年同期少增14.3亿元和11.5个百分点，而且贷款增加在行社之间呈现不平衡性，新增贷款主要集中在农村信用社的农业贷款上，农业贷款较年初增加9.9亿元，占到各项贷款增加额的67%。

**1. 短期贷款投放力度加大，特别是对农业的贷款投放显著增加。**截至12月末，全市银行机构短期贷款余额113.7亿元，较年初增加13.69亿元，增长13.7%，同比多增8.6亿元和8.3个百分点。农业贷款从1月份起到10月份连续保持稳定增长的势头，全年净增9.86亿元，增长21.8%。农副产品收购贷款较年初净增3.62亿元，同比多增2.15亿元，增长26.6%。工业贷款较年初净增0.7亿元，较上年同期增加3.9亿元。

**2. 中长期贷款总量稍有增加，增幅较去年同期大幅回落。**随着一些大项目的竣工投产，对信贷资金需求的减弱，使国有商业银行中长期贷款从2005年开始快速回落。12月末，全市银行业金融机构中长期贷款余额68.3亿元，较年初微增1.9亿元，同比少增22.2亿元，增幅较上年同期下降54.2个百分点。

**3. 个人消费信贷继续走低，业务明显滑落。**12月末，个人消费贷款余额为4.97亿元，较年初减少1.7亿元，下降25%。其中，房地产业贷款减少0.4亿元，汽车消费信贷减少1.02亿元。下降的原因为消费贷款违约客户不断增加，各商业银行对此项业务开始收缩。

**（三）经营利润大幅增加，银行业机构效益显著提高**

2005年忻州市银行业金融机构实现整体赢余，到12月末，全市银行业金融机构累计实现赢余2.17亿元，同比增赢2.15亿元。其中国有银行赢利1.46亿元，同比扭亏增赢2.33亿元，农村信用社赢利0.72亿元。利润增加的原因是营业收入大幅增长，全年累计实现营业收入19.1亿元，同比增加4.9亿元，增长35%。

**（四）不良贷款整体"双降"，信贷资产质量明显提高**

12月末，全市银行业金融机构本外币不良贷款余额31.29亿元，较年初减少14.69亿元；不良贷款占比16.5%，较年初下降9.88个百分点。其中：国家银行不良贷款余额20.7亿元，不良贷款率17.1%，较年初减少11.2亿元和10.5个百分点；农村信用社不良贷款余额为10.58亿元，不良贷款率15.5%，较年初减少3.54亿元和8.5个百分点。不良贷款的双降主要得益于政策性剥离，专项票据置换以及不良贷款上调等因素。其中：工行剥离不良贷款10.4亿元，农村信用社置换不良贷款4.4亿元，中行不良贷款上调1.39亿元。

**（五）银行业改革收效明显，金融服务、风险控制、竞争能力均有所提高**

一是深化农村信用社改革取得阶段性成效，农村信用社在业务发展、效益提高的同时资本实力进一步增强，全年新增股金3470万元，增长10.4%，资本充足率综合水平由年初的0.19%，上升到7.22%；二是国有商业银行业务创新能力增强，网上银行、理财业务等业务发展为客户提供了优质、便捷的金融服务，也为银行带来新的利润增长点。全年中间业务收入达到1770万元，占到其各项收入的1.4%；三是风险控制能力进一步增强，信贷资产质量进一步提高，非信贷资产风险程度有所下降。国家银行非信贷不良资产余额较同期减少了0.9亿元，下降4个百分点；四是加强了对操作风险的控制，对重点业务、重点岗位、重点人员进行风险排查，完善了各项业务管理制度和工作流程，风险管理和内部控制明显改善。

**三、银行业金融机构运行中需要关注的问题**

**（一）金融机构存差扩大，银行资金外流，支持地方经济力度削弱**

由于近年来忻州市经济增长的支撑点主要是依靠少数行业、大项目带动的，这种经济格局决定了金融竞争的格局，激烈的同质竞争不仅导致信贷资源的利用效率降低，而且使信贷投放趋于集中，与此同时大多数中小企业因为经营粗放，规模小，管理水平低，不具备贷款资质，其信贷需求无法转化为有效信贷支持。再加上各商业银行贷款权限上收，信贷政策向大城市、大企业倾斜，致使忻州市银行业金融机构的资金得不到充分运用，存贷差不断扩大，资金上存呈上升趋势，对区域经济的支持开始弱化。年末，忻州市银行业金融机构存贷比例为52.2%，较年初下降了7.6个百分点，远远低于75%的上限，账面存差高达161亿元，较同期增加61亿元，仅四家国有商业银行存差近110亿元，这些剩余资金基本上全部上存，使金融资源在区域内得不到有效利用，不仅会影响区域经济的可持续发展，还将会制约金融业自身的生存和发展。

**（二）不良贷款反弹压力增大，部分机构不良贷款有所抬头**

2005年政策性剥离、票据置换等手段对全市银行业金融机构不良贷款实现"双下降"产生了积极的作用，而真正盘活信贷资金存量，现金收回不良贷款的比重并不大。年末，部分机构不良贷款又有反弹迹象，如：农行不良贷款较年初增加0.72亿元，建行不良贷款较年初增加0.2亿元，农村信用社不良贷款在票据置换后，不良贷款又增加0.82亿元。不良贷款的“前清后增”现象，从另一个方面说明金融机构风险管理的基础仍较薄弱。

**（三）个人消费贷款风险不断暴露**

近年来，忻州市消费信贷业务发展迅速，成为银行业金融机构新的利润增长点，但随着市场以及政策变化，消费贷款的风险也开始逐渐显现。违约户数快速增加，截至2005年末，全市个人消费信贷形成违约客户729户，违约金额0.31亿元，较同期增加114户，主要是汽车零售贷款违约客户增加较快，而且在月度间波动较大，仅四季度汽车零售违约客户增加了293户，年末汽车零售贷款违约达到648户，违约金额0.28亿元，较同期增加147户和0.16亿元，且主要集中在中行、建行两家机构，而且随着时间的推移，零售贷款违约风险还有继续增加的趋势。

**（四）表外业务增长较快，风险敞口有所上升**

2005年，忻州市国有商业银行表外业务规模持续快速增长，年末，表外业务余额为22.4亿元，较同期增加20.28亿元，增长957%，表外业务风险敞口值20.5亿元，敞口比例92%，较同期增加19.38亿元和39个百分点。承诺类业务发展迅速是表外业务快速增长的主要原因，2005年农行向鲁能晋北铝业新增20个亿的贷款承诺，在既无抵押品，又无保证金的情况下，使贷款风险敞口增加20亿元。

四、措施及建议

**（一）加大对中小企业的信贷支持力度，促进区域经济发展**

银行业金融机构要进一步调整信贷结构，在煤、焦、电力全国产能过剩的情况下，要限制对其新的信贷投放，特别是中长期贷款的发放。同时结合区域实际，加大对中小企业、城乡居民、城镇下岗人员等弱势群体的信贷支持力度，重点扶持产品有市场，经营有效益，信用良好的中小企业，建立与中小企业发展相适应的信用评级制度和信贷准入标准，为其提供流动资金贷款。同时，要继续加大对“三农”的信贷支持力度，促进经济的城乡协调发展，实现经济金融的良性互动。

**（二）加强对不良资产管理，控制不良贷款反弹**

各银行业金融机构要继续把不良资产下降工作作为防范风险的重点，认真执行不良资产按月监测分析和按季考核制度，加强对贷款的逐笔实时监控，防范新的不良贷款的发生，对不良贷款余额不减反增或不良贷款占比不降反升的行业、企业，要查明原因，研究对策，确保不良贷款稳步下降。同时加大不良贷款问责力度，防止信贷决策管理及不良贷款清收转化过程中的道德风险。

**（三）继续加强银行内部控制，增强风险控制能力**

一是必须强化案件专项治理工作责任制；二是必须加大专项检查和现场检查的监管力度；三是必须密切金融监管机构与相关部门及司法机关的配合与协作。力争通过一年的专项治理，使辖内各银行业金融机构实现标本兼治，违法违规案件得到遏制的目标。四是健全和完善内控机制和风险管理体系，并将案件的防范工作与加强银行机构内部管理，深化体制改革，建立风险防范长效机制相结合，保证银行改革和发展的顺利进行。

**（四）继续推进银行业金融机构的改革，不断加强金融创新和改善金融服务**

要密切关注银行体制改革，督促其在坚持改革的同时，努力加强金融服务和金融创新，在防范风险的前提下，在确保重点行业、重点项目和企业资金需求的同时，增强“抓大抓优扶小”的金融服务意识，不断开发适合地方经济发展的信贷品种和金融工具，为区域经济协调健康发展提供外部硬件支持。

**（五）加强对个人房地产、汽车贷款的管理**

除了要对已形成的违约贷款进行清收外，更重要的是做好新增贷款和现有贷款的管理。一是增加抵押物，减少贷款风险。尽量办理车辆抵押加自然人、房产抵押性担保方式的汽车贷款。二是建立多方合作、协调机制。通过加强与房管部门、车辆管理部门以及司法部门的联系和沟通，争取其支持，为银行掌握房产信息资料、追索按揭车辆提供更具体、更有效的途径，改善银行处置不良贷款抵押物的司法环境，提高诉讼执行效率。三是监管部门发挥风险预警作用。尽快建立并完善房地产、汽车贷款违约个人通报制度，及时向金融机构公布有关个人违约信息，实现信息共享，遏制个人违约行为。

# 2005年阳泉市经济金融运行及银行业风险状况分析

2005年,阳泉市经济金融保持了良好运行态势,表现为:经济增长速度快、效益好,产业结构调整取得明显成效;金融运行持续平稳,银行业资产负债同步增长,资产质量明显提高,赢利水平显著提升,对地方经济的支持进一步加大。

## 一、经济运行状况及特点

2005年,阳泉市经济运行保持了稳步增长的势头,经济效益稳步提高,工业企业产销衔接总体向好,但行业间发展不平衡。

### (一)经济保持了较快的发展速度

2005年全市经济工作着力于深化改革、扩大开放、调整经济结构、促进经济方式的转变,使全市经济继续保持了快速、健康的发展。全年完成国内生产总值200.3亿元,同比增长18.77%;完成财政收入37.12亿元,同比增长35.23%。

### (二)工业生产平稳增长,产销衔接较好

2005年,规模以上(国有及年销售收入500万元以上的非国有)工业企业共完成工业增加值99.5亿元,比2004年增长12.0%,增幅与上年的19.8%相比回落7.8个百分点,呈现出平稳增长但增幅有所回落的态势。全年共完成销售产值220.4亿元,同比增长31.1%,产品销售率为99.1%,比上年提高1.4个百分点;销售收入实现217.19亿元,比上年增长12.5%。

### (三)工业企业效益稳步攀升,实现利税有较大增长,但企业亏损面有所增加

在煤炭行业的带动下,全市工业企业整体效益继续稳步攀升。共实现利税30.1亿元,比上年增长22.4%,实现税金19.9亿元,比上年增长39.2%,但规模以上工业企业有100家出现亏损,亏损面为45.2%。

### (四)行业间生产存在明显不均衡现象

煤炭行业受市场需求旺盛和价格高位运行的刺激成为全市工业增长的最重要行业,实现工业增加值62.7亿元,同比增长17.0%,拉动工业经济增长10.7个百分点。电力行业的生产经营形势总体较差,全年受煤炭价格持续高位的影响,经济效益出现明显回落,发电量总体下降3.1%,全行业共实现工业增加值13.9亿元,同比下降7.1%。耐火行业受钢铁和焦炭行业生产需求减少的影响,产品价格总体有所下降,效益明显下滑。全行业实现工业增加值2.8亿元,同比下降10.6%,致使全市工业经济下降0.5个百分点。

## 二、辖区金融运行情况

阳泉市银行业金融机构运行平稳,各项存贷款均保持了较高的增长幅度,存款增幅略低于上年,贷款增幅略高于上年。金融资产质量进一步好转,不良贷款整体下降,经营效益继续提高,利润总额持续上升。

### (一)各项存款持续增长,增速逐季趋缓

2005年末,阳泉市银行业金融机构本外币各项存款余额304.91亿元(不含人行财政性存款1.5亿元),增加了66.58亿元,增长27.93%,同比多增14.22亿元。(如下表)

| | 本期 | 增减额 | | 增减% | |
|---|---|---|---|---|---|
| | | 比年初增减 | 比上年同期 | 比年初增减% | 比上年增减百分点 |
| 各项存款 | 3049137 | 665757 | 142188 | 27.93 | -1.56 |
| 企事业单位存款 | 701755 | 198775 | 68465 | 39.52 | 4.55 |
| 活期存款 | 579194 | 166803 | 75558 | 40.45 | 12.04 |
| 定期存款 | 31972 | 31972 | -7093 | 35.29 | -40.53 |
| 储蓄存款 | 1955597 | 363008 | 77200 | 22.79 | 0.92 |
| 活期存款 | 435834 | 106105 | 18173 | 32.18 | -4.19 |
| 定期存款 | 1519763 | 256904 | 59027 | 20.34 | 1.76 |

从存款季度增长情况看:一季度净增30.91亿元,增长了12.97%;二季度净增24.69亿元,增长了9.17%;三季度净增5.28亿元,增长了1.80%;四季度净增5.70亿元,增长了1.91%。呈现出:一、二季度增长速度较快,三、四季度增长速度趋缓的态势。(如下图)

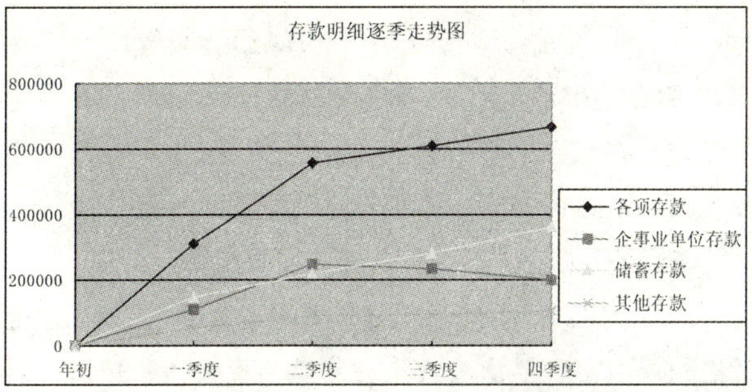


分项目看:(1)年末企事业单位存款余额70.18亿元,当年新增了19.88亿元,占各项存款增加额的29.86%,同比多增6.85亿元,增长了39.52%。其中:定、活期存款分别同比多增3.2亿元和16.68亿元。存款增加的主要原因:一是企业经济效益好转,主要是煤炭企业回款能力强,以及电力、通讯、商业服务等行业收入增加,增加了企业存款;二是由于贷款增加相应增加了派生存款。(2)年末储蓄存款余额195.56亿元,比年初增加了36.3亿元,同比多增了7.72亿元,增长了22.79%。其中:活期储蓄余额为43.58亿元,较年初增加了10.61亿元,增长了32.18%;定期储蓄余额为151.98亿元,较年初增加了25.69亿元,增长了20.34%。定、活期储蓄结构由年初的79.3∶20.7变为77.71∶22.29。储蓄存款增长的主要原因有:一是城乡居民收入稳步增长。随着区域经济的快速发展,人民生活不断提高,城镇居民就业率提高,收入增加,农村认真落实农民种粮直补及农业税减免等各项政策,直接促进农民增收,城镇居民人均可支配收入预计达到8800元,同比增长10%;农民人均现金收入预计达到3725元,同比增长8.4%。二是当前阳泉市居民投资渠道单一,民间投资积极性不高,是储蓄持续增多的重要原因。特别是2005年股市行情出现低迷,分流储蓄的能力明显减弱。三是随着我国住房、医疗、教育、养老等制度改革进程的加快,居民对未来的支出增加了不确定性,从而增加了一部分储蓄。

2005年金融机构各项存贷款逐季净增图

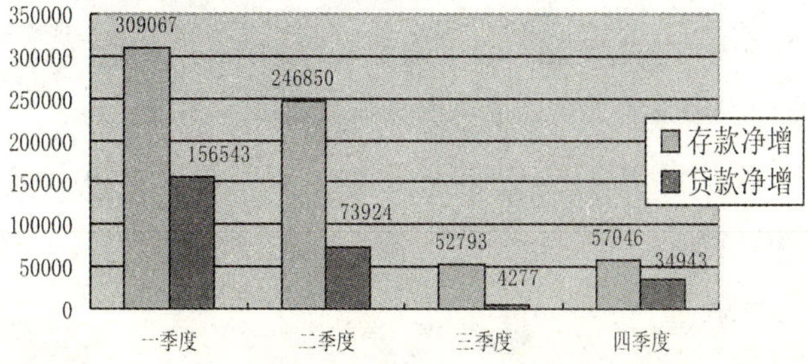


各金融机构存款占比表

| 项目 | 存款余额 | | | 存款净增额 | | |
|---|---|---|---|---|---|---|
| | 本期(万元) | 占比% | 排名 | 本期(万元) | 占比% | 排名 |
| 工行 | 657422 | 21.63 | 2 | 117246 | 17.56 | 2 |
| 农行 | 414138 | 13.62 | 3 | 61101 | 9.15 | 6 |
| 中行 | 407876 | 13.42 | 4 | 114369 | 17.13 | 3 |
| 建行 | 398031 | 13.09 | 5 | 74428 | 11.15 | 5 |
| 农发行 | 1801 | 0.06 | 8 | -379 | -0.06 | 8 |
| 城信 | 147537 | 4.85 | 7 | 45469 | 6.81 | 7 |
| 农信 | 708050 | 23.29 | 1 | 150102 | 22.48 | 1 |
| 邮储 | 305178 | 10.04 | 6 | 105386 | 15.78 | 4 |

分行别看:国有商业银行各项存款比年初增加36.71亿元,增长24.31%,所占比重为55.15%;城市信用社各项存款比年初增加4.55亿元,增长44.55%,占比为6.83%;农村信用社各项存款比年初增加15.01亿元,增长26.9%,占比22.55%;农业发展银行各项存款比年初减少379万元,下降17.39%;邮政储蓄比年初增加10.54亿元,增长52.75%,占比15.83%。

**(二)各项贷款增速由快变慢,总体速度略高于上年**

年末,阳泉市金融机构各项贷款148.27亿元,比年初增加了26.97亿元,比上年多增了4亿元,增长了21.01%,比上年多增了1.35个百分点,低于存款增长速度6.92个百分点。从逐月增长情况看:除5月、7月、11月是下降外,其余各月均为增长(如图)。

2005年各项贷款余额逐月趋势图

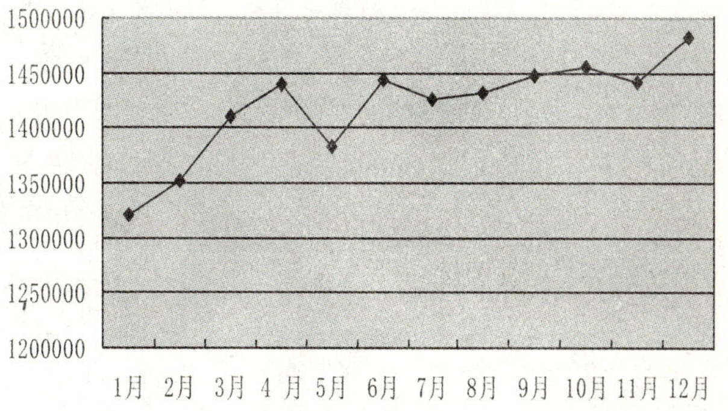


从逐季贷款增长情况看:一季度增长速度最快,二季度速度开始放慢,三季度速度最低,四季度略有上升。贷款投放速度一是受经济增速带动,特别是受煤炭行业影响较大;二是银行加强风险管理与贷款权限上收影响贷款的投放。

2005 年存贷逐季环比增幅图

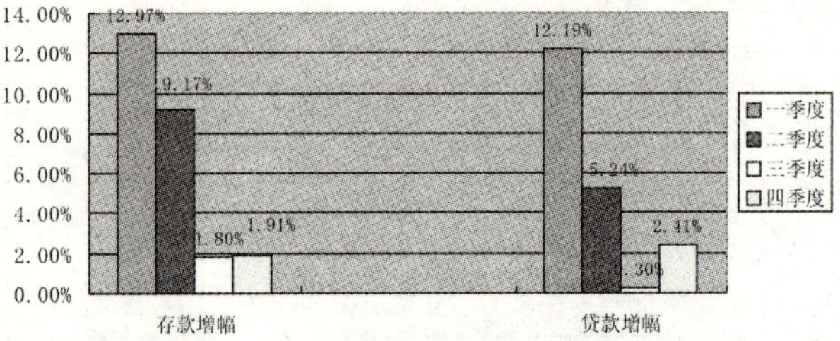


从贷款结构看：短期贷款 90.78 亿元，比年初增加 18.15 亿元，增长 23.1%，主要是为阳煤、开元、大阳泉煤矿、中电投娘子关发电公司等企业发放流动资金贷款；中长期贷款 49.34 亿元，比年初增加 5.26 亿元，增长 11.63%，主要是为阳煤集团煤矸石项目、中国石油化工有限公司项目、宏大公路有限公司 307 国道复线水峪至坡头一级公路项目等发放贷款；票据融资比较活跃，年末余额为 7.89 亿元，比年初增加 3.55 亿元，增长 82%，主要是各金融机构加大了票据业务的营销力度，特别是国有商业银行在审批权限内灵活运用贴现、转贴现融通资金，支持了企业发展。

2005 年末贷款结构图

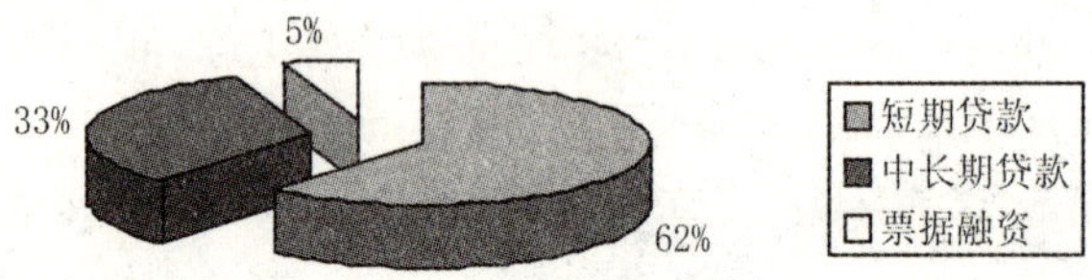


从贷款投向看：一是投向重点行业，拉动地方经济增长。其中向煤炭行业累计发放贷款 39.91 亿元，占十大行业的 48.94%；建材行业累计发放贷款 11.11 亿元，占十大行业的 13.62%；冶金行业累计发放贷款 8.78 亿元，占十大行业的 10.77%。其中：煤炭行业净增 12.49 亿元，增长 31.45%，占十大行业净增额的 63.89%；电力行业净增 2.41 亿元，增长 67.9%，占十大行业净增额的 12.31%；耐火行业净增 2.03 亿元，增长 36.17%，占十大行业净增额 10.37%。二是投向“三农”，促进了农民收入的稳步提高。农村信用社贯彻中央 1 号文件精神，加大了对“三农”贷款的投放力度。年初即积极筹措资金，满足春耕备耕生产需要，并深入开展信用工程，全市累计已在 960 个行政村评定信用户 56152 户，发放小额农户信用贷款证 39730 本，累计发放小额信用贷款 1.71 亿元。其中农户贷款、农业经济组织贷款、农户小额信用贷款、农户联保贷款分别较年初增加 1594 万元、5933 万元、605 万元、3168 万元。2005 年，全市农业贷款余额为 14.03 亿元，净增长 1.11 亿元，占贷款总额的 9.47%，农业贷款的发放，极大地拓展了农民的增收渠道，提升了农民的收入水平，农民人均现金收入预计达到 3725 元，同比多增 288 元。

**(三)不良贷款实现“双降”，贷款质量稳步提高**

2005 年以来，在银监部门有力的监管下，各银行业金融机构采取多种措施清收不良贷款，提取拨备核销不良贷款，利用政策剥离不良贷款，使不良贷款整体下降，资产质量进一步提高。

**1. 国有商业银行不良贷款“双下降”。**截至年末，国有商业银行按五级分类不良贷款余额为 6.17 亿元，比年初减少 3.83 亿元，不良贷款占比为 7.49%，比年初下降 5.82 个百分点。且工、农、中、建四大行都实现了不良贷款“双下降”。其中：由于不良贷款绝对额减少影响占比下降 5.53 个百分点，由于贷款余额增加影响不良贷款占比下降 0.34 个百分点。

**2. 农业发展银行不良贷款余额下降，比例上升。**截至年末，农发行五级分类不良贷款余额为 1.15 亿元，比年初减少 64 万元，不良贷款占比为 38.51%，比年初上升了 7.82 个百分点，上升的主要原因是按照上级行通知的精神，将 8468 万元中央储备粮贷款全部划转到农发行忻州营业部，由于贷款余额下降使不良贷款比率上升。

**3. 城乡信用社不良贷款“双下降”。**城市信用社按五级分类不良贷款余额为 0.93 亿元，比年初减少了 414 万元，不良贷款占比 9.1%，比年初下降了 3.47 个百分点。农村信用社按四级分类不良贷款余额 1.99 亿元，较年初减少 3.22 亿元，不良贷款占比 3.76%，比年初下降 8.7 个百分点，其中，逾期贷款较年初增加 382 万元，呆滞贷款较年初下降 803 万元，呆账贷款较年初下降 3.18 亿元(包括专项央行票据置换 3.07 亿元)。

**(四)银行经营效益显著提升，拨备水平逐步提高，支付能力增强。**

2005 年全市银行业金融机构经营效益提高，赢利能力增强，累计营业收入 19.06 亿元，营业支出 16.62 亿元，实现账面利润 1.83 亿元，比上年增加 1.35 亿元，增长 2.86 倍。各行实现账面利润如下图：

2005年~12月份金融机构赢利情况

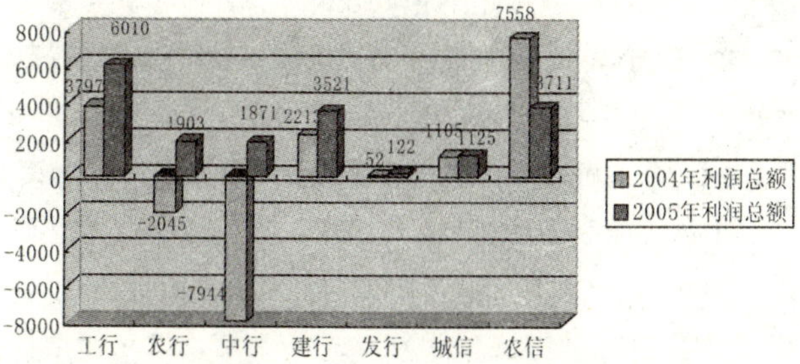


同时,各金融机构按提足拨备的要求,全年提取贷款损失准备金2.43亿元。其中:一般准备金1.01亿元,专项准备金1.42亿,城市信用社当年提取准备金3389万元,农村信用社提取准备金1.65亿元。城乡信用社支付能力增强,备付金充足,平均备付率为23.20%,其中城市信用社41.88%,农村信用社19.31%。各金融机构支付水平均正常,运行比较平稳。

**(五)国有商业银行表外业务发展平稳,敞口缩小**

2005年末,国有商业银行担保类业务8.55亿元(主要为开出银行承兑汇票8.09亿元,开出信用证0.46亿元),比年初增加1.1亿元;风险敞口为1.66亿元,比年初减少0.68亿元,占比为19.47%。

**(六)农村信用社改革取得明显进展**

主要表现在法人治理结构进一步完善,产权制度基本设定,历史包袱得到初步化解,支农实力明显加强,扶持政策逐步落实,经营效益有所好转。目前已转换了行业管理形式,批准筹建以县(区)联社为统一法人的组织机构,到2005年底,农村信用社资产总额比年初增长26.94%,负债总额比年初增长25.68%,所有者权益比年初增长57.53%,账面利润3711万元,资本充足率达9.5%,抗风险能力进一步增强,各项存款和贷款的市场份额均高于全市其他金融机构(含邮储),位于首位,"三农"贷款份额占到90%以上,农村信用社的支农作用越来越明显。

三、存在的主要问题及风险

**(一)贷款投向过度集中**

各商业银行的贷款越来越向少数优势行业和企业集中。银行贷款集中度风险突出,一旦国家产业政策调整或行业市场发生变化,企业经营受到影响,给银行业带来的影响是不容忽视的。主要表现在:一是客户集中。截至年末,全市5000万元以上大额授信或大额贷款企业26户,贷款余额为58.02亿元,占全市银行业金融机构贷款总额的39.13%;1亿元以上大额授信或大额贷款企业8户,贷款余额为46.74亿元,占贷款总额的31.53%。其中全市最大的企业——阳泉煤业(集团)有限责任公司在四家国有商业银行的大额贷款已达39.13亿元,占大额贷款总额的67.44%,占到国有商业银行全部贷款的近47.51%。二是行业集中。据统计,2005年新增贷款中煤炭行业贷款占到十大行业贷款的63.89%,大额授信客户贷款也主要集中在煤炭、电力、冶金等行业,上述26户企业中有煤炭行业9户、电力行业3户、冶金行业4户,贷款余额分别为40.51亿元、5.05亿元、3.38亿元,占比分别为69.82%、8.70%、5.83%。三是贷款机构集中。1亿元以上大额授信或大额贷款的8户企业,全部集中在四大国有商业银行,贷款余额为46.74亿元,占国有商业银行贷款总额的56.76%。

**(二)关联交易中存在着隐性风险**

随着经济快速发展,跨地区、跨行业和集团化经营的企业越来越多,一些集团关联企业频繁进行关联交易、资金串用和相互担保,形成了巨大风险。一是关联企业交易频繁,造成贷款风险难以监控。由于关联企业的资金往来较为频繁,关联交易较多,不易区分正常交易与非正常关联交易,使得银行对贷款资金使用情况的监测流于形式,若贷款公司经营出现问题,极易出现转移资产和逃废银行债务的情况,并可能最终使银行债权形成损失。另外,关联企业之间频繁利用银行承兑汇票进行关联交易,潜在一定的信用膨胀风险。二是目前对集团客户、关联企业的风险控制机制尚不健全,加之辖区内信用体系不完善,对集团客户之间和关联企业之间的资本运作、经营状况、或有负债等情况难以全面、准确、及时地掌握,潜在风险比较突出。

**(三)小企业贷款难的问题仍然存在**

2005年以来,银监会出台了《银行开展小企业贷款业务指导意见》的通知,各银行机构有所重视,特别是城乡信用社加大了对小企业的营销力度,但小企业贷款难的问题仍然存在。2005年末,辖区内贷款小企业户数1776户,约占全部贷款企业户数的88.27%,贷款余额51.68亿元,约占全部企业贷款的39.62%,小企业贷款偏少。其中,国有商业银行贷款小企业575户,占小企业户数的32.38%,贷款金额13.41亿元,占小企业贷款余额的25.95%,占国有商业银行全部贷款的18.02%;城乡信用社贷款小企业户数1201,占小企业户数的67.62%,贷款金额38.27亿元,占小企业贷款余额的74.05%,占城乡信用社全部贷款的61.00%。小企业贷款主要集中在城乡信用社，辖区内小企业贷款难的问题依然严峻。

**（四）市场风险对中小金融机构资产质量有着较大影响**

主要是耐火行业和煤炭行业市场的影响。2005年下半年耐火行业市场供需发生变化，供大于求，同时受上游产品铝矾土、粘土及能源等价格上涨因素的影响，部分耐火企业陷入经营困境，给金融机构的贷款带来了较大风险隐患。2005年末，阳泉市农村信用社共有贷款耐火企业197家，贷款总额7.6亿元。其中，仅有61家企业能够正常生产，涉及贷款3.8亿元，占贷款总额的50%；有57家企业受到供求、利润、订单等因素的影响普遍开工不足、收入不稳，涉及贷款1.83亿元；其余的79家企业中，关停的有49家、半关停的有30家，涉及贷款1.97亿元。且在这些企业中，已逾期贷款1124万元，占到贷款总额的14.75%，应收未收利息1819.34万元，占到应收利息的32%。煤炭行业受国家宏观调控限制，9万吨以下的责令关停，且开业要有安全许可证、交资源管理费，受此影响，小煤炭企业停业整顿的增加，贷款隐性风险增加。如全市有136个煤炭企业在农村信用社贷款9.31亿元，已欠息2310万元，其中取得安全许可证的只有44个，未取得许可证的60个，已关停32个；其中9万吨以下的92个，涉及贷款2.62亿元，已欠息1827万元，这部分贷款基本收回无望。耐火企业和小煤炭企业按期归还贷款的情况不容乐观，信贷隐性风险较大。

**（五）国有商业银行对区域经济的支持力度较小**

受信贷政策和贷款审批制度的影响，四家国有商业银行对地方经济的信贷投入相对较少。一是贷款的增幅相对较低，2005年国有商业银行贷款增幅为14.97%，低于全市平均增幅6.04个百分点；二是国有商业银行存差大，上存资金多，存差总计105.39亿元，剔除缴存法定存款准备金、备付金、提取各项准备等必要资金运用后，净存差为69.38亿元，比年初增加14.86亿元；三是存贷比例过低，年末存贷比为43.86%；四是四家国有商业银行新增贷款仅占到本辖区新增贷款的41.69%，贷款投放力度明显较弱。国有商业银行作为间接融资最主要的资金供应者，区域经济（或称地方经济）缺乏国有商业银行信贷资金积极、有效地投入，增长基础必然会受到影响，不利于区域经济的快速、稳定发展。

**（六）城市信用社存款结构稳定性相对较差**

年末，城市信用社各项存款余额为14.75亿元，其中：企业存款8.54亿元，占存款余额的65.42%，储蓄存款5.1亿元，占存款余额的34.58%，储蓄存款所占比重低于全市29.56个百分点；其中定期存款5.48亿元，占存款余额的37.15%，低于全市16.71个百分点。储蓄存款和定期存款占比较低，存款结构的稳定性相对较差。

**（七）个人房地产贷款违约情况有所增加**

2005年末，违约三个月以上个人房地产贷款客户28户，违约金额56.12万元，其中违约1年以上的5户。个人购房贷款中不良贷款余额为445.36万元，比年初增加437.36万元，欠息8.34万元。

**（八）部分行业经济效益较差，银行贷款利息清收困难**

2005年以来，虽然经济在煤炭行业带动下，整体情况较好，但部分行业效益欠佳，亏损严重，银行贷款清收困难。如化工行业全年亏损530万元，欠息3213万元；建材行业亏损1400万元，欠息3042万元；煤炭行业虽然整体赢利，但今年国家加强对煤炭行业的宏观调控，限制小企业乱开乱采和无证经营，煤炭行业贷款逾期达7192万元，欠息达2132万元，耐火行业的赢利同比下降50%，欠息达1819万元。全市煤、焦、铁等十大行业欠息达1.19亿元，占到应收利息的37.93%。

四、监管建议

**（一）加强对金融机构贷款投放的指导，防范由于贷款过度集中引发的风险**

要引导银行机构建立与大额客户授信业务风险管理特点相适应的贷款风险管理机制，对大额客户进行统一授信管理，遏止因多头授信、过度授信引起的信贷集中风险。严格按照《商业银行集团公司授信业务风险管理指引》和《商业银行授信工作尽职指引》等规定，规范授信及贷款管理，特别是对集团客户授信要实施重点监控。要运用现代化的管理方法，建立较为全面的重点客户授信信息平台和关联企业信息档案以及与之相适应的运行机制，加强集团客户各个方面有关信息的收集和传递，完善贷款客户基本信息资料。监管机构要督促银行业金融机构加强对重点交易对手情况的动态监测，加强对集团客户、关联企业、大额授信客户贷款业务的监管，并进行必要的风险提示，引导银行业金融机构采取措施规避风险。

**（二）加强对客户关联交易的检查、监测，切实防范关联风险**

要督促商业银行制定控制关联交易的管理办法，并对关联交易对手情况进行重点监测，一是要加强对关联企业之间资金往来的监控，严格审查关联企业间互开银行承兑汇票，严防虚假交易套取银行信用；二是要加强对关联企业交易行为的监控，防止相互间转移资产，悬空银行债务；三是建立集团客户重大事项预警制度，对影响关联关系的重大人事变动、体制变动、重大投资等事项应及时预警，以防范信贷风险；四是要严格内控制度、贷款授信授权和高管人员的操守管理，切实加强对关联交易和集团客户授信的风险控制。

**（三）加大对中小企业的支持力度**

要指导各金融机构转变经营思路，积极发展中小客户，使大、中、小客户的占比合理，以分散贷款风险、促进经济多元化发展和银行自身的可持续发展。金融机构要认真贯彻银监会制定的《银行开展小企业贷款业务指导意见》的精神，从本系统实际出发，制定针对地区、行业差异及分支机构经营管理水平的信贷政策，积极调整信贷结构，建立适应中小企业贷款需求的信贷操作制度，允许基层机构根据各自的实际情况，在国家产业政策和区域经济政策的指导下，自主确定支持那些产品有销路、经济效益和社会效益较好但流动资金不足的中小企业，同时建立贷款风险约束机制与创造优质信贷资产激励机制相统一的信贷管理体制，最大限度地调动基层信贷人员的积极性，及时满足中小企业合理的资金需求。

**（四）加强信贷资金管理，防范和化解市场风险引发的信贷风险**

要对小耐火、小煤炭企业的市场供需变化情况进行动态监测，督促商业银行定期对产业政策的要求、市场变化的情况和企业的实际情况进行风险分析。并且要建立和完善对企业经营情况的评价体系，通过对生产规模、成本以及销售业绩和资金回笼等情况的密切监控，对市场变化、政策变化可能引发的金融风险进行前瞻性的预测，及时对产能不上规模、经营管理不善、产品质量不高、销路有不利变化的企业制定信贷退出对策，采取措施收回贷款，有效防止和化解信贷风险的发生。

**（五）按审慎经营的要求加强对中小金融机构的监管**

根据银监会审慎经营的原则，结合当前城乡信用社的现状，建立和完善包括信贷、非信贷、表外资产、流动性与内部控制的风险监测和衡量体系，对发现的风险隐患，尽快制定不同的防范措施和分类处置预案。一是督促建立完善的法人治理结构，加强对贷款集中度和关联交易的风险管理，对发现的问题和隐患及时进行处置；二是优化存款结构，采取有效措施，加大吸储力度，增加存款的稳定性，严防发生流动性风险和清偿危机；三是狠抓不良贷款的清收和严格贷款“三查”制度，提高资产质量；四是提足拨备、做实利润，充实资本金，提高支付能力；五是进一步加强内控制度建设，将案件专项治理工作引向深入，尽快完善健全内控制度，将覆盖面扩展到全部业务领域和岗位，形成规范严密的内控长效机制。

**（六）采取有力措施，积极清收结欠利息**

各金融机构要将清收不良贷款和贷款利息作为重点工作来抓，采取分清责任、奖惩并行、确定重点的办法，将清收任务层层分解，并作为考核基层管理人员业绩的重要指标，同时通过积极与各方面协调，运用定协议分阶段清收、担保扣收、法律清收等手段，保证金融资产不受损失，提高银行营运资金质量。

**（七）更新监管理念，不断增强监管的有效性**

结合辖区银行业金融机构风险突出的问题，加大监管力度。一是要进一步整合监管资源，调整监管力度，提高监管人员自身的素质，实现有效监管；二是加强对政策和市场的研究，跟踪分析宏观经济金融走势，适时进行风险窗口指导，防范系统性风险；三是建立高效、便捷的信息管理系统，加强信息披露，全面提升银行风险识别、判断、评价和预警能力；四是积极探索银行监管的新思路、新方法，特别要提高非现场监管能力，切实提高监管效率和提升监管形象；五是加强与政府、人民银行和金融机构各部门的协调与沟通，避免监管真空和重复监管，同时建立适合本辖区金融机构的长效机制，不断增强监管的有效性。

# 2005年长治市经济金融运行与银行业风险状况分析

2005年，长治市经济金融运行总体特点是：综合经济实力增强，工业产销全面增长，财政收入实现翻番，市场物价涨势回落。金融运行平稳，存贷款增速回落，资产质量进一步好转，经营效益明显提高。

一、经济运行特点

**（一）工业产销全面增长，经济效益总体水平持续攀升**

1～12月份，全市规模以上企业完成工业总产值519.99亿元，同比增长39.6%，实现增加值180.93亿元，增长21.8%。前10个月，全市工业经济效益综合指数达154.6%，较上年同期提高13.3个百分点。11月末，累计实现利税63.27亿元，利润总额31.34亿元，同比增长16.2%。

主要工业产品产量增长幅度较大，如：原煤4730.1万吨，同比增长6.9%；机制焦炭完成937.7万吨，增长43.7%；发电量134.9亿千瓦时，增长25.4%；生铁453.1万吨，增长47.7%；钢材209.2万吨，增长8.2%。

**（二）固定资产投资稳步增长，房地产投资增势强劲**

全市固定资产投资累计完成183.07亿元，同比增长12.3%，其中，城镇固定资产投资166.54亿元，增长23.6%；房地产开发投资完成11.5亿元，同比增长26%。

**（三）财政收入突破71亿元，实现翻番目标**

2005年全市财政总收入累计完成71.39亿元，为年预算的116.5%，比上年增长39.95%，增收20.38亿元。实现了在2003年基础上两年翻一番的宏伟目标。

**（四）城乡居民收入增加，市场物价涨势回落**

至12月末，城镇居民人均可支配收入9127元，比上年增长12.2%；农民人均现金收入3570元，增长9.4%。

居民消费价格总水平比上年上涨1.4%，全市社会消费品零售总额113.56亿元，比上年增长17.7%。分行业看，批发零售贸易业零售额95.55亿元，比上年增长16.6%；餐饮业零售额15.31亿元，增长26.5%。

二、金融运行特点

**（一）存款总量上升，但增量逐季下滑**

12月末，全市银行业金融机构本外币各项存款余额为479.08亿元，较年初增加69.27亿元，增长16.9%，同比少增加14.17亿元，同比增幅下降9.46个百分点。从2005年各季度情况来看，存款增量呈逐季减少的趋势。一、二、三季度分别较上季增加39.7亿元、18.6亿元、17.1亿元，四季度较三季度减少6.15亿元。尤其是12月份，当月存款净减少16.16亿元，是近年来没有的现象。这表明存款增长更加理性。

从存款结构来看，储蓄存款仍占主导地位，余额占比达66.84%，新增占比更高达79.31%。到12月末，储蓄存款余额320.24亿元，全年净增54.94亿元，增长20.71%，同比多增加8.75亿元。储蓄存款定期化较为明显，全市定期储蓄存款余额为250.29亿元，占储蓄存款的78.2%，较年初增加40.57亿元，同比多增8.85亿元，增幅高于同期1.53个百分点。储蓄存款的刚性增长，尤其是定期储蓄存款的持续稳定增长已成为银行业资金来源中最稳定、最重要的渠道。与之相对应的是企业存款增量与增幅较上年均呈大幅下降之势。12月末，全市企业存款余额仅为95.75亿元，占各项存款余额的19.98%，较年初增加5.73亿元，增长6.37%，同比少增加19.84亿元，同比增幅下降33.36个百分点。

分析企业存款增幅大幅回落的原因：一是企业投资新项目导致存款减少。如长钢集团在没有新增贷款的前提下，继续加大技术改造力度，仅1080立方米高炉一个项目就投入资金5.5亿元，直接导致企业存款减少3亿元；潞安环保能源股份公司投资新煤矿导致存款下降1.6亿元；煤炭运销公司2005年参股购买煤矿使存款下降0.7亿元。二是企业生产成本加大，导致存款下降。2005年以来，全市主要生产资料价格大幅上升，截至11月末，煤炭、电力、石油价格分别比上年同期增长29%、31.25%、21.5%，长治作为能源型产业结构占比较大的地区，在生产资料价格上涨的情况下，企业生产成本必然增加。据对天脊化工集团调查，由于主要原材料煤炭和电力价格上涨，使企业增加成本支出1.6亿元。三是煤炭企业停产及后半年的煤炭价格下降，焦化行业产品价格大幅下跌、销路不畅导致焦化企业产成品存量大幅度增加，都在一定程度上使企业存款下降。四是利润转移导致企业存款下降。由于长治市辖内部分煤矿被外地老板买断，煤炭企业产生利润后这些企业将利润转往外地，造成企业存款下降。据统计，长治县因此造成企业存款较同期少增1亿多元。五是贷款投放缓慢，也是企业存款减少的重要原因，一方面企业派生存款减少，另一方面企业将资金用于扩大再生产，减少了存款。

从机构类别来看，12月末，全市各机构新增存款从高到低顺序依次为：农村信用社、工行、城市商行、农行、建行、邮政储汇局、中行、农发行，分别较年初增加19.67亿元、12.6亿元、10.57亿元、8.95亿元、7.23亿元、3.87亿元3.33亿元、0.03亿元。

**（二）各项贷款增长适度，增幅高于全省平均水平**

12月末，全市银行业金融机构各项贷款余额为288.8亿元，较年初增加38.6亿元，增长14.5%，同比增幅下降10.67个百分点。虽然总体贷款增量较上年有所下降，但是从全省情况来看，全市信贷投放总量由2004年的全省第三上升为2005年的第二，仅次于大同市，增幅高于全省平均水平3.58个百分点。

从贷款期限结构来看，短期贷款与中长期贷款同时增加，票据业务萎缩。12月末，短期贷款余额为177.3亿元，比年初增加23.9亿元，增长14.4%，同比增幅下降4.55个百分点。中长期贷款比年初增加14.6亿元，增长19.8%，同比增幅下降21.96个百分点。中长期贷款增幅高出短期贷款5.4个百分点。截至12月末，票据融资余额为26.7亿元，较年初增加0.06亿元，增长0.23%。除剔除2004年年末农行一笔10亿元回购票据业务2005年到期解付因素外，主要原因是2005年钢铁、焦炭市场疲软，导致银行承兑汇票源减少。

从贷款投向来看，新发放贷款严格执行国家宏观调控政策要求，对国家限制的项目采取了适当紧缩，对符合国家产业政策的“新百强”企业和基础设施、高科技、农业产业化等重要项目的流动资金给予了重点支持。其中：煤电行业投放贷款19.26亿元，高新技术项目投资8.7亿元，农业贷款新增7.4亿元。

从新增贷款行别来看，12月末，全市新增的38.7亿贷款中，主要集中在农村信用社和城市商行，分别为21.5亿元、11亿元，市场份额分别为55.56%、28.42%。四家国有商业银行新增贷款的情况是：工行9亿元，建行7亿元，农行剔除年初10亿元的票据回购因素，实际新增2.7亿元，中行减少4.7亿元。农业发展银行全年新增贷款1.3亿元。

**（三）不良贷款较年初实现“双降”，资产质量进一步好转**

12月末，全市银行业机构不良贷款余额为29.87亿元，比年初减少14.74亿元，占比为10.46%，较年初下降6.29个百分点。资产质量有了较大的改善。

农发行不良贷款（五级分类）余额27006万元，比年初减少910万元，占比为21.46%，下降1.38个百分点。

四家国有商业银行不良贷款（五级分类）余额16.27亿元，比年初减少14.75亿元，占比11.87%，下降8.94个百分点。从不良贷款分类情况看，次级类、可疑类和损失类贷款余额分别为26654万元、50342万元、85739万元，分别较年初减少22418万元、114734万元和10386万元，占比分别为1.94%、3.67%、6.25%，分别较年初下降1.35、7.4、0.19个百分点。

城市商行不良贷款（五级分类）余额13266万元，比年初增加4419万元，占比为4%，下降0.09个百分点。农村信用社不良贷款（四级分类）余额为95647万元，比年初减少3376万元，占比为9.33%，下降2.43个百分点。

**（四）银行业金融机构经营效益不断提高，竞争实力进一步增强**

截至12月末，全市银行业金融机构本外币累计实现账面利润44968万元，同比增加21558万元，增长92.15%。主要原因是利息收入增加47100万元。

分机构情况来看：工行账面利润17644万元，同比增加5928万元；农行账面利润2356万元，同比增加7725万元（同期为亏损5369万元）；建行账面利润2175万元，同比少赢利2469万元；中行账面亏损188万元，同比减亏7944万元（同期为亏损7756万元）；城市商行账面利润7967万元，同比增加5863万元；农村信用社账面利润13279万元，同比少赢利4030万元。银行业金融机构赢利水平大幅提高，为银行机构提足拨备、消化不良资产，提高整体竞争力奠定了坚实基础。

三、经济金融运行中应关注的问题和风险

**（一）银行业存差扩大，区域资金外流**

截至12月末，全市银行业金融机构存差达190亿元，剔除准备金、备付金等，可用资金将近90亿元。分析其主要原因：一是目前长治市的产业结构与国家宏观调控政策以及信贷政策存在一定差异，产生了结构性信贷投入不足。二是相当一部分中小企业由于规模、效益不符合贷款条件,急需资金,得不到贷款。三是国有商业银行放贷权限上收。四是城乡信用社受最大单户贷款和最大十户贷款比例限制，使一些基本符合条件而资金需要量很大的企业得不到贷款支持。

**(二)银行业不良贷款反弹,加大清收难度**

到12月末，全市银行业不良贷款较年初实现了“双降”,但是如剔除工行剥离不良贷款16.68 亿元,农村信用社票据置换31766万元这一不可比因素影响后,不良贷款余额实际为49.2亿元,较年初增加5.12亿元,占比实际仅下降0.46个百分点。四家国有商业银行及新成立的城市商行、农村信用社均为上涨趋势,工、农、中、建、城市商行、农信社分别较年初增加5993万元、2919万元、3595万元、6800万元、4419万元、28390万元。不良贷款清收的难度越来越大。

**(三)部分焦化企业政策性关停,银行业信贷风险增加**

2005年4月份,山西省政府下发《关于对全省焦化项目实施分类处置的通知》后，部分焦化企业面临生存难题。按照该通知要求,全市焦化企业中,完全不符合国家产业政策,属明令禁止立即关闭类企业57户,涉及贷款1.1亿元;不符合国家产业政策,在近两年内将被限期关闭类企业12户,涉及贷款1.63亿元;未经审批或审批准入手续不完善，将被清理整顿的企业22户，涉及贷款1.92亿元,总计涉及银行贷款4.65亿元。如果严格按照该意见实施,这些信贷资金的落实将非常困难。

**(四)贷款相对集中,隐性风险加大**

新增贷款大部分投向了少数行业和规模较大的企业。据统计,新增贷款32亿元(不含农业贷款)中,从行业投向来看,煤炭、焦炭、钢铁、电力四行今年新增贷款25.75亿元，占比达80%。从企业投向看,70%以上的贷款投向了潞矿、天脊化工、常平、鸿达宇不锈钢等30个大型企业。贷款集中度的进一步加大,使银行业隐性风险继续加大。

**(五)消费贷款下降,潜在风险上升**

12月末,全市消费信贷余额为14亿元,较年初减少3.4亿元,下降32.1%。个人违约数达到698户,是年初的4.36倍。主要原因:一是该项业务在开办初期注重发展,忽视了规范,在人员配置及业务自身管理方面存在漏洞,把握风险的能力不强,形成了潜在风险;二是受社会信用制度不完善的制约,借款人品质恶劣或还款意识淡薄,形成恶意骗贷、恶意逃债等行为;三是受借款人经营状况影响。一些借款人经营不佳造成收入时好时坏,每期还款总要拖延一些时日甚至无力还款,以致造成违约。

五、防范风险的对策与建议

**(一)构建和谐金融环境,促进金融对地方经济的支持**

各级政府和经济主管部门要树立和落实科学发展观,以市场为导向,充分发挥比较优势,研究和开拓市场,优化调整经济结构和生产布局,真正做到产业围着市场转,产品围消费需求转。按照长治市委、市政府经济发展的总体规划,一方面加大对“新百强”企业的支持力度,加快产业调整步伐,进一步做大做强煤焦铁等支柱产业,提高支柱产业附加值;积极开发新型产业,发展特色农业,培植扩大医药、信息、旅游等新兴产业,形成新的经济优势和支柱产业,保持区域经济的持续稳定健康发展,进而增强吸附和集聚资本的能力。

**(二)认真执行国家产业政策,密切关注和防范产能过剩新增贷款风险**

各银行业金融机构应认真执行国务院《促进产业结构调整暂行规定》、《产业结构调整指导目录》，密切关注和防范产业结构调整与产能过剩压缩过程中的新增贷款风险,要关注和深入分析市场与企业效益的变化,重点关注限制类行业企业淘汰和大额集团客户授信,及时发现、控制和化解潜在风险,防止发生新的不良资产。

**(三)多措并举,切实降低不良资产**

不良贷款是目前银行业最大的风险。降低不良贷款,不仅是当前银行工作的重点，也是保持经济稳定发展乃至社会安定的重要条件。作为银行,一是要堵住源头,把好新增贷款发放关。二是要盘活存量。在堵住源头的同时,必须制定长远的规划,加大对存量不良资产的盘活力度。三是要不断提高信贷管理水平,通过建立科学的决策机制和执行授权授信、审贷分离、贷款三查等制度,逐步完善信贷管理体制,加强对贷款风险的控制。四是要敢于利用法律手段维护自己的债权。作为监管部门,要强化对不良贷款的监管。要充分发挥监管和服务职能,积极引导资金投向,加强对金融机构贷款的窗口指导,强化对贷款质量的检查和监督。要严格执法,加大对金融机构违规情况的处罚力度,努力降低不良贷款。对企业恶意逃废和悬空金融机构债务的行为,要坚决给予金融制裁。作为政府部门必须把信用环境建设作为重中之重。信用环境的好坏，决定了一个地方融资的难易程度。如果信用环境不好，一方面导致国内外的投资者不敢投资；另一方面导致失去金融资源的支持，形成恶性循环。融不到资金，经济不可能加快发展。

**（四）要注意防止贷款垒大户问题，做好小企业贷款工作**

针对贷款行业集中、客户集中，一是各银行业金融机构应密切关注行业发展以及产业政策，及时制定防范措施；二是对大客户要认真分析其财务状况，资产负债结构情况，合理确定集团客户总体授信额度，防止过渡授信所造成的风险；三是要调整经营策略和资产结构，积极面向小企业贷款市场，确保信贷投放与全市经济发展的大好形势相适应，促进经济金融协调发展。

**（五）积极发展消费信贷，进一步防范个贷风险**

消费信贷特别是住房贷款增长势头减缓，短期看对抑制房地产价格过快上涨有积极作用，但从长远看将有可能抑制最终消费需求增长和消费结构升级，不利于缓解投资消费结构失衡矛盾。因此，各级金融机构要高度关注当前房地产市场变化，要积极探索和开发适合地方实际的房地产金融产品，支持经济适用房、普通商品房的开发建设和销售，加快发展消费信贷业务。同时，进一步加强个贷管理工作，对新发生的个贷业务要加强管理，严格手续，确保个贷业务良性发展；对已经形成不良的个贷应在分类排队的基础上，区分不同情况，积极采取相应措施及时化解风险，遏制新的风险产生。

**（六）切实加强内部控制，坚决遏制大案要案发生**

第一，要强化教育引导，增强全员执行制度的自觉性。一方面，要正面引导银行从业人员尤其是高级管理人员和要害岗位人员树立正确的人生观、价值观，自觉抵制拜金主义思想侵蚀；另一方面，通过典型案例剖析，警示广大员工进一步增强对依法经营、规范操作重要性的认识，彻底消除侥幸心理。第二，要强化制度落实，确保制度执行到位。关键是要建立有效约束的长效机制，强化管理责任，制度分解到岗，责任到人，建立责任定性、考核定量的管理考评制度，建立风险控制的奖惩制度，赏罚严明。第三，要强化案件防范，确保银行资金安全。针对2005年以来银行业机构案件发生较多的情况，各银行业机构要把查处和防范案件继续作为一项重点工作来抓，加强对主要领导和要害岗位人员的监督和约束，一旦发现违法、违规行为，严管、严查、严究，决不姑息迁就。构筑起防范道德风险的有效控制机制。

# 2005年晋城市经济金融运行及银行业风险状况分析

2005年，晋城市经济运行保持了持续、快速发展的势头，金融运行平稳、健康，各项存款稳步增长，贷款投放更加合理，不良贷款继续“双降”，经营效益明显提高。但同时，金融运行中也出现了一些问题，应引起关注。

**一、经济运行的总体情况及特点**

2005年，全市工业生产持续快速增长，消费品市场稳中见旺，财政收入大幅增加，城乡居民收入和生活水平稳步提高，国民经济继续保持较快增长态势。

**（一）工业生产快速增长，主导产业发展良好**

2005年，全市规模以上企业完成工业增加值139.97亿元，同比增长19.21%。其中，煤炭开采和洗选业完成工业增加值89.73亿元，增长22.05%；化学原料及化学制品制造业完成13.27亿元，增长51.33%；黑色金属冶炼及压延加工业完成6.4亿元，增长156.34%。煤、电、化、冶炼四大行业对全市工业增长贡献率达98.33%，拉动全市工业增长19.89个百分点。

**（二）消费品市场购销两旺，物价稳定**

2005年，全市共实现消费品零售总额75.12亿元，同比增长19.04%，增速比上年加快7.73个百分点。同时，市场物价基本稳定，居民消费价格小幅上升。2005年，全市居民消费价格总水平比上年上涨2.2%，消费品价格上涨1.1%。

**（三）固定资产投资快速增长**

2005年，全市固定资产投资累计完成116.41亿元，同比增长30.45%。主导产业投资快速增长，过热行业投资有所下降。其中，煤炭开采及洗煤选煤业完成投资45.25亿元，同比增长59.7%；化学原料及化学制品制造业完成投资16.8亿元，同比增长49.08%；电力、燃气及水的生产和供应投资完成9.86亿元，同比增长1.79倍。冶金行业投资完成2.52亿元，同比下降1.25%；房地产业投资完成8.23亿元，同比下降0.71%。

**（四）财政收支情况良好**

2005年，全市共完成财政收入61.67亿元，同比增长43.1%，增收18.58亿元。其中，一般预算收入累计完成20.05亿元，同比增长44.75%，一般预算支出31.28亿元，同比增长27.48%。

**（五）城乡居民收入增加较快**

2005年，全市城市居民人均可支配收入8911.05元，同比增长10.05%，人均消费性支出5882.48元，同比增长3.28%；全市农民人均纯收入3593.07元，同比多增315.07元，增长9.62%。

**二、银行业运行的总体情况及特点**

**（一）各项存款保持稳步增长势头，增速逐季回落**

2005年，全市银行业金融机构本外币各项存款余额506.15亿元，较年初增加92.43亿元，增长23.01%，存款继续保持稳步增长势头。其中，一季度各项存款较年初增长12.68%，二季度较一季度增长6.94%，三季度较二季度增长3.98%，四季度较三季度增长1.41%。增速呈逐季下降之势。

从企业存款增长态势看，2005年，全市银行业金融机构本外币企业存款余额160.55亿元，较年初增加32.32亿元，增长25.21%，呈持续增长态势。从期限结构来看，活期存款余额128.74亿元，较年初增加27.27亿元，增长26.88%，定期存款余额31.82亿元，较年初增加5.05亿元，增长18.87%。活期存款增量及增速远远高于定期存款，表明企业存有大量的闲散资金，企业资金的流动性大大增强。

企业存款的持续增长主要是由于晋城市煤炭、化工、电力等支柱产业的拉动。据统计，2005年1~11月份，全市规模以上企业累计完成工业增加值129.37亿元，同比增长22.37%，工业产品销售率高达101.21%。其中，仅原煤产量达5081万吨，同比增长8.7%，增收10.17亿元，从而拉动了全市煤炭企业和煤运系统存款的大幅增加，为全市以煤化工为主的经济发展提供了强大的动力，也为金融机构吸收资金提供了充足的来源，从而导致企业存款大幅增加。

从储蓄存款增长态势看，2005年，全市银行业金融机构本外币储蓄存款余额291.22亿元，较年初增加53.12

亿元,增长22.31%,储蓄存款保持稳步增长态势。从期限结构来看,活期存款余额64.8亿元,较年初增加13.16亿元,增长25.49%,定期存款余额226.43亿元,较年初增加39.96亿元,增长21.43%,定期增量远高于活期,表明储蓄存款的稳定性趋于增强。

影响储蓄存款变化的因素:一是居民收入保持较快增长。1~11月份,全市城镇居民人均可支配收入达8109.98元,增长13.39%,相应扩大了储源。二是2005年以来,各行、社把增存吸储作为工作重点,在年初就纷纷制定了各自的绩效考核办法,相继开展了上门营销、吸储揽存活动,加大了对储蓄存款的营销力度,致使储蓄存款继续保持了较快的增长态势。三是房地产贷款新政策抑制了居民即期购房的需求,居民对房地产下跌的预期增强,持币待购的意愿提升,储蓄支出相应减少,同时,基金市场低迷且国债发行量较少,对储蓄分流影响不大。四是由于社会保障机制尚未健全,加之目前处于经济体制转轨和经济结构调整时期,人们对预期收入水平和家庭预支持较为谨慎的态度,储蓄的安全性依然受到广大居民的青睐。五是资本市场的不规范和保险市场的不成熟,在一定程度上也影响了居民的投资热情,从而使储蓄存款增势依然强劲。

**(二)各项贷款增长趋缓,同比大幅下降**

2005年末,全市银行业金融机构本外币各项贷款余额达222.26亿元,较年初增加7.16亿元,增长3.33%,同比少增43.72亿元,增幅低于同期27.65个百分点。其中:人民币各项贷款余额222.2亿元,较年初增加7.38亿元,增长3.43%,同比少增43.61亿元,增幅低于同期27.7个百分点;外汇贷款余额85万美元,较年初减少273万美元,下降76.26%,主要是境外筹资转贷款和进出口贸易融资减少所致。

从贷款期限结构看,短期贷款、中长期贷款和贴现均较年初增加,同比呈现"一增两降"特征。2005年末,短期贷款余额129.9亿元,较年初增加13.47亿元,增长11.57%,同比多增3.72亿元,增幅高于同期2.43个百分点;中长期贷款余额85.76亿元,较年初增加14.57亿元,增长20.47%,同比少增3.08亿元,增幅低于同期12.5个百分点;贴现余额6.46亿元,较年初减少20.68亿元,下降76.2%,同比少增25.56亿元,增幅低于同期738.84个百分点。

分行别看,2005年各项贷款除农业银行和中国银行较年初减少外,其余各行社均较年初增加。其中:农业银行较年初减少23.99亿元,主要是贴现减少所致;中国银行较年初减少1.86亿元,主要是短期贷款减少所致。增加最多的是农村信用社,较年初增加12.34亿元,主要是由于短期贷款增加所致;之后依次为建设银行较年初增加7.2亿元,主要是由于中长期贷款增加所致;城市信用社较年初增加6.49亿元,主要是短期贷款增加所致;工商银行较年初增加3.42亿元,主要是中长期贷款增加所致;交通银行较年初增加1.27亿元,农业发展银行较年初增加0.17亿元,均是由于短期贷款增加所致。

从贷款的行业分布看,2005年,全市银行业金融机构本外币各项贷款余额222.26亿元。其中:煤炭行业贷款余额64.18亿元,占比仍然最高,达28.88%,主要分布在国有大中型煤矿及煤运公司;交通行业次之,贷款余额20.78亿元,占贷款总量的9.35%,主要支持了高速公路建设;化工行业贷款余额19.06亿元,占贷款总量的8.58%;冶金行业贷款余额9.43亿元,占贷款总量的4.24%;房地产行业贷款余额6.99亿元,占贷款总量的3.14%,主要是由于住房开发贷款增加所致;建材行业贷款余额2.11亿元,占贷款总量的0.95%;制造行业贷款余额2.04亿元,占贷款总量的0.92%;电力行业贷款余额1.95亿元,占贷款总量的0.91%;焦炭行业贷款余额1.58亿元,占贷款总量的0.71%。在这些行业中,焦炭行业、冶金行业和建材行业的贷款余额较年初均大幅下降,房地产行贷款虽然增加,但增速趋缓。由此可见,贷款主要分布在晋城市煤炭、化工、交通等优势行业,投放更为合理。

从消费贷款发展情况看,消费贷款增长持续乏力。2005年末,全市个人消费贷款余额3.05亿元,较年初减少1.36亿元,下降30.84%,同比少增1.04亿元,可见国家房地产调控政策对居民贷款购房的影响仍然存在,居民对房地产价格下降的预期依然很高,存在持币待购的消费心理。分机构看,个人消费贷款除建设银行和城市信用社分别较年初增加3691万元和830万元外,其余各行社均较年初减少。从贷款结构看,汽车贷款较年初减少5788万元,个人住房贷款较年初增加711万元,其他种类贷款较年初减少8542万元。

贷款同比下降的主要原因:一是由于农业银行转贴现贷款大幅减少所致。2005年6月,农业银行与省外6家商业银行办理了7笔价值39.49亿元的转贴现贷款,这些资金年末已全部到期归还,直接导致了贷款总量的急剧下降。二是受国家宏观调控的影响,各银行业金融机构在信贷管理上纷纷采取了上收贷款审批权限或提高贷款发放条件的做法，从而收紧了信贷投放，导致中长期贷款同比下降。

2005年新增贷款的主要投向：一是工商银行和交通银行新增贷款主要投向了大型企业。其中工商银行投向晋煤集团6亿元，天脊中化高平分公司2.5亿元，晋城蓝焰煤业股份有限公司2.28亿元，中石化集团公司晋城分公司2亿元，沁和能源集团有限公司3400万元，共占其新增贷款总量的99.16%；交通银行投向天脊化工集团公司8000万元，投向沁和能源集团有限公司4000万元，共占其新增贷款总量44.44%。二是建设银行新增贷款主要投向了煤炭行业。其中，投向晋煤集团寺河二期项目7.2亿元，投向天地王坡煤业有限公司4000万元，共占其新增贷款的87.36%。三是农村信用社新增贷款主要支持了“三农”经济和农村小康社会建设，2005年新增农业贷款10.2亿元，占其新增贷款的82.66%。四是其他行社重点支持了中小企业的发展。其中，城市信用社投向晋城市饮食服务公司、高平市河西七一煤矿等中小企业贷款共计7.69亿元；农业银行投向高平兴高焦化等中小企业共计1.28亿元；中国银行投向山西金驹煤电化股份有限公司流动资金贷款5000万元。此外，新增贷款还重点支持了企业技改项目，共投放6.12亿元。其中，建设银行投向高平丹峰化工有限公司年产30万吨甲醇一期工程1亿元，投向晋城汉通机械有限公司年产500万件汽车零部件机加工生产线4500万元；交通银行投向天脊中化高平化工有限公司40万吨总氨、60万吨尿素改造工程6000万元；农村信用社投向泽州晨晖管业有限公司年产12万吨水冷金属型球墨铸管二期技改项目3000万元，投向泽州康达水泥有限公司日产2000吨水泥熟料生产线技改项目2000万元等。

**（三）不良贷款继续“双降”，经营效益持续好转**

2005年末，全市银行业金融机构不良贷款余额24.07亿元，较年初减少6.83亿元，不良贷款占比10.93%，较年初下降3.43个百分点，不良贷款余额和占比继续保持“双下降”。

按贷款质量五级分类划分，全市政策性银行、国有商业银行、股份制商业银行年末不良贷款余额13.34亿元，较年初减少4.96亿元，不良贷款占比10.57%，较年初下降2.5个百分点。分行别看，除中国银行不良贷款绝对额较年初增加外，其余各行均较年初减少。其中：中国银行不良贷款较年初增加8400万元，较年初下降最多的是工商银行减少5.53亿元，之后依次为农业银行不良贷款减少1907万元，农业发展银行不良贷款减少541万元，交通银行不良贷款减少137万元，建设银行不良贷款减少57万元。不良贷款占比除农业银行和中国银行较年初上升外，其余各行均较年初下降。其中，农业银行上升28.79个百分点，中国银行上升8.25个百分点，占比下降最多的是工商银行下降12.25个百分点，之后依次为农业发展银行下降2.38个百分点，交通银行下降0.83个百分点，建设银行下降0.16个百分点。

按贷款质量四级分类划分，全市城乡信用社年末不良贷款余额10.72亿元，较年初减少1.87亿元，不良贷款占比11.41%，较年初下降5.36个百分点。其中：农村信用社不良贷款余额9.89亿元，较年初减少1.97亿元，不良贷款占比13.41%，较年初下降5.91个百分点；城市信用社不良贷款余额0.83亿元，较年初增加990万元，不良贷款占比4.13%，较年初下降1.23个百分点。

影响不良贷款变化的因素：一是不良贷款下降较多，主要是由于工商银行股份制改造剥离不良贷款5.35亿元和农村信用社改革置换央行专项票据2.1亿元所致。二是中国银行不良贷款增加，主要是由于2005年中国银行新增不良贷款户13户，多数是由于企业经营管理不善导致贷款不良，其中高平市三甲散热器有限公司由于经营不善导致企业处于停产、半停产状态，新增不良贷款3300万元；晋城市正仑商贸有限公司由于经营管理不善，盲目发货，导致货款长期不能回笼，新增不良2050万元；晋城市高晟稀土有限公司由于受国家宏观调控政策影响，新增不良1299万元；高平市曦光铸管有限公司受原材料价格不断上涨的影响，致使该企业利润减少，新增不良1043万元，另外，高平市塔王醋业有限公司新增不良贷款300万元，晋城市伯方煤矿三产开发公司新增不良贷款124.28万元等。三是农业银行不良贷款占比上升主要是由于贷款余额的大幅下降导致不良贷款占比的大幅上升。2005年末，农业银行贷款余额较年初减少23.99亿元，虽然不良贷款较年初减少1907万元，但由于贷款余额基数下降较多，导致不良贷款占比较年初上升了28.79个百分点。四是城市信用社不良贷款余额增加，主要是由于山西金恒房地产开发有限公司新增不良贷款2901万元，晋城市城市建设综合开发公司新增不良贷款600万元，太阳石实业有限公司新增不良贷款110万元，个体工商户小额贷款新增不良578万元，消费贷款新增不良35万元。

各银行业金融机构信贷资产质量的进一步提高，使其经营效益持续好转。2005年末，全市银行业金融机构实现本外币账面利润4.69亿元，同比多增2.78亿元，增长145.55%。分行别看，除农业发展银行因政策性因素亏损133万元，中国银行亏损1856万元外，其余各行社均为赢利。其中：赢利最多的是工商银行赢利2.03亿元，其次依次为建设银行赢利1.44亿元，农业银行赢利7226万元，交通银行赢利2548万元，城市信用社赢利2472万元，农村信用社赢利1897万元。

三、银行业运行中存在的主要问题与风险

**(一)信贷存差不断扩大，金融资源外流严重**

截至2005年末，全市银行业金融机构综合信贷为存差283.89亿元，较2004年末存差186.57亿元增加97.32亿元，存差扩大52.16%，较2003年末存差144.5亿元增加139.39亿元，存差扩大96.46%，信贷存差呈现迅猛扩大之势。剔除中央银行存款准备金、银行备付金等因素，全市银行业机构至少有可用资金200多亿元。存差的不断扩大，直接加大了金融机构的筹资成本，增加了银行资金运用的难度。为追逐利润，实现效益最大化，商业银行不得不为庞大的存差资金寻找出路，致使大部分存差资金纷纷上存各商业银行的上级行和通过转贴现等形式流向了异地。如农业银行仅2005年上半年就为省外6家银行办理转贴现贷款39.49亿元，占其上半年新增贷款的116.04%，占全市上半年新增贷款的82.89%，晋城市银行存款被大量外贷。

**(二)信贷投入趋缓，重点技改项目资金到位率低**

受国家宏观调控影响，2005年以来贷款增速明显回落，截至年末，全市银行业金融机构各项贷款余额较年初仅增加7.16亿元，同比少增43.72亿元，增幅较同期下降27.65个百分点，信贷投入明显不足。究其原因主要有：一是随着宏观调控政策的实施，金融机构进一步加大了对贷款的管理，纷纷上收了地市分行及以下机构的贷款审批权限，抬高了贷款准入门槛，贷款发放受到了政策限制。二是受商业银行股份制改造的影响，严格了贷款审批的程序和环节，对授信项目准入把关更为严格，授信难度有所加大，削减了贷款客户数量。三是受社会信用环境较差等外部因素的制约，零售贷款业务难以找到有效的增长点。四是由于实行审贷分离、信贷第一责任人等风险防范制度，给基层商业银行和处于第一线的信贷人员造成了较大的工作压力，部分基层人员认为风险责任重于创造效益，对可贷可不贷的项目不予贷款，从而导致贷款增长速度放缓。如晋城市确定的40个企业41个重点技改项目计划投资215.46亿元，其中银行业金融机构承诺贷款124.43亿元，到年末，银行贷款仅到位6.12亿元，仅占承诺贷款金额的4.92%。银行贷款到位率低直接影响了技改项目的投产达效，不利于产业结构的调整，制约了地方经济的快速发展。

**(三)不良贷款“双降”不容乐观**

近年来，全市银行业金融机构不良贷款持续“双降”，信贷资产质量得到了有效提高，但不良贷款的“双降”主要受益于贷款总量的增长和不良贷款的剥离、核销及中央银行专项票据的置换，实质上不良贷款“双降”数量很少。截至2005年末，全市银行业金融机构不良贷款余额24.07亿元，较年初减少6.83亿元，其中不良贷款剥离、核销及置换中央银行票据8.24亿元，对不良贷款余额下降的贡献率达120.65%，若剔除不良贷款剥离、核销及置换央行票据这一因素，不良贷款余额实际为32.31亿元，较年初增加了1.41亿元。不良贷款占比10.93%，较年初下降3.43个百分点，若剔除新增贷款和考虑不良贷款剥离、核销及置换央行票据这一因素，不良贷款占比应为15.02%，比实际占比高4.09个百分点，即不良贷款占比主要是靠新增贷款稀释和非现金处置不良贷款下降的，现金清收不良贷款的比重极小。不良贷款清收难度越来越大，使不良贷款“双降”工作面临更大压力，从而制约了商业银行信贷规模的扩张，直接影响了地方经济的快速增长。

**(四)房地产、汽车消费贷款风险逐步显现**

近年来，随着国家扩大内需政策的进一步实施，房地产、汽车行业日趋活跃，为了适应市场需求，各商业银行都相继推出了各自的消费贷款业务。但房地产、汽车消费贷款业务的不断拓展，其存在的风险也不断暴露出来。一是政策性风险较大。目前，晋城市房地产开发商大多规模较小，自由资金有限，抗风险能力弱，经营发展所需资金主要靠银行贷款解决。国家房地产宏观调控新政策的出台，对于过分依赖银行贷款的中小房地产开发企业而言，严格房地产开发资金管理无疑是雪上加霜，致使部分房地产开发商风险敞口不断增大。房地产是资金密集型行业，对融资方式单一的企业势必会因为资金的紧张而退出市场，从而造成银行资金损失。二是贷后风险尤为突出。由于房地产、汽车贷款期限较长，若个人住房抵押贷款违约后，银行收回抵押物存在实际困难，同时在司法过程中，往往为保护借款人的正常生活而忽视银行债权的法律保护，从而使抵押物无法真正起到缓释信用风险的作用。而以汽车为抵押物的贷款由于汽车价值的迅速下降,使贷款实际的风险暴露越来越大,近年来交通部门的治理超载超限行为,使以经营收入为还款来源的经营性用车贷款又出现了新的不良。

**(五)贷款"垒大户",中小企业贷款难问题更加突出**

近年来,晋城市金融秩序进一步好转,但由于银行业金融机构普遍存在业绩考核刚性,因而无论是大银行还是小银行,都在争做大项目,争揽大客户,形成了一种"做大有理、做大有利"的现象。随着各银行业金融机构将信贷支持的重点纷纷放在了大企业、大客户、大项目上,在加剧了银行业之间竞争的同时也使中小企业贷款难问题更为突出。2005年,全市新增贷款70%投向了晋煤集团、兰花集团、亚美大宁、天脊化工、沁和能源、阳电及煤运公司7户大中型企业。贷款大量投向优势行业及重点企业,一方面使各银行在争占信贷市场份额中出现了无序竞争的现象,存在竞相提供过多优惠条件的行为,一定程度上影响了辖区金融秩序的稳定。而另一方面,能够大量吸收就业、为社会提供多种服务的中小企业,由于自身资本实力较差,抗风险能力不强,提供担保能力较弱,往往得不到银行的信贷支持,各银行业金融机构重大轻小、"嫌贫爱富"的思想较为严重,从而加剧了中小企业贷款难问题。同时,从短期看,贷款集中于优质客户,可能提高了银行的信贷资产质量,但当政策及市场因素发生变化,优势行业过度旺销的势头减弱,企业生产经营就会出现波动,极易引发信贷风险的积聚,从而影响银行业的可持续发展。

**(六)县域金融边缘化制约了县域经济的快速发展**

县域经济发展离不开县域金融服务,但目前县域经济与金融之间还存在许多不匹配的方面,集中反映在"三个不适应":一是县域金融机构大量收缩,服务县域经济的主体缺位,与县域经济发展不相适应。国有银行按照商业化运作要求,撤并低效网点是必要的,问题在于"国"字号撤走后,没有新的相匹配金融机构及时跟进,致使县域金融服务出现"断层"和"空白"。二是国有商业银行、政策性银行经营策略的调整,使县域金融机构职能、定位及服务能力与县域经济发展需求不相适应。如县级国有商业银行基本变为"大储蓄所",贷款权限上收,贷款重点投向大城市、大项目、大企业。县级农发行基本成为"粮食银行",业务萎缩,功能单一。农信社"一社"难支"三农",已显得力不从心,农村中小企业、个私企业、专业大户"贷款难"问题至今无法解决。三是银行信贷投入减少,与全面建设小康社会要求不相适应。近几年来,县域经济对全市生产总值的贡献率均达75%左右,而投放县域经济的贷款总量不到全市贷款总量的1/3,各家银行关紧了县域信贷投放的"闸门",县域金融机构只"抽血"不"输血",严重影响了县域经济的发展。

**(七)金融生态环境不健全制约了银行业的健康发展**

诚信是银行业立业之本,信用缺失是晋城市金融生态环境面临的最大问题。目前,无论是银行业本身,还是社会外部环境都存在比较严重的信用缺失问题,主要表现在以下三个方面:一是银行业机构方面。长期以来依赖国家信用作"护身符",缺少有效的市场竞争机制,缺乏独立的资信评估机构,造成金融机构一方面强烈要求改善信用环境,另一方面自身又存在信用缺失问题,近年来金融案件频发,就是这一问题的集中表现。二是企业和个人方面。在市场经济建设的过程中,经济生活中借贷行为大量发生,由于改革未到位,作为借贷主体的国有企业和国有银行没有成为产权明晰的企业,因此很多人认为,企业、银行都是国家的,欠的都是国家的钱,无所谓讲不讲信用的问题,认为欠债有理、有利,正确的信用观念还没有真正确立。三是法规制度建设方面。晋城市信用法规和制度建设较为落后,信用缺乏法规和制度作保障,违约不能得到惩处或受到惩处但付出的成本很小,客观上也助长了不讲信用的风气和行为的发生。同时信用管理缺乏统一的协调和组织,职能部门各自为政,缺乏协作和配合,也制约着金融生态环境的建设。

**四、监管建议**

**(一)加快辖区经济良性发展,吸附和集聚金融资本**

产业结构的单一化是制约晋城市信贷投入和造成资金外流的根本原因。因此,各级政府和经济主管部门要树立以市场为中心的科学发展观,根据不断变化着的市场,合理调整经济结构和区域生产布局,充分发挥比较优势,增强市场竞争能力,真正做到产业围着市场转,产品围着消费需求转,积极去研究市场,开拓市场。应按照市场经济规则,通过对经济结构、所有制结构、社会组织结构的调整,建立一整套适应市场经济要求的区域经济发展新机制。加快产业集群建设,围绕区域内的优势产业和主导产业来推动企业集群的形成。积极引进和发展新兴产业,重视高附加值产业的发展,逐渐实现由产业链的末端向高端转移,使区域产业发展从过去一般水平上的数量扩张向提高竞争能力的整体升级。要适应多层次的所有制结构,尤其是要把非公有经济作为区域经济发展的主导。

通过构建一个可持续发展的经济体系，保持区域经济的长期、稳定、健康发展，增强经济吸纳金融资本的能力。

**(二)防范和控制不良资产新增，加快存量不良资产的处置**

各银行业金融机构首先要加强贷前调查，确保客户信息全面准确，尽量减少信息不对称造成的影响。其次，要提高贷款审批和发放的透明度，要按照审贷分离的原则，形成内部的监督制衡机制。再次，要建立防范不良贷款新增的快速反应机制。贷款发放后，要密切关注客户的经营状况和贷款形态的变化情况，并及时采取相应的应对措施。此外，银行业监管机关还要健全金融风险监控、预警和处置机制，强化金融监管手段，增强监管信息透明度并接受社会监督，从而有效防范和化解金融风险。对存量不良资产的处置要划定时间界限。对由于历史原因形成的不良贷款，要本着实事求是的原则，及时予以处置；对超出时间范围属银行本身问题的贷款则不予进行核销、剥离和打包出售等，并追究有关人员的责任。对可采取重新注资等方式重组盘活的企业，就不要过多的倚重于打折出售的方式，从而充分发挥商业银行自身在不良资产处置方面的优势。

**(三)强化对房地产、汽车消费贷款的风险监管**

首先要改进和完善对房地产、汽车消费贷款的统计监测。目前，统计工作中对各金融机构的风险监测主要局限在时点不良贷款率指标，而当贷款期限较长、增长较快时，这一指标的滞后性相当明显。因此，要研究房地产、汽车消费贷款违约的行为规律，在此基础上积极开发风险分析和预测模型，以确保统计监测的有效性。其次要强化对房地产、汽车消费贷款的风险监管。各银行业机构开办房地产、汽车消费贷款的时间比较短，管理技术水平比较低，缺乏对消费贷款独特规律性的认识。因此，监管部门应强化对房地产、汽车消费贷款的风险监管，特别是对房地产、汽车消费贷款占比较高、增长过快的机构要进行重点检查，对贷款管理的内部控制和风险管理技术要进行充分评估，对某些风险监控能力差的机构必须限制该类贷款的增长，从而做到防患于未然。

**(四)建立和完善适合中小企业特点的授信制度**

一是要按照效益原则加大对中小企业的信贷支持力度，采取差别化的信贷措施和灵活的抵押担保措施，积极开发新产品，创新适应中小企业融资要求的金融产品体系；二是改革现有的国有商业银行对县支行的授权授信管理模式，在制度和标准上实行有别于大中型企业的信贷管理模式，对中小企业的授信，要根据当地实际情况，适当降低贷款标准和上存资金利率，减少基层行的资金上存，从而更好地适应中小企业发展的需要。

**(五)进一步完善为县域经济服务的金融机构体系**

要尽快建立和完善以农村信用社为主体的多家中小金融机构共同发展的县域金融体系。首先应允许和支持城市商业银行在县级城市和城镇设立分支机构，并向纵深发展，增强地方中小金融机构服务县域经济的实力；其次，通过国家出台政策，对国有商业银行确定要撤销的县级支行，可由当地政府接受，采取政府注资、企业和个人入股的形式，利用现有的人员和财物组建地方性股份制中小银行；再次，要积极探索建立专门对中小企业提供贷款的只贷不存的小额贷款公司，为民间融资的合法化创造条件，进一步完善为县域经济服务的金融机构体系。

**(六)全面推进社会信用体系建设，不断优化信用环境**

要综合运用法律、经济、宣传、舆论监督等手段，建立和完善社会信用的正向激励和逆向惩戒机制。同时，要广泛开展企业信用评级和信用乡、村和社区建设，进一步营造重信用、讲信用的社会风气。加快对工商、税务、公安、银行等部门的信用信息资源联网步伐，推进企业和个人信用信息基础数据库建设，实现社会信用信息资源共享。引导和鼓励各类资本尤其是民间资本进入评级市场，培育壮大资信评级机构，规范发展企业资信评级市场。大力发展中小企业信用担保机构，畅通资本金补充渠道，完善信用担保机构风险补偿机制，放大担保倍数，解决中小企业融资难的“瓶颈”问题。

# 2005年吕梁市经济金融运行及银行业风险情况分析

2005年,在煤、焦、铁等主导行业受国家宏观调控效应影响整体不够景气的情况下,吕梁市经济金融依然保持了较好的发展势头。但与此同时,经济金融运行中也暴露出了不少问题和风险,需要密切关注和高度重视。

## 一、经济运行状况及特点

### (一)外贸出口稳中有增,积极拉动经济增长

2005年,全市外贸出口累计完成2.71亿美元,同比增长了3.2%,对全市经济增长起到了积极的拉动作用。

### (二)工业经济总量快速增长,主导地位进一步突出

2005年,全市累计完成工业总产值329.2亿元,同比增长50.0%,累计完成工业增加值111.7亿元,同比增长26.0%。工业经济在三产中的比例达到了67.2%,主导地位得到了进一步的加强。

### (三)财税收入大幅增加,经济运行质量明显提高

2005年,全市财政总收入累计完成60.1亿元,同比增长了58.7%,居山西省前列。其中国税系统完成43.3亿元,增长62.3%;地税系统完成11.1亿元,增长41.8%;财政系统完成5.7亿元,增长69.2%。

## 二、银行业运行状况及特点

### (一)各项存款快速增加,资金规模不断扩大

截至12月底,全市银行业金融机构本外币各项存款余额354.38亿元,较年初增加66.49亿元,增长23.10%,同比多增8.34亿元。其中:企事业单位存款余额为47.34亿元,较年初增加8.67亿元,增长22.42%,同比多增1.31亿元;储蓄存款余额为255.20亿元,较年初增加42.19亿元,增长19.81%,同比多增1.18亿元;其他存款51.84亿元,较年初增加15.63亿元,增长43.16%,同比多增5.85亿元。

### (二)贷款投放保持增长势头,努力支持地方经济发展

到12月末,全市银行业金融机构本外币各项贷款余额149.01亿元,较年初增加16.43亿元,增长12.39%。其中:政策性银行贷款余额5.36亿元,较年初减少0.12亿元,下降2.19%;国有商业银行贷款余额76.57亿元,较年初增加2.70亿元,增长3.66%;农村信用社贷款余额67.08亿元,较年初增加了13.85亿元,增长26.02%。

### (三)不良贷款大幅"双降",信贷资产质量明显改善

12月底,全市银行业金融机构不良贷款余额31.22亿元,较年初减少8.97亿元,不良贷款占比为20.95%,较年初下降了7.81个百分点。其中:政策性银行不良贷款余额(五级分类)1.92亿元,较年初减少0.14亿元,不良贷款占比为35.71%,较年初下降了1.85个百分点;国有商业银行不良贷款余额(五级分类)17.24亿元,较年初减少5.52亿元,不良贷款占比为22.52%,较年初下降了5.57个百分点;农村信用社不良贷款余额(四级分类)12.07亿元,较年初减少3.31亿元,不良贷款占比为18.83%,较年初下降了10.04个百分点。

### (四)账面盈余增势喜人,效益水平显著提高

12月末,全市银行业金融机构实现账面利润3.09亿元,同比多赢1.02亿元。其中:农发行实现赢利109万元,较去年同期多赢181万元;国有商业银行实现赢利1.51亿元,较去年同期多赢0.68亿元;农村信用社实现赢利1.57亿元,较去年同期多赢0.32亿元。

## 三、经济金融运行中面临的主要困难和风险

### (一)信贷投放与经济发展不相适应的矛盾较为突出

2005年,吕梁市银行业金融机构信贷存差进一步扩大。截至2005年底,吕梁市银行业金融机构存贷比例仅为42.05%,信贷存差高达205.37亿元,较2004年底存贷比例下降了7.55个百分点,信贷存差增加了63.37亿元。银行业金融机构信贷存差的不断扩大与全市经济的快速发展不相匹配,容易带来以下两个方面的风险。

一方面是政府和企业资金需求得不到缓解情况下,可能引发不可预知的风险。近几年来,银行业金融机构为防范信贷风险,普遍采取的措施是提高信贷准入条件,并上收基层行的信贷审批权限,造成了以民营经济为主的县域经济在发展中信贷融资较为困难。加之2005年以来,全市的主导行业又受到了市场变化的影响,企业经营困难加大,辖区资金供求关系更为紧张。因此,政府和企业

对银行改进金融服务的呼声越来越高，要求进行金融组织机构创新的愿望相当迫切。如不能及时有效地缓解这种状况，将会影响政府和企业对银行机构，特别是对国有商业银行支持地方经济的信心，从而给银行机构带来不可预知的风险。

另一方面是加大贷款道德风险。在企业贷款融资愈发困难的情况下，部分企业对银行存量周转贷款的还款意愿将会降低，以达到长期占用贷款的目的，从而会加大银行贷款的道德风险。据测算，目前全市银行业金融机构贷款总额的40%，约60亿元贷款属存量周转贷款，通过借新还旧、收旧贷新的方式在运行。而据了解，目前已有相当一部分企业在银行催促办理借新还旧或收旧贷新业务时都会提出一定条件，不满足就不还贷，银行在一定程度上已经丧失了对这部分存量周转贷款的主动权。

**（二）不良贷款反弹压力加大**

2005年，全市工商银行实行股改，通过核销、剥离方式政策性处置不良贷款7.18亿元，农村信用社改革用央行票据置换不良贷款3.02亿元，两者政策性处置不良贷款共10.20亿元。再加上贷款余额的增加稀释不良贷款占比作用，全市银行业金融机构的不良贷款大幅“双降”。如剔除工行剥离、农村信用社央行票据置换等政策性因素，到12月底，全市银行业金融机构不良贷款余额41.42亿元，较年初反增加1.23亿元，不良贷款占比为26.52%，较年初仅下降2.24个百分点。基于以下一些因素，全市银行业金融机构不良贷款仍面临较大的反弹压力。

**1. 不良贷款基数还不够实。**根据对四家国有商业银行贷款偏离度抽样检查结果显示，抽查贷款82户862笔32.12亿元中，有12户31笔2.38亿元正常贷款应划入不良；农村信用社还未实行贷款五级分类管理，不能做到实时、真实反映不良贷款，存在年底一次人为调整的现象。实行贷款五级分类后，农村信用社会有大量的隐性不良贷款显性化。

**2. 新增不良贷款的口子尚未完全扎死。**据统计，2005年全市国有商业银行共新增不良贷款2.57亿元，分别是工行新增9938万元，农行新增6150万元，中行新增62万元，建行新增9559万元。已经实施了股份制改革，信贷管理更加严格的工行、建行尚且如此，可想而知目前信贷管理还相对落后的农村信用社实际新增不良贷款更多。如果不能有效杜绝不良贷款的新增，银行业金融机构还会背上不良贷款增加的沉重包袱。

**3. 焦炭市场的持续低迷导致银行不良贷款的增加。**2005年以来，受国家宏观调控影响，焦炭市场逐渐由热转冷，特别是进入二季度以来，焦炭价格一路走低，企业利润空间缩小，产销率下降，应收账款和存货增加，资金周转更加困难。1～11月份，全市规模以上焦炭工业企业亏损近4.5亿元。在吕梁市主导行业产业关联度较高的情况下，焦炭行业的企业经营不景气，不但会导致自身还款能力急剧降低，而且对其他行业也将产生一定影响。由于全国，乃至全球焦炭产能过剩，市场需求不足，焦炭市场低迷的状况在短期内很难明显好转。随着焦炭市场的持续低迷，不少实力薄弱的焦炭企业将会被淘汰，不少企业还会上马化产品项目以延伸产业链来寻求发展，焦炭行业贷款将面临被转移用途，甚至是损失的风险，新增不良贷款在所难免。

**（三）行业贷款集中度进一步增高**

到2005年12月底，吕梁市银行业金融机构煤、焦等十大行业贷款余额为63.06亿元，较6月底增加了3.34亿元，增长了5.59%，占到全市银行业金融机构贷款总额的42.32%，较6月底上升了1.77个百分点。其中，主导行业——煤炭、焦炭、冶金三行业贷款总额为47.37亿元，较6月末增加了3.75亿元，占到全辖贷款总额的31.79%，较6月末上升了2.17个百分点。具体到国有商业银行，这个比例更高。

煤炭、焦炭、冶金三行业贷款集中度进一步增高，一方面反映出各银行业金融机构的信贷经营战略和市场定位趋同，差异性较小，倾向于大型、优质客户。因为此三行业是吕梁传统优势产业，多年来的积累使企业的规模相对较大，加之2005年以前的连续几年市场火暴使企业经营效益较好，导致贷款过多地向这三个行业集中。另外也从侧面反映出2005年此三行业市场持续低迷，企业两项资金占压大，流动资金日愈紧张，造成贷款不但难以回笼，而且需要增加贷款投放以缓解流动资金紧张局面的问题。换言之，就是这些行业的贷款企业在一定程度上倒逼银行对其增加贷款投放。

在行业贷款集中度越来越高的情况下，银行信贷效益与贷款行业景气度密切相关，容易形成行业兴银行兴、行业衰银行衰的局面。一旦国家产业政策调整，市场发生逆转，极易使银行贷款形成风险。同时，贷款集中程度高的企业往往是集团企业，其特有的融资杠杆功能使银行对企业的风险难以及时发现和控制，银行承受的非预期风险增加，而且贷款常由关联企业进行担保，使贷款担保在某种程度上流于形式，降低了贷款担保防范贷款风险的有效性。另外，多头贷款客观上形成了多家银行贷款而一家企业使用的局面，加之目前各银行之间缺乏有效的信息交流，从而容易形成多家银行监督贷款使用，但无一家可以做到全面、有效的状况，使银行信贷风险管理难度加大。

**（四）银行成长期信贷业务风险有扩大之势**

在全市银行金融机构信贷业务中，汽车、房地产消费零售贷款和助学贷款，以及信用卡、票据、保理等业务尚属成长期业务。由于目前全市银行业金融机构的信贷风险管控，无论是认识，还是具体措施，都还比较滞后，水平还很低，风险呈扩大态势。以国有商业银行个人汽车、房地产零售贷款业务为例，2005 年 12 月末，违约客户达 746 户，较年初增加了 364 户，增长近一倍，基本呈逐月上升趋势，违约风险在不断增加。这还是在 2005 年基本停办这些业务的基础上发生的。在当前受信贷准入条件限制，辖区企业客户难以发展的情况下，这些成长期业务应该也将成为今后全市银行业金融机构的信贷收益增长点。因此，停办这些业务以防范风险的措施不可取，也不可能取。采取有效措施，加强对成长期业务的风险管理，才是银行机构信贷业务发展的需要。

**四、政策建议**

（1）银行业金融机构要进一步用足用活信贷政策，调整信贷结构，优化信贷投向和客户结构，积极支持地方经济发展；要科学放贷，授信尽职，注意信贷政策与市场形势、产业政策的协调配合，加强银行间合作，防范贷款风险。特别是国有商业银行，要对基层行下放贷款审批权限，提高基层行的信贷自主权，并辅之以科学的信贷激励约束机制，使信贷人员的权、责、利相结合，调动和激发信贷人员贷款营销的积极性，同时还应立足实际，细分市场，因地制宜地实施新的市场定位和客户定位，因企制宜地制定个性化的信贷战略和信贷准入标准，积极进行贷款产品和金融服务创新，通过差异化、个性化信贷服务，满足不同层次客户的信贷资金需求，努力实现贷款投放多元化、多样化，有效缓解辖区信贷服务需求和防范行业贷款集中度风险。

（2）银行业金融机构要加强对产业政策和市场形势的研究，在信贷管理中做到对产业政策把握要深刻，对市场变化反映要灵敏，面对当前煤、焦、钢铁行业面临调控和市场形势不利的情况，避免采取“一刀切”的做法，要具体情况具体对待，实行分类管理，有保有压，扶优限劣，既要通过信贷投放积极促进企业优胜劣汰和资源整合，以及合理延伸产业链，发展循环经济，又要防止贷款集中投向这些行业，特别是投向焦炭企业低水平化产品的产业链延伸建设项目，有效防范化解信贷风险。

（3）银行业金融机构要加强贷款管理，既要夯实不良贷款基数，真实反映不良贷款，使不良贷款指标数据能够真实反映自身信贷风险程度，以便于及时进行必要而针对性的信贷风险管理，又要防微杜渐，从源头上、从自身上尽可能堵住不良贷款新增的口子，减低不良贷款反弹压力。同时还要强化对成长期业务的风险管理意识，加强对成长期业务研究的基础，创新对成长期业务的风险管控手段，努力提高对成长期业务的风险防范能力。

（4）政、银、企三方应加强协作，着力对现有企业进行资产并购、重组，发展若干大型的煤、焦、铁、钢、化工一体化的企业集团，延伸产业链，发展循环经济，并按照现代企业组织形式管理运作，提高经营管理水平，充分发挥产业集团优势，增强抵御市场风险的能力，增强向银行间接融资的能力，增强全市经济金融协调发展的能力。

# 2005年晋中市经济金融运行及银行业风险状况分析

2005年，晋中市认真贯彻落实科学发展观，积极调整产业结构，经济总体保持了平稳较快发展势头，经济总量保持快速增长，综合效益明显提高，运行质量日趋良好。银行业改革取得明显成效，业务运行健康平稳，规模与实力进一步扩大，资产质量持续好转，经营效益与经营理念明显提升。同时，经济金融运行中也存在与上述趋势不吻合的矛盾。主导行业中的焦化业产能过剩，工业利润增幅回落，部分企业出现亏损，应收账款及库存产品资金同比增长，中小企业融资困难，银行业不良贷款处置渠道单一，不良“双降”压力加大，部分业务发展缓慢，缺乏新的效益增长点等问题都值得关注。

## 一、经济继续保持快速增长势头

2005年，晋中市经济总体运行保持平稳较快发展。

### （一）经济总量增长较快

2005年，晋中市GDP达到331亿元，同比增长12.7%；规模以上工业增加值119.8亿元，同比增长23.6%；工业总产值337.7亿元，同比增长35.6%；其中，第一产业实现增加值34.7亿元，增长3.4%，第二产业实现增加值175.9亿元，增长16.9%，第三产业完成增加值120.4亿元，增长10.1%。三类产业对经济增长的贡献率分别为3.5%、66.3%、30.2%。

### （二）经济效益明显提高

财政收入快速增长，全年财政收入52.55亿元，同比增长48.27%，增收17.11亿元。增幅高出去年同期5.7个百分点。城乡居民收入增长速度加快。全年晋中市城镇居民人均可支配收入8033.1元，增幅为15.7%，市区达到8980.6元，增幅为13.5%；农民人均纯收入为3315.2元，增长12.4%。工业企业效益平稳增长。全年工业企业实现利税40亿元，同比增长20.2%。

### （三）经济运行质量日趋良好

固定资产投资增幅回落。2005年，晋中市固定资产投资150.89亿元，同比增长24.9%，增幅回落11个百分点。消费需求稳步增长。社会消费品零售总额完成114.73亿元，同比增长12.7%，其中批零贸易业98.02亿元，餐饮业11.13亿元，分别比上年同期增长了11.3%、23.3%。物价水平温和上涨。全市居民消费价格总指数103.2%，其中娱乐教育文化用品的上涨幅度最大，上涨6.6%。商业零售价格总指数102.0%。

## 二、银行业运行整体趋势平稳

2005年，晋中市银行业金融机构保持良性发展态势，资产、负债、所有者权益同步增长，规模与实力进一步扩大。年末，全市银行业金融机构资产总额520.89亿元，较年初增加108.01亿元，增长了26.16；负债总额517.05亿元，较年初增加102.92亿元，增长了24.85%；所有者权益3.84亿元，较年初增加5.09亿元，增长了407.20%。各项存款余额474.44亿元，比年初增加77.26亿元，增长19.45%；各项贷款余额196.22亿元，比年初增加4.56亿元，增长2.38%。如果剔除剥离和票据置换因素的17.18亿元后，各项贷款余额比年初实际增加21.74亿元，增长速度为11.35%。

### （一）各项存款稳步增长，整体增势趋缓

年末，全市银行业各项存款余额474.44亿元，比年初增加77.26亿元，增长19.45%，同比多增7.2亿元。

从时序看，全年各项存款余额呈稳步上升趋势，但增长速度总体呈回落势头。1～12月，存款月度增速依次为：2.79%、2.41%、2.61%、0.45%、1.17%、2.89%、0.35%、0.63%、0.97%、0.68%、1.83%、1.18%。从各项存款的月度增量图中可以看出，各季增量递减，季末月增量较大，反映出各机构季度考核是影响存款增长的主要原因之一。分项目看，企业存款增幅明显下滑，储蓄存款增长较快。年末，全市企事业单位存款余额76.25亿元，比年初增加9.91亿元，增长14.94%，同比少增4.08亿元。四个季度存款增量分别为6.19亿元、2.65亿元、－0.99亿元、2.06亿元，四个季度分别同比多增存款2.42亿元、1.04亿元、－3.95亿元、－4.08亿元，有整体下滑的趋势。主要原因：一是中小企业融资受阻，致使流动资金紧张；二是贷款投放不足，导致派生存款减少；三是受国家宏观调控政策的影响，煤、焦等行业发展受到不同程度的限制及部分企业

(尤其是建筑施工企业)资金投放加大所至。

晋中市2005年1～12月各项存款月度增量图

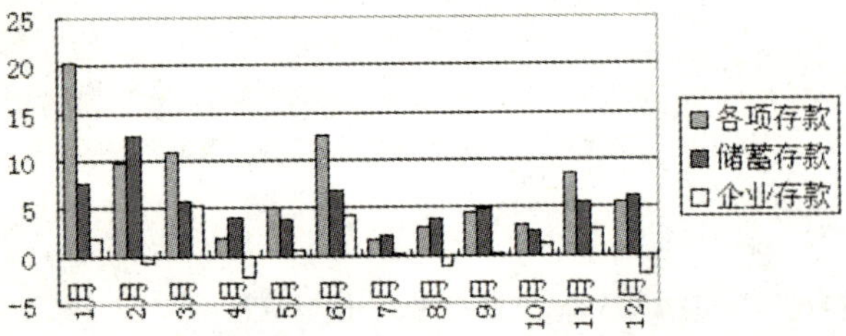


年末,晋中市储蓄存款余额为361.91亿元,比年初增加65.30亿元,同比多增17.35亿元。四个季度分别增加存款26.03亿元、14.54亿元、10.73亿元、14.01亿元,同比分别增加4.95亿元、9.36亿元、11.34亿元、17.35亿元。导致储蓄存款持续增长的原因,一是经济持续增长,居民收入不断提高;二是投资渠道狭窄,预期性存款增加;三是存款利率的上调,使居民的储蓄意向进一步增强;四是经济条件优越的相邻县市居民涌入导致晋中市储蓄存款增加。

分机构看,邮政储蓄存款增幅居全市之首,年末,邮政储蓄存款余额为72.87亿元,较年初增加20.12亿元,增长38.15%,同比多增8.38亿元;其次是城市信用社,城市信用社各项存款19.18亿元,较年初增加4.97亿元,增长35.00%,同比多增0.98亿元;农村信用社存款接近全市平均值,农村信用社各项存款128.08亿元,较年初增加21.46亿元,增长20.12%,同比多增2.18亿元;国有商业银行增幅最小。国有商业银行各项存款为253.75亿元,较年初增加33.87亿元,增长15.40%,同比少增0.57亿元。

**(二)各项贷款增长持续放缓,实际投放趋于平稳**

年末,各项贷款余额196.22亿元,比年初增加4.56亿元,增长2.38%,较年初回落2.81个百分点。

从时序上看,由于贷款投放总量较小,全年贷款变化无规律可循,其中政策性不良贷款的剥离和票据置换是全年贷款变化的主导因素。1～12月贷款增速依次为:3.45%、0.09%、0.47%、0.70%、-2.95%、0.56%、0.01%、0.74%、-0.32%、1.21%、-1.47%、0.71%。

晋中市2005年1～12月贷款增量图

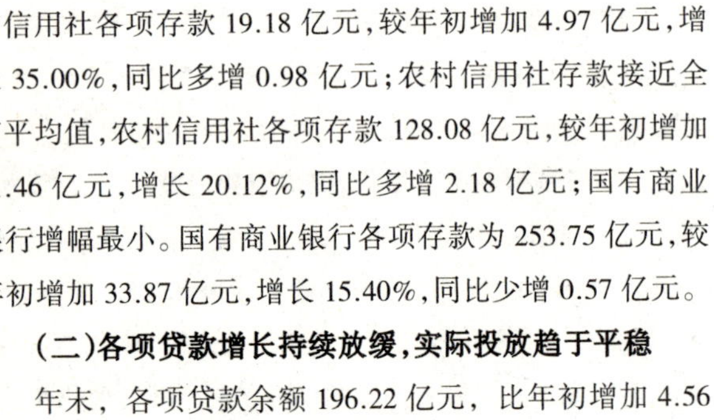


从行别看,年末,各项贷款增幅最大是城市信用社,城市信用社贷款余额11.71亿元,比年初增加2.16亿元,增长22.63%,同比多增0.87亿元;新增额最大的是农村信用社,贷款余额76.37亿元,较年初增加9.08亿元,增额占全部金融机构新增额的199.12%,增长13.50%;国有商业银行贷款增幅最小,贷款余额93.82亿元,较年初减少6.60亿元,下降6.57%,其中建行较年初增加3.3亿元,工行、农行和中行较年初均为减少。

从贷款结构看,短期贷款同比多增,中长期贷款同比少增。年末,短期贷款141.05亿元,较年初增加19.56亿元,增长16.10%,同比多增4.83亿元;中长期贷款41.83亿元,较年初增加0.46亿元,增长1.11%,同比少增8.67亿元;票据融资13.35亿元,较年初增加1.73亿元,增长14.89%,同比多增3.48亿元。

从实际投放量看,投放虽有不足,但整体趋势平稳,实际增长速度与全省保持同等水平。剔除工行剥离贷款和农村信用社票据置换因素,年末,各项贷款余额213.40亿元,较年初增加21.74亿元,增长11.35%,同比与去年基本持平。各项贷款增幅最大是城市信用社,城市信用社贷款余额11.71亿元,比年初增加2.16亿元,增长22.63%,同比多增0.87亿元;投放量最大的是农村信用社,贷款余额80.43亿元,较年初增加13.15亿元,投放量占全部金融机构投放总量的60.49%,增长19.54%。国有商业银行贷款增幅最小,贷款余额106.93亿元,较年初增加6.52亿元,增长6.49%,其中工行、建行较年初分别增加6.53亿元、3.30亿元,农行、中行较年初分别减少1.07亿元、2.24亿元。

从贷款投向看,各银行业机构信贷投放重点紧跟宏观调控政策指导,日趋审慎。2005年,辖区内各银行业机构严格执行信贷准入政策,加大重点客户的营销和支持力度,大力发展低风险业务,注重贷款结构调整。一是加大了支持"三农"力度。农村信用社的贷款余额76.37亿元,全年累计投放162.50亿元,累计收回153.42亿元,净投放9.08亿元,其中:农业贷款余额50.40亿元,占全部贷款余额的65.99%,全年净增9.76亿元,占贷款净投放的107.49%。二是支持了晋中市主导产业与符合国家产业政策的大客户。主要对煤炭、焦炭、化工等行业支持力度较大,年末,三行业贷款余额44.09亿元,较年初增加12.09亿元,增长了37.78%,其中,煤炭行业贷款增加5.70亿元,增幅61.37%,焦炭行业贷款增加4.18亿元,增幅22.84%,化工行业贷款增加2.02亿元,增幅44.16%。全年四家国有商业银行把信贷投放重点都放在了辖区内效益较好的中大型企业客户上，如：工行向汾西矿业有限公司新增贷款3.00亿元，中行向榆社华能电力二期工程、介休茂胜煤化有限公司新增贷款2.1亿元，建行向山西天星煤气化有限公司、汾西矿业有限公司、介休义安佳乾煤化有限责任公司、山西榆社化工股份有限责任公司、山西神龙能源焦化有限责任公司、山西平遥煤化(集团)有限责任公司共投放贷款3.99亿元。

**(三)不良贷款继续保持“双降”，资产质量进一步好转**

年末，全市银行业金融机构不良贷款余额为28.17亿元，较年初减少16.26亿元，减少36.60%，下降8.83个百分点。

分机构看，各机构的不良贷款均保持了“双降”。年末，国有商业银行不良贷款余额12.38亿元，较年初减少11.00亿元，减少47.04%，下降了10.09个百分点；城市信用社不良贷款余额1.47亿元，较年初减少0.49亿元，减少24.38%，下降7.94个百分点；农村信用社不良贷款10.97亿元，较年初减少16.26亿元，减少36.60%，下降8.83百分点。

从剔除国家政策性不良贷款的剥离和票据置换因素分析，不良贷款余额略有上升，不良占比仍然保持“双降”。年末，剔除剥离和置换因素，全市银行业金融机构不良贷款余额和占比分别为45.36亿元、21.25%，分别较年初增加0.90亿元，下降1.94个百分点。分机构看，国有商业银行不良贷款余额和占比“双升”，农村信用社仍然保持“双降”。国有商业银行不良贷款余额和占比分别为25.50亿元、23.85%，分别较年初增加2.12亿元，上升0.56个百分点。农村信用社不良贷款余额和占比分别为15.03亿元、3.14%，分别较年初减少0.53亿元，下降4.44个百分点。城市信用社不存在不良贷款的剥离和票据置换因素。

从不良贷款处置的方式看，国家政策是绝对主导因素。2005年不良贷款减少的主要原因:一是工行剥离不良贷款13.11亿元；二是农村信用社票据置换4.07亿元；三是地方政府支持城市信用社核销0.16亿元,剔除剥离、置换、核销因素,城市信用社减幅最大,全年共清收转化不良贷款0.54亿元。

从全年新发生不良情况看，部分银行业金融机构存在此降彼升的现象。如工行新发生不良贷款1.52亿元,其中公司类贷款1.50亿元,个人贷款0.01亿元；农行新发生不良贷款0.58亿元，主要是个人消费贷款；中行新发生不良贷款0.12亿元全部为公司客户；建行新发生不良贷款0.30亿元，主要是个人消费类贷款。从新发生不良贷款的原因看，个人类消费贷款成为新的关注点。

**(四)国有商业银行非信贷资产上升，表外业务风险下降**

年末，国有商业银行非信贷资产总额207.58亿元，较年初增加59.11亿元，占资产总额73.72%，较年初上升了8.41个百分点。其中非信贷不良资产7.22亿元，较年初减少0.64亿元。国有商业银行的非信贷资产2005年度变化较大，较年初增加59亿元，非信贷不良资产的规模变化较小。非信贷资产增加的原因主要是各国有商业银行贷款业务萎缩，导致系统内上存资金增加。年末，国有商业银行表外业务期末余额共计10.12亿元，较年初增加2.02亿元。保证金金额3.69亿元,较年初增加1.61亿元；抵/质押品评估价值3.80亿元,较年初减少0.08亿元；风险敞口达到2.99亿元，较年初增加0.42亿元。表外业务风险敞口进行一步加大，期末垫款无余额，本期垫款无发生额。在国有商业银行表外业务中，担保类业务期末余额9.00亿元，其中开出银行承兑汇票7.86亿元，保函1.14亿元；承诺类业务余额1.12亿元，其中贷款承诺1.12亿元。

晋中市2005年1～12月不良贷款增量图

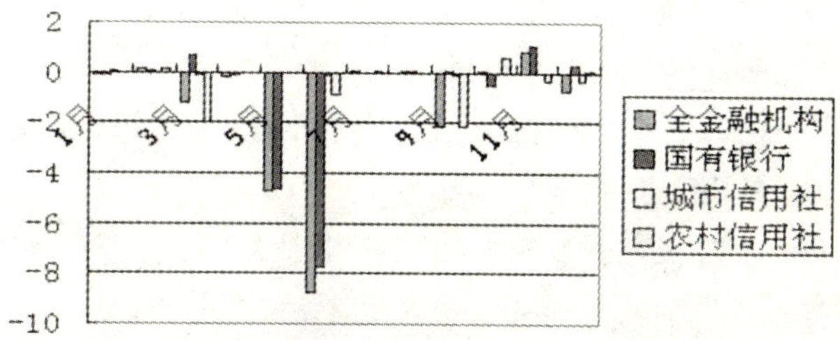


**(五)经营效益持续好转，城乡信用社成为亮点**

2005年，全市银行业金融机构赢利2.29亿元，同比增加0.41亿元，增长21.84%，除农行亏损外，其余机构均为赢利，其中农村信用社赢利居全市银行业机构首位，实现利润0.97亿元，占银行业机构利润总额的42.46%。国有商业银行实现利润1.10亿元，同比增加0.60亿元，增长122.11%；城市信用社实现利润0.20亿元，同比增加0.17亿元，增长611.07%；

三、存在的问题

**(一)国有商业银行区域性信贷投放不足给辖区经济金融发展所带来的影响不容忽视**

近年来，国有商业银行区域性投放不足至少有三方面的影响：一是国有商业银行分支机构自身发展受到限制；二是对当地经济发展特别是对中小企业融资影响较大；三是对当地城乡信用社形成了较大压力。国有商业银行存贷比下降问题突出，风险向中小金融机构转移的问题亟需关注，如少数农村信用社存贷比超过了规定比例，风险度相对集中等问题。

**（二）国家宏观调控效应的进一步显现对晋中市主导产业发展的影响值得关注**

焦化行业是晋中市的主导产业之一，根据统计部门提供的数据，其产值占全市工业总产值的比重高达30%，在部分县市甚至接近53%，焦炭行业对全市工业增长的支撑作用明显，居全市工业增长首位。年末，晋中市焦炭行业贷款22.5亿元，焦炭行业贷款较年初增加4.2亿元，增长22.9%，其中焦炭行业不良贷款余额为2.83亿元，不良占比为14.37%，虽然整体不良占比不是最高，但农村信用社的焦炭行业贷款不良占比高达37.97%。目前，焦炭行业的发展出现的问题有：一是政府清理力度不断加大，但焦炭行业的整体产能仍在继续扩张；二是焦炭库存积压严重，焦炭企业被迫大幅限产；三是焦炭价格下跌，焦炭行业面临亏损；四是资源制约因素日益突出。以上因素对银行信贷资产影响较大，主要是焦炭行业不良贷款占比偏高，且焦炭行业下一步发展存在不确定性，其中的不良下降值得关注；其次，关停取缔的企业贷款已经对银行资产形成部分损失；第三，随着国家宏观调控效应的进一步显现，现有焦炭企业贷款有可能存在更大的潜在风险。

**（三）个人消费贷款不良占比上升趋势成为银行业机构新的风险点**

目前，虽然晋中市个人消费贷款业务增长缓慢，但以前的个人消费贷款中不良贷款逐渐暴露。从2005年新发生不良贷款看，个人消费类贷款成为新的关注点，如农行新发生不良贷款0.58亿元，其中主要就是由汽车消费贷款形成，建行新发生不良贷款0.30亿元，也主要是由汽车消费贷款和部分个人住房贷款形成。

**（四）不良贷款“双降”压力进一步加大**

从近年来银行业不良贷款处置方式来看，国有商业银行主要是通过政策性剥离和核销，农村信用社主要是专项票据置换不良贷款；从银行业风险管理手段来看，国有商业银行主要是通过上收授信和贷款权限。尽管如此，新增不良贷款仍难以有效控制，不良贷款的持续暴露仍是当前最严重的问题，要真正实现不良贷款的“双下降”，工作任务依然艰巨。

**（五）银行贷款在房地产市场介入过深**

2005年，晋中市房地产投资16.65亿元，同比增长55.8%。房地产贷款7.70亿元，占房地产投资额的46.24%。2004年以来，晋中市房地产贷款平均增长速度为38%，远远高于各项贷款10%的增长速度。据对部分房地产开发商调查，部分开发商贷款在房地产总投资中的比例达到70%以上。同时，在房地产个人消费贷款方面，据抽样调查，晋中市个人住房购买支付方式中，按揭贷款在总销售额中的占比逐年上升，到2005年底，按揭贷款占到全年新购房住户的38%。由此可以看出，目前整个房地产市场中，银行信贷介入过深，房地产行业的任何波动，都会对银行信贷资产产生直接的影响，潜在风险不言而喻。

**（六）中间业务发展缓慢制约了银行经营效益的增长**

目前，中间业务应该逐渐成为银行新的效益增长点，但是由于同业银行之间的无序竞争，客观上使一些中间业务的正常收费，演变成了少收或不收费，成为吸收存款服务的一种衍生工具。近年来，新发展的代收代付业务，如代发工资、代收话费、代缴税款等大多提供的是“免费的午餐”，虽投入了大量的人力物力，不仅没有利润，还需要有一定的前期投入，导致中间业务发展缓慢。

**四、监管建议**

**（一）加强沟通与配合，改善信用环境，充分发挥国有商业银行对支持地方经济发展中的作用**

一是针对国有商业银行目前经营策略的转变，地方政府要积极与国有商业银行上级部门沟通联系，采取有效措施解决国有商业银行贷款持续少增问题；二是完善地方性担保公司建设，有效解决信贷资产保全措施不足所带来的放款难问题；三是在地方政府的领导下政、银、企和公、检、法共同努力，采取实质性的措施，有效防范信用风险，为银行业金融机构支持地方经济创造一个良好的信用环境；四是积极鼓励、引导银行业金融机构加大对科技含量高、有市场、有销路的产品，经济管理能力强、效益较好的企业，重点基础建设及“三农”经济的信贷投入，推动地方经济不断迈上新台阶。

**（二）督促银行业金融机构全面降低不良资产，继续把督促银行业金融机构实现不良贷款余额和比例“双下降”作为一项重要的监管目标**

实行不良贷款“双下降”一把手负责制，并严格考核。加强对重点机构不良贷款的监测和跟踪检查。督促银行业金融机构坚持审慎经营原则，增强自我消化风险的能力，落实风险管理制度，提高新增贷款的质量。

**(三)鼓励银行业金融机构积极创新，寻找新的利润增长点**

晋中市银行业务基本上还停留在“专”营信贷资金的层面上，银行机构表外业务规模小，种类单一，辖区银行机构要积极进行业务创新，结合地区经济金融运行特点，找准着眼点，开拓表外业务这一块新领地，寻求新的利润来源。

**(四)完善金融机构内控机制体系，建立健全风险管理的长效机制，防范金融风险**

一是树立防范风险意识，为完善内控制度创造良好的环境。二是科学设置组织机构,合理划分职责权限。三是建立一个集中、高效强有力的内部监督体系，强化稽核监督职能。四是严格规章制度，为稳健经营提供保障。五是建立严格的安全预警体系。六是建立定期业务分析制度。七是建立权力监控制度，完善责任追究机制。

# 2005年临汾市经济金融运行及银行业风险状况分析

2005年，临汾市银行业金融机构在科学发展观指导下，围绕临汾市委、市政府“321”工作重点和“2621”经济框架，积极调整信贷结构，支持经济增长模式的转变，全市经济保持了平稳发展。银行业金融机构信贷资产质量和赢利能力进一步增强，但经济金融运行中存在的一些问题必须高度重视并采取措施尽快解决。

## 一、经济运行情况

2005年，临汾市经济平稳发展，投资消费合理增长，物价稳中有升，人民生活水平不断提高。

### (一)经济增速保持平稳

全市生产总值完成523.18亿元，增长14.6%，增速下降1.1个百分点。超全省平均增速2.1个百分点。其中，第一产业增速为-5.9%，第二产业增速为19.7%，第三产业增速为12%。

### (二)工业经济不断增长

全市规模以上工业增加值累计实现243.53亿元，增长26.97%，增速提高1.44个百分点。主要工业产品产量原煤增长33.8%、洗煤增长35.1%、机焦增长9.4%、生铁增长28.4%、粗钢增长22.1%。在主要工业产品产量增长的同时，产品销售继续增长，全市实现销售产值705.25亿元，增长29%；产销率97.24%，同比提高0.15个百分点。

### (三)固定资产投资结构有所改善

全市固定资产投资累计完成151.96亿元，增长21.67%，增速提高2.45个百分点。分行业看，农业、房地产业等基础性行业投资增速较大，分别比同期增长1.79倍、1.26倍、51.36%。

### (四)物价温和上涨，居民消费品零售总额持续攀升

全市居民消费价格总水平比上年同期增长2.6%，其中，涨幅较大的项目有娱乐教育文化用品及服务业上涨14.1%、居住类上涨3.7%、粮食上涨2.2%。全市累计实现社会消费品零售总额132.04亿元，增长14.5%。其中，城市增长15.1%；农村增长15.8%。分行业看，餐饮业、批发零售贸易业增速加快。全市批发零售贸易业零售额112.45亿元，增长14.1%，餐饮业15.72亿元，增长17.9%。

### (五)财政收入继续增加

全市财政收入完成83.05亿元，比上年增收24.19亿元，增长41.09%，增速下降17.06个百分点。

### (六)城乡居民收入稳步提高

全市城镇居民人均可支配收入7852元，增长14.6%，增速下降3.2个百分点；全市农民人均现金收入3326元，增长11.76%，增速提高0.16个百分点。

## 二、金融运行情况

2005年，临汾市银行业金融机构运行平稳，存贷款适度增加，信贷资产质量进一步好转，赢利能力继续增强。

### (一)各项存款持续增长，增速减缓

12月末，临汾市银行业金融机构负债总额为846.42亿元，较年初增长25.54%。占负债总额72.41%的各项存款余额为612.89亿元，较年初增加103.03亿元，增长20.2%。同比多增5.5亿元，增速下降了3.56个百分点。增速比前三个季度分别提高8.94、3和1个百分点。但从月环比增速看，起伏较大，(图一可知)季末增季初减的特征仍较明显，农村信用社尤为突出。

图一　　月度存款增速图

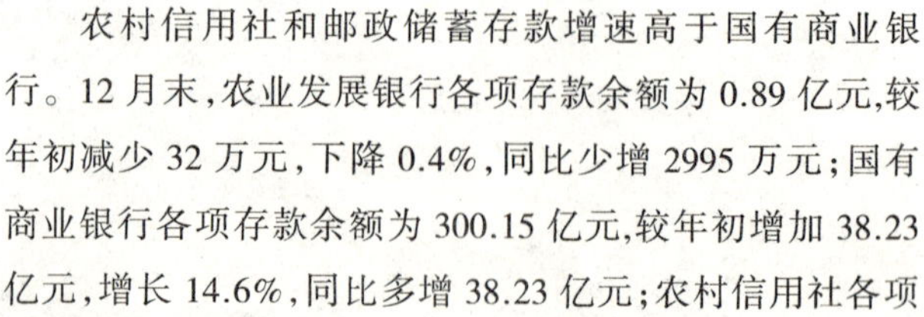


农村信用社和邮政储蓄存款增速高于国有商业银行。12月末，农业发展银行各项存款余额为0.89亿元，较年初减少32万元，下降0.4%，同比少增2995万元；国有商业银行各项存款余额为300.15亿元，较年初增加38.23亿元，增长14.6%，同比多增38.23亿元；农村信用社各项存款余额为232.07亿元，较年初增加45.43亿元，增长24.3%，同比多增12.67亿元；邮政储蓄各项存款余额为79.78亿元，较年初增加19.37亿元，增长32.1%，同比多

增6.22亿元。农村信用社和邮政储蓄存款增速分别高于国有商业银行9.7、17.5个百分点。

图二　　分机构存款增速对比图

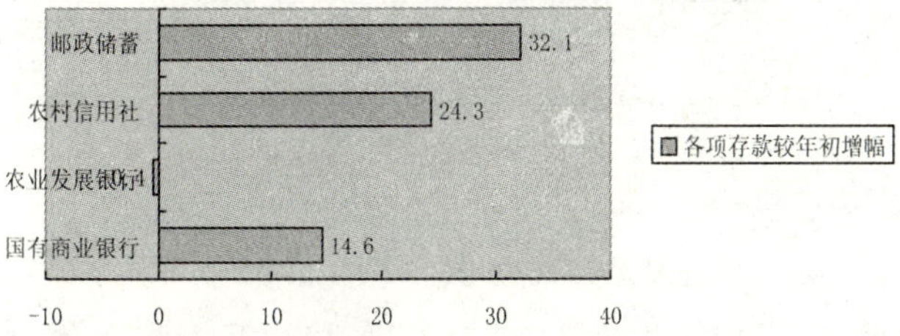


从存款结构看：储蓄存款、其他存款同比多增，企业存款、农业存款同比少增。12月末储蓄存款、其他存款较同期分别多增25.48亿元、9.5亿元；企业存款、农业存款较同期分别少增14.75亿元，8.49亿元。

**1. 储蓄存款持续增长。**12月末，银行业金融机构储蓄存款余额为430.18亿元，比年初增加78.67亿元，增长22.4%，同比多增25.48亿元。其中，农村信用社储蓄存款增速高于储蓄存款总量增速的2.95个百分点。

从储蓄存款的存期结构看：定期存款与活期存款的增量占比为60.26:39.74，去年同期定活增量占比为56.05:43.95，活期存款的增量占比下降，存款稳定性增强。

从储蓄存款增速看：季末增量大于季初的特征仍较明显，如一季度的月增速环比季末大于季初3.09个百分点；二季度的月增速环比季末大于季初2.47个百分点；三季度的月增速环比季末大于季初2.83个百分点；四季度的月增速环比季末大于季初2个百分点。

储蓄存款快速增长的原因，一是城乡居民收入水平不断提高，储蓄的意愿仍较强；二是各机构不断改善金融服务，积极采取措施，增加资金来源。如建行通过开办储蓄新品种"业务通知存款"，两个月吸储3100万元；三是在教育助学等消费性信贷业务发展缓慢的情况下，居民教育、住房、养老等储蓄观念进一步增强。

**2. 企业存款同比少增。**12月末，银行业金融机构企业存款余额为67.04亿元，较年初增加0.33亿元，增长0.49%，同比少增14.65亿元。增速比前三个季度分别下降5.29、4.3、6.73个百分点。主要原因一是临汾市的企业是以焦化、钢铁企业为主，这些行业的主导产品价格一直处于下滑趋势，企业利润空间不断收窄，企业现金流量减少。二是年末企业集中支取存款归还到期贷款。如12月农业银行授信额度(或贷款余额)3000万元以上的大客户减少6户，归还贷款19361万元。

**(二)贷款总量适度增加，但增速起伏较大**

12月末，临汾市银行业金融机构资产总额为860.89亿元，较年初增长26.32%。占资产总额34.97%的各项贷款余额为301.09亿元，较年初增加14.02亿元，增长4.88%。同比少增3.4亿元，增速较同期下降1.58个百分点。从月环比增速变化看，一月份增速最高，二月份开始下降，四月份开始回升，五至六月份增速下降，七至九月份小幅增长，至十月份开始逐步下滑，最低的十二月份比一月份低11.97个百分点。贷款增幅随票据贴现增减变化波动。

分机构看：政策性银行贷款投放增加，同比多增5.07亿元，增速较同期提高24.25个百分点；国有商业银行贷款投放减少，同比少增16.26亿元，增速较同期下降12.6个百分点，若剔除工行剥离核销因素，同比减少7.65亿元、增速较同期下降6.37个百分点；农村信用社贷款投放增加，同比多增7.79亿元，增速较同期提高3.26个百分点，若剔除票据置换因素，同比多增14.59亿元，增速较同期提高9.51个百分点。(表一可知)贷款增量主要集中在农村信用社，较年初增加27.54亿元，增量占到全部新增贷款的196.57%。

表一　　1～12月份新增贷款分机构统计表　　单位:亿元、%

| 项　目 | 新增贷款额 | 占全部新增贷款比重 |
| --- | --- | --- |
| 工商银行 | -8.25 | -58.89 |
| 农业银行 | -7.03 | -50.18 |
| 中国银行 | -1.79 | -12.78 |
| 建设银行 | 0.21 | 1.5 |
| 农业发展银行 | 3.33 | 23.77 |
| 农村信用社 | 27.54 | 196.57 |

从贷款结构分布情况看：短期贷款同比多增，中长期贷款总量略有增加，票据融资同比少增。自1月份以来，短期贷款增量超过票据融资增量。(表二可知)12月末短期贷款增量占比高于票据融资150.67个百分点。

表二　1～12月份新增贷款分结构统计表　单位:亿元、%

| 项　目 | 新增贷款额 | 占全部新增贷款比重 |
| --- | --- | --- |
| 短期贷款 | 16.8 | 119.91 |
| 中长期贷款 | 1.68 | 11.99 |
| 票据融资 | -4.31 | -30.76 |

从贷款在不同规模的企业分布状况看：大中型企业、小型企业贷款增量和总量分别为7.01亿元、161.03亿元；4.97亿元、89.6亿元。(如表三)

表三 1~12月份新增贷款分企业规模统计表 单位：亿元、%

| 项　　目 | 新增贷款额 | 占新增贷款额(%) |
|---|---|---|
| 大中型企业 | 7.01 | 58.55 |
| 小型企业 | 4.97 | 41.45 |
| 合　　计 | 11.98 | |

**1. 短期贷款同比多增。**12月末，短期贷款余额为205.02亿元，较年初增加16.8亿元，增长8.92%，同比多增9.16亿元。自8月份以来，连续5个月同比多增。短期贷款增量占各项贷款新增量的比重较同期上升75.97个百分点。

从贷款发放主体看：国有商业银行短期贷款为44.16亿元，比年初减少6.15亿元，下降12%，同比多增1.56亿元；农村信用社短期贷款为137.36亿元，比年初增加19.53亿元，增长16.6%，同比多增2.45亿元。

短期贷款增加主要是临汾市政府今年以来出台了一系列调整产业结构的政策措施，如提高环保技术、改进企业生产工艺，促进企业由粗放经营向集约化经营方式转变，并及时牵线搭桥以“银企洽谈会”等形式，解决银行缺项目、企业缺资金的矛盾，使优质项目及时得到资金支持。如中国银行分别向新临钢钢铁公司、兆光发电有限责任公司新发放流资贷款1亿元、1000万元；建设银行分别向山焦集团、三维集团和丰昆铸业有限公司新发放流资贷款3.15亿元、1.9亿元和4600万元；农村信用社向煜海实业有限公司新发放贷款2000万元、向蒲县祥瑞煤焦化有限公司新发放贷款3000万元、向唐尧花园酒店新发放贷款1000万元、向海仓能源开发有限公司新发放贷款1000万元。

**2. 中长期贷款持续少增。**12月末，中长期贷款余额为60.04亿元，较年初增加1.68亿元，增长2.88%，比同期少增1.06亿元，已连续26个月同比少增。中长期贷款比同期少增的原因主要是个人消费贷款业务发展缓慢。如农业银行个人消费贷款较年初减少3.3亿元，同比少增4.9亿元。

**3. 票据融资增速减缓。**12月末，票据贴现余额为36.04亿元，比年初减少4.31亿元，下降11%，同比少增11.42亿元。票据贴现新增额占贷款新增额的-30.72%，比去年同期下降71.54个百分点。

票据融资增速下降的原因一是企业经营环境变化，经营购销合同减少，票据贴现票源萎缩。截至12月末，工商银行累计签发承兑汇票额较同期仅增加204万元、农业银行减少3.08亿元、中国银行减少1.09亿元；二是贴现票据集中到期。如农业银行12月份当月到期的贴现票据高达6.1亿元，占其月初余额的30%。

图三 票据贴现变化趋势图

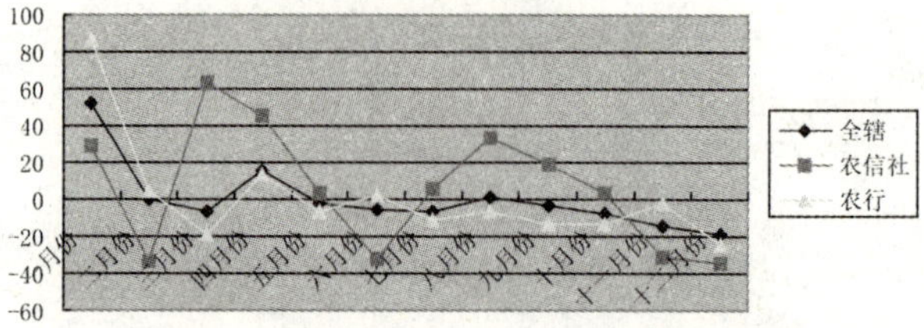


**4. 农业贷款同比少增。**12月末，农业贷款余额为69.41亿元，比年初增加6.58亿元，增长10.58%，同比少增12.3亿元。其中，农村信用社农业贷款余额为66.29亿元，比年初增加6.65亿元，增长11.2%，同比少增12.3亿元。同比少增的原因主要是农村信用社会计科目使用不当，将部分企业贷款归属于农业贷款项目。而近两年来，农村信用社不断收缩发放于以煤炭为原料的、经营粗放型企业的贷款所致。

**(三)银行业金融机构不良贷款继续保持“双下降”，且结构有所优化**

2005年末，按五级分类口径，临汾市主要银行业金融机构不良贷款余额为26.51亿元，比年初减少8.4亿元，不良贷款占比为19.43%，较年初下降3.87个百分点。从贷款主体看：农业发展银行不良贷款余额为7.69亿元，比年初减少2287万元，不良贷款占比为32.5%，较年初下降6.44个百分点。国有商业银行不良贷款余额为18.82亿元，比年初减少8.17亿元，不良贷款占比为16.69%，较年初下降4.16个百分点。其中，工商银行不良贷款占比为0.73%，较年初下降27.02个百分点；农业银行不良贷款占比为34.82%，较年初上升5.85个百分点；中国银行不良贷款占比为5.37%，较年初下降0.07个百分点；建设银行不良贷款占比为1.68%，较年初下降0.75个百分点。

按四级分类方法统计，农村信用社不良贷款余额为11.49亿元，比年初减少6.81亿元，不良贷款占比6.98%，较年初下降6.36个百分点。农业发展银行、国有商业银行和农村信用社不良贷款均实现了“双下降”。

从结构看，五级分类中的可疑类贷款和四级分类中的呆滞、呆账类贷款的降幅明显。2005年末，临汾市银行业主要金融机构可疑类贷款占比为5.54%，较年初下降4.51个百分点，高于次级类贷款降幅3.01个百分点，占全部不良贷款的比重为28.52%，比年初下降14.59个百分点。农村信用社呆滞贷款占比为5.58%，较年初下降1.61个百分点；呆账贷款占比为0.79%，较年初下降4.8个百分点。分别高于逾期贷款降幅1.66个百分点、4.85个百分点。两项贷款占全部不良贷款的比重分别为91.29%，比年初下降2.23个百分点。

**(四)银行业金融机构赢利能力进一步增强，资产利润率提高**

2005年临汾市银行业金融机构实现经营利润4.22亿元，同比增长34.3%。其中，农业发展银行实现经营利润1489万元，同比增长276.92%；国有商业银行实现经营利润3.11亿元，同比增长290.81%；农村信用社实现经营利润9623万元，同比下降58.27%。2005年临汾市银行业金融机构经营利润快速增长的主要原因：一是利息收入的增长是拉动经营利润的主要力量。2005年全市银行业金融机构利息收入达21.95亿元，同比增收4.83亿元，增长28.19%，增速比上年提高5.91个百分点。二是中间业务发展较快，全年实现中间业务收入6567万元，同比增收1160万元，增长21.45%，增速比上年提高34.66个百分点。其中，中国银行中间业务增长最快，当年实现中间业务收入565万元，同比增收184万元，增长47.92%，比上年提高24.84个百分点。

2005年银行业金融机构平均资产利润率为0.54%，比上年提高0.03个百分点。其中农业发展银行资产利润率为0.62%，国有商业银行平均资产利润率为0.97%，农村信用社平均资产利润率为0.22%，国有商业银行资产赢利能力较为突出。

三、存在的问题与风险

**(一)内部控制急需加强，防范案件风险刻不容缓**

2005年，全市银行业金融机构共发生案件6起，涉及金额2.98亿元，作案手段多样，涉及业务种类增多，特别是利用各种手段诈骗银行的案件凸现出来。同时，长期以来内控管理薄弱逐步暴露出来。内控缺陷主要表现在：一是内部管理部门缺乏有效的协调沟通机制。如银行业监管统计管理暂行办法规定：银行业机构应设立统计部门或确定一个主管部门，集中负责本机构的统计工作，提供银行业监管统计信息，以保证数据的一致性，但从近两年非现场统计报表和统计现场检查情况看，由于内部各部门之间缺乏沟通与协调，屡有出现错报、漏报统计数据现象。如在对建设银行统计专项后续检查中发现，该行风险部作为归口管理部门未将《非信贷资产情况统计表》的填报要求传达给计财部，致使报表数据发生错误；同时对分支机构的统计工作督导不力。致使该行尧都区支行从未填报过《非信贷资产情况统计表》。二是随着银行业金融机构公司治理结构逐步改善，借鉴发达国家的成功经验，全面改造、整合业务流程和管理模式，逐步实现电子化、规范化操作，各项业务流程更加紧密地和信息技术联系在一起，但在实际操作中，由于银行业金融机构缺乏对信息资产业务的有效识别、计量和监测，电子业务的管理制度，识别、计量各类风险的意识和技术与发达国家相比，有较大差距。如临汾市各家银行机构的信息资产管理制度，基本都停留在对信息系统软硬件的日常维护和管理，缺乏甄别信息资产风险的手段。三是重要的业务及环节风险控制措施落实不到位，一些原始的、表面的漏洞无法及时堵塞，新的业务风险由于制度滞后，不能防患于未然。四是对高管人员和重要岗位人员行为监督欠缺，对其权力行使不能有效制约。五是内部审计效力不足，审计力量与技术方法落后，对审计的再监督缺位，部分审计人员不履职或不作为，审计结果不能够得到重视，审计监督作用发挥不理想。

**(二)金融信贷支持地方经济发展与防范化解金融风险的矛盾依然突出**

随着监管部门监管力度加大，银行业金融机构经营管理和控制风险的能力不断加强，但潜在金融风险依然较大，如到2005年末临汾市银行业金融机构不良贷款余额和比例均实现了“双降”，但不良贷款基数和比例仍较大，从长远看，不良贷款“双降”形势不容乐观。

一是不良贷款波幅较大，部分国有商业银行出现反弹现象。动态的看，2005年全市国有商业银行不良贷款波动较大：工商银行三月份不良贷款比例上升2.67个百分点；四月份不良贷款比例上升0.8个百分点；十月份不良贷款比例上升0.01个百分点，余额上升31万元；十一月份不良贷款比例上升0.43个百分点，余额上升995万元。农业银行三月份不良贷款比例上升2.13个百分点；五月份不良贷款比例上升0.56个百分点；七月份不良贷款比例上升1.53个百分点；八月份不良贷款比例上升0.87个百分点，余额上升762万元；九月份不良贷款比例上升1.48个百分点；十二月份不良贷款比例上升5.37个百分点，余额上升9522万元。中国银行一月份不良贷款比例上升0.03个百分点，余额较上月增加23万元；二月份不良贷款余额较上月增加29万元；五月份不良贷款比例上升0.02个百分点；七月份不良贷款比例上升0.21个百分点；十一月份不良贷款比例上升0.27个百分点，余额上升360万元。建设银行九月份不良贷款比例上升0.03个百分点。二是不良贷款的清收转化手段单一，以政策性的核销剥离和票据置换为主。2005年度，银行业金融机构共核销剥离和票据置换不良贷款15.72亿元，占清收转化总额的75.06%。而同期现金收回4.89亿元，仅占23.35%，以物抵贷因取得所有权难、管理难、处置难等，已趋于萎缩，只有3137万元，占1.59%。剔除核销剥离和票据置换因素的影响，不良贷款实际是上升5097万元。三是新增贷款的稀释作用减弱。临汾市属于能源重化工基地,生产企业以煤炭、焦化、钢铁企业为主，由于行业集约化生产经营程度低，达到银行信贷支持标准的企业不多。据统计，临汾市年产300万吨以上生铁企业的产量占生铁总产量33%；年产60万吨以上焦化企业的产量占焦炭总产量的65%。同时银行业金融机构不良贷款核剥和置换后，机构审慎经营意识增强，贷款投放明显减弱。2005年各项贷款增速较2002年下降18.92个百分点。新增贷款对不良贷款的贡献率国有商业银行为-123%，较2002年下降191.21个百分点；农村信用社仅为22%，较2002年下降58.16个百分点。四是不良贷款形态划分不真实。如在贷款偏离度现场检查时发现：工商银行14家样本客户的偏离度为0.73%，金额1298万元；5家农村信用社的偏离度为7.9%，金额13351万元。随着贷款形态划分工作的逐步规范，一些"隐性的"不良贷款将逐步显现。五是煤焦铁企业整顿关停影响。据调查统计，根据山西省实施煤炭资源整合的要求，在目前临汾市633座煤矿中，134座煤矿将实施资源整治或关闭，涉及银行贷款6785.98万元。临汾市加大治理污染力度以来，包括山西海姿焦化有限公司、山西惠通达焦化有限公司在内的48家企业由于污染严重、环保不达标被停产限期整顿，如到期验收不合格将被关闭，此类企业涉及贷款6.64亿元。同时随着国家对资源开采的限制，矿产资源产品价格居高不下，而焦炭、钢材产品价格下滑，焦化、钢铁企业经营日趋困难，加剧了贷款风险。

在金融潜在风险仍较严重的情况下，国有商业银行省级分行不断上收基层行的信贷授权，并在内部增加了对焦化、冶金等行业的限制措施，对不符合信贷条件的企业坚决不予放贷。从企业方面看，"贷款难"现象更加突出。临汾市优势企业比较少，大多数民营中小企业和个体工商户在生产发展中，对银行贷款的依赖程度比较高，但却达不到贷款条件。2005年末，临汾市国有商业银行存差资金达114.19亿元，同比增加42.77亿元。从银行存贷款增长情况看，在存款增长20.2%的情况下，短期贷款仅增长8.92%，中长期贷款增长2.88%。从经济增长与银行贷款增长情况看，GDP的增速高于贷款增速9.72个百分点。大部分企业在民间高成本融资维持生产，形成银行有资金选项难，企业在银行贷款难的"两难"境地。

**（三）贷款过度集中积聚的风险隐患较大**

为促进银行审慎经营，稳健操作，银监会先后颁布并实施了《商业银行授信业务尽职指引》等提高商业银行授信科学性，降低授信业务风险控制的制度办法，但在实际当中，由于集团关联客户相对集约化程度较高，能给银行带来较高的现实经营收益，仍是各家竞相支持的对象。到2005年12月末，临汾市国有商业银行授信额度（或贷款余额）3000万元以上、农村信用社贷款余额1000万元以上的大客户241个，贷款余额93.99亿元，占全部贷款的31.22%，同比分别增加77个、21.37亿元、增长29.43%，大额客户贷款余额的增速高于全部贷款增速的24.54个百分点。从大额贷款客户在银行的贷款情况看，存在以下四方面的问题：

**1. 大额贷款客户集中度高。**一是贷款投放客户集中；二是贷款行业集中；三是贷款投放地域集中。从集中的客户、行业和地域情况看，都以煤炭、焦化和冶金行业为支持对象。如国有商业银行共55户大额贷款客户中25户是煤炭、焦化、冶金企业；大额贷款中投向煤炭、焦化、冶金行业占全部大额贷款的56.55%；地域大额贷款占比主要集中在尧都区、洪洞、霍州，如尧都区支持的煤炭、焦化和冶金企业分别占到全部大额贷款的7.06%、7.37%、6.73%。

**2. 大额关联企业相互担保。**从现场检查发现的23户大额关联企业中，有2户企业贷款相互提供担保，相互担保贷款金额占大额关联企业贷款额的8.7%。如：山西宇晋钢铁有限公司，截至2005年10月末，在侯马中行贷款11笔，余额7800万元，均由关联方河南仁和线材有限公司提供担保。

**3. 对大客户多头授信。**从对12月末的大额贷款统计情况看，国有商业银行3000万元以上、农村信用社1000万元以上大额贷款客户在两家以上机构交叉贷款的客户有12户，贷款余额37.53亿元。大额贷款交叉客户和贷款余额分别比年初增加6户、11.53亿元。有5户企业在三家以上机构获得贷款。如：山西三维集团股份有限公司12月末，贷款余额为10.88亿元，其中，工行临汾分行6亿元，中行临汾分行2.55亿元，建行临汾分行2.33亿元。

**4. 大额客户不良贷款隐患较多。**从报表统计数据看，2005年12月末，大额客户不良贷款余额1.13亿元，较年初减少3.06亿元。但不良贷款处置85.29%依赖于核销和剥离，如工行剥离2.05亿元、农村信用社核销0.56亿元。从现场检查情况看，企业贷款按期履约合同能力差，如尧都区联社营业部临汾集中供热有限公司和乡宁县兴源精煤有限公司分别于2005年1月9日贷款2500万元、2005年9月8日贷款1000万元，均未按合同到期日及时归还贷款。

从大额贷款的客户集中、地域集中和行业集中度来看，主要集中于以煤炭为主要原料的焦化和冶金行业。目前，焦炭、钢铁等部分行业过度投资导致的产能过剩的问题日趋突出，银行对关联企业集团客户多头授信、过度授信、贷款过度集中的风险应引起高度重视。

**四、几点建议**

**(一)加强内控监管，建立案件防范长效机制**

一方面各银行业金融机构要全面落实《商业银行内部控制指引》和《商业银行内部控制评价试行办法》，建立内部控制体系，健全内部控制机制，为全面建立风险管理体系奠定基础。同时督导分支机构从内部管理入手，防、堵管理漏洞，切实加强内部审计，加大对重要岗位、重要业务、重要环节、重要保证机制的检查力度。另一方面银行业监管部门要进一步加强内控监管，将案件防范和查处工作纳入持续监管范畴，坚决有效遏止案件高发势头。严格高级管理人员的履职行为监管，加大现场检查广度与深度，督促银行落实各项内控措施，促进银行合法、合规经营，保障银行资产安全，保证银行改革和发展的顺利进行。

**(二)对信贷投向趋同和集中度高，尤其是其中关联企业的风险控制，必须多管齐下，循序渐进，力求时效**

一方面，商业银行要加强审慎授信和风险控制。一是要不断深化银行内部改革，及时转变经营管理理念，正确处理防范风险和支持经济发展的关系，防止和纠正以“不作为”方式和“垒大户”方式防范风险和规避责任的倾向，积极支持有市场、有效益、有信用的中小企业和非公有制经济的发展，重点扶持高新技术产业和其他优势产业；二是重视贷前调查，信贷人员必须依照尽职管理的标准认真分析集团客户的治理结构、组织结构、业务运营模式和资金管理模式，多渠道收集关联企业信息，最大限度摸清所有关联企业间的关联关系和紧密程度，加强对财务报表中非公允交易的识别，加强对资本、销售收入的判别，夯实分析基础；三是在统一授信的前提下要根据集团客户的不同性质，确定借款主体，注意避免因借款人选择不当而产生的结构性从属问题；四是要注意在授信协议和贷款合同中设置预防性条款以强化关联交易报告和违约约束，利用法律手段，提高风险防范能力。

另一方面，监管部门要利用银行业中的特殊地位加强信息服务和风险提示。一是要尽快建立起以银行大额授信信息为中心，工商、税务、海关、司法及社会中介机构信息为相互印证的信息平台，为商业银行集团客户加强统一授信提供参考；二是要协调各家银行规范客户信息管理，建立统一制度并不断完善大额授信的信息资源；三是要增强主动提示的意愿，加大风险提示力度，以消减银行信息不对称的程度。

# 2005年运城市经济金融运行及银行业风险状况分析

2005年，运城市经济金融运行特点是：货币信贷总量增长速度明显减缓，地方经济产业结构趋于合理，宏观调控效应得到显现，经济金融保持快速、健康、稳定、协调发展的良好态势。

## 一、经济增长速度较快，运行质量稳步提升

2005年，运城市全面落实科学发展观，继续贯彻执行国家宏观调控政策，认真落实全国、全市经济工作会议精神，大力推进经济结构调整，努力转变经济增长方式，全市经济呈现持续快速发展态势：工业经济继续保持高速运行，固定资产投资平稳增长，消费市场购销两旺，经济运行质量稳步提升，财政收入增长较快，人民生活水平显著提高。2005年国内生产总值累计完成470.6亿元，同比增长13.3%；全社会固定资产投资完成152.8亿元，同比增长14.9%；工业增加值累计完成187.1亿元，同比增长23.6%；财政总收入达55.6亿元，同比增长19.3%；社会消费品零售总额为158.2亿元，增长10.3%；进出口总额完成65277万美元，同比增长22.0%。总的来讲，运城市经济发展可以概括为：一是三驾马车共同拉动经济匀速增长，工业经济继续保持高速增长；二是经济运行质量看好，效益不断提高。

## 二、银行业运行平稳，经营效益不断提高

2005年，运城市银行业机构运行特点是：各项存款快速增长，各项贷款适度增加，信贷资产质量进一步好转，银行业效益不断提高。

### （一）各项存款持续快速增长，同比增速加快

2005年末，全市银行业机构本外币各项存款余额4353090万元，比年初增加670809万元，增长18.22%，同比多增271351万元，增幅上升6.05个百分点。其中人民币各项存款余额为4335131万元，比年初增加671744万元，增长18.34%，同比多增273115万元，增幅上升6.13个百分点。

从存款结构上看：企业存款快速增长。2005年末企业存款比年初增加了99921万元，增长22.72%，同比多增82024万元，增幅上升32.39个百分点。储蓄存款增速平稳。2005年储蓄存款比年初增加458924万元，增长16.02%，同比多增131401万元，增幅上升3.11个百分点。其中活期存款比年初增加136157万元，增长17.61%；定期存款比年初增加322767万元，增长15.43%。

从各机构存款情况看：2005年末，四家商业银行人民币各项存款余额为2426924万元，比年初增加294606万元，增长13.82%，同比多增87838万元，增幅上升2.49个百分点，其中：工行比年初增加98544万元，农行比年初增加97731万元，中行比年初增加77381万元，建行比年初增加20950万元。农村信用社人民币各项存款余额为1322552万元，比年初增加185618万元，增长16.33%。

从存款季度变化看，各项存款前三季度增速递减，年末存款余额有所下降。一季度增加40.8亿元，增长11.07%；二季度增加17.0亿元，增长4.62%；三季度增加14.0亿元，增幅降到3.3%；四季度减少4.7亿元。

存款增加的主要因素有：一是部分重点企业派生存款增加；二是重点企业产销两旺，货款回笼增加；三是各金融机构加大宣传力度，储蓄存款上升较快，如正月十五举办的“农行杯”元宵节社火表演，农村信用社的文艺下乡等；四是全市认真贯彻中央一号文件精神，加快农村产业结构调整步伐，农业生产丰收，农民收入稳定增长。

### （二）各项贷款适度增加，同比增幅回落

2005年末，全市银行业机构本外币各项贷款余额为3731194万元，比年初增加133590万元，增长3.71%，同比少增183736万元，增幅下降5.96个百分点。若剔除工行剥离和核销不良贷款151615万元、农村信用社专项票据置换不良贷款48339万元等因素外，实际比年初增加333544万元，增长9.27%，同比多增16218万元，增幅下降0.73个百分点。其中：人民币各项贷款余额3727111万元，比年初增加134788万元，增长3.75%，同比少增199218万元，增幅下降6.5个百分点。

**1. 从贷款结构上看，主要是中长期贷款增长幅度较大**

（1）短期贷款略有增加。2005年末，全市银行业金融

机构人民币短期贷款余额为2307022万元，比年初增加31975万元，增长1.41%，同比少增68234万元，增幅下降3.20个百分点。短期贷款中，农业贷款比年初增加了65999万元，增长10.17%（其中农村信用社农业贷款比年初增加85152万元，占全部农业贷款增加额的129.02%）；工业贷款比年初减少32717万元，降幅为5.06%，同比多下降8.56个百分点；其他短期贷款比年初减少32820万元，降幅为16.1%，同比多下降8.91个百分点。另外，中期流动资金贷款比年初减少39137万元，降幅为83.17%，同比多下降43.1个百分点。

（2）中长期贷款有所增加。2005年末，全市银行业金融机构中长期贷款余额为1128320万元，占各项贷款余额的30.27%，比年初增加132898万元，增长13.35%，同比少增152868万元，增幅降低26.92个百分点。其中：基本建设贷款比年初减少8882万元，下降1.48%；技术改造贷款比年初增加29575万元，增长49.55%；其他中长期贷款比年初增加112205万元，增长33.47%。

（3）票据贴现小幅增加。2005年末，全市票据贴现余额为278649万元，比年初增加8043万元，增长2.97%，同比多增30187万元，增幅上升10.53个百分点。主要是工行和中行加大了票据贴现工作力度，如工行贴现比年初增加40935万元，中行贴现比年初增加57011万元。

**2. 从各机构贷款变化情况来看，除工行和农行外各机构贷款均有所增加**

2005年末，四家商业银行人民币各项贷款余额为2349286万元，比年初增加15624万元，增长0.67%，同比少增230032万元，增幅下降11.1个百分点（剔除工行剥离和核销不良贷款151615万元因素，实际比年初增加167239万元，增长7.17%，同比少增78417万元，增幅下降4.6个百分点），其中：工行比年初减少70038万元，农行比年初减少61039万元（主要是票据贴现比年初减少86091万元），中行比年初增加85207万元，建行比年初增加61548万元。农业发展银行人民币各项贷款余额为445106万元，比年初增加69629万元，增长18.54%。农村信用社人民币各项贷款余额为932719万元，比年初增加49829万元，增长5.64%（剔除农村信用社专项票据置换不良贷款48339万元，实际比年初增加98618万元，增长11.12%）。

各项贷款变化的主要特点有：

一是信贷投放倾向龙头企业和优势产业。各商业银行把运城市“旗舰企业”作为信贷投放重点，如对华泽铝电公司新增贷款16.9亿元，使该公司28万吨铝电联产项目在9月份顺利竣工投产。

二是贷款结构变化突出，中长期贷款增长远高于短期贷款。短期工业贷款比年初减少3.27亿元，增幅比例由去年的3.51%下降为-5.06%，下降8.57个百分点，占各项贷款比例由去年的18.02%下降为16.49%，下滑1.53个百分点。中长期贷款今年净增13.29亿元，增长13.35%，在各项贷款增加额中占比由去年85.56%上升到98.60%，提高13.04个百分点。

三是行业投向突出。各银行业机构对全市电解铝、钢铁、煤焦等重点行业分别增加贷款13.39亿元、5.48亿元和4.9亿元，有力支持了优势行业的发展。

四是加大对基础产业、教育产业支持力度。各商业银行积极响应运城市政府教育强市的号召，向运城学院、运城中学、永济中学等重点学校发放项目贷款0.8亿元；为缓解全市电力紧缺的局面，各商业银行向电力行业发放贷款4.5亿元，支持了山西蒲光发电公司的2×30万千瓦电力机组等项目建设。

五是各银行业机构金融创新步伐加快。农业银行向外向型企业发放打包贷款1.19亿元，支持白玉镁业、正大镁业、华晋铁合金等出口创汇企业发展；中行积极开展保理业务，为宇峰塑业、翔宇化工、隆达工贸等企业融资7981万元；农业发展银行积极拓展新业务，向忠民集团、粟海集团、强胜集团、晋美油脂等农业产业化龙头企业发放贷款30250万元，向丰喜肥业公司发放地方化肥储备贷款8000万元；农村信用社在盐湖区、河津、闻喜联社率先开展了签发银行承兑汇票业务，在盐湖区、河津市开办了票据贴现业务，仅4个月时间签发银行承兑汇票22513万元，办理票据贴现13802万元。

六是农村信用社为“三农”经济和中小企业发展提供强大的信贷支持。2005年，农村信用社积极贯彻落实中央一号文件精神，加大支农力度，全市农村信用社累计发放贷款94.4亿元，余额93.27亿元，比年初增加4.98亿元，增长5.64%（剔除央行专项票据置换因素，实际增加9.82亿元，增长11.12%）。

**（三）不良贷款整体实现“双下降”**

2005年末，全市各银行业机构不良贷款余额为575895万元，比年初减少152171万元；不良贷款占比15.43%，比年初下降4.81个百分点。具体情况为：

**1. 除工商银行外，其余三家商业银行不良贷款均比年初有所增加。**2005年末，全市四大商业银行本外币不良贷款余额245216万元，不良贷款率为10.42%，比年初减少90288万元，下降3.92个百分点。分行别为：工行不良贷款比年初减少125988万元，下降15.90个百分点，下降的主要原因是该行在上半年共剥离不良贷款148198万元，核销不良贷款3417万元；农行不良贷款比年初增加8077万元，占比上升3.92个百分点；中行不良贷款比年初增加1806万元，占比上升0.12个百分点；建行不良贷款比年初增加了25817万元，占比上升3.75个百分点。建行不良贷款增加较多的主要原因：一是鑫天利贸易公司、关铝阳极有限公司的法人代表赵恩龙意外死亡，给两企业的生产经营带来了极大的影响。这两个企业在建行不良贷款增加了10915万元；二是山西强胜集团风陵渡油脂有限公司因流资紧张，新增不良贷款为14000万元；三是山西宇达集团有限公司因材料大幅上涨，投资的关公圣像竣工时间推迟一年，贷款不能如期归还，使得1500万元贷款形成不良；四是汽车消费贷款不良额上升，全年共有2358.77万元汽车消费贷款形成不良。

**2. 农发行不良贷款余额有所上升。**2005年末，农发行不良贷款余额为117889万元，不良率26.49%，比年初增加27万元，占比下降4.90个百分点。主要银行机构不良贷款变动情况如下表所示：

主要银行机构不良贷款变动情况表

2005年12月31日　　单位：万元、%、百分点

| 行别 | 贷款余额 | 正常贷款 | 不良贷款 | 不良率 | 不良贷款与年初相比 | | 备注 |
|---|---|---|---|---|---|---|---|
| | | | | | 增减额 | 百分点 | |
| 合计 | 2798477 | 2435372 | 363105 | 12.98 | -90261 | -3.73 | 工行共剥离和核销不良贷款151615万元。 |
| 商业银行 | 2353371 | 2108155 | 245216 | 10.42 | -90288 | -3.92 | |
| 工商银行 | 708879 | 687550 | 21329 | 3.01 | -125988 | -15.90 | |
| 农业银行 | 603929 | 428864 | 175065 | 28.99 | 8077 | 3.92 | |
| 中国银行 | 398657 | 391994 | 6663 | 1.67 | 1806 | 0.12 | |
| 建设银行 | 641906 | 599747 | 42159 | 6.57 | 25817 | 3.75 | |
| 农业发展银行 | 445106 | 327217 | 117889 | 26.49 | 27 | -4.90 | |

**3. 农村信用合作社不良贷款实现“双下降”。**2005年末，农村信用社不良贷款余额(按四级分类)为212790万元，不良贷款率为22.8%，比年初减少61910万元，占比下降8.3个百分点。不良贷款下降的主要原因是:一是目前信用社正在改革中，各县市信用社均采取有效措施，加大了清收不良贷款力度，共计收回不良贷款13571万元，收到较为明显的效果；二是全市农村信用社专项票据置换不良贷款48339万元。

**(四)银行业经营效益稳步提高**

2005年末，全市银行业金融机构实现利润66308万元，比上年同期多赢31929万元。四家商业银行实现利润58349万元，比上年同期多盈31111万元。其中工商银行赢利17979万元，比上年同期多赢1744万元；农业银行赢利10223万元，比上年同期多赢8513万元；中国银行赢利8674万元，比上年同期多赢12722万元；建设银行赢利21473万元，比上年同期多赢8170万元；农业发展银行赢利1055万元，比上年同期多赢2577万元；农村信用社实现利润6901万元，其中：有172个赢余社，占比为74.5%，赢余金额9638万元；59个亏损社，亏损金额2737万元。

三、当前经济金融运行中应关注的主要问题

2005年，全市银行业虽稳健运行，但仍存在着一些影响经济金融和谐发展的矛盾和问题，需要引起关注。主要表现在以下几个方面：

**(一)信贷投放速度降低，对经济增长的支撑作用下降**

2005年末，全市银行业各项贷款比年初增加13.4亿元，同比少增183736万元，增幅下降5.96个百分点。前三季度贷款增幅呈减弱态势(一季度末增长6.56%，二季度末增长3.51%，三季度末增长2.49%，四季度末增长3.71%)，年末有所回升。其中四大商业银行人民币新增贷款同比少增230032万元，增幅下降11.1个百分点(剔除工行剥离和核销因素，同比仍少增78417万元，增幅仍下降4.6个百分点)。各项存款增速加快，各项贷款增速减弱，对经济增长的支撑作用势必下降，引起的连锁反应需要各银行业机构认真分析研究。

**(二)工业企业效益下滑，亏损增加，还款意愿降低，银行信贷资产潜在风险加大**

电解铝、钢铁、焦炭是运城市的重要产业，2005年在国家宏观调控中受到较大冲击，企业生产速度回落，资金占用增加，经营效益下滑，对银行信贷资金产生了较大风险隐患。从前10个月工业经济运行情况来看，全市规模以上工业企业实现利润27.5亿元，同比下降3.4个百分点；亏损企业亏损额4.5亿元，增长45.3%；规模以上工业企业应收账款净额46.49亿元，同比增长13.1%。导致企业资金紧张，还款意愿降低，信贷资产潜在风险加大。

**(三)信贷结构不合理，企业流动资金短缺**

虽然2005年全市货币信贷总量合理、均衡增长，但信贷投放的期限结构、行业结构不太合理。从行业看，主要支持了氧化铝、电解铝、化工、制版等行业，对基础产业、弱势行业的支持不够；从期限看，银行业机构中长期贷款增加13.3亿元，增长13.35%；短期贷款增加3.20亿元，增长1.41%，造成企业流动资金短缺；票据融资增加0.8亿元，增长2.97%。据对部分企业调查，有90%以上的企业都认为企业流动资金短缺，从银行获取贷款较难，甚至一些全市的重点企业，也受到流动资金短缺的困扰，一些已建成竣工的项目无法投产，难以获得经济效益。

**(四)贷款向大型企业集中，信贷风险集中度加大**

2005年，全市信贷资金投放集中程度继续提高，新增贷款向大企业集中，中小企业贷款难的问题进一步凸现。12月末，全市贷款余额在1亿元以上的企业51户，贷款余额235.6亿元，占全市各项贷款总额的63.14%，其中贷款10大户企业贷款余额145.49亿元，占全市贷款总额的38.99%，比年初的114.26亿元增加31.23亿元，高于上年同期各项贷款增加额17.87亿元，占比提高7.29个百分点，说明各银行机构对中小企业贷款收缩，贷款进一步向大型企业倾斜。贷款集中度高一方面有利于大客户在有效占领市场、提高资产质量、增加经营收益、扩大品牌影响、支持经济发展等方面取得了良好效果。但另一方面，大客户受市场变化和政策影响较大，银行贷款潜在风险很大，应引起各银行机构的高度重视。

**(五)不良贷款"双下降"形势依然严峻**

2005年，虽然全市银行业机构不良贷款整体实现"双下降"，但形势依然严峻，除工行和农信社不良贷款因剥离和票据置换因素比年初下降外，其余机构不良贷款比年初均有所上升反弹。这一问题应引起各机构高度重视，积极采取有效措施，防止前清后增，使不良贷款真正实现"双下降"。

**(六)关联企业关联交易中存在的风险问题值得关注**

2005年，各机构均建立了关联方和关联企业的授信管理办法，建立了关联企业关联关系制度和风险防范预警机制，但在授信管理和执行中也还存在着对关联方和关联企业授信业务的制度建设不到位、关联企业的认定和管理不到位、对集团客户多头授信、贷款"三查"制度执行不严、关联企业之间相互担保和超提供担保、关联企业相互之间以贷还贷等问题。这些问题的存在，对银行信贷资产质量构成了一定的威胁，赵恩龙意外死亡造成其关联企业数亿元贷款形成不良就是一个典型的案例，希望各机构能引起高度重视，严格关联企业的信贷管理，防化关联风险。

**(七)票据融资的违规行为应高度重视**

2005年，各银行业机构票据贴现余额为278649万元，比年初增加8043万元，增长2.97%。但一些机构对票据融资风险认识不足，在办理签发承兑汇票时，审查不严，管理不到位，部分机构甚至出现无贸易背景的虚假购销合同、增值税发票复印件重复使用和多笔零散承兑汇票背书转让凑在一起办理承兑贴现业务等问题，给银行票据融资业务带来了风险隐患。

**(八)个人汽车消费贷款风险开始显现**

个人汽车消费贷款是各银行机构近年来开办的新业务，在经营过程中，有的银行机构对经销商把关不严，在不充分掌握其资信状况的情况下即合作开展业务，同时对经销商在贷款总量控制和资金运用方面管理不到位；在业务开展过程中急功近利，只想做强做大，辐射面过宽，购车人遍地开花，客户良莠混杂，贷后管理鞭长莫及；信贷结构不合理，风险性大的商用车比例过高。至2005年末，个人汽车消费贷款共形成不良贷款1324笔，金额6673.8万元，其中2005年新增不良贷款1163笔，6480.8万元，占个人汽车消费贷款全部不良的97.1%，个人汽车消费贷款风险突现。

**(九)防范操作风险和案件专项治理工作不容忽视**

各银行业机构普遍提高了风险防范意识，完善了内控制度建设，加大了案件专项治理和监督检查工作力度，如工行芮城县支行通过定期查库及时发现了北街储蓄所主任韩蒙挪用客户资金48.9万元的案件。但也有部分银行业机构对防范操作风险和案件治理工作没有引起足够重视，没有真正地树立起防范操作风险的意识和观念。农行盐湖区支行红旗西街办事处员工王新光盗取330万元案件发生后，又发生了夏县埝掌信用社主任王明珠和协储员陈孟珠以欺骗手段挪用存款461万元及违规放贷389万元的违规放贷、账外经营的严重问题，另外，在对各机构案件专项治理工作进行现场检查中发现：部分银行业机构存在对基层员工案件专项治理教育力度不够、不能认真执行重要岗位轮岗制度、不按规定与开户单位核对账务、重要空白凭证领用、使用管理不严格、印章及印鉴卡管理不规范等问题，反映出某些机构在防范操作风险方面依然存在着一些漏洞，这就要求各机构必须高度重视和进一步加强案件治理和防范操作风险工作。

**(十)部分机构存在违规乱拉存款等不正当竞争行为**

随着我国经济的转型，银行业机构的经营重点已转向提高经营效益、提高贷款质量，大力拓展中间业务等方面，但个别机构还存在着向非储蓄岗位员工下达存款任务、将存款任务完成情况与员工的工资奖金挂钩、向存款人支付好处费或纪念品等变相抬高存款利率的问题。

四、积极采取措施，促进银行业稳健发展

**（一）进一步加大对经济结构调整的信贷支持力度**

各银行业金融机构要紧紧围绕全面建设新型加工制造业基地的战略目标，进一步加大对经济结构调整的信贷支持力度。支持有市场、有效益、有利于增加就业的企业的流动资金贷款需求，支持符合国家产业政策和市场准入条件的项目建设，支持国家重点扶持领域和企业产品自主创新的信贷需求，支持八大新型产业基地建设、不断促进产业结构升级。要着力改进中小企业和县域经济发展的金融服务，积极研究落实各项支持措施，按照审慎经营规则的要求，积极支持满足贷款条件的项目和企业的资金需求。农村信用社要继续认真贯彻中央一号文件精神，加大对“三农”支持力度，切实提高农业综合生产能力，帮助农民增收。总之，各银行业机构要大力支持经济发展，促进和谐社会的构建。

**（二）狠抓不良贷款“双降”，高度重视非信贷资产以及表外业务的潜在风险**

各银行业机构要充分认识当前不良资产清收工作的艰巨性，坚定信心，毫不动摇的做好不良贷款清收工作，加强贷款五级分类管理，加大不良贷款的考核与监测力度，千方百计降低不良贷款余额与占比。同时要高度重视非信贷资产和表外业务中不良资产和预计损失，加大处置力度，加强信贷政策与产业政策的协调配合，优化贷款结构，防范新的贷款风险，正确处理宏观调控新形势下出现的新的风险，进一步强化风险管理，加快建立风险管理的长效机制。

**（三）严格关联企业信贷管理，切实防范关联风险**

各银行机构必须高度重视信贷管理，防范风险隐患。进一步加强集团、关联客户的统一授信管理，对关联企业发放新增贷款，除严格落实合法、有效担保外，还必须要求其法人代表、主要股东提供特别担保。同时，还要加强对关联企业的贷后监测。针对集团关联企业的特点，要按照主办行和协办行的职责分工，安排专门贷后管理人员，落实监控责任。对关联企业提供虚假材料或隐瞒重要经营财务事实、拒绝接受银行对其信贷资金使用情况和有关经营财务活动进行监督、发生不良信用纪录或恶意从事关联交易、逃废银行债务的，要列入信贷黑名单，在信贷管理系统加注标识，及时清收已有融资，同时停止对该客户及其关联企业提供任何新增融资。

**（四）加强授信资产风险管理，确保授信资产的优良率**

各银行业机构要认真开展授信结构存量调查，根据客户情况分类排队，实行区别对待；要落实贷后管理，及时掌握企业的经营发展动向，对企业的投资进行正确引导，使企业做到理性发展，理性投资；要实行重大突发事件报告制度，加强后续评价，严控新增不良贷款；要严肃责任追究，对工作不细致、履行不到位、处理方法不得力而形成的新风险，要严格追究有关人员的责任；要严格执行客户准入退出制度，对达不到基本标准和要求的客户项目，新的不再续做，旧的尽快退出，保证授信业务健康发展。

**（五）加强个人消费贷款管理，降低消费贷款风险**

各银行机构要努力提高全员的风险意识。对开展个人消费贷款业务以来所遇到的各种风险进行正确的总结，从贷前调查、贷时审查、贷后检查等环节入手，制定切实可行的管理办法；要充实贷后管理力量，提高信贷人员素质和管理能力；建立经销商进入退出机制，对现有的经销商进行遴选，选择经营实力强、信誉度高、无不良记录的经销商作为合作伙伴，控制好第三还款来源的风险；加强调查研究，要经常对市场进行分析，研究国家经济政策，充分把握市场环境中的不确定因素，控制好市场风险和政策风险；要完善监控职能，改进服务方式，严格贷款条件，严禁随意降低贷款条件；要严防开发商因自筹资金不到位，用转移和隐匿销房款、办理假按揭等手段来套取银行资金的现象发生，从而防止将风险转嫁到银行身上。

**（六）强化内控机制，防范操作风险，杜绝案件发生**

各银行业机构一定要牢固树立风险防范意识，必须充分认识防范操作风险工作的重要性和必要性，增强主动性和紧迫感，将防范操作风险和案件专项治理作为一项长期的、艰巨的任务来抓。要正确处理好阶段性任务和长期目标的关系，树立长期持久的防范风险意识，思想不松懈，工作不放松，最终实现标本兼治；要努力构建防范操作风险长效机制，加大科技投入，努力提高防范操作风险的技术手段和科技水平；要认真按照“十三条”要求，加强制度的执行力度，把制度切实落实到基层，落实在每个环节，使制度约束真正长期发挥作用。农村信用社要以深化改革为契机，全面、系统地加强各项规章制度的建设，切实增强识别和控制风险的能力，有效防范各种操作风险。

**(七)全面推进深化农村信用社改革**

农村合作金融机构要进一步完善法人治理结构，强化内控建设，转换经营机制，大力推进深化改革工作。一是采取切实有效措施，加大不良贷款的清收力度，确保不发生流动性风险；二是继续做好增资扩股工作；三是不断完善内控制度，强化内控制度建设；四是央行票据置换后，要特别关注不良贷款前清后增问题；五是进一步完善监督制约机制，加强现场检查和非现场监测，发现问题及时提示、及时预警。

3

# 全省汇总数据

Summary data of the province

# 3-1 山西省银行业金融机构资产负债表

单位：万元

| 项目 \ 时间 | 1月 | 2月 | 3月 | 4月 | 5月 |
|---|---|---|---|---|---|
| | 余额 | 余额 | 余额 | 余额 | 余额 |
| 流动资产 | 45122690 | 45931379 | 48544064 | 49187449 | 50061825 |
| 一、现金及银行存款 | 789100 | 852463 | 786511 | 694598 | 706027 |
| 二、存放中央银行 | 5338012 | 5625550 | 5685936 | 5114396 | 5356845 |
| 三、存放同业 | 1914401 | 1937381 | 2366152 | 2310852 | 2327926 |
| 四、存放联行款项 | 9001211 | 8886583 | 10808844 | 11877496 | 11893055 |
| 五、拆放同业 | 52632 | 52632 | 55689 | 56449 | 39320 |
| 六、短期贷款 | 24880182 | 25165511 | 25334092 | 25290750 | 24981179 |
| 七、应收账款 | 508444 | 538096 | 463256 | 608929 | 1376598 |
| 其中：应收利息 | 136918 | 174009 | 117689 | 173457 | 227584 |
| 八、减：坏账准备 | 90562 | 90714 | 90579 | 91303 | 91589 |
| 九、短期投资 | 387497 | 389038 | 334947 | 296653 | 244276 |
| 十、减：短期投资跌价准备 | | | | | |
| 十一、委托贷款及投资 | | | | | |
| 十二、买入返售资产 | 57211 | 104137 | 138709 | 277291 | 361265 |
| 十三、待处理流动资产损失 | 7759 | 7759 | 7239 | 7239 | 7239 |
| 十四、其他流动资产 | 2276799 | 2462939 | 2653269 | 2744100 | 2859685 |
| 长期资产 | 19044988 | 19042728 | 19581996 | 19612486 | 19470095 |
| 十五、中长期贷款 | 16865182 | 16890332 | 17111161 | 17081044 | 16976272 |
| 十六、减：贷款损失准备 | 305969 | 306466 | 317567 | 330626 | 331639 |
| 十七、长期投资 | 1670054 | 1639894 | 1992919 | 2058284 | 2023811 |
| 十八、减：长期投资减值准备 | 49005 | 49004 | 49002 | 49002 | 49002 |
| 十九、固定资产净值 | 798086 | 801530 | 793620 | 800797 | 798418 |
| 固定资产 | 1148228 | 1160443 | 1162295 | 1173466 | 1172841 |
| 减：累计折旧 | 350141 | 358912 | 368675 | 372669 | 374424 |
| 二十、固定资产减值准备 | 2942 | 2942 | 3009 | 3008 | 2911 |
| 二十一、固定资产清理 | 20846 | 19673 | 3761 | 4020 | 3267 |
| 二十二、在建工程 | 55975 | 56950 | 60356 | 61221 | 62123 |
| 二十三、减：在建工程减值准备 | 10352 | 10352 | 13464 | 13464 | 13464 |
| 二十四、待处理固定资产损失 | 3112 | 3112 | 3221 | 3221 | 3221 |
| 无形递延及其他资产 | -143136 | -151013 | -156551 | -114645 | -159973 |
| 二十五、无形递延及其他资产 | -128805 | -136682 | -140831 | -99000 | -144328 |
| 二十六、减：抵债资产减值准备 | 775 | 775 | 2164 | 2164 | 2164 |
| 二十七、减：无形资产减值准备 | 11091 | 11091 | 11091 | 11016 | 11016 |
| 二十八、减：其他资产减值准备 | 2465 | 2465 | 2465 | 2465 | 2465 |
| 资产总计 | 64024542 | 64823094 | 67969509 | 68685289 | 69371947 |

注：本表机构包括政策性银行、国有商业银行、股份制商业银行、城市商业银行、城市信用社、农村信用社、信托投资公司、金融租赁公司、邮政储汇局。

# 3-1 山西省银行业金融机构资产负债表

单位:万元

| 项目 \ 时间 | 6月 | 7月 | 8月 | 9月 | 10月 |
|---|---|---|---|---|---|
| | 余额 | 余额 | 余额 | 余额 | 余额 |
| 流动资产 | 51616523 | 51564921 | 52524416 | 54196834 | 54630161 |
| 一、现金及银行存款 | 782156 | 766984 | 852975 | 919807 | 888669 |
| 二、存放中央银行 | 5594347 | 5312855 | 5235774 | 5622993 | 5620023 |
| 三、存放同业 | 2619457 | 2538108 | 2489439 | 2783112 | 2638051 |
| 四、存放联行款项 | 12176730 | 12321606 | 13320701 | 14130669 | 14908235 |
| 五、拆放同业 | 40042 | 35145 | 35142 | 34970 | 34581 |
| 六、短期贷款 | 24918667 | 25007070 | 24849427 | 24907313 | 24593140 |
| 七、应收账款 | 2215210 | 2264738 | 2324516 | 2236799 | 2362364 |
| 其中:应收利息 | 117283 | 177142 | 236448 | 135715 | 188416 |
| 八、减:坏账准备 | 94274 | 94763 | 95064 | 98827 | 99136 |
| 九、短期投资 | 236016 | 218959 | 223276 | 224667 | 201917 |
| 十、减:短期投资跌价准备 | | | | | |
| 十一、委托贷款及投资 | | | | | |
| 十二、买入返售资产 | 114043 | 118439 | 136677 | 118736 | 90589 |
| 十三、待处理流动资产损失 | 7239 | 6995 | 6447 | 6439 | 6440 |
| 十四、其他流动资产 | 3006890 | 3068785 | 3145106 | 3310157 | 3385287 |
| 长期资产 | 19719544 | 19797430 | 19852452 | 19979324 | 20119625 |
| 十五、中长期贷款 | 17242814 | 17323443 | 17424844 | 17560974 | 17659454 |
| 十六、减:贷款损失准备 | 336377 | 340186 | 419042 | 441506 | 425641 |
| 十七、长期投资 | 2023920 | 2025606 | 2059735 | 2078474 | 2104747 |
| 十八、减:长期投资减值准备 | 82505 | 82505 | 82505 | 82505 | 82505 |
| 十九、固定资产净值 | 820456 | 819165 | 816716 | 808400 | 806677 |
| 固定资产 | 1204719 | 1207427 | 1209120 | 1208150 | 1210748 |
| 减:累计折旧 | 384263 | 388262 | 392404 | 399750 | 404071 |
| 二十、固定资产减值准备 | 2605 | 2632 | 2652 | 2653 | 2488 |
| 二十一、固定资产清理 | 3615 | 2907 | 2848 | 3743 | 3606 |
| 二十二、在建工程 | 60512 | 61918 | 62953 | 64843 | 66250 |
| 二十三、减:在建工程减值准备 | 13464 | 13464 | 13464 | 13464 | 13464 |
| 二十四、待处理固定资产损失 | 3179 | 3178 | 3020 | 3018 | 2989 |
| 无形递延及其他资产 | -226302 | -224935 | -213791 | -206524 | -205981 |
| 二十五、无形递延及其他资产 | -211420 | -210053 | -198932 | -191665 | -191778 |
| 二十六、减:抵债资产减值准备 | 3183 | 3183 | 3183 | 3183 | 3149 |
| 二十七、减:无形资产减值准备 | 9234 | 9234 | 9211 | 9211 | 9211 |
| 二十八、减:其他资产减值准备 | 2465 | 2465 | 2465 | 2465 | 1843 |
| 资产总计 | 71109764 | 71137416 | 72163077 | 73969634 | 74543805 |

# 3-1 山西省银行业金融机构资产负债表

单位：万元

| 项目＼时间 | 11月 | 12月 | | |
|---|---|---|---|---|
| | 余额 | 余额 | 比同期增减额 | 比同期增长% |
| 流动资产 | 55652771 | 57043618 | 13178954 | 30.04 |
| 一、现金及银行存款 | 839842 | 828281 | 287857 | 53.27 |
| 二、存放中央银行 | 5950985 | 7187770 | 445862 | 6.61 |
| 三、存放同业 | 2684124 | 2409134 | 554469 | 29.90 |
| 四、存放联行款项 | 14878976 | 16495944 | 7581911 | 85.06 |
| 五、拆放同业 | 36843 | 77749 | -19204 | -19.81 |
| 六、短期贷款 | 24984174 | 25277132 | 1316202 | 5.49 |
| 七、应收账款 | 2486174 | 542902 | 219582 | 67.91 |
| 其中：应收利息 | 248992 | 132790 | 33575 | 33.84 |
| 八、减：坏账准备 | 182555 | 223322 | 207155 | 1281.37 |
| 九、短期投资 | 304386 | 256567 | -119172 | -31.72 |
| 十、减：短期投资跌价准备 | | | | |
| 十一、委托贷款及投资 | | | | |
| 十二、买入返售资产 | 101416 | 269398 | 249199 | 1233.72 |
| 十三、待处理流动资产损失 | 6433 | 6625 | -1597 | -19.43 |
| 十四、其他流动资产 | 3561973 | 3915439 | 2871001 | 274.88 |
| 长期资产 | 20350538 | 20463917 | 1677588 | 8.93 |
| 十五、中长期贷款 | 17811759 | 17726332 | 1063358 | 6.38 |
| 十六、减：贷款损失准备 | 443953 | 455167 | 81081 | 21.67 |
| 十七、长期投资 | 2198932 | 2313883 | 640207 | 38.25 |
| 十八、减：长期投资减值准备 | 82505 | 88899 | 36285 | 68.96 |
| 十九、固定资产净值 | 809100 | 910776 | 100460 | 12.40 |
| 固定资产 | 1216305 | 1250361 | 87479 | 7.52 |
| 减：累计折旧 | 407205 | 339584 | -12981 | -3.68 |
| 二十、固定资产减值准备 | 2780 | 1878 | -1771 | -48.53 |
| 二十一、固定资产清理 | 3029 | 2801 | -18358 | -86.76 |
| 二十二、在建工程 | 67669 | 67167 | 11373 | 20.38 |
| 二十三、减：在建工程减值准备 | 13464 | 13464 | 3112 | 30.06 |
| 二十四、待处理固定资产损失 | 2750 | 2365 | -746 | -23.97 |
| 无形递延及其他资产 | -132578 | -138012 | 34134 | -19.83 |
| 二十五、无形递延及其他资产 | -118740 | -128729 | 29086 | -18.43 |
| 二十六、减：抵债资产减值准备 | 3149 | 8308 | 7533 | 971.94 |
| 二十七、减：无形资产减值准备 | 8846 | 260 | -10831 | -97.65 |
| 二十八、减：其他资产减值准备 | 1843 | 715 | -1750 | -70.99 |
| 资产总计 | 75870730 | 77369522 | 14890676 | 23.83 |

# 3-1 山西省银行业金融机构资产负债表

单位:万元

| 时间<br>项目 | 1月 | 2月 | 3月 | 4月 | 5月 |
|---|---|---|---|---|---|
| | 余额 | 余额 | 余额 | 余额 | 余额 |
| 流动负债 | 35178673 | 34949118 | 37339098 | 37730246 | 37964422 |
| 一、短期存款 | 17873738 | 17462322 | 18917896 | 18878605 | 19092808 |
| 二、活期储蓄存款 | 9508688 | 9990261 | 10436596 | 10520559 | 10624399 |
| 三、财政性存款 | 151277 | 162940 | 157333 | 170878 | 175305 |
| 四、向中央银行借款 | 413262 | 406618 | 411775 | 415838 | 430389 |
| 五、同业存放 | 2066214 | 2045129 | 2305365 | 2342687 | 2371975 |
| 六、联行存放 | | | | | |
| 七、同业拆入 | 56772 | 53198 | 48726 | 55079 | 61731 |
| 八、应解汇款及临时存款 | 88060 | 107802 | 78878 | 62855 | 62619 |
| 九、汇出汇款 | 204664 | 144518 | 152198 | 194376 | 146645 |
| 十、委托存款 | 98306 | 116581 | 66761 | 86516 | 87185 |
| 十一、卖出回购资产 | 251999 | 248270 | 312321 | 367513 | 321873 |
| 十二、应付及预提账项 | 843150 | 728251 | 740145 | 814256 | 798755 |
| 十三、存放短期保证金 | 2557773 | 2458746 | 2727424 | 2825559 | 2790328 |
| 十四、发行短期债券 | | | | 3000 | |
| 十五、其他流动负债 | 1064766 | 1024478 | 983681 | 992525 | 1000409 |
| 长期负债 | 28456001 | 29426356 | 30086363 | 30352046 | 30761432 |
| 十六、长期存款 | 2586696 | 2644523 | 2851059 | 2859205 | 2920383 |
| 十七、定期储蓄存款 | 25398615 | 26310215 | 26728570 | 26966561 | 27301528 |
| 十八、存放长期保证金 | 7 | 7 | 7 | 7 | 7 |
| 十九、发行长期债券 | 47 | 49 | 48 | 47 | 47 |
| 二十、其他长期负债 | 470635 | 471562 | 506679 | 526226 | 539467 |
| 所有者权益 | 389867 | 447619 | 544048 | 602997 | 646093 |
| 二十一、实收资本 | 934584 | 963640 | 991612 | 1004669 | 1012060 |
| 二十二、资本公积 | 15903 | 15902 | 15902 | 15535 | 15532 |
| 二十三、公积金 | 78179 | 78415 | 78405 | 75318 | 75174 |
| 二十四、公益金 | 11523 | 11523 | 11523 | 11523 | 11523 |
| 二十五、未分配利润 | -650492 | -622031 | -553565 | -504219 | -468367 |
| 其中:本年利润 | 43061 | 82021 | 153061 | 211673 | 285094 |
| 二十六、一般准备金 | 171 | 171 | 171 | 171 | 171 |
| 负债总计 | 64024542 | 64823094 | 67969509 | 68685289 | 69371947 |

# 3-1 山西省银行业金融机构资产负债表

单位：万元

| 项目 \ 时间 | 6月 | 7月 | 8月 | 9月 | 10月 |
|---|---|---|---|---|---|
| | 余额 | 余额 | 余额 | 余额 | 余额 |
| 流动负债 | 39087594 | 38617693 | 39299647 | 40196049 | 40667147 |
| 一、短期存款 | 19514347 | 19135815 | 19579531 | 19920499 | 20237253 |
| 二、活期储蓄存款 | 10955951 | 11060240 | 11109320 | 11347608 | 11333293 |
| 三、财政性存款 | 168791 | 201610 | 274924 | 325836 | 293022 |
| 四、向中央银行借款 | 435604 | 431010 | 419957 | 424255 | 408820 |
| 五、同业存放 | 2568507 | 2498540 | 2616730 | 2714022 | 2773839 |
| 六、联行存放 | | | | | |
| 七、同业拆入 | 60176 | 70918 | 51799 | 41097 | 43536 |
| 八、应解汇款及临时存款 | 85547 | 54166 | 47935 | 85592 | 147512 |
| 九、汇出汇款 | 118332 | 140455 | 140151 | 123993 | 150330 |
| 十、委托存款 | 60409 | 67043 | 71834 | 72661 | 86593 |
| 十一、卖出回购资产 | 275895 | 165840 | 135850 | 125600 | 87520 |
| 十二、应付及预提账项 | 881714 | 816394 | 824921 | 958493 | 1172597 |
| 十三、存放短期保证金 | 2959394 | 2923891 | 2884777 | 2908359 | 2805313 |
| 十四、发行短期债券 | | | | | |
| 十五、其他流动负债 | 1002927 | 1051771 | 1141918 | 1148035 | 1127521 |
| 长期负债 | 31258006 | 31692759 | 31915107 | 32676783 | 32755420 |
| 十六、长期存款 | 2985477 | 3100583 | 3104344 | 3286730 | 3053903 |
| 十七、定期储蓄存款 | 27649793 | 27932709 | 28150657 | 28719791 | 29029146 |
| 十八、存放长期保证金 | 7 | 7 | 7 | 7 | 7 |
| 十九、发行长期债券 | 48 | 47 | 48 | 46 | 47 |
| 二十、其他长期负债 | 622680 | 659413 | 660050 | 670210 | 672317 |
| 所有者权益 | 764165 | 826964 | 948323 | 1096802 | 1121239 |
| 二十一、实收资本 | 1007270 | 1031938 | 1036020 | 1044579 | 1049282 |
| 二十二、资本公积 | 15595 | 16325 | 16326 | 16487 | 16488 |
| 二十三、公积金 | 75241 | 75244 | 75244 | 75244 | 75240 |
| 二十四、公益金 | 11523 | 11523 | 11523 | 11523 | 11523 |
| 二十五、未分配利润 | -345635 | -308237 | -190961 | -51202 | -31466 |
| 其中：本年利润 | 380639 | 411983 | 470025 | 566060 | 597520 |
| 二十六、一般准备金 | 171 | 171 | 171 | 171 | 171 |
| 负债总计 | 71109764 | 71137416 | 72163077 | 73969634 | 74543805 |

# 3-1 山西省银行业金融机构资产负债表

单位：万元

| 项目 \ 时间 | 11月 | 12月 | | |
|---|---|---|---|---|
| | 余额 | 余额 | 比同期增减额 | 比同期增长% |
| 流动负债 | 41760425 | 42484171 | 8485934 | 24.96 |
| 一、短期存款 | 20618401 | 20937942 | 3249314 | 18.37 |
| 二、活期储蓄存款 | 11578026 | 11791161 | 2543335 | 27.50 |
| 三、财政性存款 | 314977 | 241912 | 33519 | 16.08 |
| 四、向中央银行借款 | 408107 | 416828 | -22690 | -5.16 |
| 五、同业存放 | 2960803 | 2820171 | 616085 | 27.95 |
| 六、联行存放 | | | | |
| 七、同业拆入 | 38859 | 56979 | -6252 | -9.89 |
| 八、应解汇款及临时存款 | 131700 | 76347 | -36606 | -32.41 |
| 九、汇出汇款 | 160637 | 420065 | -94543 | -18.37 |
| 十、委托存款 | 110379 | 150045 | 366705 | -169.25 |
| 十一、卖出回购资产 | 212110 | 261010 | 35384 | 15.68 |
| 十二、应付及预提账项 | 1161595 | 1120198 | 425346 | 58.93 |
| 十三、存放短期保证金 | 2898684 | 3028086 | 421420 | 16.17 |
| 十四、发行短期债券 | | | | |
| 十五、其他流动负债 | 1166145 | 1163426 | 964916 | 486.08 |
| 长期负债 | 33079960 | 33918821 | 5726631 | 20.31 |
| 十六、长期存款 | 2961513 | 3288465 | 427142 | 14.93 |
| 十七、定期储蓄存款 | 29463295 | 29893184 | 5194248 | 21.03 |
| 十八、存放长期保证金 | 7 | 7 | | |
| 十九、发行长期债券 | 35 | 35 | -12 | -25.53 |
| 二十、其他长期负债 | 655109 | 737130 | 105252 | 16.66 |
| 所有者权益 | 1030345 | 966530 | 678111 | 235.11 |
| 二十一、实收资本 | 1066869 | 927396 | 43798 | 4.96 |
| 二十二、资本公积 | 16497 | 18209 | -21476 | -54.12 |
| 二十三、公积金 | 75242 | 237827 | 174292 | 274.32 |
| 二十四、公益金 | 11524 | 8877 | -2938 | -24.87 |
| 二十五、未分配利润 | -139958 | -226375 | 483970 | -68.13 |
| 其中：本年利润 | 487527 | 527326 | 209633 | 65.99 |
| 二十六、一般准备金 | 171 | 595 | 466 | 361.24 |
| 负债总计 | 75870730 | 77369522 | 14890676 | 23.83 |

# 3-2 山西省金融机构存、贷款指标

单位：万元

| 项目＼时间 | 1月 | 2月 | 3月 | 4月 | 5月 |
|---|---|---|---|---|---|
| | 余额 | 余额 | 余额 | 余额 | 余额 |
| 一、各项存款 | 60318155 | 61572014 | 64467491 | 65216473 | 66052722 |
| 1.企事业单位存款 | 15070330 | 14911971 | 16349295 | 16213684 | 16353691 |
| (1)活期存款 | 12528634 | 12312449 | 13543237 | 13399479 | 13478308 |
| (2)定期存款 | 2541696 | 2599522 | 2806058 | 2814205 | 2875383 |
| 2.储蓄存款 | 34907304 | 36300477 | 37165166 | 37487120 | 37925927 |
| (1)活期储蓄 | 9508688 | 9990262 | 10436596 | 10520559 | 10624399 |
| (2)定期储蓄 | 25398616 | 26310215 | 26728570 | 26966561 | 27301528 |
| 3.信托存款 | | | | | |
| 4.委托存款 | 589931 | 602052 | 588873 | 610287 | 607887 |
| 5.其他存款 | 9750590 | 9757514 | 10364157 | 10905382 | 11165217 |
| 二、各项贷款 | 42201379 | 42512107 | 42902953 | 42833083 | 42422368 |
| 1.短期贷款 | 20654821 | 20696776 | 21008172 | 21160321 | 20779224 |
| 2.中长期贷款 | 16235075 | 16249719 | 16484771 | 16465129 | 16367844 |
| 3.信托贷款 | 43190 | 45190 | 33190 | 32510 | 32460 |
| 4.委托贷款 | 420922 | 421386 | 423243 | 427482 | 431521 |
| 5.其他贷款 | 680563 | 682829 | 683959 | 671150 | 674279 |
| 6.票据融资 | 4110841 | 4352705 | 4211468 | 4019043 | 4073852 |
| 7.各项垫款 | 55967 | 63502 | 58150 | 57448 | 63188 |

注：1.本表机构包括人民银行、政策性银行、国有商业银行、股份制商业银行、城市商业银行、城市信用社、农村信用社、信托投资公司、金融租赁公司、邮政储汇局。

2.本表中"余额"不含已退出的信托投资公司数据。"比年初增减额"为含已退出的信托投资公司的可比口径数据。

3.因工商银行于2005年6月进行了不良资产剥离，"比年初增减额"为调整后的可比口径数据。

4.截至2005年6月末，中国工商银行山西分行共剥离本外币贷款1680355万元，其中人民币贷款为1662323万元，外币贷款为2175万美元。

# 3-2 山西省金融机构存、贷款指标

单位:万元

| 项目 \ 时间 | 6月 | 7月 | 8月 | 9月 | 10月 |
|---|---|---|---|---|---|
| | 余额 | 余额 | 余额 | 余额 | 余额 |
| 一、各项存款 | 67485781 | 67865910 | 68589371 | 70043910 | 70577759 |
| 1.企事业单位存款 | 16669325 | 16370143 | 16751026 | 17085194 | 16972393 |
| (1)活期存款 | 13728848 | 13314559 | 13691682 | 13843464 | 13963490 |
| (2)定期存款 | 2940477 | 3055583 | 3059344 | 3241730 | 3008903 |
| 2.储蓄存款 | 38605745 | 38992949 | 39259977 | 40067399 | 40362439 |
| (1)活期储蓄 | 10955951 | 11060240 | 11109320 | 11347608 | 11333293 |
| (2)定期储蓄 | 27649793 | 27932709 | 28150657 | 28719791 | 29029146 |
| 3.信托存款 | | | | | |
| 4.委托存款 | 577854 | 603303 | 600584 | 589939 | 593411 |
| 5.其他存款 | 11632857 | 11899515 | 11977784 | 12301378 | 12649516 |
| 二、各项贷款 | 42620919 | 42791549 | 42735194 | 42928304 | 42711507 |
| 1.短期贷款 | 20312653 | 20529228 | 20634175 | 20905889 | 20967249 |
| 2.中长期贷款 | 16632868 | 16725820 | 16832291 | 16969239 | 17068807 |
| 3.信托贷款 | 27220 | 29160 | 29732 | 36732 | 36689 |
| 4.委托贷款 | 429057 | 431288 | 431341 | 418535 | 417484 |
| 5.其他贷款 | 670103 | 651148 | 640746 | 654436 | 648034 |
| 6.票据融资 | 4490300 | 4361298 | 4093315 | 3867095 | 3488716 |
| 7.各项垫款 | 58719 | 63606 | 73594 | 76378 | 84527 |

# 3-2 山西省金融机构存、贷款指标

单位:万元

| 项目 \ 时间 | 11月 | 12月 | | |
|---|---|---|---|---|
| | 余额 | 余额 | 比年初增减额 | 比年初增长% |
| 一、各项存款 | 71279852 | 71511732 | 11886409 | 19.94 |
| 1.企事业单位存款 | 17171024 | 17589766 | 2023163 | 13.00 |
| (1)活期存款 | 14254510 | 14346301 | 1403794 | 10.85 |
| (2)定期存款 | 2916513 | 3243465 | 619369 | 23.60 |
| 2.储蓄存款 | 41041322 | 41684346 | 7737612 | 22.79 |
| (1)活期储蓄 | 11578026 | 11791161 | 2543341 | 27.50 |
| (2)定期储蓄 | 29463295 | 29893184 | 5194271 | 21.03 |
| 3.信托存款 | | | | |
| 4.委托存款 | 521232 | 500548 | -112252 | -18.32 |
| 5.其他存款 | 12546275 | 11737072 | 2237886 | 23.56 |
| 二、各项贷款 | 43179920 | 43289282 | 4262651 | 10.92 |
| 1.短期贷款 | 21042746 | 21323090 | 2591520 | 13.84 |
| 2.中长期贷款 | 17239841 | 17173416 | 1476500 | 9.41 |
| 3.信托贷款 | 33629 | 27967 | -13733 | -32.93 |
| 4.委托贷款 | 342748 | 244903 | -171673 | -41.21 |
| 5.其他贷款 | 623475 | 618335 | -63536 | -9.32 |
| 6.票据融资 | 3809077 | 3808864 | 394274 | 11.55 |
| 7.各项垫款 | 88405 | 92707 | 49299 | 113.57 |

# 3-3 山西省金融机构存、贷款时序表

单位:亿元

| 项目 指标 时间 | 各项存款 | | | 各项贷款 | | |
|---|---|---|---|---|---|---|
| | 余额 | 比年初增减额 | 比同期增长% | 余额 | 比年初增减额 | 比同期增长% |
| 1月 | 6031.82 | 69.37 | 24.89 | 4220.14 | 112.60 | 16.19 |
| 2月 | 6157.20 | 194.75 | 24.36 | 4251.21 | 143.68 | 15.41 |
| 3月 | 6446.75 | 484.30 | 24.59 | 4290.30 | 197.60 | 14.47 |
| 4月 | 6521.65 | 559.20 | 25.30 | 4283.31 | 187.40 | 11.19 |
| 5月 | 6605.27 | 642.79 | 24.62 | 4242.24 | 217.63 | 9.12 |
| 6月 | 6748.60 | 786.12 | 23.43 | 4262.09 | 351.19 | 13.62 |
| 7月 | 6786.59 | 824.06 | 23.54 | 4279.15 | 368.22 | 13.41 |
| 8月 | 6858.94 | 896.46 | 23.71 | 4273.52 | 362.58 | 11.84 |
| 9月 | 7004.39 | 1041.86 | 24.28 | 4292.83 | 393.20 | 11.31 |
| 10月 | 7057.78 | 1095.24 | 24.46 | 4271.15 | 371.52 | 11.57 |
| 11月 | 7127.99 | 1165.45 | 22.88 | 4317.99 | 418.35 | 11.42 |
| 12月 | 7151.18 | 1188.70 | 21.50 | 4328.93 | 426.27 | 9.48 |

注:表中“各项贷款”项下“比同期增长%”为可比口径。

## 3-4 山西省主要银行业机构贷款质量统计表（五级分类）

单位：万元

| 项目＼时间 | 1月 | 2月 | 3月 | 4月 | 5月 | 6月 | 7月 |
|---|---|---|---|---|---|---|---|
| | 余额 | 余额 | 余额 | 余额 | 余额 | 余额 | 余额 |
| 正常贷款 | — | 28665034 | 28948561 | 28440797 | 28413580 | 29506524 | 29468157 |
| 正常类贷款 | — | 23009370 | 25108285 | 23903545 | 24004513 | 25368968 | 25325710 |
| 关注类贷款 | — | 5655665 | 3840276 | 4537253 | 4409067 | 4137556 | 4142447 |
| 不良贷款 | — | 4345153 | 4369397 | 4383421 | 3821988 | 2886069 | 2921256 |
| 次级类贷款 | — | 1039786 | 999145 | 978035 | 1111583 | 1113714 | 1149122 |
| 可疑类贷款 | — | 2170850 | 2180944 | 2217809 | 2217949 | 1297714 | 1294133 |
| 损失类贷款 | — | 1134517 | 1189308 | 1187577 | 492456 | 474641 | 478001 |
| 贷款合计 | — | 33010187 | 33317958 | 32824218 | 32235568 | 32392593 | 32389413 |

## 3-4 山西省主要银行业机构贷款质量统计表（五级分类）

单位：万元

| 项目＼时间 | 8月 | 9月 | 10月 | 11月 | 12月 |
|---|---|---|---|---|---|
| | 余额 | 余额 | 余额 | 余额 | 余额 |
| 正常贷款 | 29184979 | 29306723 | 29079487 | 29628721 | 29743823 |
| 正常类贷款 | 25086362 | 25360976 | 25029567 | 25712639 | 25968208 |
| 关注类贷款 | 4098617 | 3945747 | 4049920 | 3916082 | 3775615 |
| 不良贷款 | 2942507 | 2958597 | 2873225 | 2881634 | 3131052 |
| 次级类贷款 | 1153910 | 1132178 | 992543 | 992056 | 937059 |
| 可疑类贷款 | 1302890 | 1330735 | 1386668 | 1390531 | 1138854 |
| 损失类贷款 | 485707 | 495684 | 494014 | 499047 | 1055139 |
| 贷款合计 | 32127486 | 32265320 | 31952712 | 32510355 | 32874875 |

注：本表机构包括政策性银行、国有商业银行、股份制商业银行。

# 3–4 山西省主要银行业机构贷款质量统计表(五级分类)

单位:%

| 项目＼时间 | 1月 | 2月 | 3月 | 4月 | 5月 | 6月 | 7月 |
|---|---|---|---|---|---|---|---|
| | 比例 | 比例 | 比例 | 比例 | 比例 | 比例 | 比例 |
| 正常贷款 | — | 86.84 | 86.89 | 86.65 | 88.14 | 91.09 | 90.98 |
| 正常类贷款 | — | 69.70 | 75.36 | 72.82 | 74.47 | 78.32 | 78.19 |
| 关注类贷款 | — | 17.13 | 11.53 | 13.82 | 13.68 | 12.77 | 12.79 |
| 不良贷款 | — | 13.16 | 13.11 | 13.35 | 11.86 | 8.91 | 9.02 |
| 次级类贷款 | — | 3.15 | 3.00 | 2.98 | 3.45 | 3.44 | 3.55 |
| 可疑类贷款 | — | 6.58 | 6.55 | 6.76 | 6.88 | 4.01 | 4.00 |
| 损失类贷款 | — | 3.44 | 3.57 | 3.62 | 1.53 | 1.47 | 1.48 |

# 3–4 山西省主要银行业机构贷款质量统计表(五级分类)

单位:%

| 项目＼时间 | 8月 | 9月 | 10月 | 11月 | 12月 |
|---|---|---|---|---|---|
| | 比例 | 比例 | 比例 | 比例 | 比例 |
| 正常贷款 | 90.84 | 90.83 | 91.01 | 91.14 | 90.48 |
| 正常类贷款 | 78.08 | 78.60 | 78.33 | 79.09 | 78.99 |
| 关注类贷款 | 12.76 | 12.23 | 12.67 | 12.05 | 11.48 |
| 不良贷款 | 9.16 | 9.17 | 8.99 | 8.86 | 9.52 |
| 次级类贷款 | 3.59 | 3.51 | 3.11 | 3.05 | 2.85 |
| 可疑类贷款 | 4.06 | 4.12 | 4.34 | 4.28 | 3.46 |
| 损失类贷款 | 1.51 | 1.54 | 1.55 | 1.54 | 3.21 |

# 3-5 山西省地方性金融机构贷款质量统计表(四级分类)

单位:万元

| 项目 \ 时间 | 1月 | 2月 | 3月 | 4月 | 5月 | 6月 |
|---|---|---|---|---|---|---|
| | 余额 | 余额 | 余额 | 余额 | 余额 | 余额 |
| 正常贷款 | 6266536 | 6331916 | 6618617 | 7004286 | 7193446 | 7351589 |
| 不良贷款 | 1657568 | 1663068 | 1482789 | 1482023 | 1467994 | 1332751 |
| 逾期贷款 | 143196 | 146867 | 138161 | 141771 | 133754 | 131902 |
| 呆滞贷款 | 1273543 | 1275661 | 1213610 | 1209311 | 1203423 | 1136189 |
| 呆账贷款 | 240829 | 240540 | 131018 | 130941 | 130817 | 64660 |
| 各项贷款 | 7924104 | 7994984 | 8101406 | 8486309 | 8661440 | 8684340 |

# 3-5 山西省地方性金融机构贷款质量统计表(四级分类)

单位:万元

| 项目 \ 时间 | 7月 | 8月 | 9月 | 10月 | 11月 | 12月 |
|---|---|---|---|---|---|---|
| | 余额 | 余额 | 余额 | 余额 | 余额 | 余额 |
| 正常贷款 | 7500552 | 7693349 | 7839391 | 7963258 | 7909093 | 7672437 |
| 不良贷款 | 1334215 | 1331880 | 1228449 | 1235225 | 1243257 | 1268469 |
| 逾期贷款 | 135310 | 136904 | 138816 | 141200 | 141737 | 159075 |
| 呆滞贷款 | 1133396 | 1129525 | 1061551 | 1065944 | 1073471 | 1081034 |
| 呆账贷款 | 65509 | 65451 | 28082 | 28081 | 28049 | 28360 |
| 各项贷款 | 8834767 | 9025229 | 9067840 | 9198483 | 9152350 | 8940906 |

注:本表机构包括城市信用社、农村信用社。

## 3-5 山西省地方性金融机构贷款质量统计表(四级分类)

单位:%

| 项目＼时间 | 1月 | 2月 | 3月 | 4月 | 5月 | 6月 | 7月 |
|---|---|---|---|---|---|---|---|
| | 比例 | 比例 | 比例 | 比例 | 比例 | 比例 | 比例 |
| 正常贷款 | 78.38 | 79.20 | 81.70 | 82.54 | 83.05 | 84.65 | 84.90 |
| 不良贷款 | 20.73 | 20.80 | 18.30 | 17.46 | 16.95 | 15.35 | 15.10 |
| 逾期贷款 | 1.79 | 1.84 | 1.71 | 1.67 | 1.54 | 1.52 | 1.53 |
| 呆滞贷款 | 15.93 | 15.96 | 14.98 | 14.25 | 13.89 | 13.08 | 12.83 |
| 呆账贷款 | 3.01 | 3.01 | 1.62 | 1.54 | 1.51 | 0.74 | 0.74 |

## 3-5 山西省地方性金融机构贷款质量统计表(四级分类)

单位:%

| 项目＼时间 | 8月 | 9月 | 10月 | 11月 | 12月 |
|---|---|---|---|---|---|
| | 比例 | 比例 | 比例 | 比例 | 比例 |
| 正常贷款 | 85.24 | 86.45 | 86.57 | 86.42 | 85.81 |
| 不良贷款 | 14.76 | 13.55 | 13.43 | 13.58 | 14.19 |
| 逾期贷款 | 1.52 | 1.53 | 1.54 | 1.55 | 1.78 |
| 呆滞贷款 | 12.52 | 11.71 | 11.59 | 11.73 | 12.09 |
| 呆账贷款 | 0.73 | 0.31 | 0.31 | 0.31 | 0.32 |

# 3-6 山西省城市商业银行贷款质量统计表(五级分类)

单位:万元

| 时间<br>项目 | 6月 | 7月 | 8月 | 9月 | 10月 | 11月 | 12月 |
|---|---|---|---|---|---|---|---|
| | 余额 | 余额 | 余额 | 余额 | 余额 | 余额 | 余额 |
| 正常贷款 | 562371 | 604710 | 621369 | 631448 | 602651 | 648202 | 716056 |
| 正常类贷款 | 416805 | 436977 | 452975 | 453038 | 417527 | 463603 | 532885 |
| 关注类贷款 | 145566 | 167733 | 168394 | 178410 | 185124 | 184599 | 183171 |
| 不良贷款 | 442666 | 421226 | 419881 | 418048 | 410129 | 398270 | 391434 |
| 次级类贷款 | 108766 | 88343 | 102340 | 102018 | 100869 | 99904 | 92870 |
| 可疑类贷款 | 254840 | 253681 | 236790 | 235089 | 225211 | 215279 | 219608 |
| 损失类贷款 | 79060 | 79202 | 80751 | 80941 | 84049 | 83087 | 78956 |
| 贷款合计 | 1005037 | 1025936 | 1041250 | 1049496 | 1012780 | 1046472 | 1107490 |

# 3-6 山西省城市商业银行贷款质量统计表(五级分类)

单位:%

| 时间<br>项目 | 6月 | 7月 | 8月 | 9月 | 10月 | 11月 | 12月 |
|---|---|---|---|---|---|---|---|
| | 比例 | 比例 | 比例 | 比例 | 比例 | 比例 | 比例 |
| 正常贷款 | 55.96 | 58.94 | 59.68 | 60.17 | 59.50 | 61.94 | 64.66 |
| 正常类贷款 | 41.47 | 42.59 | 43.50 | 43.17 | 41.23 | 44.30 | 48.12 |
| 关注类贷款 | 14.48 | 16.35 | 16.17 | 17.00 | 18.28 | 17.64 | 16.54 |
| 不良贷款 | 44.04 | 41.06 | 40.32 | 39.83 | 40.50 | 38.06 | 35.34 |
| 次级类贷款 | 10.82 | 8.61 | 9.83 | 9.72 | 9.96 | 9.55 | 8.39 |
| 可疑类贷款 | 25.36 | 24.73 | 22.74 | 22.40 | 22.24 | 20.57 | 19.83 |
| 损失类贷款 | 7.87 | 7.72 | 7.76 | 7.71 | 8.30 | 7.94 | 7.13 |

注:1.本表机构包括太原市商业银行、大同市商业银行。

2.城市商业银行从6月份起报贷款五级分类表。

# 3-7 山西省主要银行业机构资产减值情况表

单位：万元

| 项 目 | 年初余额 | 当年提取准备金 | 运用准备金冲销资产 | 准备金转回 | 准备金的其他变化 | 期末余额 |
|---|---|---|---|---|---|---|
| 贷款损失准备金 | 284001 | 156768 | -99704 | -562 | 73014 | 413517 |
| 贷款损失一般准备金 | 159380 | 68469 | -61528 | 10 | -8607 | 157725 |
| 贷款损失专项准备金 | 124621 | 88299 | -38176 | -572 | 81620 | 255793 |
| 贷款损失特殊准备金 | | | | | | |
| 其他资产减值准备金 | 82389 | 43516 | -4387 | | -6053 | 115465 |
| 准备金合计 | 366390 | 200285 | -104091 | -562 | 66960 | 528983 |

注：本表机构包括政策性银行、国有商业银行、股份制商业银行。

# 3-8 山西省银行业主要机构贷款按逾期时间分类表

单位：万元

| 时 间 / 项 目 | 上年末 | 一季度 | 二季度 | 三季度 | 四季度 |
|---|---|---|---|---|---|
| | 余额 | 余额 | 余额 | 余额 | 余额 |
| 各项贷款 | 32012578 | 33317954 | 32392593 | 32265319 | 32814890 |
| 未到期贷款 | 27908065 | 29045832 | 29823827 | 29704668 | 30079615 |
| 逾期类贷款 | 4104512 | 4272123 | 2568767 | 2560651 | 2735275 |
| 其中：逾期 0 ~ 3 个月贷款 | 382784 | 405806 | 419894 | 283838 | 385943 |
| 逾期 3 ~ 6 个月贷款 | 278049 | 320568 | 348938 | 373199 | 163330 |
| 逾期 6 ~ 9 个月贷款 | 317526 | 252744 | 196129 | 143046 | 254642 |
| 逾期 9 个月 ~ 1 年贷款 | 162735 | 273163 | 131992 | 169751 | 111409 |
| 逾期 1 年以上贷款 | 2963418 | 3019841 | 1471813 | 1590818 | 1819951 |

注：本表机构包括政策性银行、国有商业银行、股份制商业银行。

# 3-9 山西省主要银行业机构非信贷资产情况表

单位:万元

| 指标 时间 项目 | 1季度 | | | 2季度 | | |
|---|---|---|---|---|---|---|
| | 余额 | 其中:不良资产 | 预计损失 | 余额 | 其中:不良资产 | 预计损失 |
| 一、现金 | 382414.90 | 20 | 20 | 364461.32 | 20 | 20 |
| 二、银行存款 | 26690.18 | 4.7 | 4.7 | 28313.22 | 5 | 5 |
| 三、贵金属 | | | | | | |
| 四、存放中央银行款项 | 1263920.88 | 39 | 39 | 1054072.73 | 39 | 39 |
| 五、存放同业款项 | 125055.6 | 2198.69 | 1940 | 81822.09 | 2198 | 1608 |
| 六、拆放同业 | 32830.75 | 28555.75 | 25171.75 | 16520.75 | 10271.75 | 7055.75 |
| 七、存放联行款项(轧差) | 15043678.79 | 200 | 200 | 16802792.34 | 246 | 229 |
| 八、应收及预付款项 | 239195.51 | 70676.96 | 64030.28 | 2003811.84 | 48705.66 | 32591 |
| 其中:应收利息 | 75384.9 | 17609.87 | 14145.21 | 72213.28 | 13204 | 9963 |
| 待处理案件纠纷垫款 | 48124.01 | 39201.21 | 37573.88 | 34110.19 | 21700.66 | 11026 |
| 九、短期投资 | 52835.18 | 84 | 60 | 4158.18 | 83 | 59 |
| 十、委托贷款及委托投资 | 351912.42 | 9169 | 6253 | 319092.18 | 1882 | 1876 |
| 十一、买入返售证券 | 138709 | | | 114043 | | |
| 十二、待处理流动资产损失 | 45 | 14 | 14 | 45 | 15 | 15 |
| 十三、长期投资 | 829191.04 | 158160 | 92385.3 | 822711.93 | 150720 | 85122 |
| 十四、固定资产净值 | 616543.95 | 223.88 | 215 | 637978.28 | 3869 | 3668 |
| 十五、固定资产清理 | 1849.87 | 127.21 | 109.98 | 2469.14 | 86 | 85 |
| 十六、在建工程 | 20763.55 | | | 19588 | | |
| 十七、待处理固定资产损失 | 2 | 2 | 2 | 3.09 | 2 | 2 |
| 十八、无形资产 | 27168.96 | | | -1132.31 | | |
| 十九、递延资产 | 88550.21 | 84 | 84 | 86377.92 | 473 | 373 |
| 二十、其他非信贷资产 | 2087023.7 | 383273.75 | 355940.65 | 1888151.24 | 345529 | 325610 |
| 1.待处理抵债资产 | 75449.15 | 57564.7 | 30282.6 | 57648.15 | 39665 | 19746 |
| 2.应付福利费垫款 | 5184 | 5242 | 5242 | 2347 | 2335 | 2335 |
| 3.未弥补亏损 | 290760 | 290760 | 290760 | 285339 | 285339 | 285339 |
| 4.待处理房改资产 | 15511 | 15511 | 15511 | 15030 | 15030 | 15030 |
| 5.待清理自办实体资产 | | | | | | |
| 6.待清理接收资产 | 14118 | 14118 | 14067 | 3082 | 3082 | 3082 |
| (1)待清理城信社资产 | | | | | | |
| (2)待清理城信社资产与负债差额 | | | | | | |
| (3)待清理信托资产 | 8961 | 8961 | 8910 | 31 | 31 | 31 |
| (4)人行转来企业贷款本金 | 1424 | 1424 | 1424 | | | |
| (5)其他金融机构转来资产 | 682 | 682 | 682 | | | |
| (6)其他待清理接收资产 | 3051 | 3051 | 3051 | 3051 | 3051 | 3051 |
| 7.其他非信贷资产 | 1686001.55 | 78.05 | 78.05 | 1524705.09 | 78 | 78 |
| 非信贷资产合计 | 21328381.49 | 652832.94 | 546469.66 | 24245279.94 | 564144.4 | 458357.75 |

注:本表机构包括政策性银行、国有商业银行、股份制商业银行。

# 3-9 山西省主要银行业机构非信贷资产情况表

单位：万元

| 项目（指标 / 时间） | 3季度 | | | 4季度 | | |
|---|---|---|---|---|---|---|
| | 余额 | 其中：不良资产 | 预计损失 | 余额 | 其中：不良资产 | 预计损失 |
| 一、现金 | 385798.80 | 20 | 20 | 279537.20 | | |
| 二、银行存款 | 30097.52 | 4.7 | 4.7 | 30831.84 | 4.7 | 4.7 |
| 三、贵金属 | | | | | | |
| 四、存放中央银行款项 | 1003038.11 | 39 | 39 | 1600923.92 | 39 | 39 |
| 五、存放同业款项 | 101412.38 | 2128 | 1580 | 93073.29 | 1943.69 | 1753.69 |
| 六、拆放同业 | 15580.75 | 10192.75 | 6971.75 | 28559 | 15225 | 10791 |
| 七、存放联行款项(轧差) | 19238500.05 | 326 | 309 | 21403711.81 | 2862 | 2323 |
| 八、应收及预付款项 | 2001027.77 | 50336.9 | 42672.09 | 285724.43 | 127271.17 | 108112.13 |
| 其中：应收利息 | 80832.95 | 13426.23 | 9□2.24 | 81769.48 | 25214.62 | 18906.74 |
| 待处理案件纠纷垫款 | 36896.02 | 22643.5 | 20845.97 | 77576.07 | 75760.18 | 65399.05 |
| 九、短期投资 | 34561.68 | 83 | 59 | 26253 | 58 | 58 |
| 十、委托贷款及委托投资 | 564694.75 | 1281 | 1275 | 416401 | 995 | 995 |
| 十一、买入返售证券 | 118736 | | | 143647 | 160 | |
| 十二、待处理流动资产损失 | 35 | 15 | 15 | 42 | 45 | 45 |
| 十三、长期投资 | 827159.97 | 150940 | 85275.6 | 837684.75 | 150854 | 92610.28 |
| 十四、固定资产净值 | 598927.89 | 3779.42 | 3260.61 | 714865.96 | 13846.55 | 10223.02 |
| 十五、固定资产清理 | 2586.42 | 86 | 85.06 | 2377.03 | 218.62 | 197.96 |
| 十六、在建工程 | 20479.87 | | | 22697.36 | 3373 | 2373 |
| 十七、待处理固定资产损失 | 12.38 | 2 | 2 | 2 | 2 | 2 |
| 十八、无形资产 | 25419.32 | | | 7703.06 | 215 | 209 |
| 十九、递延资产 | 85304.52 | 1183 | 799 | 80831.72 | 31691 | 23321 |
| 二十、其他非信贷资产 | 1854003.43 | 258622.05 | 238855.65 | 1778318.27 | 201032.25 | 185833.47 |
| 1.待处理抵债资产 | 57242.15 | 39673 | 19906.6 | 54553.2 | 47956.2 | 32757.42 |
| 2.应付福利费垫款 | 2724 | 2707 | 2707 | 5289 | 5084 | 5084 |
| 3.未弥补亏损 | 198142 | 198142 | 198142 | 144794 | 144794 | 144794 |
| 4.待处理房改资产 | 14940 | 14940 | 14940 | | | |
| 5.待清理自办实体资产 | | | | | | |
| 6.待清理接收资产 | 3082 | 3082 | 3082 | 3082 | 3065 | 3065 |
| (1)待清理城信社资产 | | | | | | |
| (2)待清理城信社资产与负债差额 | | | | | | |
| (3)待清理信托资产 | 31 | 31 | 31 | 31 | 14 | 14 |
| (4)人行转来企业贷款本金 | | | | | | |
| (5)其他金融机构转来资产 | | | | | | |
| (6)其他待清理接收资产 | 3051 | 3051 | 3051 | 3051 | 3051 | 3051 |
| 7.其他非信贷资产 | 1577873.28 | 78.05 | 78.05 | 1570600.07 | 133.05 | 133.05 |
| 非信贷资产合计 | 26907376.61 | 479038.82 | 381223.46 | 27753184.64 | 549835.98 | 438891.25 |

# 3-10 山西省主要银行业机构表外业务情况表

单位:万元

| 指标 时间 项目 | 1季度 | | | 2季度 | | |
|---|---|---|---|---|---|---|
| | 余额 | 风险敞口 | 垫款期末余额 | 余额 | 风险敞口 | 垫款期末余额 |
| 一、担保类业务 | 4591626 | 1775148.77 | 48590.76 | 4994751.23 | 2253457.04 | 46186.76 |
| 1.开出银行承兑汇票 | 3387712 | 853530.72 | 48348.76 | 3724460.96 | 1176875.25 | 46186.76 |
| 2.开出信用证 | 531980 | 282452.82 | | 498411.02 | 355877.39 | |
| 3.保函 | 255934 | 223165.23 | | 276022.25 | 224847.4 | |
| 4.债券发行担保 | | | | | | |
| 其中:可转换债券担保 | | | | | | |
| 5.其他担保类业务 | 416000 | 416000 | 242 | 495857 | 495857 | |
| 二、承诺类业务 | 2128322 | 2128322 | | 2335502.63 | 2335502.63 | |
| 1.贷款承诺 | 338240 | 338240 | | 436215 | 436215 | |
| 2.循环授信额度 | 630082 | 630082 | | 897087.63 | 897087.63 | |
| 3.其他承诺类业务 | 1160000 | 1160000 | | 1002200 | 1002200 | |
| 三、金融衍生类业务 | 59 | -7662 | | 61 | -7390 | |
| 1.期权 | | | | | | |
| 2.互换 | 59 | -7662 | | 61 | -7390 | |
| 3.远期外汇 | | | | | | |

# 3-10 山西省主要银行业机构表外业务情况表

单位:万元

| 指标 时间 项目 | 3季度 | | | 4季度 | | |
|---|---|---|---|---|---|---|
| | 余额 | 风险敞口 | 垫款期末余额 | 余额 | 风险敞口 | 垫款期末余额 |
| 一、担保类业务 | 5391217.32 | 1870783.81 | 54124.74 | 5608166.02 | 2338262.45 | 66984.38 |
| 1.开出银行承兑汇票 | 3980965.68 | 712372.1 | 54117.74 | 4221305.54 | 1249607.81 | 66977.38 |
| 2.开出信用证 | 518153.56 | 323989.99 | | 490239.72 | 270261.31 | |
| 3.保函 | 377531.08 | 320163.72 | | 893645.76 | 816779.33 | |
| 4.债券发行担保 | | | | | | |
| 其中:可转换债券担保 | | | | | | |
| 5.其他担保类业务 | 514567.00 | 514258 | 7 | 2975 | 1614 | 7 |
| 二、承诺类业务 | 3127565.00 | 3127565 | | 3084229 | 3084229 | |
| 1.贷款承诺 | 623235.00 | 623235 | | 482829 | 482829 | |
| 2.循环授信额度 | 745930.00 | 745930 | | 943000 | 943000 | |
| 3.其他承诺类业务 | 1758400.00 | 1758400 | | 1658400 | 1658400 | |
| 三、金融衍生类业务 | 67.00 | -8174 | | 68 | -8302 | |
| 1.期权 | | | | | | |
| 2.互换 | 67.00 | -8174 | | 68 | -8302 | |
| 3.远期外汇 | | | | | | |

注:本表机构包括政策性银行、国有商业银行、股份制商业银行。

# 3-11 山西省主要银行业机构贷款质量迁徙情况表

迁徙矩阵：

单位：%

| 项　目 | 正常类贷款 | 关注类贷款 | 次级类贷款 | 可疑类贷款 | 损失类贷款 |
|---|---|---|---|---|---|
| 正常类贷款 | 92.86 | 4.51 | 1.26 | 1.32 | 0.04 |
| 关注类贷款 | 42.40 | 50.68 | 3.66 | 2.98 | 0.28 |
| 次级类贷款 | 0.25 | 3.88 | 64.72 | 22.43 | 8.72 |
| 可疑类贷款 | 0.13 | 1.55 | 0.78 | 51.44 | 46.10 |
| 损失类贷款 | | | | 5.66 | 94.34 |

# 3-11 山西省主要银行业机构贷款质量迁徙情况表

单位：万元

| 项　目 | 分　子 | 分　母 | 比例% |
|---|---|---|---|
| 1.年初不良贷款率 | 4324796.6 | 32012578.50 | 13.51 |
| 2.期末不良贷款率 | 3131051.2 | 32874874.57 | 9.52 |
| 3.不良贷款率变动情况(1.-2.) | -1193745 | 862296.07 | -3.99 |
| 4.贷款质量总体向上迁徙率 | 2026546.1 | 21229974.47 | 9.55 |
| 5.贷款质量总体向下迁徙率 | 2101474.6 | 21229974.47 | 9.90 |
| 6.正常类贷款向下迁徙率 | 1017425.7 | 14254977.13 | 7.14 |
| 7.关注类贷款向下迁徙率 | 316340.86 | 4571469.31 | 6.92 |
| 8.次级类贷款向下迁徙率 | 260703.27 | 837027.23 | 31.15 |
| 9.可疑类贷款向下迁徙率 | 507004.82 | 1099807.25 | 46.10 |
| 10.当年新增贷款不良率 | 90126.61 | 11644901.11 | 0.77 |
| 11.当年新形成不良贷款率 | 1132463.3 | 32443726.54 | 3.49 |
| 12.贷款重组贡献度 | 10008 | 53171.08 | 18.80 |
| 13.不良贷款周转率 | 2326207.7 | 3727923.905 | 62.40 |
| 14.不良贷款处置收现率 | 172891.11 | 1903981.19 | 9.08 |
| 15.不良贷款处置以物抵债率 | 35425.89 | 1903981.19 | 1.86 |
| 16.不良贷款处置核销率 | 86402.91 | 1903981.19 | 4.54 |

注：本表机构包括政策性银行、国有商业银行、股份制商业银行。

# 3-12 山西省银行业金融机构部分行业贷款情况表

单位：万元

| 项目 \ 时间 | 1季度 | 2季度 | 3季度 | 4季度 | |
|---|---|---|---|---|---|
| | 余额 | 余额 | 余额 | 余额 | 比年初增减额 |
| 一、煤炭行业 | 3820549.26 | 4071927.04 | 4315575.82 | 4587623.42 | 1029941.17 |
| 二、焦炭行业 | 1961510.24 | 2184345.34 | 2169156.60 | 2163460.79 | 196385.63 |
| (1)年产60万吨以上 | 1180203.11 | 1413098.77 | 1375282.37 | 1397491.22 | 196662.10 |
| (2)年产40万~60万吨 | 309041.93 | 357791.56 | 357845.58 | 341471.23 | 38468.50 |
| (3)年产20万~40万吨 | 223428.20 | 192399.96 | 216675.03 | 203548.59 | 3665.26 |
| (4)年产20万吨以下 | 248837.00 | 221055.05 | 219353.62 | 220949.75 | -42410.23 |
| 三、冶金行业 | 2745286.79 | 2929363.95 | 3039011.05 | 3352104.26 | 828564.69 |
| (1)普通钢 | 521145.55 | 553037.56 | 586603.10 | 521211.87 | -40628.31 |
| (2)特种钢 | 702414.30 | 801496.00 | 847260.00 | 1112772.77 | 570773.47 |
| (3)生铁 | 572530.95 | 576852.00 | 554386.96 | 521080.41 | -4091.71 |
| (4)铁合金 | 59062.10 | 57748.05 | 94385.95 | 95405.98 | 42104.65 |
| (5)电解铝 | 651486.85 | 693791.00 | 729842.00 | 781819.50 | 202887.66 |
| 四、建材行业 | 393362.55 | 396047.09 | 396314.21 | 389152.49 | -35899.79 |
| (1)水泥 | 181084.93 | 181757.80 | 177088.07 | 177092.14 | -24660.62 |
| 五、交通行业 | 3346466.35 | 3720153.24 | 3873762.62 | 3902437.04 | 176960.34 |
| (1)公路 | 3142262.04 | 3585613.85 | 3599648.23 | 3732606.65 | 125364.04 |
| (2)铁路 | 111041.63 | 105723.00 | 143647.00 | 146475.00 | 39130.00 |
| 六、化工行业 | 1000300.31 | 998226.26 | 1169984.15 | 1258875.71 | 243984.60 |
| (1)电石 | 53540.97 | 41763.37 | 34485.85 | 45994.36 | -7862.95 |
| 七、电力行业 | 4273105.04 | 4802773.59 | 4780811.79 | 4560581.90 | 33931.61 |
| 八、房地产业 | 1995600.11 | 2372401.49 | 2313045.39 | 2308881.53 | 24987.85 |
| (1)房地产开发商贷款 | 433088.24 | 473709.04 | 429904.04 | 469841.88 | -49568.12 |
| (2)住房开发贷款 | 269460.81 | 276004.64 | 262641.35 | 243458.00 | 36553.35 |
| (3)政府土地储备机构贷款 | 42048.00 | 70928.00 | 90866.00 | 91686.00 | 63403.00 |
| (4)单位购置商业用房贷款 | 16475.00 | 5381.00 | 5138.00 | 4954.00 | -8878.00 |
| (5)个人购房贷款 | 1212905.71 | 1523792.31 | 1500162.00 | 1483007.71 | 3096.10 |
| 九、医药制造业 | 267546.61 | 247262.44 | 248231.17 | 258432.22 | -823.89 |
| 十、机械制造业 | 595328.89 | 472105.54 | 459838.38 | 457427.01 | -161160.43 |
| 合　计 | 20399056.15 | 22194605.98 | 22765731.18 | 23238976.37 | 2336871.78 |

注：本表机构包括政策性银行、国有商业银行、股份制商业银行、城市商业银行、城市信用社、农村信用社、信托投资公司、金融租赁公司。

# 3-13 山西省银行业金融机构部分行业不良贷款情况表(五级分类)

单位:万元

| 项目 \ 指标 时间 | 1季度 | | 2季度 | |
|---|---|---|---|---|
| | 余额 | 比例% | 余额 | 比例% |
| 一、煤炭行业 | 219903.93 | 6.67 | 246268.43 | 7.08 |
| 二、焦炭行业 | 79703.54 | 4.94 | 53634.44 | 2.96 |
| (1)年产60万吨以上 | 3480.00 | 0.31 | 4089.5 | 0.31 |
| (2)年产40万~60万吨 | 3479.00 | 1.50 | 3355 | 1.20 |
| (3)年产20万~40万吨 | 13392.00 | 10.22 | 10526 | 10.17 |
| (4)年产20万吨以下 | 59352.54 | 42.71 | 35663.94 | 31.78 |
| 三、冶金行业 | 204658.82 | 8.64 | 121156.22 | 4.79 |
| (1)普通钢 | 15210.99 | 3.25 | 19996.6 | 4.04 |
| (2)特种钢 | 324.00 | 0.05 | 840 | 0.11 |
| (3)生铁 | 87925.44 | 30.08 | 67768.91 | 24.09 |
| (4)铁合金 | 11089.10 | 22.69 | 4029.9 | 8.18 |
| (5)电解铝 | 50003.00 | 7.71 | 20218 | 2.93 |
| 四、建材行业 | 90278.08 | 40.79 | 63125.73 | 29.12 |
| (1)水泥 | 58506.06 | 50.26 | 46058.8 | 40.50 |
| 五、交通行业 | 130457.98 | 3.97 | 118106.35 | 3.24 |
| (1)公路 | 51727.54 | 1.68 | 41446.35 | 1.18 |
| (2)铁路 | 77157.15 | 70.58 | 75669 | 72.76 |
| 六、化工行业 | 191372.81 | 21.29 | 44167.84 | 4.97 |
| (1)电石 | 17429.80 | 60.97 | 3812.8 | 25.96 |
| 七、电力行业 | 21290.24 | 0.50 | 11501.54 | 0.24 |
| 八、房地产业 | 127735.81 | 6.82 | 133510.93 | 6.00 |
| (1)房地产开发商贷款 | 76522.05 | 20.97 | 92910.61 | 24.25 |
| (2)住房开发贷款 | 28849.17 | 11.65 | 10888 | 4.30 |
| (3)政府土地储备机构贷款 | 802.00 | 2.49 | 702 | 1.16 |
| (4)单位购置商业用房贷款 | 949.00 | 5.76 | | 0.00 |
| (5)个人购房贷款 | 9594.24 | 0.80 | 28547.82 | 1.90 |
| 九、医药制造业 | 44586.78 | 20.47 | 19816.26 | 10.26 |
| 十、机械制造业 | 176559.53 | 32.10 | 54779.42 | 13.00 |
| 合计 | 1286547.51 | 6.93 | 868314.16 | 4.30 |

注:本表包括政策性银行、国有商业银行、股份制商业银行、城市商业银行、信托投资公司、金融租赁公司。

# 3-13 山西省银行业金融机构部分行业不良贷款情况表(五级分类)

单位:万元

| 时间 指标 项目 | 3季度 | | 4季度 | | | |
|---|---|---|---|---|---|---|
| | 余额 | 比例% | 余额 | 比例% | 余额比年初增减 | 比例比年初增减 |
| 一、煤炭行业 | 246402.33 | 6.72 | 197057.01 | 4.95 | -29115.88 | -2.35 |
| 二、焦炭行业 | 52129.44 | 2.94 | 63944.44 | 3.51 | -26323.99 | -1.97 |
| (1)年产60万吨以上 | 4089.50 | 0.32 | 9199.00 | 0.70 | 5519 | 0.38 |
| (2)年产40万~60万吨 | 3355.00 | 1.30 | 4278.00 | 1.69 | 736 | 0.16 |
| (3)年产20万~40万吨 | 9892.00 | 7.50 | 12033.00 | 9.16 | -963 | -0.46 |
| (4)年产20万吨以下 | 34792.94 | 31.15 | 38434.44 | 31.24 | -31615.99 | -19.23 |
| 三、冶金行业 | 115600.88 | 4.40 | 124680.96 | 4.19 | -86387.09 | -5.60 |
| (1)普通钢 | 19530.60 | 3.72 | 19423.19 | 4.06 | 3128.20 | 0.79 |
| (2)特种钢 | 840.00 | 0.10 | 574.19 | 0.05 | -440.81 | -0.14 |
| (3)生铁 | 65899.37 | 26.20 | 66197.22 | 28.24 | -32227.38 | -8.99 |
| (4)铁合金 | 3857.90 | 4.75 | 4115.85 | 4.94 | -6132.25 | -19.57 |
| (5)电解铝 | 12698.00 | 1.75 | 16204.50 | 2.08 | -33899.50 | -6.62 |
| 四、建材行业 | 66127.62 | 31.96 | 65032.53 | 29.73 | -31990.21 | -6.61 |
| (1)水泥 | 48720.99 | 44.78 | 42668.10 | 38.01 | -20139.58 | -5.40 |
| 五、交通行业 | 104483.73 | 2.75 | 113963.65 | 2.97 | -17745.45 | -0.61 |
| (1)公路 | 24965.73 | 0.71 | 32427.65 | 0.88 | -20995.85 | -0.61 |
| (2)铁路 | 78560.00 | 55.35 | 79739.00 | 54.81 | 3057 | -17.77 |
| 六、化工行业 | 58183.61 | 5.47 | 57370.04 | 4.97 | -137256 | -16.28 |
| (1)电石 | 3812.80 | 37.09 | 3238.30 | 12.29 | -14910.20 | -48.25 |
| 七、电力行业 | 10971.54 | 0.23 | 11462.74 | 0.25 | -9686.60 | -0.22 |
| 八、房地产业 | 135703.26 | 6.30 | 182258.88 | 8.44 | 30862.85 | 1.52 |
| (1)房地产开发商贷款 | 77949.11 | 23.79 | 105663.32 | 27.53 | 22976.81 | 9.66 |
| (2)住房开发贷款 | 10891.30 | 4.50 | 6603.00 | 3.03 | -37687.41 | -19.39 |
| (3)政府土地储备机构贷款 | 663.00 | 0.81 | 653.00 | 0.80 | -150 | -2.91 |
| (4)单位购置商业用房贷款 | | | | | -1008 | -7.29 |
| (5)个人购房贷款 | 45928.85 | 3.11 | 68835.56 | 4.71 | 59633.26 | 4.08 |
| 九、医药制造业 | 21505.26 | 11.17 | 30423.15 | 14.54 | -8645.45 | -4.02 |
| 十、机械制造业 | 57984.92 | 13.97 | 71179.16 | 17.18 | -114773.98 | -14.95 |
| 合 计 | 869092.59 | 4.21 | 917372.56 | 4.31 | -431061.80 | -2.70 |

# 3-13 山西省银行业金融机构部分行业不良贷款情况表(四级分类)

单位:万元

| 项目 \ 指标 \ 时间 | 1季度 | | 2季度 | |
|---|---|---|---|---|
| | 余额 | 比例% | 余额 | 比例% |
| 一、煤炭行业 | 104238.07 | 19.89 | 98771.47 | 16.62 |
| 二、焦炭行业 | 63501.85 | 18.20 | 77647.53 | 20.81 |
| (1)年产60万吨以上 | 519.60 | 0.74 | 368.60 | 0.38 |
| (2)年产40万~60万吨 | 3131.93 | 4.09 | 3128.93 | 3.99 |
| (3)年产20万~40万吨 | 7418.00 | 8.03 | 8405.00 | 9.46 |
| (4)年产20万吨以下 | 52432.32 | 47.73 | 65745.00 | 60.41 |
| 三、冶金行业 | 85859.12 | 22.81 | 93485.82 | 23.27 |
| (1)普通钢 | 8796.50 | 16.55 | 8647.00 | 14.84 |
| (2)特种钢 | | | | |
| (3)生铁 | 66875.62 | 23.86 | 75798.22 | 25.65 |
| (4)铁合金 | 4911.00 | 48.24 | 3264.05 | 38.43 |
| (5)电解铝 | | | | |
| 四、建材行业 | 24945.26 | 14.50 | 24746.28 | 13.86 |
| (1)水泥 | 15485.04 | 23.94 | 15879.40 | 23.34 |
| 五、交通行业 | 1371.97 | 2.20 | 1895.97 | 2.65 |
| (1)公路 | 1241.00 | 2.12 | 1600.00 | 2.40 |
| (2)铁路 | | | | |
| 六、化工行业 | 24115.18 | 23.81 | 20999.87 | 19.59 |
| (1)电石 | 3782.41 | 15.16 | 3949.41 | 14.59 |
| 七、电力行业 | 1088.40 | 3.97 | 431.90 | 1.33 |
| 八、房地产业 | 7618.53 | 6.28 | 10339.53 | 7.27 |
| (1)房地产开发商贷款 | 6127.73 | 8.99 | 7174.73 | 8.37 |
| (2)住房开发贷款 | 1030.00 | 4.70 | 2930.00 | 12.79 |
| (3)政府土地储备机构贷款 | | | | |
| (4)单位购置商业用房贷款 | | | | |
| (5)个人购房贷款 | 330.80 | 2.01 | 234.80 | 1.21 |
| 九、医药制造业 | 1235.00 | 2.49 | 1191.84 | 2.20 |
| 十、机械制造业 | 14576.07 | 32.15 | 16387.07 | 33.40 |
| 合　计 | 328549.45 | 17.97 | 345897.28 | 17.26 |

注:本表机构包括城市信用社、农村信用社。

# 3-13 山西省银行业金融机构部分行业不良贷款情况表(四级分类)

单位:万元

| 项目 \ 指标 \ 时间 | 3季度 | | 4季度 | | | |
|---|---|---|---|---|---|---|
| | 余额 | 比例% | 余额 | 比例% | 余额比年初增减 | 比例比年初增减 |
| 一、煤炭行业 | 93269.80 | 14.37 | 89162.74 | 14.76 | -30619.49 | -15.95 |
| 二、焦炭行业 | 75535.56 | 19.21 | 67933.03 | 19.92 | -4201.67 | -12.34 |
| (1)年产60万吨以上 | 468.60 | 0.47 | 468.60 | 0.57 | -11.40 | -0.66 |
| (2)年产40万~60万吨 | 3148.93 | 3.14 | 189.93 | 0.21 | -3857.00 | -8.27 |
| (3)年产20万~40万吨 | 7004.24 | 8.26 | 6385.24 | 8.85 | 1278.44 | -5.01 |
| (4)年产20万吨以下 | 64913.79 | 60.30 | 60889.26 | 62.19 | -1611.71 | -0.29 |
| 三、冶金行业 | 86484.06 | 20.96 | 80903.15 | 21.53 | -7658.68 | -15.69 |
| (1)普通钢 | 7202.00 | 11.60 | 5265.20 | 12.27 | -2163.24 | -3.66 |
| (2)特种钢 | | | | | | |
| (3)生铁 | 67959.36 | 22.44 | 64443.25 | 22.48 | -1382.12 | -21.27 |
| (4)铁合金 | 3172.05 | 24.05 | 3665.78 | 30.25 | -2036.45 | -21.03 |
| (5)电解铝 | | | | | | |
| 四、建材行业 | 23714.07 | 12.52 | 22919.38 | 13.45 | -8959.95 | -7.93 |
| (1)水泥 | 15717.84 | 23.01 | 15176.99 | 23.41 | -1334.58 | -10.33 |
| 五、交通行业 | 1551.09 | 2.00 | 1761.09 | 2.70 | -716.98 | -3.28 |
| (1)公路 | 934.00 | 1.35 | 1592.00 | 2.61 | -600.00 | -3.29 |
| (2)铁路 | | | | | | |
| 六、化工行业 | 20715.08 | 19.33 | 28996.71 | 27.55 | 4954.48 | 0.88 |
| (1)电石 | 3672.41 | 15.17 | 3930.41 | 20.01 | 708.00 | 6.43 |
| 七、电力行业 | 364.00 | 0.84 | 233.00 | 0.65 | -754.40 | -3.07 |
| 八、房地产业 | 8358.53 | 5.25 | 7675.03 | 5.14 | -11141.91 | -6.28 |
| (1)房地产开发商贷款 | 7310.73 | 7.15 | 6110.29 | 7.10 | -1742.65 | -8.91 |
| (2)住房开发贷款 | 790.00 | 3.81 | 790.00 | 3.07 | -10.00 | -46.25 |
| (3)政府土地储备机构贷款 | | | | | | |
| (4)单位购置商业用房贷款 | | | | | | |
| (5)个人购房贷款 | 257.80 | 1.19 | 547.80 | 2.52 | 410.80 | 1.62 |
| 九、医药制造业 | 847.84 | 1.52 | 1008.84 | 2.05 | -4.56 | -0.33 |
| 十、机械制造业 | 11062.35 | 24.66 | 13104.28 | 30.41 | -2807.97 | -13.56 |
| 合 计 | 321902.38 | 15.10 | 313697.25 | 16.17 | -51884.13 | -11.63 |

## 3-14 山西省主要银行业机构客户大额授信和零售贷款违约客户情况统计时序表

单位：亿元、个

| 时间＼项目 | 客户大额授信统计 | | | | |
|---|---|---|---|---|---|
| | 客户数 | 授信额度 | 贷款余额 | 不良贷款 | 不良占比% |
| 1月 | 373 | 1014.86 | 1206.49 | 35.02 | 2.90 |
| 2月 | 373 | 1004.74 | 1191.26 | 34.35 | 2.88 |
| 3月 | 391 | 1054.63 | 1384.34 | 34.77 | 2.51 |
| 4月 | 425 | 1274.03 | 1353.35 | 35.06 | 2.59 |
| 5月 | 411 | 1241.22 | 1328.10 | 34.97 | 2.63 |
| 6月 | 444 | 1341.19 | 1355.93 | 24.02 | 1.77 |
| 7月 | 412 | 1156.80 | 1236.33 | 22.41 | 1.81 |
| 8月 | 465 | 1419.54 | 1382.41 | 23.85 | 1.73 |
| 9月 | 455 | 1383.86 | 1369.94 | 23.97 | 1.75 |
| 10月 | 452 | 1382.30 | 1384.86 | 25.97 | 1.88 |
| 11月 | 477 | 1426.09 | 1454.17 | 23.51 | 1.62 |
| 12月 | 490 | 1466.58 | 1474.55 | 24.81 | 1.68 |

## 3-14 山西省主要银行业机构客户大额授信和零售贷款违约客户情况统计时序表

单位：亿元、个

| 时间＼项目 | 客户大额授信统计 | | | | | 零售贷款违约统计 | |
|---|---|---|---|---|---|---|---|
| | 预警信息 | | | 关联企业授信 | 关联企业贷款 | 法人违约数 | 个人违约数 |
| | 客户数 | 贷款余额 | 不良贷款 | | | | |
| 1月 | 12 | 155.10 | 9.37 | 170 | 875.22 | 243 | 16550 |
| 2月 | 12 | 109.30 | 9.37 | 150.30 | 860.60 | 243 | 18668 |
| 3月 | 12 | 155.30 | 9.37 | 153.80 | 956.73 | 239 | 18577 |
| 4月 | 11 | 156.40 | 8.12 | 168.10 | 904.38 | 237 | 20378 |
| 5月 | 9 | 155.10 | 6.17 | 181.20 | 945.25 | 176 | 21068 |
| 6月 | 6 | 151 | 0.51 | 141.40 | 987.41 | 58 | 20769 |
| 7月 | 6 | 143.60 | 0.51 | 124.20 | 1038.70 | 58 | 21700 |
| 8月 | 6 | 148.10 | 0.51 | 277.50 | 1048 | 43 | 22667 |
| 9月 | 6 | 149 | 1.45 | 300.60 | 940.03 | 44 | 22794 |
| 10月 | 6 | 151.40 | 1.45 | 263.10 | 917.16 | 44 | 21874 |
| 11月 | 4 | 124 | 1.45 | 334.20 | 966.84 | 42 | 24814 |
| 12月 | 4 | 123 | 1.45 | 357 | 849.24 | 35 | 24991 |

注：本表机构包括国家开发银行、国有商业银行、股份制商业银行。

# 3-15 山西省银行业金融机构案件信息统计表

单位：件、万元

| 项 目 | 案 件 | 其中：百万元以上案件 |
|---|---|---|
| | 本年累计发生 | 本年累计发生 |
| 经济案件数量 | 19 | 9 |
| 其中：挪用 | 13 | 6 |
| 贪污 | 1 | 1 |
| 侵占 | 3 | 0 |
| 贿赂 | 0 | 0 |
| 经济案件涉案金额 | 11515.45 | 10996 |
| 其中：挪用 | 10758.85 | 10362 |
| 贪污 | 330 | 330 |
| 侵占 | 122.60 | 0 |
| 贿赂 | 0 | 0 |
| 经济案件风险金额 | 7418.70 | 7223 |
| 其中：挪用 | 7412.70 | 7223 |
| 贪污 | 0 | 0 |
| 侵占 | 6 | 0 |
| 贿赂 | 0 | 0 |
| 违规经营数量 | 6 | 4 |
| 其中：违反金融法规 | 5 | 4 |
| 违反财经纪律 | 1 | 0 |
| 破坏金融秩序 | 0 | 0 |
| 违规经营涉案金额 | 30868 | 30834 |
| 其中：违反金融法规 | 30847 | 30834 |
| 违反财经纪律 | 21 | 0 |
| 破坏金融秩序 | 0 | 0 |
| 违规经营风险金额 | 30447 | 30434 |
| 其中：违反金融法规 | 30447 | 30434 |
| 违反财经纪律 | 0 | 0 |
| 破坏金融秩序 | 0 | 0 |
| 诈骗案件数量 | 19 | 15 |
| 诈骗案件涉案金额 | 8617.70 | 8400 |
| 诈骗案件风险金额 | 4456.03 | 4288 |
| 抢劫案件数量 | 0 | 0 |
| 抢劫案件涉案金额 | 0 | 0 |
| 抢劫案件风险金额 | 0 | 0 |
| 盗窃案件数量 | 1 | 0 |
| 盗窃案件涉案金额 | 0 | 0 |
| 盗窃案件风险金额 | 0 | 0 |
| 各类案件数量总计 | 45 | 28 |
| 各类案件涉案金额总计 | 51001.1 | 50230 |
| 各类案件风险金额总计 | 42321.7 | 41945 |

注：本表机构包括政策性银行、国有商业银行、股份制商业银行、城市商业银行、城市信用社、农村信用社、信托投资公司、金融租赁公司、邮政储汇局。

# 3-16 山西省城市商业银行资本充足率汇总表

单位：亿元

| 指标名称 \ 时间 | 1季度 余额 | 2季度 余额 | 3季度 余额 | 4季度 余额 | 4季度 比年初增减 |
|---|---|---|---|---|---|
| a.核心资本(aa+ab+ac+ad+ae) | 6.67 | 7.17 | 6.59 | 6.20 | 0.08 |
| aa.实收资本/普通股 | 2.99 | 2.99 | 2.99 | 3.09 | 0.10 |
| ab.资本公积 | 0.01 | 0.01 | 0.01 | 0.01 | |
| ac.盈余公积 | 3.12 | 3.12 | 3.12 | 3.12 | |
| ad.未分配利润 | 0.56 | 1.05 | 0.47 | -0.01 | -0.02 |
| ae.少数股权 | | | | | |
| b.核心资本扣减项(ba+bb+bc+bd+be+bf) | 23.50 | 23.31 | 22.04 | 20.17 | 1.76 |
| ba.商誉 | | | | | |
| bb.对未并表银行机构资本投资的50% | | | | | |
| bc.对未并表非银行金融机构资本投资的50% | | | | | |
| bd.对非自用不动产投资的50% | | | | | |
| be.对工商企业资本投资的50% | | | | | |
| bf.贷款损失准备尚未提足部分 | 23.50 | 23.31 | 22.04 | 20.17 | 1.76 |
| c.核心资本净额(a-b) | -16.83 | -16.14 | -15.46 | -13.97 | -1.68 |
| d.附属资本(da+db+dc+dd+df) | 1.07 | 1.13 | 0.81 | 0.78 | -0.27 |
| da.重估储备 | | | | | |
| db.一般准备 | 1.07 | 1.13 | 0.81 | 0.78 | -0.27 |
| dc.优先股 | | | | | |
| dd.可转换债券 | | | | | |
| de.长期次级债务(dea+deb+dec+ded+dee) | | | | | |
| dea.报告日距债务到期日在4年以上的部分债券面值×100% | | | | | |
| deb.报告日距债务到期日在3~4年的部分债券面值×80% | | | | | |
| dec.报告日距债务到期日在2~3年的部分债券面值×60% | | | | | |
| ded.报告日距债务到期日在1~2年的部分债券面值×40% | | | | | |
| dee.报告日距债务到期日在0~1年的部分债券面值×20% | | | | | |
| df.长期次级债务的可计算价值(以核心资本净额的50%为限) | | | | | |
| e.附属资本的可计算价值(以核心资本净额的100%为限) | | | | | |
| f.扣减项(fa+fb+fc+fd+fe+ff) | 23.50 | 23.31 | 22.04 | 20.17 | 1.76 |
| fa.商誉 | | | | | |
| fb.对未并表银行机构的资本投资 | | | | | |
| fc.对未并表非银行金融机构的资本投资 | | | | | |
| fd.对非自用不动产的投资 | | | | | |
| fe.对工商企业的资本投资 | | | | | |
| ff.贷款损失准备尚未提足部分 | 23.50 | 23.31 | 22.04 | 20.17 | 1.76 |
| g.资本净额(a+e-f) | -16.83 | -16.14 | -15.46 | -13.97 | -1.68 |
| h.加权风险资产(ha+hb) | 99.52 | 101.30 | 112.66 | 119.13 | 17.37 |
| ha.表内加权风险资产 | 79.57 | 82.39 | 93.51 | 99.94 | 17.34 |
| hb.表外加权风险资产 | 19.95 | 18.91 | 19.15 | 19.19 | 0.03 |
| i.市场风险资本(交易账户总头寸高于表内外总资产的10%或超过85亿人民币的商业银行填报本项) | | | | | |
| j.核心资本充足率%[c/(h+i×12.5)] | -16.91 | -15.93 | -13.72 | -11.73 | 0.35 |
| k.资本充足率%[g/(h+i×12.5)] | -16.91 | -15.93 | -13.72 | -11.73 | 0.35 |

注：本表机构包括太原市商业银行、大同市商业银行。

# 3-17 资产管理公司资产处置情况表

单位：万元

| 项目 \ 机构名称 | 汇总 | 华融 | 长城 | 东方 | 信达 |
|---|---|---|---|---|---|
| 收购不良资产原值(1) | 4375344.4 | 962608.37 | 796663 | 358923 | 2257150 |
| 政策性债转股余额(2) | 1584137.2 | 104021 | 6075 | 21910 | 1452131.2 |
| 累计处置(3)=(6)+(8)+(9) | 1871538.4 | 772267.55 | 615250.22 | 108968.73 | 375051.91 |
| 累计回收(4)=(5)+(8) | 396445.04 | 106316.89 | 46053.26 | 31523.85 | 212551.04 |
| 现金回收(5)=(6)+(7) | 369584.08 | 94811.36 | 44137.99 | 24731.58 | 205903.15 |
| 收购资产回收现金(6) | 367814.46 | 94290.78 | 44137.99 | 24386.31 | 204999.38 |
| 表外息等回收现金(7) | 1769.35 | 520.58 | 0.00 | 345 | 903.77 |
| 非现金回收(8) | 26860.96 | 11505.53 | 1915.27 | 6792.27 | 6647.89 |
| 累计损失(9) | 1476863 | 666471.24 | 569196.96 | 77790.15 | 163404.65 |
| 阶段处置进度%(10)=(3)/(1-2) | 67.05 | 89.95 | 77.82 | 32.33 | 46.59 |
| 终极处置进度%(11)=(6+9)/(1-2) | 66.09 | 88.61 | 77.58 | 30.32 | 45.76 |
| 资产收回率%(12)=(4)/(3) | 21.18 | 13.77 | 7.49 | 28.93 | 56.67 |
| 现金回收率%(13)=(5)/(3) | 19.75 | 12.28 | 7.17 | 22.7 | 54.9 |

# 4

# 分机构数据

Data of the agencies

# 4-1 山西省银行业分机构资产总计表

单位：亿元

| 项目＼时间 | 1月 | 2月 | 3月 | 4月 | 5月 | 6月 |
|---|---|---|---|---|---|---|
| | 余额 | 余额 | 余额 | 余额 | 余额 | 余额 |
| 金融机构 | 6402.46 | 6482.31 | 6796.95 | 6868.53 | 6937.19 | 7110.98 |
| 国家开发银行 | 435.95 | 433.57 | 439.59 | 448.51 | 461.49 | 457.58 |
| 农业发展银行 | 150.96 | 150.94 | 152.56 | 155.79 | 158.29 | 160.88 |
| 工商银行 | 1369.27 | 1386.77 | 1433.63 | 1472.92 | 1490.36 | 1489.70 |
| 农业银行 | 935.20 | 941.61 | 1010.91 | 1004.78 | 1015.93 | 1059.15 |
| 中国银行 | 702.97 | 718.71 | 754.10 | 750.26 | 754.97 | 770.74 |
| 建设银行 | 817.32 | 817.71 | 829.97 | 839.53 | 839.96 | 850.01 |
| 交通银行 | 121.61 | 120.48 | 132.61 | 133.29 | 133.91 | 143.91 |
| 光大银行 | 131.06 | 132.42 | 146.28 | 140.85 | 143.55 | 145.08 |
| 华夏银行 | 136.74 | 136.42 | 140.01 | 140.68 | 141.89 | 158.89 |
| 上海浦东发展银行 | 59.58 | 56.85 | 63.98 | 64.74 | 61.18 | 68.96 |
| 兴业银行 | — | — | — | — | — | — |
| 民生银行 | 216.68 | 213.44 | 235.91 | 216.08 | 208.53 | 223.20 |
| 太原市商业银行 | 141.47 | 136.61 | 147.02 | 147.65 | 147.22 | 144.37 |
| 大同市商业银行 | 54.84 | 57.96 | 54.93 | 63.57 | 65.29 | 64.91 |
| 城市信用社 | 96.72 | 98.14 | 111.77 | 115.09 | 118.21 | 123.66 |
| 农村信用社 | 1108.25 | 1137.15 | 1199.12 | 1223.58 | 1247.53 | 1290.31 |
| 信托投资公司 | 74.71 | 74.78 | 70.37 | 71.93 | 72.42 | 71.91 |
| 金融租赁公司 | 28.75 | 29.36 | 27.24 | 29.34 | 29.38 | 27.24 |

注：本表“金融机构”不含金融资产管理公司和人民银行的数据。

# 4-1 山西省银行业分机构资产总计表

单位：亿元

| 项目 \ 时间 | 7月 | 8月 | 9月 | 10月 | 11月 | 12月 | |
|---|---|---|---|---|---|---|---|
| | 余额 | 余额 | 余额 | 余额 | 余额 | 余额 | 同比增长% |
| 金融机构 | 7113.74 | 7216.31 | 7396.96 | 7454.38 | 7587.07 | 7736.95 | 23.83 |
| 国家开发银行 | 471.20 | 474.83 | 475.32 | 484.65 | 503.56 | 494.62 | 14.53 |
| 农业发展银行 | 160.58 | 162.77 | 165.70 | 165.65 | 167.98 | 174.19 | 14.56 |
| 工商银行 | 1503.16 | 1519.66 | 1538.03 | 1539.23 | 1549.68 | 1516.53 | 16.47 |
| 农业银行 | 1056.46 | 1080.70 | 1121.13 | 1126.16 | 1158.96 | 1180.27 | 26.90 |
| 中国银行 | 765.39 | 777.53 | 783.00 | 791.39 | 800.32 | 806.14 | 16.51 |
| 建设银行 | 863.93 | 868.33 | 884.49 | 895.63 | 900.40 | 896.31 | 29.27 |
| 交通银行 | 144.94 | 145.59 | 147.92 | 147.61 | 146.99 | 150.86 | 20.76 |
| 光大银行 | 143.38 | 145.06 | 149.46 | 158.10 | 182.24 | 187.94 | 27.29 |
| 华夏银行 | 149.36 | 152.03 | 169.32 | 167.39 | 168.64 | 178.44 | 11.17 |
| 上海浦东发展银行 | 68.55 | 75.36 | 77.72 | 79.66 | 85.06 | 92.68 | 74.70 |
| 兴业银行 | — | — | — | — | — | 14.17 | — |
| 民生银行 | 213.91 | 222.69 | 238.77 | 238.68 | 240.93 | 289.01 | 22.30 |
| 太原市商业银行 | 142.56 | 141.93 | 138.32 | 135.53 | 148.54 | 148.94 | 10.85 |
| 大同市商业银行 | 65.55 | 67.21 | 70.73 | 69.17 | 73.67 | 78.65 | 40.48 |
| 城市信用社 | 120.10 | 123.63 | 128.18 | 129.59 | 136.11 | 142.06 | 35.41 |
| 农村信用社 | 1289.47 | 1291.84 | 1333.59 | 1344.21 | 1341.99 | 1361.52 | 23.02 |
| 信托投资公司 | 71.80 | 80.87 | 81.46 | 84.99 | 86.60 | 83.50 | 10.78 |
| 金融租赁公司 | 29.44 | 29.42 | 28.69 | 30.34 | 22.11 | 26.31 | -11.14 |

# 4-2 山西省银行业分机构负债总计表

单位:亿元

| 项目 \ 时间 | 1月 | 2月 | 3月 | 4月 | 5月 | 6月 |
|---|---|---|---|---|---|---|
| | 余额 | 余额 | 余额 | 余额 | 余额 | 余额 |
| 金融机构 | 6363.47 | 6437.55 | 6742.55 | 6808.23 | 6872.59 | 7034.56 |
| 国家开发银行 | 429.16 | 426.79 | 431.05 | 438.91 | 451.11 | 446.72 |
| 农业发展银行 | 148.43 | 148.04 | 150.60 | 153.69 | 155.74 | 158.70 |
| 工商银行 | 1370.02 | 1388.80 | 1435.45 | 1475.71 | 1493.06 | 1492.19 |
| 农业银行 | 963.00 | 968.52 | 1037.80 | 1030.82 | 1041.01 | 1083.45 |
| 中国银行 | 703.20 | 718.72 | 753.71 | 749.18 | 752.79 | 765.91 |
| 建设银行 | 815.34 | 814.58 | 825.55 | 834.68 | 838.92 | 847.20 |
| 交通银行 | 119.92 | 120.11 | 132.22 | 132.63 | 132.91 | 143.03 |
| 光大银行 | 130.82 | 131.92 | 145.69 | 139.85 | 142.37 | 143.79 |
| 华夏银行 | 135.01 | 134.35 | 138.69 | 140.24 | 141.27 | 158.40 |
| 上海浦东发展银行 | 59.57 | 56.81 | 63.66 | 64.40 | 60.77 | 68.26 |
| 兴业银行 | — | — | — | — | — | — |
| 民生银行 | 214.28 | 210.68 | 235.07 | 214.79 | 206.77 | 221.35 |
| 太原市商业银行 | 136.38 | 131.30 | 141.71 | 142.24 | 141.67 | 139.01 |
| 大同市商业银行 | 53.44 | 56.50 | 53.58 | 62.12 | 63.77 | 63.13 |
| 城市信用社 | 94.04 | 95.38 | 109.08 | 112.30 | 115.16 | 120.58 |
| 农村信用社 | 1083.64 | 1108.16 | 1159.69 | 1181.02 | 1201.93 | 1238.78 |
| 信托投资公司 | 63.43 | 63.50 | 60.20 | 61.76 | 62.25 | 61.70 |
| 金融租赁公司 | 23.41 | 24.02 | 21.86 | 23.97 | 24.00 | 21.84 |

注:本表“金融机构”不含金融资产管理公司和人民银行的数据。

# 4-2 山西省银行业分机构负债总计表

单位:亿元

| 项目 \ 时间 | 7月 | 8月 | 9月 | 10月 | 11月 | 12月 | |
|---|---|---|---|---|---|---|---|
| | 余额 | 余额 | 余额 | 余额 | 余额 | 余额 | 同比增长% |
| 金融机构 | 7031.05 | 7121.48 | 7287.28 | 7342.26 | 7484.04 | 7640.30 | 22.85 |
| 国家开发银行 | 459.43 | 462.30 | 462.31 | 470.85 | 488.97 | 486.30 | 14.39 |
| 农业发展银行 | 158.04 | 159.84 | 163.35 | 162.73 | 164.61 | 171.17 | 14.20 |
| 工商银行 | 1505.61 | 1523.30 | 1538.27 | 1539.90 | 1551.98 | 1513.61 | 16.31 |
| 农业银行 | 1080.25 | 1095.12 | 1134.50 | 1141.13 | 1173.59 | 1194.79 | 24.63 |
| 中国银行 | 761.81 | 773.94 | 778.86 | 788.75 | 799.02 | 805.10 | 15.32 |
| 建设银行 | 861.09 | 866.77 | 881.01 | 891.82 | 896.41 | 896.89 | 29.61 |
| 交通银行 | 143.48 | 143.80 | 146.69 | 146.10 | 145.09 | 149.16 | 21.25 |
| 光大银行 | 141.88 | 143.77 | 148.56 | 156.82 | 180.65 | 186.11 | 27.23 |
| 华夏银行 | 148.49 | 150.78 | 168.44 | 166.14 | 167.08 | 176.22 | 10.67 |
| 上海浦东发展银行 | 67.84 | 74.60 | 76.71 | 78.62 | 83.99 | 91.22 | 72.60 |
| 兴业银行 | — | — | — | — | — | 14.31 | — |
| 民生银行 | 211.64 | 219.99 | 236.06 | 235.70 | 237.77 | 285.87 | 22.02 |
| 太原市商业银行 | 137.21 | 136.52 | 132.78 | 129.97 | 143.09 | 144.13 | 11.22 |
| 大同市商业银行 | 63.73 | 65.31 | 68.91 | 67.23 | 71.41 | 77.21 | 41.33 |
| 城市信用社 | 114.66 | 117.95 | 122.46 | 123.65 | 128.44 | 134.14 | 31.13 |
| 农村信用社 | 1236.27 | 1235.90 | 1268.80 | 1276.81 | 1285.68 | 1305.12 | 20.15 |
| 信托投资公司 | 61.62 | 70.67 | 71.23 | 74.72 | 76.33 | 73.17 | 14.15 |
| 金融租赁公司 | 24.03 | 24.02 | 23.24 | 24.89 | 16.67 | 20.96 | -13.09 |

# 4-3 山西省银行业分机构利润表

单位:亿元

| 项目 \ 时间 | 1月 | 2月 | 3月 | 4月 | 5月 | 6月 |
|---|---|---|---|---|---|---|
| | 余额 | 余额 | 余额 | 余额 | 余额 | 余额 |
| 金融机构 | 4.31 | 8.20 | 15.31 | 21.17 | 28.51 | 38.06 |
| 国家开发银行 | 0.05 | 0.04 | 1.79 | 2.59 | 3.37 | 3.85 |
| 农业发展银行 | 0.38 | 0.75 | -0.19 | -0.06 | 0.39 | 0.02 |
| 工商银行 | -1.20 | -2.44 | -2.26 | -2.79 | -2.70 | -2.50 |
| 农业银行 | 0.74 | 1.67 | 1.68 | 2.51 | 3.50 | 4.28 |
| 中国银行 | 0.23 | 0.44 | 0.84 | 1.53 | 2.18 | 4.83 |
| 建设银行 | 0.49 | 1.06 | 4.24 | 4.77 | 5.20 | 6.97 |
| 交通银行 | 0.21 | 0.37 | 0.56 | 0.84 | 1.17 | 1.28 |
| 光大银行 | 0.23 | 0.50 | 0.59 | 1.00 | 1.19 | 1.29 |
| 华夏银行 | 0.46 | 0.80 | 0.42 | 0.80 | 0.98 | 1.03 |
| 上海浦东发展银行 | 0.01 | 0.04 | 0.33 | 0.34 | 0.41 | 0.69 |
| 兴业银行 | — | — | — | — | — | — |
| 民生银行 | 0.37 | 0.74 | 0.83 | 1.29 | 1.77 | 1.84 |
| 太原市商业银行 | 0.32 | 0.56 | 0.56 | 0.27 | 0.40 | 0.77 |
| 大同市商业银行 | 0.04 | 0.10 | -0.01 | 0.09 | 0.17 | 0.43 |
| 城市信用社 | 0.16 | 0.29 | 0.23 | 0.33 | 0.51 | 0.49 |
| 农村信用社 | 1.80 | 3.27 | 5.61 | 7.57 | 9.89 | 12.65 |
| 信托投资公司 | 0.02 | 0.01 | 0.03 | 0.03 | 0.03 | 0.07 |
| 金融租赁公司 | 0.00 | 0.00 | 0.04 | 0.05 | 0.05 | 0.07 |

# 4-3 山西省银行业分机构利润表

单位:亿元

| 项目＼时间 | 7月 | 8月 | 9月 | 10月 | 11月 | 12月 | |
|---|---|---|---|---|---|---|---|
| | 余额 | 余额 | 余额 | 余额 | 余额 | 余额 | 同比增减额 |
| 金融机构 | 41.20 | 47.02 | 56.61 | 59.75 | 48.75 | 52.73 | 20.96 |
| 国家开发银行 | 4.76 | 5.52 | 6.00 | 6.79 | 7.58 | 8.05 | 1.31 |
| 农业发展银行 | 0.38 | 0.77 | 0.20 | 0.76 | 1.22 | 0.88 | 0.73 |
| 工商银行 | -2.45 | -3.64 | -0.23 | -0.67 | -2.30 | 3.23 | 3.02 |
| 农业银行 | 4.79 | 5.44 | 6.49 | 7.02 | 7.38 | 7.48 | 6.57 |
| 中国银行 | 3.58 | 3.59 | 4.15 | 2.58 | 1.30 | 1.04 | 6.83 |
| 建设银行 | 7.09 | 8.52 | 10.44 | 10.77 | 10.95 | 9.87 | 0.78 |
| 交通银行 | 1.86 | 2.19 | 1.91 | 2.19 | 2.58 | 2.44 | 0.35 |
| 光大银行 | 1.49 | 1.29 | 0.90 | 1.28 | 1.59 | 2.83 | 0.43 |
| 华夏银行 | 1.38 | 1.75 | 1.56 | 1.93 | 2.25 | 2.75 | 1.01 |
| 上海浦东发展银行 | 0.71 | 0.76 | 1.01 | 1.03 | 1.07 | 1.47 | 1.26 |
| 兴业银行 | — | — | — | — | — | -0.14 | — |
| 民生银行 | 2.27 | 2.70 | 2.71 | 2.98 | 3.16 | 3.14 | 1.11 |
| 太原市商业银行 | -0.01 | 0.09 | 1.00 | 0.06 | -0.09 | 0.31 | 0.25 |
| 大同市商业银行 | 0.48 | 0.56 | 0.48 | 0.60 | 0.82 | 0.00 | -0.19 |
| 城市信用社 | 0.72 | 0.95 | 0.71 | 0.90 | 1.14 | 1.36 | 0.90 |
| 农村信用社 | 13.98 | 16.35 | 18.99 | 21.19 | 9.77 | 7.66 | -3.26 |
| 信托投资公司 | 0.08 | 0.10 | 0.15 | 0.18 | 0.19 | 0.32 | 0.17 |
| 金融租赁公司 | 0.08 | 0.07 | 0.14 | 0.13 | 0.13 | 0.04 | -0.16 |

# 4-4 山西省银行业分机构各项存款情况表

单位：亿元

| 机构 \ 时间 | 1月 | 2月 | 3月 | 4月 | 5月 | 6月 | 7月 |
|---|---|---|---|---|---|---|---|
| | 余额 | 余额 | 余额 | 余额 | 余额 | 余额 | 余额 |
| 金融机构 | 6031.82 | 6157.2 | 6446.75 | 6521.65 | 6605.27 | 6748.58 | 6786.59 |
| **政策性银行** | 50.69 | 47.15 | 50.37 | 53.86 | 58.88 | 54.14 | 52.08 |
| 国家开发银行 | 44.31 | 40.95 | 42.49 | 45.6 | 50.58 | 43.34 | 42.8 |
| 农业发展银行 | 6.38 | 6.2 | 7.88 | 8.26 | 8.3 | 10.8 | 9.28 |
| **国有商业银行** | 3497.71 | 3550.03 | 3692.38 | 3719.7 | 3753.62 | 3800.71 | 3822.87 |
| 工商银行 | 1293.17 | 1310.69 | 1350.96 | 1387.16 | 1405.69 | 1403.25 | 1416.6 |
| 农业银行 | 869.78 | 877.97 | 931.23 | 927.81 | 932.94 | 956.6 | 956.04 |
| 中国银行 | 672.09 | 689.12 | 727.07 | 719.37 | 722.8 | 737.07 | 733.57 |
| 建设银行 | 662.67 | 672.25 | 683.12 | 685.36 | 692.19 | 703.79 | 716.66 |
| **股份制商业银行** | 607.75 | 601.16 | 658.68 | 634.29 | 628.37 | 680.92 | 663.67 |
| 交通银行 | 116.46 | 116.43 | 127.45 | 127.97 | 129.05 | 139.05 | 137.94 |
| 光大银行 | 117.4 | 117.52 | 131.73 | 124.42 | 126.52 | 132.64 | 131.52 |
| 华夏银行 | 131.46 | 129.98 | 134.71 | 134.7 | 136.74 | 153.43 | 144.48 |
| 上海浦东发展银行 | 55.3 | 52.48 | 58.72 | 59.01 | 55.74 | 62 | 61.49 |
| 兴业银行 | — | — | — | — | — | — | — |
| 民生银行 | 187.13 | 184.75 | 206.07 | 188.19 | 180.32 | 193.8 | 188.24 |
| 城市商业银行 | 151.58 | 154.00 | 157.23 | 160.79 | 162.36 | 162.77 | 167.39 |
| 太原市商业银行 | 106.77 | 107.19 | 108.92 | 110.21 | 110.37 | 110.08 | 110.90 |
| 大同市商业银行 | 44.80 | 46.81 | 48.30 | 50.59 | 51.99 | 52.69 | 56.49 |
| 城市信用社 | 77.69 | 79.15 | 89.57 | 91.49 | 94.01 | 98.56 | 93.20 |
| 农村信用社 | 1011.68 | 1042.46 | 1090.65 | 1110.03 | 1131.18 | 1163.90 | 1162.56 |
| 信托投资公司 | 49.14 | 49.16 | 49.81 | 51.12 | 52.35 | 51.62 | 50.75 |
| 金融租赁公司 | 23.20 | 23.81 | 21.67 | 23.77 | 23.79 | 21.53 | 23.84 |
| 邮政储汇局 | 407.22 | 426.35 | 441.34 | 450.75 | 462.34 | 474.12 | 483.63 |

# 4-4 山西省银行业分机构各项存款情况表

单位：亿元

| 机构 \ 时间 | 8月 | 9月 | 10月 | 11月 | 12月 | | |
|---|---|---|---|---|---|---|---|
| | 余额 | 余额 | 余额 | 余额 | 余额 | 比年初增减额 | 比年初增长% |
| 金融机构 | 6858.94 | 7004.39 | 7057.78 | 7127.99 | 7151.17 | 1188.64 | 19.94 |
| **政策性银行** | 42.97 | 37.79 | 39.3 | 48.74 | 65.25 | 5.23 | 8.71 |
| 国家开发银行 | 32.16 | 26.1 | 27.71 | 35.24 | 49.94 | -1.77 | -3.42 |
| 农业发展银行 | 10.81 | 11.69 | 11.59 | 13.5 | 15.31 | 7 | 84.24 |
| **国有商业银行** | 3873.25 | 3939.27 | 3946.27 | 3993.17 | 3986.96 | 576.54 | 16.91 |
| 工商银行 | 1434.48 | 1449.48 | 1435.93 | 1451.57 | 1427.26 | 194.34 | 15.76 |
| 农业银行 | 969.86 | 1004.34 | 1010.1 | 1030.62 | 1048.16 | 178.23 | 20.49 |
| 中国银行 | 743.65 | 748.68 | 755.04 | 762.39 | 765.16 | 106.6 | 16.19 |
| 建设银行 | 725.26 | 736.77 | 745.2 | 748.59 | 746.38 | 97.37 | 15.00 |
| **股份制商业银行** | 675.03 | 708.94 | 715.18 | 737.7 | 816.19 | 157.36 | 23.88 |
| 交通银行 | 139.43 | 141.42 | 140.55 | 140.11 | 142.55 | 22.98 | 19.22 |
| 光大银行 | 133.41 | 134.95 | 141.1 | 155.5 | 160.82 | 30.71 | 23.60 |
| 华夏银行 | 146.71 | 164.18 | 160.07 | 162.88 | 165.92 | 12.59 | 8.21 |
| 上海浦东发展银行 | 64.69 | 68.5 | 69.36 | 71.61 | 80.93 | 31.36 | 63.26 |
| 兴业银行 | — | — | — | — | 10.55 | 10.55 | — |
| 民生银行 | 190.79 | 199.89 | 204.1 | 207.6 | 255.42 | 49.17 | 23.84 |
| **城市商业银行** | 168.86 | 171.96 | 174.30 | 175.87 | 185.14 | 28.31 | 18.05 |
| 太原市商业银行 | 111.13 | 111.16 | 111.06 | 110.61 | 113.16 | 2.78 | 2.52 |
| 大同市商业银行 | 57.73 | 60.80 | 63.25 | 65.26 | 71.98 | 25.53 | 54.95 |
| 城市信用社 | 96.12 | 98.88 | 100.56 | 104.52 | 111.75 | 28.76 | 34.65 |
| 农村信用社 | 1165.16 | 1193.01 | 1196.94 | 1200.08 | 1213.11 | 208.63 | 20.77 |
| 信托投资公司 | 50.01 | 49.97 | 55.30 | 57.11 | 45.91 | -3.57 | -7.22 |
| 金融租赁公司 | 23.84 | 23.01 | 24.69 | 16.47 | 20.67 | -3.23 | -13.51 |
| 邮政储汇局 | 492.26 | 502.40 | 513.80 | 531.31 | 552.20 | 157.00 | 39.73 |

# 4-5 山西省银行业分机构各项贷款情况表

单位：亿元

| 时间 / 机构 | 1月 | 2月 | 3月 | 4月 | 5月 | 6月 | 7月 |
|---|---|---|---|---|---|---|---|
| | 余额 | 余额 | 余额 | 余额 | 余额 | 余额 | 余额 |
| 金融机构 | 4220.14 | 4251.21 | 4290.30 | 4283.31 | 4242.24 | 4262.09 | 4279.15 |
| **政策性银行** | 579.96 | 578.04 | 582.92 | 597.76 | 608.42 | 612.51 | 621.14 |
| 国家开发银行 | 433.12 | 431.75 | 434.79 | 446.17 | 455.05 | 455.94 | 465.24 |
| 农业发展银行 | 146.84 | 146.29 | 148.13 | 151.59 | 153.37 | 156.57 | 155.9 |
| **国有商业银行** | 2242.56 | 2257.81 | 2266.89 | 2206.48 | 2131.06 | 2143.02 | 2123.97 |
| 工商银行 | 788.06 | 789.31 | 805.91 | 778.63 | 701.8 | 658.4 | 667.7 |
| 农业银行 | 622.5 | 637.18 | 622.17 | 604.2 | 605.7 | 644.93 | 625.11 |
| 中国银行 | 412.92 | 412.07 | 417.2 | 408.65 | 408.82 | 409.94 | 402.26 |
| 建设银行 | 419.08 | 419.25 | 421.61 | 415 | 414.74 | 429.75 | 428.9 |
| **股份制商业银行** | 458.17 | 465.47 | 481.97 | 477.62 | 484.49 | 483.74 | 493.72 |
| 交通银行 | 79.05 | 78.52 | 77.97 | 77.3 | 78.22 | 83.85 | 86.29 |
| 光大银行 | 90.48 | 93.26 | 107.49 | 98.51 | 94.31 | 95.13 | 87.66 |
| 华夏银行 | 86.69 | 91.7 | 95.97 | 99.2 | 100.21 | 101.22 | 106.76 |
| 上海浦东发展银行 | 47.08 | 51.16 | 51.03 | 55.18 | 53.24 | 55.47 | 55.62 |
| 兴业银行 | — | — | — | — | — | — | — |
| 民生银行 | 154.87 | 150.83 | 149.51 | 147.43 | 158.51 | 148.07 | 157.39 |
| **城市商业银行** | 97.11 | 100.25 | 99.27 | 103.44 | 102.38 | 105.73 | 107.82 |
| 太原市商业银行 | 73.91 | 74.43 | 74.99 | 76.11 | 74.82 | 76.26 | 77.23 |
| 大同市商业银行 | 23.20 | 25.82 | 24.28 | 27.33 | 27.56 | 29.46 | 30.59 |
| 城市信用社 | 57.41 | 57.82 | 61.67 | 66.33 | 67.59 | 70.45 | 70.54 |
| 农村信用社 | 735.01 | 741.69 | 748.46 | 782.31 | 798.54 | 797.97 | 812.95 |
| 信托投资公司 | 26.55 | 26.80 | 25.80 | 26.26 | 26.66 | 25.50 | 25.93 |
| 金融租赁公司 | 23.08 | 23.05 | 22.99 | 22.82 | 22.78 | 23.17 | 23.1 |

# 4-5 山西省银行业分机构各项贷款情况表

单位:亿元

| 机构 \ 时间 | 8月 | 9月 | 10月 | 11月 | 12月 | | |
|---|---|---|---|---|---|---|---|
| | 余额 | 余额 | 余额 | 余额 | 余额 | 比年初增减额 | 比年初增长% |
| 金融机构 | 4273.52 | 4292.83 | 4271.15 | 4317.99 | 4328.93 | 426.27 | 10.92 |
| **政策性银行** | 623.54 | 631.73 | 639.79 | 650.84 | 656.02 | 78.83 | 13.66 |
| 国家开发银行 | 466.18 | 470.59 | 478.8 | 487.59 | 486.88 | 57.32 | 13.34 |
| 农业发展银行 | 157.36 | 161.14 | 160.99 | 163.25 | 169.14 | 21.51 | 14.57 |
| **国有商业银行** | 2094.52 | 2077.17 | 2022.93 | 2044.61 | 2058.02 | 33.32 | 1.65 |
| 工商银行 | 661.05 | 669.68 | 652.54 | 667.68 | 677.71 | 82.95 | 13.95 |
| 农业银行 | 609.64 | 581.83 | 550.76 | 536.09 | 507.38 | -91.74 | -15.31 |
| 中国银行 | 392.51 | 396.27 | 395.09 | 425.46 | 452.47 | 45.06 | 11.06 |
| 建设银行 | 431.32 | 429.39 | 424.54 | 415.38 | 420.46 | -2.95 | -0.70 |
| **股份制商业银行** | 494.57 | 517.28 | 532.52 | 555.67 | 573.46 | 142.08 | 32.94 |
| 交通银行 | 87.17 | 90.55 | 91.53 | 92.78 | 91.11 | 13.15 | 16.87 |
| 光大银行 | 88.33 | 100.59 | 100.9 | 112.31 | 104.75 | 1.55 | 1.50 |
| 华夏银行 | 106.45 | 108.89 | 105.6 | 102.51 | 136.56 | 57.74 | 73.26 |
| 上海浦东发展银行 | 59.93 | 63.92 | 57.06 | 64.67 | 69.69 | 28.81 | 70.47 |
| 兴业银行 | — | — | — | — | 6 | 6 | — |
| 民生银行 | 152.69 | 153.33 | 177.43 | 183.4 | 165.35 | 34.83 | 26.69 |
| **城市商业银行** | 109.35 | 110.17 | 106.50 | 109.87 | 115.97 | 19.81 | 20.60 |
| 太原市商业银行 | 76.45 | 75.88 | 75.42 | 75.35 | 76.94 | 3.80 | 5.19 |
| 大同市商业银行 | 32.90 | 34.29 | 31.08 | 34.52 | 39.04 | 16.01 | 69.56 |
| 城市信用社 | 72.18 | 73.00 | 72.93 | 74.28 | 76.00 | 21.70 | 39.96 |
| 农村信用社 | 830.34 | 833.78 | 846.93 | 840.95 | 818.08 | 148.51 | 22.18 |
| 信托投资公司 | 25.99 | 26.74 | 26.73 | 26.37 | 16.02 | -10.34 | -39.23 |
| 金融租赁公司 | 23.07 | 22.93 | 22.82 | 15.38 | 15.35 | -7.36 | -32.41 |

# 4-6 山西省银行业分机构不良贷款情况表

单位：万元

| 机构＼时间 | 1月 | 2月 | 3月 | 4月 | 5月 | 6月 | 7月 |
|---|---|---|---|---|---|---|---|
| | 余额 | 余额 | 余额 | 余额 | 余额 | 余额 | 余额 |
| **国有商业银行** | — | 3580427 | 3591558 | 3611904 | 3054896 | 2110855 | 2135885 |
| 工商银行 | — | 1763890 | 1753821 | 1774672 | 1214959 | 264743 | 266444 |
| 农业银行 | — | 1385992 | 1385804 | 1392014 | 1395470 | 1370108 | 1390172 |
| 中国银行 | — | 258174 | 263133 | 258212 | 255073 | 245154 | 247157 |
| 建设银行 | — | 172371 | 188800 | 187006 | 189394 | 230850 | 232112 |
| **政策性银行** | — | 648264 | 647784 | 648637 | 644310 | 642634 | 639700 |
| 国家开发银行 | — | 154660 | 153660 | 153660 | 153660 | 153460 | 153460 |
| 农业发展银行 | — | 493604 | 494124 | 494977 | 490650 | 489174 | 486240 |
| **股份制商业银行** | — | 116461 | 130054 | 122879 | 122782 | 132580 | 145671 |
| 交通银行 | — | 67625 | 81068 | 74612 | 74230 | 73733 | 72932 |
| 光大银行 | — | 22215 | 24687 | 23997 | 24322 | 30763 | 44657 |
| 华夏银行 | — | 14846 | 14346 | 14346 | 14346 | 13545 | 13545 |
| 上海浦东发展银行 | — | 0 | 0 | 0 | 0 | 0 | 0 |
| 兴业银行 | — | — | — | — | — | — | — |
| 民生银行 | — | 11776 | 9954 | 9925 | 9884 | 14539 | 14537 |
| 主要银行合计 | — | 4345152 | 4369396 | 4383420 | 3821988 | 2886069 | 2921256 |
| **城市商业银行** | — | — | — | — | — | 442666 | 421226 |
| 太原市商业银行 | — | — | — | — | — | 389366 | 367268 |
| 大同市商业银行 | — | — | — | — | — | 53300 | 53958 |
| 城市信用社 | 46962 | 47405 | 49031 | 48652 | 49297 | 51489 | 50536 |
| 农村信用社 | 1610606 | 1615663 | 1433758 | 1433371 | 1418697 | 1281262 | 1283679 |
| **法人机构合计** | 1657568 | 1663068 | 1482789 | 1482023 | 1467994 | 1775417 | 1755441 |

注：国有商业银行、政策性银行、股份制商业银行、城市商业银行为贷款五级分类；城市信用社、农村信用社为贷款四级分类。

# 4-6 山西省银行业分机构不良贷款情况表

单位：万元

| 时间 机构 | 8月 | 9月 | 10月 | 11月 | 12月 | |
|---|---|---|---|---|---|---|
| | 余额 | 余额 | 余额 | 余额 | 余额 | 比年初增减额 |
| **国有商业银行** | 2149296 | 2166299 | 2083664 | 2083084 | 2345070 | -1229227 |
| 工商银行 | 266881 | 271917 | 204125 | 215275 | 240339 | -1519777 |
| 农业银行 | 1388015 | 1387428 | 1387888 | 1365495 | 1533169 | 143479 |
| 中国银行 | 259108 | 251513 | 259913 | 270429 | 309428 | 57785 |
| 建设银行 | 235292 | 255441 | 231738 | 231885 | 262134 | 89286 |
| **政策性银行** | 637864 | 635215 | 634499 | 632780 | 630038 | -18432 |
| 国家开发银行 | 153260 | 152960 | 152660 | 151910 | 151910 | -2750 |
| 农业发展银行 | 484604 | 482255 | 481839 | 480870 | 478128 | -15682 |
| **股份制商业银行** | 155347 | 157083 | 155062 | 165770 | 155944 | 53916 |
| 交通银行 | 71654 | 68428 | 65040 | 64136 | 56840 | -4627 |
| 光大银行 | 55764 | 60825 | 62119 | 73758 | 69899 | 52375 |
| 华夏银行 | 13486 | 13486 | 13463 | 13463 | 13463 | 2267 |
| 上海浦东发展银行 | 0 | 0 | 0 | 0 | 0 | 0 |
| 兴业银行 | — | — | — | — | — | — |
| 民生银行 | 14443 | 14344 | 14440 | 14413 | 15743 | 3901 |
| 主要银行合计 | 2942507 | 2958597 | 2873225 | 2881634 | 3131052 | -1193743 |
| **城市商业银行** | 419881 | 418048 | 410129 | 398270 | 391434 | -61383 |
| 太原市商业银行 | 367111 | 366548 | 359529 | 350022 | 345246 | -54650 |
| 大同市商业银行 | 52770 | 51500 | 50600 | 48248 | 46188 | -6733 |
| 城市信用社 | 51181 | 48389 | 48895 | 50866 | 49003 | 2851 |
| 农村信用社 | 1280699 | 1180060 | 1186330 | 1192391 | 1219466 | -395922 |
| **法人机构合计** | 1751761 | 1646497 | 1645354 | 1641527 | 1659903 | -454454 |

# 4-6 山西省银行业分机构不良贷款情况表

单位:%

| 机构 \ 时间 | 1月 | 2月 | 3月 | 4月 | 5月 | 6月 | 7月 |
|---|---|---|---|---|---|---|---|
| | 比例 | 比例 | 比例 | 比例 | 比例 | 比例 | 比例 |
| **国有商业银行** | — | 15.86 | 15.84 | 16.37 | 14.34 | 9.85 | 10.06 |
| 工商银行 | — | 22.35 | 21.76 | 22.79 | 17.31 | 4.02 | 3.99 |
| 农业银行 | — | 21.75 | 22.27 | 23.04 | 23.04 | 21.24 | 22.24 |
| 中国银行 | — | 6.27 | 6.31 | 6.31 | 6.25 | 5.98 | 6.14 |
| 建设银行 | — | 4.11 | 4.48 | 4.51 | 4.57 | 5.37 | 5.41 |
| **政策性银行** | — | 11.21 | 11.11 | 10.85 | 10.59 | 10.49 | 10.30 |
| 国家开发银行 | — | 3.58 | 3.53 | 3.44 | 3.38 | 3.37 | 3.30 |
| 农业发展银行 | — | 33.74 | 33.36 | 32.65 | 31.99 | 31.24 | 31.19 |
| **股份制商业银行** | — | 2.50 | 2.70 | 2.57 | 2.53 | 2.74 | 2.95 |
| 交通银行 | — | 8.61 | 10.40 | 9.65 | 9.49 | 8.79 | 8.45 |
| 光大银行 | — | 2.38 | 2.30 | 2.44 | 2.58 | 3.23 | 5.09 |
| 华夏银行 | — | 1.62 | 1.49 | 1.45 | 1.43 | 1.34 | 1.27 |
| 上海浦东发展银行 | — | 0.00 | 0.00 | 0.00 | 0.00 | 0.00 | 0.00 |
| 兴业银行 | — | — | — | — | — | — | — |
| 民生银行 | — | 0.78 | 0.67 | 0.67 | 0.62 | 0.98 | 0.92 |
| 主要银行合计 | — | 13.16 | 13.11 | 13.35 | 11.86 | 8.91 | 9.02 |
| **城市商业银行** | — | — | — | — | — | 44.04 | 41.06 |
| 太原市商业银行 | — | — | — | — | — | 54.81 | 51.01 |
| 大同市商业银行 | — | — | — | — | — | 18.09 | 17.64 |
| 城市信用社 | 8.18 | 8.20 | 7.95 | 7.34 | 7.29 | 7.31 | 7.17 |
| 农村信用社 | 21.91 | 21.78 | 19.16 | 18.32 | 17.77 | 16.06 | 15.79 |

注:政策性银行、国有商业银行、股份制商业银行、城市商业银行为贷款五级分类;城市信用社、农村信用社为贷款四级分类。

# 4-6 山西省银行业分机构不良贷款情况表

单位:%

| 时间<br>机构 | 8月 | 9月 | 10月 | 11月 | 12月 | |
|---|---|---|---|---|---|---|
| | 比例 | 比例 | 比例 | 比例 | 比例 | 比年初增减百分点 |
| **国有商业银行** | 10.26 | 10.43 | 10.30 | 10.19 | 11.39 | -4.91 |
| 工商银行 | 4.04 | 4.06 | 3.13 | 3.22 | 3.55 | -19.53 |
| 农业银行 | 22.77 | 23.85 | 25.20 | 25.47 | 30.22 | 7.02 |
| 中国银行 | 6.60 | 6.34 | 6.58 | 6.36 | 6.84 | 0.66 |
| 建设银行 | 5.45 | 5.95 | 5.46 | 5.58 | 6.23 | 2.15 |
| **政策性银行** | 10.23 | 10.06 | 9.92 | 9.72 | 9.60 | -1.63 |
| 国家开发银行 | 3.29 | 3.25 | 3.19 | 3.12 | 3.12 | -0.48 |
| 农业发展银行 | 30.80 | 29.93 | 29.93 | 29.46 | 28.27 | -5.18 |
| **股份制商业银行** | 3.14 | 3.04 | 2.91 | 2.98 | 2.72 | 0.35 |
| 交通银行 | 8.22 | 7.56 | 7.11 | 6.91 | 6.24 | -1.65 |
| 光大银行 | 6.31 | 6.05 | 6.16 | 6.57 | 6.67 | 4.97 |
| 华夏银行 | 1.27 | 1.24 | 1.27 | 1.31 | 0.99 | -0.43 |
| 上海浦东发展银行 | 0.00 | 0.00 | 0.00 | 0.00 | 0.00 | 0.00 |
| 兴业银行 | — | — | — | — | 0.00 | — |
| 民生银行 | 0.95 | 0.94 | 0.81 | 0.79 | 0.95 | 0.04 |
| 主要银行合计 | 9.16 | 9.17 | 8.99 | 8.86 | 9.52 | -3.99 |
| **城市商业银行** | 40.32 | 39.83 | 40.50 | 38.06 | 35.34 | -14.45 |
| 太原市商业银行 | 51.54 | 51.88 | 51.21 | 49.91 | 48.14 | -10.74 |
| 大同市商业银行 | 16.04 | 15.02 | 16.28 | 13.98 | 11.83 | -11.15 |
| 城市信用社 | 7.09 | 6.63 | 6.71 | 6.85 | 6.45 | -2.05 |
| 农村信用社 | 15.42 | 14.15 | 14.01 | 14.18 | 14.91 | -7.96 |

# 4-7 山西省主要银行业分机构非信贷资产情况表

单位：万元

| 项目 \ 指标 \ 时间 | 1季度 | | | 2季度 | | |
|---|---|---|---|---|---|---|
| | 余额 | 其中：不良资产 | 预计损失 | 余额 | 其中：不良资产 | 预计损失 |
| **国有商业银行** | 18859067 | 638434 | 533011 | 21525274 | 551046 | 455876 |
| 工商银行 | 6620224 | 78934 | 61182 | 8650669 | 10827 | 2495 |
| 农业银行 | 4315183 | 373119 | 355435 | 4573278 | 373128 | 355774 |
| 中国银行 | 3585106 | 4756 | 4756 | 3809707 | 3427 | 3427 |
| 建设银行 | 4338554 | 181625 | 111638 | 4491620 | 163664 | 94180 |
| **政策性银行** | 107784 | 2571 | 2571 | 74452 | 2123 | 2123 |
| 国家开发银行 | 63023 | | | 31370 | | |
| 农业发展银行 | 44761 | 2571 | 2571 | 43082 | 2123 | 2123 |
| **股份制商业银行** | 2361531 | 11828 | 10888 | 2645554 | 10976 | 359 |
| 交通银行 | 570788 | 11368 | 10888 | 627155 | 10514 | 359 |
| 光大银行 | 389478 | | | 509097 | | |
| 华夏银行 | 480353 | 460 | | 611810 | 462 | |
| 上海浦东发展银行 | 55217 | | | 141752 | | |
| 兴业银行 | — | — | — | — | — | — |
| 民生银行 | 865694 | | | 755741 | | |
| **合　计** | 21328381 | 652833 | 546470 | 24245280 | 564144 | 458358 |

# 4–7 山西省主要银行业分机构非信贷资产情况表

单位：万元

| 项目 | 3季度 余额 | 3季度 其中：不良资产 | 3季度 预计损失 | 4季度 余额 | 4季度 其中：不良资产 | 4季度 预计损失 |
|---|---|---|---|---|---|---|
| **国有商业银行** | 23984135 | 465271 | 368513 | 24606686 | 537806 | 437305 |
| 工商银行 | 9100727 | 10895 | 2490 | 9093636 | 13631 | 9150 |
| 农业银行 | 5736818 | 287680 | 268805 | 6886370 | 361721 | 326884 |
| 中国银行 | 4073053 | 3076 | 3076 | 3769150 | 2983 | 2983 |
| 建设银行 | 5073537 | 163620 | 94142 | 4857530 | 159471 | 98288 |
| **政策性银行** | 167658 | 2123 | 2123 | 430678 | 1070 | 1070 |
| 国家开发银行 | 122035 | | | 380220 | | |
| 农业发展银行 | 45623 | 2123 | 2123 | 50458 | 1070 | 1070 |
| **股份制商业银行** | 2755584 | 11645 | 10587 | 2715820 | 10960 | 516 |
| 交通银行 | 597573 | 11193 | 10587 | 631771 | 10509 | 516 |
| 光大银行 | 511153 | | | 511153 | | |
| 华夏银行 | 645183 | 452 | | 450966 | 451 | |
| 上海浦东发展银行 | 146889 | | | 239026 | | |
| 兴业银行 | — | — | — | 118833 | | |
| 民生银行 | 854785 | | | 764072 | | |
| **合　计** | 26907377 | 479039 | 381223 | 27753185 | 549836 | 438891 |

# 4-7 山西省主要银行业分机构非信贷资产情况表

单位：%

| 指标 时间 机构 | 1季度 | | 2季度 | | 3季度 | | 4季度 | |
|---|---|---|---|---|---|---|---|---|
| | 不良资产比例 | 预计损失比例 | 不良资产比例 | 预计损失比例 | 不良资产比例 | 预计损失比例 | 不良资产比例 | 预计损失比例 |
| **国有商业银行** | 3.39 | 2.83 | 2.56 | 2.12 | 1.94 | 1.54 | 2.19 | 1.78 |
| 工商银行 | 1.19 | 0.92 | 0.13 | 0.03 | 0.12 | 0.03 | 0.15 | 0.10 |
| 农业银行 | 8.65 | 8.24 | 8.16 | 7.78 | 5.01 | 4.69 | 5.25 | 4.75 |
| 中国银行 | 0.13 | 0.13 | 0.09 | 0.09 | 0.08 | 0.08 | 0.08 | 0.08 |
| 建设银行 | 4.19 | 2.57 | 3.64 | 2.10 | 3.22 | 1.86 | 3.28 | 2.02 |
| **政策性银行** | 2.39 | 2.39 | 2.85 | 2.85 | 1.27 | 1.27 | 0.25 | 0.25 |
| 国家开发银行 | 0.00 | 0.00 | 0.00 | 0.00 | 0.00 | 0.00 | 0.00 | 0.00 |
| 农业发展银行 | 5.74 | 5.74 | 4.93 | 4.93 | 4.65 | 4.65 | 2.12 | 2.12 |
| **股份制商业银行** | 0.50 | 0.46 | 0.41 | 0.01 | 0.42 | 0.38 | 0.40 | 0.02 |
| 交通银行 | 1.99 | 1.91 | 1.68 | 0.06 | 1.87 | 1.77 | 1.66 | 0.08 |
| 光大银行 | 0.00 | 0.00 | 0.00 | 0.00 | 0.00 | 0.00 | 0.00 | 0.00 |
| 华夏银行 | 0.10 | 0.00 | 0.08 | 0.00 | 0.07 | 0.00 | 0.10 | 0.00 |
| 上海浦东发展银行 | 0.00 | 0.00 | 0.00 | 0.00 | 0.00 | 0.00 | 0.00 | 0.00 |
| 兴业银行 | — | — | — | — | — | — | 0.00 | 0.00 |
| 民生银行 | 0.00 | 0.00 | 0.00 | 0.00 | 0.00 | 0.00 | 0.00 | 0.00 |
| **合　计** | 3.06 | 2.56 | 2.33 | 1.89 | 1.78 | 1.42 | 1.98 | 1.58 |

# 4-8 山西省主要银行业分机构表外业务情况表

单位：万元

| 项目 | 担保类业务 | | |
|---|---|---|---|
| | 年末余额 | 风险敞口 | 垫款期末余额 |
| **国有商业银行** | 2319016.10 | 1215736.31 | 63412.00 |
| 工商银行 | 326861.00 | 36939.00 | 7 |
| 农业银行 | 594153.10 | 287494.00 | 12959.00 |
| 中国银行 | 918723.00 | 549388.00 | 31383.00 |
| 建设银行 | 479279.00 | 341915.31 | 19063.00 |
| **政策性银行** | 458995.00 | 458995.00 | |
| 国家开发银行 | 458995.00 | 458995.00 | |
| 农业发展银行 | — | — | — |
| **股份制商业银行** | 2830154.92 | 663531.14 | 3572.38 |
| 交通银行 | 434045.00 | 221918.00 | |
| 光大银行 | 538123.66 | 163168.15 | 1873.14 |
| 华夏银行 | 508016.21 | 95216.88 | 1060.74 |
| 上海浦东发展银行 | 434873.00 | 86923.00 | |
| 兴业银行 | 52923.35 | 2000.35 | |
| 民生银行 | 862173.70 | 94304.76 | 638.50 |
| **合　计** | 5608166.02 | 2338262.45 | 66984.38 |

# 4-8 山西省主要银行业分机构表外业务情况表

单位:万元

| 指标<br>项目 | 承诺类业务 | | |
| --- | --- | --- | --- |
| | 余额 | 风险敞口 | 垫款期末余额 |
| **国有商业银行** | 2026229.00 | 2026229.00 | |
| 工商银行 | | | |
| 农业银行 | 1658400.00 | 1658400.00 | |
| 中国银行 | 50000.00 | 50000.00 | |
| 建设银行 | 317829.00 | 317829.00 | |
| **政策性银行** | 15000.00 | 15000.00 | |
| 国家开发银行 | 15000.00 | 15000.00 | |
| 农业发展银行 | — | — | — |
| **股份制商业银行** | 1043000.00 | 1043000.00 | |
| 交通银行 | 100000.00 | 100000.00 | |
| 光大银行 | 942000.00 | 942000.00 | |
| 华夏银行 | | | |
| 上海浦东发展银行 | 1000.00 | 1000.00 | |
| 兴业银行 | | | |
| 民生银行 | | | |
| **合　计** | 3084229.00 | 3084229.00 | |

# 4-9 山西省主要银行业分机构贷款迁徙情况表

单位：%

| 机构 \ 项目 | 贷款质量向下迁徙率 | | | | |
|---|---|---|---|---|---|
| | 总体 | 正常类 | 关注类 | 次级类 | 可疑类 |
| **国有商业银行合计** | 14.67 | 8.93 | 20.79 | 64.98 | 58.05 |
| 工商银行 | 15.89 | 13.23 | 46.76 | 64.42 | 0.00 |
| 农业银行 | 22.56 | 8.59 | 20.90 | 79.80 | 61.94 |
| 中国银行 | 9.84 | 6.94 | 14.56 | 41.18 | 27.69 |
| 建设银行 | 8.86 | 5.49 | 13.70 | 64.67 | 38.35 |
| **政策性银行合计** | 0.17 | 0.50 | 0.01 | 0.21 | 0.00 |
| 国家开发银行 | 0.00 | 0.00 | 0.00 | 0.00 | 0.00 |
| 农业发展银行 | 0.66 | 0.96 | 0.52 | 0.33 | 0.00 |
| **股份制商业银行合计** | 4.52 | 3.76 | 6.81 | 39.15 | 13.09 |
| 交通银行 | 3.94 | 3.86 | 1.25 | 17.86 | 0.00 |
| 光大银行 | 18.04 | 12.78 | 99.07 | 98.41 | 3.70 |
| 华夏银行 | 5.06 | 6.03 | 0.00 | 0.00 | 2.88 |
| 上海浦东发展银行 | 4.35 | 4.35 | 0.00 | 0.00 | 0.00 |
| 民生银行 | 1.97 | 1.44 | 0.00 | 100.00 | 100.00 |
| **合计** | 9.90 | 7.14 | 6.92 | 31.15 | 46.10 |

# 4-9 山西省主要银行业分机构贷款迁徙情况表

单位:%

| 机构 \ 项目 | 当年新增贷款不良率 | 当年新形成不良贷款率 | 不良贷款处置 | | |
|---|---|---|---|---|---|
| | | | 收现率 | 以物抵债率 | 核销率 |
| **国有商业银行** | 0.94 | 4.82 | 6.81 | 1.91 | 4.45 |
| 工商银行 | 0.15 | 7.80 | 3.3 | 1.57 | 4.51 |
| 农业银行 | 1.50 | 3.51 | 79.12 | 19.9 | 0.00 |
| 中国银行 | 2.23 | 3.32 | 36.09 | 0.00 | 0.00 |
| 建设银行 | 0.75 | 2.96 | 82.74 | 0.00 | 17.26 |
| **政策性银行** | 0.00 | 0.12 | 93.24 | 0.00 | 6.76 |
| 国家开发银行 | 0.00 | 0.00 | 100 | 0.00 | 0.00 |
| 农业发展银行 | 0.00 | 0.49 | 92.27 | 0.00 | 7.73 |
| **股份制商业银行** | 0.78 | 2.00 | 90.88 | 0.00 | 8.77 |
| 交通银行 | 2.30 | 2.64 | 100 | 0.00 | 0 |
| 光大银行 | 2.04 | 6.55 | 97.83 | 0.00 | 2.17 |
| 华夏银行 | 0.00 | 0.28 | 62.5 | 0.00 | 25 |
| 上海浦东发展银行 | 0.00 | 0.00 | 0.00 | 0.00 | 0.00 |
| 民生银行 | 0.00 | 0.46 | 20.69 | 0.00 | 79.31 |
| **合计** | 0.77 | 3.49 | 9.08 | 1.86 | 4.54 |

# 4-10 山西省主要银行业分机构不良贷款变动情况表

单位：万元

| 机构 \ 项目 | 不良贷款 | 不良贷款变动情况 | | | | |
|---|---|---|---|---|---|---|
| | | 比年初增减 | 本年累计新增 | 本年累计减少 | 其中：重组上调 | 其中：非重组上调 |
| **国有商业银行** | 2345070 | -1229227 | 1024481 | 2253707 | 3358 | 40705 |
| 工商银行 | 240339 | -1519777 | 562290 | 2082066 | 0 | 0 |
| 农业银行 | 1533169 | 143479 | 194315 | 50836 | 3178 | 1972 |
| 中国银行 | 309428 | 57785 | 142652 | 84869 | 180 | 27364 |
| 建设银行 | 262134 | 89286 | 125224 | 35936 | 0 | 11369 |
| **政策性银行** | 630038 | -18432 | 7729 | 26161 | 0 | 2431 |
| 国家开发银行 | 151910 | -2750 | 0 | 2750 | 0 | 0 |
| 农业发展银行 | 478128 | -15682 | 7729 | 23411 | 0 | 2431 |
| **股份制商业银行** | 155944 | 53916 | 100254 | 46337 | 6650 | 27 |
| 交通银行 | 56840 | -4627 | 22373 | 27000 | 6650 | 0 |
| 光大银行 | 69899 | 52375 | 68111 | 15736 | 0 | 27 |
| 华夏银行 | 13463 | 2267 | 3000 | 733 | 0 | 0 |
| 上海浦东发展银行 | 0 | 0 | 0 | 0 | 0 | 0 |
| 民生银行 | 15743 | 3901 | 6770 | 2868 | 0 | 0 |
| **合 计** | 3131052 | -1193743 | 1132463 | 2326206 | 10008 | 43163 |

# 4-10 山西省主要银行业分机构不良贷款变动情况表

单位:万元

| 项目<br>机构 | 不良贷款变动情况 | | | | |
|---|---|---|---|---|---|
| | 其中:转正常后收回现金 | 其中:不良贷款处置 | | | |
| | | 收回现金 | 以物抵债 | 贷款核销 | 其他处置 |
| **国有商业银行** | 16472 | 126325 | 35426 | 82402 | 1949022 |
| 工商银行 | 7264 | 57546 | 27351 | 78502 | 1911403 |
| 农业银行 | 9 | 32205 | 8058 | 0 | 5414 |
| 中国银行 | 7686 | 17894 | 0 | 13 | 31734 |
| 建设银行 | 1513 | 18680 | 17 | 3887 | 471 |
| **政策性银行** | 768 | 20688 | 0 | 1536 | 738 |
| 国家开发银行 | 0 | 2750 | 0 | 0 | 0 |
| 农业发展银行 | 768 | 17938 | 0 | 1536 | 738 |
| **股份制商业银行** | 48 | 25879 | 0 | 2465 | 11269 |
| 交通银行 | 48 | 20302 | 0 | 0 | 0 |
| 光大银行 | 0 | 4472 | 0 | 50 | 11187 |
| 华夏银行 | 0 | 500 | 0 | 151 | 82 |
| 上海浦东发展银行 | 0 | 0 | 0 | 0 | 0 |
| 民生银行 | 0 | 605 | 0 | 2264 | 0 |
| **合 计** | 17288 | 172891 | 35426 | 86403 | 1961029 |

# 4-11 山西省银行业分机构部分行业贷款情况表

单位:万元

| 机构 \ 时间 | 1季度 | 2季度 | 3季度 | 4季度 | | |
|---|---|---|---|---|---|---|
| | 余额 | 余额 | 余额 | 余额 | 比年初增减额 | 比年初增长% |
| 金融机构 | 20399056.15 | 22194605.98 | 22765731.18 | 23238976.37 | 2336871.78 | 11.18 |
| 国家开发银行 | 3747252.00 | 3970146.00 | 4115997.30 | 4164086.30 | 471278.30 | 12.76 |
| 工商银行 | 5250378.16 | 4881610.77 | 4890256.47 | 4941271.94 | -127657.84 | -2.52 |
| 农业银行 | 2012166.32 | 2687216.65 | 2599365.47 | 2445287.06 | 544.13 | 0.02 |
| 中国银行 | 2263708.10 | 2298233.05 | 2276934.20 | 2664875.21 | 444329.90 | 20.01 |
| 建设银行 | 2231934.26 | 3052731.46 | 2989907.86 | 3070208.66 | 134684.84 | 4.59 |
| 交通银行 | 344409.70 | 418688.80 | 488535.00 | 486557.40 | 102783.40 | 26.78 |
| 光大银行 | 618756.98 | 667741.51 | 707344.00 | 738222.00 | 118465.53 | 19.11 |
| 华夏银行 | 528388.80 | 613900.65 | 683260.71 | 709353.99 | 244735.99 | 52.67 |
| 上海浦东发展银行 | 345871.00 | 362964.00 | 479526.00 | 428376.00 | 134555.00 | 45.79 |
| 民生银行 | 966442.72 | 968353.60 | 1124391.43 | 1204141.48 | 332132.18 | 38.09 |
| 太原市商业银行 | 136237.35 | 139854.85 | 142356.02 | 100873.16 | -35364.19 | -25.96 |
| 大同市商业银行 | 112818.10 | 119704.53 | 124868.00 | 131747.43 | 33647.67 | 34.30 |
| 长治市商业银行 | — | — | — | 206067.26 | 206067.26 | — |
| 城市信用社 | 270036.03 | 350095.76 | 387258.00 | 190938.00 | 17412.58 | 10.03 |
| 农村信用社 | 1558739.63 | 1654307.35 | 1744754.72 | 1748499.48 | 264159.03 | 17.80 |
| 信托投资公司 | 11407.00 | 8647.00 | 10572.00 | 8067.00 | -4596.00 | -36.29 |
| 金融租赁公司 | 510.00 | 410.00 | 404.00 | 404.00 | -306.00 | -43.10 |

# 4-12 太原市商业银行资本充足率情况表

单位：亿元

| 时间<br>指标名称 | 1季度 | 2季度 | 3季度 | 4季度 |
|---|---|---|---|---|
| | 余额 | 余额 | 余额 | 余额 |
| a.核心资本(aa+ab+ac+ad+ae) | 5.32 | 5.36 | 4.76 | 4.76 |
| aa.实收资本/普通股 | 1.94 | 1.94 | 1.94 | 1.94 |
| ab.资本公积 | | | | |
| ac.盈余公积 | 2.79 | 2.79 | 2.79 | 2.79 |
| ad.未分配利润 | 0.58 | 0.62 | 0.02 | 0.02 |
| ae.少数股权 | | | | |
| b.核心资本扣减项(ba+bb+bc+bd+be+bf) | 21.02 | 20.88 | 20.02 | 19.08 |
| ba.商誉 | | | | |
| bb.对未并表银行机构资本投资的50% | | | | |
| bc.对未并表非银行金融机构资本投资的50% | | | | |
| bd.对非自用不动产投资的50% | | | | |
| be.对工商企业资本投资的50% | | | | |
| bf.贷款损失准备尚未提足部分 | 21.02 | 20.88 | 20.02 | 19.08 |
| c.核心资本净额(a–b) | –15.70 | –15.51 | –15.26 | –14.32 |
| d.附属资本(da+db+dc+dd+df) | 0.81 | 0.81 | 0.81 | 0.78 |
| da.重估储备 | | | | |
| db.一般准备 | 0.81 | 0.81 | 0.81 | 0.78 |
| dc.优先股 | | | | |
| dd.可转换债券 | | | | |
| de.长期次级债务(dea+deb+dec+ded+dee) | | | | |
| dea.报告日距债务到期日在4年以上的部分债券面值×100% | | | | |
| deb.报告日距债务到期日在3～4年的部分债券面值×80% | | | | |
| dec.报告日距债务到期日在2～3年的部分债券面值×60% | | | | |
| ded.报告日距债务到期日在1～2年的部分债券面值×40% | | | | |
| dee.报告日距债务到期日在0～1年的部分债券面值×20% | | | | |
| df.长期次级债务的可计算价值（以核心资本净额的50%为限） | | | | |
| e.附属资本的可计算价值（以核心资本净额的100%为限） | | | | |
| f.扣减项(fa+fb+fc+fd+fe+ff) | 21.02 | 20.88 | 20.02 | 19.08 |
| fa.商誉 | | | | |
| fb.对未并表银行机构的资本投资 | | | | |
| fc.对未并表非银行金融机构的资本投资 | | | | |
| fd.对非自用不动产的投资 | | | | |
| fe.对工商企业的资本投资 | | | | |
| ff.贷款损失准备尚未提足部分 | 21.02 | 20.88 | 20.02 | 19.08 |
| g.资本净额(a+e–f) | –15.70 | –15.51 | –15.26 | –14.32 |
| h.加权风险资产(ha+hb) | 70.92 | 67.50 | 73.82 | 78.31 |
| ha.表内加权风险资产 | 52.60 | 50.25 | 56.47 | 60.91 |
| hb.表外加权风险资产 | 18.32 | 17.25 | 17.36 | 17.40 |
| i.市场风险资本（交易账户总头寸高于表内外总资产的10%或超过85亿人民币的商业银行填报本项） | | | | |
| j.核心资本充足率%[c/(h+i×12.5)] | –22.14 | –22.98 | –20.67 | –18.28 |
| k.资本充足率%[g/(h+i×12.5)] | –22.14 | –22.98 | –20.67 | –18.28 |

# 4-13 大同市商业银行资本充足率情况表

单位:亿元

| 指标名称 \ 时间 | 1季度 | 2季度 | 3季度 | 4季度 |
|---|---|---|---|---|
| | 余额 | 余额 | 余额 | 余额 |
| a.核心资本(aa+ab+ac+ad+ae) | 1.35 | 1.80 | 1.83 | 1.44 |
| aa.实收资本/普通股 | 1.04 | 1.04 | 1.04 | 1.14 |
| ab.资本公积 | 0.01 | 0.01 | 0.01 | 0.01 |
| ac.盈余公积 | 0.32 | 0.32 | 0.32 | 0.32 |
| ad.未分配利润 | -0.02 | 0.43 | 0.45 | -0.03 |
| ae.少数股权 | | | | |
| b.核心资本扣减项(ba+bb+bc+bd+be+bf) | 2.48 | 2.43 | 2.03 | 1.41 |
| ba.商誉 | | | | |
| bb.对未并表银行机构资本投资的50% | | | | |
| bc.对未并表非银行金融机构资本投资的50% | | | | |
| bd.对非自用不动产投资的50% | | | | |
| be.对工商企业资本投资的50% | | | | |
| bf.贷款损失准备尚未提足部分 | 2.48 | 2.43 | 2.03 | 1.41 |
| c.核心资本净额(a-b) | -1.13 | -0.63 | -0.20 | 0.03 |
| d.附属资本(da+db+dc+dd+df) | 0.26 | 0.31 | | 0.32 |
| da.重估储备 | | | | |
| db.一般准备 | 0.26 | 0.31 | | 0.32 |
| dc.优先股 | | | | |
| dd.可转换债券 | | | | |
| de.长期次级债务(dea+deb+dec+ded+dee) | | | | |
| dea.报告日距债务到期日在4年以上的部分债券面值×100% | | | | |
| deb.报告日距债务到期日在3~4年的部分债券面值×80% | | | | |
| dec.报告日距债务到期日在2~3年的部分债券面值×60% | | | | |
| ded.报告日距债务到期日在1~2年的部分债券面值×40% | | | | |
| dee.报告日距债务到期日在0~1年的部分债券面值×20% | | | | |
| df.长期次级债务的可计算价值(以核心资本净额的50%为限) | | | | |
| e.附属资本的可计算价值(以核心资本净额的100%为限) | | | | 0.03 |
| f.扣减项(fa+fb+fc+fd+fe+ff) | 2.48 | 2.43 | 2.03 | 1.41 |
| fa.商誉 | | | | |
| fb.对未并表银行机构的资本投资 | | | | |
| fc.对未并表非银行金融机构的资本投资 | | | | |
| fd.对非自用不动产的投资 | | | | |
| fe.对工商企业的资本投资 | | | | |
| ff.贷款损失准备尚未提足部分 | 2.48 | 2.43 | 2.03 | 1.41 |
| g.资本净额(a+e-f) | -1.13 | -0.63 | -0.20 | 0.06 |
| h.加权风险资产(ha+hb) | 28.60 | 33.79 | 38.84 | 40.50 |
| ha.表内加权风险资产 | 26.97 | 32.13 | 37.04 | 38.71 |
| hb.表外加权风险资产 | 1.63 | 1.66 | 1.80 | 1.79 |
| i.市场风险资本(交易账户总头寸高于表内外总资产的10%或超过85亿人民币的商业银行填报本项) | | | | |
| j.核心资本充足率%[c/(h+i×12.5)] | -3.96 | -1.85 | -0.51 | 0.18 |
| k.资本充足率%[g/(h+i×12.5)] | -3.96 | -1.85 | -0.51 | 0.16 |

# 4-14 长治市商业银行资本充足率情况表

单位：亿元

| 时间<br>指标名称 | 1季度 | 2季度 | 3季度 | 4季度 |
|---|---|---|---|---|
| | 余额 | 余额 | 余额 | 余额 |
| a.核心资本(aa+ab+ac+ad+ae) | | | | 3.78 |
| aa.实收资本/普通股 | | | | 2.83 |
| ab.资本公积 | | | | 0.16 |
| ac.盈余公积 | | | | 0.18 |
| ad.未分配利润 | | | | 0.61 |
| ae.少数股权 | | | | |
| b.核心资本扣减项(ba+bb+bc+bd+be+bf) | | | | |
| ba.商誉 | | | | |
| bb.对未并表银行机构资本投资的50% | | | | |
| bc.对未并表非银行金融机构资本投资的50% | | | | |
| bd.对非自用不动产投资的50% | | | | |
| be.对工商企业资本投资的50% | | | | |
| bf.贷款损失准备尚未提足部分 | | | | |
| c.核心资本净额(a-b) | | | | 3.78 |
| d.附属资本(da+db+dc+dd+df) | | | | 0.76 |
| da.重估储备 | | | | |
| db.一般准备 | | | | 0.76 |
| dc.优先股 | | | | |
| dd.可转换债券 | | | | |
| de.长期次级债务(dea+deb+dec+ded+dee) | | | | |
| dea.报告日距债务到期日在4年以上的部分债券面值×100% | | | | |
| deb.报告日距债务到期日在3～4年的部分债券面值×80% | | | | |
| dec.报告日距债务到期日在2～3年的部分债券面值×60% | | | | |
| ded.报告日距债务到期日在1～2年的部分债券面值×40% | | | | |
| dee.报告日距债务到期日在0～1年的部分债券面值×20% | | | | |
| df.长期次级债务的可计算价值（以核心资本净额的50%为限） | | | | |
| e.附属资本的可计算价值（以核心资本净额的100%为限） | | | | 0.76 |
| f.扣减项(fa+fb+fc+fd+fe+ff) | | | | |
| fa.商誉 | | | | |
| fb.对未并表银行机构的资本投资 | | | | |
| fc.对未并表非银行金融机构的资本投资 | | | | |
| fd.对非自用不动产的投资 | | | | |
| fe.对工商企业的资本投资 | | | | |
| ff.贷款损失准备尚未提足部分 | | | | |
| g.资本净额(a+e-f) | | | | 4.54 |
| h.加权风险资产(ha+hb) | | | | 32.39 |
| ha.表内加权风险资产 | | | | 32.39 |
| hb.表外加权风险资产 | | | | |
| i.市场风险资本（交易账户总头寸高于表内外总资产的10%或超过85亿人民币的商业银行填报本项） | | | | |
| j.核心资本充足率%[c/(h+i×12.5)] | | | | 11.66 |
| k.资本充足率%[g/(h+i×12.5)] | | | | 14.01 |

# 5

# 分地市数据

Data of the regions at Prefectural-level

# 5-1 太原市银行业金融机构资产负债表

单位:万元

| 项目 \ 时间 | 1月 | 2月 | 3月 | 4月 | 5月 |
|---|---|---|---|---|---|
| | 余额 | 余额 | 余额 | 余额 | 余额 |
| 流动资产 | 12934340 | 12898970 | 13584742 | 13537104 | 13701114 |
| 一、现金及银行存款 | 252031 | 244345 | 204685 | 184162 | 176271 |
| 二、存放中央银行 | 945945 | 1094498 | 1041751 | 940061 | 1099345 |
| 三、存放同业 | 424477 | 328048 | 375656 | 431451 | 410816 |
| 四、存放联行款项 | 620685 | 348571 | 1022277 | 1354179 | 1108877 |
| 五、拆放同业 | 31379 | 31379 | 34330 | 34330 | 17401 |
| 六、短期贷款 | 9456436 | 9611266 | 9708210 | 9342008 | 9355544 |
| 七、应收账款 | 345319 | 367592 | 308253 | 358942 | 665897 |
| 其中:应收利息 | 47971 | 59141 | 42812 | 78659 | 112443 |
| 八、减:坏账准备 | 12125 | 12117 | 12235 | 12670 | 12670 |
| 九、短期投资 | 263157 | 264649 | 228365 | 199635 | 154172 |
| 十、减:短期投资跌价准备 | | | | | |
| 十一、委托贷款及投资 | | | | | |
| 十二、买入返售资产 | 54909 | 54909 | 63771 | 81920 | 74100 |
| 十三、待处理流动资产损失 | 6251 | 6251 | 6251 | 6251 | 6251 |
| 十四、其他流动资产 | 545876 | 559579 | 603429 | 616836 | 645110 |
| 长期资产 | 11587610 | 11513313 | 11778613 | 11793281 | 11758557 |
| 十五、中长期贷款 | 10754173 | 10740514 | 10827392 | 10820737 | 10813452 |
| 十六、减:贷款损失准备 | 194702 | 197758 | 207193 | 209960 | 211252 |
| 十七、长期投资 | 823293 | 793973 | 991176 | 1008769 | 983936 |
| 十八、减:长期投资减值准备 | 19607 | 19607 | 19607 | 19607 | 19607 |
| 十九、固定资产净值 | 201008 | 172644 | 170072 | 176549 | 175510 |
| 固定资产 | 290444 | 255158 | 255425 | 263626 | 263772 |
| 减:累计折旧 | 89436 | 82514 | 85353 | 87077 | 88263 |
| 二十、固定资产减值准备 | 857 | 857 | 1226 | 1226 | 1226 |
| 二十一、固定资产清理 | 6789 | 6789 | 401 | 406 | 129 |
| 二十二、在建工程 | 27884 | 27987 | 31081 | 31097 | 31098 |
| 二十三、减:在建工程减值准备 | 10352 | 10352 | 13464 | 13464 | 13464 |
| 二十四、待处理固定资产损失 | -19 | -19 | -19 | -19 | -19 |
| 无形递延及其他资产 | -152071 | -164286 | -167185 | -124185 | -149815 |
| 二十五、无形递延及其他资产 | -141781 | -153996 | -155506 | -112506 | -138136 |
| 二十六、减:抵债资产减值准备 | 448 | 448 | 1837 | 1837 | 1837 |
| 二十七、减:无形资产减值准备 | 8638 | 8638 | 8638 | 8638 | 8638 |
| 二十八、减:其他资产减值准备 | 1204 | 1204 | 1204 | 1204 | 1204 |
| 资产总计 | 24369879 | 24247997 | 25196170 | 25206201 | 25309855 |

注:本表机构包括辖内所有银行业金融机构。

# 5-1 太原市银行业金融机构资产负债表

单位:万元

| 项目 \ 时间 | 6月 | 7月 | 8月 | 9月 | 10月 |
|---|---|---|---|---|---|
| | 余额 | 余额 | 余额 | 余额 | 余额 |
| 流动资产 | 14163779 | 14097043 | 14442336 | 15211986 | 15235738 |
| 一、现金及银行存款 | 205662 | 184618 | 291411 | 290485 | 293765 |
| 二、存放中央银行 | 1181728 | 1075618 | 986239 | 1288150 | 1241151 |
| 三、存放同业 | 391516 | 404291 | 420123 | 451534 | 456908 |
| 四、存放联行款项 | 1325614 | 1115653 | 1524230 | 1912426 | 2097051 |
| 五、拆放同业 | 18293 | 13397 | 13394 | 13401 | 13180 |
| 六、短期贷款 | 9048522 | 9280725 | 9101551 | 9115858 | 9001360 |
| 七、应收账款 | 1043970 | 1076218 | 1113724 | 1077725 | 1126555 |
| 其中:应收利息 | 51058 | 86818 | 122968 | 65423 | 95748 |
| 八、减:坏账准备 | 12713 | 12706 | 12705 | 12707 | 12307 |
| 九、短期投资 | 184709 | 169878 | 173362 | 175706 | 156291 |
| 十、减:短期投资跌价准备 | | | | | |
| 十一、委托贷款及投资 | | | | | |
| 十二、买入返售资产 | 93504 | 92304 | 114935 | 118575 | 82460 |
| 十三、待处理流动资产损失 | 6251 | 6251 | 6249 | 6241 | 6242 |
| 十四、其他流动资产 | 676724 | 690795 | 709823 | 774592 | 773081 |
| 长期资产 | 11765350 | 11820607 | 11867745 | 11951058 | 12040256 |
| 十五、中长期贷款 | 10849971 | 10907739 | 10960200 | 11089341 | 11171244 |
| 十六、减:贷款损失准备 | 200354 | 204254 | 212147 | 226407 | 234423 |
| 十七、长期投资 | 936709 | 938634 | 941796 | 911801 | 927494 |
| 十八、减:长期投资减值准备 | 19607 | 19607 | 19607 | 19607 | 19607 |
| 十九、固定资产净值 | 181887 | 181873 | 181234 | 178786 | 178435 |
| 固定资产 | 273750 | 274797 | 275421 | 275084 | 275899 |
| 减:累计折旧 | 91863 | 92924 | 94187 | 96299 | 97464 |
| 二十、固定资产减值准备 | 1225 | 1226 | 1249 | 1249 | 1249 |
| 二十一、固定资产清理 | 451 | -69 | | 848 | 817 |
| 二十二、在建工程 | 31001 | 31001 | 31002 | 31028 | 31028 |
| 二十三、减:在建工程减值准备 | 13464 | 13464 | 13464 | 13464 | 13464 |
| 二十四、待处理固定资产损失 | -19 | -19 | -19 | -19 | -19 |
| 无形递延及其他资产 | -196319 | -193888 | -193047 | -183508 | -183353 |
| 二十五、无形递延及其他资产 | -183844 | -181413 | -180595 | -171056 | -171276 |
| 二十六、减:抵债资产减值准备 | 2706 | 2706 | 2706 | 2706 | 2706 |
| 二十七、减:无形资产减值准备 | 8565 | 8565 | 8542 | 8542 | 8542 |
| 二十八、减:其他资产减值准备 | 1204 | 1204 | 1204 | 1204 | 829 |
| 资产总计 | 25732809 | 25723763 | 26117034 | 26979535 | 27092641 |

# 5-1 太原市银行业金融机构资产负债表

单位:万元

| 项目 \ 时间 | 11月 | 12月 | | |
|---|---|---|---|---|
| | 余额 | 余额 | 比同期增减额 | 比同期增长% |
| 流动资产 | 15795630 | 16854011 | 3741187 | 28.53 |
| 一、现金及银行存款 | 277082 | 357408 | 186041 | 108.56 |
| 二、存放中央银行 | 1435258 | 1612323 | 318116 | 24.58 |
| 三、存放同业 | 486328 | 432394 | 90973 | 26.65 |
| 四、存放联行款项 | 1423938 | 2841363 | 1411073 | 98.66 |
| 五、拆放同业 | 13179 | 42716 | −28614 | −40.12 |
| 六、短期贷款 | 9696219 | 9791548 | 627026 | 6.84 |
| 七、应收账款 | 1275751 | 507799 | 385302 | 314.54 |
| 其中:应收利息 | 136264 | 66503 | 29571 | 80.07 |
| 八、减:坏账准备 | 16635 | 24026 | 19684 | 453.40 |
| 九、短期投资 | 278276 | 197264 | −66999 | −25.35 |
| 十、减:短期投资跌价准备 | | | | |
| 十一、委托贷款及投资 | | | | |
| 十二、买入返售资产 | 96290 | 195011 | 174973 | 873.21 |
| 十三、待处理流动资产损失 | 6235 | 6579 | 328 | 5.24 |
| 十四、其他流动资产 | 823709 | 893633 | 662653 | 286.89 |
| 长期资产 | 12168773 | 12140240 | 681316 | 5.95 |
| 十五、中长期贷款 | 11308523 | 11227289 | 607204 | 5.72 |
| 十六、减:贷款损失准备 | 241186 | 237484 | 39463 | 19.93 |
| 十七、长期投资 | 924547 | 953940 | 126769 | 15.33 |
| 十八、减:长期投资减值准备 | 19607 | 19607 | −2895 | −12.87 |
| 十九、固定资产净值 | 180231 | 199563 | −9183 | −4.40 |
| 固定资产 | 278950 | 280467 | −20954 | −6.95 |
| 减:累计折旧 | 98719 | 80905 | −11771 | −12.70 |
| 二十、固定资产减值准备 | 1249 | 850 | −7 | −0.82 |
| 二十一、固定资产清理 | 588 | 466 | −6324 | −93.14 |
| 二十二、在建工程 | 30410 | 30408 | 2523 | 9.05 |
| 二十三、减:在建工程减值准备 | 13464 | 13464 | 3112 | 30.06 |
| 二十四、待处理固定资产损失 | −19 | −19 | | |
| 无形递延及其他资产 | −173567 | −151755 | −120456 | 384.86 |
| 二十五、无形递延及其他资产 | −161490 | −147640 | −126631 | 602.75 |
| 二十六、减:抵债资产减值准备 | 2706 | 3628 | 3180 | 709.82 |
| 二十七、减:无形资产减值准备 | 8542 | | −8638 | −100.00 |
| 二十八、减:其他资产减值准备 | 829 | 487 | −717 | −59.55 |
| 资产总计 | 27790837 | 28842496 | 4302047 | 17.53 |

# 5-1 太原市银行业金融机构资产负债表

单位：万元

| 项目 \ 时间 | 1月 | 2月 | 3月 | 4月 | 5月 |
|---|---|---|---|---|---|
| | 余额 | 余额 | 余额 | 余额 | 余额 |
| 流动负债 | 16062955 | 15642268 | 16484079 | 16409821 | 16466889 |
| 一、短期存款 | 8516222 | 8128665 | 8739785 | 8391734 | 8503355 |
| 二、活期储蓄存款 | 2749306 | 2876659 | 2925587 | 2950759 | 2982595 |
| 三、财政性存款 | 48195 | 62585 | 45841 | 48779 | 53106 |
| 四、向中央银行借款 | 118852 | 118021 | 118421 | 118421 | 118421 |
| 五、同业存放 | 884628 | 849579 | 894213 | 987607 | 974746 |
| 六、联行存放 | | | | | |
| 七、同业拆入 | 3366 | 3366 | 3366 | 6366 | 6426 |
| 八、应解汇款及临时存款 | 49085 | 65636 | 30051 | 26833 | 23233 |
| 九、汇出汇款 | 81126 | 62258 | 71000 | 83964 | 50712 |
| 十、委托存款 | 107780 | 126166 | 85328 | 107844 | 106779 |
| 十一、卖出回购资产 | 201999 | 186270 | 272509 | 279513 | 233873 |
| 十二、应付及预提账项 | 351732 | 297625 | 295935 | 307501 | 320438 |
| 十三、存放短期保证金 | 1996806 | 1894660 | 2046925 | 2154846 | 2146272 |
| 十四、发行短期债券 | | | | | |
| 十五、其他流动负债 | 953858 | 970778 | 955119 | 945654 | 946933 |
| 长期负债 | 7811030 | 8097077 | 8260135 | 8271226 | 8322025 |
| 十六、长期存款 | 1415596 | 1512799 | 1589087 | 1565581 | 1553116 |
| 十七、定期储蓄存款 | 5953174 | 6141454 | 6222079 | 6267023 | 6339789 |
| 十八、存放长期保证金 | 7 | 7 | 7 | 7 | 7 |
| 十九、发行长期债券 | 34 | 34 | 34 | 34 | 34 |
| 二十、其他长期负债 | 442219 | 442783 | 448928 | 438581 | 429079 |
| 所有者权益 | 495894 | 508652 | 451956 | 525154 | 520942 |
| 二十一、实收资本 | 240091 | 240902 | 234899 | 235033 | 235980 |
| 二十二、资本公积 | 1839 | 2412 | 2411 | 2412 | 2411 |
| 二十三、公积金 | 22341 | 24548 | 24548 | 24548 | 24548 |
| 二十四、公益金 | 12662 | 12662 | 12662 | 12662 | 12662 |
| 二十五、未分配利润 | 218790 | 227957 | 177265 | 250328 | 245170 |
| 其中：本年利润 | 18104 | 37827 | 76696 | 103124 | 136137 |
| 二十六、一般准备金 | 171 | 171 | 171 | 171 | 171 |
| 负债总计 | 24369879 | 24247997 | 25196170 | 25206201 | 25309855 |

# 5-1 太原市银行业金融机构资产负债表

单位:万元

| 时间<br>项目 | 6月 | 7月 | 8月 | 9月 | 10月 |
|---|---|---|---|---|---|
| | 余额 | 余额 | 余额 | 余额 | 余额 |
| 流动负债 | 16619828 | 16442496 | 16716921 | 17194555 | 17309597 |
| 一、短期存款 | 8518510 | 8288705 | 8302663 | 8625139 | 8758605 |
| 二、活期储蓄存款 | 3055532 | 3121195 | 3172421 | 3243048 | 3224207 |
| 三、财政性存款 | 49080 | 88450 | 145068 | 97549 | 53123 |
| 四、向中央银行借款 | 117921 | 116071 | 116071 | 116571 | 114121 |
| 五、同业存放 | 973868 | 965084 | 1078051 | 1098750 | 1097773 |
| 六、联行存放 | | | | | |
| 七、同业拆入 | 3426 | 3426 | 3366 | 3366 | 3366 |
| 八、应解汇款及临时存款 | 43715 | 23190 | 13505 | 45117 | 103783 |
| 九、汇出汇款 | 46972 | 50574 | 60976 | 51682 | 55646 |
| 十、委托存款 | 78882 | 90933 | 95929 | 186332 | 196142 |
| 十一、卖出回购资产 | 217895 | 157840 | 127850 | 112600 | 87520 |
| 十二、应付及预提账项 | 326812 | 305849 | 320264 | 389491 | 441001 |
| 十三、存放短期保证金 | 2249192 | 2257162 | 2212110 | 2171128 | 2111060 |
| 十四、发行短期债券 | | | | | |
| 十五、其他流动负债 | 938024 | 974017 | 1068648 | 1053781 | 1063250 |
| 长期负债 | 8542721 | 8693043 | 8821226 | 9161836 | 9167525 |
| 十六、长期存款 | 1642841 | 1649088 | 1700586 | 1863658 | 1757782 |
| 十七、定期储蓄存款 | 6433060 | 6547357 | 6625671 | 6799310 | 6911395 |
| 十八、存放长期保证金 | 7 | 7 | 7 | 7 | 7 |
| 十九、发行长期债券 | 34 | 34 | 34 | 34 | 34 |
| 二十、其他长期负债 | 466778 | 496557 | 494928 | 498827 | 498307 |
| 所有者权益 | 570261 | 588224 | 578887 | 623144 | 615520 |
| 二十一、实收资本 | 236837 | 236678 | 236904 | 237508 | 237739 |
| 二十二、资本公积 | 2411 | 2412 | 2412 | 2411 | 2411 |
| 二十三、公积金 | 24549 | 24549 | 24549 | 24550 | 24550 |
| 二十四、公益金 | 12662 | 12662 | 12662 | 12662 | 12662 |
| 二十五、未分配利润 | 293631 | 311752 | 302189 | 345842 | 337986 |
| 其中:本年利润 | 192122 | 202989 | 221083 | 273843 | 276982 |
| 二十六、一般准备金 | 171 | 171 | 171 | 171 | 171 |
| 负债总计 | 25732809 | 25723763 | 26117034 | 26979535 | 27092641 |

# 5-1 太原市银行业金融机构资产负债表

单位：万元

| 项目 \ 时间 | 11月 | 12月 | | |
|---|---|---|---|---|
| | 余额 | 余额 | 比同期增减额 | 比同期增长% |
| 流动负债 | 17944996 | 18600484 | 2583059 | 16.13 |
| 一、短期存款 | 8956211 | 9360581 | 585108 | 6.67 |
| 二、活期储蓄存款 | 3287453 | 3378580 | 634969 | 23.14 |
| 三、财政性存款 | 75062 | 61526 | 18920 | 44.41 |
| 四、向中央银行借款 | 112771 | 113071 | -5781 | -4.86 |
| 五、同业存放 | 1159367 | 1161488 | 200767 | 20.90 |
| 六、联行存放 | | | | |
| 七、同业拆入 | 3366 | 16366 | 13000 | 386.22 |
| 八、应解汇款及临时存款 | 40448 | 15668 | -7777 | -33.17 |
| 九、汇出汇款 | 57105 | 169637 | -4587 | -2.63 |
| 十、委托存款 | 206099 | 233650 | -345600 | -59.66 |
| 十一、卖出回购资产 | 212110 | 261010 | 85384 | 48.62 |
| 十二、应付及预提账项 | 507420 | 426616 | 184988 | 76.56 |
| 十三、存放短期保证金 | 2263827 | 2284752 | 255676 | 12.60 |
| 十四、发行短期债券 | | | | |
| 十五、其他流动负债 | 1063756 | 1117539 | 967992 | 647.28 |
| 长期负债 | 9223911 | 9679625 | 1702804 | 21.35 |
| 十六、长期存款 | 1682456 | 1980825 | 292748 | 17.34 |
| 十七、定期储蓄存款 | 7063594 | 7230474 | 1433110 | 24.72 |
| 十八、存放长期保证金 | 7 | 7 | | |
| 十九、发行长期债券 | 32 | 32 | -2 | -5.88 |
| 二十、其他长期负债 | 477823 | 468287 | -23052 | -4.69 |
| 所有者权益 | 621930 | 562388 | 16184 | 2.96 |
| 二十一、实收资本 | 237738 | 231006 | -14011 | -5.72 |
| 二十二、资本公积 | 2412 | 2416 | -281 | -10.42 |
| 二十三、公积金 | 24550 | 32604 | 12688 | 63.71 |
| 二十四、公益金 | 12662 | 12665 | 174 | 1.39 |
| 二十五、未分配利润 | 344397 | 283102 | 17148 | 6.45 |
| 其中：本年利润 | 282933 | 351747 | 83067 | 30.92 |
| 二十六、一般准备金 | 171 | 595 | 466 | 361.24 |
| 负债总计 | 27790837 | 28842496 | 4302047 | 17.53 |

# 5-2 太原市金融机构存、贷款指标

单位:万元

| 项目 \ 时间 | 1月 | 2月 | 3月 | 4月 | 5月 |
| --- | --- | --- | --- | --- | --- |
| | 余额 | 余额 | 余额 | 余额 | 余额 |
| 一、各项存款 | 22312563 | 22463682 | 23355272 | 23430129 | 23673894 |
| 1.企事业单位存款 | 7634136 | 7435085 | 8030357 | 7622288 | 7706025 |
| (1)活期存款 | 6263540 | 5967286 | 6486270 | 6101708 | 6197909 |
| (2)定期存款 | 1370596 | 1467799 | 1544087 | 1520580 | 1508116 |
| 2.储蓄存款 | 8702480 | 9018113 | 9147666 | 9217782 | 9322384 |
| (1)活期储蓄 | 2749306 | 2876659 | 2925587 | 2950759 | 2982595 |
| (2)定期储蓄 | 5953174 | 6141454 | 6222079 | 6267023 | 6339789 |
| 3.信托存款 | | | | | |
| 4.委托存款 | 576426 | 591091 | 580360 | 600649 | 592861 |
| 5.其他存款 | 5399521 | 5419393 | 5596889 | 5989410 | 6052624 |
| 二、各项贷款 | 20663654 | 20805076 | 20990335 | 20621067 | 20630946 |
| 1.短期贷款 | 7327693 | 7285386 | 7509327 | 7430253 | 7289247 |
| 2.中长期贷款 | 10295987 | 10279520 | 10379993 | 10385071 | 10384868 |
| 3.信托贷款 | 43190 | 45190 | 33190 | 32510 | 32460 |
| 4.委托贷款 | 420922 | 421386 | 423243 | 427482 | 431521 |
| 5.其他贷款 | 493380 | 489017 | 488865 | 475978 | 469131 |
| 6.票据融资 | 2034113 | 2230223 | 2105311 | 1820049 | 1967208 |
| 7.各项垫款 | 48369 | 54354 | 50406 | 49724 | 56511 |

注:1.本表机构包括人民银行、政策性银行、国有商业银行、股份制商业银行、城市商业银行、农村信用社、信托投资公司、金融租赁公司、邮政储汇局。

2.因工商银行于2005年6月进行了不良资产剥离,本表中各项贷款项目"余额"为资产剥离后的真实数据,"比年初增减额"为调整后的可比口径数据。

# 5-2 太原市金融机构存、贷款指标

单位：万元

| 项目＼时间 | 6月 | 7月 | 8月 | 9月 | 10月 |
|---|---|---|---|---|---|
| | 余额 | 余额 | 余额 | 余额 | 余额 |
| 一、各项存款 | 24107496 | 24401082 | 24516404 | 25156755 | 25444038 |
| 1.企事业单位存款 | 7798337 | 7615348 | 7632903 | 7953162 | 7886232 |
| (1)活期存款 | 6200496 | 6011260 | 5977317 | 6134504 | 6173450 |
| (2)定期存款 | 1597841 | 1604088 | 1655586 | 1818658 | 1712782 |
| 2.储蓄存款 | 9488593 | 9668552 | 9798092 | 10042358 | 10135602 |
| (1)活期储蓄 | 3055532 | 3121195 | 3172421 | 3243048 | 3224207 |
| (2)定期储蓄 | 6433060 | 6547357 | 6625671 | 6799310 | 6911395 |
| 3.信托存款 | | | | | |
| 4.委托存款 | 564032 | 591156 | 589027 | 659428 | 662126 |
| 5.其他存款 | 6256534 | 6526026 | 6496382 | 6501807 | 6760079 |
| 二、各项贷款 | 20357930 | 20649500 | 20522674 | 20665216 | 20631516 |
| 1.短期贷款 | 7106104 | 7210175 | 7200010 | 7369625 | 7308545 |
| 2.中长期贷款 | 10424409 | 10490754 | 10547998 | 10677702 | 10760514 |
| 3.信托贷款 | 27220 | 29160 | 29732 | 36732 | 36689 |
| 4.委托贷款 | 429057 | 431288 | 431341 | 418535 | 417484 |
| 5.其他贷款 | 464942 | 456513 | 449646 | 463772 | 460752 |
| 6.票据融资 | 1854073 | 1974596 | 1797724 | 1629536 | 1570428 |
| 7.各项垫款 | 52126 | 57013 | 66222 | 69314 | 77103 |

# 5-2 太原市金融机构存、贷款指标

单位:万元

| 项目 \ 时间 | 11月 | 12月 | | |
|---|---|---|---|---|
| | 余额 | 余额 | 比年初增减额 | 比年初增长% |
| 一、各项存款 | 25597041 | 25822950 | 3273609 | 14.52 |
| 1.企事业单位存款 | 7957799 | 8431039 | 187715 | 2.28 |
| (1)活期存款 | 6320343 | 6495214 | -300533 | -4.42 |
| (2)定期存款 | 1637456 | 1935825 | 488248 | 33.73 |
| 2.储蓄存款 | 10351046 | 10609054 | 2068078 | 24.21 |
| (1)活期储蓄 | 3287453 | 3378580 | 634969 | 23.14 |
| (2)定期储蓄 | 7063594 | 7230474 | 1433109 | 24.72 |
| 3.信托存款 | | | | |
| 4.委托存款 | 596046 | 546752 | -33414 | -5.76 |
| 5.其他存款 | 6692150 | 6236105 | 1051230 | 20.27 |
| 二、各项贷款 | 21388728 | 21304655 | 1746250 | 8.93 |
| 1.短期贷款 | 7427333 | 7527439 | 747802 | 11.03 |
| 2.中长期贷款 | 10915713 | 10836051 | 739760 | 7.33 |
| 3.信托贷款 | 33629 | 27967 | -13733 | -32.93 |
| 4.委托贷款 | 342748 | 244903 | -171673 | -41.21 |
| 5.其他贷款 | 436214 | 443164 | -53002 | -10.68 |
| 6.票据融资 | 2152873 | 2143770 | 452437 | 26.75 |
| 7.各项垫款 | 80218 | 81361 | 44658 | 121.68 |

# 5-3 太原市金融机构存、贷款时序表

单位:亿元

| 时间 \ 指标 项目 | 各项存款 | | | 各项贷款 | | |
|---|---|---|---|---|---|---|
| | 余额 | 比年初增减额 | 比同期增长% | 余额 | 比年初增减额 | 比同期增长% |
| 1月 | 2231.3 | -23.7 | 22.14 | 2066.4 | 43.0 | 17.91 |
| 2月 | 2246.36 | -8.56 | 21.97 | 2080.50 | 57.15 | 17.90 |
| 3月 | 2335.56 | 80.62 | 20.22 | 2099.05 | 75.72 | 17.50 |
| 4月 | 2343.01 | 88.07 | 22.28 | 2062.10 | 38.75 | 12.73 |
| 5月 | 2367.40 | 112.46 | 20.13 | 2063.08 | 60.58 | 9.79 |
| 6月 | 2410.75 | 155.82 | 16.25 | 2035.79 | 79.70 | 13.67 |
| 7月 | 2440.10 | 185.17 | 18.04 | 2064.95 | 108.83 | 15.36 |
| 8月 | 2451.64 | 196.70 | 17.08 | 2052.26 | 96.15 | 12.49 |
| 9月 | 2515.66 | 260.74 | 17.27 | 2066.51 | 110.78 | 11.26 |
| 10月 | 2544.39 | 289.45 | 18.92 | 2063.15 | 107.02 | 11.45 |
| 11月 | 2559.72 | 304.78 | 16.18 | 2138.87 | 183.03 | 12.52 |
| 12月 | 2582.30 | 327.37 | 13.39 | 2130.46 | 174.62 | 8.61 |

注:表中"各项贷款"项下"比同期增长%"为可比口径。

# 5-4 太原市主要银行业机构贷款质量统计表(五级分类)

单位:万元

| 项目 \ 时间 | 1月 | 2月 | 3月 | 4月 | 5月 | 6月 |
|---|---|---|---|---|---|---|
| | 余额 | 余额 | 余额 | 余额 | 余额 | 余额 |
| 正常贷款 | -- | 13157667 | 13315958 | 12815178 | 12845873 | 12943366 |
| 正常类贷款 | -- | 11970513 | 12090766 | 11469391 | 11582367 | 11844645 |
| 关注类贷款 | -- | 1187154 | 1225192 | 1345787 | 1263506 | 1098721 |
| 不良贷款 | -- | 1409539 | 1434900 | 1425460 | 1306980 | 920115 |
| 次级类贷款 | -- | 360756 | 346099 | 330219 | 414774 | 431575 |
| 可疑类贷款 | -- | 755348 | 771800 | 777669 | 779534 | 394451 |
| 损失类贷款 | -- | 293436 | 317002 | 317573 | 112673 | 94089 |
| 贷款合计 | -- | 14567206 | 14750858 | 14240638 | 14152853 | 13863481 |

5-4 太原市主要银行业机构贷款质量统计表(五级分类)

单位:万元

| 项目 \ 时间 | 7月 | 8月 | 9月 | 10月 | 11月 | 12月 | |
|---|---|---|---|---|---|---|---|
| | 余额 | 余额 | 余额 | 余额 | 余额 | 余额 | 比年初增减额 |
| 正常贷款 | 13081981 | 12929019 | 13019111 | 12976087 | 13721962 | 13681014 | 1012166 |
| 正常类贷款 | 11988874 | 11833364 | 11943839 | 11726631 | 12641738 | 12728788 | 1171840 |
| 关注类贷款 | 1093107 | 1095655 | 1075272 | 1249456 | 1080224 | 952226 | -159674 |
| 不良贷款 | 955984 | 969184 | 976170 | 898772 | 898247 | 1010769 | -372071 |
| 次级类贷款 | 468027 | 479154 | 464584 | 373993 | 367865 | 323309 | -20335 |
| 可疑类贷款 | 390554 | 384583 | 398498 | 411253 | 413626 | 492419 | -255955 |
| 损失类贷款 | 97403 | 105447 | 113089 | 113527 | 116756 | 195041 | -95781 |
| 贷款合计 | 14037965 | 13898203 | 13995282 | 13874859 | 14620209 | 14691784 | 640095 |

注:本表机构包括农业发展银行、国有商业银行、股份制商业银行。

## 5-4 太原市主要银行业机构贷款质量统计表(五级分类)

单位:%

| 项目 \ 时间 | 1月 | 2月 | 3月 | 4月 | 5月 | 6月 |
|---|---|---|---|---|---|---|
| | 比例 | 比例 | 比例 | 比例 | 比例 | 比例 |
| 正常贷款 | -- | 90.32 | 90.27 | 89.99 | 90.77 | 93.36 |
| 正常类贷款 | -- | 82.17 | 81.97 | 80.54 | 81.84 | 85.44 |
| 关注类贷款 | -- | 8.15 | 8.31 | 9.45 | 8.93 | 7.93 |
| 不良贷款 | -- | 9.68 | 9.73 | 10.01 | 9.23 | 6.64 |
| 次级类贷款 | -- | 2.48 | 2.35 | 2.32 | 2.93 | 3.11 |
| 可疑类贷款 | -- | 5.19 | 5.23 | 5.46 | 5.51 | 2.85 |
| 损失类贷款 | -- | 2.01 | 2.15 | 2.23 | 0.80 | 0.68 |

## 5-4 太原市主要银行业机构贷款质量统计表(五级分类)

单位:%

| 项目 \ 时间 | 7月 | 8月 | 9月 | 10月 | 11月 | 12月 | |
|---|---|---|---|---|---|---|---|
| | 比例 | 比例 | 比例 | 比例 | 比例 | 比例 | 比年初增减百分点 |
| 正常贷款 | 93.19 | 93.03 | 93.03 | 93.52 | 93.86 | 93.12 | 2.96 |
| 正常类贷款 | 85.40 | 85.14 | 85.34 | 84.52 | 86.47 | 86.64 | 4.39 |
| 关注类贷款 | 7.79 | 7.88 | 7.68 | 9.01 | 7.39 | 6.48 | -1.43 |
| 不良贷款 | 6.81 | 6.97 | 6.97 | 6.48 | 6.14 | 6.88 | -2.96 |
| 次级类贷款 | 3.33 | 3.45 | 3.32 | 2.70 | 2.52 | 2.20 | -0.24 |
| 可疑类贷款 | 2.78 | 2.77 | 2.85 | 2.96 | 2.83 | 3.35 | -1.97 |
| 损失类贷款 | 0.69 | 0.76 | 0.81 | 0.82 | 0.80 | 1.33 | -0.74 |

# 5-5 大同市银行业金融机构资产负债表

单位：万元

| 项目 \ 时间 | 1月 | 2月 | 3月 | 4月 | 5月 |
|---|---|---|---|---|---|
| | 余额 | 余额 | 余额 | 余额 | 余额 |
| 流动资产 | 5453196.47 | 5627949.4 | 5832629.55 | 6105271.1 | 6245417.43 |
| 一、现金及银行存款 | 54837.37 | 57300.92 | 48138.39 | 45803.29 | 51866.52 |
| 二、存放中央银行 | 526436 | 534910 | 516218 | 505066 | 561410 |
| 三、存放同业 | 180507.94 | 193858.21 | 216679.49 | 194334.77 | 208786.77 |
| 四、存放联行款项 | 2784879.96 | 2892747.12 | 3105591.06 | 3349720.27 | 3392923.67 |
| 五、拆放同业 | 4976 | 4976 | 4976 | 4976 | 4976 |
| 六、短期贷款 | 1388602.36 | 1402016.43 | 1399923.05 | 1428465.94 | 1370050.26 |
| 七、应收账款 | 30707.28 | 39554.28 | 37429.11 | 72474.11 | 145057.49 |
| 其中：应收利息 | 17092.28 | 21253.28 | 15091.11 | 18995.11 | 22237.38 |
| 八、减：坏账准备 | 3805 | 3805 | 3819 | 3818 | 3819 |
| 九、短期投资 | 118532 | 118538 | 101964 | 92295 | 84655 |
| 十、减：短期投资跌价准备 | | | | | |
| 十一、委托贷款及投资 | | | | | |
| 十二、买入返售资产 | | | | | |
| 十三、待处理流动资产损失 | 956 | 956 | 956 | 956 | 956 |
| 十四、其他流动资产 | 366566.56 | 386897.44 | 404573.45 | 414997.72 | 428554.72 |
| 长期资产 | 938283.98 | 950248.53 | 1079747.81 | 1086917.26 | 1066657.26 |
| 十五、中长期贷款 | 653716.47 | 665076.3 | 781609.3 | 738536.3 | 728621.3 |
| 十六、减：贷款损失准备 | 10763.49 | 10709.77 | 11342.49 | 11650.04 | 11728.04 |
| 十七、长期投资 | 233203 | 233385 | 248209 | 298342 | 288341 |
| 十八、减：长期投资减值准备 | 8804 | 8804 | 8804 | 8804 | 8804 |
| 十九、固定资产净值 | 67451 | 67824 | 67749 | 68131 | 67880 |
| 固定资产 | 97987 | 98860 | 99443 | 100093 | 100156 |
| 减：累计折旧 | 30536 | 31036 | 31694 | 31962 | 32276 |
| 二十、固定资产减值准备 | 11 | 11 | 11 | 11 | 11 |
| 二十一、固定资产清理 | 1535 | 1535 | 605 | 635 | 640 |
| 二十二、在建工程 | 1957 | 1953 | 1733 | 1738 | 1718 |
| 二十三、减:在建工程减值准备 | | | | | |
| 二十四、待处理固定资产损失 | | | | | |
| 无形递延及其他资产 | 12446.35 | 12204.45 | 11610.45 | 12377.47 | 6816.47 |
| 二十五、无形递延及其他资产 | 13240.35 | 12998.45 | 12404.45 | 13171.47 | 7610.47 |
| 二十六、减:抵债资产减值准备 | 16 | 16 | 16 | 16 | 16 |
| 二十七、减:无形资产减值准备 | 12 | 12 | 12 | 12 | 12 |
| 二十八、减:其他资产减值准备 | 766 | 766 | 766 | 766 | 766 |
| 资产总计 | 6403926.8 | 6590402.38 | 6923987.81 | 7204565.83 | 7318891.16 |

注：本表机构包括辖内所有银行业金融机构。

# 5-5 大同市银行业金融机构资产负债表

单位：万元

| 项目 \ 时间 | 6月 | 7月 | 8月 | 9月 | 10月 |
|---|---|---|---|---|---|
| | 余额 | 余额 | 余额 | 余额 | 余额 |
| 流动资产 | 6585910.8 | 6471957.79 | 6610382.29 | 6743580.79 | 6703347.35 |
| 一、现金及银行存款 | 54430.58 | 73690.65 | 58767.52 | 61330.51 | 73573.38 |
| 二、存放中央银行 | 576696 | 501252 | 512270 | 515190 | 523531 |
| 三、存放同业 | 341409.77 | 369410.77 | 347366.1 | 345384.1 | 376045.95 |
| 四、存放联行款项 | 3574607.09 | 3476546.75 | 3614796.17 | 3717375.49 | 3675538.89 |
| 五、拆放同业 | 4976 | 4976 | 4976 | 4976 | 4976 |
| 六、短期贷款 | 1318013.71 | 1320581.24 | 1333027.84 | 1347022.25 | 1292329.75 |
| 七、应收账款 | 231263.21 | 234809.66 | 241949.66 | 233203.55 | 234052.38 |
| 其中：应收利息 | 14777.83 | 18913.83 | 22007.33 | 14064.44 | 17422.29 |
| 八、减：坏账准备 | 3785 | 3785 | 3785 | 3784 | 3780 |
| 九、短期投资 | 45871 | 45937 | 45993 | 42831 | 42526 |
| 十、减：短期投资跌价准备 | | | | | |
| 十一、委托贷款及投资 | | | | | |
| 十二、买入返售资产 | | | | | |
| 十三、待处理流动资产损失 | 956 | 712 | 166 | 166 | 166 |
| 十四、其他流动资产 | 441472.44 | 447826.72 | 454855 | 479885.89 | 484388 |
| 长期资产 | 970810.53 | 1015526.49 | 1059720.45 | 1104488.56 | 1107610.89 |
| 十五、中长期贷款 | 765492.3 | 810260.98 | 825103.55 | 825143.55 | 814312.56 |
| 十六、减：贷款损失准备 | 11684.77 | 11517.49 | 11808.1 | 12490.99 | 12617.67 |
| 十七、长期投资 | 187739 | 187638 | 217617 | 263526 | 278029 |
| 十八、减：长期投资减值准备 | 42307 | 42307 | 42307 | 42307 | 42307 |
| 十九、固定资产净值 | 70627 | 70217 | 70031 | 69733 | 69394 |
| 固定资产 | 103408 | 103332 | 103525 | 103871 | 103938 |
| 减：累计折旧 | 32781 | 33115 | 33494 | 34138 | 34544 |
| 二十、固定资产减值准备 | 10 | 10 | 10 | 10 | 10 |
| 二十一、固定资产清理 | 566 | 557 | 427 | 427 | 343 |
| 二十二、在建工程 | 388 | 688 | 667 | 467 | 467 |
| 二十三、减:在建工程减值准备 | | | | | |
| 二十四、待处理固定资产损失 | | | | | |
| 无形递延及其他资产 | 5092.47 | 6801.47 | 7494.76 | 7299.76 | 7228.96 |
| 二十五、无形递延及其他资产 | 5874.47 | 7583.47 | 8276.76 | 8081.76 | 8010.96 |
| 二十六、减:抵债资产减值准备 | 16 | 16 | 16 | 16 | 16 |
| 二十七、减:无形资产减值准备 | | | | | |
| 二十八、减:其他资产减值准备 | 766 | 766 | 766 | 766 | 766 |
| 资产总计 | 7561813.8 | 7494285.75 | 7677597.5 | 7855369.11 | 7818187.2 |

# 5-5 大同市银行业金融机构资产负债表

单位：万元

| 项目 \ 时间 | 11月 | 12月 | | |
|---|---|---|---|---|
| | 余额 | 余额 | 比同期增减额 | 比同期增长% |
| 流动资产 | 6862820.24 | 6927860.92 | 1943291.9 | 38.99 |
| 一、现金及银行存款 | 60382.59 | 49211.28 | 18052.47 | 57.94 |
| 二、存放中央银行 | 548804 | 643102 | -13750 | -2.09 |
| 三、存放同业 | 347232.81 | 230441.16 | 89609.39 | 63.63 |
| 四、存放联行款项 | 3856746.9 | 3976460.3 | 1463689.11 | 58.25 |
| 五、拆放同业 | 4976 | 4210 | -766 | -15.39 |
| 六、短期贷款 | 1282280.85 | 1403798.94 | 33016.97 | 2.41 |
| 七、应收账款 | 237269.09 | 12125.24 | -12065.04 | -49.88 |
| 其中：应收利息 | 22027.09 | 14427.24 | 1500.96 | 11.61 |
| 八、减：坏账准备 | 8985 | 9018 | 8325 | 1201.30 |
| 九、短期投资 | 23088 | 55930 | -49831 | -47.12 |
| 十、减：短期投资跌价准备 | | | | |
| 十一、委托贷款及投资 | | | | |
| 十二、买入返售资产 | | | | |
| 十三、待处理流动资产损失 | 166 | 14 | -942 | -98.54 |
| 十四、其他流动资产 | 510859 | 561586 | 424603 | 309.97 |
| 长期资产 | 1135301.82 | 1152393.56 | 219934.58 | 23.59 |
| 十五、中长期贷款 | 780180.45 | 812183.28 | 161571.81 | 24.83 |
| 十六、减：贷款损失准备 | 12700.63 | 23933.72 | 10243.23 | 74.82 |
| 十七、长期投资 | 340146 | 332376 | 99342 | 42.63 |
| 十八、减：长期投资减值准备 | 42307 | 48701 | 39684 | 440.10 |
| 十九、固定资产净值 | 69182 | 79718 | 11208 | 16.36 |
| 固定资产 | 104056 | 107219 | 7672 | 7.71 |
| 减：累计折旧 | 34874 | 27501 | -3536 | -11.39 |
| 二十、固定资产减值准备 | 10 | | -519 | -100.00 |
| 二十一、固定资产清理 | 344 | 283 | -1259 | -81.65 |
| 二十二、在建工程 | 467 | 468 | -1520 | -76.46 |
| 二十三、减：在建工程减值准备 | | | | |
| 二十四、待处理固定资产损失 | | | | |
| 无形递延及其他资产 | 7094.44 | 6448.4 | -6323.95 | -49.51 |
| 二十五、无形递延及其他资产 | 7876.44 | 6464.4 | -7101.95 | -52.35 |
| 二十六、减：抵债资产减值准备 | 16 | 16 | | |
| 二十七、减：无形资产减值准备 | | | -12 | -100.00 |
| 二十八、减：其他资产减值准备 | 766 | | -766 | -100.00 |
| 资产总计 | 8005216.5 | 8086702.88 | 2156902.53 | 36.37 |

# 5-5 大同市银行业金融机构资产负债表

单位:万元

| 项目 \ 时间 | 1月 | 2月 | 3月 | 4月 | 5月 |
|---|---|---|---|---|---|
| | 余额 | 余额 | 余额 | 余额 | 余额 |
| 流动负债 | 3308617.41 | 3401055.78 | 3659380.53 | 3898274.52 | 3966493.62 |
| 一、短期存款 | 1852735.97 | 1882083.83 | 2135029.65 | 2259207.66 | 2271925.38 |
| 二、活期储蓄存款 | 997054.13 | 1052536.63 | 1072178.16 | 1108138.78 | 1144748.35 |
| 三、财政性存款 | 15029 | 15237 | 14599 | 14950 | 17264 |
| 四、向中央银行借款 | 19400 | 18500 | 18240 | 18800 | 19600 |
| 五、同业存放 | 158112.05 | 154870.77 | 175716.04 | 169283.04 | 187260.04 |
| 六、联行存放 | | | | | |
| 七、同业拆入 | 2470 | 2470 | 2470 | 2470 | 2470 |
| 八、应解汇款及临时存款 | 6438 | 7689 | 7532.28 | 6830 | 9258 |
| 九、汇出汇款 | 10799.91 | 7980.82 | 5495.34 | 8055.1 | 6542.21 |
| 十、委托存款 | 512 | 267 | 211 | 242 | 166 |
| 十一、卖出回购资产 | 50000 | 62000 | 39812 | 80000 | 80000 |
| 十二、应付及预提账项 | 67144.4 | 65818.95 | 64930.78 | 88621.12 | 91364.4 |
| 十三、存放短期保证金 | 21224.95 | 37759.78 | 47135.28 | 47283.82 | 40739.24 |
| 十四、发行短期债券 | | | | | |
| 十五、其他流动负债 | 107697 | 93842 | 76031 | 94393 | 95156 |
| 长期负债 | 3097329.5 | 3184324.26 | 3253870.92 | 3297300.12 | 3342119.18 |
| 十六、长期存款 | 198629.5 | 195700.27 | 212039.27 | 207327.47 | 205239.95 |
| 十七、定期储蓄存款 | 2894233.97 | 2984148 | 3039337.64 | 3074436.64 | 3118790.22 |
| 十八、存放长期保证金 | | | | | |
| 十九、发行长期债券 | | | | | |
| 二十、其他长期负债 | 4466.03 | 4475.99 | 2494.01 | 15536.01 | 18089.01 |
| 所有者权益 | -2020.11 | 5022.34 | 10736.36 | 8991.19 | 10278.36 |
| 二十一、实收资本 | 44157 | 48567 | 58287 | 59139 | 59249 |
| 二十二、资本公积 | 882 | 882 | 882 | 882 | 882 |
| 二十三、公积金 | 5534 | 5544 | 5550 | 5550 | 5551 |
| 二十四、公益金 | -126 | -126 | -126 | -126 | -126 |
| 二十五、未分配利润 | -52467.11 | -49844.66 | -53856.64 | -56453.81 | -55277.64 |
| 其中:本年利润 | 1644.72 | 4313.17 | 14291.19 | 15991.19 | 17225.36 |
| 二十六、一般准备金 | | | | | |
| 负债总计 | 6403926.8 | 6590402.38 | 6923987.81 | 7204565.83 | 7318891.16 |

# 5-5 大同市银行业金融机构资产负债表

单位:万元

| 项 目 \ 时 间 | 6月 | 7月 | 8月 | 9月 | 10月 |
|---|---|---|---|---|---|
| | 余额 | 余额 | 余额 | 余额 | 余额 |
| 流动负债 | 4145217.98 | 3973124.7 | 4123258 | 4236412.2 | 4237220.2 |
| 一、短期存款 | 2322415.2 | 2168264.85 | 2319914 | 2401291.34 | 2385552.08 |
| 二、活期储蓄存款 | 1182564.32 | 1217578.65 | 1221243 | 1260506.86 | 1293211.22 |
| 三、财政性存款 | 20415 | 18180 | 23084 | 40096 | 37822 |
| 四、向中央银行借款 | 18380 | 22412 | 22412 | 20812 | 20132 |
| 五、同业存放 | 291826.04 | 324596.04 | 309270 | 281900.21 | 307993.05 |
| 六、联行存放 | | | | | |
| 七、同业拆入 | 2470 | 2770 | 2770 | 2770 | 2770 |
| 八、应解汇款及临时存款 | 6615 | 5809 | 4947 | 4043.11 | 5634.76 |
| 九、汇出汇款 | 5048.42 | 5173.61 | 6952 | 6648.74 | 3258.19 |
| 十、委托存款 | 155 | 148 | 172 | –428 | –436 |
| 十一、卖出回购资产 | 40000 | | | | |
| 十二、应付及预提账项 | 110748.51 | 63113.78 | 67840 | 76593.84 | 79607.81 |
| 十三、存放短期保证金 | 29905.77 | 27183.77 | 27533 | 27110.1 | 25575.19 |
| 十四、发行短期债券 | | | | | |
| 十五、其他流动负债 | 114674.72 | 117895 | 117120 | 115068 | 76099.9 |
| 长期负债 | 3384589.34 | 3490034.46 | 3518973 | 3569202.24 | 3522822.58 |
| 十六、长期存款 | 188465 | 268300 | 260962 | 258073.2 | 170454.19 |
| 十七、定期储蓄存款 | 3161128.35 | 3186831.46 | 3222942 | 3274701.04 | 3318266.39 |
| 十八、存放长期保证金 | | | | | |
| 十九、发行长期债券 | | | | | |
| 二十、其他长期负债 | 34995.99 | 34903 | 35069 | 36428 | 34102 |
| 所有者权益 | 32006.48 | 31126.59 | 35367 | 49754.67 | 58144.42 |
| 二十一、实收资本 | 59431 | 59441 | 59448 | 59478 | 59589 |
| 二十二、资本公积 | 884 | 884 | 885 | 885 | 885 |
| 二十三、公积金 | 5551 | 5522 | 5522 | 5522 | 5522 |
| 二十四、公益金 | –126 | –126 | –126 | –126 | –126 |
| 二十五、未分配利润 | –33733.52 | –34594.41 | –30362 | –16004.33 | –7725.58 |
| 其中:本年利润 | 35843.48 | 36793.59 | 41265 | 52090.67 | 54377.42 |
| 二十六、一般准备金 | | | | | |
| 负债总计 | 7561813.8 | 7494285.75 | 7677598 | 7855369.11 | 7818187.2 |

# 5-5 大同市银行业金融机构资产负债表

单位：万元

| 项目 \ 时间 | 11月 | 12月 | | |
|---|---|---|---|---|
| | 余额 | 余额 | 比同期增减额 | 比同期增长% |
| 流动负债 | 4359163.63 | 4391787.62 | 1506308.11 | 52.20 |
| 一、短期存款 | 2424825.9 | 2569427.84 | 874981.56 | 51.64 |
| 二、活期储蓄存款 | 1353750.43 | 1365146.68 | 414449.49 | 43.59 |
| 三、财政性存款 | 38394 | 34131 | 14409 | 73.06 |
| 四、向中央银行借款 | 19432 | 21132 | 2232 | 11.81 |
| 五、同业存放 | 298397.27 | 198980.32 | 56258.55 | 39.42 |
| 六、联行存放 | | | | |
| 七、同业拆入 | 2770 | 2770 | 300 | 12.15 |
| 八、应解汇款及临时存款 | 6651.18 | 5380.32 | -7036.68 | -56.67 |
| 九、汇出汇款 | 4608.35 | 9134.88 | -31919.51 | -77.75 |
| 十、委托存款 | -435 | -438 | 144231 | -99.70 |
| 十一、卖出回购资产 | | | -50000 | -100.00 |
| 十二、应付及预提账项 | 77051.14 | 86577.26 | 36333.01 | 72.31 |
| 十三、存放短期保证金 | 27885.36 | 26400.32 | 3974.41 | 17.72 |
| 十四、发行短期债券 | | | | |
| 十五、其他流动负债 | 105833 | 73145 | 48095.28 | 192.00 |
| 长期负债 | 3589192.59 | 3643923.43 | 591358.77 | 19.37 |
| 十六、长期存款 | 159287.09 | 153072.16 | -46137.11 | -23.16 |
| 十七、定期储蓄存款 | 3396281.5 | 3451044.28 | 638262.9 | 22.69 |
| 十八、存放长期保证金 | | | | |
| 十九、发行长期债券 | | | | |
| 二十、其他长期负债 | 33624 | 39806.99 | -767.02 | -1.89 |
| 所有者权益 | 56860.28 | 50991.83 | 59235.65 | -718.55 |
| 二十一、实收资本 | 60782 | 42680 | -166 | -0.39 |
| 二十二、资本公积 | 885 | 962 | 80 | 9.07 |
| 二十三、公积金 | 5522 | 25270 | 19848 | 366.06 |
| 二十四、公益金 | -126 | -126 | | |
| 二十五、未分配利润 | -10202.72 | -17794.17 | 39473.65 | -68.93 |
| 其中：本年利润 | 51994.28 | 40247.83 | 15109.65 | 60.11 |
| 二十六、一般准备金 | | | | |
| 负债总计 | 8005216.5 | 8086702.88 | 2156902.53 | 36.37 |

# 5-6 大同市金融机构存、贷款指标

单位:万元

| 项目 \ 时间 | 1月 | 2月 | 3月 | 4月 | 5月 |
|---|---|---|---|---|---|
| | 余额 | 余额 | 余额 | 余额 | 余额 |
| 一、各项存款 | 6002103 | 6186624 | 6536730 | 6741168 | 6833569 |
| 1.企事业单位存款 | 1690178 | 1733434 | 1999333 | 2137523 | 2137617 |
| (1)活期存款 | 1491549 | 1537734 | 1787294 | 1930196 | 1932377 |
| (2)定期存款 | 198630 | 195700 | 212039 | 207327 | 205240 |
| 2.储蓄存款 | 3891288 | 4036685 | 4111516 | 4182575 | 4263539 |
| (1)活期储蓄 | 997054 | 1052537 | 1072178 | 1108139 | 1144748 |
| (2)定期储蓄 | 2894234 | 2984148 | 3039338 | 3074437 | 3118790 |
| 3.信托存款 | | | | | |
| 4.委托存款 | 512 | 267 | 211 | 242 | 166 |
| 5.其他存款 | 420124 | 416238 | 425671 | 420828 | 432247 |
| 二、各项贷款 | 2042318 | 2067094 | 2181532 | 2167000 | 2098674 |
| 1.短期贷款 | 1293818 | 1299569 | 1325311 | 1331198 | 1281242 |
| 2.中长期贷款 | 650265 | 661625 | 778831 | 735758 | 725843 |
| 3.信托贷款 | | | | | |
| 4.委托贷款 | | | | | |
| 5.其他贷款 | 6911 | 7697 | 7656 | 8012 | 8111 |
| 6.票据融资 | 91324 | 98203 | 69735 | 92033 | 83478 |
| 7.各项垫款 | | | | | |

注:1.本表机构包括人民银行、政策性银行、国有独资商业银行、城市商业银行、城市信用社、农村信用社、邮政储汇局。

2.因工商银行于2005年6月进行了不良资产剥离,本表中各项贷款项目“余额”为资产剥离后的真实数据,“比年初增减额”为未调整数据,贷款剥离19.79亿元。

# 5-6 大同市金融机构存、贷款指标

单位:万元

| 项目 \ 时间 | 6月 | 7月 | 8月 | 9月 | 10月 |
|---|---|---|---|---|---|
| | 余额 | 余额 | 余额 | 余额 | 余额 |
| 一、各项存款 | 6954668 | 6938373 | 7125669 | 7310216 | 7279612 |
| 1.企事业单位存款 | 2115142 | 2033738 | 2170943 | 2210573 | 2088183 |
| (1)活期存款 | 1926677 | 1765438 | 1909981 | 1952499 | 1917729 |
| (2)定期存款 | 188465 | 268300 | 260962 | 258073 | 170454 |
| 2.储蓄存款 | 4343693 | 4404410 | 4444186 | 4535208 | 4611478 |
| (1)活期储蓄 | 1182564 | 1217579 | 1221243 | 1260507 | 1293211 |
| (2)定期储蓄 | 3161128 | 3186831 | 3222942 | 3274701 | 3318266 |
| 3.信托存款 | | | | | |
| 4.委托存款 | 155 | 148 | 172 | -428 | -436 |
| 5.其他存款 | 495678 | 500077 | 510369 | 564863 | 580387 |
| 二、各项贷款 | 2083510 | 2130688 | 2158137 | 2172168 | 2112050 |
| 1.短期贷款 | 1207288 | 1215067 | 1214488 | 1231641 | 1243158 |
| 2.中长期贷款 | 763094 | 807962 | 822872 | 823385 | 812560 |
| 3.信托贷款 | | | | | |
| 4.委托贷款 | | | | | |
| 5.其他贷款 | 7705 | 7772 | 7210 | 6650 | 5238 |
| 6.票据融资 | 105422 | 99837 | 113567 | 110491 | 51095 |
| 7.各项垫款 | | 50 | | | |

# 5-6 大同市金融机构存、贷款指标

单位:万元

| 时间<br>项目 | 11月 | 12月 | | |
|---|---|---|---|---|
| | 余额 | 余额 | 比年初增减额 | 比年初增长% |
| 一、各项存款 | 7447754 | 7651795 | 1824932 | 31.32 |
| 1.企事业单位存款 | 2116114 | 2269300 | 667662 | 41.69 |
| (1)活期存款 | 1956827 | 2116228 | 713799 | 50.90 |
| (2)定期存款 | 159287 | 153072 | -46137 | -23.16 |
| 2.储蓄存款 | 4750032 | 4816191 | 1052724 | 27.97 |
| (1)活期储蓄 | 1353750 | 1365147 | 414452 | 43.59 |
| (2)定期储蓄 | 3396282 | 3451044 | 638272 | 22.69 |
| 3.信托存款 | | | | |
| 4.委托存款 | -435 | -438 | -1048 | -171.80 |
| 5.其他存款 | 582044 | 566742 | 105595 | 22.90 |
| 二、各项贷款 | 2062468 | 2215980 | 194587 | 9.63 |
| 1.短期贷款 | 1202676 | 1220054 | -58330 | -4.56 |
| 2.中长期贷款 | 778430 | 809008 | 163086 | 25.25 |
| 3.信托贷款 | | | | |
| 4.委托贷款 | | | | |
| 5.其他贷款 | 4935 | 6237 | -632 | -9.20 |
| 6.票据融资 | 76428 | 180681 | 90463 | 100.27 |
| 7.各项垫款 | | | | |

# 5-7 大同市金融机构存、贷款时序表

单位:亿元

| 项目/指标/时间 | 各项存款 | | | 各项贷款 | | |
|---|---|---|---|---|---|---|
| | 余额 | 比年初增减额 | 余额比同期% | 余额 | 比年初增减额 | 余额比同期% |
| 1月 | 600.21 | 17.52 | 33.53 | 204.23 | 2.09 | 6.23 |
| 2月 | 618.66 | 35.98 | 34.42 | 206.71 | 4.57 | 6.74 |
| 3月 | 653.67 | 70.99 | 38.2 | 218.15 | 16.01 | 11.58 |
| 4月 | 674.12 | 91.43 | 39.65 | 216.70 | 14.56 | 7.68 |
| 5月 | 683.36 | 100.67 | 38.65 | 209.87 | 7.73 | 3.43 |
| 6月 | 695.47 | 112.78 | 39.89 | 208.35 | 6.21 | 8.54 |
| 7月 | 693.84 | 111.15 | 34.08 | 213.07 | 10.93 | 3.45 |
| 8月 | 712.57 | 129.88 | 35.95 | 215.82 | 13.68 | 5.26 |
| 9月 | 731.02 | 148.34 | 37.92 | 217.22 | 15.08 | 4.66 |
| 10月 | 727.96 | 145.28 | 36.22 | 211.21 | 9.07 | 3.73 |
| 11月 | 744.78 | 162.09 | 34.07 | 206.25 | 4.11 | 1.71 |
| 12月 | 765.18 | 182.49 | 36.9 | 221.60 | 19.46 | 9.63 |

# 5-8 大同市主要银行业机构贷款质量统计表(五级分类)

单位:万元

| 项目＼时间 | 1月 | 2月 | 3月 | 4月 | 5月 | 6月 |
|---|---|---|---|---|---|---|
| | 余额 | 余额 | 余额 | 余额 | 余额 | 余额 |
| 正常贷款 | 1168116.6 | 1165634 | 1304165.2 | 1238373.3 | 1206109.7 | 1296093.9 |
| 正常类贷款 | 969855.25 | 969728.48 | 1109764.2 | 987016.79 | 987675.03 | 1084491.2 |
| 关注类贷款 | 198261.36 | 195905.53 | 194400.95 | 251356.46 | 218434.67 | 211602.68 |
| 不良贷款 | 363618.1 | 362179.58 | 360223.38 | 374190.47 | 329318.47 | 201205.25 |
| 次级类贷款 | 59922.1 | 58553.91 | 55278.73 | 60036.17 | 91555.32 | 85437.81 |
| 可疑类贷款 | 185374 | 185304.04 | 180180.02 | 189140.67 | 188714.52 | 66699.64 |
| 损失类贷款 | 118322 | 118321.63 | 124764.63 | 125013.63 | 49048.63 | 49067.8 |
| 贷款合计 | 1531734.7 | 1527813.6 | 1664388.6 | 1612563.7 | 1535428.2 | 1497299.2 |

# 5-8 大同市主要银行业机构贷款质量统计表(五级分类)

单位:万元

| 项目＼时间 | 7月 | 8月 | 9月 | 10月 | 11月 | 12月 | |
|---|---|---|---|---|---|---|---|
| | 余额 | 余额 | 余额 | 余额 | 余额 | 余额 | 比年初增减额 |
| 正常贷款 | 1330071.1 | 1324245.4 | 1317935.8 | 1271466.8 | 1196157.6 | 1275359.1 | 120546.13 |
| 正常类贷款 | 1118043.5 | 104981113 | 1127102.9 | 1134803.3 | 1100140.6 | 1202592.3 | 245920.27 |
| 关注类贷款 | 212027.63 | 196572.78 | 190832.89 | 136663.51 | 96017.03 | 72766.86 | -125374.1 |
| 不良贷款 | 201275.12 | 210628.25 | 219519.46 | 227784.26 | 224127.9 | 254037.33 | -104657.3 |
| 次级类贷款 | 84149.79 | 80691.75 | 81979.61 | 65535.63 | 58970.3 | 75010.35 | 15540.75 |
| 可疑类贷款 | 67982.53 | 80802.7 | 88112.37 | 112833.15 | 115746.12 | 90710.5 | -90608.5 |
| 损失类贷款 | 49142.8 | 49133.8 | 49427.48 | 49415.48 | 49411.48 | 88316.48 | -29589.52 |
| 贷款合计 | 1531346.2 | 1534873.7 | 1537455.3 | 1499251.1 | 1420285.5 | 1529396.5 | 15888.86 |

注:本表机构包括农业发展银行、工商银行、农业银行、中国银行、建设银行。

# 5-8 大同市主要银行业机构贷款质量统计表(五级分类)

单位:%

| 项目＼时间 | 1月 | 2月 | 3月 | 4月 | 5月 | 6月 |
| --- | --- | --- | --- | --- | --- | --- |
| | 比例 | 比例 | 比例 | 比例 | 比例 | 比例 |
| 正常贷款 | 76.26 | 76.29 | 78.36 | 76.8 | 78.55 | 86.56 |
| 正常类贷款 | 63.32 | 63.47 | 66.68 | 61.21 | 64.33 | 72.43 |
| 关注类贷款 | 12.94 | 12.82 | 11.68 | 15.59 | 14.23 | 14.13 |
| 不良贷款 | 23.74 | 23.71 | 21.64 | 23.2 | 21.45 | 13.44 |
| 次级类贷款 | 3.91 | 3.83 | 3.32 | 3.72 | 5.96 | 5.71 |
| 可疑类贷款 | 12.1 | 12.13 | 10.83 | 11.73 | 12.29 | 4.45 |
| 损失类贷款 | 7.72 | 7.74 | 7.5 | 7.75 | 3.19 | 3.28 |

# 5-8 大同市主要银行业机构贷款质量统计表(五级分类)

单位:%

| 项目＼时间 | 7月 | 8月 | 9月 | 10月 | 11月 | 12月 | |
| --- | --- | --- | --- | --- | --- | --- | --- |
| | 比例 | 比例 | 比例 | 比例 | 比例 | 比例 | 比年初增减 |
| 正常贷款 | 86.85 | 86.28 | 85.72 | 84.81 | 84.22 | 83.39 | 7.09 |
| 正常类贷款 | 73 | 73.47 | 73.31 | 75.69 | 77.46 | 78.63 | 15.42 |
| 关注类贷款 | 13.84 | 12.81 | 12.41 | 9.12 | 6.76 | 4.76 | -8.33 |
| 不良贷款 | 13.14 | 13.72 | 14.28 | 15.19 | 15.78 | 16.61 | -7.09 |
| 次级类贷款 | 5.49 | 5.26 | 5.33 | 4.37 | 4.15 | 4.9 | 0.97 |
| 可疑类贷款 | 4.44 | 5.26 | 5.73 | 7.53 | 8.15 | 5.93 | -6.05 |
| 损失类贷款 | 3.21 | 3.2 | 3.21 | 3.3 | 3.48 | 5.77 | -2.02 |

# 5-9 大同市地方性金融机构贷款质量统计表(四级分类)

单位:万元

| 项目 \ 时间 | 1月 | 2月 | 3月 | 4月 | 5月 | 6月 |
|---|---|---|---|---|---|---|
| | 余额 | 余额 | 余额 | 余额 | 余额 | 余额 |
| 正常贷款 | 342420 | 370427 | 360945 | 396541 | 407385 | 442642 |
| 不良贷款 | 168163 | 168853 | 156198 | 157895 | 155861 | 143569 |
| 逾期贷款 | 18861 | 19856 | 19517 | 21930 | 19956 | 14957 |
| 呆滞贷款 | 140720 | 140417 | 128638 | 127928 | 127877 | 121126 |
| 呆账贷款 | 8582 | 8580 | 8043 | 8037 | 8028 | 7486 |
| 各项贷款 | 510583 | 539280 | 517143 | 554436 | 563246 | 586211 |

# 5-9 大同市地方性金融机构贷款质量统计表(四级分类)

单位:万元

| 项目 \ 时间 | 7月 | 8月 | 9月 | 10月 | 11月 | 12月 | |
|---|---|---|---|---|---|---|---|
| | 余额 | 余额 | 余额 | 余额 | 余额 | 余额 | 比年初增减额 |
| 正常贷款 | 452671 | 479904 | 500313 | 479367 | 509994 | 559518 | 218227 |
| 不良贷款 | 146671 | 143359 | 134400 | 133432 | 132188 | 127065 | -39529 |
| 逾期贷款 | 18079 | 16606 | 16080 | 15472 | 15940 | 15278 | -2369 |
| 呆滞贷款 | 121110 | 119279 | 111963 | 111640 | 109931 | 105836 | -34521 |
| 呆账贷款 | 7482 | 7474 | 6357 | 6320 | 6317 | 5951 | -2369 |
| 各项贷款 | 599342 | 623263 | 634713 | 612799 | 642182 | 686583 | 178698 |

注:本表机构包括城市商业银行、农村信用社、城市信用社。

## 5-9 大同市地方性金融机构贷款质量统计表(四级分类)

单位:%

| 时间<br>项目 | 1月 | 2月 | 3月 | 4月 | 5月 | 6月 |
|---|---|---|---|---|---|---|
| | 比例 | 比例 | 比例 | 比例 | 比例 | 比例 |
| 正常贷款 | 67.06 | 68.69 | 69.8 | 71.52 | 72.33 | 75.51 |
| 不良贷款 | 32.94 | 31.31 | 30.2 | 28.48 | 27.67 | 24.49 |
| 逾期贷款 | 3.69 | 3.68 | 3.19 | 3.96 | 3.54 | 2.56 |
| 呆滞贷款 | 27.56 | 26.04 | 24.87 | 23.07 | 22.7 | 20.66 |
| 呆账贷款 | 1.68 | 1.59 | 1.56 | 1.45 | 1.43 | 1.28 |

## 5-9 大同市地方性金融机构贷款质量统计表(四级分类)

单位:%

| 时间<br>项目 | 7月 | 8月 | 9月 | 10月 | 11月 | 12月 | |
|---|---|---|---|---|---|---|---|
| | 比例 | 比例 | 比例 | 比例 | 比例 | 比例 | 比年初增减 |
| 正常贷款 | 75.53 | 77 | 78.83 | 78.23 | 79.42 | 81.49 | 14.29 |
| 不良贷款 | 24.47 | 23 | 21.17 | 21.77 | 20.58 | 18.51 | -14.29 |
| 逾期贷款 | 3.02 | 2.66 | 2.53 | 2.52 | 2.45 | 2.23 | -1.24 |
| 呆滞贷款 | 20.21 | 19.14 | 17.64 | 18.22 | 17.12 | 15.41 | -12.23 |
| 呆账贷款 | 1.25 | 1.2 | 1 | 1.03 | 0.98 | 0.87 | -0.82 |

# 5-10 大同市主要银行业机构非信贷资产情况表

单位：万元

| 项目 \ 指标 \ 时间 | 1季度 | | | 2季度 | | |
|---|---|---|---|---|---|---|
| | 余额 | 其中：不良资产 | 预计损失 | 余额 | 其中：不良资产 | 预计损失 |
| 一、现金 | 30530.59 | | | 36823.94 | | |
| 二、银行存款 | 1690.59 | 4.7 | 4.7 | 1241 | 4.7 | 4.7 |
| 三、贵金属 | | | | | | |
| 四、存放中央银行款项 | 126323.8 | | | 175002.15 | | |
| 五、存放同业款项 | 37589.17 | | | 136478 | | |
| 六、拆放同业 | 4975.54 | 4975.54 | 4975.54 | 4210 | 4210 | 4210 |
| 七、存放联行款项(轧差) | 3196869.34 | | | 3662195.23 | | |
| 八、应收及预付款项 | 32541.92 | 9837.2 | 8759.2 | 226607.26 | 8735.21 | 7720.6 |
| 其中：应收利息 | 11784.14 | 3470.97 | 2805.87 | 13020.2 | 2109.1 | 1540.49 |
| 待处理案件纠纷垫款 | 1030.05 | 759.36 | 684.36 | 1030.74 | 748.08 | 673.08 |
| 九、短期投资 | 104506.98 | | | 48481.33 | | |
| 十、委托贷款及委托投资 | 2948.98 | 1007 | 871 | 1855.63 | 589 | 589 |
| 十一、买入返售证券 | | | | | | |
| 十二、待处理流动资产损失 | 166 | | | 166 | | |
| 十三、长期投资 | 158263.5 | 53220 | 42646.8 | 81066.5 | 52990 | 42416.8 |
| 十四、固定资产净值 | 57267.95 | 306 | 306 | 60132.33 | | |
| 十五、固定资产清理 | 603.32 | 44.32 | 25.09 | 564.89 | 18.89 | 18.89 |
| 十六、在建工程 | 1688.55 | | | 344 | | |
| 十七、待处理固定资产损失 | | | | | | |
| 十八、无形资产 | 2964.19 | | | 596.58 | | |
| 十九、递延资产 | 4764.36 | | | 4580.88 | | |
| 二十、其他非信贷资产 | 199138.77 | 40691.8 | 35309.8 | 199014.27 | 41069.56 | 39897.56 |
| 1、待处理抵债资产 | 20933.56 | 10616.4 | 5314.4 | 21190.4 | 6819.4 | 5647.4 |
| 2、应付福利费垫款 | 1470.49 | 1415.83 | 1415.83 | 67.46 | | |
| 3、未弥补亏损 | 33338.59 | 26867 | 26867 | 33338.59 | 33338.59 | 33338.59 |
| 4、待处理房改资产 | 890 | 890 | 890 | 855 | 855 | 855 |
| 5、待清理自办实体资产 | | | | | | |
| 6、待清理接收资产 | 674 | 674 | 674 | | | |
| (1)待清理城信社资产 | | | | | | |
| (2)待清理城信社资产与负债差额 | | | | | | |
| (3)待清理信托资产 | 100 | 100 | 100 | | | |
| (4)人行转来企业贷款本金 | 362 | 362 | 362 | | | |
| (5)其他金融机构转来资产 | 212 | 212 | 212 | | | |
| (6)其他待清理接收资产 | | | | | | |
| 7、其他非信贷资产 | 141832.13 | 228.57 | 148.57 | 143562.82 | 56.57 | 56.57 |
| 非信贷资产合计 | 3962833.55 | 110086.56 | 92898.13 | 4639359.99 | 107617.36 | 94857.55 |

注：本表机构包括农业发展银行、工商银行、农业银行、中国银行、建设银行。

# 5-10 大同市主要银行业机构非信贷资产情况表

单位：万元

| 项目 \ 指标 \ 时间 | 3季度 | | | 4季度 | | |
|---|---|---|---|---|---|---|
| | 余额 | 其中：不良资产 | 预计损失 | 余额 | 其中：不良资产 | 预计损失 |
| 一、现金 | 35828.54 | | | 31188.25 | | |
| 二、银行存款 | 1877.37 | 4.7 | 4.7 | 2910.72 | 4.7 | 4.7 |
| 三、贵金属 | | | | | | |
| 四、存放中央银行款项 | 52204.85 | | | 194782.61 | | |
| 五、存放同业款项 | 81 | | | 32001 | | |
| 六、拆放同业 | 840 | 840 | 840 | 4210 | 4210 | 4210 |
| 七、存放联行款项(轧差) | 3781563.87 | | | 4044046.22 | | |
| 八、应收及预付款项 | 218325.54 | 3935.2 | 2691.3 | 7288.47 | 7830.91 | 7283.12 |
| 其中：应收利息 | 11509.24 | 1952.02 | 1311.2 | 12434.05 | 2093.91 | 1599.12 |
| 待处理案件纠纷垫款 | 450.4 | 406.02 | 331.02 | 838.15 | 521.84 | 471.84 |
| 九、短期投资 | 3096.13 | | | 61220.66 | | |
| 十、委托贷款及委托投资 | 3180.11 | 8 | 8 | 251842.81 | 8 | 8 |
| 十一、买入返售证券 | | | | | | |
| 十二、待处理流动资产损失 | | | | 29 | | |
| 十三、长期投资 | 64322.9 | 52866 | 42292.8 | 216179.13 | 52990 | 48760.72 |
| 十四、固定资产净值 | 50689.04 | | | 69678.78 | 44 | 41 |
| 十五、固定资产清理 | 426.89 | 18.89 | 18.89 | 282.89 | 18.89 | 18.89 |
| 十六、在建工程 | | | | 436 | | |
| 十七、待处理固定资产损失 | | | | | | |
| 十八、无形资产 | 30.82 | | | 571.06 | | |
| 十九、递延资产 | 4334.75 | 496 | 366 | 4325.31 | 475 | 383 |
| 二十、其他非信贷资产 | 190741.23 | 40083.56 | 37120.56 | 173945.45 | 24338.9 | 21786.9 |
| 1、待处理抵债资产 | 5912.4 | 5879.4 | 2916.4 | 21606.4 | 7080.4 | 4528.4 |
| 2、应付福利费垫款 | -56.98 | | | 35.66 | | |
| 3、未弥补亏损 | 33337.59 | 33337.59 | 33337.59 | 17184.93 | 17184.93 | 17184.93 |
| 4、待处理房改资产 | 810 | 810 | 810 | | | |
| 5、待清理自办实体资产 | | | | | | |
| 6、待清理接收资产 | | | | | | |
| (1)待清理城信社资产 | | | | | | |
| (2)待清理城信社资产与负债差额 | | | | | | |
| (3)待清理信托资产 | | | | | | |
| (4)人行转来企业贷款本金 | | | | | | |
| (5)其他金融机构转来资产 | | | | | | |
| (6)其他待清理接收资产 | | | | | | |
| 7、其他非信贷资产 | 150738.22 | 56.57 | 56.57 | 135118.46 | 73.57 | 73.57 |
| 非信贷资产合计 | 4407543.04 | 98252.35 | 83342.25 | 5094938.36 | 89920.4 | 82496.33 |

# 5-11 大同市主要银行业机构表外业务情况表

单位：万元

| 项目＼指标＼时间 | 1季度 | | | 2季度 | | |
|---|---|---|---|---|---|---|
| | 余额 | 风险敞口 | 垫款期末余额 | 余额 | 风险敞口 | 垫款期末余额 |
| 一、担保类业务 | 75472.36 | 6332.44 | | 58352.82 | 13021.12 | |
| 1.开出银行承兑汇票 | 49703.4 | 4996 | | 44494 | 8373 | |
| 2.开出信用证 | 23379.05 | 1206.56 | | 10222 | 4494 | |
| 3.保函 | 2284.38 | 24.35 | | 3491.9 | 9.2 | |
| 4.债券发行担保 | | | | | | |
| 其中:可转换债券担保 | | | | | | |
| 5.其他担保类业务 | 105.53 | 105.53 | | 144.92 | 144.92 | |
| 二、承诺类业务 | | | | | | |
| 1.贷款承诺 | | | | | | |
| 2.循环授信额度 | | | | | | |
| 3.其他承诺类业务 | | | | | | |
| 三、金融衍生类业务 | 1 | -95 | | 8 | -791 | |
| 1.期权 | | | | | | |
| 2.互换 | 1 | -95 | | 8 | -791 | |
| 3.远期外汇 | | | | | | |

# 5-11 大同市主要银行业机构表外业务情况表

单位：万元

| 项目＼指标＼时间 | 3季度 | | | 4季度 | | |
|---|---|---|---|---|---|---|
| | 余额 | 风险敞口 | 垫款期末余额 | 余额 | 风险敞口 | 垫款期末余额 |
| 一、担保类业务 | 56805.05 | 7644.49 | | 55939.68 | 9705.7 | |
| 1.开出银行承兑汇票 | 47600 | 6826 | | 47331 | 9216 | |
| 2.开出信用证 | 5152 | 841 | | 4877.89 | 532 | |
| 3.保函 | 4040.75 | -34.81 | | 3730.79 | -42.3 | |
| 4.债券发行担保 | | | | | | |
| 其中:可转换债券担保 | | | | | | |
| 5.其他担保类业务 | 12.3 | 12.3 | | | | |
| 二、承诺类业务 | | | | | | |
| 1.贷款承诺 | | | | | | |
| 2.循环授信额度 | | | | | | |
| 3.其他承诺类业务 | | | | | | |
| 三、金融衍生类业务 | 11 | -1159 | | 11 | -1247 | |
| 1.期权 | | | | | | |
| 2.互换 | 11 | -1159 | | 11 | -1247 | |
| 3.远期外汇 | | | | | | |

注：本表机构包括农业发展银行、工商银行、农业银行、中国银行、建设银行。

# 5-12 大同市主要银行业机构贷款按逾期时间分类表

单位：万元

| 项目 \ 指标 \ 时间 | 上年末 | 一季度 | 二季度 | 三季度 | 四季度 |
|---|---|---|---|---|---|
| | 余额 | 余额 | 余额 | 余额 | 余额 |
| 各项贷款 | 1513507.6 | 1664388.57 | 1497299.16 | 1537455.27 | 1529396.46 |
| 未到期贷款 | 1143247 | 1279902 | 1316531.41 | 1358726.27 | 1353273.48 |
| 逾期类贷款 | 370261 | 384486 | 180767.74 | 178729 | 176122.98 |
| 其中:逾期0~3个月贷款 | 21791 | 20819 | 23134.64 | 10166 | 9783.08 |
| 逾期3~6个月贷款 | 14917 | 20597 | 6320.15 | 12608 | 6249.31 |
| 逾期6~9个月贷款 | 25068 | 14695 | 4530.26 | 5337 | 7980.83 |
| 逾期9个月~1年贷款 | 9336 | 22689 | 8360 | 4491 | 3466 |
| 逾期1年以上贷款 | 299149 | 305686 | 138422.69 | 146127 | 148643.76 |

注：本表机构包括农业发展银行、工商银行、农业银行、中国银行、建设银行。

# 5-13 大同市主要银行业机构贷款质量迁徙情况表

迁徙矩阵： 单位：%

| 项　目 | 正常类贷款 | 关注类贷款 | 次级类贷款 | 可疑类贷款 | 损失类贷款 |
|---|---|---|---|---|---|
| 正常类贷款 | 88.22 | 5.94 | 3.21 | 2.54 | 0.09 |
| 关注类贷款 | 0.6 | 36.56 | 27.96 | 34.8 | 0.08 |
| 次级类贷款 | 0.2 | 8.76 | 34.15 | 46.07 | 10.82 |
| 可疑类贷款 | | | | 35.13 | 64.87 |
| 损失类贷款 | | | | | 100 |

# 5-13 大同市主要银行业机构贷款质量迁徙情况表

单位：万元

| 项　目 | 分子 | 分母 | 比例% |
|---|---|---|---|
| 1.年初不良贷款率 | 330625.66 | 1416547.88 | 23.34 |
| 2.期末不良贷款率 | 227178.33 | 1418761.46 | 16.01 |
| 3.不良贷款率变动情况(1.-2.) | -103447.33 | 2213.58 | -7.33 |
| 4.贷款质量总体向上迁徙率 | 3268 | 242660.16 | 1.35 |
| 5.贷款质量总体向下迁徙率 | 169005.56 | 598245.1 | 28.25 |
| 6.正常类贷款向下迁徙率 | 47584.3 | 404058.73 | 11.78 |
| 7.关注类贷款向下迁徙率 | 68563.96 | 109109.96 | 62.84 |
| 8.次级类贷款向下迁徙率 | 16627.28 | 29227.28 | 56.89 |
| 9.可疑类贷款向下迁徙率 | 36230.02 | 55849.13 | 64.87 |
| 10.当年新增贷款不良率 | 4101.2 | 772042.57 | 0.53 |
| 11.当年新形成不良贷款率 | 119953.13 | 1417654.67 | 8.46 |
| 12.贷款重组贡献度 | 58 | 2618 | 2.22 |
| 13.不良贷款周转率 | 575371.53 | 1085922.22 | 52.98 |
| 14.不良贷款处置收现率 | 6253.46 | 219275.46 | 2.85 |
| 15.不良贷款处置以物抵债率 | | 219275.46 | |
| 16.不良贷款处置核销率 | 1968 | 219275.46 | 0.9 |

注：本表机构包括农业发展银行、工商银行、农业银行、中国银行、建设银行。

# 5-14 大同市银行业金融机构部分行业贷款情况表

单位:万元

| 项目 \ 时间 | 1季度 | 2季度 | 3季度 | 4季度 | |
|---|---|---|---|---|---|
| | 余额 | 余额 | 余额 | 余额 | 比年初增减额 |
| 一、煤炭行业 | 563619.75 | 511791.99 | 552896 | 526424.04 | -19530.21 |
| 二、焦炭行业 | 4838 | 574 | 513 | 1463 | -3474 |
| (1)年产60万吨以上 | | | | | |
| (2)年产40万~60万吨 | | | | | |
| (3)年产20万~40万吨 | 4779 | 485 | 455 | 455 | -4423 |
| (4)年产20万吨以下 | 59 | 89 | 58 | 1008 | 949 |
| 三、冶金行业 | 59527 | 74977 | 62870 | 53921.04 | 9140.04 |
| (1)普通钢 | 29246 | 41563 | 35117 | 25177.24 | 3731.24 |
| (2)特种钢 | 324 | 254 | 254 | 254 | -70 |
| (3)生铁 | 46 | | | | |
| (4)铁合金 | 12346 | 12066 | 14995 | 16129 | 5292 |
| (5)电解铝 | | | | | |
| 四、建材行业 | 51518.11 | 40254.71 | 41010.5 | 41615.91 | -15097.6 |
| (1)水泥 | 29569.51 | 26585.81 | 27010 | 29358.81 | -642 |
| 五、交通行业 | 104953.83 | 142621.24 | 143126 | 101795.24 | 649.94 |
| (1)公路 | 100153.83 | 139721.24 | 84723 | 88736.24 | -11309.06 |
| (2)铁路 | 4800 | 2900 | 13723 | 13027 | 11927 |
| 六、化工行业 | 56075.6 | 43478.2 | 44241.4 | 38998.9 | -17155.9 |
| (1)电石 | 1232.3 | 51.3 | 51.3 | 494.3 | -738 |
| 七、电力行业 | 221441 | 246116.29 | 260160 | 258784 | 142168 |
| 八、房地产业 | 110680.2 | 106220.79 | 93975.82 | 91450.81 | -12992.69 |
| (1)房地产开发商贷款 | 13994.5 | 14400.5 | 11435 | 9684.5 | -5035 |
| (2)住房开发贷款 | 28735.5 | 24944 | 20804 | 19414 | -678 |
| (3)政府土地储备机构贷款 | 20300 | 20300 | 17300 | 17600 | 2300 |
| (4)单位购置商业用房贷款 | | 105 | | 93 | 93 |
| (5)个人购房贷款 | 42726.2 | 42542.29 | 40552.82 | 40727.31 | -8730.69 |
| 九、医药制造业 | 44923.7 | 34859 | 32283.2 | 32454.2 | -11435.8 |
| 十、机械制造业 | 69070.22 | 52521.5 | 57803 | 55038.5 | -15569.9 |
| 合计 | 1286647.4 | 1253414.7 | 1288878.9 | 1201945.6 | 56701.88 |

注:本表机构包括工商银行、农业银行、中国银行、建设银行、城市商业银行、农村信用社。

# 5-15 大同市银行业金融机构部分行业不良贷款情况表(五级分类)

单位:万元

| 项目 \ 指标 \ 时间 | 1季度 | | 2季度 | | 3季度 | |
|---|---|---|---|---|---|---|
| | 余额 | 比例% | 余额 | 比例% | 余额 | 比例% |
| 一、煤炭行业 | 26763.75 | 4.94 | 27217.99 | 5.58 | 26798.00 | 5.06 |
| 二、焦炭行业 | | | | | | |
| (1)年产60万吨以上 | | | | | | |
| (2)年产40万~60万吨 | | | | | | |
| (3)年产20万~40万吨 | | | | | | |
| (4)年产20万吨以下 | | | | | | |
| 三、冶金行业 | 5664.00 | 10.47 | 15881.00 | 22.83 | 18421.00 | 32.06 |
| (1)普通钢 | 1575.00 | 5.39 | 15201.00 | 36.57 | 14721.00 | 41.92 |
| (2)特种钢 | 324.00 | 100.00 | 254.00 | 100.00 | 254.00 | 100.00 |
| (3)生铁 | 46.00 | 100.00 | | | | |
| (4)铁合金 | 1692.00 | 14.05 | 340.00 | 2.89 | 170.00 | 1.16 |
| (5)电解铝 | | | | | | |
| 四、建材行业 | 16612.61 | 36.11 | 5261.21 | 15.21 | 8006.50 | 23.22 |
| (1)水泥 | 6865.51 | 24.13 | 1676.81 | 7.21 | 4205.00 | 18.13 |
| 五、交通行业 | 11238.83 | 11.74 | 2992.24 | 2.24 | 3039.00 | 2.27 |
| (1)公路 | 11238.83 | 12.35 | 2992.24 | 2.29 | 1209.00 | 1.53 |
| (2)铁路 | | | | | 1798.00 | 13.10 |
| 六、化工行业 | 19942.60 | 36.17 | 8635.20 | 21.30 | 17993.40 | 41.42 |
| (1)电石 | 1211.30 | 98.30 | 30.30 | 59.06 | 30.30 | 59.06 |
| 七、电力行业 | 494.00 | 0.23 | 494.00 | 0.20 | 494.00 | 0.19 |
| 八、房地产业 | 13381.50 | 13.27 | 10729.20 | 11.17 | 10420.42 | 12.44 |
| (1)房地产开发商贷款 | 3389.50 | 24.22 | 2508.50 | 18.79 | 2222.00 | 21.40 |
| (2)住房开发贷款 | 8945.50 | 31.13 | 6414.00 | 25.71 | 6304.00 | 30.30 |
| (3)政府土地储备机构贷款 | | | | | | |
| (4)单位购置商业用房贷款 | | | | | | |
| (5)个人购房贷款 | 1033.50 | 2.42 | 1793.70 | 4.24 | 1881.42 | 4.67 |
| 九、医药制造业 | 10664.70 | 47.88 | 524.00 | 4.29 | 525.00 | 5.20 |
| 十、机械制造业 | 23134.22 | 33.51 | 10064.50 | 19.17 | 14527.00 | 25.14 |
| 合　计 | 127896.21 | 10.58 | 81799.34 | 6.99 | 100220.32 | 8.30 |

注:本表机构包括工商银行、农业银行、中国银行、建设银行、城市商业银行。

# 5-15 大同市银行业金融机构部分行业不良贷款情况表(五级分类)

单位:万元

| 项目 \ 指标 时间 | 4季度 | | | |
|---|---|---|---|---|
| | 余额 | 比例% | 余额比年初增减 | 比例比年初增减 |
| 一、煤炭行业 | 27169.04 | 5.38 | 461.39 | 0.18 |
| 二、焦炭行业 | | | | |
| (1)年产60万吨以上 | | | | |
| (2)年产40万~60万吨 | | | | |
| (3)年产20万~40万吨 | | | | |
| (4)年产20万吨以下 | | | | |
| 三、冶金行业 | 16479.24 | 33.93 | 10818.24 | 19.31 |
| (1)普通钢 | 13059.24 | 51.87 | 11484.24 | 44.53 |
| (2)特种钢 | 254.00 | 100.00 | -70.00 | 0.00 |
| (3)生铁 | | | | |
| (4)铁合金 | 20.00 | 0.13 | -1675.00 | -15.96 |
| (5)电解铝 | | | | |
| 四、建材行业 | 16290.91 | 47.86 | -2418.60 | 10.74 |
| (1)水泥 | 13520.81 | 53.71 | 8153.00 | 34.93 |
| 五、交通行业 | 16322.24 | 17.53 | 4679.94 | 4.76 |
| (1)公路 | 12765.24 | 15.95 | 1122.94 | 3.02 |
| (2)铁路 | 3525.00 | 27.06 | 3525.00 | 27.06 |
| 六、化工行业 | 17403.90 | 45.57 | -2798.90 | 8.96 |
| (1)电石 | 473.30 | 95.75 | -738.00 | -2.54 |
| 七、电力行业 | 450.00 | 0.18 | -4.00 | -0.22 |
| 八、房地产业 | 7867.07 | 9.68 | -5755.43 | -4.77 |
| (1)房地产开发商贷款 | 1528.50 | 17.11 | -1230.00 | -1.63 |
| (2)住房开发贷款 | 3414.00 | 17.59 | -5788.00 | -28.21 |
| (3)政府土地储备机构贷款 | | | | |
| (4)单位购置商业用房贷款 | | | | |
| (5)个人购房贷款 | 2911.57 | 7.20 | 1262.57 | 3.84 |
| 九、医药制造业 | 501.00 | 4.98 | -10164.00 | -45.71 |
| 十、机械制造业 | 15523.50 | 28.22 | -8561.50 | -5.92 |
| 合计 | 118006.90 | 10.53 | -13742.86 | -1.97 |

# 5-15 大同市银行业金融机构部分行业不良贷款情况表(四级分类)

单位:万元

| 项目 \ 指标 \ 时间 | 1季度 | | 2季度 | | 3季度 | |
|---|---|---|---|---|---|---|
| | 余额 | 比例% | 余额 | 比例% | 余额 | 比例% |
| 一、煤炭行业 | 16860 | 78.98 | 17960.00 | 76.11 | 15203.00 | 66.33 |
| 二、焦炭行业 | 155 | 31.96 | 485.00 | 100.00 | 455.00 | 100.00 |
| (1)年产60万吨以上 | | | | | | |
| (2)年产40万~60万吨 | | | | | | |
| (3)年产20万~40万吨 | 155 | 31.96 | 485.00 | 100.00 | 455.00 | 100.00 |
| (4)年产20万吨以下 | | | | | | |
| 三、冶金行业 | 2712 | 50.15 | 2762.00 | 51.07 | 5158.00 | 95.38 |
| (1)普通钢 | | | | | | |
| (2)特种钢 | | | | | | |
| (3)生铁 | | | | | | |
| (4)铁合金 | 50 | 16.67 | 50.00 | 16.67 | 50.00 | 16.67 |
| (5)电解铝 | | | | | | |
| 四、建材行业 | 566 | 10.26 | 218.00 | 3.85 | 238.00 | 3.65 |
| (1)水泥 | 348 | 31.13 | 203.00 | 6.10 | 203.00 | 5.32 |
| 五、交通行业 | | | 456.00 | 4.96 | 448.00 | 4.92 |
| (1)公路 | | | 456.00 | 4.96 | | |
| (2)铁路 | | | | | | |
| 六、化工行业 | | | | 26.63 | 784.00 | 97.51 |
| (1)电石 | 804 | 85.17 | 784.00 | | | |
| 七、电力行业 | | | | | | |
| 八、房地产业 | | | | 0.29 | 30.00 | 0.29 |
| (1)房地产开发商贷款 | 30 | 0.30 | 30.00 | | | |
| (2)住房开发贷款 | | | | | | |
| (3)政府土地储备机构贷款 | | | | | | |
| (4)单位购置商业用房贷款 | | | | | | |
| (5)个人购房贷款 | | | 30.00 | 11.11 | 30.00 | 11.11 |
| 九、医药制造业 | 739 | 3.26 | 664.00 | 2.93 | 423.00 | 1.91 |
| 十、机械制造业 | 30 | 100.00 | 30.00 | 100.00 | 30.00 | 100.00 |
| 合计 | 21896 | 28.06 | 23389.00 | 27.91 | 22769.00 | 27.90 |

注:本表机构包括农村信用社。

# 5-15 大同市银行业金融机构部分行业不良贷款情况表(四级分类)

单位:万元

| 项目 \ 指标 \ 时间 | 4季度 | | | |
|---|---|---|---|---|
| | 余额 | 比例% | 余额比年初增减 | 比例比年初增减 |
| 一、煤炭行业 | 15758.00 | 72.72 | -7282.00 | 2.71 |
| 二、焦炭行业 | 125.00 | 27.47 | -129.00 | -16.02 |
| (1)年产60万吨以上 | | | | |
| (2)年产40万~60万吨 | | | | |
| (3)年产20万~40万吨 | 125.00 | 27.47 | -129.00 | -16.02 |
| (4)年产20万吨以下 | | | | |
| 三、冶金行业 | 5108.00 | 95.33 | 2083.00 | 45.51 |
| (1)普通钢 | | | | |
| (2)特种钢 | | | | |
| (3)生铁 | | | | |
| (4)铁合金 | 50.00 | 16.67 | | |
| (5)电解铝 | | | | |
| 四、建材行业 | 238.00 | 3.14 | -607.00 | -10.24 |
| (1)水泥 | 238.00 | 5.69 | -410.00 | -40.01 |
| 五、交通行业 | 518.00 | 5.69 | -79.00 | |
| (1)公路 | 518.00 | 5.69 | -79.00 | |
| (2)铁路 | | | | |
| 六、化工行业 | 784.00 | 97.51 | -67.00 | 9.87 |
| (1)电石 | | | | |
| 七、电力行业 | | | | |
| 八、房地产业 | 20.00 | 0.20 | -10.00 | -0.10 |
| (1)房地产开发商贷款 | | | | |
| (2)住房开发贷款 | | | | |
| (3)政府土地储备机构贷款 | | | | |
| (4)单位购置商业用房贷款 | | | | |
| (5)个人购房贷款 | 10.00 | 3.70 | -20.00 | -4.87 |
| 九、医药制造业 | 539.00 | 2.41 | -2.00 | 0.04 |
| 十、机械制造业 | 30.00 | 100.00 | -23.00 | |
| 合计 | 23120.00 | 28.28 | -6116.00 | -3.50 |

# 5-16 大同市主要银行机构客户大额授信和零售贷款违约客户情况统计时序表

单位:个、亿元、%

| 时间 | 客户大额授信统计 | | | | | | | | 关联企业授信 | 关联企业贷款 | 零售贷款违约统计 | |
|---|---|---|---|---|---|---|---|---|---|---|---|---|
| | 客户数 | 授信额度 | 贷款余额 | 不良贷款 | 不良占比 | 预警信息 | | | | | 法人违约数 | 个人违约数 |
| | | | | | | 客户数 | 贷款 | 不良贷款 | | | | |
| 1月 | 3 | 6.33 | 6.33 | 0.1 | 1.58 | 1 | 1.45 | 0.1 | | | 20 | 944 |
| 2月 | 3 | 6.33 | 6.33 | 0.1 | 1.58 | 1 | 1.45 | 0.1 | | | 20 | 908 |
| 3月 | 9 | 15.28 | 12.28 | 0.1 | 0.81 | 1 | 1.45 | 0.1 | | | 21 | 850 |
| 4月 | 13 | 17.45 | 14.37 | 0.1 | 0.7 | 4 | 3.13 | 0.1 | | | 21 | 840 |
| 5月 | 9 | 15.08 | 12.08 | 0.51 | 4.22 | 1 | 1.45 | 0.51 | | | 21 | 905 |
| 6月 | 20 | 21.27 | 18.26 | 0.51 | 2.79 | 1 | 1.45 | 0.51 | | | 19 | 815 |
| 7月 | 16 | 19.23 | 16.09 | 0.51 | 3.17 | 1 | 1.45 | 0.51 | | | 19 | 810 |
| 8月 | 18 | 21.74 | 16.85 | 0.51 | 3.03 | 1 | 1.45 | 0.51 | | | 5 | 772 |
| 9月 | 19 | 21.83 | 17.54 | 1.45 | 8.27 | 1 | 1.45 | 1.45 | | | 5 | 712 |
| 10月 | 19 | 21.85 | 17.56 | 1.45 | 8.26 | 1 | 1.45 | 1.45 | | | 5 | 675 |
| 11月 | 18 | 21.14 | 17.01 | 1.45 | 8.52 | 1 | 1.45 | 1.45 | | | 5 | 642 |
| 12月 | 17 | 20.36 | 19.23 | 1.45 | 7.54 | 1 | 1.45 | 1.45 | | | 2 | 646 |

注:本表机构包括工商银行、农业银行、中国银行、建设银行。

# 5-17 大同市银行业金融机构案件信息统计表

单位:万元、件

| 项 目 | 案 件 | | 其中:百万元以上案件 | |
|---|---|---|---|---|
| | 本年累计发生 | 比上年同期增减 | 本年累计发生 | 比上年同期增减 |
| 经济案件数量 | 2 | 2 | 1 | 1 |
| 其中:挪用 | 0 | 0 | 0 | 0 |
| 贪污 | 0 | 0 | 0 | 0 |
| 侵占 | 1 | 1 | 0 | 0 |
| 贿赂 | 0 | 0 | 0 | 0 |
| 经济案件涉案金额 | 476.6 | 476.6 | 395 | 395 |
| 其中:挪用 | 395 | 395 | 395 | 395 |
| 贪污 | 0 | 0 | 0 | 0 |
| 侵占 | 81.62 | 81.62 | 0 | 0 |
| 贿赂 | 0 | 0 | 0 | 0 |
| 经济案件风险金额 | 0 | 0 | 0 | 0 |
| 其中:挪用 | 0 | 0 | 0 | 0 |
| 贪污 | 0 | 0 | 0 | 0 |
| 侵占 | 0 | 0 | 0 | 0 |
| 贿赂 | 0 | 0 | 0 | 0 |
| 违规经营数量 | 0 | 0 | 0 | 0 |
| 其中:违反金融法规 | 0 | 0 | 0 | 0 |
| 违反财经纪律 | 0 | 0 | 0 | 0 |
| 破坏金融秩序 | 0 | 0 | 0 | 0 |
| 违规经营涉案金额 | 0 | 0 | 0 | 0 |
| 其中:违反金融法规 | 0 | 0 | 0 | 0 |
| 违反财经纪律 | 0 | 0 | 0 | 0 |
| 破坏金融秩序 | 0 | 0 | 0 | 0 |
| 违规经营风险金额 | 0 | 0 | 0 | 0 |
| 其中:违反金融法规 | 0 | 0 | 0 | 0 |
| 违反财经纪律 | 0 | 0 | 0 | 0 |
| 破坏金融秩序 | 0 | 0 | 0 | 0 |
| 诈骗案件数量 | 1 | 1 | 0 | 0 |
| 诈骗案件涉案金额 | 44.7 | 44.7 | 0 | 0 |
| 诈骗案件风险金额 | 34.7 | 34.7 | 0 | 0 |
| 抢劫案件数量 | 0 | 0 | 0 | 0 |
| 抢劫案件涉案金额 | 0 | 0 | 0 | 0 |
| 抢劫案件风险金额 | 0 | 0 | 0 | 0 |
| 盗窃案件数量 | 0 | 0 | 0 | 0 |
| 盗窃案件涉案金额 | 0 | 0 | 0 | 0 |
| 盗窃案件风险金额 | 0 | 0 | 0 | 0 |
| 各类案件数量总计 | 3 | 3 | 1 | 1 |
| 各类案件涉案金额总计 | 521.3 | 521.3 | 395 | 395 |
| 各类案件风险金额总计 | 34.7 | 34.7 | 0 | 0 |

注:本表机构包括辖内所有银行业金融机构。

# 5-18 朔州市银行业金融机构资产负债表

单位:万元

| 项目 \ 时间 | 1月 | 2月 | 3月 | 4月 | 5月 |
|---|---|---|---|---|---|
| | 余额 | 余额 | 余额 | 余额 | 余额 |
| 流动资产 | 1325080.33 | 1398319.8 | 1461485.03 | 1446865.06 | 1482583.52 |
| 一、现金及银行存款 | 26329.07 | 31913.71 | 26832.41 | 23684.69 | 25671.34 |
| 二、存放中央银行 | 108741 | 116548 | 78637 | 69544 | 77007 |
| 三、存放同业 | 66017.36 | 70210.08 | 80850.3 | 77882.81 | 82556.53 |
| 四、存放联行款项 | 350936.96 | 356671.87 | 479975.54 | 400714.21 | 412839.16 |
| 五、拆放同业 | 569 | 569 | 569 | 569 | 569 |
| 六、短期贷款 | 698901.21 | 700169.47 | 704666.58 | 693922.28 | 677271.34 |
| 七、应收账款 | 5584.94 | 7971.87 | 6532.24 | 6661.66 | 42896.29 |
| 其中:应收利息 | 7078.94 | 8877.87 | 8979.93 | 10876.07 | 12987.71 |
| 八、减:坏账准备 | 2767 | 2767 | 2768 | 2769 | 2769 |
| 九、短期投资 | 601 | 602 | 608 | 607 | 683 |
| 十、减:短期投资跌价准备 | | | | | |
| 十一、委托贷款及投资 | | | | | |
| 十二、买入返售资产 | 2141 | 49067 | 18277 | 105071 | 94645 |
| 十三、待处理流动资产损失 | | | | | |
| 十四、其他流动资产 | 68025.79 | 67363.8 | 67304.96 | 70977.41 | 71213.86 |
| 长期资产 | 556297.09 | 563520.58 | 561611.58 | 563474.48 | 544234.05 |
| 十五、中长期贷款 | 517804.41 | 525279.11 | 523912.11 | 525859.69 | 506907.22 |
| 十六、减:贷款损失准备 | 9130.32 | -5284.53 | 9645.53 | 9526.21 | 9416.17 |
| 十七、长期投资 | 7869 | 7875 | 7847 | 7893 | 7695 |
| 十八、减:长期投资减值准备 | | | | | |
| 十九、固定资产净值 | 39927 | 39878 | 39671 | 39421 | 39221 |
| 固定资产 | 56522 | 56500 | 56599 | 56835 | 56835 |
| 减:累计折旧 | 16495 | 16622 | 16928 | 17414 | 17614 |
| 二十、固定资产减值准备 | 833 | 833 | 833 | 833 | 833 |
| 二十一、固定资产清理 | | | | | |
| 二十二、在建工程 | 660 | 660 | 660 | 660 | 660 |
| 二十三、减:在建工程减值准备 | | | | | |
| 二十四、待处理固定资产损失 | | | | | |
| 无形递延及其他资产 | 5212 | 5153 | 5138 | 5002 | 4938 |
| 二十五、无形递延及其他资产 | 5244 | 5185 | 5170 | 5034 | 4970 |
| 二十六、减:抵债资产减值准备 | | | | | |
| 二十七、减:无形资产减值准备 | 32 | 32 | 32 | 32 | 32 |
| 二十八、减:其他资产减值准备 | | | | | |
| 资产总计 | 1886589.42 | 1966993.38 | 2028234.61 | 2015341.54 | 2031755.57 |

注:本表包括辖内所有银行业金融机构。

# 5-18 朔州市银行业金融机构资产负债表

单位:万元

| 项 目 \ 时 间 | 6月 | 7月 | 8月 | 9月 | 10月 |
|---|---|---|---|---|---|
| | 余额 | 余额 | 余额 | 余额 | 余额 |
| 流动资产 | 1512924.26 | 1498446.9 | 1530693.16 | 1562537.6 | 1712462.29 |
| 一、现金及银行存款 | 33853.97 | 27521.97 | 27938.4 | 31136.23 | 28609.34 |
| 二、存放中央银行 | 76892 | 73076 | 68657 | 75392.03 | 94594.22 |
| 三、存放同业 | 88335.61 | 80970.21 | 79691.79 | 81144.27 | 73203.83 |
| 四、存放联行款项 | 482325.84 | 491112.43 | 527353.8 | 562957.66 | 667970.51 |
| 五、拆放同业 | 569 | 569 | 569 | 569 | 569 |
| 六、短期贷款 | 692520.85 | 680627.32 | 682154.89 | 696666.4 | 702273.91 |
| 七、应收账款 | 48250.2 | 49160.97 | 53160.09 | 48437.31 | 71255 |
| 其中:应收利息 | 8050.61 | 9166.64 | 11234.78 | 9274.47 | 11259.46 |
| 八、减:坏账准备 | 2717 | 2717 | 2717 | 2720 | 2720 |
| 九、短期投资 | 707 | 720 | 725 | 747 | 601 |
| 十、减:短期投资跌价准备 | | | | | |
| 十一、委托贷款及投资 | | | | | |
| 十二、买入返售资产 | 20378 | 25974 | 21581 | | 7969 |
| 十三、待处理流动资产损失 | | | | | |
| 十四、其他流动资产 | 71808.79 | 71432 | 71579.19 | 68207.7 | 68136.48 |
| 长期资产 | 589783.37 | 594909 | 593010.15 | 575486.64 | 574938.78 |
| 十五、中长期贷款 | 516240.75 | 521512.33 | 519804.17 | 502753.23 | 502924.71 |
| 十六、减:贷款损失准备 | 9186.38 | 9122.33 | 9064.02 | 9353.78 | 9411.06 |
| 十七、长期投资 | 39061 | 38965 | 38925 | 38978.83 | 38725.87 |
| 十八、减:长期投资减值准备 | | | | | |
| 十九、固定资产净值 | 43807 | 43694 | 43485 | 43247.93 | 42835.42 |
| 固定资产 | 62874 | 62976 | 62988 | 62012.94 | 61964.13 |
| 减:累计折旧 | 19067 | 19282 | 19503 | 18765.01 | 19128.71 |
| 二十、固定资产减值准备 | 668 | 668 | 668 | 668 | 668 |
| 二十一、固定资产清理 | 59 | 58 | 58 | 58.43 | 61.84 |
| 二十二、在建工程 | 470 | 470 | 470 | 470 | 470 |
| 二十三、减:在建工程减值准备 | | | | | |
| 二十四、待处理固定资产损失 | | | | | |
| 无形递延及其他资产 | 105 | 39 | -39 | 35.79 | 21.63 |
| 二十五、无形递延及其他资产 | 106 | 40 | -38 | 35.79 | 22.63 |
| 二十六、减:抵债资产减值准备 | | | | | |
| 二十七、减:无形资产减值准备 | 1 | 1 | 1 | 1 | 1 |
| 二十八、减:其他资产减值准备 | | | | | |
| 资产总计 | 2102812.63 | 2093394.9 | 2123664.31 | 2138060.03 | 2287422.7 |

# 5-18 朔州市银行业金融机构资产负债表

单位:万元

| 项目 \ 时间 | 11月 | 12月 | | |
|---|---|---|---|---|
| | 余额 | 余额 | 比同期增减额 | 比同期增长% |
| 流动资产 | 1697369.74 | 1930945.35 | 708566.32 | 57.97 |
| 一、现金及银行存款 | 30814.36 | 25344.02 | 8429.06 | 49.83 |
| 二、存放中央银行 | 87948.52 | 135249.41 | 25076.01 | 22.76 |
| 三、存放同业 | 79297.07 | 84948.3 | 17570.23 | 26.08 |
| 四、存放联行款项 | 713291.61 | 793172.56 | 445349.88 | 128.04 |
| 五、拆放同业 | 569 | 569 | | |
| 六、短期贷款 | 665500.49 | 826568.26 | 152385.73 | 22.60 |
| 七、应收账款 | 50393.33 | -2847.2 | -6986.79 | -168.78 |
| 其中:应收利息 | 12687.28 | 7504.88 | 1855.79 | 32.85 |
| 八、减:坏账准备 | 3675 | 4274 | 3097 | 263.13 |
| 九、短期投资 | 601 | 600 | | |
| 十、减:短期投资跌价准备 | | | | |
| 十一、委托贷款及投资 | | | | |
| 十二、买入返售资产 | 4884 | 4190 | 4190 | |
| 十三、待处理流动资产损失 | | | | |
| 十四、其他流动资产 | 67745.36 | 67425 | 65649.2 | 3696.88 |
| 长期资产 | 574013.5 | 508703.96 | -45093.05 | -8.14 |
| 十五、中长期贷款 | 501751.14 | 432431.58 | -83905.73 | -16.25 |
| 十六、减:贷款损失准备 | 9372.59 | 10910.22 | 316.42 | 2.99 |
| 十七、长期投资 | 39095.8 | 39074.45 | 31184.45 | 395.24 |
| 十八、减:长期投资减值准备 | | | | |
| 十九、固定资产净值 | 42737.15 | 48513.15 | 8093.85 | 20.02 |
| 固定资产 | 62315.8 | 65566.12 | 8593.12 | 15.08 |
| 减:累计折旧 | 19578.65 | 17052.97 | 499.27 | 3.02 |
| 二十、固定资产减值准备 | 668 | 556 | -360 | -39.30 |
| 二十一、固定资产清理 | | | -0.2 | -100.00 |
| 二十二、在建工程 | 470 | 151 | -509 | -77.12 |
| 二十三、减:在建工程减值准备 | | | | |
| 二十四、待处理固定资产损失 | | | | |
| 无形递延及其他资产 | -322.66 | -803.21 | -6229.1 | -114.80 |
| 二十五、无形递延及其他资产 | -321.66 | -803.21 | -6229.1 | -114.80 |
| 二十六、减:抵债资产减值准备 | | | | |
| 二十七、减:无形资产减值准备 | 1 | | -32 | -100.00 |
| 二十八、减:其他资产减值准备 | | | | |
| 资产总计 | 2271060.58 | 2438846.1 | 657244.17 | 36.89 |

# 5-18 朔州市银行业金融机构资产负债表

单位:万元

| 时间<br>项目 | 1月 | 2月 | 3月 | 4月 | 5月 |
|---|---|---|---|---|---|
| | 余额 | 余额 | 余额 | 余额 | 余额 |
| 流动负债 | 1071278.15 | 1119789.77 | 1129918.94 | 1142518.46 | 1152898.01 |
| 一、短期存款 | 528522.4 | 560854.76 | 484846.63 | 598879.56 | 597343.53 |
| 二、活期储蓄存款 | 302337.71 | 326176.71 | 346105.55 | 343428.32 | 340922.8 |
| 三、财政性存款 | 4619 | 3175 | 3017 | 4203 | 4996 |
| 四、向中央银行借款 | 18000 | 18000 | 17359 | 15630 | 17805 |
| 五、同业存放 | 51303 | 52678 | 52380 | 51133 | 56199 |
| 六、联行存放 | 83814.52 | 91651.61 | 69780 | 71767 | 75360 |
| 七、同业拆入 | | | | | |
| 八、应解汇款及临时存款 | 677 | 518 | 882 | 922 | 696 |
| 九、汇出汇款 | 9902.55 | 5202.83 | 4320.66 | 5363.28 | 4427.11 |
| 十、委托存款 | 288 | 306 | 276 | 445 | 503 |
| 十一、卖出回购资产 | | | | | |
| 十二、应付及预提账项 | 38385.28 | 26544.4 | 29411.75 | 20599.48 | 25147.98 |
| 十三、存放短期保证金 | 17151.69 | 16038.26 | 16663.35 | 16661.82 | 15189.59 |
| 十四、发行短期债券 | | | | | |
| 十五、其他流动负债 | 14477 | 167095.94 | 13247 | 13486 | 14308 |
| 长期负债 | 832443.92 | 861604.96 | 885839.8 | 881546.72 | 886487.53 |
| 十六、长期存款 | 42993.75 | 43293.75 | 55375.46 | 39782.17 | 34453.3 |
| 十七、定期储蓄存款 | 788799.64 | 817661.7 | 828380.81 | 708599.03 | 850097.7 |
| 十八、存放长期保证金 | | | | | |
| 十九、发行长期债券 | | | | | |
| 二十、其他长期负债 | 650.53 | 649.51 | 2083.53 | 1983.52 | 1936.53 |
| 所有者权益 | -17132.65 | -14401.35 | 12475.87 | -8723.64 | -7629.97 |
| 二十一、实收资本 | 14988 | 16594 | 20398 | 20815 | 20996 |
| 二十二、资本公积 | 796 | 796 | 796 | 796 | 796 |
| 二十三、公积金 | 577 | 577 | 577 | 577 | 576 |
| 二十四、公益金 | -30538 | -98 | -98 | -98 | -98 |
| 二十五、未分配利润 | -2586.65 | -32270.35 | -9197.13 | -30813.64 | -29899.97 |
| 其中:本年利润 | -382.38 | 1204.65 | 24216.87 | 26556.36 | 27470.03 |
| 二十六、一般准备金 | | | | | |
| 负债总计 | 1886589.42 | 1966993.38 | 2028234.61 | 2015341.54 | 2031755.57 |

# 5-18 朔州市银行业金融机构资产负债表

单位：万元

| 项目 \ 时间 | 6月 | 7月 | 8月 | 9月 | 10月 |
|---|---|---|---|---|---|
| | 余额 | 余额 | 余额 | 余额 | 余额 |
| 流动负债 | 1206214.28 | 1200411.91 | 1212269.94 | 1202312 | 1322801.3 |
| 一、短期存款 | 638610.17 | 635645.66 | 642909.04 | 613352 | 682319.06 |
| 二、活期储蓄存款 | 353072.56 | 359440.74 | 360541.89 | 377690.53 | 391035.84 |
| 三、财政性存款 | 3793 | 3071 | 4844 | 14397.31 | 14449.4 |
| 四、向中央银行借款 | 20000 | 18600 | 18100 | 18000 | 17100 |
| 五、同业存放 | 56945 | 46050 | 45851 | 44890.93 | 45239.69 |
| 六、联行存放 | 78189 | 75132 | 74921 | 68526 | 71063 |
| 七、同业拆入 | | | | | |
| 八、应解汇款及临时存款 | 549.11 | 335.62 | 482.62 | 634.04 | 1008.02 |
| 九、汇出汇款 | 1986.11 | 4697.65 | 6031.58 | 6345.53 | 5259.94 |
| 十、委托存款 | 493 | 398 | 531 | -3361.04 | -3245.04 |
| 十一、卖出回购资产 | | | | | |
| 十二、应付及预提账项 | 25704.36 | 24921.09 | 24723.13 | 28410.13 | 66178.79 |
| 十三、存放短期保证金 | 13817.97 | 16535.86 | 20416.68 | 20200.58 | 17576.57 |
| 十四、发行短期债券 | | | | | |
| 十五、其他流动负债 | 13054 | 15284 | 12927 | 13226 | 14816 |
| 长期负债 | 893340.31 | 887787.74 | 905736.7 | 931054.48 | 953771.49 |
| 十六、长期存款 | 30285.95 | 22013.88 | 26991.5 | 35053.17 | 40592.17 |
| 十七、定期储蓄存款 | 859680.88 | 864115.75 | 874960.51 | 891762.07 | 908025.24 |
| 十八、存放长期保证金 | | | | | |
| 十九、发行长期债券 | | | | | |
| 二十、其他长期负债 | 3375.48 | 1658.11 | 3784.69 | 4239.24 | 5154.08 |
| 所有者权益 | 3258.04 | 5195.25 | 5657.67 | 4693.54 | 10849.94 |
| 二十一、实收资本 | 40284 | 21379 | 21440 | 21566 | 21626 |
| 二十二、资本公积 | 796 | 796 | 796 | 796 | 796 |
| 二十三、公积金 | 578 | 577 | 577 | 577 | 577 |
| 二十四、公益金 | -98 | -98 | -98 | -98 | -98 |
| 二十五、未分配利润 | -38301.96 | -17458.75 | -17057.33 | -18147.46 | -12051.06 |
| 其中：本年利润 | 8230.04 | 29071.25 | 29473.67 | 28383.54 | 33129.94 |
| 二十六、一般准备金 | | | | | |
| 负债总计 | 2102812.63 | 2093394.9 | 2123664.31 | 2138060.03 | 2287422.7 |

# 5-18 朔州市银行业金融机构资产负债表

单位:万元

| 项目 \ 时间 | 11月 | 12月 | | |
|---|---|---|---|---|
| | 余额 | 余额 | 比同期增减额 | 比同期增长% |
| 流动负债 | 1294970.91 | 1458340.41 | 460055.7 | 46.08 |
| 一、短期存款 | 659767.89 | 694794.3 | 178104.05 | 34.47 |
| 二、活期储蓄存款 | 409332.01 | 408649.35 | 120523.46 | 41.83 |
| 三、财政性存款 | 16220.57 | 14570.76 | 3219.96 | 28.37 |
| 四、向中央银行借款 | 15900 | 19185 | 185 | 0.97 |
| 五、同业存放 | 54091.29 | 55263.6 | 16897.6 | 44.04 |
| 六、联行存放 | 67352 | 166335.19 | 78947.74 | 90.34 |
| 七、同业拆入 | | | | |
| 八、应解汇款及临时存款 | 1380.43 | 3271.59 | -1802.11 | -35.52 |
| 九、汇出汇款 | 5592.32 | 24336.94 | -4224.64 | -14.79 |
| 十、委托存款 | -3655.04 | -762.04 | 54110.94 | -98.61 |
| 十一、卖出回购资产 | | | | |
| 十二、应付及预提账项 | 40103.19 | 44147.33 | 3460.97 | 8.51 |
| 十三、存放短期保证金 | 14967.25 | 15702.49 | -1932.19 | -10.96 |
| 十四、发行短期债券 | | | | |
| 十五、其他流动负债 | 13955 | 12846 | 12321 | 2346.86 |
| 长期负债 | 975957.96 | 971479.38 | 173058.61 | 21.68 |
| 十六、长期存款 | 39151.63 | 24886.25 | -15587.7 | -38.51 |
| 十七、定期储蓄存款 | 926819.36 | 937590.03 | 185902.48 | 24.73 |
| 十八、存放长期保证金 | | | | |
| 十九、发行长期债券 | | | | |
| 二十、其他长期负债 | 9950.01 | 9003.1 | 2744.13 | 43.84 |
| 所有者权益 | 131.71 | 9026.31 | 24429.86 | -158.60 |
| 二十一、实收资本 | 21662 | 17252 | 4097.4 | 31.15 |
| 二十二、资本公积 | 796 | 799 | -943 | -54.13 |
| 二十三、公积金 | 577 | 5054 | 4477 | 775.91 |
| 二十四、公益金 | -98 | -98 | | |
| 二十五、未分配利润 | -22805.29 | -13980.69 | 16798.96 | -54.58 |
| 其中:本年利润 | 22375.71 | 28255.39 | -584.86 | -2.03 |
| 二十六、一般准备金 | | | | |
| 负债总计 | 2271060.58 | 2438846.1 | 657544.17 | 36.91 |

# 5-19 朔州市金融机构存、贷款指标

单位:万元

| 项目 \ 时间 | 1月 | 2月 | 3月 | 4月 | 5月 |
|---|---|---|---|---|---|
| | 余额 | 余额 | 余额 | 余额 | 余额 |
| 一、各项存款 | 1875623.18 | 1968302.18 | 2052046.81 | 2082353.91 | 2091059.92 |
| 1.企事业单位存款 | 467860.14 | 508616.51 | 531958.24 | 536398.31 | 524498.4 |
| (1)活期存款 | 424866.39 | 465322.76 | 476582.77 | 496616.14 | 490045.1 |
| (2)定期存款 | 42993.75 | 43293.75 | 55375.47 | 39782.17 | 34453.3 |
| 2.储蓄存款 | 1246675.35 | 1307810.41 | 1345788.36 | 1357921.35 | 1371652.51 |
| (1)活期储蓄 | 325581.72 | 351143.71 | 372489.55 | 369455.31 | 368505.81 |
| (2)定期储蓄 | 921093.63 | 956666.7 | 973298.81 | 988466.04 | 1003146.7 |
| 3.信托存款 | | | | | |
| 4.委托存款 | 250 | 278 | 248 | 347 | 418 |
| 5.其他存款 | 160837.69 | 151597.26 | 174052.21 | 187687.25 | 194491.01 |
| 二、各项贷款 | 1217122.62 | 1225865.58 | 1228995.69 | 1220198.97 | 1184595.56 |
| 1.短期贷款 | 651330.21 | 652070.47 | 648784.58 | 630296.28 | 615490.34 |
| 2.中长期贷款 | 351392 | 351153 | 349786 | 350459 | 331341 |
| 3.信托贷款 | | | | | |
| 4.委托贷款 | | | | | |
| 5.其他贷款 | 166829.41 | 174543.11 | 174543.11 | 175817.69 | 175983.22 |
| 6.票据融资 | 47571 | 48099 | 55882 | 63626 | 61781 |
| 7.各项垫款 | | | | | |

注:1.本表机构包括人民银行、政策性银行、国有独资商业银行、农村信用社、邮政储汇局。

2.因工商银行于2005年6月进行了不良资产剥离,本表中各项贷款项目"余额"为资产剥离后的真实数据,"比年初增减额"均为调整后的可比口径数据。贷款剥离4.62亿元。

# 5-19 朔州市金融机构存、贷款指标

单位:万元

| 项目 \ 时间 | 6月 | 7月 | 8月 | 9月 | 10月 |
|---|---|---|---|---|---|
| | 余额 | 余额 | 余额 | 余额 | 余额 |
| 一、各项存款 | 2148205.63 | 2151444.81 | 2192564.24 | 2228520.67 | 2337524.26 |
| 1.企事业单位存款 | 550765.3 | 544330.8 | 561495.87 | 542696.65 | 614538.6 |
| (1)活期存款 | 520479.35 | 522316.91 | 534504.37 | 507643.48 | 573946.43 |
| (2)定期存款 | 30285.95 | 22013.89 | 26991.5 | 35053.17 | 40592.17 |
| 2.储蓄存款 | 1398153.44 | 1411930.48 | 1426055.39 | 1465713.59 | 1502846.08 |
| (1)活期储蓄 | 382389.56 | 390029.73 | 392417.89 | 410720.53 | 426948.84 |
| (2)定期储蓄 | 1015763.88 | 1021900.75 | 1033637.5 | 1054993.06 | 1075897.24 |
| 3.信托存款 | | | | | |
| 4.委托存款 | 451 | 385 | 494 | -3398.04 | -3282.04 |
| 5.其他存款 | 198835.89 | 194798.53 | 204518.98 | 223508.47 | 223421.62 |
| 二、各项贷款 | 1208761.59 | 1202139.65 | 1201959.06 | 1199419.63 | 1205198.62 |
| 1.短期贷款 | 568005.84 | 552841.32 | 553249.89 | 555760.33 | 564666.77 |
| 2.中长期贷款 | 338685 | 347466 | 345777 | 328839.97 | 329183.38 |
| 3.信托贷款 | | | | | |
| 4.委托贷款 | | | | | |
| 5.其他贷款 | 177555.75 | 174046.33 | 174027.17 | 173913.26 | 173741.33 |
| 6.票据融资 | 124515 | 127786 | 128855 | 140806.07 | 137597.14 |
| 7.各项垫款 | | | 50 | 100 | 10 |

# 5-19 朔州市金融机构存、贷款指标

单位：万元

| 项目 \ 时间 | 11月 | 12月 | | |
|---|---|---|---|---|
| | 余额 | 余额 | 比年初增减额 | 比年初增长% |
| 一、各项存款 | 2360047.09 | 2373205.73 | 556447.93 | 30.63 |
| 1.企事业单位存款 | 588511.26 | 589298.92 | 121889.03 | 26.08 |
| (1)活期存款 | 549359.63 | 564412.67 | 137476.53 | 32.20 |
| (2)定期存款 | 39151.63 | 24886.25 | -15587.5 | -38.51 |
| 2.储蓄存款 | 1551099.38 | 1572177.37 | 383439.14 | 32.26 |
| (1)活期储蓄 | 450800.01 | 453493.35 | 142634.56 | 45.88 |
| (2)定期储蓄 | 1100299.37 | 1118684.02 | 240804.58 | 27.43 |
| 3.信托存款 | | | | |
| 4.委托存款 | -3689.04 | -783.04 | -1123.04 | -330.31 |
| 5.其他存款 | 224125.49 | 212512.48 | 52242.8 | 32.60 |
| 二、各项贷款 | 1167251.63 | 1258999.84 | 121957.9 | 10.73 |
| 1.短期贷款 | 555070.19 | 780074.79 | 183929.71 | 30.85 |
| 2.中长期贷款 | 328104.38 | 275934.26 | -58375.19 | -17.46 |
| 3.信托贷款 | | | | |
| 4.委托贷款 | | | | |
| 5.其他贷款 | 173646.76 | 156497.32 | -10332.09 | -6.19 |
| 6.票据融资 | 110370.3 | 44098.47 | 4340.47 | 10.92 |
| 7.各项垫款 | 60 | 2395 | 2395 | |

# 5-20 朔州市金融机构存、贷款时序表

单位:亿元

| 时间 \ 指标 项目 | 各项存款 | | | 各项贷款 | | |
|---|---|---|---|---|---|---|
| | 余额 | 比年初增减额 | 余额比同期% | 余额 | 比年初增减额 | 余额比同期% |
| 1月 | 187.56 | 5.89 | 33.86 | 121.71 | 2.62 | 4.61 |
| 2月 | 196.83 | 15.15 | 36.62 | 122.59 | 3.49 | 2.68 |
| 3月 | 205.2 | 23.53 | 34.45 | 122.9 | 3.81 | -1.36 |
| 4月 | 208.24 | 26.56 | 29.66 | 122.02 | 2.93 | -8.61 |
| 5月 | 209.11 | 27.43 | 30.25 | 118.46 | 2.73 | -11.96 |
| 6月 | 214.82 | 33.14 | 26.88 | 120.88 | 8.43 | -8.50 |
| 7月 | 215.14 | 33.47 | 25.65 | 120.21 | 6.51 | -9.48 |
| 8月 | 219.26 | 37.58 | 29.44 | 120.2 | 6.49 | -7.10 |
| 9月 | 222.85 | 41.18 | 31.73 | 119.94 | 6.24 | -4.68 |
| 10月 | 233.75 | 52.08 | 34.66 | 120.52 | 6.82 | -0.53 |
| 11月 | 236 | 54.33 | 34.45 | 116.73 | 3.02 | -1.23 |
| 12月 | 237.32 | 55.64 | 34.33 | 125.9 | 12.2 | 5.72 |

# 5-21 朔州市主要银行业机构贷款质量统计表(五级分类)

单位:万元

| 项目＼时间 | 1月 | 2月 | 3月 | 4月 | 5月 | 6月 |
|---|---|---|---|---|---|---|
| | 余额 | 余额 | 余额 | 余额 | 余额 | 余额 |
| 正常贷款 | 845264 | 849546 | 847108 | 824204 | 814779 | 858113 |
| 正常类贷款 | 605959 | 610415 | 608066 | 580260 | 571298 | 620132 |
| 关注类贷款 | 239305 | 239131 | 239042 | 243944 | 243481 | 237981 |
| 不良贷款 | 156866 | 158718 | 158021 | 162295 | 126867 | 118693 |
| 次级类贷款 | 29706 | 31905 | 26775 | 30160 | 30379 | 35616 |
| 可疑类贷款 | 66431 | 67408 | 70651 | 72259 | 70228 | 57078 |
| 损失类贷款 | 60729 | 59405 | 60595 | 59876 | 26260 | 25999 |
| 贷款合计 | 1002130 | 1008264 | 1005129 | 986499 | 941646 | 976806 |

# 5-21 朔州市主要银行业机构贷款质量统计表(五级分类)

单位:万元

| 项目＼时间 | 7月 | 8月 | 9月 | 10月 | 11月 | 12月 | |
|---|---|---|---|---|---|---|---|
| | 余额 | 余额 | 余额 | 余额 | 余额 | 余额 | 比年初增减额 |
| 正常贷款 | 843468 | 835998 | 830331 | 831156 | 794536 | 878033 | 55708 |
| 正常类贷款 | 601933 | 601895 | 596376 | 603169 | 565469 | 674818 | 88889 |
| 关注类贷款 | 241535 | 234103 | 233955 | 227987 | 229067 | 203215 | -33181 |
| 不良贷款 | 119583 | 122649 | 122437 | 121350 | 121484 | 126488 | -30769 |
| 次级类贷款 | 37144 | 39922 | 35992 | 32897 | 33038 | 30425 | 445 |
| 可疑类贷款 | 56401 | 56894 | 60670 | 62684 | 62666 | 54997 | -11349 |
| 损失类贷款 | 26038 | 25833 | 25775 | 25769 | 25780 | 41066 | -19865 |
| 贷款合计 | 963051 | 958647 | 952768 | 952506 | 916020 | 1004521 | 24939 |

注:本表机构包括农业发展银行、工商银行、农业银行、中国银行、建设银行。

# 5-21 朔州市主要银行业机构贷款质量统计表(五级分类)

单位:%

| 项目 \ 时间 | 1月 | 2月 | 3月 | 4月 | 5月 | 6月 |
|---|---|---|---|---|---|---|
| | 比例 | 比例 | 比例 | 比例 | 比例 | 比例 |
| 正常贷款 | 84.35 | 84.26 | 84.28 | 83.55 | 86.53 | 87.85 |
| 正常类贷款 | 60.47 | 60.54 | 60.5 | 58.82 | 60.67 | 63.49 |
| 关注类贷款 | 23.88 | 23.72 | 23.78 | 24.73 | 25.86 | 24.36 |
| 不良贷款 | 15.65 | 15.74 | 15.72 | 16.45 | 13.47 | 12.15 |
| 次级类贷款 | 2.96 | 3.16 | 2.66 | 3.06 | 3.23 | 3.65 |
| 可疑类贷款 | 6.63 | 6.69 | 7.03 | 7.32 | 7.46 | 5.84 |
| 损失类贷款 | 6.06 | 5.89 | 6.03 | 6.07 | 2.79 | 2.66 |

# 5-21 朔州市主要银行业机构贷款质量统计表(五级分类)

单位:%

| 项目 \ 时间 | 7月 | 8月 | 9月 | 10月 | 11月 | 12月 | |
|---|---|---|---|---|---|---|---|
| | 比例 | 比例 | 比例 | 比例 | 比例 | 比例 | 比年初增减 |
| 正常贷款 | 87.58 | 87.21 | 87.15 | 87.26 | 86.74 | 87.41 | 3.46 |
| 正常类贷款 | 62.5 | 62.79 | 62.59 | 63.32 | 61.73 | 67.18 | 7.36 |
| 关注类贷款 | 25.08 | 24.42 | 24.56 | 23.94 | 25.01 | 20.23 | -3.9 |
| 不良贷款 | 12.42 | 12.79 | 12.85 | 12.74 | 13.26 | 12.59 | -3.46 |
| 次级类贷款 | 3.86 | 4.16 | 3.78 | 3.45 | 3.61 | 3.03 | -0.03 |
| 可疑类贷款 | 5.86 | 5.93 | 6.37 | 6.58 | 6.84 | 5.47 | -1.3 |
| 损失类贷款 | 2.7 | 2.69 | 2.71 | 2.71 | 2.81 | 4.09 | -2.13 |

# 5-22 朔州市地方性金融机构贷款质量统计表(四级分类)

单位:万元

| 项目 \ 时间 | 1月 | 2月 | 3月 | 4月 | 5月 | 6月 |
|---|---|---|---|---|---|---|
| | 余额 | 余额 | 余额 | 余额 | 余额 | 余额 |
| 正常贷款 | 134152 | 137508 | 145291 | 155985 | 164531 | 174939 |
| 不良贷款 | 80266 | 79675 | 78155 | 77310 | 77993 | 57038 |
| 逾期贷款 | 9744 | 9565 | 8580 | 8160 | 8087 | 7827 |
| 呆滞贷款 | 59142 | 58732 | 58197 | 57772 | 58528 | 49211 |
| 呆账贷款 | 11380 | 11378 | 11378 | 11378 | 11378 | |
| 各项贷款 | 214418 | 217183 | 223446 | 233295 | 242524 | 231977 |

5-22 朔州市地方性金融机构贷款质量统计表(四级分类)

单位:万元

| 项目 \ 时间 | 7月 | 8月 | 9月 | 10月 | 11月 | 12月 | |
|---|---|---|---|---|---|---|---|
| | 余额 | 余额 | 余额 | 余额 | 余额 | 余额 | 比年初增减额 |
| 正常贷款 | 182406 | 187037 | 191168 | 197372 | 196443 | 187930 | 58216 |
| 不良贷款 | 56686 | 56277 | 55511 | 55325 | 54798 | 66549 | -14672 |
| 逾期贷款 | 7709 | 7655 | 7437 | 7409 | 7330 | 11665 | 1552 |
| 呆滞贷款 | 48977 | 48622 | 48074 | 47916 | 47468 | 54884 | -4844 |
| 呆账贷款 | | | | | | | -11380 |
| 各项贷款 | 239092 | 243314 | 246679 | 252697 | 251241 | 254479 | 43544 |

注:本表机构包括农村信用社。

# 5-22 朔州市地方性金融机构贷款质量统计表(四级分类)

单位:%

| 项目 \ 时间 | 1月 | 2月 | 3月 | 4月 | 5月 | 6月 |
|---|---|---|---|---|---|---|
| | 比例 | 比例 | 比例 | 比例 | 比例 | 比例 |
| 正常贷款 | 62.57 | 63.31 | 65.02 | 66.86 | 67.84 | 75.41 |
| 不良贷款 | 37.43 | 36.69 | 34.98 | 33.14 | 32.16 | 24.59 |
| 逾期贷款 | 4.54 | 4.41 | 3.84 | 3.50 | 3.34 | 3.38 |
| 呆滞贷款 | 27.58 | 27.04 | 26.05 | 24.76 | 24.13 | 21.21 |
| 呆账贷款 | 5.31 | 5.24 | 5.09 | 4.88 | 4.69 | |

# 5-22 朔州市地方性金融机构贷款质量统计表(四级分类)

单位:%

| 项目 \ 时间 | 7月 | 8月 | 9月 | 10月 | 11月 | 12月 | |
|---|---|---|---|---|---|---|---|
| | 比例 | 比例 | 比例 | 比例 | 比例 | 比例 | 比年初增减 |
| 正常贷款 | 76.29 | 76.87 | 77.50 | 78.11 | 78.19 | 73.85 | 12.36 |
| 不良贷款 | 23.71 | 23.13 | 22.50 | 21.89 | 21.81 | 26.15 | -12.36 |
| 逾期贷款 | 3.22 | 3.14 | 3.02 | 2.93 | 2.91 | 4.58 | -0.21 |
| 呆滞贷款 | 20.48 | 19.98 | 19.49 | 18.96 | 18.89 | 21.57 | -6.75 |
| 呆账贷款 | | | | | | | -5.40 |

# 5-23 朔州市主要银行业机构非信贷资产情况表

单位：万元

| 项目 \ 指标 \ 时间 | 1季度 | | | 2季度 | | |
|---|---|---|---|---|---|---|
| | 余额 | 其中：不良资产 | 预计损失 | 余额 | 其中：不良资产 | 预计损失 |
| 一、现金 | 17618 | 20 | 20 | 21467 | 20 | 20 |
| 二、银行存款 | 2042 | | | 2056 | | |
| 三、贵金属 | | | | | | |
| 四、存放中央银行款项 | 39648 | | | 41306 | | |
| 五、存放同业款项 | 3917 | | | 2018 | | |
| 六、拆放同业 | 329 | 329 | 329 | 329 | 329 | 329 |
| 七、存放联行款项(轧差) | 464815 | | | 295189.35 | | |
| 八、应收及预付款项 | 15748 | 350 | 345 | 61411.1 | 256 | 251 |
| 其中：应收利息 | 8217 | 111 | 107 | 7554 | 22 | 18 |
| 待处理案件纠纷垫款 | 390 | 113 | 113 | 395 | 108 | 108 |
| 九、短期投资 | 8 | | | 8 | | |
| 十、委托贷款及委托投资 | 1867 | 67 | 67 | 1382 | 67 | 67 |
| 十一、买入返售证券 | 18277 | | | 20378 | | |
| 十二、待处理流动资产损失 | | | | | | |
| 十三、长期投资 | 53116 | | | 4384 | | |
| 十四、固定资产净值 | 37565 | | | 41772 | | |
| 十五、固定资产清理 | | | | 59 | | |
| 十六、在建工程 | 526 | | | 336 | | |
| 十七、待处理固定资产损失 | | | | | | |
| 十八、无形资产 | 5129 | | | 95 | | |
| 十九、递延资产 | 6469 | 6 | 6 | 6360 | 6 | 6 |
| 二十、其他非信贷资产 | 72346 | 17775 | 17775 | 81141 | 26471 | 26471 |
| 1.待处理抵债资产 | 39 | 39 | 39 | 39 | 39 | 39 |
| 2.应付福利费垫款 | 526 | 526 | 526 | 526 | 526 | 526 |
| 3.未弥补亏损 | 25838 | 25554 | 25554 | 25610 | 25554 | 25554 |
| 4.待处理房改资产 | 313 | 313 | 313 | 313 | 313 | 313 |
| 5.待清理自办实体资产 | | | | | | |
| 6.待清理接收资产 | 17 | 17 | 17 | 17 | 17 | 17 |
| (1)待清理城信社资产 | | | | | | |
| (2)待清理城信社资产与负债差额 | | | | | | |
| (3)待清理信托资产 | 17 | 17 | 17 | 17 | 17 | 17 |
| (4)人行转来企业贷款本金 | | | | | | |
| (5)其他金融机构转来资产 | | | | | | |
| (6)其他待清理接收资产 | | | | | | |
| 7.其他非信贷资产 | 45613 | -8674 | -8674 | 54636 | 22 | 22 |
| 非信贷资产合计 | 739420 | 18547 | 18542 | 579691.45 | 27149 | 27144 |

注：本表机构包括农业发展银行、工商银行、农业银行、中国银行、建设银行。

# 5-23 朔州市主要银行业机构非信贷资产情况表

单位:万元

| 项目 \ 指标 \ 时间 | 3季度 | | | 4季度 | | |
|---|---|---|---|---|---|---|
| | 余额 | 其中:不良资产 | 预计损失 | 余额 | 其中:不良资产 | 预计损失 |
| 一、现金 | 19567 | 20 | 20 | 14957 | | |
| 二、银行存款 | 1352 | | | 1281 | | |
| 三、贵金属 | | | | | | |
| 四、存放中央银行款项 | 44028 | | | 62370 | | |
| 五、存放同业款项 | 5810 | | | 1974 | 64 | 45 |
| 六、拆放同业 | 329 | 329 | 329 | 329 | 154 | 154 |
| 七、存放联行款项(轧差) | 542617 | | | 714113 | 1038 | 516 |
| 八、应收及预付款项 | 68394 | 262 | 259 | 10297 | 4854 | 4421 |
| 其中:应收利息 | 8429 | 28 | 28 | 7131 | 3050 | 2711.29 |
| 待处理案件纠纷垫款 | -150 | -166 | -166 | 124 | 101 | 99.8 |
| 九、短期投资 | 147 | | | 8 | | |
| 十、委托贷款及委托投资 | 6100 | 67 | 67 | 4453 | | |
| 十一、买入返售证券 | | | | 4190 | | |
| 十二、待处理流动资产损失 | | | | | | |
| 十三、长期投资 | 4399 | | | 4427 | | |
| 十四、固定资产净值 | 41119 | | | 46512 | 175 | 153.2 |
| 十五、固定资产清理 | 58 | | | | | |
| 十六、在建工程 | 336 | | | | | |
| 十七、待处理固定资产损失 | | | | | | |
| 十八、无形资产 | 96 | | | 83 | | |
| 十九、递延资产 | 6206 | 6 | 6 | 5982 | 3766 | 2501.14 |
| 二十、其他非信贷资产 | 81995 | 25945 | 25945 | 76094 | 20872 | 20872 |
| 1.待处理抵债资产 | 39 | 39 | 39 | 39 | 39 | 39 |
| 2.应付福利费垫款 | | | | | | |
| 3.未弥补亏损 | 25965 | 25554 | 25554 | 21653 | 20833 | 20833 |
| 4.待处理房改资产 | 313 | 313 | 313 | | | |
| 5.待清理自办实体资产 | | | | | | |
| 6.待清理接收资产 | 17 | 17 | 17 | 17 | | |
| (1)待清理城信社资产 | | | | | | |
| (2)待清理城信社资产与负债差额 | | | | | | |
| (3)待清理信托资产 | 17 | 17 | 17 | 17 | | |
| (4)人行转来企业贷款本金 | | | | | | |
| (5)其他金融机构转来资产 | | | | | | |
| (6)其他待清理接收资产 | | | | | | |
| 7.其他非信贷资产 | 55661 | 22 | 22 | 54385 | | |
| 非信贷资产合计 | 822553 | 26629 | 26626 | 947070 | 30923 | 28662.34 |

# 5-24 朔州市主要银行业机构表外业务情况表

单位:万元

| 项目 \ 指标 \ 时间 | 1季度 | | | 2季度 | | |
|---|---|---|---|---|---|---|
| | 余额 | 风险敞口 | 垫款期末余额 | 余额 | 风险敞口 | 垫款期末余额 |
| 一、担保类业务 | 42251 | 29612 | | 33580 | 23893 | |
| 1.开出银行承兑汇票 | 37634 | 29032 | | 32158 | 25398 | |
| 2.开出信用证 | 2672 | 2672 | | 587 | 587 | |
| 3.保函 | 1945 | -2092 | | 835 | -2092 | |
| 4.债券发行担保 | | | | | | |
| 其中:可转换债券担保 | | | | | | |
| 5.其他担保类业务 | | | | | | |
| 二、承诺类业务 | | | | | | |
| 1.贷款承诺 | | | | | | |
| 2.循环授信额度 | | | | | | |
| 3.其他承诺类业务 | | | | | | |
| 三、金融衍生类业务 | 0.33 | -61.67 | | 0.24 | -56.76 | |
| 1.期权 | | | | | | |
| 2.互换 | 0.33 | -61.67 | | 0.24 | -56.76 | |
| 3.远期外汇 | | | | | | |

# 5-24 朔州市主要银行业机构表外业务情况表

单位:万元

| 项目 \ 指标 \ 时间 | 3季度 | | | 4季度 | | |
|---|---|---|---|---|---|---|
| | 余额 | 风险敞口 | 垫款期末余额 | 余额 | 风险敞口 | 垫款期末余额 |
| 一、担保类业务 | 36329.6 | 24423.6 | | 31059.1 | 19215 | |
| 1.开出银行承兑汇票 | 33035 | 25292.6 | | 28811.5 | 21322.7 | |
| 2.开出信用证 | 2459.6 | 2343 | | 3.6 | -150.7 | |
| 3.保函 | 835 | -3212 | | 2244 | -1957 | |
| 4.债券发行担保 | | | | | | |
| 其中:可转换债券担保 | | | | | | |
| 5.其他担保类业务 | | | | | | |
| 二、承诺类业务 | | | | 7000 | 7000 | |
| 1.贷款承诺 | | | | | | |
| 2.循环授信额度 | | | | | | |
| 3.其他承诺类业务 | | | | 7000 | 7000 | |
| 三、金融衍生类业务 | 0.33 | -148.67 | | 0.32 | -177.44 | |
| 1.期权 | | | | | | |
| 2.互换 | 0.33 | -148.67 | | 0.32 | -177.44 | |
| 3.远期外汇 | | | | | | |

注:本表机构包括农业发展银行、工商银行、农业银行、中国银行、建设银行。

# 5-25 朔州市主要银行业机构贷款按逾期时间分类表

单位:万元

| 项目 \ 指标 \ 时间 | 上年末 | 一季度 | 二季度 | 三季度 | 四季度 |
|---|---|---|---|---|---|
| | 余额 | 余额 | 余额 | 余额 | 余额 |
| 各项贷款 | 979580 | 1005129 | 976806 | 952768 | 1004521 |
| 未到期贷款 | 811581 | 830670 | 726030 | 698153 | 802645 |
| 逾期类贷款 | 167999 | 174459 | 250776 | 254615 | 201876 |
| 其中:逾期0~3个月贷款 | 10884 | 11414 | 128597 | 13734 | 15852 |
| 逾期3~6个月贷款 | 9066 | 9076 | 7767 | 122488 | 9018 |
| 逾期6~9个月贷款 | 5498 | 9042 | 8359 | 4986 | 67129 |
| 逾期9个月~1年贷款 | 690 | 5363 | 3462 | 8349 | 2075 |
| 逾期1年以上贷款 | 141861 | 139564 | 102591 | 105058 | 107802 |

注:本表机构包括农业发展银行、工商银行、农业银行、中国银行、建设银行。

# 5-26 朔州市主要银行业机构贷款质量迁徙情况表

迁徙矩阵：　　　　单位：%

| 项　目 | 正常类贷款 | 关注类贷款 | 次级类贷款 | 可疑类贷款 | 损失类贷款 |
|---|---|---|---|---|---|
| 正常类贷款 | 89.60 | 6.40 | 2.30 | 1.69 | |
| 关注类贷款 | 1.45 | 94.69 | 0.59 | 3.26 | |
| 次级类贷款 | 0.38 | | 53.65 | 43.37 | 2.60 |
| 可疑类贷款 | 0.27 | | | 60.52 | 39.21 |
| 损失类贷款 | | | | | 100 |

# 5-26 朔州市主要银行业机构贷款质量迁徙情况表

单位：万元

| 项　目 | 分子 | 分母 | 比例% |
|---|---|---|---|
| 1.年初不良贷款率 | 123272.00 | 909327.00 | 13.56 |
| 2.期末不良贷款率 | 95495.60 | 903715.60 | 10.57 |
| 3.不良贷款率变动情况(1.-2.) | -27776.40 | -5611.40 | -2.99 |
| 4.贷款质量总体向上迁徙率 | 2546.00 | 239903.30 | 1.06 |
| 5.贷款质量总体向下迁徙率 | 63984.90 | 574929.10 | 11.13 |
| 6.正常类贷款向下迁徙率 | 37443.30 | 360148.30 | 10.40 |
| 7.关注类贷款向下迁徙率 | 6363.80 | 165003.80 | 3.86 |
| 8.次级类贷款向下迁徙率 | 4487.80 | 9762.80 | 45.97 |
| 9.可疑类贷款向下迁徙率 | 15690.00 | 40014.20 | 39.21 |
| 10.当年新增贷款不良率 | | 303664.00 | |
| 11.当年新形成不良贷款率 | 26290.10 | 906521.30 | 2.90 |
| 12.贷款重组贡献度 | | 146.00 | |
| 13.不良贷款周转率 | 260939.90 | 786055.00 | 33.20 |
| 14.不良贷款处置收现率 | 3436.00 | 53587.50 | 6.41 |
| 15.不良贷款处置以物抵债率 | | 53587.50 | |
| 16.不良贷款处置核销率 | 2346.00 | 53587.50 | 4.38 |

注：本表机构包括农业发展银行、工商银行、农业银行、中国银行、建设银行。

# 5-27 朔州市银行业金融机构部分行业贷款情况表

单位：万元

| 项目 \ 时间 | 1季度 | 2季度 | 3季度 | 4季度 | |
|---|---|---|---|---|---|
| | 余额 | 余额 | 余额 | 余额 | 比年初增减额 |
| 一、煤炭行业 | 259559.19 | 221592.83 | 23678.43 | 416064.51 | 155927.21 |
| 二、焦炭行业 | 1180 | 1180 | 1180 | 1180 | |
| (1)年产60万吨以上 | | | | | |
| (2)年产40万~60万吨 | | | | | |
| (3)年产20万~40万吨 | | | | | |
| (4)年产20万吨以下 | 1180 | 1180 | 1180 | 1180 | |
| 三、冶金行业 | 2438 | 870 | 870 | 870 | -1568 |
| (1)普通钢 | | | | | |
| (2)特种钢 | | | | | |
| (3)生铁 | | | | | |
| (4)铁合金 | 2438 | 870 | 870 | 870 | -1568 |
| (5)电解铝 | | | | | |
| 四、建材行业 | 9767.84 | 7256.04 | 1886 | 7153 | -1594.84 |
| (1)水泥 | 5355 | 4784 | 1707 | 4784 | -717 |
| 五、交通行业 | 10036 | 9012 | 229 | 6694 | -2766.14 |
| (1)公路 | 10036 | 9012 | 229 | 6694 | -2766.14 |
| (2)铁路 | | | | | |
| 六、化工行业 | 6230.8 | 5084 | 120 | 16129.8 | 7631 |
| (1)电石 | 2925 | 2357 | | 2397 | -432 |
| 七、电力行业 | 352881.4 | 316294.4 | 104000 | 235476 | -109154.4 |
| 八、房地产业 | 37283 | 36494 | 10 | 33166 | -2472.14 |
| (1)房地产开发商贷款 | 557 | 557 | | 557 | |
| (2)住房开发贷款 | 3060 | 4101 | | 4031 | 971 |
| (3)政府土地储备机构贷款 | 2800 | 2603 | | | -2800 |
| (4)单位购置商业用房贷款 | 2059 | | | | -2059 |
| (5)个人购房贷款 | 26658 | 27189 | 10 | 26860 | 2132.93 |
| 九、医药制造业 | 2523.5 | 2400 | 86 | 2400 | -123.5 |
| 十、机械制造业 | 6030.3 | 5650 | | 4510 | -1320.3 |
| 合计 | 687930.03 | 605833.27 | 132059.43 | 723643.31 | 44558.89 |

注：本表机构包括工商银行、农业银行、中国银行、建设银行、农村信用社。

# 5-28 朔州市银行业金融机构部分行业不良贷款情况表(五级分类)

单位:万元

| 项目 \ 指标 时间 | 1 季度 | | 2 季度 | | 3 季度 | |
|---|---|---|---|---|---|---|
| | 余额 | 比例% | 余额 | 比例% | 余额 | 比例% |
| 一、煤炭行业 | 27012.2 | 11.39 | 20107.00 | 9.75 | 19816.00 | 10.78 |
| 二、焦炭行业 | | | | | | |
| (1)年产 60 万吨以上 | | | | | | |
| (2)年产 40 万～60 万吨 | | | | | | |
| (3)年产 20 万～40 万吨 | | | | | | |
| (4)年产 20 万吨以下 | | | | | | |
| 三、冶金行业 | | | | | | |
| (1)普通钢 | | | | | | |
| (2)特种钢 | | | | | | |
| (3)生铁 | | | | | | |
| (4)铁合金 | | | | | | |
| (5)电解铝 | | | | | | |
| 四、建材行业 | 1599 | 28.68 | 916.00 | 28.57 | 916.00 | 28.57 |
| (1)水泥 | 1579 | 100.00 | 916.00 | 100.00 | 916.00 | 100 |
| 五、交通行业 | 518 | 5.16 | 1844.00 | 20.46 | 1844.00 | 22.21 |
| (1)公路 | 518 | 5.16 | 1844.00 | 20.46 | 1844.00 | 22.21 |
| (2)铁路 | | | | | | |
| 六、化工行业 | 140 | 2.29 | | | | |
| (1)电石 | 100 | 3.57 | | | | |
| 七、电力行业 | 644.2 | 0.18 | | | | |
| 八、房地产业 | 4732 | 12.88 | 2460.00 | 6.85 | 2503.10 | 7.61 |
| (1)房地产开发商贷款 | | | | | | |
| (2)住房开发贷款 | 1630 | 53.27 | | | 151.30 | 3.44 |
| (3)政府土地储备机构贷款 | | | | | | |
| (4)单位购置商业用房贷款 | 350 | 17.00 | | | | |
| (5)个人购房贷款 | 2588 | 9.71 | 2278.00 | 8.38 | 2243.80 | 8.42 |
| 九、医药制造业 | 198.5 | 8.14 | 75.00 | 3.24 | 75.00 | 3.24 |
| 十、机械制造业 | 380.3 | 6.31 | | | | |
| 合 计 | 35224.2 | 5.36 | 25402.00 | 4.35 | 25154.10 | 4.64 |

注:本表机构包括工商银行、农业银行、中国银行、建设银行。

# 5-28 朔州市银行业金融机构部分行业不良贷款情况表(五级分类)

单位:万元

| 项目 \ 指标 \ 时间 | 4季度 | | | |
|---|---|---|---|---|
| | 余额 | 比例% | 余额比年初增减 | 比例比年初增减 |
| 一、煤炭行业 | 19811.00 | 4.94 | 3117.72 | -2.73 |
| 二、焦炭行业 | | | | |
| (1)年产60万吨以上 | | | | |
| (2)年产40万~60万吨 | | | | |
| (3)年产20万~40万吨 | | | | |
| (4)年产20万吨以下 | | | | |
| 三、冶金行业 | | | | |
| (1)普通钢 | | | | |
| (2)特种钢 | | | | |
| (3)生铁 | | | | |
| (4)铁合金 | | | | |
| (5)电解铝 | | | | |
| 四、建材行业 | 916.00 | 29.49 | | 2.33 |
| (1)水泥 | 916.00 | 100.00 | | |
| 五、交通行业 | 360.00 | 5.38 | 9.00 | 1.15 |
| (1)公路 | 360.00 | 5.38 | 9.00 | 1.15 |
| (2)铁路 | | | | |
| 六、化工行业 | | | | |
| (1)电石 | | | | |
| 七、电力行业 | | | | |
| 八、房地产业 | 3125.00 | 9.58 | 1151.36 | 2.70 |
| (1)房地产开发商贷款 | | | | |
| (2)住房开发贷款 | 101.00 | 2.51 | 101.00 | 2.51 |
| (3)政府土地储备机构贷款 | | | | |
| (4)单位购置商业用房贷款 | | | | |
| (5)个人购房贷款 | 2865.00 | 10.67 | 958.82 | 2.55 |
| 九、医药制造业 | 75.00 | 3.24 | | |
| 十、机械制造业 | | | | |
| 合　计 | 24287.00 | 3.46 | 4278.08 | -0.06 |

# 5-28 朔州市银行业金融机构部分行业不良贷款情况表(四级分类)

单位:万元

| 项目 \ 指标 \ 时间 | 1 季度 | | 2 季度 | | 3 季度 | |
|---|---|---|---|---|---|---|
| | 余额 | 比例% | 余额 | 比例% | 余额 | 比例% |
| 一、煤炭行业 | 18384.79 | 82.35 | 13169.23 | 85.66 | 13017.83 | 85.52 |
| 二、焦炭行业 | 1180.00 | 100.00 | 1180.00 | 100.00 | 1180.00 | 100.00 |
| (1)年产 60 万吨以上 | | | | | | |
| (2)年产 40 万～60 万吨 | | | | | | |
| (3)年产 20 万～40 万吨 | | | | | | |
| (4)年产 20 万吨以下 | 1180.00 | 100.00 | 1180.00 | 100.00 | 1180.00 | 100.00 |
| 三、冶金行业 | 2438.00 | 100.00 | 870.00 | 100.00 | 870.00 | 100.00 |
| (1)普通钢 | | | | | | |
| (2)特种钢 | | | | | | |
| (3)生铁 | | | | | | |
| (4)铁合金 | 2438.00 | 100.00 | 870.00 | 100.00 | 870.00 | 100.00 |
| (5)电解铝 | | | | | | |
| 四、建材行业 | 1079.84 | 25.76 | 1330.04 | 32.84 | 1327.00 | 32.79 |
| (1)水泥 | 791.00 | 20.95 | 1275.00 | 32.96 | 1275.00 | 32.96 |
| 五、交通行业 | | | | | | |
| (1)公路 | | | | | | |
| (2)铁路 | | | | | | |
| 六、化工行业 | 125.80 | 100.00 | 120.00 | 100.00 | 120.00 | 100.00 |
| (1)电石 | 120.00 | 100.00 | 120.00 | 100.00 | | |
| 七、电力行业 | 31.40 | 100.00 | 31.40 | 100.00 | | |
| 八、房地产业 | 160.00 | 28.73 | 160.00 | 28.73 | 160.00 | 28.73 |
| (1)房地产开发商贷款 | 160.00 | 28.73 | 160.00 | 28.73 | 160.00 | 28.73 |
| (2)住房开发贷款 | | | | | | |
| (3)政府土地储备机构贷款 | | | | | | |
| (4)单位购置商业用房贷款 | | | | | | |
| (5)个人购房贷款 | | | | | | |
| 九、医药制造业 | 86.00 | 100.00 | 86.00 | 100.00 | 86.00 | 100.00 |
| 十、机械制造业 | | | | | | |
| 合　计 | 23485.83 | 75.92 | 16946.67 | 76.10 | 16760.83 | 75.90 |

注:本表机构包括农村信用社。

# 5-28 朔州市银行业金融机构部分行业不良贷款情况表(四级分类)

单位:万元

| 项目 | 4季度 | | | |
|---|---|---|---|---|
| | 余额 | 比例% | 余额比年初增减 | 比例比年初增减 |
| 一、煤炭行业 | 12928.51 | 84.02 | -6333.41 | -5.58 |
| 二、焦炭行业 | 1180.00 | 100.00 | | |
| (1)年产60万吨以上 | | | | |
| (2)年产40万~60万吨 | | | | |
| (3)年产20万~40万吨 | | | | |
| (4)年产20万吨以下 | 1180.00 | 100.00 | | |
| 三、冶金行业 | 870.00 | 100.00 | -1568.00 | |
| (1)普通钢 | | | | |
| (2)特种钢 | | | | |
| (3)生铁 | | | | |
| (4)铁合金 | 870.00 | 100.00 | -1568.00 | |
| (5)电解铝 | | | | |
| 四、建材行业 | 1327.00 | 32.79 | -155.84 | 1.19 |
| (1)水泥 | 1275.00 | 32.96 | 402.00 | 10.70 |
| 五、交通行业 | | | | |
| (1)公路 | | | | |
| (2)铁路 | | | | |
| 六、化工行业 | 125.80 | 100.00 | | |
| (1)电石 | 120.00 | 100.00 | | |
| 七、电力行业 | | | -31.40 | |
| 八、房地产业 | 160.00 | 28.73 | | |
| (1)房地产开发商贷款 | 160.00 | 28.73 | | |
| (2)住房开发贷款 | | | | |
| (3)政府土地储备机构贷款 | | | | |
| (4)单位购置商业用房贷款 | | | | |
| (5)个人购房贷款 | | | | |
| 九、医药制造业 | 86.00 | 100.00 | | |
| 十、机械制造业 | | | | |
| 合 计 | 16677.31 | 74.95 | -8088.65 | -5.97 |

# 5-29 朔州市主要银行业机构客户大额授信和零售贷款违约客户情况统计时序表

单位：个、亿元、%

| 指标项目 / 时间 | 客户大额授信统计 | | | | | | | | 关联企业授信 | 关联企业贷款 | 零售贷款违约统计 | |
|---|---|---|---|---|---|---|---|---|---|---|---|---|
| | 客户数 | 授信额度 | 贷款余额 | 不良贷款 | 不良占比 | 预警信息 | | | | | 法人违约数 | 个人违约数 |
| | | | | | | 客户数 | 贷款 | 不良贷款 | | | | |
| 1月 | 7 | 26.5 | 24.11 | | | | | | 0.04 | 0.04 | 3 | 512 |
| 2月 | 7 | 26.5 | 24.11 | | | | | | 0.04 | 0.04 | 3 | 517 |
| 3月 | 7 | 26.5 | 23.51 | | | | | | 0.04 | 0.04 | 3 | 516 |
| 4月 | 6 | 23.82 | 21.6 | | | | | | 0.04 | 0.04 | 3 | 600 |
| 5月 | 6 | 23.82 | 21.1 | | | | | | 0.04 | 0.04 | 3 | 606 |
| 6月 | 3 | 21.32 | 13.99 | | | | | | 0.04 | 0.04 | 3 | 471 |
| 7月 | 5 | 23.82 | 18.47 | | | | | | 0.04 | 0.04 | 3 | 884 |
| 8月 | 5 | 23.82 | 17.97 | | | | | | 0.04 | 0.04 | 3 | 887 |
| 9月 | 5 | 23.82 | 16.39 | | | | | | 0.04 | 0.04 | 3 | 821 |
| 10月 | 5 | 23.82 | 16.39 | | | | | | 0.04 | 0.04 | 3 | 887 |
| 11月 | 5 | 23.82 | 15.88 | | | | | | 0.04 | 0.04 | 3 | 884 |
| 12月 | 8 | 13.42 | 12.07 | | | | | | 0.04 | 0.04 | 0 | 840 |

注：本表机构包括工商银行、农业银行、中国银行、建设银行。

# 5-30 朔州市银行业金融机构案件信息统计表

单位：万元、件

| 项 目 | 案 件 | | 其中：百万元以上案件 | |
|---|---|---|---|---|
| | 本年累计发生 | 比上年同期增减 | 本年累计发生 | 比上年同期增减 |
| 经济案件数量 | 0 | 0 | 0 | 0 |
| 其中：挪用 | 0 | 0 | 0 | 0 |
| 贪污 | 0 | 0 | 0 | 0 |
| 侵占 | 0 | 0 | 0 | 0 |
| 贿赂 | 0 | 0 | 0 | 0 |
| 经济案件涉案金额 | 0 | 0 | 0 | 0 |
| 其中：挪用 | 0 | 0 | 0 | 0 |
| 贪污 | 0 | 0 | 0 | 0 |
| 侵占 | 0 | 0 | 0 | 0 |
| 贿赂 | 0 | 0 | 0 | 0 |
| 经济案件风险金额 | 0 | 0 | 0 | 0 |
| 其中：挪用 | 0 | 0 | 0 | 0 |
| 贪污 | 0 | 0 | 0 | 0 |
| 侵占 | 0 | 0 | 0 | 0 |
| 贿赂 | 0 | 0 | 0 | 0 |
| 违规经营数量 | 0 | 0 | 0 | 0 |
| 其中：违反金融法规 | 0 | 0 | 0 | 0 |
| 违反财经纪律 | 0 | 0 | 0 | 0 |
| 破坏金融秩序 | 0 | 0 | 0 | 0 |
| 违规经营涉案金额 | 0 | 0 | 0 | 0 |
| 其中：违反金融法规 | 0 | 0 | 0 | 0 |
| 违反财经纪律 | 0 | 0 | 0 | 0 |
| 破坏金融秩序 | 0 | 0 | 0 | 0 |
| 违规经营风险金额 | 0 | 0 | 0 | 0 |
| 其中：违反金融法规 | 0 | 0 | 0 | 0 |
| 违反财经纪律 | 0 | 0 | 0 | 0 |
| 破坏金融秩序 | 0 | 0 | 0 | 0 |
| 诈骗案件数量 | 0 | 0 | 0 | 0 |
| 诈骗案件涉案金额 | 0 | 0 | 0 | 0 |
| 诈骗案件风险金额 | 0 | 0 | 0 | 0 |
| 抢劫案件数量 | 0 | 0 | 0 | 0 |
| 抢劫案件涉案金额 | 0 | 0 | 0 | 0 |
| 抢劫案件风险金额 | 0 | 0 | 0 | 0 |
| 盗窃案件数量 | 0 | 0 | 0 | 0 |
| 盗窃案件涉案金额 | 0 | 0 | 0 | 0 |
| 盗窃案件风险金额 | 0 | 0 | 0 | 0 |
| 各类案件数量总计 | 0 | 0 | 0 | 0 |
| 各类案件涉案金额总计 | 0 | 0 | 0 | 0 |
| 各类案件风险金额总计 | 0 | 0 | 0 | 0 |

注：本表机构包括辖内所有银行业金融机构。

# 5-31 忻州市银行业金融机构资产负债表

单位:万元

| 项目＼时间 | 1月 | 2月 | 3月 | 4月 | 5月 |
|---|---|---|---|---|---|
| | 余额 | 余额 | 余额 | 余额 | 余额 |
| 流动资产 | 2220915 | 2280239 | 2367373 | 2439237 | 2504071 |
| 一、现金及银行存款 | 46192 | 56101 | 51598 | 45726 | 46980 |
| 二、存放中央银行 | 352938 | 374417 | 373631 | 345485 | 364271 |
| 三、存放同业 | 42101 | 27372 | 37770 | 29923 | 36287 |
| 四、存放联行款项 | 510096 | 532869 | 536733 | 577367 | 651903 |
| 五、拆放同业 | 594 | 594 | 594 | 594 | 594 |
| 六、短期贷款 | 1116430 | 1118423 | 1188656 | 1249700 | 1231656 |
| 七、应收账款 | 20752 | 21742 | 18749 | 15904 | 17368 |
| 其中:应收利息 | 6642 | 7286 | 3563 | 4978 | 7018 |
| 八、减:坏账准备 | 8989 | 8989 | 9068 | 9069 | 9070 |
| 九、短期投资 | 130 | 133 | 130 | 146 | 156 |
| 十、减:短期投资跌价准备 | | | | | |
| 十一、委托贷款及投资 | | | | | |
| 十二、买入返售资产 | | | | | |
| 十三、待处理流动资产损失 | | | | | |
| 十四、其他流动资产 | 140672 | 157577 | 168579 | 183460 | 163926 |
| 长期资产 | 840756 | 840281 | 850875 | 849677 | 847538 |
| 十五、中长期贷款 | 651618 | 650908 | 655088 | 652108 | 650158 |
| 十六、减:贷款损失准备 | 9039 | 9033 | 9475 | 6687 | 6720 |
| 十七、长期投资 | 157316 | 156349 | 165314 | 164317 | 164323 |
| 十八、减:长期投资减值准备 | | | | | |
| 十九、固定资产净值 | 38887 | 40079 | 39585 | 39521 | 39349 |
| 固定资产 | 60699 | 62374 | 62188 | 62366 | 62357 |
| 减:累计折旧 | 21812 | 22295 | 22603 | 22845 | 23008 |
| 二十、固定资产减值准备 | | | | | |
| 二十一、固定资产清理 | 1693 | 1692 | 75 | 79 | 79 |
| 二十二、在建工程 | 281 | 286 | 288 | 339 | 349 |
| 二十三、减:在建工程减值准备 | | | | | |
| 二十四、待处理固定资产损失 | | | | | |
| 无形递延及其他资产 | 336 | -711 | -1039 | -1077 | -675 |
| 二十五、无形递延及其他资产 | 673 | -374 | -702 | -740 | -338 |
| 二十六、减:抵债资产减值准备 | | | | | |
| 二十七、减:无形资产减值准备 | 337 | 337 | 337 | 337 | 337 |
| 二十八、减:其他资产减值准备 | | | | | |
| 资产总计 | 3062007 | 3119808 | 3217208 | 3287837 | 3350934 |

注:本表机构包括辖内所有银行业金融机构。

# 5-31 忻州市银行业金融机构资产负债表

单位：万元

| 项目 \ 时间 | 6月 | 7月 | 8月 | 9月 | 10月 |
|---|---|---|---|---|---|
| | 余额 | 余额 | 余额 | 余额 | 余额 |
| 流动资产 | 2549949 | 2599471 | 2636313 | 2787710 | 2817954 |
| 一、现金及银行存款 | 46096 | 46460 | 45916 | 55297 | 49745 |
| 二、存放中央银行 | 382435 | 382755 | 390034 | 395883 | 393712 |
| 三、存放同业 | 47793 | 48977 | 36603 | 172082 | 42021 |
| 四、存放联行款项 | 652038 | 717673 | 757278 | 779648 | 920105 |
| 五、拆放同业 | 594 | 594 | 594 | 594 | 594 |
| 六、短期贷款 | 1245629 | 1226613 | 1226517 | 1204425 | 1227149 |
| 七、应收账款 | 18158 | 15101 | 16935 | 13275 | 15519 |
| 其中：应收利息 | 7745 | 4949 | 7244 | 3679 | 5854 |
| 八、减：坏账准备 | 9172 | 9172 | 9171 | 9222 | 9222 |
| 九、短期投资 | 130 | 146 | 170 | 130 | 130 |
| 十、减：短期投资跌价准备 | | | | | |
| 十一、委托贷款及投资 | | | | | |
| 十二、买入返售资产 | | | | | |
| 十三、待处理流动资产损失 | | | | | |
| 十四、其他流动资产 | 166248 | 170323 | 171436 | 175598 | 178202 |
| 长期资产 | 885607 | 884000 | 887400 | 777904 | 790555 |
| 十五、中长期贷款 | 665502 | 664039 | 667869 | 672894 | 686254 |
| 十六、减：贷款损失准备 | 6623 | 6616 | 6879 | 6480 | 6612 |
| 十七、长期投资 | 187002 | 186962 | 186912 | 72612 | 72111 |
| 十八、减：长期投资减值准备 | | | | | |
| 十九、固定资产净值 | 39296 | 39175 | 39020 | 38389 | 38304 |
| 固定资产 | 62941 | 62973 | 63004 | 62670 | 62698 |
| 减：累计折旧 | 23645 | 23798 | 23984 | 24281 | 24394 |
| 二十、固定资产减值准备 | | | | | |
| 二十一、固定资产清理 | 75 | 81 | 75 | 75 | 75 |
| 二十二、在建工程 | 354 | 358 | 393 | 403 | 423 |
| 二十三、减：在建工程减值准备 | | | | | |
| 二十四、待处理固定资产损失 | 1 | 1 | 10 | 10 | |
| 无形递延及其他资产 | -1738 | -1715 | -1703 | -1565 | -1117 |
| 二十五、无形递延及其他资产 | -1704 | -1681 | -1669 | -1531 | -1117 |
| 二十六、减：抵债资产减值准备 | 34 | 34 | 34 | 34 | |
| 二十七、减：无形资产减值准备 | | | | | |
| 二十八、减：其他资产减值准备 | | | | | |
| 资产总计 | 3433817 | 3481755 | 3522009 | 3564049 | 3607392 |

# 5-31 忻州市银行业金融机构资产负债表

单位：万元

| 项目 \ 时间 | 11月 | 12月 | | |
|---|---|---|---|---|
| | 余额 | 余额 | 比同期增减额 | 比同期增长% |
| 流动资产 | 2803379 | 2834238 | 719444 | 34.02 |
| 一、现金及银行存款 | 48942 | 39550 | 5070 | 14.7 |
| 二、存放中央银行 | 398112 | 444463 | 25530 | 6.09 |
| 三、存放同业 | 40676 | 86895 | 44324 | 104.12 |
| 四、存放联行款项 | 947098 | 1011801 | 524895 | 107.80 |
| 五、拆放同业 | 594 | 480 | -2114 | -81.50 |
| 六、短期贷款 | 1182173 | 1167142 | 88819 | 8.24 |
| 七、应收账款 | 15584 | -96338 | -113755 | -653.13 |
| 其中：应收利息 | 7735 | 4543 | 1117 | 32.59 |
| 八、减：坏账准备 | 13502 | 15478 | 14957 | 2870.83 |
| 九、短期投资 | 130 | 130 | | |
| 十、减：短期投资跌价准备 | | | | |
| 十一、委托贷款及投资 | | | | |
| 十二、买入返售资产 | 83 | | | |
| 十三、待处理流动资产损失 | | | | |
| 十四、其他流动资产 | 183488 | 195594 | 161632 | 475.92 |
| 长期资产 | 817216 | 920053 | 76668 | 9.09 |
| 十五、中长期贷款 | 678807 | 680124 | 17224 | 2.60 |
| 十六、减：贷款损失准备 | 6769 | 6722 | -11159 | -62.41 |
| 十七、长期投资 | 106473 | 204857 | 47735 | 30.38 |
| 十八、减：长期投资减值准备 | | | | |
| 十九、固定资产净值 | 38168 | 41116 | 1825 | 4.64 |
| 固定资产 | 62031 | 60784 | -280 | -0.46 |
| 减：累计折旧 | 23862 | 19669 | -2104 | -9.66 |
| 二十、固定资产减值准备 | | 16 | 14 | 700.00 |
| 二十一、固定资产清理 | 68 | 64 | -1629 | -96.23 |
| 二十二、在建工程 | 469 | 630 | 368 | 140.46 |
| 二十三、减：在建工程减值准备 | | | | |
| 二十四、待处理固定资产损失 | | | | |
| 无形递延及其他资产 | -1462 | -2366 | -2710 | -786.46 |
| 二十五、无形递延及其他资产 | -1462 | -2366 | -3047 | -447.06 |
| 二十六、减：抵债资产减值准备 | | | | |
| 二十七、减：无形资产减值准备 | | | -337 | -100.00 |
| 二十八、减：其他资产减值准备 | | | | |
| 资产总计 | 3619133 | 3751926 | 793402 | 26.82 |

# 5-31 忻州市银行业金融机构资产负债表

单位:万元

| 项目 \ 时间 | 1月 | 2月 | 3月 | 4月 | 5月 |
|---|---|---|---|---|---|
| | 余额 | 余额 | 余额 | 余额 | 余额 |
| 流动负债 | 1248508 | 1238767 | 1282648 | 1333616 | 1372421 |
| 一、短期存款 | 542924 | 512646 | 509011 | 538417 | 564573 |
| 二、活期储蓄存款 | 550818 | 596913 | 644231 | 661374 | 677716 |
| 三、财政性存款 | 5271 | 4755 | 3960 | 5302 | 6104 |
| 四、向中央银行借款 | 16900 | 16100 | 15200 | 17850 | 17270 |
| 五、同业存放 | 36887 | 24216 | 24080 | 22381 | 18983 |
| 六、联行存放 | | | | | |
| 七、同业拆入 | 22960 | 16960 | 18060 | 18060 | 18060 |
| 八、应解汇款及临时存款 | 3462 | 3155 | 2420 | 2569 | 1998 |
| 九、汇出汇款 | 5214 | 3461 | 4551 | 5345 | 5172 |
| 十、委托存款 | 143 | 297 | 109 | 7 | -17 |
| 十一、卖出回购资产 | | | | | |
| 十二、应付及预提账项 | 28236 | 26233 | 24975 | 25081 | 26198 |
| 十三、存放短期保证金 | 9307 | 8663 | 10606 | 11737 | 9915 |
| 十四、发行短期债券 | | | | | |
| 十五、其他流动负债 | 26386 | 25369 | 25444 | 25494 | 26448 |
| 长期负债 | 1879706 | 1946267 | 1996051 | 2012432 | 2037286 |
| 十六、长期存款 | 46153 | 45091 | 68375 | 70276 | 73652 |
| 十七、定期储蓄存款 | 1833285 | 1900909 | 1927415 | 1941886 | 1963314 |
| 十八、存放长期保证金 | | | | | |
| 十九、发行长期债券 | | | | | |
| 二十、其他长期负债 | 268 | 267 | 261 | 270 | 320 |
| 所有者权益 | -66207 | -65226 | -61490 | -58211 | -58772 |
| 二十一、实收资本 | 36640 | 37074 | 37599 | 37620 | 37535 |
| 二十二、资本公积 | -115 | -115 | -115 | -115 | -115 |
| 二十三、公积金 | 11150 | 11149 | 11148 | 11148 | 11148 |
| 二十四、公益金 | -474 | -474 | -474 | -474 | -474 |
| 二十五、未分配利润 | -113408 | -112860 | -109648 | -106390 | -106866 |
| 其中:本年利润 | 1069 | 1665 | 4689 | 8082 | 7605 |
| 二十六、一般准备金 | | | | | |
| 负债总计 | 3062007 | 3119808 | 3217208 | 3287837 | 3350943 |

# 5-31 忻州市银行业金融机构资产负债表

单位:万元

| 项目 \ 时间 | 6月 | 7月 | 8月 | 9月 | 10月 |
|---|---|---|---|---|---|
| | 余额 | 余额 | 余额 | 余额 | 余额 |
| 流动负债 | 1418814 | 1450318 | 1475621 | 1472812 | 1508819 |
| 一、短期存款 | 591288 | 617111 | 660168 | 609436 | 658403 |
| 二、活期储蓄存款 | 686167 | 698836 | 699755 | 708333 | 700041 |
| 三、财政性存款 | 4677 | 5693 | 7572 | 25350 | 25651 |
| 四、向中央银行借款 | 18050 | 18200 | 17800 | 17400 | 16100 |
| 五、同业存放 | 29057 | 23115 | 22481 | 39282 | 29421 |
| 六、联行存放 | | | | | |
| 七、同业拆入 | 18060 | 18060 | 60 | 60 | 60 |
| 八、应解汇款及临时存款 | 1925 | 2576 | 1640 | 1773 | 1891 |
| 九、汇出汇款 | 4217 | 5236 | 3931 | 3513 | 5656 |
| 十、委托存款 | 160 | 209 | 168 | -1679 | -1720 |
| 十一、卖出回购资产 | | | | | |
| 十二、应付及预提账项 | 29024 | 25237 | 26499 | 32177 | 36582 |
| 十三、存放短期保证金 | 9787 | 9094 | 10013 | 9454 | 8497 |
| 十四、发行短期债券 | | | | | |
| 十五、其他流动负债 | 26402 | 26952 | 25533 | 27713 | 28237 |
| 长期负债 | 2061701 | 2079314 | 2092991 | 2119264 | 2124103 |
| 十六、长期存款 | 78296 | 78059 | 80429 | 90859 | 82567 |
| 十七、定期储蓄存款 | 1983085 | 2001119 | 2012425 | 2028283 | 2040984 |
| 十八、存放长期保证金 | | | | | |
| 十九、发行长期债券 | | | | | |
| 二十、其他长期负债 | 320 | 136 | 137 | 123 | 551 |
| 所有者权益 | -46697 | -47877 | -46603 | -28027 | -25530 |
| 二十一、实收资本 | 37898 | 37943 | 38175 | 38349 | 38407 |
| 二十二、资本公积 | -115 | -115 | -115 | -115 | -115 |
| 二十三、公积金 | 11148 | 11163 | 11163 | 11162 | 11162 |
| 二十四、公益金 | -474 | -474 | -474 | -474 | -474 |
| 二十五、未分配利润 | -95154 | -96394 | -95352 | -76949 | -74510 |
| 其中:本年利润 | 16952 | 15711 | 16753 | 26268 | 27655 |
| 二十六、一般准备金 | | | | | |
| 负债总计 | 3433817 | 3481755 | 3522009 | 3564049 | 3607392 |

# 5-31 忻州市银行业金融机构资产负债表

单位:万元

| 项目 \ 时间 | 11月 | 12月 | | |
|---|---|---|---|---|
| | 余额 | 余额 | 比同期增减额 | 比同期增长% |
| 流动负债 | 1522172 | 1619945 | 450652 | 38.54 |
| 一、短期存款 | 654199 | 688968 | 166230 | 31.80 |
| 二、活期储蓄存款 | 706701 | 710724 | 181291 | 34.24 |
| 三、财政性存款 | 26444 | 14370 | -1411 | -8.94 |
| 四、向中央银行借款 | 16400 | 17300 | -1150 | -6.23 |
| 五、同业存放 | 24619 | 71198 | 26039 | 57.66 |
| 六、联行存放 | | | | |
| 七、同业拆入 | 60 | 60 | -32800 | -99.82 |
| 八、应解汇款及临时存款 | 2096 | 4461 | -4033 | -47.48 |
| 九、汇出汇款 | 14928 | 30214 | -4846 | -13.82 |
| 十、委托存款 | -1608 | -750 | 69016 | -98.92 |
| 十一、卖出回购资产 | | | | |
| 十二、应付及预提账项 | 41520 | 46234 | 24010 | 108.04 |
| 十三、存放短期保证金 | 9320 | 10183 | 2167 | 27.04 |
| 十四、发行短期债券 | | | | |
| 十五、其他流动负债 | 27492 | 26983 | 26139 | 3097.04 |
| 长期负债 | 2131763 | 2155760 | 297841 | 16.03 |
| 十六、长期存款 | 74729 | 76304 | 21349 | 38.85 |
| 十七、定期储蓄存款 | 2056283 | 2078813 | 284236 | 15.84 |
| 十八、存放长期保证金 | | | | |
| 十九、发行长期债券 | | | | |
| 二十、其他长期负债 | 751 | 643 | -7745 | -92.33 |
| 所有者权益 | -34801 | -23779 | 44909 | -65.38 |
| 二十一、实收资本 | 38487 | 38667 | 3511 | 9.99 |
| 二十二、资本公积 | -115 | -114 | 1 | -0.87 |
| 二十三、公积金 | 11163 | 11166 | 1733 | 18.37 |
| 二十四、公益金 | -474 | -474 | | |
| 二十五、未分配利润 | -83862 | -73024 | 39664 | -35.20 |
| 其中:本年利润 | 18303 | 21735 | 21480 | 8430.61 |
| 二十六、一般准备金 | | | | |
| 负债总计 | 3619133 | 3751926 | 793402 | 26.82 |

# 5-32 忻州市金融机构存、贷款指标

单位:万元

| 项目 \ 时间 | 1月 | 2月 | 3月 | 4月 | 5月 |
|---|---|---|---|---|---|
| | 余额 | 余额 | 余额 | 余额 | 余额 |
| 一、各项存款 | 3018426 | 3100608 | 3202945 | 3070696 | 3341257 |
| 1.企事业单位存款 | 415520 | 398018 | 414957 | 441625 | 460802 |
| (1)活期存款 | 369367 | 352927 | 352082 | 378573 | 395086 |
| (2)定期存款 | 46153 | 45091 | 62875 | 63053 | 65717 |
| 2.储蓄存款 | 2384103 | 2497822 | 2571646 | 2603259 | 2641030 |
| (1)活期储蓄 | 550818 | 596913 | 644231 | 661374 | 677716 |
| (2)定期储蓄 | 1833285 | 1900909 | 1927415 | 1941886 | 1963314 |
| 3.信托存款 | | | | | |
| 4.委托存款 | 66 | 234 | 102 | -55 | -63 |
| 5.其他存款 | 218737 | 204534 | 216240 | 225866 | 239487 |
| 二、各项贷款 | 1769570 | 1770853 | 1845266 | 1911194 | 1891200 |
| 1.短期贷款 | 1018715 | 1028277 | 1061183 | 1106074 | 1126909 |
| 2.中长期贷款 | 653140 | 652430 | 656610 | 654180 | 652230 |
| 3.信托贷款 | | | | | |
| 4.委托贷款 | | | | | |
| 5.其他贷款 | 124 | | 99 | 207 | 132 |
| 6.票据融资 | 97591 | 90146 | 127374 | 150733 | 111929 |
| 7.各项垫款 | | | | | |

注:1.本表机构包括人民银行、政策性银行、国有独资商业银行、农村信用社、邮政储汇局。

2.本表中各项贷款项目"比年初增减额"未剔除贷款剥离因素。工商银行共剥离不良贷款10.37亿元。

# 5-32 忻州市金融机构存、贷款指标

单位:万元

| 项目 \ 时间 | 6月 | 7月 | 8月 | 9月 | 10月 |
|---|---|---|---|---|---|
| | 余额 | 余额 | 余额 | 余额 | 余额 |
| 一、各项存款 | 3395032 | 3455017 | 3518773 | 3536115 | 3581035 |
| 1.企事业单位存款 | 469835 | 491981 | 524804 | 490188 | 504195 |
| (1)活期存款 | 400048 | 422438 | 453041 | 408066 | 430485 |
| (2)定期存款 | 69788 | 69543 | 71763 | 82122 | 73710 |
| 2.储蓄存款 | 2669252 | 2699955 | 2712180 | 2736617 | 2741024 |
| (1)活期储蓄 | 686167 | 698836 | 699755 | 708333 | 700041 |
| (2)定期储蓄 | 1983085 | 2001119 | 2012425 | 2028284 | 2040984 |
| 3.信托存款 | | | | | |
| 4.委托存款 | 65 | 71 | 65 | -1811 | -1838 |
| 5.其他存款 | 255879 | 263010 | 281724 | 311121 | 337654 |
| 二、各项贷款 | 1938154 | 1917675 | 1921409 | 1920870 | 1956955 |
| 1.短期贷款 | 1141866 | 1162026 | 1168309 | 1173645 | 1173526 |
| 2.中长期贷款 | 667394 | 665931 | 669761 | 675943 | 689303 |
| 3.信托贷款 | | | | | |
| 4.委托贷款 | | | | | |
| 5.其他贷款 | 157 | 365 | 283 | 138 | 186 |
| 6.票据融资 | 128737 | 89353 | 83056 | 71144 | 93360 |
| 7.各项垫款 | | | | | 580 |

# 5-32 忻州市金融机构存、贷款指标

单位:万元

| 项目＼时间 | 11月 | 12月 | | |
|---|---|---|---|---|
| | 余额 | 余额 | 比年初增减额 | 比年初增长% |
| 一、各项存款 | 3592843 | 3621152 | 709126 | 24.35 |
| 1.企事业单位存款 | 483564 | 488184 | 81510 | 20.04 |
| (1)活期存款 | 417712 | 420877 | 69158 | 19.66 |
| (2)定期存款 | 65852 | 67307 | 12352 | 22.48 |
| 2.储蓄存款 | 2762984 | 2789537 | 465528 | 20.03 |
| (1)活期储蓄 | 706701 | 710724 | 181291 | 34.24 |
| (2)定期储蓄 | 2056283 | 2078813 | 284237 | 15.84 |
| 3.信托存款 | | | | |
| 4.委托存款 | -1796 | -1273 | 53778 | 97.68 |
| 5.其他存款 | 348091 | 344705 | 108311 | 45.82 |
| 二、各项贷款 | 1904531 | 1890818 | 148073 | 8.49 |
| 1.短期贷款 | 1165323 | 1136780 | 136855 | 13.69 |
| 2.中长期贷款 | 681856 | 683173 | 18751 | 2.82 |
| 3.信托贷款 | | | | |
| 4.委托贷款 | | | | |
| 5.其他贷款 | 283 | 210 | 168 | 400 |
| 6.票据融资 | 57070 | 70655 | -7702 | -9.83 |
| 7.各项垫款 | | | | |

# 5-33 忻州市金融机构存、贷款时序表

单位:亿元

| 时间＼指标项目 | 各项存款 | | | 各项贷款 | | |
|---|---|---|---|---|---|---|
| | 余额 | 比年初增减额 | 余额比同期% | 余额 | 比年初增减额 | 余额比同期% |
| 1月 | 301.84 | 15.02 | 21.96 | 176.96 | 2.68 | 18.48 |
| 2月 | 310.06 | 18.86 | 20.64 | 177.09 | 2.81 | 14.99 |
| 3月 | 320.29 | 29.09 | 21.21 | 184.53 | 10.25 | 11.62 |
| 4月 | 327.07 | 35.87 | 22.55 | 191.12 | 16.84 | 13.53 |
| 5月 | 334.13 | 42.92 | 20.63 | 189.12 | 14.85 | 7.66 |
| 6月 | 339.5 | 48.3 | 21.29 | 193.81 | 19.54 | 13.69 |
| 7月 | 345.5 | 54.29 | 24.36 | 191.76 | 17.49 | 10.29 |
| 8月 | 351.88 | 60.67 | 25.98 | 192.14 | 17.87 | 10.49 |
| 9月 | 353.61 | 62.4 | 26.12 | 192.09 | 17.81 | 10.52 |
| 10月 | 358.1 | 66.9 | 26.47 | 195.69 | 21.42 | 14.24 |
| 11月 | 359.28 | 68.08 | 25.29 | 190.45 | 16.18 | 9.49 |
| 12月 | 362.11 | 70.91 | 24.98 | 189.08 | 14.81 | 8.49 |

## 5-34 忻州市主要银行业机构贷款质量统计表(五级分类)

单位:万元

| 项目＼时间 | 1月 | 2月 | 3月 | 4月 | 5月 | 6月 |
|---|---|---|---|---|---|---|
| | 余额 | 余额 | 余额 | 余额 | 余额 | 余额 |
| 正常贷款 | 850202.00 | 841758.57 | 887269.48 | 933777.58 | 898884.86 | 939960.85 |
| 正常类贷款 | 782536 | 775661.49 | 822941.47 | 836559.49 | 804572.35 | 844829.75 |
| 关注类贷款 | 67666 | 66097.08 | 64328.01 | 97218.09 | 94312.51 | 95131.1 |
| 不良贷款 | 316427 | 315756.61 | 315691.01 | 302607.44 | 256147.31 | 197028.12 |
| 次级类贷款 | 62362 | 62311.04 | 61313.94 | 48827.45 | 48689.3 | 46230.01 |
| 可疑类贷款 | 164528 | 163811.05 | 164089.82 | 163904.83 | 163525.2 | 106805.42 |
| 损失类贷款 | 89537 | 89634.52 | 90287.25 | 89875.16 | 43932.81 | 43992.69 |
| 贷款合计 | 1166629 | 1157515.18 | 1202960.49 | 1236385.02 | 1155032.17 | 1136988.97 |

## 5-34 忻州市主要银行业机构贷款质量统计表(五级分类)

单位:万元

| 项目＼时间 | 7月 | 8月 | 9月 | 10月 | 11月 | 12月 | |
|---|---|---|---|---|---|---|---|
| | 余额 | 余额 | 余额 | 余额 | 余额 | 余额 | 比年初增减额 |
| 正常贷款 | 914969.27 | 908885.7 | 900798.2 | 930762.04 | 878503.32 | 897274.66 | 62372.43 |
| 正常类贷款 | 815011.79 | 811895.51 | 805707.92 | 838593.9 | 785174.38 | 812956.93 | 45403.25 |
| 关注类贷款 | 99957.48 | 96990.19 | 95090.28 | 92168.14 | 93328.94 | 84317.73 | 16969.18 |
| 不良贷款 | 195955.75 | 196629.31 | 196763.5 | 197173.25 | 197582.22 | 207083.96 | -111512.01 |
| 次级类贷款 | 45533.72 | 45472.2 | 46254.59 | 46916.26 | 47463.09 | 32024.35 | -32053.13 |
| 可疑类贷款 | 106530.58 | 107263.55 | 106637.63 | 106388.3 | 106253.57 | 55920.57 | -108771.45 |
| 损失类贷款 | 43891.45 | 43893.56 | 43871.28 | 43868.69 | 43865.56 | 119139.04 | 29312.57 |
| 贷款合计 | 1110925.02 | 1105515.01 | 1097561.7 | 1127935.29 | 1076085.54 | 1104358.62 | -49139.58 |

注:本表机构包括工商银行、农业银行、中国银行、建设银行、农业发展银行。

# 5-34 忻州市主要银行业机构贷款质量统计表(五级分类)

单位:%

| 项目＼时间 | 1月 | 2月 | 3月 | 4月 | 5月 | 6月 |
|---|---|---|---|---|---|---|
| | 比例 | 比例 | 比例 | 比例 | 比例 | 比例 |
| 正常贷款 | 72.88 | 72.72 | 73.76 | 75.52 | 77.82 | 82.67 |
| 正常类贷款 | 67.08 | 67.01 | 68.41 | 67.66 | 69.66 | 74.3 |
| 关注类贷款 | 5.8 | 5.71 | 5.35 | 7.86 | 8.17 | 8.37 |
| 不良贷款 | 27.12 | 27.28 | 26.24 | 24.48 | 22.18 | 17.33 |
| 次级类贷款 | 5.35 | 5.38 | 5.1 | 3.95 | 4.22 | 4.07 |
| 可疑类贷款 | 14.1 | 14.15 | 13.64 | 13.26 | 14.16 | 9.39 |
| 损失类贷款 | 7.67 | 7.74 | 7.51 | 7.27 | 3.8 | 3.87 |

# 5-34 忻州市主要银行业机构贷款质量统计表(五级分类)

单位:%

| 项目＼时间 | 7月 | 8月 | 9月 | 10月 | 11月 | 12月 | |
|---|---|---|---|---|---|---|---|
| | 比例 | 比例 | 比例 | 比例 | 比例 | 比例 | 比年初增减 |
| 正常贷款 | 82.36 | 82.21 | 82.07 | 82.52 | 81.64 | 81.25 | 8.87 |
| 正常类贷款 | 73.36 | 73.44 | 73.41 | 74.35 | 72.97 | 73.61 | 7.07 |
| 关注类贷款 | 9 | 8.77 | 8.66 | 8.17 | 8.67 | 7.63 | 1.8 |
| 不良贷款 | 17.64 | 17.79 | 17.93 | 17.48 | 18.36 | 18.75 | -8.87 |
| 次级类贷款 | 4.1 | 4.11 | 4.21 | 4.16 | 4.41 | 2.9 | -2.66 |
| 可疑类贷款 | 9.59 | 9.7 | 9.72 | 9.43 | 9.87 | 5.06 | -9.21 |
| 损失类贷款 | 3.95 | 3.97 | 4 | 3.89 | 4.08 | 10.79 | 3 |

## 5-35 忻州市地方性金融机构贷款质量统计表(四级分类)

单位:万元

| 项目 \ 时间 | 1月 | 2月 | 3月 | 4月 | 5月 | 6月 |
|---|---|---|---|---|---|---|
| | 余额 | 余额 | 余额 | 余额 | 余额 | 余额 |
| 正常贷款 | 460324 | 470384 | 507464 | 539080 | 554732 | 581933 |
| 不良贷款 | 141092 | 141429 | 133323 | 134207 | 133971 | 115466 |
| 逾期贷款 | 5113 | 5499 | 5473 | 6347 | 6335 | 5885 |
| 呆滞贷款 | 123881 | 123833 | 118049 | 118061 | 117857 | 105200 |
| 呆账贷款 | 12098 | 12097 | 9801 | 9799 | 9779 | 4381 |
| 各项贷款 | 601416 | 611813 | 640787 | 673287 | 688703 | 697399 |

## 5-35 忻州市地方性金融机构贷款质量统计表(四级分类)

单位:万元

| 项目 \ 时间 | 7月 | 8月 | 9月 | 10月 | 11月 | 12月 | |
|---|---|---|---|---|---|---|---|
| | 余额 | 余额 | 余额 | 余额 | 余额 | 余额 | 比年初增减额 |
| 正常贷款 | 583982 | 592131 | 617313 | 622993 | 619678 | 576888 | 130359 |
| 不良贷款 | 118997 | 120000 | 102234 | 102262 | 105000 | 105806 | -35387 |
| 逾期贷款 | 8524 | 9531 | 8623 | 8725 | 6760 | 13341 | 8038 |
| 呆滞贷款 | 106093 | 106087 | 93579 | 93537 | 98240 | 92465 | -31326 |
| 呆账贷款 | 4380 | 4382 | 32 | 0 | 0 | 0 | -12099 |
| 各项贷款 | 702979 | 712131 | 719547 | 725255 | 724678 | 682694 | 94972 |

注:1.本表机构包括农村信用社。
　　2.本表包含票据置换43551万元。

# 5–35 忻州市地方性金融机构贷款质量统计表(四级分类)

单位:%

| 项目＼时间 | 1月 | 2月 | 3月 | 4月 | 5月 | 6月 |
|---|---|---|---|---|---|---|
| | 比例 | 比例 | 比例 | 比例 | 比例 | 比例 |
| 正常贷款 | 76.54 | 76.88 | 79.19 | 80.07 | 80.55 | 83.44 |
| 不良贷款 | 23.46 | 23.12 | 20.81 | 19.93 | 19.45 | 16.56 |
| 逾期贷款 | 0.85 | 0.9 | 0.86 | 0.94 | 0.92 | 0.84 |
| 呆滞贷款 | 20.6 | 20.24 | 18.42 | 17.54 | 17.11 | 15.08 |
| 呆账贷款 | 2.01 | 1.98 | 1.53 | 1.45 | 1.42 | 0.64 |

# 5–35 忻州市地方性金融机构贷款质量统计表(四级分类)

单位:%

| 项目＼时间 | 7月 | 8月 | 9月 | 10月 | 11月 | 12月 | |
|---|---|---|---|---|---|---|---|
| | 比例 | 比例 | 比例 | 比例 | 比例 | 比例 | 比年初增减 |
| 正常贷款 | 83.07 | 83.15 | 85.79 | 85.9 | 85.51 | 84.5 | 8.52 |
| 不良贷款 | 16.93 | 16.85 | 14.21 | 14.1 | 14.49 | 15.5 | –8.52 |
| 逾期贷款 | 1.22 | 1.34 | 1.2 | 1.2 | 0.93 | 1.96 | 1.06 |
| 呆滞贷款 | 15.09 | 14.89 | 13.01 | 12.9 | 13.56 | 13.54 | –7.52 |
| 呆账贷款 | 0.62 | 0.62 | 0.004 | | | | –2.06 |

# 5-36 忻州市主要银行业机构非信贷资产情况表

单位:万元

| 指标 时间 / 项目 | 1季度 | | | 2季度 | | |
|---|---|---|---|---|---|---|
| | 余额 | 其中:不良资产 | 预计损失 | 余额 | 其中:不良资产 | 预计损失 |
| 一、现金 | 23677.87 | | | 19385.35 | | |
| 二、银行存款 | 652.3 | | | 718 | | |
| 三、贵金属 | | | | | | |
| 四、存放中央银行款项 | 28058.53 | | | 30219.82 | | |
| 五、存放同业款项 | 2455.15 | 364.65 | 298 | 2837.28 | 364.65 | 298 |
| 六、拆放同业 | 293.75 | 113.75 | 23 | 293.75 | 113.75 | 23 |
| 七、存放联行款项(轧差) | 623891.36 | | | 540404 | | |
| 八、应收及预付款项 | 7032.78 | 1073.5 | 1031.5 | 110488.01 | 663.5 | 641.5 |
| 其中:应收利息 | 2312.49 | 572 | 565 | 1790.01 | 137 | 130 |
| 待处理案件纠纷垫款 | 354.06 | 254.06 | 219.06 | 418 | 279 | 264 |
| 九、短期投资 | 130 | | | 130 | | |
| 十、委托贷款及委托投资 | 7314.88 | 4 | 4 | 7775 | 10 | 4 |
| 十一、买入返售证券 | | | | | | |
| 十二、待处理流动资产损失 | | | | | | |
| 十三、长期投资 | 6073.53 | | | 6479.74 | | |
| 十四、固定资产净值 | 31240.47 | | | 31063.6 | | |
| 十五、固定资产清理 | 74.93 | 8.93 | 8.93 | 74.93 | 8.93 | 8.93 |
| 十六、在建工程 | 42 | | | 42 | | |
| 十七、待处理固定资产损失 | | | | | | |
| 十八、无形资产 | 960.44 | | | 280.85 | | |
| 十九、递延资产 | 3862.05 | | | 3752.82 | | |
| 二十、其他非信贷资产 | 151529.84 | 80761.52 | 79029.52 | 152362.27 | 80722.32 | 78977.32 |
| 1.待处理抵债资产 | 3211.95 | 3201 | 1684 | 3211.95 | 3201 | 1671 |
| 2.应付福利费垫款 | 80.42 | 80.42 | 80.42 | 41.22 | 41.22 | 41.22 |
| 3.未弥补亏损 | 76762.1 | 76762.1 | 76762.1 | 76762.1 | 76762.1 | 76762.1 |
| 4.待处理房改资产 | 718 | 718 | 503 | 718 | 718 | 503 |
| 5.待清理自办实体资产 | | | | | | |
| 6.待清理接收资产 | | | | | | |
| (1)待清理城信社资产 | | | | | | |
| (2)待清理城信社资产与负债差额 | | | | | | |
| (3)待清理信托资产 | | | | | | |
| (4)人行转来企业贷款本金 | | | | | | |
| (5)其他金融机构转来资产 | | | | | | |
| (6)其他待清理接收资产 | | | | | | |
| 7.其他非信贷资产 | 70757.37 | | | 71629 | | |
| 非信贷资产合计 | 887289.88 | 82326.35 | 80394.95 | 906307.42 | 81883.15 | 79952.75 |

注:本表机构包括农业发展银行、工商银行、农业银行、中国银行、建设银行。

# 5-36 忻州市主要银行业机构非信贷资产情况表

单位:万元

| 项目 \ 指标 \ 时间 | 3季度 | | | 4季度 | | |
|---|---|---|---|---|---|---|
| | 余额 | 其中:不良资产 | 预计损失 | 余额 | 其中:不良资产 | 预计损失 |
| 一、现金 | 23935.21 | | | 14620.34 | | |
| 二、银行存款 | 832.19 | | | 1750.4 | | |
| 三、贵金属 | | | | | | |
| 四、存放中央银行款项 | 26985.89 | | | 46106.57 | | |
| 五、存放同业款项 | 3233.49 | 364.65 | 364.65 | 2776.56 | 364.69 | 364.69 |
| 六、拆放同业 | 293.75 | 113.75 | 23 | 180 | 180 | 180 |
| 七、存放联行款项(轧差) | 837709.91 | | | 1124835.94 | 2 | 2 |
| 八、应收及预付款项 | -3245.8 | 793.03 | 712.03 | 7644.62 | 3946.87 | 3720.28 |
| 其中:应收利息 | 2293.27 | 221 | 165 | 2339.78 | 967.88 | 861.29 |
| 待处理案件纠纷垫款 | 455 | 326 | 301 | 470.65 | 417.8 | 414.8 |
| 九、短期投资 | 130 | | | 130 | | |
| 十、委托贷款及委托投资 | 10342.83 | 10 | 4 | 4777 | | |
| 十一、买入返售证券 | | | | | | |
| 十二、待处理流动资产损失 | | | | | | |
| 十三、长期投资 | 6277.42 | | | 5441.42 | 58 | 58 |
| 十四、固定资产净值 | 30303.67 | | | 33377.3 | 496 | 205.8 |
| 十五、固定资产清理 | 74.93 | 8.93 | 8.93 | 64 | | |
| 十六、在建工程 | 42 | | | 186 | | |
| 十七、待处理固定资产损失 | 10.38 | | | | | |
| 十八、无形资产 | 2200.57 | | | 249.94 | | |
| 十九、递延资产 | 3823.41 | | | 2900.4 | 1419 | 1261 |
| 二十、其他非信贷资产 | 151794.19 | 80680.1 | 78936.1 | 140169.11 | 69250 | 68897 |
| 1.待处理抵债资产 | 3210.95 | 3200 | 1671 | 3246.63 | 3187 | 2834 |
| 2.应付福利费垫款 | -98.41 | | | | | |
| 3.未弥补亏损 | 76762.1 | 76762.1 | 76762.1 | 66063 | 66063 | 66063 |
| 4.待处理房改资产 | 718 | 718 | 503 | | | |
| 5.待清理自办实体资产 | | | | | | |
| 6.待清理接收资产 | | | | | | |
| (1)待清理城信社资产 | | | | | | |
| (2)待清理城信社资产与负债差额 | | | | | | |
| (3)待清理信托资产 | | | | | | |
| (4)人行转来企业贷款本金 | | | | | | |
| (5)其他金融机构转来资产 | | | | | | |
| (6)其他待清理接收资产 | | | | | | |
| 7.其他非信贷资产 | 71201.55 | | | 70859.48 | | |
| 非信贷资产合计 | 1094744.04 | 81970.46 | 80048.71 | 1385209.6 | 75716.56 | 74688.77 |

# 5-37 忻州市主要银行业机构表外业务情况表

单位:万元

| 指标 时间 项目 | 1季度 | | | 2季度 | | |
|---|---|---|---|---|---|---|
| | 余额 | 风险敞口 | 垫款期末余额 | 余额 | 风险敞口 | 垫款期末余额 |
| 一、担保类业务 | 14136.1 | 6436.1 | | 12664.35 | 6109.35 | |
| 1.开出银行承兑汇票 | 12134 | 4510 | | 11969 | 5590 | |
| 2.开出信用证 | 1852.1 | 1852.1 | | 545.35 | 545.35 | |
| 3.保函 | 150 | 74 | | 150 | –26 | |
| 4.债券发行担保 | | | | | | |
| 其中:可转换债券担保 | | | | | | |
| 5.其他担保类业务 | | | | | | |
| 二、承诺类业务 | 2000 | 2000 | | 3080 | 3080 | |
| 1.贷款承诺 | 2000 | 2000 | | 3080 | 3080 | |
| 2.循环授信额度 | | | | | | |
| 3.其他承诺类业务 | | | | | | |
| 三、金融衍生类业务 | | –311 | | 2 | –309 | |
| 1.期权 | | | | | –311 | |
| 2.互换 | | –311 | | 2 | 2 | |
| 3.远期外汇 | | | | | | |

# 5-37 忻州市主要银行业机构表外业务情况表

单位:万元

| 指标 时间 项目 | 3季度 | | | 4季度 | | |
|---|---|---|---|---|---|---|
| | 余额 | 风险敞口 | 垫款期末余额 | 余额 | 风险敞口 | 垫款期末余额 |
| 一、担保类业务 | 19355.7 | 8062.7 | | 21052.47 | 1969.77 | |
| 1.开出银行承兑汇票 | 19153 | 8017 | | 20709.47 | 3144.77 | |
| 2.开出信用证 | 52.7 | 52.7 | | 33 | 33 | |
| 3.保函 | 150 | –7 | | 310 | 153 | |
| 4.债券发行担保 | | | | | –1361 | |
| 其中:可转换债券担保 | | | | | –1361 | |
| 5.其他担保类业务 | | | | | | |
| 二、承诺类业务 | 3080 | 3080 | | 203000 | 203000 | |
| 1.贷款承诺 | 3080 | 3080 | | 3000 | 3000 | |
| 2.循环授信额度 | | | | | | |
| 3.其他承诺类业务 | | | | 200000 | 200000 | |
| 三、金融衍生类业务 | | –4 | | | | |
| 1.期权 | | | | | | |
| 2.互换 | | –4 | | | | |
| 3.远期外汇 | | | | | | |

注:本表机构包括农业发展银行、工商银行、农业银行、中国银行、建设银行。

# 5-38 忻州市主要银行业机构贷款按逾期时间分类表

单位:万元

| 项目 \ 指标 \ 时间 | 上年末 | 一季度 | 二季度 | 三季度 | 四季度 |
|---|---|---|---|---|---|
| | 余额 | 余额 | 余额 | 余额 | 余额 |
| 各项贷款 | 1153498.2 | 1202960.15 | 1136988.97 | 1097561.7 | 1104358.62 |
| 未到期贷款 | 860276.62 | 902880.98 | 934879.36 | 909573.55 | 906445.29 |
| 逾期类贷款 | 293221.58 | 300079.17 | 202109.61 | 187988.15 | 197913.33 |
| 其中:逾期0~3个月贷款 | 9549.67 | 12754.68 | 16221.74 | 6834.74 | 15470.28 |
| 逾期3~6个月贷款 | 13984.88 | 8288.3 | 9268.88 | 9400.77 | 5420.1 |
| 逾期6~9个月贷款 | 6896.67 | 13464.05 | 1482.78 | 1814.08 | 8151.6 |
| 逾期9个月~1年贷款 | 6371.97 | 3702.23 | 7920.53 | 1173.77 | 945.85 |
| 逾期1年以上贷款 | 256418.39 | 261869.91 | 167215.68 | 168764.79 | 167925.5 |

注:本表机构包括农业发展银行、工商银行、农业银行、中国银行、建设银行。

# 5-39 忻州市主要银行业机构贷款质量迁徙情况表

迁徙矩阵： 单位：%

| 项 目 | 正常类贷款 | 关注类贷款 | 次级类贷款 | 可疑类贷款 | 损失类贷款 |
|---|---|---|---|---|---|
| 正常类贷款 | 94.36 | 4.26 | 0.38 | 0.39 | 0.60 |
| 关注类贷款 | | 80.73 | 0.45 | 7.75 | 11.08 |
| 次级类贷款 | | 24.59 | 51.79 | 13.12 | 10.50 |
| 可疑类贷款 | | 0.13 | 1.11 | 39.86 | 58.89 |
| 损失类贷款 | | 0.09 | 0.00 | 0.33 | 99.57 |

# 5-39 忻州市主要银行业机构贷款质量迁徙情况表

单位：万元

| 项 目 | 分子 | 分母 | 比例% |
|---|---|---|---|
| 1.年初不良贷款率 | 318596.00 | 1153498.20 | 27.62 |
| 2.期末不良贷款率 | 207083.91 | 1104358.59 | 18.75 |
| 3.不良贷款率变动情况 | -111512.09 | -49139.61 | -8.87 |
| 4.贷款质量总体向上迁徙率 | 14734.58 | 254382.52 | 5.79 |
| 5.贷款质量总体向下迁徙率 | 117047.35 | 805785.87 | 14.53 |
| 6.正常类贷款向下迁徙率 | 33575.25 | 595033.93 | 5.64 |
| 7.关注类贷款向下迁徙率 | 10508.56 | 54527.03 | 19.27 |
| 8.次级类贷款向下迁徙率 | 12747.44 | 53974.10 | 23.62 |
| 9.可疑类贷款向下迁徙率 | 60216.10 | 102250.81 | 58.89 |
| 10.当年新增贷款不良率 | 1943.91 | 254942.14 | 0.76 |
| 11.当年新形成不良贷款率 | 21423.42 | 1128928.40 | 1.90 |
| 12.贷款重组贡献度 | 1006.00 | 13452.00 | 7.48 |
| 13.不良贷款周转率 | 198615.90 | 834902.20 | 23.79 |
| 14.不良贷款处置收现率 | 13522.51 | 117979.51 | 11.46 |
| 15.不良贷款处置以物抵债率 | | 117979.51 | |
| 16.不良贷款处置核销率 | 2094.00 | 117979.51 | 1.77 |

注：本表机构包括农业发展银行、工商银行、农业银行、中国银行、建设银行。

# 5-40 忻州市银行业金融机构部分行业贷款情况表

单位:万元

| 项目 \ 指标 \ 时间 | 1季度 | 2季度 | 3季度 | 4季度 | |
|---|---|---|---|---|---|
| | 余额 | 余额 | 余额 | 余额 | 比年初增减额 |
| 一、煤炭行业 | 62215.30 | 74862.46 | 64784.26 | 71248.78 | -7085.56 |
| 二、焦炭行业 | 27340.15 | 20022.45 | 18567.45 | 15264.00 | -4503.16 |
| (1)年产60万吨以上 | | | | 2300.00 | 2300.00 |
| (2)年产40万~60万吨 | 5118.00 | 5118.00 | 5118.00 | 4896.00 | -1387.00 |
| (3)年产20万~40万吨 | 4878.00 | 5254.00 | 5492.00 | 4165.00 | -294.80 |
| (4)年产20万吨以下 | 17344.15 | 9650.45 | 7957.45 | 3903.00 | -5121.36 |
| 三、冶金行业 | 48468.45 | 58535.62 | 44614.62 | 32155.00 | -2461.85 |
| (1)普通钢 | 7412.60 | 15387.00 | 7601.00 | 862.00 | -3249.04 |
| (2)特种钢 | 413.00 | 653.00 | 1023.00 | 5000.00 | 4587.00 |
| (3)生铁 | 30204.85 | 33110.62 | 33202.62 | 4812.00 | -15811.29 |
| (4)铁合金 | 903.00 | 380.00 | 396.00 | 1745.00 | 588.00 |
| (5)电解铝 | 1900.00 | | | | |
| 四、建材行业 | 26899.59 | 23404.55 | 22256.60 | 21519.80 | -4774.24 |
| (1)水泥 | 14656.10 | 10297.50 | 8775.55 | 6171.80 | -9766.70 |
| 五、交通行业 | 69052.13 | 68744.00 | 56295.00 | 94610.00 | 27281.00 |
| (1)公路 | 66689.50 | 66600.00 | 53969.00 | 92523.00 | 27502.00 |
| (2)铁路 | 2362.63 | 2144.00 | 2186.00 | 2087.00 | -221.00 |
| 六、化工行业 | 95119.02 | 83974.87 | 70156.81 | 69936.81 | -24433.10 |
| (1)电石 | 8953.91 | 5907.47 | 3924.41 | 2627.41 | -6126.50 |
| 七、电力行业 | 386713.33 | 388494.00 | 398394.00 | 394494.00 | 16136.00 |
| 八、房地产业 | 24748.21 | 21508.94 | 19650.94 | 34368.94 | 7784.00 |
| (1)房地产开发商贷款 | 1750.21 | 1879.94 | 1176.94 | 488.00 | -116.94 |
| (2)住房开发贷款 | 9433.00 | 6771.00 | 6757.00 | 9657.00 | 221.00 |
| (3)政府土地储备机构贷款 | 633.00 | 633.00 | 33.00 | 33.00 | -1600.00 |
| (4)单位购置商业用房贷款 | | | | | |
| (5)个人购房贷款 | 12932.00 | 12225.00 | 11684.00 | 24074.00 | 9163.00 |
| 九、医药制造业 | 5453.43 | 4321.40 | 3923.40 | 5349.00 | -1516.40 |
| 十、机械制造业 | 21148.18 | 38393.00 | 23694.00 | 15903.00 | -28357.00 |
| 合 计 | 767157.79 | 782261.29 | 722337.08 | 754849.33 | -21930.31 |

注:本表机构包括工商银行、农业银行、中国银行、建设银行、农村信用社。

# 5-41 忻州市银行业金融机构部分行业不良贷款情况表(五级分类)

单位:万元

| 项目 \ 指标 \ 时间 | 1季度 | | 2季度 | | 3季度 | |
|---|---|---|---|---|---|---|
| | 余额 | 比例% | 余额 | 比例% | 余额 | 比例% |
| 一、煤炭行业 | 2858.73 | 5.37 | 3259.00 | 4.90 | 3219.80 | 5.70 |
| 二、焦炭行业 | 5653.70 | 23.93 | 5028.00 | 32.07 | 5028.00 | 34.38 |
| (1)年产60万吨以上 | | | | | | |
| (2)年产40万~60万吨 | | | | | | |
| (3)年产20万~40万吨 | 2950.00 | 87.54 | 2700.00 | 72.97 | 2700.00 | 72.97 |
| (4)年产20万吨以下 | 2703.70 | 17.85 | 2328.00 | 33.93 | 2328.00 | 40.10 |
| 三、冶金行业 | 5769.08 | 16.84 | 5655.00 | 12.76 | 5655.00 | 17.84 |
| (1)普通钢 | 738.60 | 16.63 | 236.00 | 1.90 | 236.00 | 3.99 |
| (2)特种钢 | 413.00 | 100.00 | 413.00 | 63.25 | 413.00 | 40.37 |
| (3)生铁 | 4467.48 | 16.59 | 5006.00 | 16.78 | 5006.00 | 22.32 |
| (4)铁合金 | 150.00 | 28.68 | | | | |
| (5)电解铝 | | | | | | |
| 四、建材行业 | 10667.41 | 49.80 | 6015.30 | 35.73 | 5988.00 | 35.83 |
| (1)水泥 | 9511.55 | 94.71 | 4066.00 | 88.45 | 4066.00 | 99.24 |
| 五、交通行业 | 1381.97 | 2.07 | 1067.00 | 1.60 | 1066.00 | 1.97 |
| (1)公路 | 871.82 | 1.35 | | | 457.00 | 0.88 |
| (2)铁路 | 510.15 | 21.59 | | | 609.00 | 27.86 |
| 六、化工行业 | 32058.05 | 42.39 | 4736.00 | 7.35 | 4726.00 | 9.05 |
| (1)电石 | 4373.00 | 80.89 | 1400.00 | 59.33 | 1400.00 | 71.17 |
| 七、电力行业 | 5470.50 | 1.42 | 1200.00 | 0.31 | 1200.00 | 0.30 |
| 八、房地产业 | 3141.50 | 13.59 | 680.00 | 3.42 | 676.00 | 3.74 |
| (1)房地产开发商贷款 | 341.50 | 22.04 | 479.00 | 28.53 | 479.00 | 49.08 |
| (2)住房开发贷款 | 2623.00 | 30.49 | 41.00 | 0.69 | 27.00 | 0.46 |
| (3)政府土地储备机构贷款 | | | | | | |
| (4)单位购置商业用房贷款 | | | | | | |
| (5)个人购房贷款 | 177.00 | 1.43 | 160.00 | 1.37 | 170.00 | 1.52 |
| 九、医药制造业 | 2196.99 | 40.77 | 1845.00 | 47.97 | 1845.00 | 53.51 |
| 十、机械制造业 | 2.00 | 0.04 | 1648.00 | 7.19 | 1624.00 | 10.44 |
| 合　计 | 69199.93 | 9.96 | 31133.30 | 4.40 | 31027.80 | 4.70 |

注:本表机构包括工商银行、农业银行、中国银行、建设银行。

# 5-41 忻州市银行业金融机构部分行业不良贷款情况表(五级分类)

单位:万元

| 项目 \ 指标 \ 时间 | 4季度 | | | |
|---|---|---|---|---|
| | 余额 | 比例% | 余额比年初增减 | 比例比年初增减 |
| 一、煤炭行业 | 3111.00 | 4.92 | -2338.00 | -3.02 |
| 二、焦炭行业 | 3334.00 | 26.56 | -2349.70 | -10.71 |
| (1)年产60万吨以上 | | | | |
| (2)年产40万~60万吨 | | | | |
| (3)年产20万~40万吨 | 2700.00 | 72.97 | -250.00 | -14.56 |
| (4)年产20万吨以下 | 634.00 | 38.24 | -2099.70 | -2.17 |
| 三、冶金行业 | 4290.00 | 20.43 | -2293.34 | -12.63 |
| (1)普通钢 | 123.00 | 31.30 | -615.60 | -33.57 |
| (2)特种钢 | | | -413.00 | -100.00 |
| (3)生铁 | 2005.00 | 100.00 | -3276.74 | 68.72 |
| (4)铁合金 | | | -150.00 | -19.31 |
| (5)电解铝 | | | | |
| 四、建材行业 | 4417.00 | 26.49 | -7949.00 | -36.84 |
| (1)水泥 | 2094.00 | 94.79 | -7415.00 | 0.08 |
| 五、交通行业 | 1315.00 | 1.42 | 258.00 | -0.20 |
| (1)公路 | 711.00 | 0.79 | -128.00 | -0.55 |
| (2)铁路 | 604.00 | 28.94 | 386.00 | 19.50 |
| 六、化工行业 | 5164.00 | 10.01 | -31100.00 | -36.51 |
| (1)电石 | 95.00 | 20.08 | -4278.00 | -55.32 |
| 七、电力行业 | 1063.00 | 0.27 | -2899.00 | -0.78 |
| 八、房地产业 | 154.00 | 0.47 | -3122.00 | -12.67 |
| (1)房地产开发商贷款 | | | | |
| (2)住房开发贷款 | 27.00 | 0.31 | -2599.00 | -30.21 |
| (3)政府土地储备机构贷款 | | | | |
| (4)单位购置商业用房贷款 | | | | |
| (5)个人购房贷款 | 127.00 | 0.54 | -523.00 | -4.00 |
| 九、医药制造业 | 1845.00 | 37.85 | -816.00 | -1.28 |
| 十、机械制造业 | 1602.00 | 16.67 | -14443.50 | -35.82 |
| 合计 | 26295.00 | 3.77 | -67052.54 | -9.46 |

# 5-41 忻州市银行业金融机构部分行业不良贷款情况表(四级分类)

单位:万元

| 项目 \ 指标 时间 | 1季度 | | 2季度 | | 3季度 | |
|---|---|---|---|---|---|---|
| | 余额 | 比例% | 余额 | 比例% | 余额 | 比例% |
| 一、煤炭行业 | 6775.06 | 75.25 | 6475.06 | 77.59 | 6475.06 | 77.59 |
| 二、焦炭行业 | 2463.45 | 66.41 | 2463.45 | 56.72 | 2894.45 | 73.38 |
| (1)年产60万吨以上 | | | | | | |
| (2)年产40万~60万吨 | | | | | | |
| (3)年产20万~40万吨 | 262.00 | 17.37 | 262.00 | 16.86 | 742.00 | 41.41 |
| (4)年产20万吨以下 | 2201.45 | 100.00 | 2201.45 | 78.92 | 2152.45 | 100.00 |
| 三、冶金行业 | 6090.62 | 42.87 | 6090.62 | 42.87 | 4668.50 | 36.13 |
| (1)普通钢 | 2972.00 | 100.00 | 2972.00 | 100.00 | 1658.00 | 98.34 |
| (2)特种钢 | | | | | | |
| (3)生铁 | 2653.62 | 81.16 | 2653.62 | 81.16 | 2545.50 | 23.64 |
| (4)铁合金 | 380.00 | 100.00 | 380.00 | 100.00 | 380.00 | 100.00 |
| (5)电解铝 | | | | | | |
| 四、建材行业 | 3513.60 | 64.11 | 3513.60 | 53.50 | 3578.60 | 64.53 |
| (1)水泥 | 2697.55 | 58.47 | 2697.55 | 47.32 | 2792.75 | 59.69 |
| 五、交通行业 | 835.00 | 37.78 | 835.00 | 37.78 | 795.00 | 35.97 |
| (1)公路 | 835.00 | 37.78 | 835.00 | 37.78 | 795.00 | 38.41 |
| (2)铁路 | | | | | | |
| 六、化工行业 | 1797.81 | 9.22 | 1797.81 | 9.22 | 1907.81 | 10.65 |
| (1)电石 | 675.41 | 19.04 | 675.41 | 19.04 | 675.41 | 34.51 |
| 七、电力行业 | | | | | | |
| 八、房地产业 | 616.94 | 37.99 | 616.94 | 37.99 | 616.94 | 39.27 |
| (1)房地产开发商贷款 | 116.94 | 58.20 | 116.94 | 58.20 | 116.94 | 58.20 |
| (2)住房开发贷款 | 500.00 | 60.24 | 500.00 | 60.24 | 500.00 | 60.24 |
| (3)政府土地储备机构贷款 | | | | | | |
| (4)单位购置商业用房贷款 | | | | | | |
| (5)个人购房贷款 | | | | | | |
| 九、医药制造业 | 45.00 | 69.23 | 45.00 | 9.47 | 45.00 | 9.47 |
| 十、机械制造业 | 11674.00 | 75.41 | 11219.00 | 72.47 | 5910.00 | 72.56 |
| 合　计 | 33811.48 | 46.67 | 33056.48 | 44.70 | 26891.36 | 43.18 |

注:本表机构包括农村信用社。

# 5-41 忻州市银行业金融机构部分行业不良贷款情况表(四级分类)

单位:万元

| 项目 \ 指标 \ 时间 | 4季度 | | | |
|---|---|---|---|---|
| | 余额 | 比例% | 余额比年初增减 | 比例比年初增减 |
| 一、煤炭行业 | 5261.18 | 65.16 | -2228.11 | -11.60 |
| 二、焦炭行业 | 1705.00 | 62.92 | -767.46 | 8.15 |
| (1)年产60万吨以上 | | | | |
| (2)年产40万~60万吨 | | | | |
| (3)年产20万~40万吨 | | | -261.80 | -24.02 |
| (4)年产20万吨以下 | 1705.00 | 75.95 | -505.66 | -21.88 |
| 三、冶金行业 | 3088.00 | 27.68 | -3496.51 | -17.11 |
| (1)普通钢 | 469.00 | 100.00 | -2503.44 | |
| (2)特种钢 | | | | |
| (3)生铁 | 2239.00 | 79.76 | -489.55 | 6.72 |
| (4)铁合金 | 380.00 | 100.00 | | |
| (5)电解铝 | | | | |
| 四、建材行业 | 2910.50 | 60.10 | -1888.54 | -10.83 |
| (1)水泥 | 2076.50 | 52.40 | -1906.00 | -15.12 |
| 五、交通行业 | 835.00 | 37.78 | | |
| (1)公路 | 835.00 | 37.78 | | |
| (2)铁路 | | | | |
| 六、化工行业 | 10177.81 | 55.51 | 8270.40 | 43.89 |
| (1)电石 | 651.41 | 30.24 | -24.00 | 7.38 |
| 七、电力行业 | | | | |
| 八、房地产业 | 616.94 | 42.20 | | 4.76 |
| (1)房地产开发商贷款 | | | -116.94 | -58.20 |
| (2)住房开发贷款 | 500.00 | 60.24 | | |
| (3)政府土地储备机构贷款 | | | | |
| (4)单位购置商业用房贷款 | | | | |
| (5)个人购房贷款 | | | | |
| 九、医药制造业 | 45.00 | 9.47 | -0.40 | -59.95 |
| 十、机械制造业 | 4395.00 | 69.85 | -7278.78 | -15.44 |
| 合计 | 29034.43 | 51.18 | -7389.40 | -0.13 |

# 5-42 忻州市主要银行业机构客户大额授信和零售贷款违约客户情况统计时序表

单位:个、亿元、%

| 项目 指标 时间 | 客户大额授信统计 | | | | | | | | 关联企业授信 | 关联企业贷款 | 零售贷款违约统计 | |
|---|---|---|---|---|---|---|---|---|---|---|---|---|
| | 客户数 | 授信额度 | 贷款余额 | 不良贷款 | 不良占比 | 预警信息 | | | | | 法人违约数 | 个人违约数 |
| | | | | | | 客户数 | 贷款 | 不良贷款 | | | | |
| 1月 | 3 | 4.52 | 4.28 | 1.24 | 28.97 | 1 | | | | | 44 | 571 |
| 2月 | 4 | 11.52 | 11.29 | 1.24 | 10.98 | 1 | | | | | 44 | 546 |
| 3月 | 4 | 11.52 | 11.3 | 1.24 | 10.97 | 1 | | | | | 44 | 458 |
| 4月 | 4 | 11.52 | 11.3 | | | | | | | | 43 | 458 |
| 5月 | 4 | 11.67 | 11.45 | | | | | | | | 29 | 458 |
| 6月 | 4 | 11.67 | 11.5 | | | | | | | | | 409 |
| 7月 | 4 | 11.67 | 11.5 | | | | | | | | | 498 |
| 8月 | 4 | 11.61 | 11.44 | | | | | | | | 1 | 502 |
| 9月 | 4 | 11.61 | 11.39 | | | | | | | | 1 | 445 |
| 10月 | 5 | 19.61 | 12.39 | | | | | | | | 1 | 717 |
| 11月 | 5 | 19.61 | 12.37 | | | | | | | | 1 | 691 |
| 12月 | 5 | 19.61 | 12.44 | | | | | | | | 1 | 722 |

注:本表机构包括工商银行、农业银行、中国银行、建设银行。

# 5-43 忻州市银行业金融机构案件信息统计表

单位：万元、件

| 项 目 | 案 件 | | 其中：百万元以上案件 | |
|---|---|---|---|---|
| | 本年累计发生 | 比上年同期增减 | 本年累计发生 | 比上年同期增减 |
| 经济案件数量 | 0 | –1 | 0 | 0 |
| 其中：挪用 | 0 | 0 | 0 | 0 |
| 贪污 | 0 | –1 | 0 | 0 |
| 侵占 | 0 | 0 | 0 | 0 |
| 贿赂 | 0 | 0 | 0 | 0 |
| 经济案件涉案金额 | 0 | –41.5 | 0 | 0 |
| 其中：挪用 | 0 | 0 | 0 | 0 |
| 贪污 | 0 | –41.5 | 0 | 0 |
| 侵占 | 0 | 0 | 0 | 0 |
| 贿赂 | 0 | 0 | 0 | 0 |
| 经济案件风险金额 | 0 | –21.5 | 0 | 0 |
| 其中：挪用 | 0 | 0 | 0 | 0 |
| 贪污 | 0 | –21.5 | 0 | 0 |
| 侵占 | 0 | 0 | 0 | 0 |
| 贿赂 | 0 | 0 | 0 | 0 |
| 违规经营数量 | 0 | 0 | 0 | 0 |
| 其中：违反金融法规 | 0 | 0 | 0 | 0 |
| 违反财经纪律 | 0 | 0 | 0 | 0 |
| 破坏金融秩序 | 0 | 0 | 0 | 0 |
| 违规经营涉案金额 | 0 | 0 | 0 | 0 |
| 其中：违反金融法规 | 0 | 0 | 0 | 0 |
| 违反财经纪律 | 0 | 0 | 0 | 0 |
| 破坏金融秩序 | 0 | 0 | 0 | 0 |
| 违规经营风险金额 | 0 | 0 | 0 | 0 |
| 其中：违反金融法规 | 0 | 0 | 0 | 0 |
| 违反财经纪律 | 0 | 0 | 0 | 0 |
| 破坏金融秩序 | 0 | 0 | 0 | 0 |
| 诈骗案件数量 | 0 | 0 | 0 | 0 |
| 诈骗案件涉案金额 | 0 | 0 | 0 | 0 |
| 诈骗案件风险金额 | 0 | 0 | 0 | 0 |
| 抢劫案件数量 | 0 | 0 | 0 | 0 |
| 抢劫案件涉案金额 | 0 | 0 | 0 | 0 |
| 抢劫案件风险金额 | 0 | 0 | 0 | 0 |
| 盗窃案件数量 | 1 | 1 | 1 | 1 |
| 盗窃案件涉案金额 | 115 | 115 | 115 | 115 |
| 盗窃案件风险金额 | 0 | 0 | 0 | 0 |
| 各类案件数量总计 | 1 | 0 | 1 | 1 |
| 各类案件涉案金额总计 | 115 | 73.5 | 115 | 115 |
| 各类案件风险金额总计 | 0 | –21.5 | 0 | 0 |

注：本表机构包括辖内所有银行业金融机构。

# 5-44 阳泉市银行业金融机构资产负债表

单位:万元

| 项目 \ 时间 | 1月 | 2月 | 3月 | 4月 | 5月 |
|---|---|---|---|---|---|
| | 余额 | 余额 | 余额 | 余额 | 余额 |
| 流动资产 | 2040984 | 2094385 | 2247792 | 2326976 | 2397223 |
| 一、现金及银行存款 | 22725 | 21614 | 23857 | 21233 | 18615 |
| 二、存放中央银行 | 248851 | 242165 | 249598 | 252834 | 253622 |
| 三、存放同业 | 96827 | 99814 | 121000 | 101075 | 107597 |
| 四、存放联行款项 | 727956 | 749811 | 830024 | 901025 | 997086 |
| 五、拆放同业 | 518 | 518 | 518 | 518 | 518 |
| 六、短期贷款 | 870329 | 898142 | 950834 | 978222 | 926336 |
| 七、应收账款 | 882 | 3477 | -59 | -65 | 20015 |
| 其中:应收利息 | 3478 | 5186 | 2221 | 3511 | 4953 |
| 八、减:坏账准备 | 10 | 10 | 10 | 10 | 10 |
| 九、短期投资 | 210 | 211 | 224 | 297 | 314 |
| 十、减:短期投资跌价准备 | | | | | |
| 十一、委托贷款及投资 | | | | | |
| 十二、买入返售资产 | | | | | |
| 十三、待处理流动资产损失 | 538 | 538 | 18 | 18 | 18 |
| 十四、其他流动资产 | 72158 | 78105 | 71788 | 71829 | 73112 |
| 长期资产 | 553552 | 555926 | 593859 | 596311 | 590359 |
| 十五、中长期贷款 | 451224 | 453827 | 458720 | 461537 | 456070 |
| 十六、减:贷款损失准备 | 9324 | 9447 | 10128 | 10685 | 10931 |
| 十七、长期投资 | 64882 | 64815 | 100223 | 100310 | 100052 |
| 十八、减:长期投资减值准备 | | | | | |
| 十九、固定资产净值 | 45008 | 44969 | 44768 | 44839 | 44817 |
| 固定资产 | 61756 | 63011 | 63374 | 63690 | 63878 |
| 减:累计折旧 | 16748 | 18042 | 18606 | 18851 | 19061 |
| 二十、固定资产减值准备 | 87 | 87 | 87 | 87 | 87 |
| 二十一、固定资产清理 | 1494 | 1494 | 3 | 18 | 15 |
| 二十二、在建工程 | 89 | 89 | 94 | 113 | 157 |
| 二十三、减:在建工程减值准备 | | | | | |
| 二十四、待处理固定资产损失 | 266 | 266 | 266 | 266 | 266 |
| 无形递延及其他资产 | 14085 | 13823 | 13783 | 13467 | 12808 |
| 二十五、无形递延及其他资产 | 14358 | 14096 | 14056 | 13740 | 13081 |
| 二十六、减:抵债资产减值准备 | 254 | 254 | 254 | 254 | 254 |
| 二十七、减:无形资产减值准备 | 19 | 19 | 19 | 19 | 19 |
| 二十八、减:其他资产减值准备 | | | | | |
| 资产总计 | 2608621 | 2664134 | 2855434 | 2936754 | 3000390 |

注:本表机构包括辖内所有银行业金融机构。

# 5-44 阳泉市银行业金融机构资产负债表

单位:万元

| 项目 \ 时间 | 6月 | 7月 | 8月 | 9月 | 10月 |
|---|---|---|---|---|---|
| | 余额 | 余额 | 余额 | 余额 | 余额 |
| 流动资产 | 2515494 | 2527620 | 2553337 | 2585680 | 2596400 |
| 一、现金及银行存款 | 20190 | 20379 | 18472 | 22900 | 20995 |
| 二、存放中央银行 | 267590 | 253829 | 266073 | 270273 | 275303 |
| 三、存放同业 | 124181 | 115573 | 119365 | 122064 | 99514 |
| 四、存放联行款项 | 1009290 | 1059849 | 1065394 | 1084150 | 1096786 |
| 五、拆放同业 | 518 | 518 | 518 | 518 | 518 |
| 六、短期贷款 | 978875 | 962799 | 968647 | 976797 | 977335 |
| 七、应收账款 | 39985 | 39920 | 40508 | 37103 | 51503 |
| 其中:应收利息 | 2090 | 3893 | 5651 | 2418 | 4006 |
| 八、减:坏账准备 | 9 | 9 | 9 | 14 | 14 |
| 九、短期投资 | 333 | 242 | 223 | 259 | 219 |
| 十、减:短期投资跌价准备 | | | | | |
| 十一、委托贷款及投资 | | | | | |
| 十二、买入返售资产 | | | | | |
| 十三、待处理流动资产损失 | 18 | 18 | 18 | 18 | 18 |
| 十四、其他流动资产 | 74523 | 74502 | 74128 | 71612 | 74223 |
| 长期资产 | 599859 | 597596 | 596994 | 599849 | 605516 |
| 十五、中长期贷款 | 464597 | 463003 | 463460 | 470952 | 477432 |
| 十六、减:贷款损失准备 | 10420 | 11134 | 12150 | 12884 | 12976 |
| 十七、长期投资 | 99530 | 99616 | 99622 | 95851 | 94813 |
| 十八、减:长期投资减值准备 | | | | | |
| 十九、固定资产净值 | 45799 | 45760 | 45588 | 45193 | 45577 |
| 固定资产 | 65361 | 65514 | 65570 | 65719 | 66315 |
| 减:累计折旧 | 19562 | 19754 | 19982 | 20526 | 20738 |
| 二十、固定资产减值准备 | 87 | 87 | 87 | 87 | 87 |
| 二十一、固定资产清理 | 28 | 19 | 37 | 37 | 37 |
| 二十二、在建工程 | 190 | 197 | 302 | 565 | 498 |
| 二十三、减:在建工程减值准备 | | | | | |
| 二十四、待处理固定资产损失 | 222 | 222 | 222 | 222 | 222 |
| 无形递延及其他资产 | 11172 | 11168 | 11387 | 11129 | 11057 |
| 二十五、无形递延及其他资产 | 11426 | 11422 | 11641 | 11383 | 11311 |
| 二十六、减:抵债资产减值准备 | 254 | 254 | 254 | 254 | 254 |
| 二十七、减:无形资产减值准备 | | | | | |
| 二十八、减:其他资产减值准备 | | | | | |
| 资产总计 | 3126525 | 3136384 | 3161718 | 3196658 | 3212973 |

# 5-44 阳泉市银行业金融机构资产负债表

单位:万元

| 项目 \ 时间 | 11月 | 12月 | | |
|---|---|---|---|---|
| | 余额 | 余额 | 比同期增减额 | 比同期增长% |
| 流动资产 | 2677055 | 2626664 | 721338 | 37.86 |
| 一、现金及银行存款 | 21132 | 15216 | 618 | 4.23 |
| 二、存放中央银行 | 280137 | 364335 | 22009 | 6.43 |
| 三、存放同业 | 76515 | 64949 | -22514 | -25.74 |
| 四、存放联行款项 | 1176316 | 1091056 | 460809 | 73.12 |
| 五、拆放同业 | 518 | 718 | 200 | 38.61 |
| 六、短期贷款 | 972159 | 987793 | 157687 | 19.00 |
| 七、应收账款 | 78523 | 27631 | 28725 | -2625.69 |
| 其中:应收利息 | 5372 | 2461 | 882 | 55.86 |
| 八、减:坏账准备 | 18 | 9 | -1 | -10.00 |
| 九、短期投资 | 187 | 145 | -60 | -29.27 |
| 十、减:短期投资跌价准备 | | | | |
| 十一、委托贷款及投资 | | | | |
| 十二、买入返售资产 | | | | |
| 十三、待处理流动资产损失 | 18 | 18 | -983 | -98.20 |
| 十四、其他流动资产 | 71568 | 74812 | 74846 | -220135.29 |
| 长期资产 | 591360 | 611600 | 55520 | 9.98 |
| 十五、中长期贷款 | 470143 | 494899 | 41270 | 9.10 |
| 十六、减:贷款损失准备 | 20245 | 27800 | 18707 | 205.73 |
| 十七、长期投资 | 95110 | 93538 | 28789 | 44.46 |
| 十八、减:长期投资减值准备 | | | | |
| 十九、固定资产净值 | 45677 | 50791 | 5727 | 12.71 |
| 固定资产 | 66497 | 68467 | 6678 | 10.81 |
| 减:累计折旧 | 20820 | 17676 | 951 | 5.69 |
| 二十、固定资产减值准备 | 87 | 5 | -108 | -95.58 |
| 二十一、固定资产清理 | 15 | | -1494 | -100.00 |
| 二十二、在建工程 | 570 | | -84 | -100.00 |
| 二十三、减:在建工程减值准备 | | | | |
| 二十四、待处理固定资产损失 | 177 | 177 | -89 | -33.46 |
| 无形递延及其他资产 | 10524 | 9540 | 1821 | 23.59 |
| 二十五、无形递延及其他资产 | 10778 | 9794 | 1802 | 22.55 |
| 二十六、减:抵债资产减值准备 | 254 | 254 | | |
| 二十七、减:无形资产减值准备 | | | -19 | -100.00 |
| 二十八、减:其他资产减值准备 | | | | |
| 资产总计 | 3278939 | 3247804 | 778679 | 31.54 |

# 5-44 阳泉市银行业金融机构资产负债表

单位：万元

| 项目 \ 时间 | 1月 | 2月 | 3月 | 4月 | 5月 |
|---|---|---|---|---|---|
| | 余额 | 余额 | 余额 | 余额 | 余额 |
| 流动负债 | 1191743 | 1223063 | 1358551 | 1406529 | 1373378 |
| 一、短期存款 | 650106 | 682059 | 765942 | 814598 | 776572 |
| 二、活期储蓄存款 | 343711 | 352597 | 372419 | 370221 | 373445 |
| 三、财政性存款 | 6414 | 7006 | 9450 | 9170 | 10507 |
| 四、向中央银行借款 | 22000 | 22000 | 28400 | 28400 | 31400 |
| 五、同业存放 | 51513 | 54764 | 72402 | 58642 | 60236 |
| 六、联行存放 | | | | | |
| 七、同业拆入 | | | | | |
| 八、应解汇款及临时存款 | 472 | 345 | 540 | 362 | 220 |
| 九、汇出汇款 | 7968 | 6670 | 4477 | 15156 | 8385 |
| 十、委托存款 | 56 | 42 | 94 | 51 | 42 |
| 十一、卖出回购资产 | | | | | |
| 十二、应付及预提账项 | 21621 | 17010 | 19998 | 27349 | 22406 |
| 十三、存放短期保证金 | 64757 | 61507 | 66710 | 63417 | 72007 |
| 十四、发行短期债券 | | | | 3000 | |
| 十五、其他流动负债 | 23125 | 19063 | 18119 | 16163 | 18158 |
| 长期负债 | 1401262 | 1422353 | 1474538 | 1506764 | 1600443 |
| 十六、长期存款 | 109156 | 84697 | 106729 | 125398 | 192656 |
| 十七、定期储蓄存款 | 1291193 | 1336762 | 1366892 | | 1393778 |
| 十八、存放长期保证金 | | | | | |
| 十九、发行长期债券 | | | | 1373987 | |
| 二十、其他长期负债 | 913 | 894 | 917 | 7379 | 14009 |
| 所有者权益 | 15616 | 18718 | 22345 | 23461 | 26569 |
| 二十一、实收资本 | 42138 | 42521 | 43313 | 43634 | 43693 |
| 二十二、资本公积 | 1138 | 1138 | 1138 | 1139 | 1138 |
| 二十三、公积金 | 1868 | 1868 | 1879 | 1879 | 1879 |
| 二十四、公益金 | 37 | 37 | 37 | 37 | 37 |
| 二十五、未分配利润 | -29565 | -26846 | -24022 | -23228 | -20178 |
| 其中：本年利润 | 1874 | 4613 | 7131 | 10123 | 13173 |
| 二十六、一般准备金 | | | | | |
| 负债总计 | 2608621 | 2664134 | 2855434 | 2936754 | 3000390 |

# 5-44 阳泉市银行业金融机构资产负债表

单位：万元

| 项目 \ 时间 | 6月 | 7月 | 8月 | 9月 | 10月 |
|---|---|---|---|---|---|
| | 余额 | 余额 | 余额 | 余额 | 余额 |
| 流动负债 | 1459599 | 1434890 | 1506680 | 1531213 | 1539797 |
| 一、短期存款 | 816426 | 786792 | 859778 | 874146 | 870834 |
| 二、活期储蓄存款 | 393833 | 398003 | 400767 | 408915 | 417811 |
| 三、财政性存款 | 10828 | 8384 | 9286 | 12092 | 13810 |
| 四、向中央银行借款 | 31400 | 30400 | 28400 | 28400 | 26900 |
| 五、同业存放 | 74193 | 65299 | 69870 | 80240 | 60702 |
| 六、联行存放 | | | | | |
| 七、同业拆入 | | | | | |
| 八、应解汇款及临时存款 | 363 | 1178 | 348 | 269 | 173 |
| 九、汇出汇款 | 6969 | 8334 | 6623 | 6664 | 7922 |
| 十、委托存款 | 28 | 32 | 32 | -131 | -106 |
| 十一、卖出回购资产 | | | | | |
| 十二、应付及预提账项 | 29269 | 29973 | 32498 | 31026 | 49968 |
| 十三、存放短期保证金 | 80100 | 81951 | 75527 | 72218 | 75168 |
| 十四、发行短期债券 | | | | | |
| 十五、其他流动负债 | 16190 | 24544 | 23551 | 17374 | 16615 |
| 长期负债 | 1634714 | 1666521 | 1616554 | 1621351 | 1624928 |
| 十六、长期存款 | 204084 | 218785 | 154333 | 141446 | 132084 |
| 十七、定期储蓄存款 | 1416574 | 1433056 | 1447146 | 1464796 | 1475352 |
| 十八、存放长期保证金 | | | | | |
| 十九、发行长期债券 | | | | | |
| 二十、其他长期负债 | 14056 | 14680 | 15075 | 15109 | 17492 |
| 所有者权益 | 32212 | 34973 | 38484 | 44094 | 48248 |
| 二十一、实收资本 | 43840 | 43990 | 43568 | 46363 | 46045 |
| 二十二、资本公积 | 1138 | 1138 | 1139 | 1138 | 1138 |
| 二十三、公积金 | 1858 | 1858 | 1858 | 1858 | 1858 |
| 二十四、公益金 | 37 | 37 | 37 | 37 | 37 |
| 二十五、未分配利润 | -14661 | -12050 | -8118 | -5302 | -830 |
| 其中：本年利润 | 18690 | 21938 | 25782 | 28763 | 32707 |
| 二十六、一般准备金 | | | | | |
| 负债总计 | 3126525 | 3136384 | 3161718 | 3196658 | 3212973 |

# 5-44 阳泉市银行业金融机构资产负债表

单位:万元

| 项目 \ 时间 | 11月 | 12月 | | |
|---|---|---|---|---|
| | 余额 | 余额 | 比同期增减额 | 比同期增长% |
| 流动负债 | 1601932 | 1550316 | 456894 | 41.79 |
| 一、短期存款 | 905298 | 851958 | 261418 | 44.27 |
| 二、活期储蓄存款 | 431976 | 435834 | 106105 | 32.18 |
| 三、财政性存款 | 12390 | 4176 | 847 | 25.44 |
| 四、向中央银行借款 | 31400 | 33000 | 4600 | 16.20 |
| 五、同业存放 | 63852 | 57702 | -11365 | -16.46 |
| 六、联行存放 | | | | |
| 七、同业拆入 | | | | |
| 八、应解汇款及临时存款 | 1142 | 1720 | 1177 | 216.76 |
| 九、汇出汇款 | 13889 | 18813 | -20491 | -52.13 |
| 十、委托存款 | -116 | -100 | 51997 | -99.81 |
| 十一、卖出回购资产 | | | | |
| 十二、应付及预提账项 | 37759 | 36528 | 14514 | 65.93 |
| 十三、存放短期保证金 | 78072 | 91828 | 31467 | 52.13 |
| 十四、发行短期债券 | | | | |
| 十五、其他流动负债 | 26270 | 18857 | 16625 | 744.85 |
| 长期负债 | 1636293 | 1659488 | 290276 | 21.20 |
| 十六、长期存款 | 129313 | 122561 | 31971 | 35.29 |
| 十七、定期储蓄存款 | 1489627 | 1519763 | 256903 | 20.34 |
| 十八、存放长期保证金 | | | | |
| 十九、发行长期债券 | | | | |
| 二十、其他长期负债 | 17353 | 17164 | 1402 | 8.89 |
| 所有者权益 | 40714 | 38000 | 31509 | 485.43 |
| 二十一、实收资本 | 46261 | 37227 | -4658 | -11.12 |
| 二十二、资本公积 | 1138 | 1246 | 108 | 9.49 |
| 二十三、公积金 | 1858 | 12154 | 10443 | 610.34 |
| 二十四、公益金 | 37 | 147 | 172 | -688.00 |
| 二十五、未分配利润 | -8580 | -12774 | 25444 | -66.58 |
| 其中:本年利润 | 25269 | 18261 | 13525 | 285.58 |
| 二十六、一般准备金 | | | | |
| 负债总计 | 3278939 | 3247804 | 778679 | 31.54 |

# 5-45 阳泉市金融机构存、贷款指标

单位：万元

| 项目 \ 时间 | 1月 | 2月 | 3月 | 4月 | 5月 |
|---|---|---|---|---|---|
| | 余额 | 余额 | 余额 | 余额 | 余额 |
| 一、各项存款 | 2480769 | 2542082 | 2715392 | 2792568 | 2861187 |
| 1.企事业单位存款 | 534389 | 541423 | 614645 | 694678 | 717630 |
| (1)活期存款 | 425233 | 456726 | 507916 | 569280 | 524974 |
| (2)定期存款 | 109156 | 84697 | 106729 | 125398 | 192656 |
| 2.储蓄存款 | 1634904 | 1689359 | 1739311 | 1744208 | 1767222 |
| (1)活期储蓄 | 343711 | 352597 | 372419 | 370221 | 373445 |
| (2)定期储蓄 | 1291193 | 1336762 | 1366892 | 1373987 | 1393778 |
| 3.信托存款 | | | | | |
| 4.委托存款 | 56 | 42 | 94 | 51 | 42 |
| 5.其他存款 | 311420 | 311258 | 361342 | 353631 | 376293 |
| 二、各项贷款 | 1321553 | 1351969 | 1409554 | 1439759 | 1382405 |
| 1.短期贷款 | 817572 | 831612 | 845571 | 875183 | 870697 |
| 2.中长期贷款 | 449494 | 452097 | 456990 | 459807 | 454340 |
| 3.信托贷款 | | | | | |
| 4.委托贷款 | | | | | |
| 5.其他贷款 | 1846 | 1804 | 1730 | 1730 | 1779 |
| 6.票据融资 | 51843 | 65383 | 104465 | 102241 | 54791 |
| 7.各项垫款 | 798 | 1073 | 798 | 798 | 798 |

注：1.本表机构包括人民银行、政策性银行、国有独资商业银行、城市信用社、农村信用社、邮政储汇局。

2.因工商银行于2005年6月进行了不良资产剥离，本表中各项贷款项目"余额"为资产剥离后的真实数据，"比年初增减额"为调整后的可比口径数据。贷款剥离4.00亿元。

# 5-45 阳泉市金融机构存、贷款指标

单位:万元

| 项目 \ 时间 | 6月 | 7月 | 8月 | 9月 | 10月 |
|---|---|---|---|---|---|
| | 余额 | 余额 | 余额 | 余额 | 余额 |
| 一、各项存款 | 2967981 | 2978842 | 2999751 | 3031781 | 3046508 |
| 1.企事业单位存款 | 752062 | 727195 | 739051 | 736361 | 734122 |
| (1)活期存款 | 547978 | 508410 | 584718 | 594914 | 602038 |
| (2)定期存款 | 204084 | 218785 | 154333 | 141447 | 132084 |
| 2.储蓄存款 | 1810408 | 1831058 | 1847913 | 1873712 | 1893163 |
| (1)活期储蓄 | 393833 | 398003 | 400767 | 408916 | 417811 |
| (2)定期储蓄 | 1416574 | 1433056 | 1447146 | 1464796 | 1475352 |
| 3.信托存款 | | | | | |
| 4.委托存款 | 28 | 32 | 32 | -131 | -106 |
| 5.其他存款 | 405483 | 420557 | 412755 | 421840 | 419329 |
| 二、各项贷款 | 1443472 | 1425802 | 1432107 | 1447750 | 1454766 |
| 1.短期贷款 | 905689 | 903468 | 909949 | 914210 | 920151 |
| 2.中长期贷款 | 462867 | 461308 | 461768 | 469261 | 475742 |
| 3.信托贷款 | | | | | |
| 4.委托贷款 | | | | | |
| 5.其他贷款 | 1755 | 1719 | 1692 | 1691 | 1690 |
| 6.票据融资 | 72363 | 58483 | 56900 | 61790 | 56385 |
| 7.各项垫款 | 798 | 824 | 1798 | 798 | 798 |

# 5-45 阳泉市金融机构存、贷款指标

单位：万元

| 项目 \ 时间 | 11月 | 12月 | | |
|---|---|---|---|---|
| | 余额 | 余额 | 比年初增减额 | 比年初增长% |
| 一、各项存款 | 3103899 | 3064174 | 673822 | 28.19 |
| 1.企事业单位存款 | 766018 | 701755 | 198775 | 39.52 |
| (1)活期存款 | 636705 | 579194 | 166803 | 40.45 |
| (2)定期存款 | 129313 | 122561 | 31972 | 35.29 |
| 2.储蓄存款 | 1921604 | 1955597 | 363009 | 22.79 |
| (1)活期储蓄 | 431976 | 435834 | 106105 | 32.18 |
| (2)定期储蓄 | 1489627 | 1519763 | 256903 | 20.34 |
| 3.信托存款 | | | | |
| 4.委托存款 | -116 | -100 | -119 | -626.32 |
| 5.其他存款 | 416393 | 406922 | 112157 | 38.05 |
| 二、各项贷款 | 1442302 | 1482692 | 269687 | 21.01 |
| 1.短期贷款 | 921067 | 907777 | 181524 | 23.10 |
| 2.中长期贷款 | 468640 | 493398 | 52558 | 11.63 |
| 3.信托贷款 | | | | |
| 4.委托贷款 | | | | |
| 5.其他贷款 | 1503 | 1671 | -117 | -6.60 |
| 6.票据融资 | 50113 | 78867 | 35541 | 82.03 |
| 7.各项垫款 | 979 | 979 | 181 | 22.68 |

# 5-46 阳泉市金融机构存、贷款时序表

单位:亿元

| 指标 项目 时间 | 各项存款 | | | 各项贷款 | | |
|---|---|---|---|---|---|---|
| | 余额 | 比年初增减额 | 余额比同期% | 余额 | 比年初增减额 | 余额比同期% |
| 1月 | 248.08 | 9.04 | 31.68 | 132.16 | 3.78 | 9.70 |
| 2月 | 254.21 | 15.17 | 29.58 | 135.20 | 6.82 | 8.62 |
| 3月 | 271.54 | 32.50 | 32.74 | 140.96 | 15.65 | 7.76 |
| 4月 | 279.26 | 40.22 | 32.65 | 143.98 | 18.67 | 9.71 |
| 5月 | 286.12 | 47.08 | 33.09 | 138.24 | 14.78 | 3.10 |
| 6月 | 296.80 | 57.76 | 33.98 | 144.35 | 23.05 | 8.80 |
| 7月 | 297.88 | 58.85 | 34.06 | 142.58 | 21.28 | 6.28 |
| 8月 | 299.98 | 60.94 | 34.89 | 143.21 | 21.91 | 5.70 |
| 9月 | 303.18 | 64.14 | 33.85 | 144.78 | 23.47 | 5.72 |
| 10月 | 304.65 | 65.62 | 32.38 | 145.48 | 24.18 | 7.14 |
| 11月 | 310.39 | 71.35 | 31.07 | 144.23 | 22.93 | 6.99 |
| 12月 | 306.42 | 67.38 | 32.87 | 148.27 | 26.97 | 15.50 |

# 5-47 阳泉市主要银行业机构贷款质量统计表(五级分类)

单位:万元

| 项目 \ 时间 | 1月 | 2月 | 3月 | 4月 | 5月 | 6月 |
|---|---|---|---|---|---|---|
| | 余额 | 余额 | 余额 | 余额 | 余额 | 余额 |
| 正常贷款 | 697448 | 712468 | 762256 | 755992 | 704851 | 763719 |
| 正常类贷款 | 618442 | 628463 | 677274 | 652999 | 604171 | 682514 |
| 关注类贷款 | 79006 | 84005 | 84982 | 102993 | 100680 | 81205 |
| 不良贷款 | 104872 | 104957 | 102480 | 108206 | 92662 | 70218 |
| 次级类贷款 | 26831 | 23759 | 22552 | 19639 | 22562 | 22148 |
| 可疑类贷款 | 55902 | 59069 | 52850 | 62221 | 62143 | 40115 |
| 损失类贷款 | 22139 | 22129 | 27078 | 26346 | 7957 | 7955 |
| 贷款合计 | 802320 | 817425 | 864736 | 864198 | 797513 | 833937 |

# 5-47 阳泉市主要银行业机构贷款质量统计表(五级分类)

单位:万元

| 项目 \ 时间 | 7月 | 8月 | 9月 | 10月 | 11月 | 12月 | |
|---|---|---|---|---|---|---|---|
| | 余额 | 余额 | 余额 | 余额 | 余额 | 余额 | 比年初增减额 |
| 正常贷款 | 736433 | 734918 | 746247 | 743234 | 736513 | 780273 | 102946 |
| 正常类贷款 | 656295 | 655453 | 668278 | 682099 | 673750 | 719579 | 111101 |
| 关注类贷款 | 80138 | 79465 | 77969 | 61135 | 62763 | 60694 | -8155 |
| 不良贷款 | 70252 | 70132 | 70018 | 68755 | 73471 | 73223 | -38362 |
| 次级类贷款 | 22217 | 22014 | 20905 | 17974 | 23776 | 18393 | -8721 |
| 可疑类贷款 | 40080 | 40162 | 41157 | 42792 | 41707 | 18319 | -44014 |
| 损失类贷款 | 7955 | 7956 | 7956 | 7989 | 7988 | 36511 | 14373 |
| 贷款合计 | 806685 | 805050 | 816265 | 811989 | 809984 | 853496 | 64584 |

注:本表机构包括农业发展银行、工商银行、农业银行、中国银行、建设银行。

# 5-47 阳泉市主要银行业机构贷款质量统计表(五级分类)

单位:%

| 项目 \ 时间 | 1月 | 2月 | 3月 | 4月 | 5月 | 6月 |
|---|---|---|---|---|---|---|
| | 比例 | 比例 | 比例 | 比例 | 比例 | 比例 |
| 正常贷款 | 86.93 | 87.16 | 88.15 | 87.48 | 88.38 | 91.58 |
| 正常类贷款 | 77.08 | 76.88 | 78.32 | 75.56 | 75.76 | 81.84 |
| 关注类贷款 | 9.85 | 10.28 | 9.83 | 11.92 | 12.62 | 9.74 |
| 不良贷款 | 13.07 | 12.84 | 11.85 | 12.52 | 11.62 | 8.42 |
| 次级类贷款 | 3.34 | 2.91 | 2.61 | 2.27 | 2.83 | 2.66 |
| 可疑类贷款 | 6.97 | 7.23 | 6.11 | 7.20 | 7.79 | 4.81 |
| 损失类贷款 | 2.76 | 2.71 | 3.13 | 3.05 | 1.00 | 0.95 |

# 5-47 阳泉市主要银行业机构贷款质量统计表(五级分类)

单位:%

| 项目 \ 时间 | 7月 | 8月 | 9月 | 10月 | 11月 | 12月 | |
|---|---|---|---|---|---|---|---|
| | 比例 | 比例 | 比例 | 比例 | 比例 | 比例 | 比年初增减 |
| 正常贷款 | 91.29 | 91.29 | 91.42 | 91.53 | 90.93 | 91.42 | 5.56 |
| 正常类贷款 | 81.36 | 81.42 | 81.87 | 84.00 | 83.18 | 84.31 | 7.18 |
| 关注类贷款 | 9.93 | 9.87 | 9.55 | 7.53 | 7.75 | 7.11 | -1.62 |
| 不良贷款 | 8.71 | 8.71 | 8.58 | 8.47 | 9.07 | 8.58 | -5.56 |
| 次级类贷款 | 2.75 | 2.73 | 2.56 | 2.21 | 2.94 | 2.16 | -1.28 |
| 可疑类贷款 | 4.97 | 4.99 | 5.04 | 5.27 | 5.15 | 2.15 | -5.75 |
| 损失类贷款 | 0.99 | 0.99 | 0.97 | 0.98 | 0.99 | 4.28 | 1.47 |

# 5-48 阳泉市地方性金融机构贷款质量统计表(四级分类)

单位:万元

| 项目 \ 时间 | 1月 | 2月 | 3月 | 4月 | 5月 | 6月 |
|---|---|---|---|---|---|---|
| | 余额 | 余额 | 余额 | 余额 | 余额 | 余额 |
| 正常贷款 | 463382 | 479314 | 521439 | 551698 | 561324 | 585532 |
| 不良贷款 | 55851 | 55230 | 23380 | 23862 | 23567 | 24005 |
| 逾期贷款 | 2435 | 2036 | 563 | 951 | 844 | 2249 |
| 呆滞贷款 | 18992 | 18936 | 19424 | 19518 | 19346 | 18713 |
| 呆账贷款 | 34424 | 34258 | 3393 | 3393 | 3377 | 3043 |
| 各项贷款 | 519233 | 534544 | 544819 | 575560 | 584891 | 609537 |

5-48 阳泉市地方性金融机构贷款质量统计表(四级分类)

单位:万元

| 项目 \ 时间 | 7月 | 8月 | 9月 | 10月 | 11月 | 12月 | |
|---|---|---|---|---|---|---|---|
| | 余额 | 余额 | 余额 | 余额 | 余额 | 余额 | 比年初增减额 |
| 正常贷款 | 594669 | 602926 | 607370 | 617638 | 606348 | 604246 | 163973 |
| 不良贷款 | 24448 | 24131 | 24114 | 25139 | 25968 | 24949 | -29603 |
| 逾期贷款 | 1975 | 1747 | 2405 | 3475 | 3248 | 2647 | 1452 |
| 呆滞贷款 | 19431 | 19344 | 18755 | 18737 | 19793 | 19670 | 746 |
| 呆账贷款 | 3042 | 3040 | 2954 | 2927 | 2927 | 2632 | -31801 |
| 各项贷款 | 619117 | 627057 | 631484 | 642777 | 632316 | 629195 | 134370 |

注:本表机构包括城市信用社、农村信用社。

# 5-48 阳泉市地方性金融机构贷款质量统计表(四级分类)

单位:%

| 项目＼时间 | 1月 | 2月 | 3月 | 4月 | 5月 | 6月 |
|---|---|---|---|---|---|---|
| | 比例 | 比例 | 比例 | 比例 | 比例 | 比例 |
| 正常贷款 | 89.24 | 89.67 | 95.71 | 95.85 | 95.97 | 96.06 |
| 不良贷款 | 10.76 | 10.33 | 4.29 | 4.15 | 4.03 | 3.94 |
| 逾期贷款 | 0.47 | 0.38 | 0.10 | 0.17 | 0.14 | 0.37 |
| 呆滞贷款 | 3.66 | 3.54 | 3.57 | 3.39 | 3.31 | 3.07 |
| 呆账贷款 | 6.63 | 6.41 | 0.62 | 0.59 | 0.58 | 0.50 |

# 5-48 阳泉市地方性金融机构贷款质量统计表(四级分类)

单位:%

| 项目＼时间 | 7月 | 8月 | 9月 | 10月 | 11月 | 12月 | |
|---|---|---|---|---|---|---|---|
| | 比例 | 比例 | 比例 | 比例 | 比例 | 比例 | 比年初增减 |
| 正常贷款 | 96.05 | 96.15 | 96.18 | 96.09 | 95.89 | 96.03 | 7.06 |
| 不良贷款 | 3.95 | 3.85 | 3.82 | 3.91 | 4.11 | 3.97 | -7.06 |
| 逾期贷款 | 0.32 | 0.28 | 0.38 | 0.54 | 0.51 | 0.42 | 0.18 |
| 呆滞贷款 | 3.14 | 3.08 | 2.97 | 2.92 | 3.13 | 3.13 | -0.7 |
| 呆账贷款 | 0.49 | 0.49 | 0.47 | 0.46 | 0.46 | 0.42 | -6.54 |

# 5-49 阳泉市主要银行业机构非信贷资产情况表

单位:万元

| 项目 \ 指标 \ 时间 | 1季度 | | | 2季度 | | |
|---|---|---|---|---|---|---|
| | 余额 | 其中:不良资产 | 预计损失 | 余额 | 其中:不良资产 | 预计损失 |
| 一、现金 | 15642 | | | 11935 | | |
| 二、银行存款 | 1623 | | | 1217 | | |
| 三、贵金属 | | | | | | |
| 四、存放中央银行款项 | 39562 | 39 | 39 | 28000 | 39 | 39 |
| 五、存放同业款项 | 235 | | | 113 | | |
| 六、拆放同业 | 18 | | | 18 | | |
| 七、存放联行款项(轧差) | 774063 | 200 | 200 | 928449 | 203 | 203 |
| 八、应收及预付款项 | -1916 | 290 | 98 | 37027 | 279 | 90 |
| 其中:应收利息 | 1740 | 7 | 7 | 1825 | 2 | 2 |
| 待处理案件纠纷垫款 | 571 | 91 | 88 | 567 | 91 | 88 |
| 九、短期投资 | 224 | | | 332 | | |
| 十、委托贷款及委托投资 | 17298 | 304 | 152 | 8679 | | |
| 十一、买入返售证券 | | | | | | |
| 十二、待处理流动资产损失 | | | | | | |
| 十三、长期投资 | 53963 | | | 53962 | | |
| 十四、固定资产净值 | 33627 | | | 34628 | | |
| 十五、固定资产清理 | 3 | | | 37 | | |
| 十六、在建工程 | | | | | | |
| 十七、待处理固定资产损失 | | | | | | |
| 十八、无形资产 | 1540 | | | 28 | | |
| 十九、递延资产 | 3313 | | | 3087 | | |
| 二十、其他非信贷资产 | 99208 | 21927 | 20703 | 100731 | 20462 | 19499 |
| 1.待处理抵债资产 | 11778 | 5315 | 4091 | 11114 | 4659 | 3696 |
| 2.应付福利费垫款 | 634 | 634 | 634 | | | |
| 3.未弥补亏损 | 16013 | 15446 | 15446 | 16010 | 15443 | 15443 |
| 4.待处理房改资产 | 360 | 360 | 360 | 360 | 360 | 360 |
| 5.待清理自办实体资产 | | | | | | |
| 6.待清理接收资产 | 172 | 172 | 172 | | | |
| (1)待清理城信社资产 | | | | | | |
| (2)待清理城信社资产与负债差额 | | | | | | |
| (3)待清理信托资产 | 172 | 172 | 172 | | | |
| (4)人行转来企业贷款本金 | | | | | | |
| (5)其他金融机构转来资产 | | | | | | |
| (6)其他待清理接收资产 | | | | | | |
| 7.其他非信贷资产 | 70251 | | | 73247 | | |
| 非信贷资产合计 | 1038403 | 22760 | 21192 | 1208243 | 20983 | 19831 |

注:本表机构包括农业发展银行、工商银行、农业银行、中国银行、建设银行。

# 5-49 阳泉市主要银行业机构非信贷资产情况表

单位:万元

| 项目 | 3季度 余额 | 3季度 其中:不良资产 | 3季度 预计损失 | 4季度 余额 | 4季度 其中:不良资产 | 4季度 预计损失 |
|---|---|---|---|---|---|---|
| 一、现金 | 15335 | | | 10026 | | |
| 二、银行存款 | 1529 | | | 1313 | | |
| 三、贵金属 | | | | | | |
| 四、存放中央银行款项 | 37771 | 39 | 39 | 46738 | 39 | 39 |
| 五、存放同业款项 | 450 | | | 58 | | |
| 六、拆放同业 | 18 | | | 218 | 218 | 218 |
| 七、存放联行款项(轧差) | 957187 | 200 | 200 | 947028 | | |
| 八、应收及预付款项 | 35586 | 282 | 93 | -7825 | 2101 | 1989 |
| 其中:应收利息 | 1684 | 2 | 2 | 2004 | 23 | 23 |
| 待处理案件纠纷垫款 | 489 | 91 | 88 | 907 | 905 | 901 |
| 九、短期投资 | 259 | | | 145 | | |
| 十、委托贷款及委托投资 | 18879 | | | 3833 | 17 | 17 |
| 十一、买入返售证券 | | | | | | |
| 十二、待处理流动资产损失 | | | | | | |
| 十三、长期投资 | 54223 | | | 52804 | 675 | 641 |
| 十四、固定资产净值 | 34018 | | | 38643 | 1310 | 744 |
| 十五、固定资产清理 | 37 | | | | | |
| 十六、在建工程 | 260 | | | | | |
| 十七、待处理固定资产损失 | | | | | | |
| 十八、无形资产 | 29 | | | 28 | 7 | 7 |
| 十九、递延资产 | 3234 | | | 2695 | 2056 | 1577 |
| 二十、其他非信贷资产 | 98589 | 20462 | 19499 | 97591 | 22807 | 20317 |
| 1.待处理抵债资产 | 11113 | 4659 | 3696 | 10951 | 10951 | 8461 |
| 2.应付福利费垫款 | | | | | | |
| 3.未弥补亏损 | 16010 | 15443 | 15443 | 11801 | 11801 | 11801 |
| 4.待处理房改资产 | 360 | 360 | 360 | | | |
| 5.待清理自办实体资产 | | | | | | |
| 6.待清理接收资产 | | | | | | |
| (1)待清理城信社资产 | | | | | | |
| (2)待清理城信社资产与负债差额 | | | | | | |
| (3)待清理信托资产 | | | | | | |
| (4)人行转来企业贷款本金 | | | | | | |
| (5)其他金融机构转来资产 | | | | | | |
| (6)其他待清理接收资产 | | | | | | |
| 7.其他非信贷资产 | 71106 | | | 74839 | 55 | 55 |
| 非信贷资产合计 | 1257404 | 20983 | 19831 | 1193296 | 29230 | 25549 |

# 5-50 阳泉市主要银行业机构表外业务情况表

单位:万元

| 项目 \ 指标 \ 时间 | 1季度 | | | 2季度 | | |
|---|---|---|---|---|---|---|
| | 余额 | 风险敞口 | 垫款期末余额 | 余额 | 风险敞口 | 垫款期末余额 |
| 一、担保类业务 | 75367 | 21431 | 535 | 87054 | 25134 | 535 |
| 1.开出银行承兑汇票 | 74633 | 21389 | 535 | 85851 | 24820 | 535 |
| 2.开出信用证 | 654 | 42 | | 1123 | 314 | |
| 3.保函 | 80 | | | 80 | | |
| 4.债券发行担保 | | | | | | |
| 其中:可转换债券担保 | | | | | | |
| 5.其他担保类业务 | | | | | | |
| 二、承诺类业务 | | | | | | |
| 1.贷款承诺 | | | | | | |
| 2.循环授信额度 | | | | | | |
| 3.其他承诺类业务 | | | | | | |
| 三、金融衍生类业务 | 0.2 | -36.8 | | 0.2 | -42.9 | |
| 1.期权 | | | | | | |
| 2.互换 | 0.2 | -36.8 | | 0.2 | -42.9 | |
| 3.远期外汇 | | | | | | |

# 5-50 阳泉市主要银行业机构表外业务情况表

单位:万元

| 项目 \ 指标 \ 时间 | 3季度 | | | 4季度 | | |
|---|---|---|---|---|---|---|
| | 余额 | 风险敞口 | 垫款期末余额 | 余额 | 风险敞口 | 垫款期末余额 |
| 一、担保类业务 | 83619.97 | 25788.14 | 535 | 9413 | | 535 |
| 1.开出银行承兑汇票 | 83539.97 | 25788.14 | 535 | 9413 | | 535 |
| 2.开出信用证 | | | | | | |
| 3.保函 | 80 | | | | | |
| 4.债券发行担保 | | | | | | |
| 其中:可转换债券担保 | | | | | | |
| 5.其他担保类业务 | | | | | | |
| 二、承诺类业务 | | | | | | |
| 1.贷款承诺 | | | | | | |
| 2.循环授信额度 | | | | | | |
| 3.其他承诺类业务 | | | | | | |
| 三、金融衍生类业务 | 0.2 | -102.16 | | | | |
| 1.期权 | | | | | | |
| 2.互换 | 0.2 | -102.16 | | | | |
| 3.远期外汇 | | | | | | |

注:本表机构包括农业发展银行、工商银行、农业银行、中国银行、建设银行。

# 5-51 阳泉市主要银行业机构贷款按逾期时间分类表

单位:万元

| 项目 | 上年末 | 一季度 | 二季度 | 三季度 | 四季度 |
|---|---|---|---|---|---|
| | 余额 | 余额 | 余额 | 余额 | 余额 |
| 各项贷款 | 788911 | 864736 | 833937 | 816265 | 853496 |
| 未到期贷款 | 683698 | 761555 | 765621 | 752702 | 793078 |
| 逾期类贷款 | 105213 | 103181 | 68316 | 63563 | 60418 |
| 其中:逾期0~3个月贷款 | 7147 | 8291 | 11241 | 5557 | 4119 |
| 逾期3~6个月贷款 | 9032 | 6468 | 2442 | 1552 | 1553 |
| 逾期6~9个月贷款 | 9517 | 8509 | 3309 | 2174 | 448 |
| 逾期9个月~1年贷款 | 5335 | 8907 | 1230 | 3274 | 1346 |
| 逾期1年以上贷款 | 74182 | 71006 | 50094 | 51006 | 52952 |

注:本表机构包括农业发展银行、工商银行、农业银行、中国银行、建设银行。

# 5-52 阳泉市主要银行业机构贷款质量迁徙情况表

迁徙矩阵：

单位：%

| 项目 | 正常类贷款 | 关注类贷款 | 次级类贷款 | 可疑类贷款 | 损失类贷款 |
|---|---|---|---|---|---|
| 正常类贷款 | 94.14 | 5.16 | 0.59 | 0.09 | 0.01 |
| 关注类贷款 | 6.87 | 79.69 | 10.01 | 3.38 | 0.04 |
| 次级类贷款 |  | 1.11 | 65.94 | 26.45 | 6.50 |
| 可疑类贷款 |  |  |  | 30.00 | 70.00 |
| 损失类贷款 |  |  |  |  | 99.99 |

# 5-52 阳泉市主要银行业机构贷款质量迁徙情况表

单位：万元

| 项目 | 分子 | 分母 | 比例% |
|---|---|---|---|
| 1.年初不良贷款率 | 111584.01 | 788911.25 | 14.14 |
| 2.期末不良贷款率 | 73222.7 | 853495.74 | 8.58 |
| 3.不良贷款率变动情况(1.-2.) | -38361.31 | 64584.49 | -5.56 |
| 4.贷款质量总体向上迁徙率 | 3407 | 111339.84 | 3.06 |
| 5.贷款质量总体向下迁徙率 | 61374.78 | 476570.04 | 12.88 |
| 6.正常类贷款向下迁徙率 | 21844.16 | 373058.2 | 5.86 |
| 7.关注类贷款向下迁徙率 | 6288.62 | 46790.13 | 13.44 |
| 8.次级类贷款向下迁徙率 | 5746 | 17439.3 | 32.95 |
| 9.可疑类贷款向下迁徙率 | 27496 | 39282.41 | 70.00 |
| 10.当年新增贷款不良率 | 0.28 | 369097.69 |  |
| 11.当年新形成不良贷款率 | 20075.36 | 821203.495 | 2.44 |
| 12.贷款重组贡献度 |  | 194 |  |
| 13.不良贷款周转率 | 257671.91 | 677327.24 | 38.04 |
| 14.不良贷款处置收现率 | 5467 | 58242.37 | 9.39 |
| 15.不良贷款处置以物抵债率 | 6412 | 58242.37 | 11.01 |
| 16.不良贷款处置核销率 | 2141 | 58242.37 | 3.68 |

注：本表机构包括农业发展银行、工商银行、农业银行、中国银行、建设银行。

# 5-53 阳泉市银行业金融机构部分行业贷款情况表

单位:万元

| 项目 \ 时间 | 1季度 | 2季度 | 3季度 | 4季度 | |
|---|---|---|---|---|---|
| | 余额 | 余额 | 余额 | 余额 | 比年初增减额 |
| 一、煤炭行业 | 467014.57 | 527335.47 | 499198.3 | 522224.9 | 124940.69 |
| 二、焦炭行业 | 3000 | 6168 | 8369 | 7602 | 4002 |
| (1)年产60万吨以上 | | | | | |
| (2)年产40万~60万吨 | 3000 | 5468 | 8369 | 7602 | 4602 |
| (3)年产20万~40万吨 | | | | | |
| (4)年产20万吨以下 | | 700 | | | -600 |
| 三、冶金行业 | 66481.8 | 66992.55 | 74413.55 | 72468.57 | 13346.82 |
| (1)普通钢 | 1843 | 1843 | 1843 | 1843 | |
| (2)特种钢 | | | | | |
| (3)生铁 | 7670 | 7370 | 8992 | 8839.25 | 353.45 |
| (4)铁合金 | 6617 | 6109.1 | 9736 | 11456.5 | 6451.27 |
| (5)电解铝 | 30166 | 31264 | 31507 | 29898 | 1954 |
| 四、建材行业 | 93166.18 | 97639 | 105681.25 | 100987.6 | 18087.09 |
| (1)水泥 | 10038.2 | 7825.8 | 7758.7 | 8185.7 | -1934.88 |
| 五、交通行业 | 50864.62 | 56438.4 | 58677.4 | 55624.4 | 7494.08 |
| (1)公路 | 47674.62 | 49073.4 | 52877.4 | 50109.4 | 5824.18 |
| (2)铁路 | 1220 | 1000 | 1000 | 1000 | -420 |
| 六、化工行业 | 41556.28 | 35155.21 | 35470.5 | 37603.5 | -5415.93 |
| (1)电石 | 4954.4 | 7133.9 | 5330.5 | 8344.5 | 1141.6 |
| 七、电力行业 | 39519 | 41738 | 47020 | 59532 | 24076 |
| 八、房地产业 | 49035.2 | 54389.05 | 61527.35 | 60961.34 | 12285.18 |
| (1)房地产开发商贷款 | 17339.5 | 20950 | 26746 | 26716 | 14186.5 |
| (2)住房开发贷款 | 530 | 270 | 266 | 253 | -277 |
| (3)政府土地储备机构贷款 | 1510 | 1010 | 640 | 400 | -2008 |
| (4)单位购置商业用房贷款 | | | | | |
| (5)个人购房贷款 | 29655.7 | 32159.05 | 32575.35 | 31532.34 | -1676.32 |
| 九、医药制造业 | 3020 | 3500 | 3580 | 4120 | 1283 |
| 十、机械制造业 | 15353.02 | 9988.22 | 7051 | 9422.55 | -4545.97 |
| 合计 | 829010.67 | 899343.9 | 900988.35 | 930546.86 | 195552.96 |

注:本表机构包括:工商银行、农业银行、中国银行、建设银行、城市信用社、农村信用社。

# 5-54 阳泉市银行业金融机构部分行业不良贷款情况表(五级分类)

单位:万元

| 指标 时间 项目 | 1季度 | | 2季度 | | 3季度 | |
|---|---|---|---|---|---|---|
| | 余额 | 比例% | 余额 | 比例% | 余额 | 比例% |
| 一、煤炭行业 | 7734.26 | 2.09 | 6499.00 | -0.48 | 6484.00 | 1.68 |
| 二、焦炭行业 | | | | | | |
| (1)年产60万吨以上 | | | | | | |
| (2)年产40万~60万吨 | | | | | | |
| (3)年产20万~40万吨 | | | | | | |
| (4)年产20万吨以下 | | | | | | |
| 三、冶金行业 | 4809.80 | 10.93 | 4034.00 | -1.49 | 4002.90 | 9.26 |
| (1)普通钢 | 1843.00 | 100.00 | 1843.00 | 0.00 | 1843.00 | 100.00 |
| (2)特种钢 | | | | | | |
| (3)生铁 | 586.00 | 100.00 | 586.00 | 0.00 | 586.00 | 30.58 |
| (4)铁合金 | 1193.00 | 43.21 | 1193.00 | 8.82 | 1193.00 | 90.24 |
| (5)电解铝 | | | | | | |
| 四、建材行业 | 5973.20 | 52.36 | 4778.80 | -11.62 | 4768.70 | 40.29 |
| (1)水泥 | 3036.50 | 45.28 | 1809.70 | -5.59 | 1807.70 | 39.67 |
| 五、交通行业 | 591.12 | 1.41 | 849.40 | 0.47 | 784.40 | 1.65 |
| (1)公路 | 371.12 | 0.89 | 14.40 | -0.86 | 14.40 | 0.03 |
| (2)铁路 | 220.00 | 100.00 | | | | |
| 六、化工行业 | 10874.70 | 55.37 | 2397.50 | -31.23 | 2395.50 | 24.57 |
| (1)电石 | 148.00 | 8.61 | 148.00 | 0.95 | 148.00 | 9.56 |
| 七、电力行业 | | | | | | |
| 八、房地产业 | 755.00 | 2.06 | 93.00 | -1.82 | 146.00 | 0.38 |
| (1)房地产开发商贷款 | 464.00 | 8.03 | 5.00 | -7.94 | 5.00 | 0.09 |
| (2)住房开发贷款 | 280.00 | 100.00 | 30.00 | 0.00 | 26.00 | 100.00 |
| (3)政府土地储备机构贷款 | | | | | | |
| (4)单位购置商业用房贷款 | | | | | | |
| (5)个人购房贷款 | 11.00 | 0.04 | 58.00 | 0.14 | 115.00 | 0.35 |
| 九、医药制造业 | | | | | | |
| 十、机械制造业 | 6681.50 | 55.86 | 191.70 | -52.82 | 191.70 | 8.27 |
| 合计 | 37419.58 | 6.55 | 18843.40 | -3.41 | 18773.20 | 3.23 |

注:本表机构包括工商银行、农业银行、中国银行、建设银行。

# 5-54 阳泉市银行业金融机构部分行业不良贷款情况表(五级分类)

单位:万元

| 项目 \ 指标 \ 时间 | 4季度 | | | |
|---|---|---|---|---|
| | 余额 | 比例% | 余额比年初增减 | 比例比年初增减 |
| 一、煤炭行业 | 5597.00 | 1.36 | -2130.26 | -1.04 |
| 二、焦炭行业 | | | | |
| (1)年产60万吨以上 | | | | |
| (2)年产40万~60万吨 | | | | |
| (3)年产20万~40万吨 | | | | |
| (4)年产20万吨以下 | | | | |
| 三、冶金行业 | 4003.90 | 9.35 | -813.90 | -3.80 |
| (1)普通钢 | 1843.00 | 100.00 | | |
| (2)特种钢 | | | | |
| (3)生铁 | 584.00 | 20.04 | -2.00 | -79.96 |
| (4)铁合金 | 1193.00 | 43.65 | | -56.35 |
| (5)电解铝 | | | | |
| 四、建材行业 | 4592.90 | 43.20 | -1394.30 | -10.03 |
| (1)水泥 | 1805.70 | 39.64 | -1230.80 | -5.61 |
| 五、交通行业 | 659.40 | 1.46 | -132.32 | -0.56 |
| (1)公路 | 14.40 | 0.03 | -357.32 | -0.92 |
| (2)铁路 | | | -420.00 | |
| 六、化工行业 | 2331.50 | 25.13 | -8909.00 | -32.51 |
| (1)电石 | 148.00 | 9.56 | | |
| 七、电力行业 | | | | |
| 八、房地产业 | 463.36 | 1.26 | -313.64 | -0.66 |
| (1)房地产开发商贷款 | 5.00 | 0.09 | -484.00 | -8.34 |
| (2)住房开发贷款 | 13.00 | 100.00 | -267.00 | |
| (3)政府土地储备机构贷款 | | | | |
| (4)单位购置商业用房贷款 | | | | |
| (5)个人购房贷款 | 445.36 | 1.41 | 437.36 | 1.39 |
| 九、医药制造业 | 220.00 | 100.00 | 220.00 | 100.00 |
| 十、机械制造业 | 521.60 | 21.26 | -6409.90 | -50.17 |
| 合 计 | 18389.66 | 3.01 | -19883.32 | -4.48 |

# 5-54 阳泉市银行业金融机构部分行业不良贷款情况表(四级分类)

单位:万元

| 项目 \ 指标 时间 | 1季度 | | 2季度 | | 3季度 | |
|---|---|---|---|---|---|---|
| | 余额 | 比例% | 余额 | 比例% | 余额 | 比例% |
| 一、煤炭行业 | 3011.43 | 3.11 | 2440.43 | 1.99 | 2355.70 | 2.10 |
| 二、焦炭行业 | | | | | | |
| (1)年产60万吨以上 | | | | | | |
| (2)年产40万~60万吨 | | | | | | |
| (3)年产20万~40万吨 | | | | | | |
| (4)年产20万吨以下 | | | | | | |
| 三、冶金行业 | 3653.00 | 16.26 | 4290.55 | 17.70 | 4176.65 | 13.39 |
| (1)普通钢 | | | | | | |
| (2)特种钢 | | | | | | |
| (3)生铁 | 367.00 | 5.18 | 554.00 | 8.17 | 554.00 | 7.83 |
| (4)铁合金 | 757.00 | 19.63 | 757.00 | 19.84 | 665.00 | 7.90 |
| (5)电解铝 | | | | | | |
| 四、建材行业 | 1458.48 | 1.78 | 1510.68 | 1.76 | 1400.83 | 1.49 |
| (1)水泥 | 20.00 | 0.60 | 20.00 | 0.61 | 20.00 | 0.62 |
| 五、交通行业 | | | | | | |
| (1)公路 | | | | | | |
| (2)铁路 | | | | | | |
| 六、化工行业 | 2145.20 | 9.79 | 2117.90 | 8.40 0 | 1918.00 | 7.46 |
| (1)电石 | 472.00 | 14.58 | 472.00 | 8.45 | 472.00 | 12.48 |
| 七、电力行业 | | | | | | |
| 八、房地产业 | 250.00 | 2.01 | 1187.00 | 7.28 | 1337.00 | 5.80 |
| (1)房地产开发商贷款 | | | 947.00 | 6.14 | 1097.00 | 5.16 |
| (2)住房开发贷款 | 250.00 | 100.00 | 240.00 | 100.00 | 240.00 | 100.00 |
| (3)政府土地储备机构贷款 | | | | | | |
| (4)单位购置商业用房贷款 | | | | | | |
| (5)个人购房贷款 | | | | | | |
| 九、医药制造业 | | | | | | |
| 十、机械制造业 | 18.22 | 0.54 | 88.22 | 2.40 | 70.00 | 1.48 |
| 合 计 | 10536.33 | 4.08 | 11634.78 | 3.88 | 11258.18 | 3.52 |

注:本表机构包括城市信用社、农村信用社。

# 5-54 阳泉市银行业金融机构部分行业不良贷款情况表(四级分类)

单位:万元

| 项目 \ 指标 \ 时间 | 4季度 | | | |
|---|---|---|---|---|
| | 余额 | 比例% | 余额比年初增减 | 比例比年初增减 |
| 一、煤炭行业 | 2135.70 | 1.92 | -4068.01 | -6.28 |
| 二、焦炭行业 | | | | |
| (1)年产60万吨以上 | | | | |
| (2)年产40万~60万吨 | | | | |
| (3)年产20万~40万吨 | | | | |
| (4)年产20万吨以下 | | | | |
| 三、冶金行业 | 4151.42 | 14.01 | -3982.88 | -22.17 |
| (1)普通钢 | | | | |
| (2)特种钢 | | | | |
| (3)生铁 | 626.35 | 10.57 | -1004.45 | -10.07 |
| (4)铁合金 | 1054.15 | 12.08 | -139.08 | -19.22 |
| (5)电解铝 | | | | |
| 四、建材行业 | 1474.90 | 1.63 | -4507.21 | -6.72 |
| (1)水泥 | | | -716.58 | -21.01 |
| 五、交通行业 | | | -155.10 | -1.74 |
| (1)公路 | | | | |
| (2)铁路 | | | | |
| 六、化工行业 | 1919.00 | 6.78 | -4017.15 | -18.47 |
| (1)电石 | 466.00 | 6.86 | -6.00 | -1.49 |
| 七、电力行业 | | | | |
| 八、房地产业 | 1187.00 | 4.92 | 390.00 | -4.89 |
| (1)房地产开发商贷款 | 947.00 | 4.42 | 400.00 | -3.70 |
| (2)住房开发贷款 | 240.00 | 100.00 | -10.00 | |
| (3)政府土地储备机构贷款 | | | | |
| (4)单位购置商业用房贷款 | | | | |
| (5)个人购房贷款 | | | | |
| 九、医药制造业 | | | | |
| 十、机械制造业 | | | -187.52 | -4.40 |
| 合计 | 10868.02 | 3.40 | -16527.87 | -8.81 |

# 5-55 阳泉市主要银行业机构客户大额授信和零售贷款违约客户情况统计时序表

单位：个、亿元、%

| 时间 \ 指标项目 | 客户大额授信统计 | | | | | | | | 关联企业授信 | 关联企业贷款 | 零售贷款违约统计 | |
|---|---|---|---|---|---|---|---|---|---|---|---|---|
| | 客户数 | 授信额度 | 贷款余额 | 不良贷款 | 不良占比 | 预警信息 | | | | | 法人违约数 | 个人违约数 |
| | | | | | | 客户数 | 贷款 | 不良贷款 | | | | |
| 1月 | 5 | 19.2 | 18.16 | | | 2 | 3.62 | | 12.7 | 10.68 | 9 | 27 |
| 2月 | 5 | 19.2 | 18.32 | | | 2 | 3.78 | | 12.7 | 10.68 | 9 | 33 |
| 3月 | 6 | 19.77 | 19.22 | | | 2 | 3.75 | | 12.7 | 13.93 | 9 | 27 |
| 4月 | 6 | 19.77 | 19.03 | | | 2 | 3.75 | | 12.7 | 13.92 | 9 | 30 |
| 5月 | 5 | 19.2 | 18.92 | | | 2 | 3.64 | | 12.7 | 13.71 | 6 | 41 |
| 6月 | 7 | 19.77 | 23.76 | | | 2 | 3.66 | | 12.7 | 32.28 | 2 | 33 |
| 7月 | 6 | 19.2 | 21.28 | | | 2 | 3.6 | | 12.7 | 27.02 | 1 | 41 |
| 8月 | 6 | 19.2 | 20.99 | | | 2 | 3.51 | | 12.7 | 26.59 | 1 | 39 |
| 9月 | 6 | 19.2 | 20.23 | | | 2 | 3.43 | | 12.7 | 25.82 | 1 | 55 |
| 10月 | 6 | 19.2 | 20.64 | | | 2 | 3.41 | | 12.7 | 25.71 | 1 | 90 |
| 11月 | 6 | 19.2 | 21.85 | | | | | | 12.7 | 26.86 | 1 | 84 |
| 12月 | 5 | 19.2 | 23.57 | | | | | | 12.7 | 21.13 | 1 | 64 |

注：本表机构包括工商银行、农业银行、中国银行、建设银行。

# 5-56 阳泉市银行业金融机构案件信息统计表

单位：万元、件

| 项　目 | 案　　件 | | 其中：百万元以上案件 | |
| --- | --- | --- | --- | --- |
| | 本年累计发生 | 比上年同期增减 | 本年累计发生 | 比上年同期增减 |
| 经济案件数量 | 1 | -1 | 1 | -1 |
| 其中：挪用 | 1 | -1 | 1 | -1 |
| 贪污 | 0 | 0 | 0 | 0 |
| 侵占 | 0 | 0 | 0 | 0 |
| 贿赂 | 0 | 0 | 0 | 0 |
| 经济案件涉案金额 | 5978 | 5198 | 5978 | 5198 |
| 其中：挪用 | 5978 | 5198 | 5978 | 5198 |
| 贪污 | 0 | 0 | 0 | 0 |
| 侵占 | 0 | 0 | 0 | 0 |
| 贿赂 | 0 | 0 | 0 | 0 |
| 经济案件风险金额 | 5978 | 5398 | 5978 | 5398 |
| 其中：挪用 | 5978 | 5398 | 5978 | 5398 |
| 贪污 | 0 | 0 | 0 | 0 |
| 侵占 | 0 | 0 | 0 | 0 |
| 贿赂 | 0 | 0 | 0 | 0 |
| 违规经营数量 | 5 | 3 | 5 | 3 |
| 其中：违反金融法规 | 5 | 3 | 5 | 3 |
| 违反财经纪律 | 0 | 0 | 0 | 0 |
| 破坏金融秩序 | 0 | 0 | 0 | 0 |
| 违规经营涉案金额 | 193.9 | 193.9 | 193.9 | 193.9 |
| 其中：违反金融法规 | 193.9 | 193.9 | 193.9 | 193.9 |
| 违反财经纪律 | 0 | 0 | 0 | 0 |
| 破坏金融秩序 | 0 | 0 | 0 | 0 |
| 违规经营风险金额 | 1981.9 | 651.9 | 1981.9 | 651.9 |
| 其中：违反金融法规 | 1981.9 | 651.9 | 1981.9 | 651.9 |
| 违反财经纪律 | 0 | 0 | 0 | 0 |
| 破坏金融秩序 | 0 | 0 | 0 | 0 |
| 诈骗案件数量 | 0 | -2 | 0 | -1 |
| 诈骗案件涉案金额 | 0 | -333 | 0 | -297 |
| 诈骗案件风险金额 | 0 | -333 | 0 | -297 |
| 抢劫案件数量 | 0 | 0 | 0 | 0 |
| 抢劫案件涉案金额 | 0 | 0 | 0 | 0 |
| 抢劫案件风险金额 | 0 | 0 | 0 | 0 |
| 盗窃案件数量 | 0 | 0 | 0 | 0 |
| 盗窃案件涉案金额 | 0 | 0 | 0 | 0 |
| 盗窃案件风险金额 | 0 | 0 | 0 | 0 |
| 各类案件数量总计 | 6 | 0 | 6 | 1 |
| 各类案件涉案金额总计 | 6171.9 | 5058.9 | 6171.9 | 5094.9 |
| 各类案件风险金额总计 | 7959.9 | 5716.9 | 7959.9 | 5752.9 |

注：本表机构包括辖内所有银行业金融机构。

# 5-57 长治市银行业金融机构资产负债表

单位:万元

| 项目 \ 时间 | 1月 | 2月 | 3月 | 4月 | 5月 |
|---|---|---|---|---|---|
| | 余额 | 余额 | 余额 | 余额 | 余额 |
| 流动资产 | 3623149.82 | 3697523.30 | 3933562.18 | 3975454.21 | 4024108.33 |
| 一、现金及银行存款 | 64052.81 | 85455.80 | 75409.15 | 62747.58 | 74611.14 |
| 二、存放中央银行 | 467181 | 444840 | 488226 | 427965 | 427280 |
| 三、存放同业 | 316339.80 | 342017.77 | 410190.85 | 392276.85 | 394986.82 |
| 四、存放联行款项 | 599620.22 | 648331.42 | 776493.18 | 839436.79 | 809671.27 |
| 五、拆放同业 | 1464 | 1464 | 1364 | 1364 | 1364 |
| 六、短期贷款 | 1999530.01 | 1991203.66 | 1999530.64 | 2071577.53 | 2060968.67 |
| 七、应收账款 | 19736.35 | 21316.35 | 17575 | 15449 | 88793.24 |
| 其中:应收利息 | 14164.28 | 16479.28 | 12767 | 14002 | 17324 |
| 八、减:坏账准备 | 10019 | 10148 | 10376 | 10675 | 10848 |
| 九、短期投资 | 1580 | 1580 | 111 | 156 | 218 |
| 十、减:短期投资跌价准备 | | | | | |
| 十一、委托贷款及投资 | | | | | |
| 十二、买入返售资产 | | | | | |
| 十三、待处理流动资产损失 | | | | | |
| 十四、其他流动资产 | 163664.63 | 171462.30 | 175038.36 | 175156.46 | 177063.19 |
| 长期资产 | 912286.57 | 912023.57 | 924620.81 | 927386.81 | 917321.43 |
| 十五、中长期贷款 | 755603.57 | 755183.57 | 756994.81 | 759575.81 | 749446.81 |
| 十六、减:贷款损失准备 | 17312 | 17315 | 17398 | 17362 | 17276.38 |
| 十七、长期投资 | 108313 | 108353 | 119949 | 119286 | 119680 |
| 十八、减:长期投资减值准备 | 3003 | 3002 | 3000 | 3000 | 3000 |
| 十九、固定资产净值 | 61106 | 61326 | 60853 | 61537 | 61127 |
| 固定资产 | 86006 | 86689 | 86878 | 87452 | 87364 |
| 减:累计折旧 | 24900 | 25363 | 26025 | 25915 | 26237 |
| 二十、固定资产减值准备 | 110 | 110 | 110 | 110 | 17 |
| 二十一、固定资产清理 | 1449 | 1248 | 888 | 923 | 762 |
| 二十二、在建工程 | 3885 | 3985 | 3969 | 4062 | 4124 |
| 二十三、减:在建工程减值准备 | | | | | |
| 二十四、待处理固定资产损失 | 2355 | 2355 | 2475 | 2475 | 2475 |
| 无形递延及其他资产 | -2692.30 | -2821.30 | -3000.30 | -2683.30 | -4143.30 |
| 二十五、无形递延及其他资产 | -2389.30 | -2518.30 | -2697.30 | -2380.30 | -3840.30 |
| 二十六、减:抵债资产减值准备 | | | | | |
| 二十七、减:无形资产减值准备 | 303 | 303 | 303 | 303 | 303 |
| 二十八、减:其他资产减值准备 | | | | | |
| 资产总计 | 4532744.09 | 4606725.57 | 4855182.69 | 4900157.72 | 4937286.46 |

注:本表机构包括辖内所有银行业金融机构。

# 5-57 长治市银行业金融机构资产负债表

单位:万元

| 项目 \ 时间 | 6月 | 7月 | 8月 | 9月 | 10月 |
|---|---|---|---|---|---|
| | 余额 | 余额 | 余额 | 余额 | 余额 |
| 流动资产 | 4080327.94 | 4111186.29 | 4215636.40 | 4294949.44 | 4389766.08 |
| 一、现金及银行存款 | 66156.99 | 87076.27 | 84868.76 | 88014.59 | 88492.43 |
| 二、存放中央银行 | 444026 | 426314 | 438853 | 436373.18 | 438235.78 |
| 三、存放同业 | 393211.06 | 371904.91 | 382543.60 | 418236.53 | 423006.39 |
| 四、存放联行款项 | 781262.12 | 830336.73 | 924606.79 | 969577.85 | 1033371.19 |
| 五、拆放同业 | 1364 | 1364 | 1364 | 1364 | 1364 |
| 六、短期贷款 | 2042890.39 | 2036771.32 | 2022580.93 | 2020228.21 | 2036137.77 |
| 七、应收账款 | 181508.11 | 183891.65 | 183943.10 | 180124.23 | 186424.57 |
| 其中:应收利息 | 12114.11 | 14245.65 | 15856 | 11304.99 | 14025.04 |
| 八、减:坏账准备 | 11048 | 11196 | 11514 | 11663 | 11807 |
| 九、短期投资 | 100 | 131 | 238 | 103 | 101 |
| 十、减:短期投资跌价准备 | | | | | |
| 十一、委托贷款及投资 | | | | | |
| 十二、买入返售资产 | | | | | |
| 十三、待处理流动资产损失 | | | | | |
| 十四、其他流动资产 | 180857.27 | 184592.41 | 188152.22 | 192590.85 | 194439.95 |
| 长期资产 | 964679.66 | 955910.16 | 986310.04 | 1030613.16 | 1020891.71 |
| 十五、中长期贷款 | 794372.81 | 785740.27 | 817429.04 | 833070.08 | 824228.59 |
| 十六、减:贷款损失准备 | 17805.15 | 17492.11 | 17458 | 20078 | 20719 |
| 十七、长期投资 | 120883 | 120633 | 119334 | 151307.57 | 150629.04 |
| 十八、减:长期投资减值准备 | 3000 | 3000 | 3000 | 3000 | 3000 |
| 十九、固定资产净值 | 62968 | 62700 | 62567 | 61821.15 | 62173.72 |
| 固定资产 | 89125 | 89217 | 89435 | 89524.33 | 90200.7 |
| 减:累计折旧 | 26157 | 26517 | 26868 | 27703.18 | 28026.98 |
| 二十、固定资产减值准备 | 17 | 17 | 17 | 17 | 17 |
| 二十一、固定资产清理 | 584 | 587 | 587 | 587.36 | 639.36 |
| 二十二、在建工程 | 4219 | 4285 | 4394 | 4450 | 4505 |
| 二十三、减:在建工程减值准备 | | | | | |
| 二十四、待处理固定资产损失 | 2475 | 2474 | 2474 | 2472 | 2452 |
| 无形递延及其他资产 | -7678.30 | -7567.60 | -7086.46 | -7296.26 | -7064.44 |
| 二十五、无形递延及其他资产 | -7375.30 | -7264.60 | -6783.46 | -6993.26 | -6761.44 |
| 二十六、减:抵债资产减值准备 | | | | | |
| 二十七、减:无形资产减值准备 | 303 | 303 | 303 | 303 | 303 |
| 二十八、减:其他资产减值准备 | | | | | |
| 资产总计 | 5037329.30 | 5059528.85 | 5194859.98 | 5318266.34 | 5403593.35 |

# 5-57 长治市银行业金融机构资产负债表

单位:万元

| 项目 \ 时间 | 11月 | 12月 | | |
|---|---|---|---|---|
| | 余额 | 余额 | 比同期增减额 | 比同期增长% |
| 流动资产 | 4463440.10 | 4345954.45 | 857274.21 | 24.57 |
| 一、现金及银行存款 | 80687.27 | 37366.45 | -6945.31 | -15.67 |
| 二、存放中央银行 | 458267.78 | 535367.30 | -25504.7 | -4.55 |
| 三、存放同业 | 436593.30 | 377535.27 | 56326.72 | 17.54 |
| 四、存放联行款项 | 1151408.94 | 1122588.20 | 545162.15 | 94.41 |
| 五、拆放同业 | 1364 | 1361 | -103 | -7.04 |
| 六、短期贷款 | 1975446.21 | 2011063.99 | 80291.03 | 4.16 |
| 七、应收账款 | 180189.43 | 5921.29 | -10621.71 | -64.21 |
| 其中:应收利息 | 15724.61 | 11123.52 | -660.48 | -5.60 |
| 八、减:坏账准备 | 20576 | 21396 | 21371 | 85484.00 |
| 九、短期投资 | 89 | 85 | -1492 | -94.61 |
| 十、减:短期投资跌价准备 | | | | |
| 十一、委托贷款及投资 | | | | |
| 十二、买入返售资产 | | 60037 | 60037 | |
| 十三、待处理流动资产损失 | | | | |
| 十四、其他流动资产 | 199970.17 | 216024.95 | 181495.03 | 525.62 |
| 长期资产 | 1034813.71 | 1043501.13 | 157781.56 | 17.81 |
| 十五、中长期贷款 | 839888.79 | 844748.70 | 106745.13 | 14.46 |
| 十六、减:贷款损失准备 | 21556 | 22584 | -4095 | -15.35 |
| 十七、长期投资 | 150007.93 | 147380.28 | 39111.28 | 36.12 |
| 十八、减:长期投资减值准备 | 3000 | 3000 | -3 | -0.10 |
| 十九、固定资产净值 | 62285.63 | 70229.90 | 8822.9 | 14.37 |
| 固定资产 | 90700.20 | 92668.46 | 6261.46 | 7.25 |
| 减:累计折旧 | 28414.57 | 22438.56 | -2561.44 | -10.25 |
| 二十、固定资产减值准备 | 17 | 277 | 167 | 151.82 |
| 二十一、固定资产清理 | 545.36 | 449.25 | -1298.75 | -74.30 |
| 二十二、在建工程 | 4401 | 4681 | 951 | 25.50 |
| 二十三、减:在建工程减值准备 | | | | |
| 二十四、待处理固定资产损失 | 2258 | 1873 | -481 | -20.43 |
| 无形递延及其他资产 | -7136.28 | -7630.06 | -4859.93 | 175.44 |
| 二十五、无形递延及其他资产 | -6833.28 | -7630.06 | -5162.93 | 209.27 |
| 二十六、减:抵债资产减值准备 | | | | |
| 二十七、减:无形资产减值准备 | 303 | | -303 | -100.00 |
| 二十八、减:其他资产减值准备 | | | | |
| 资产总计 | 5491117.53 | 5381825.52 | 1010195.84 | 23.11 |

# 5–57 长治市银行业金融机构资产负债表

单位：万元

| 项目 \ 时间 | 1月 | 2月 | 3月 | 4月 | 5月 |
|---|---|---|---|---|---|
| | 余额 | 余额 | 余额 | 余额 | 余额 |
| 流动负债 | 2142418.05 | 2130203.94 | 2316501.12 | 2354052.08 | 2345413.71 |
| 一、短期存款 | 1062846.82 | 1042113.72 | 1142872.82 | 1189810.62 | 1206369.41 |
| 二、活期储蓄存款 | 591928.75 | 603566.76 | 626759.81 | 623445.84 | 625373.32 |
| 三、财政性存款 | 29278 | 30911 | 33706 | 38057 | 34180 |
| 四、向中央银行借款 | 47947 | 49247 | 48547 | 46425 | 46725 |
| 五、同业存放 | 236237.11 | 245605.11 | 302591.11 | 296499.11 | 285840.11 |
| 六、联行存放 | | | | | |
| 七、同业拆入 | 21389 | 23815 | 18043 | 21596 | 28188 |
| 八、应解汇款及临时存款 | 10737.62 | 10761.23 | 10786.36 | 5204.83 | 3840.52 |
| 九、汇出汇款 | 19043.28 | 12783.83 | 15328.28 | 16687.28 | 13686.75 |
| 十、委托存款 | –4582 | –4579 | –7109 | –7088 | –6844 |
| 十一、卖出回购资产 | | | | | |
| 十二、应付及预提账项 | 38111.34 | 35614.20 | 38872.42 | 40790.09 | 38911.24 |
| 十三、存放短期保证金 | 58294.13 | 61714.09 | 60834.32 | 55314.31 | 44845.36 |
| 十四、发行短期债券 | | | | | |
| 十五、其他流动负债 | 31187 | 18651 | 25269 | 27310 | 24298 |
| 长期负债 | 2375158.23 | 2455463.98 | 2519518.79 | 2522840.85 | 2561704.90 |
| 十六、长期存款 | 210406.85 | 204584.98 | 227426.88 | 212066.88 | 226927.92 |
| 十七、定期储蓄存款 | 2163813.56 | 2249947.19 | 2291192.09 | 2309917.13 | 2333893.16 |
| 十八、存放长期保证金 | | | | | |
| 十九、发行长期债券 | 4 | 4 | 4 | 4 | 4 |
| 二十、其他长期负债 | 933.82 | 927.81 | 895.82 | 852.84 | 879.82 |
| 所有者权益 | 15167.81 | 21057.65 | 19162.78 | 23264.79 | 30167.85 |
| 二十一、实收资本 | 91732 | 92927 | 94422 | 97944 | 98779 |
| 二十二、资本公积 | 1715 | 1715 | 1715 | 2476 | 2476 |
| 二十三、公积金 | 4222 | 4358 | 4359 | 4359 | 4359 |
| 二十四、公益金 | –65 | –65 | –65 | –65 | –65 |
| 二十五、未分配利润 | –82436.19 | –77877.35 | –81268.22 | –81449.21 | –75381.15 |
| 其中：本年利润 | 5782.53 | 11008.37 | 16039.50 | 21815.79 | 27888.85 |
| 二十六、一般准备金 | | | | | |
| 负债总计 | 4532744.09 | 4606725.57 | 4855182.69 | 4900157.72 | 4937286.46 |

# 5-57 长治市银行业金融机构资产负债表

单位：万元

| 项目 \ 时间 | 6月 | 7月 | 8月 | 9月 | 10月 |
|---|---|---|---|---|---|
| | 余额 | 余额 | 余额 | 余额 | 余额 |
| 流动负债 | 2419315.78 | 2386630.35 | 2466655.01 | 2533198.15 | 2594062.67 |
| 一、短期存款 | 1246700.20 | 1202888.26 | 1233931.80 | 1240583.61 | 1265784.52 |
| 二、活期储蓄存款 | 654083.24 | 662161.35 | 670292.63 | 682563.72 | 683161.02 |
| 三、财政性存款 | 35687 | 31221 | 30819 | 39259.66 | 40634 |
| 四、向中央银行借款 | 48360 | 48810 | 48904 | 50004 | 49504 |
| 五、同业存放 | 273797.28 | 275737.11 | 307112.1 | 347327.60 | 375606.26 |
| 六、联行存放 | | | | | |
| 七、同业拆入 | 29753 | 40195 | 39136 | 28434 | 30873 |
| 八、应解汇款及临时存款 | 3800.61 | 3471.41 | 6431 | 8528.77 | 9180.65 |
| 九、汇出汇款 | 13148.28 | 11398.11 | 10872.77 | 9338.21 | 13359.92 |
| 十、委托存款 | -6844 | -6751 | -7056 | -9320.58 | -8463.13 |
| 十一、卖出回购资产 | | | | | |
| 十二、应付及预提账项 | 45475.80 | 44928.79 | 44965.46 | 48887.99 | 51655.91 |
| 十三、存放短期保证金 | 50556.37 | 47165.32 | 56391.25 | 58774.17 | 53917.52 |
| 十四、发行短期债券 | | | | | |
| 十五、其他流动负债 | 24798 | 25405 | 24855 | 28817 | 28849 |
| 长期负债 | 2580061.37 | 2607191.93 | 2653913.63 | 2696323.28 | 2708283.02 |
| 十六、长期存款 | 219422.93 | 217930.49 | 241295.71 | 248944.40 | 234226.14 |
| 十七、定期储蓄存款 | 2359089.63 | 2387055.06 | 2410654.06 | 2444882.64 | 2471031.45 |
| 十八、存放长期保证金 | | | | | |
| 十九、发行长期债券 | 4 | 3 | 4 | 3.93 | 3.93 |
| 二十、其他长期负债 | 1544.81 | 2203.38 | 1959.86 | 2492.31 | 3021.50 |
| 所有者权益 | 37952.15 | 65706.57 | 74291.34 | 88744.91 | 101247.66 |
| 二十一、实收资本 | 100090 | 122153 | 123135 | 124125 | 124824 |
| 二十二、资本公积 | 2476 | 3145 | 3145 | 3145 | 3145 |
| 二十三、公积金 | 4373 | 4374 | 4374 | 4374 | 4374 |
| 二十四、公益金 | -65 | -65 | -65 | -65 | -65 |
| 二十五、未分配利润 | -68921.85 | -63900.43 | -56297.66 | -42834.09 | -31030.34 |
| 其中：本年利润 | 34000.15 | 39352.57 | 46956.34 | 51627.91 | 57044.66 |
| 二十六、一般准备金 | | | | | |
| 负债总计 | 5037329.30 | 5059528.85 | 5194859.98 | 5318266.34 | 5403593.35 |

# 5-57 长治市银行业金融机构资产负债表

单位:万元

| 项目 \ 时间 | 11月 | 12月 | | |
|---|---|---|---|---|
| | 余额 | 余额 | 比同期增减额 | 比同期增长% |
| 流动负债 | 2676235.78 | 2530743.35 | 476210.45 | 23.18 |
| 一、短期存款 | 1295392.47 | 1167913.72 | 130205.09 | 12.55 |
| 二、活期储蓄存款 | 699813.86 | 699519.74 | 143631.48 | 25.84 |
| 三、财政性存款 | 43004.70 | 42764.95 | -10348.05 | -19.48 |
| 四、向中央银行借款 | 48207 | 49590 | -8932 | -15.26 |
| 五、同业存放 | 408457.68 | 342607.92 | 71270.81 | 26.67 |
| 六、联行存放 | | | | |
| 七、同业拆入 | 25896 | 31632 | 15735 | 98.98 |
| 八、应解汇款及临时存款 | 6507.94 | 4984.44 | -1382.32 | -21.71 |
| 九、汇出汇款 | 16209.26 | 50159.04 | 5022.76 | 11.13 |
| 十、委托存款 | -8434.38 | -8238.97 | 97652.03 | -92.22 |
| 十一、卖出回购资产 | | | | |
| 十二、应付及预提账项 | 57553.16 | 69160.30 | 22506.59 | 48.24 |
| 十三、存放短期保证金 | 54746.09 | 52701.21 | -16186.94 | -23.50 |
| 十四、发行短期债券 | | | | |
| 十五、其他流动负债 | 28882 | 27949 | 27036 | 2961.23 |
| 长期负债 | 2721953.61 | 2753133.52 | 436001.98 | 18.82 |
| 十六、长期存款 | 228549.38 | 248636.16 | 33055.22 | 15.33 |
| 十七、定期储蓄存款 | 2491651.71 | 2502897.42 | 405746.8 | 19.35 |
| 十八、存放长期保证金 | | | | |
| 十九、发行长期债券 | 3 | 1 | -3 | -75.00 |
| 二十、其他长期负债 | 1749.52 | 1598.94 | -2797.04 | -63.63 |
| 所有者权益 | 92928.14 | 97948.65 | 97983.41 | -281885.53 |
| 二十一、实收资本 | 125134 | 116076 | 27093 | 30.45 |
| 二十二、资本公积 | 3145 | 3342 | 1627 | 94.87 |
| 二十三、公积金 | 4374 | 16296 | 13790 | 550.28 |
| 二十四、公益金 | -65 | -65 | -525 | -114.13 |
| 二十五、未分配利润 | -39659.86 | -37700.35 | 55998.41 | -59.76 |
| 其中:本年利润 | 49067.14 | 44967.50 | 21558.26 | 92.09 |
| 二十六、一般准备金 | | | | |
| 负债总计 | 5491117.53 | 5381825.52 | 1010195.84 | 23.11 |

# 5-58　长治市金融机构存、贷款指标

单位：万元

| 项　目 \ 时　间 | 1月 | 2月 | 3月 | 4月 | 5月 |
|---|---|---|---|---|---|
| | 余额 | 余额 | 余额 | 余额 | 余额 |
| 一、各项存款 | 4201701.38 | 4291136.26 | 4495071.52 | 4541403.62 | 4591069.21 |
| 1.企事业单位存款 | 886987.67 | 863210.70 | 981749.71 | 988299.51 | 990561.33 |
| (1)活期存款 | 677722.82 | 659729.72 | 756842.82 | 776345.62 | 765259.41 |
| (2)定期存款 | 209264.85 | 203480.98 | 224906.89 | 211953.89 | 225301.92 |
| 2.储蓄存款 | 2755742.31 | 2853513.95 | 2917951.90 | 2933362.97 | 2959266.48 |
| (1)活期储蓄 | 591928.75 | 603566.76 | 626759.81 | 623445.84 | 625373.32 |
| (2)定期储蓄 | 2163813.56 | 2249947.19 | 2291192.09 | 2309917.13 | 2333893.16 |
| 3.信托存款 | | | | | |
| 4.委托存款 | -4874 | -4871 | -7401 | -7380 | -7136 |
| 5.其他存款 | 563845.40 | 579282.61 | 602770.91 | 627121.14 | 648377.40 |
| 二、各项贷款 | 2755133.58 | 2746387.23 | 2756525.45 | 2831153.34 | 2810415.48 |
| 1.短期贷款 | 1704395 | 1716347 | 1754879 | 1803180 | 1774019 |
| 2.中长期贷款 | 755347 | 754927 | 756821 | 759402 | 749273 |
| 3.信托贷款 | | | | | |
| 4.委托贷款 | | | | | |
| 5.其他贷款 | 1077.58 | 679.23 | 372.45 | 339.34 | 4833.48 |
| 6.票据融资 | 293351 | 273471 | 243490 | 267270 | 281333 |
| 7.各项垫款 | 963 | 963 | 963 | 962 | 957 |

注：1.本表机构包括人民银行、政策性银行、国有独资商业银行、城市信用社、农村信用社、邮政储汇局。

2.因工商银行于2005年6月进行了不良资产剥离，本表中各项贷款项目"余额"为资产剥离后的真实数据，"比年初增减额"为调整后的可比口径数据。贷款剥离16.68亿元。

# 5-58 长治市金融机构存、贷款指标

单位：万元

| 时间<br>项目 | 6月 | 7月 | 8月 | 9月 | 10月 |
|---|---|---|---|---|---|
| | 余额 | 余额 | 余额 | 余额 | 余额 |
| 一、各项存款 | 4680875.25 | 4673150.43 | 4780986.35 | 4852262.33 | 4895263.92 |
| 1.企事业单位存款 | 1010903.14 | 968923.74 | 1014049.51 | 1036472.69 | 1045497.93 |
| (1)活期存款 | 809780.20 | 769350.25 | 791870.80 | 806917.30 | 830663.79 |
| (2)定期存款 | 201122.94 | 199573.49 | 222178.71 | 229555.39 | 214834.14 |
| 2.储蓄存款 | 3013172.87 | 3049216.41 | 3080946.69 | 3127446.36 | 3154192.47 |
| (1)活期储蓄 | 654083.24 | 662161.35 | 670292.63 | 682563.72 | 683161.02 |
| (2)定期储蓄 | 2359089.63 | 2387055.06 | 2410654.06 | 2444882.64 | 2471031.45 |
| 3.信托存款 | | | | | |
| 4.委托存款 | -7136 | -7043 | -7348 | -9612.58 | -9010.13 |
| 5.其他存款 | 663935.24 | 662053.28 | 693338.15 | 697955.86 | 704583.65 |
| 二、各项贷款 | 2837263.20 | 2831051 | 2848549 | 2884999 | 2892064 |
| 1.短期贷款 | 1727257 | 1743388 | 1760120 | 1771803 | 1782878 |
| 2.中长期贷款 | 794199 | 786168 | 817857 | 835208 | 826367 |
| 3.信托贷款 | | | | | |
| 4.委托贷款 | | | | | |
| 5.其他贷款 | 4825.20 | 495 | 648 | 696 | 517 |
| 6.票据融资 | 310025 | 300043 | 268967 | 276335 | 281345 |
| 7.各项垫款 | 957 | 957 | 957 | 957 | 957 |

# 5-58 长治市金融机构存、贷款指标

单位:万元

| 项目 \ 时间 | 11月 | 12月 | | |
| --- | --- | --- | --- | --- |
| | 余额 | 余额 | 比年初增减额 | 比年初增长% |
| 一、各项存款 | 4952390.75 | 4790816.60 | 692668.30 | 16.90 |
| 1.企事业单位存款 | 1066878.63 | 957224.24 | 57305.68 | 6.37 |
| (1)活期存款 | 857387.25 | 745356.09 | 61018.47 | 8.92 |
| (2)定期存款 | 209491.38 | 211868.15 | -3712.79 | -1.72 |
| 2.储蓄存款 | 3191465.57 | 3202417.16 | 549378.28 | 20.71 |
| (1)活期储蓄 | 699813.86 | 699519.74 | 143631.48 | 25.84 |
| (2)定期储蓄 | 2491651.71 | 2502897.42 | 405746.80 | 19.35 |
| 3.信托存款 | | | | |
| 4.委托存款 | -8688.38 | -8399.97 | -3492.97 | 71.18 |
| 5.其他存款 | 702734.93 | 639575.17 | 89477.31 | 16.27 |
| 二、各项贷款 | 2846870 | 2887581 | 385648 | 14.45 |
| 1.短期贷款 | 1792149 | 1772689 | 239787 | 14.42 |
| 2.中长期贷款 | 842015 | 846892 | 146231 | 19.82 |
| 3.信托贷款 | | | | |
| 4.委托贷款 | | | | |
| 5.其他贷款 | 436 | 315 | -966 | -75.42 |
| 6.票据融资 | 211313 | 266728 | 604 | 0.23 |
| 7.各项垫款 | 957 | 957 | -8 | -4.04 |

# 5-59 长治市金融机构存、贷款时序表

单位：亿元

| 时间 | 各项存款 余额 | 各项存款 比年初增减额 | 各项存款 余额比同期% | 各项贷款 余额 | 各项贷款 比年初增减额 | 各项贷款 余额比同期% |
|---|---|---|---|---|---|---|
| 1月 | 420.17 | 10.36 | 29.55 | 275.51 | 8.64 | 21.22 |
| 2月 | 429.11 | 19.30 | 26.38 | 274.64 | 7.76 | 17.71 |
| 3月 | 449.51 | 39.69 | 24.86 | 275.65 | 8.77 | 13.74 |
| 4月 | 454.14 | 44.33 | 22.22 | 283.12 | 17.00 | 15.37 |
| 5月 | 459.11 | 49.29 | 22.83 | 281.04 | 21.79 | 11.80 |
| 6月 | 468.09 | 58.27 | 21.87 | 283.73 | 34.39 | 16.31 |
| 7月 | 467.32 | 57.50 | 20.31 | 283.11 | 32.91 | 12.45 |
| 8月 | 478.10 | 68.28 | 21.25 | 284.85 | 34.66 | 11.99 |
| 9月 | 485.23 | 75.41 | 22.55 | 288.50 | 38.31 | 12.55 |
| 10月 | 489.53 | 79.71 | 22.37 | 289.21 | 39.01 | 12.06 |
| 11月 | 495.24 | 85.42 | 23.36 | 284.69 | 34.49 | 11.14 |
| 12月 | 479.08 | 69.27 | 19.79 | 288.76 | 38.56 | 7.01 |

# 5-60 长治市主要银行业机构贷款质量统计表(五级分类)

单位:万元

| 项目＼时间 | 1月 | 2月 | 3月 | 4月 | 5月 | 6月 |
|---|---|---|---|---|---|---|
| | 余额 | 余额 | 余额 | 余额 | 余额 | 余额 |
| 正常贷款 | 1293535.03 | 1274530.00 | 1261415.80 | 1247230 | 1259740.90 | 1349794.60 |
| 正常类贷款 | 1227224.68 | 1212404.52 | 1198130.70 | 1081005.20 | 1093006 | 1190631.70 |
| 关注类贷款 | 66310.35 | 62125.48 | 63285.12 | 166224.85 | 166734.98 | 159162.91 |
| 不良贷款 | 338922.21 | 338410.02 | 333641.27 | 333527.61 | 269985.74 | 177367.76 |
| 次级类贷款 | 63335.48 | 62700.80 | 56853.21 | 55919.68 | 60912.22 | 60957.69 |
| 可疑类贷款 | 179492.73 | 179688.45 | 168841.06 | 169434.93 | 169319.52 | 76714.07 |
| 损失类贷款 | 96094 | 96020.77 | 107947 | 108173 | 39754 | 39696 |
| 贷款合计 | 1632457.24 | 1612940.02 | 1595057.10 | 1580757.60 | 1529726.70 | 1527162.40 |

5-60 长治市主要银行业机构贷款质量统计表(五级分类)

单位:万元

| 项目＼时间 | 7月 | 8月 | 9月 | 10月 | 11月 | 12月 | |
|---|---|---|---|---|---|---|---|
| | 余额 | 余额 | 余额 | 余额 | 余额 | 余额 | 比年初增减额 |
| 正常贷款 | 1327845.20 | 1313270.40 | 1324842.30 | 1312673.80 | 1257910.20 | 1307255.40 | 41455.19 |
| 正常类贷款 | 1174111.64 | 1161657.20 | 1171874.20 | 1107591.40 | 1040174.10 | 1099124.70 | -99183.57 |
| 关注类贷款 | 153733.56 | 151613.21 | 152968.07 | 205082.40 | 217736.12 | 208130.76 | 140638.76 |
| 不良贷款 | 176708.46 | 176319.66 | 175805.15 | 176315.87 | 180282.63 | 189741.21 | -148448.20 |
| 次级类贷款 | 60351.07 | 59985.11 | 57975.03 | 51116.97 | 55383.92 | 39681.86 | -22543.82 |
| 可疑类贷款 | 76660.39 | 76639.55 | 78049.12 | 87524.90 | 86402.12 | 64320.25 | -115518.50 |
| 损失类贷款 | 39697 | 39695 | 39781 | 37674 | 38496.59 | 85739.10 | -10385.90 |
| 贷款合计 | 1504553.66 | 1489590.10 | 1500647.40 | 1488989.60 | 1438192.80 | 1496996.60 | -106993 |

注:本表机构包括农业发展银行、工商银行、农业银行、中国银行、建设银行。

# 5-60 长治市主要银行业机构贷款质量统计表(五级分类)

单位:%

| 项目＼时间 | 1月 | 2月 | 3月 | 4月 | 5月 | 6月 |
|---|---|---|---|---|---|---|
| | 比例 | 比例 | 比例 | 比例 | 比例 | 比例 |
| 正常贷款 | 79.24 | 79.02 | 79.08 | 78.90 | 82.35 | 88.39 |
| 正常类贷款 | 75.18 | 75.17 | 75.12 | 68.39 | 71.45 | 77.96 |
| 关注类贷款 | 4.06 | 3.85 | 3.97 | 10.52 | 10.90 | 10.42 |
| 不良贷款 | 20.76 | 20.98 | 20.92 | 21.10 | 17.65 | 11.61 |
| 次级类贷款 | 3.88 | 3.89 | 3.56 | 3.54 | 3.98 | 3.99 |
| 可疑类贷款 | 11 | 11.14 | 10.59 | 10.72 | 11.07 | 5.02 |
| 损失类贷款 | 5.89 | 5.95 | 6.77 | 6.84 | 2.60 | 2.60 |

5-60 长治市主要银行业机构贷款质量统计表(五级分类)

单位:%

| 项目＼时间 | 7月 | 8月 | 9月 | 10月 | 11月 | 12月 | |
|---|---|---|---|---|---|---|---|
| | 比例 | 比例 | 比例 | 比例 | 比例 | 比例 | 比年初增减 |
| 正常贷款 | 88.26 | 88.16 | 88.28 | 88.16 | 87.46 | 87.33 | 8.41 |
| 正常类贷款 | 78.04 | 77.99 | 78.09 | 74.39 | 72.33 | 73.42 | -1.29 |
| 关注类贷款 | 10.22 | 10.18 | 10.19 | 13.77 | 15.14 | 13.9 | 9.70 |
| 不良贷款 | 11.74 | 11.84 | 11.72 | 11.84 | 12.54 | 12.67 | -8.41 |
| 次级类贷款 | 4.01 | 4.03 | 3.86 | 3.43 | 3.85 | 2.65 | -1.23 |
| 可疑类贷款 | 5.10 | 5.15 | 5.20 | 5.88 | 6.01 | 4.30 | -6.92 |
| 损失类贷款 | 2.64 | 2.66 | 2.65 | 2.53 | 2.68 | 5.73 | -0.27 |

## 5-61 长治市地方性金融机构贷款质量统计表(四级分类)

单位:万元

| 项目 \ 时间 | 1月 | 2月 | 3月 | 4月 | 5月 | 6月 |
|---|---|---|---|---|---|---|
| | 余额 | 余额 | 余额 | 余额 | 余额 | 余额 |
| 正常贷款 | 1013553 | 1018636 | 1051906 | 1140701 | 1170914 | 1200160 |
| 不良贷款 | 109121 | 114813 | 109563 | 109691 | 109770 | 109941 |
| 逾期贷款 | 13075 | 14276 | 14515 | 15166 | 15267 | 15755 |
| 呆滞贷款 | 77276 | 81768 | 80386 | 79829 | 79811 | 79833 |
| 呆账贷款 | 18770 | 18769 | 14662 | 14696 | 14692 | 14353 |
| 各项贷款 | 1122674 | 1133449 | 1161469 | 1250392 | 1280684 | 1310101 |

## 5-61 长治市地方性金融机构贷款质量统计表(四级分类)

单位:万元

| 项目 \ 时间 | 7月 | 8月 | 9月 | 10月 | 11月 | 12月 | |
|---|---|---|---|---|---|---|---|
| | 余额 | 余额 | 余额 | 余额 | 余额 | 余额 | 比年初增减额 |
| 正常贷款 | 1208932 | 1240974 | 1245453 | 1264625 | 1268825 | 1248305 | 292972 |
| 不良贷款 | 109027 | 109452 | 107211 | 106764 | 108323 | 110518 | 1062 |
| 逾期贷款 | 14814 | 15288 | 22248 | 21868 | 23561 | 25645 | 12202 |
| 呆滞贷款 | 79863 | 79814 | 84409 | 84342 | 84208 | 84319 | 7077 |
| 呆账贷款 | 14350 | 14350 | 554 | 554 | 554 | 554 | -18217 |
| 各项贷款 | 1317959 | 1350426 | 1352664 | 1371389 | 1377148 | 1358823 | 294034 |

注:本表机构包括城市信用社、农村信用社。

# 5-61 长治市地方性金融机构贷款质量统计表(四级分类)

单位:%

| 项目＼时间 | 1月 | 2月 | 3月 | 4月 | 5月 | 6月 |
|---|---|---|---|---|---|---|
| | 比例 | 比例 | 比例 | 比例 | 比例 | 比例 |
| 正常贷款 | 90.28 | 89.87 | 90.57 | 91.23 | 91.43 | 91.61 |
| 不良贷款 | 9.72 | 10.13 | 9.43 | 8.77 | 8.57 | 8.39 |
| 逾期贷款 | 1.16 | 1.26 | 1.25 | 1.21 | 1.19 | 1.20 |
| 呆滞贷款 | 6.88 | 7.21 | 6.92 | 6.38 | 6.23 | 6.09 |
| 呆账贷款 | 1.67 | 1.66 | 1.26 | 1.18 | 1.15 | 1.1 |

# 5-61 长治市地方性金融机构贷款质量统计表(四级分类)

单位:%

| 项目＼时间 | 7月 | 8月 | 9月 | 10月 | 11月 | 12月 | |
|---|---|---|---|---|---|---|---|
| | 比例 | 比例 | 比例 | 比例 | 比例 | 比例 | 比年初增减 |
| 正常贷款 | 91.73 | 91.9 | 92.07 | 92.21 | 92.13 | 91.87 | 2.15 |
| 不良贷款 | 8.27 | 8.1 | 7.93 | 7.79 | 7.87 | 8.13 | -2.15 |
| 逾期贷款 | 1.12 | 1.13 | 1.64 | 1.59 | 1.71 | 1.89 | -0.62 |
| 呆滞贷款 | 6.06 | 5.91 | 6.24 | 6.15 | 6.11 | 6.21 | -1.05 |
| 呆账贷款 | 1.09 | 1.06 | 0.04 | 0.04 | 0.04 | 0.04 | -1.72 |

# 5-62 长治市主要银行业机构非信贷资产情况表

单位：万元

| 项目 | 1季度 余额 | 1季度 其中：不良资产 | 1季度 预计损失 | 2季度 余额 | 2季度 其中：不良资产 | 2季度 预计损失 |
|---|---|---|---|---|---|---|
| 一、现金 | 37271.87 | | | 31193.99 | | |
| 二、银行存款 | 1780.23 | | | 1429.65 | | |
| 三、贵金属 | | | | | | |
| 四、存放中央银行款项 | 84267.4 | | | 56662.96 | | |
| 五、存放同业款项 | 2102.41 | 702 | 702 | 1901.04 | 702 | 702 |
| 六、拆放同业 | 1257 | 1257 | 339 | 1257 | 1057 | 139 |
| 七、存放联行款项(轧差) | 831583.2 | | | 855041.35 | | |
| 八、应收及预付款项 | 11361.12 | 10706.44 | 10138.77 | 173071.81 | 9288.2 | 8661.15 |
| 其中：应收利息 | 8937.71 | 5735.75 | 5378.08 | 8893.55 | 4901.51 | 4435.46 |
| 待处理案件纠纷垫款 | 1356.2 | 1209.2 | 1090.2 | 1298 | 1168 | 1086 |
| 九、短期投资 | 63 | 46 | 46 | 62 | 46 | 46 |
| 十、委托贷款及委托投资 | 13335.35 | 898 | 898 | 13249.88 | 1193 | 1193 |
| 十一、买入返售证券 | | | | | | |
| 十二、待处理流动资产损失 | 0.15 | 0.15 | 0.15 | 0.15 | 0.15 | 0.15 |
| 十三、长期投资 | 68034.47 | 3533 | 3383 | 67960.46 | 3333 | 3183 |
| 十四、固定资产净值 | 46145.95 | 43 | 38 | 47942 | 43 | 38 |
| 十五、固定资产清理 | 194.21 | | | 70 | | |
| 十六、在建工程 | 850 | | | 850 | | |
| 十七、待处理固定资产损失 | | | | | | |
| 十八、无形资产 | 2939.68 | | | 121.63 | | |
| 十九、递延资产 | 8406.36 | 84 | 84 | 8575.45 | 259 | 259 |
| 二十、其他非信贷资产 | 164763.96 | 53798.8 | 47946.81 | 163261.29 | 52448.28 | 52439.28 |
| 1.待处理抵债资产 | 596 | 489.69 | 371.69 | 369 | 271.69 | 262.69 |
| 2.应付福利费垫款 | | | | | | |
| 3.未弥补亏损 | 52175.99 | 52175.99 | 46442 | 52175.99 | 52175.99 | 52175.99 |
| 4.待处理房改资产 | 174.52 | 174.52 | 174.52 | | | |
| 5.待清理自办实体资产 | | | | | | |
| 6.待清理接收资产 | 958.6 | 958.6 | 958.6 | 0.6 | 0.6 | 0.6 |
| (1)待清理城信社资产 | | | | | | |
| (2)待清理城信社资产与负债差额 | | | | | | |
| (3)待清理信托资产 | 0.6 | 0.6 | 0.6 | 0.6 | 0.6 | 0.6 |
| (4)人行转来企业贷款本金 | 592 | 592 | 592 | | | |
| (5)其他金融机构转来资产 | 366 | 366 | 366 | | | |
| (6)其他待清理接收资产 | | | | | | |
| 7.其他非信贷资产 | 110858.85 | | | 110715.7 | | |
| 非信贷资产合计 | 1274356.4 | 71068.39 | 63575.73 | 1422650.7 | 68369.63 | 66660.58 |

注：本表机构包括农业发展银行、工商银行、农业银行、中国银行、建设银行。

# 5-62 长治市主要银行业机构非信贷资产情况表

单位:万元

| 项目（指标＼时间） | 3季度 余额 | 3季度 其中:不良资产 | 3季度 预计损失 | 4季度 余额 | 4季度 其中:不良资产 | 4季度 预计损失 |
|---|---|---|---|---|---|---|
| 一、现金 | 28273 | | | 14940.84 | | |
| 二、银行存款 | 1483 | | | 1446 | | |
| 三、贵金属 | | | | | | |
| 四、存放中央银行款项 | 46345 | | | 53566.75 | | |
| 五、存放同业款项 | 1406 | 702 | 702 | 1138 | 735 | 735 |
| 六、拆放同业 | 1257 | 1057 | 139 | 1254 | 1054 | 264 |
| 七、存放联行款项(轧差) | 1013700 | 60 | 60 | 1165187.3 | 376 | 376 |
| 八、应收及预付款项 | 172793 | 9263 | 8685 | 1281.93 | 12470 | 11212 |
| 其中:应收利息 | 9633 | 4868 | 4420 | 9310.24 | 6383 | 5370 |
| 待处理案件纠纷垫款 | 1312 | 1168 | 1086 | 1371 | 1315 | 1273 |
| 九、短期投资 | 66 | 46 | 46 | 49 | 46 | 46 |
| 十、委托贷款及委托投资 | 16408 | 1173 | 1173 | 30206 | 187 | 187 |
| 十一、买入返售证券 | | | | 60037 | | |
| 十二、待处理流动资产损失 | | 0.15 | | | | |
| 十三、长期投资 | 67435 | 3333 | 3333 | 63376.8 | 333 | 333 |
| 十四、固定资产净值 | 46911 | 43 | 38 | 53432.8 | 563 | 247 |
| 十五、固定资产清理 | 70 | | | 51 | | |
| 十六、在建工程 | 850 | | | 850 | | |
| 十七、待处理固定资产损失 | | | | | | |
| 十八、无形资产 | 124 | | | 123.76 | | |
| 十九、递延资产 | 8537 | 259 | 259 | 8479.66 | 4350 | 2719 |
| 二十、其他非信贷资产 | 162524 | 52448.28 | 52439 | 148490 | 37664 | 37612 |
| 1.待处理抵债资产 | 369 | 271.69 | 263 | 370 | 365 | 313 |
| 2.应付福利费垫款 | 1 | | | | | |
| 3.未弥补亏损 | 52176 | 52175.99 | 52176 | 37298 | 37298 | 37298 |
| 4.待处理房改资产 | | | | | | |
| 5.待清理自办实体资产 | | | | | | |
| 6.待清理接收资产 | 1 | 0.6 | 1 | 1 | 1 | 1 |
| (1)待清理城信社资产 | | | | | | |
| (2)待清理城信社资产与负债差额 | | | | | | |
| (3)待清理信托资产 | 1 | 0.6 | 1 | 1 | 1 | 1 |
| (4)人行转来企业贷款本金 | | | | | | |
| (5)其他金融机构转来资产 | | | | | | |
| (6)其他待清理接收资产 | | | | | | |
| 7.其他非信贷资产 | 109977 | | | 110821 | | |
| 非信贷资产合计 | 1568182 | 68384.43 | 66874 | 1603910.8 | 57778 | 53731 |

# 5-63 长治市主要银行业机构表外业务情况表

单位：万元

| 项目 \ 指标 \ 时间 | 1季度 | | | 2季度 | | |
|---|---|---|---|---|---|---|
| | 余额 | 风险敞口 | 垫款期末余额 | 余额 | 风险敞口 | 垫款期末余额 |
| 一、担保类业务 | 116871.5 | 29448 | 962.47 | 99242.68 | 10666 | 956.57 |
| 1.开出银行承兑汇票 | 91569 | 27932 | 962.47 | 78351 | 13497 | 956.57 |
| 2.开出信用证 | 25199 | 1655 | | 20828 | -2775 | |
| 3.保函 | 103.46 | -139 | | 63.68 | -56 | |
| 4.债券发行担保 | | | | | | |
| 其中:可转换债券担保 | | | | | | |
| 5.其他担保类业务 | | | | | | |
| 二、承诺类业务 | | | | | | |
| 1.贷款承诺 | | | | | | |
| 2.循环授信额度 | | | | | | |
| 3.其他承诺类业务 | | | | | | |
| 三、金融衍生类业务 | 3 | -432 | | 3 | -432 | |
| 1.期权 | | | | | | |
| 2.互换 | 3 | -432 | | 3 | -432 | |
| 3.远期外汇 | | | | | | |

# 5-63 长治市主要银行业机构表外业务情况表

单位：万元

| 项目 \ 指标 \ 时间 | 3季度 | | | 4季度 | | |
|---|---|---|---|---|---|---|
| | 余额 | 风险敞口 | 垫款期末余额 | 余额 | 风险敞口 | 垫款期末余额 |
| 一、担保类业务 | 119037 | -23127 | 956.57 | 218896.3 | 36122 | 956.57 |
| 1.开出银行承兑汇票 | 102046 | 27210 | 956.57 | 190000 | 128180 | 956.57 |
| 2.开出信用证 | 16121 | -51177 | | 25592.79 | -92018 | |
| 3.保函 | 870 | 840 | | 3303.5 | -40 | |
| 4.债券发行担保 | | | | | | |
| 其中:可转换债券担保 | | | | | | |
| 5.其他担保类业务 | | | | | | |
| 二、承诺类业务 | | | | | | |
| 1.贷款承诺 | | | | | | |
| 2.循环授信额度 | | | | | | |
| 3.其他承诺类业务 | | | | | | |
| 三、金融衍生类业务 | 3 | -450 | | 3 | -471 | |
| 1.期权 | | | | | | |
| 2.互换 | 3 | -450 | | 3 | -471 | |
| 3.远期外汇 | | | | | | |

注：本表机构包括农业发展银行、工商银行、农业银行、中国银行、建设银行。

# 5-64 长治市主要银行业机构贷款按逾期时间分类表

单位:万元

| 项目 \ 指标 \ 时间 | 上年末 | 一季度 | 二季度 | 三季度 | 四季度 |
|---|---|---|---|---|---|
| | 余额 | 余额 | 余额 | 余额 | 余额 |
| 各项贷款 | 1603990 | 1595057 | 1527163 | 1500647.7 | 1496996 |
| 未到期贷款 | 1264593 | 1246995 | 1320892.8 | 1279195.7 | 1257566 |
| 逾期类贷款 | 339397 | 348062 | 206270.2 | 221452 | 239430 |
| 其中:逾期0~3个月贷款 | 30330 | 26249 | 41591.7 | 33761 | 29322 |
| 逾期3~6个月贷款 | 17951 | 25768 | 12986 | 28859 | 22446 |
| 逾期6~9个月贷款 | 17371 | 14746 | 15801.5 | 11262 | 21903 |
| 逾期9个月~1年贷款 | 15582 | 17216 | 8586 | 15278 | 10173 |
| 逾期1年以上贷款 | 258163 | 264083 | 127305 | 132292 | 155586 |

注:本表机构包括农业发展银行、工商银行、农业银行、中国银行、建设银行。

## 5-65 长治市主要银行业机构贷款质量迁徙情况表

迁徙矩阵：

单位：%

| 项　目 | 正常类贷款 | 关注类贷款 | 次级类贷款 | 可疑类贷款 | 损失类贷款 |
|---|---|---|---|---|---|
| 正常类贷款 | 80.88 | 17.00 | 1.66 | 0.46 | |
| 关注类贷款 | | 75.68 | 14.09 | 9.91 | 0.32 |
| 次级类贷款 | | 1.66 | 39.69 | 34.84 | 23.82 |
| 可疑类贷款 | | 0.10 | | 52.27 | 47.63 |
| 损失类贷款 | | | | 5.21 | 94.79 |

## 5-65 长治市主要银行业机构贷款质量迁徙情况表

单位：万元

| 项　目 | 分子 | 分母 | 比例% |
|---|---|---|---|
| 1.年初不良贷款率 | 338190 | 1603989.7 | 21.08 |
| 2.期末不良贷款率 | 189740.53 | 1496995.9 | 12.67 |
| 3.不良贷款率变动情况(1.–2.) | –148449.5 | –106993.8 | –8.41 |
| 4.贷款质量总体向上迁徙率 | 2988 | 212058.4 | 1.41 |
| 5.贷款质量总体向下迁徙率 | 214623.25 | 900490.55 | 23.83 |
| 6.正常类贷款向下迁徙率 | 139232.85 | 728224.15 | 19.12 |
| 7.关注类贷款向下迁徙率 | 12805.4 | 52646.4 | 24.32 |
| 8.次级类贷款向下迁徙率 | 29860 | 50910 | 58.65 |
| 9.可疑类贷款向下迁徙率 | 32725 | 68710 | 47.63 |
| 10.当年新增贷款不良率 | 3000 | 556713.37 | 0.54 |
| 11.当年新形成不良贷款率 | 45731.45 | 1550492.8 | 2.95 |
| 12.贷款重组贡献度 | | 915 | |
| 13.不良贷款周转率 | 485774.13 | 1265799.7 | 38.38 |
| 14.不良贷款处置收现率 | 5836.08 | 191735.92 | 3.04 |
| 15.不良贷款处置以物抵债率 | 710 | 191735.92 | 0.37 |
| 16.不良贷款处置核销率 | 7853.92 | 191735.92 | 4.10 |

注：本表机构包括农业发展银行、工商银行、农业银行、中国银行、建设银行。

# 5-66 长治市银行业金融机构部分行业贷款情况表

单位:万元

| 项目 \ 时间 | 1季度 | 2季度 | 3季度 | 4季度 | |
|---|---|---|---|---|---|
| | 余额 | 余额 | 余额 | 余额 | 比年初增减额 |
| 一、煤炭行业 | 322149 | 371110 | 402623 | 409549 | 129634 |
| 二、焦炭行业 | 162703 | 169417 | 179521 | 184220 | 31895 |
| (1)年产60万吨以上 | 19208 | 37258 | 47543 | 44031 | 24278 |
| (2)年产40万~60万吨 | 67299 | 70908 | 78190 | 86004 | 19446 |
| (3)年产20万~40万吨 | 39671 | 33251 | 27827 | 27509 | -7389 |
| (4)年产20万吨以下 | 36525 | 28000 | 25961 | 26676 | -4440 |
| 三、冶金行业 | 188023 | 184811 | 199472 | 205404 | 33034 |
| (1)普通钢 | 84527 | 89545 | 98392 | 100024 | 10452 |
| (2)特种钢 | 2687 | 7200 | 7500 | 7300 | 7300 |
| (3)生铁 | 90585 | 82579 | 87992 | 90658 | 15157 |
| (4)铁合金 | 2650 | 1934 | 2034 | 3869 | 125 |
| (5)电解铝 | | | | | |
| 四、建材行业 | 38230 | 31352 | 31463 | 35436 | -3122 |
| (1)水泥 | 32037 | 24581 | 22847 | 26744 | -3472 |
| 五、交通行业 | 115613 | 115778 | 120660 | 119723 | 9835 |
| (1)公路 | 110826 | 111042 | 115615 | 118562 | 9702 |
| (2)铁路 | 4747 | 4696 | 4685 | 801 | -187 |
| 六、化工行业 | 51635 | 55264 | 54213 | 70218 | 23088 |
| (1)电石 | 27465 | 23579 | 20046 | 29608 | 3946 |
| 七、电力行业 | 117317 | 117861 | 135432 | 178873 | 62964 |
| 八、房地产业 | 142826 | 146819 | 140623 | 143182 | 3140 |
| (1)房地产开发商贷款 | 24248 | 29411 | 28290 | 33129 | 8811 |
| (2)住房开发贷款 | 12669 | 10675 | 8375 | 7638 | -5219 |
| (3)政府土地储备机构贷款 | 2000 | 2000 | | | -2000 |
| (4)单位购置商业用房贷款 | 230 | 230 | 230 | 110 | -120 |
| (5)个人购房贷款 | 103439 | 104373 | 103634 | 102095 | 1498 |
| 九、医药制造业 | 41133 | 41999 | 41939 | 39224 | 1457 |
| 十、机械制造业 | 36786 | 15464 | 14464 | 18078 | -18567 |
| 合计 | 1216415 | 1249875 | 1320410 | 1403908 | 273357 |

注:本表机构包括工商银行、农业银行、中国银行、建设银行、城市信用社、农村信用社。

# 5-67 长治市银行业金融机构部分行业不良贷款情况表(五级分类)

单位:万元

| 项目 \ 指标 \ 时间 | 1季度 | | 2季度 | | 3季度 | |
|---|---|---|---|---|---|---|
| | 余额 | 比例% | 余额 | 比例% | 余额 | 比例% |
| 一、煤炭行业 | 7264.83 | 3.80 | 4235.92 | 1.93 | 3792.92 | 1.55 |
| 二、焦炭行业 | 6869.41 | 8.23 | 4292.90 | 6.06 | 4480.9 | 6.46 |
| (1)年产60万吨以上 | | | | | | |
| (2)年产40万~60万吨 | 130.00 | 0.35 | 130.00 | 0.34 | 130 | 0.36 |
| (3)年产20万~40万吨 | 123.00 | 1.03 | 123.00 | 1.49 | 123 | 2.28 |
| (4)年产20万吨以下 | 6616.41 | 23.34 | 4039.90 | 20.97 | 4227.9 | 25.93 |
| 三、冶金行业 | 11822.52 | 10.58 | 8655.86 | 9.16 | 7917.86 | 7.61 |
| (1)普通钢 | 588.00 | 1.02 | 588.00 | 1.02 | 588 | 0.96 |
| (2)特种钢 | | | | | | |
| (3)生铁 | 9930.61 | 21.98 | 7365.05 | 22.56 | 6627.05 | 17.17 |
| (4)铁合金 | 1050.10 | 90.13 | 449.00 | 100.00 | 449 | 100.00 |
| (5)电解铝 | | | | | | |
| 四、建材行业 | 14312.33 | 87.74 | 4966.38 | 76.42 | 4966.38 | 76.44 |
| (1)水泥 | 14221.24 | 88.49 | 4877.29 | 77.91 | 4877.29 | 77.92 |
| 五、交通行业 | 1176.17 | 1.13 | 4935.00 | 4.83 | 4935 | 4.83 |
| (1)公路 | 1076.17 | 1.08 | 4835.00 | 4.93 | 4835 | 4.92 |
| (2)铁路 | 100.00 | 2.48 | 100.00 | 2.52 | 100 | 2.52 |
| 六、化工行业 | 8137.70 | 23.94 | 3129.70 | 9.27 | 3129.7 | 10.61 |
| (1)电石 | 6710.00 | 55.51 | 1702.00 | 24.25 | 1702 | 59.66 |
| 七、电力行业 | 6305.38 | 6.16 | 6305.38 | 6.19 | 6305.38 | 5.39 |
| 八、房地产业 | 3807.00 | 3.14 | 1935.00 | 1.62 | 1642 | 1.44 |
| (1)房地产开发商贷款 | 1712.00 | 45.34 | 1485.00 | 47.46 | 1372 | 45.49 |
| (2)住房开发贷款 | 1994.00 | 15.74 | | | | |
| (3)政府土地储备机构贷款 | | | | | | |
| (4)单位购置商业用房贷款 | | | | | | |
| (5)个人购房贷款 | 101.00 | | 450.00 | 0.44 | 270 | 0.26 |
| 九、医药制造业 | 1165.01 | 4.12 | 1098.00 | 4.07 | 1089 | 4.04 |
| 十、机械制造业 | 24450.28 | 85.60 | 1316.01 | 25.24 | 1316.01 | 25.24 |
| 合计 | 85310.63 | 10.39 | 40870.15 | 5.23 | 39575.15 | 4.83 |

注:本表机构包括工商银行、农业银行、中国银行、建设银行。

# 5-67 长治市银行业金融机构部分行业不良贷款情况表(五级分类)

单位:万元

| 项目 \ 指标 \ 时间 | 4季度 | | | |
|---|---|---|---|---|
| | 余额 | 比例% | 余额比年初增减 | 比例比年初增减 |
| 一、煤炭行业 | 4155.92 | 1.68 | -2343.91 | -2.09 |
| 二、焦炭行业 | 7955.90 | 11.51 | 1101.49 | 2.46 |
| (1)年产60万吨以上 | | | | |
| (2)年产40万~60万吨 | 130.00 | 0.33 | | -0.01 |
| (3)年产20万~40万吨 | 1893.00 | 35.10 | 1770.00 | 34.18 |
| (4)年产20万吨以下 | 5932.90 | 35.32 | -668.51 | 5.51 |
| 三、冶金行业 | 9990.86 | 8.67 | -2641.66 | -4.62 |
| (1)普通钢 | 588.00 | 0.82 | | -0.32 |
| (2)特种钢 | | | | |
| (3)生铁 | 5500.05 | 13.95 | -5240.56 | -13.66 |
| (4)铁合金 | 349.00 | 45.98 | -701.10 | -54.02 |
| (5)电解铝 | | | | |
| 四、建材行业 | 7899.58 | 73.57 | -8268.85 | -13.79 |
| (1)水泥 | 7810.49 | 74.39 | -8266.85 | -13.62 |
| 五、交通行业 | 4925.00 | 4.82 | 3839.83 | 3.73 |
| (1)公路 | 4835.00 | 4.74 | 3849.83 | 3.75 |
| (2)铁路 | 90.00 | 100.00 | -10.00 | 66.22 |
| 六、化工行业 | 3129.70 | 8.01 | -4298.00 | -15.67 |
| (1)电石 | 1702.00 | 19.12 | -4298.00 | -31.82 |
| 七、电力行业 | 6305.38 | 3.93 | -185.00 | -2.64 |
| 八、房地产业 | 2392.65 | 2.14 | -1726.35 | -1.33 |
| (1)房地产开发商贷款 | 1344.00 | 50.56 | -485.00 | 4.76 |
| (2)住房开发贷款 | | | -2183.00 | -16.98 |
| (3)政府土地储备机构贷款 | | | | |
| (4)单位购置商业用房贷款 | | | | |
| (5)个人购房贷款 | 1018.65 | 1.01 | 911.65 | 0.90 |
| 九、医药制造业 | 1337.00 | 5.50 | 171.99 | 1.00 |
| 十、机械制造业 | 1311.01 | 28.74 | -22397.37 | -45.70 |
| 合计 | 49403.00 | 5.58 | -36747.83 | -5.63 |

# 5-67 长治市银行业金融机构部分行业不良贷款情况表(四级分类)

单位:万元

| 项目＼指标＼时间 | 1季度 | | 2季度 | | 3季度 | |
|---|---|---|---|---|---|---|
| | 余额 | 比例% | 余额 | 比例% | 余额 | 比例% |
| 一、煤炭行业 | 7126.26 | 5.44 | 6529.9 | 4.31 | 6113 | 3.85 |
| 二、焦炭行业 | 3861.50 | 4.87 | 4899.5 | 4.97 | 4447 | 4.04 |
| (1)年产60万吨以上 | 60.00 | 0.44 | 60 | 0.19 | | |
| (2)年产40万~60万吨 | 87.00 | 0.29 | 64 | 0.19 | 124 | 0.29 |
| (3)年产20万~40万吨 | 1682.00 | 6.06 | 1902 | 7.60 | 862 | 3.84 |
| (4)年产20万吨以下 | 2032.50 | 24.85 | 2873.5 | 32.89 | 3461 | 35.84 |
| 三、冶金行业 | 6749.56 | 8.85 | 6090.56 | 6.74 | 2346 | 2.46 |
| (1)普通钢 | 158.50 | 0.59 | 159 | 0.50 | 156 | 0.42 |
| (2)特种钢 | | | | | | |
| (3)生铁 | 6591.06 | 14.52 | 5931.56 | 11.88 | 2190 | 4.43 |
| (4)铁合金 | | | | | | |
| (5)电解铝 | | | | | | |
| 四、建材行业 | 1944.80 | 8.87 | 1933 | 7.78 | 1197.2 | 4.80 |
| (1)水泥 | 1940.00 | 12.15 | 1928.2 | 10.52 | 1195.2 | 7.21 |
| 五、交通行业 | | | | | | |
| (1)公路 | | | | | | |
| (2)铁路 | | | | | | |
| 六、化工行业 | 2730.00 | 15.48 | 2807 | 13.06 | 2546.5 | 10.31 |
| (1)电石 | 2396.00 | 15.58 | 2450 | 14.80 | 2293 | 13.34 |
| 七、电力行业 | 711.00 | 4.77 | 167.5 | 1.04 | 131 | 0.71 |
| 八、房地产业 | 200.00 | 0.93 | 200 | 0.73 | 200 | 0.76 |
| (1)房地产开发商贷款 | 100.00 | 0.49 | 200 | 0.76 | 200 | 0.79 |
| (2)住房开发贷款 | | | | | | |
| (3)政府土地储备机构贷款 | | | | | | |
| (4)单位购置商业用房贷款 | | | | | | |
| (5)个人购房贷款 | | | | | | |
| 九、医药制造业 | 135.00 | 1.05 | 135 | 0.90 | 35 | 0.23 |
| 十、机械制造业 | 418.00 | 5.08 | 418 | 4.08 | 418 | 4.52 |
| 合　计 | 23876.12 | 6.04 | 23180.46 | 4.94 | 17433.7 | 3.48 |

注:本表机构包括城市信用社、农村信用社。

# 5-67 长治市银行业金融机构部分行业不良贷款情况表(四级分类)

单位:万元

| 项目 | 4季度 | | | |
|---|---|---|---|---|
| | 余额 | 比例% | 余额比年初增减 | 比例比年初增减 |
| 一、煤炭行业 | 5412.00 | 3.35 | -3326.00 | -1.95 |
| 二、焦炭行业 | 4443.00 | 3.86 | 577.00 | 0.48 |
| (1)年产60万吨以上 | | | | |
| (2)年产40万~60万吨 | | | -1164.00 | -2.44 |
| (3)年产20万~40万吨 | 862.00 | 3.90 | -100.00 | -0.43 |
| (4)年产20万吨以下 | 3581.00 | 36.25 | 1841.00 | 14.60 |
| 三、冶金行业 | 2315.56 | 2.57 | -755.44 | -0.81 |
| (1)普通钢 | 155.00 | 0.54 | 155.00 | 0.54 |
| (2)特种钢 | | | | |
| (3)生铁 | 2160.56 | 4.22 | -685.44 | -1.26 |
| (4)铁合金 | | | -225.00 | -6.75 |
| (5)电解铝 | | | | |
| 四、建材行业 | 746.80 | 3.02 | -1532.20 | -5.66 |
| (1)水泥 | 745.00 | 4.59 | -1453.00 | -7.83 |
| 五、交通行业 | | | -220.00 | -1.24 |
| (1)公路 | | | -220.00 | -1.32 |
| (2)铁路 | | | | |
| 六、化工行业 | 2823.00 | 9.07 | 792.00 | 2.37 |
| (1)电石 | 2619.00 | 12.65 | 827.00 | 3.63 |
| 七、电力行业 | 600.00 | 3.23 | -10.00 | -0.05 |
| 八、房地产业 | 117.00 | 0.37 | -1283.00 | -3.90 |
| (1)房地产开发商贷款 | 17.00 | 0.06 | -1383.00 | -4.34 |
| (2)住房开发贷款 | | | | |
| (3)政府土地储备机构贷款 | | | | |
| (4)单位购置商业用房贷款 | | | | |
| (5)个人购房贷款 | | | | |
| 九、医药制造业 | 80.00 | 0.54 | 45.00 | 0.30 |
| 十、机械制造业 | 1592.00 | 11.78 | 1579.00 | 11.67 |
| 合计 | 18129.36 | 3.50 | -4133.64 | -0.76 |

# 5-68 长治市主要银行业机构客户大额授信和零售贷款违约客户情况统计时序表

单位：个、亿元、%

| 时间 \ 指标项目 | 客户大额授信统计 | | | | | | | | 关联企业授信 | 关联企业贷款 | 零售贷款违约统计 | |
|---|---|---|---|---|---|---|---|---|---|---|---|---|
| | 客户数 | 授信额度 | 贷款余额 | 不良贷款 | 不良占比 | 预警信息 | | | | | 法人违约数 | 个人违约数 |
| | | | | | | 客户数 | 贷款 | 不良贷款 | | | | |
| 1月 | 88 | 10.14 | 83.66 | 11.41 | 13.46 | 12 | 9.45 | 8.84 | 0.09 | 8.93 | 22 | 154 |
| 2月 | 87 | 9.94 | 83.99 | 11.64 | 13.86 | 12 | 9.45 | 8.84 | 0.09 | 8.93 | 22 | 442 |
| 3月 | 82 | 11.94 | 83.24 | 11.63 | 13.97 | 7 | 7.66 | 7.05 | 0.09 | 8.93 | 17 | 497 |
| 4月 | 80 | 11.94 | 81.63 | 11.63 | 14.25 | 7 | 7.66 | 7.05 | 0.09 | 7.13 | 17 | 555 |
| 5月 | 79 | 12.43 | 80.03 | 9.35 | 11.68 | 5 | 5.3 | 4.68 | 0.59 | 7.13 | 11 | 493 |
| 6月 | 67 | 13.11 | 74.67 | 3.05 | 4.08 | 3 | 1.11 | 0.5 | 0.59 | 7.13 | 2 | 486 |
| 7月 | 64 | 12.87 | 72.52 | 3.05 | 4.21 | 3 | 1.11 | 0.5 | 0.59 | 7.13 | 2 | 577 |
| 8月 | 58 | 12.04 | 72.74 | 3.05 | 4.19 | 3 | 1.11 | 0.5 | | 2.04 | 2 | 531 |
| 9月 | 65 | 12.88 | 76.07 | 3.05 | 4.01 | 3 | 1.11 | 0.5 | 0.59 | 12.13 | 2 | 532 |
| 10月 | 64 | 13.39 | 75.79 | 3.04 | 4.01 | 3 | 1.11 | 0.5 | 0.59 | 0.65 | 2 | 534 |
| 11月 | 72 | 13.69 | 81.53 | 3.08 | 3.78 | 4 | 1.5 | 0.96 | 0.5 | 1.57 | 2 | 604 |
| 12月 | 85 | 12.25 | 85.69 | 3.56 | 4.15 | 11 | 3.64 | 2.43 | 0.5 | 1.68 | 1 | 698 |

注：本表机构包括工商银行、农业银行、中国银行、建设银行。

# 5-69 长治市银行业金融机构案件信息统计表

单位:万元、件

| 项 目 | 案 件 | | 其中:百万元以上案件 | |
|---|---|---|---|---|
| | 本年累计发生 | 比上年同期增减 | 本年累计发生 | 比上年同期增减 |
| 经济案件数量 | 1 | 1 | 0 | 0 |
| 其中:挪用 | 0 | 0 | 0 | 0 |
| 贪污 | 0 | 0 | 0 | 0 |
| 侵占 | 1 | 1 | 0 | 0 |
| 贿赂 | 0 | 0 | 0 | 0 |
| 经济案件涉案金额 | 30 | 30 | 0 | 0 |
| 其中:挪用 | 0 | 0 | 0 | 0 |
| 贪污 | 0 | 0 | 0 | 0 |
| 侵占 | 30 | 30 | 0 | 0 |
| 贿赂 | 0 | 0 | 0 | 0 |
| 经济案件风险金额 | 0 | 0 | 0 | 0 |
| 其中:挪用 | 0 | 0 | 0 | 0 |
| 贪污 | 0 | 0 | 0 | 0 |
| 侵占 | 0 | 0 | 0 | 0 |
| 贿赂 | 0 | 0 | 0 | 0 |
| 违规经营数量 | 1 | 1 | 1 | 1 |
| 其中:违反金融法规 | 1 | 1 | 1 | 1 |
| 违反财经纪律 | 0 | 0 | 0 | 0 |
| 破坏金融秩序 | 0 | 0 | 0 | 0 |
| 违规经营涉案金额 | 0 | 0 | 0 | 0 |
| 其中:违反金融法规 | 0 | 0 | 0 | 0 |
| 违反财经纪律 | 0 | 0 | 0 | 0 |
| 破坏金融秩序 | 0 | 0 | 0 | 0 |
| 违规经营风险金额 | 124 | 124 | 124 | 124 |
| 其中:违反金融法规 | 124 | 124 | 124 | 124 |
| 违反财经纪律 | 0 | 0 | 0 | 0 |
| 破坏金融秩序 | 0 | 0 | 0 | 0 |
| 诈骗案件数量 | 2 | 2 | 2 | 2 |
| 诈骗案件涉案金额 | 620 | 620 | 620 | 620 |
| 诈骗案件风险金额 | 620 | 620 | 620 | 620 |
| 抢劫案件数量 | 0 | 0 | 0 | 0 |
| 抢劫案件涉案金额 | 0 | 0 | 0 | 0 |
| 抢劫案件风险金额 | 0 | 0 | 0 | 0 |
| 盗窃案件数量 | 1 | 1 | 0 | 0 |
| 盗窃案件涉案金额 | 0 | 0 | 0 | 0 |
| 盗窃案件风险金额 | 0 | 0 | 0 | 0 |
| 各类案件数量总计 | 5 | 5 | 3 | 3 |
| 各类案件涉案金额总计 | 650 | 650 | 620 | 620 |
| 各类案件风险金额总计 | 744 | 744 | 744 | 744 |

注:本表机构包括辖内所有银行业金融机构。

# 5-70 晋城市银行业金融机构资产负债表

单位:万元

| 项目 \ 时间 | 1月 | 2月 | 3月 | 4月 | 5月 |
|---|---|---|---|---|---|
| | 余额 | 余额 | 余额 | 余额 | 余额 |
| 流动资产 | 3309580.92 | 3379065.98 | 3599711.23 | 3677284.99 | 3765717.71 |
| 一、现金及银行存款 | 34690.79 | 43420.03 | 37064.92 | 36822.93 | 33934.58 |
| 二、存放中央银行 | 240993.20 | 278553.80 | 273100.90 | 198991.40 | 205353.00 |
| 三、存放同业 | 137916.58 | 147033.88 | 207762.18 | 224594.40 | 244979.30 |
| 四、存放联行款项 | 1395553.71 | 1420005.93 | 1609807.13 | 1726853.06 | 1597665.60 |
| 五、拆放同业 | 1348.00 | 1348.00 | 1148.00 | 1913.00 | 1913.00 |
| 六、短期贷款 | 1404000.99 | 1395064.12 | 1318981.80 | 1302846.83 | 1360635.15 |
| 七、应收账款 | 1148.25 | 3471.15 | 1908.33 | 2485.53 | 34778.93 |
| 其中:应收利息 | 4929.85 | 6457.45 | 4050.93 | 5640.73 | 7008.03 |
| 八、减:坏账准备 | 7584.00 | 7584.00 | 7594.00 | 7594.00 | 7595.00 |
| 九、短期投资 | 970.40 | 970.50 | 957.40 | 986.40 | 1022.60 |
| 十、减:短期投资跌价准备 | | | | | |
| 十一、委托贷款及投资 | | | | | |
| 十二、买入返售资产 | | | 56500.00 | 90139.00 | 192359.10 |
| 十三、待处理流动资产损失 | | | | | |
| 十四、其他流动资产 | 100543.00 | 96782.57 | 100074.57 | 99246.44 | 100671.45 |
| 长期资产 | 885831.05 | 886283.80 | 901151.98 | 899571.48 | 887500.89 |
| 十五、中长期贷款 | 754909.76 | 754848.01 | 763685.39 | 763771.19 | 751060.12 |
| 十六、减:贷款损失准备 | 9164.11 | 9605.11 | 10035.41 | 10652.41 | 10590.03 |
| 十七、长期投资 | 96279.90 | 96346.40 | 103360.10 | 102252.60 | 103022.70 |
| 十八、减:长期投资减值准备 | | | | | |
| 十九、固定资产净值 | 40298.00 | 41173.00 | 40286.40 | 40288.60 | 40080.60 |
| 固定资产 | 66096.20 | 67464.20 | 67133.00 | 67369.20 | 67384.20 |
| 减:累计折旧 | 25798.20 | 26291.20 | 26846.60 | 27080.60 | 27303.60 |
| 二十、固定资产减值准备 | 403.00 | 403.00 | 60.00 | 60.00 | 60.00 |
| 二十一、固定资产清理 | 484.00 | 484.00 | 492.00 | 485.00 | 478.00 |
| 二十二、在建工程 | 3415.00 | 3429.00 | 3422.00 | 3485.00 | 3508.00 |
| 二十三、减:在建工程减值准备 | | | | | |
| 二十四、待处理固定资产损失 | 11.50 | 11.50 | 1.50 | 1.50 | 1.50 |
| 无形递延及其他资产 | -3019.80 | -3468.50 | -3326.40 | -3429.30 | -6123.50 |
| 二十五、无形递延及其他资产 | -2316.80 | -2765.50 | -2623.40 | -2726.30 | -5420.50 |
| 二十六、减:抵债资产减值准备 | | | | | |
| 二十七、减:无形资产减值准备 | 555.00 | 555.00 | 555.00 | 555.00 | 555.00 |
| 二十八、减:其他资产减值准备 | 148.00 | 148.00 | 148.00 | 148.00 | 148.00 |
| 资产总计 | 4192392.17 | 4261881.28 | 4497536.81 | 4573427.17 | 4647095.10 |

注:本表机构包括辖内所有银行业金融机构。

# 5-70 晋城市银行业金融机构资产负债表

单位:万元

| 项目 \ 时间 | 6月 | 7月 | 8月 | 9月 | 10月 |
|---|---|---|---|---|---|
| | 余额 | 余额 | 余额 | 余额 | 余额 |
| 流动资产 | 3831995.13 | 3878218.41 | 3948694.47 | 3995757.78 | 4104491.11 |
| 一、现金及银行存款 | 34404.84 | 45923.12 | 39196.58 | 45986.48 | 42863.76 |
| 二、存放中央银行 | 217882.80 | 194683.10 | 201588.40 | 225122.74 | 216748.40 |
| 三、存放同业 | 284450.80 | 262819.64 | 255144.59 | 259173.82 | 265150.08 |
| 四、存放联行款项 | 1387938.12 | 1460986.17 | 1574876.89 | 1697423.24 | 1989436.43 |
| 五、拆放同业 | 1913.00 | 1913.00 | 1913.00 | 1913.00 | 1765.00 |
| 六、短期贷款 | 1757360.70 | 1759462.32 | 1725415.32 | 1617017.01 | 1415222.29 |
| 七、应收账款 | 54341.60 | 57681.47 | 55579.35 | 55840.99 | 80685.67 |
| 其中:应收利息 | 3769.60 | 5572.81 | 7528.79 | 4703.78 | 6427.60 |
| 八、减:坏账准备 | 7613.00 | 7636.00 | 7636.00 | 8765.00 | 9155.00 |
| 九、短期投资 | 1079.80 | 1131.50 | 1711.30 | 1767.30 | 1478.10 |
| 十、减:短期投资跌价准备 | | | | | |
| 十一、委托贷款及投资 | | | | | |
| 十二、买入返售资产 | | | | | |
| 十三、待处理流动资产损失 | | | | | |
| 十四、其他流动资产 | 100236.47 | 101254.09 | 100905.04 | 100278.20 | 100296.38 |
| 长期资产 | 1001083.57 | 992818.63 | 996295.71 | 1000868.57 | 995302.49 |
| 十五、中长期贷款 | 849063.02 | 839741.85 | 841758.30 | 846500.78 | 841660.62 |
| 十六、减:贷款损失准备 | 14379.75 | 14551.32 | 14933.29 | 14666.37 | 13694.14 |
| 十七、长期投资 | 121686.80 | 122473.60 | 124141.30 | 123856.09 | 122242.60 |
| 十八、减:长期投资减值准备 | | | | | |
| 十九、固定资产净值 | 40932.00 | 41067.00 | 40808.90 | 40134.48 | 40084.21 |
| 固定资产 | 69157.30 | 69533.30 | 69466.20 | 68585.91 | 68789.48 |
| 减:累计折旧 | 28225.30 | 28466.3 | 28657.30 | 28451.43 | 28705.27 |
| 二十、固定资产减值准备 | 60.00 | 60.00 | 60.00 | 60.00 | 60.00 |
| 二十一、固定资产清理 | 478.00 | 478.00 | 615.00 | 617.00 | 479.70 |
| 二十二、在建工程 | 3362.00 | 3668.00 | 3964.00 | 4485.00 | 4588.00 |
| 二十三、减:在建工程减值准备 | | | | | |
| 二十四、待处理固定资产损失 | 1.50 | 1.50 | 1.50 | 1.50 | 1.50 |
| 无形递延及其他资产 | -7464.90 | -7429.00 | -7403.10 | -7895.09 | -7613.71 |
| 二十五、无形递延及其他资产 | -7316.90 | -7281.00 | -7255.10 | -7747.09 | -7613.71 |
| 二十六、减:抵债资产减值准备 | | | | | |
| 二十七、减:无形资产减值准备 | | | | | |
| 二十八、减:其他资产减值准备 | 148.00 | 148.00 | 148.00 | 148.00 | |
| 资产总计 | 4825613.80 | 4863608.04 | 4937587.08 | 4988731.26 | 5092179.89 |

# 5-70 晋城市银行业金融机构资产负债表

单位:万元

| 项目 \ 时间 | 11月 | 12月 | | |
| --- | --- | --- | --- | --- |
| | 余额 | 余额 | 比同期增减额 | 比同期增长% |
| 流动资产 | 4196628.94 | 4110176.16 | 885420.20 | 27.46 |
| 一、现金及银行存款 | 36622.15 | 22788.78 | 3982.19 | 21.17 |
| 二、存放中央银行 | 221684.59 | 290849.93 | -72202.07 | -19.89 |
| 三、存放同业 | 294711.86 | 272426.55 | 116725.27 | 74.97 |
| 四、存放联行款项 | 2119529.75 | 2098958.89 | 850326.14 | 68.10 |
| 五、拆放同业 | 1765.00 | 1765.00 | -1083.00 | -38.03 |
| 六、短期贷款 | 1376030.09 | 1345224.24 | -91701.49 | -6.38 |
| 七、应收账款 | 56761.28 | -6107.03 | -5444.48 | 821.75 |
| 其中:应收利息 | 7743.04 | 4631.89 | 1623.54 | 53.97 |
| 八、减:坏账准备 | 11684.00 | 15872.00 | 15867.00 | 317340.00 |
| 九、短期投资 | 1465.90 | 1936.80 | 966.00 | 99.51 |
| 十、减:短期投资跌价准备 | | | | |
| 十一、委托贷款及投资 | | | | |
| 十二、买入返售资产 | | | | |
| 十三、待处理流动资产损失 | | | | |
| 十四、其他流动资产 | 99742.32 | 98205.00 | 99718.24 | -6589.72 |
| 长期资产 | 1018212.08 | 1016162.45 | 179288.10 | 21.42 |
| 十五、中长期贷款 | 865337.20 | 856375.22 | 142206.56 | 19.91 |
| 十六、减:贷款损失准备 | 14517.83 | 12931.79 | -3579.14 | -21.68 |
| 十七、长期投资 | 122477.00 | 122457.40 | 26408.20 | 27.49 |
| 十八、减:长期投资减值准备 | | | | |
| 十九、固定资产净值 | 40455.97 | 46340.06 | 6504.96 | 16.33 |
| 固定资产 | 68840.44 | 70669.63 | 6106.33 | 9.46 |
| 减:累计折旧 | 28384.47 | 24329.57 | -398.63 | -1.61 |
| 二十、固定资产减值准备 | 60.00 | | -403.00 | -100.00 |
| 二十一、固定资产清理 | 480.24 | 460.24 | -23.76 | -4.91 |
| 二十二、在建工程 | 4038.00 | 3460.00 | 220.00 | 6.79 |
| 二十三、减:在建工程减值准备 | | | | |
| 二十四、待处理固定资产损失 | 1.50 | 1.50 | -10.00 | -86.96 |
| 无形递延及其他资产 | -7697.14 | -8653.18 | -6169.18 | 248.36 |
| 二十五、无形递延及其他资产 | -7697.14 | -8653.18 | -6872.18 | 385.86 |
| 二十六、减:抵债资产减值准备 | | | | |
| 二十七、减:无形资产减值准备 | | | -555.00 | -100.00 |
| 二十八、减:其他资产减值准备 | | | -148.00 | -100.00 |
| 资产总计 | 5207143.88 | 5117685.43 | 1058539.12 | 26.08 |

# 5-70 晋城市银行业金融机构资产负债表

单位:万元

| 项目 \ 时间 | 1月 | 2月 | 3月 | 4月 | 5月 |
|---|---|---|---|---|---|
| | 余额 | 余额 | 余额 | 余额 | 余额 |
| 流动负债 | 2127097.95 | 2140224.29 | 2313491.81 | 2368752.41 | 2417178.21 |
| 一、短期存款 | 1321516.90 | 1331581.82 | 1448036.96 | 1493112.57 | 1513832.61 |
| 二、活期储蓄存款 | 488435.79 | 509828.93 | 535435.40 | 542253.47 | 549640.87 |
| 三、财政性存款 | 3667.50 | 6050.70 | 3262.50 | 4336.20 | 5071.70 |
| 四、向中央银行借款 | 16500.00 | 16100.00 | 15500.00 | 13600.00 | 16200.00 |
| 五、同业存放 | 101846.68 | 112385.68 | 147928.38 | 150803.68 | 167104.88 |
| 六、联行存放 | | | | | |
| 七、同业拆入 | | | | | |
| 八、应解汇款及临时存款 | 2011.23 | 2263.27 | 1889.88 | 1985.56 | 1530.24 |
| 九、汇出汇款 | 9800.21 | 5666.64 | 4981.94 | 5969.32 | 6745.13 |
| 十、委托存款 | 283.60 | 165.60 | 151.90 | 150.30 | 2155.50 |
| 十一、卖出回购资产 | | | | 8000.00 | 8000.00 |
| 十二、应付及预提账项 | 54817.07 | 46864.71 | 52028.12 | 50599.76 | 44848.54 |
| 十三、存放短期保证金 | 92587.69 | 90231.66 | 88321.45 | | 83517.46 |
| 十四、发行短期债券 | | | | 83664.55 | |
| 十五、其他流动负债 | 35631.28 | 19085.28 | 15955.28 | 14277.00 | 18531.28 |
| 长期负债 | 2012795.79 | 2067203.00 | 2126104.85 | 2154509.44 | 2176944.11 |
| 十六、长期存款 | 257333.90 | 248617.80 | 262509.60 | 278277.00 | 283388.70 |
| 十七、定期储蓄存款 | 1746643.30 | 1809337.37 | 1844728.28 | | 1880509.71 |
| 十八、存放长期保证金 | | | | 1863755.25 | |
| 十九、发行长期债券 | 7.20 | 7.20 | 7.20 | 7.20 | 7.20 |
| 二十、其他长期负债 | 8811.39 | 9240.63 | 18859.77 | 12469.99 | 13038.50 |
| 所有者权益 | 52498.43 | 54453.99 | 57940.15 | 50165.32 | 52972.78 |
| 二十一、实收资本 | 69124.00 | 69727.00 | 70507.00 | 71359.00 | 72033.00 |
| 二十二、资本公积 | 238.10 | 237.90 | 238.00 | 238.00 | 238.00 |
| 二十三、公积金 | 4251.20 | 4272.20 | 4275.20 | 4300.20 | 4300.20 |
| 二十四、公益金 | -90.00 | -90.00 | -90.00 | -90.00 | -90.00 |
| 二十五、未分配利润 | -21024.87 | -19693.11 | -16990.05 | -25641.88 | -23508.42 |
| 其中:本年利润 | 2011.34 | 3467.15 | 15558.11 | 17582.82 | 19716.18 |
| 二十六、一般准备金 | | | | | |
| 负债总计 | 4192392.17 | 4261881.28 | 4497536.81 | 4573427.17 | 4647095.10 |

# 5-70 晋城市银行业金融机构资产负债表

单位：万元

| 时间<br>项目 | 6月 | 7月 | 8月 | 9月 | 10月 |
|---|---|---|---|---|---|
| | 余额 | 余额 | 余额 | 余额 | 余额 |
| 流动负债 | 2557995.61 | 2562638.29 | 2620340.79 | 2630107.70 | 2702511.71 |
| 一、短期存款 | 1597756.31 | 1629020.25 | 1697683.74 | 1684274.94 | 1722153.61 |
| 二、活期储蓄存款 | 566986.96 | 557804.87 | 561747.97 | 588629.94 | 592085.79 |
| 三、财政性存款 | 4955.20 | 4236.80 | 3299.30 | -94.90 | 6342.73 |
| 四、向中央银行借款 | 16500.00 | 15000.00 | 5600.00 | 15600.00 | 14750.00 |
| 五、同业存放 | 186943.38 | 169236.64 | 177623.29 | 178685.79 | 189932.96 |
| 六、联行存放 | | | | | |
| 七、同业拆入 | | | | | |
| 八、应解汇款及临时存款 | 1884.65 | 1122.87 | 1094.18 | 3409.88 | 2352.67 |
| 九、汇出汇款 | 7461.22 | 10369.30 | 6483.95 | 6908.23 | 13609.16 |
| 十、委托存款 | 47.40 | 876.60 | 43.80 | -34562.75 | -34002.75 |
| 十一、卖出回购资产 | 18000.00 | 8000.00 | 8000.00 | 13000.00 | |
| 十二、应付及预提账项 | 54884.75 | 66714.97 | 52689.80 | 67460.05 | 90836.69 |
| 十三、存放短期保证金 | 86950.74 | 83400.21 | 88037.86 | 87613.43 | 82465.85 |
| 十四、发行短期债券 | | | | | |
| 十五、其他流动负债 | 15625.00 | 16855.78 | 18036.90 | 19163.09 | 21985.00 |
| 长期负债 | 2202604.44 | 2235984.76 | 2249246.93 | 2283553.62 | 2307587.83 |
| 十六、长期存款 | 292095.30 | 302885.00 | 305489.70 | 317097.32 | 322774.35 |
| 十七、定期储蓄存款 | 1894267.23 | 1911655.57 | 1923500.52 | 1945157.09 | 1964886.84 |
| 十八、存放长期保证金 | | | | | |
| 十九、发行长期债券 | 7.20 | 7.30 | 7.20 | 6.75 | 6.75 |
| 二十、其他长期负债 | 16234.71 | 21436.89 | 20249.51 | 21292.46 | 19919.89 |
| 所有者权益 | 65013.75 | 64984.99 | 67999.36 | 75069.94 | 82080.35 |
| 二十一、实收资本 | 73299.00 | 73783.00 | 74578.00 | 74778.00 | 75029.00 |
| 二十二、资本公积 | 238.10 | 238.20 | 238.10 | 399.00 | 399.00 |
| 二十三、公积金 | 4372.20 | 4390.20 | 4390.20 | 4391.20 | 4391.20 |
| 二十四、公益金 | -90.00 | -90.00 | -90.00 | -90.00 | -90.00 |
| 二十五、未分配利润 | -12805.55 | -13336.41 | -11116.94 | -4408.26 | 2351.15 |
| 其中：本年利润 | 30071.25 | 29570.29 | 31789.76 | 38830.54 | 42084.55 |
| 二十六、一般准备金 | | | | | |
| 负债总计 | 4825613.80 | 4863608.04 | 4937587.08 | 4988731.26 | 5092179.89 |

# 5-70 晋城市银行业金融机构资产负债表

单位：万元

| 时间<br>项目 | 11月 | 12月 | | |
|---|---|---|---|---|
| | 余额 | 余额 | 比同期增减额 | 比同期增长% |
| 流动负债 | 2775453.28 | 2653976.04 | 605443.79 | 29.56 |
| 一、短期存款 | 1744075.18 | 1672402.34 | 397661.93 | 31.20 |
| 二、活期储蓄存款 | 606854.84 | 602971.36 | 123851.97 | 25.85 |
| 三、财政性存款 | 5018.06 | 3125.56 | -363.64 | -10.42 |
| 四、向中央银行借款 | 14950.00 | 16100.00 | -400.00 | -2.42 |
| 五、同业存放 | 223022.65 | 201178.42 | 54466.24 | 37.12 |
| 六、联行存放 | | | | |
| 七、同业拆入 | | | -1250.00 | -100.00 |
| 八、应解汇款及临时存款 | 43143.08 | 2489.57 | -2520.97 | -50.31 |
| 九、汇出汇款 | 7761.84 | 31565.07 | -1953.21 | -5.83 |
| 十、委托存款 | -34545.65 | -27240.85 | 45276.85 | -62.44 |
| 十一、卖出回购资产 | | | | |
| 十二、应付及预提账项 | 68363.92 | 59232.55 | -4450.58 | -6.99 |
| 十三、存放短期保证金 | 75114.25 | 73307.95 | -21540.59 | -22.71 |
| 十四、发行短期债券 | | | | |
| 十五、其他流动负债 | 21695.08 | 18844.07 | 16665.79 | 765.09 |
| 长期负债 | 2336664.42 | 2351878.72 | 383181.07 | 19.46 |
| 十六、长期存款 | 330715.77 | 318171.97 | 51655.97 | 19.38 |
| 十七、定期储蓄存款 | 1984466.58 | 2008386.95 | 322217.79 | 19.11 |
| 十八、存放长期保证金 | | | | |
| 十九、发行长期债券 | 0.20 | 0.20 | -7.00 | -97.22 |
| 二十、其他长期负债 | 21481.87 | 25319.60 | 9314.31 | 58.20 |
| 所有者权益 | 95026.18 | 111830.67 | 69914.26 | 166.79 |
| 二十一、实收资本 | 89158.00 | 71007.00 | 5458.00 | 8.33 |
| 二十二、资本公积 | 399.10 | 536.10 | 298.00 | 125.16 |
| 二十三、公积金 | 4392.20 | 24982.20 | 21181.00 | 557.22 |
| 二十四、公益金 | -90.00 | -90.00 | | 0.00 |
| 二十五、未分配利润 | 1166.88 | 15395.37 | 42977.26 | -155.82 |
| 其中：本年利润 | 40900.58 | 46854.13 | 27726.22 | 144.95 |
| 二十六、一般准备金 | | | | |
| 负债总计 | 5207143.88 | 5117685.43 | 1058539.12 | 26.08 |

# 5-71 晋城市金融机构存、贷款指标

单位：万元

| 项目 \ 时间 | 1月 | 2月 | 3月 | 4月 | 5月 |
|---|---|---|---|---|---|
| | 余额 | 余额 | 余额 | 余额 | 余额 |
| 一、各项存款 | 4207418 | 4307967 | 4526039 | 4623600 | 4698477 |
| 1.企事业单位存款 | 1279443 | 1287728 | 1411392 | 1450042 | 1475306 |
| (1)活期存款 | 1022110 | 1039110 | 1148882 | 1171765 | 1191918 |
| (2)定期存款 | 257334 | 248618 | 262510 | 278277 | 283389 |
| 2.储蓄存款 | 2451986 | 2545475 | 2618241 | 2648523 | 2678991 |
| (1)活期储蓄 | 522246 | 546062 | 575657 | 582076 | 588747 |
| (2)定期储蓄 | 1929740 | 1999413 | 2042583 | 2066446 | 2090244 |
| 3.信托存款 | | | | | |
| 4.委托存款 | 284 | 166 | 152 | 150 | 2156 |
| 5.其他存款 | 475705 | 474598 | 496255 | 524885 | 542025 |
| 二、各项贷款 | 2158911 | 2149912 | 2091975 | 2075926 | 2121003 |
| 1.短期贷款 | 1140667 | 1133886 | 1125283 | 1147619 | 1145997 |
| 2.中长期贷款 | 752642 | 752597 | 762574 | 762660 | 75052 |
| 3.信托贷款 | | | | | |
| 4.委托贷款 | | | | | |
| 5.其他贷款 | 3046 | 3302 | 2996 | 2913 | 2160 |
| 6.票据融资 | 261823 | 259395 | 200389 | 162001 | 221553 |
| 7.各项垫款 | 733 | 733 | 733 | 733 | 773 |

注：1.本表机构包括人民银行、政策性银行、国有独资商业银行、其他商业银行、城市商业银行、城市信用社、农村信用社、邮政储汇局。

2.因工商银行于2005年6月进行了不良资产剥离，本表中各项贷款项目“余额”为资产剥离后的真实数据，“比年初增减额”为未调整数据。贷款剥离5.35亿元。

# 5-71 晋城市金融机构存、贷款指标

单位：万元

| 项目 \ 时间 | 6月 | 7月 | 8月 | 9月 | 10月 |
|---|---|---|---|---|---|
| | 余额 | 余额 | 余额 | 余额 | 余额 |
| 一、各项存款 | 4840044 | 4898854 | 5002575 | 5032359 | 5095315 |
| 1.企事业单位存款 | 1527513 | 1566267 | 1639191 | 1628357 | 1672188 |
| (1)活期存款 | 1235418 | 1263382 | 1333701 | 1311259 | 1349414 |
| (2)定期存款 | 292095 | 302885 | 305490 | 317097 | 322774 |
| 2.储蓄存款 | 2720397 | 2732095 | 2753505 | 2807520 | 2838433 |
| (1)活期储蓄 | 609622 | 598973 | 603701 | 630140 | 634694 |
| (2)定期储蓄 | 2110775 | 2133123 | 2149805 | 2177380 | 2203739 |
| 3.信托存款 | | | | | |
| 4.委托存款 | 47 | 877 | 44 | -34563 | -34003 |
| 5.其他存款 | 592086 | 599615 | 609834 | 631045 | 618696 |
| 二、各项贷款 | 2627472 | 2620252 | 2588222 | 2484566 | 2277931 |
| 1.短期贷款 | 1160210 | 1203342 | 1230146 | 1232612 | 1250012 |
| 2.中长期贷款 | 849345 | 840048 | 842325 | 847068 | 842229 |
| 3.信托贷款 | | | | | |
| 4.委托贷款 | | | | | |
| 5.其他贷款 | 1895 | 1695 | 1449 | 1465 | 1342 |
| 6.票据融资 | 615063 | 574210 | 513568 | 402693 | 183619 |
| 7.各项垫款 | 958 | 958 | 733 | 729 | 729 |

# 5-71 晋城市金融机构存、贷款指标

单位：万元

| 项目 \ 时间 | 11月 | 12月 | | |
|---|---|---|---|---|
| | 余额 | 余额 | 比年初增减额 | 比年初增长% |
| 一、各项存款 | 5190003 | 5061499 | 925031 | 22.36 |
| 1.企事业单位存款 | 1697523 | 1605530 | 323167 | 25.20 |
| (1)活期存款 | 1366807 | 1287358 | 272711 | 26.88 |
| (2)定期存款 | 330716 | 318172 | 50456 | 18.85 |
| 2.储蓄存款 | 2883310 | 2912248 | 531215 | 22.31 |
| (1)活期储蓄 | 651095 | 647974 | 131631 | 25.49 |
| (2)定期储蓄 | 2232216 | 2264274 | 399584 | 21.43 |
| 3.信托存款 | | | | |
| 4.委托存款 | -34546 | -27241 | -35346 | -436.10 |
| 5.其他存款 | 643715 | 570962 | 105996 | 22.80 |
| 二、各项贷款 | 2262415 | 2222647 | 71553 | 3.33 |
| 1.短期贷款 | 1273131 | 1298957 | 134688 | 11.57 |
| 2.中长期贷款 | 866415 | 857631 | 145730 | 20.47 |
| 3.信托贷款 | | | | |
| 4.委托贷款 | | | | |
| 5.其他贷款 | 832 | 686 | -2277 | -76.85 |
| 6.票据融资 | 121309 | 64645 | -206833 | -76.19 |
| 7.各项垫款 | 729 | 729 | 246 | 50.93 |

# 5-72 晋城市金融机构存、贷款时序表

单位:亿元

| 时间 \ 指标 项目 | 各项存款 | | | 各项贷款 | | |
|---|---|---|---|---|---|---|
| | 余额 | 比年初增减额 | 余额比同期% | 余额 | 比年初增减额 | 余额比同期% |
| 1月 | 420.74 | 7.10 | 33.03 | 215.89 | 0.78 | 27.80 |
| 2月 | 430.80 | 17.15 | 31.87 | 214.99 | -0.12 | 22.72 |
| 3月 | 452.60 | 38.96 | 34.29 | 209.20 | -5.91 | 14.28 |
| 4月 | 462.36 | 48.71 | 33.76 | 207.59 | -7.52 | 6.61 |
| 5月 | 469.85 | 56.20 | 32.37 | 212.10 | -3.01 | 6.17 |
| 6月 | 484.00 | 70.36 | 33.35 | 262.75 | 47.64 | 35.21 |
| 7月 | 489.89 | 76.24 | 32.49 | 262.03 | 46.92 | 33.65 |
| 8月 | 500.26 | 86.61 | 32.41 | 258.82 | 43.71 | 30.62 |
| 9月 | 503.24 | 89.59 | 29.59 | 248.46 | 33.35 | 26.17 |
| 10月 | 509.53 | 95.88 | 28.58 | 227.79 | 12.68 | 18.84 |
| 11月 | 519.00 | 105.35 | 28.17 | 226.24 | 11.13 | 16.99 |
| 12月 | 506.15 | 92.50 | 26.00 | 222.26 | 7.16 | 3.32 |

## 5-73 晋城市主要银行业机构贷款质量统计表(五级分类)

单位:万元

| 项目＼时间 | 1月 | 2月 | 3月 | 4月 | 5月 | 6月 |
|---|---|---|---|---|---|---|
| | 余额 | 余额 | 余额 | 余额 | 余额 | 余额 |
| 正常贷款 | 1213674 | 1204875 | 1143944 | 1110504 | 1168216 | 1673315 |
| 正常类贷款 | 1125903 | 1118623 | 1062320 | 1013198 | 1069528 | 1584768 |
| 关注类贷款 | 87771 | 86252 | 81624 | 97306 | 98688 | 88547 |
| 不良贷款 | 184250 | 184635 | 182671 | 186467 | 153485 | 131078 |
| 次级类贷款 | 28987 | 30309 | 26639 | 30502 | 28615 | 29068 |
| 可疑类贷款 | 100603 | 99657 | 99799 | 99548 | 99898 | 75552 |
| 损失类贷款 | 54660 | 54669 | 56233 | 56417 | 24972 | 26458 |
| 贷款合计 | 1397924 | 1389510 | 1326615 | 1296971 | 1321701 | 1804393 |

## 5-73 晋城市主要银行业机构贷款质量统计表(五级分类)

单位:万元

| 项目＼时间 | 7月 | 8月 | 9月 | 10月 | 11月 | 12月 | |
|---|---|---|---|---|---|---|---|
| | 余额 | 余额 | 余额 | 余额 | 余额 | 余额 | 比年初增减额 |
| 正常贷款 | 1641922 | 1575742 | 1463897 | 1236129 | 1210151 | 1128751 | -88274 |
| 正常类贷款 | 1553434 | 1489875 | 1381220 | 1174232 | 1141421 | 1051491 | -78083 |
| 关注类贷款 | 88488 | 85867 | 82677 | 61897 | 68730 | 77260 | -10191 |
| 不良贷款 | 130714 | 131094 | 129991 | 129778 | 129492 | 133442 | -49588 |
| 次级类贷款 | 28771 | 28185 | 26585 | 30289 | 30318 | 24746 | -2806 |
| 可疑类贷款 | 75482 | 76437 | 77295 | 73384 | 72603 | 34272 | -66514 |
| 损失类贷款 | 26461 | 26472 | 26111 | 26105 | 26571 | 74424 | 19732 |
| 贷款合计 | 1772636 | 1706836 | 1593888 | 1365907 | 1339643 | 1262193 | -137862 |

注:本表机构包括农业发展银行、工商银行、农业银行、中国银行、建设银行、交通银行。

# 5-73 晋城市主要银行业机构贷款质量统计表(五级分类)

单位:%

| 项目 \ 时间 | 1月 | 2月 | 3月 | 4月 | 5月 | 6月 |
|---|---|---|---|---|---|---|
| | 比例 | 比例 | 比例 | 比例 | 比例 | 比例 |
| 正常贷款 | 86.82 | 86.71 | 86.23 | 85.62 | 88.39 | 92.74 |
| 正常类贷款 | 80.54 | 80.50 | 80.08 | 78.12 | 80.92 | 87.83 |
| 关注类贷款 | 6.28 | 6.21 | 6.15 | 7.50 | 7.47 | 4.91 |
| 不良贷款 | 13.18 | 13.29 | 13.77 | 14.38 | 11.61 | 7.26 |
| 次级类贷款 | 2.07 | 2.18 | 2.01 | 2.35 | 2.16 | 1.61 |
| 可疑类贷款 | 7.20 | 7.17 | 7.52 | 7.68 | 7.56 | 4.19 |
| 损失类贷款 | 3.91 | 3.94 | 4.24 | 4.35 | 1.89 | 1.46 |

5-73 晋城市主要银行业机构贷款质量统计表(五级分类)

单位:%

| 项目 \ 时间 | 7月 | 8月 | 9月 | 10月 | 11月 | 12月 | |
|---|---|---|---|---|---|---|---|
| | 比例 | 比例 | 比例 | 比例 | 比例 | 比例 | 比年初增减 |
| 正常贷款 | 92.63 | 92.32 | 91.85 | 90.50 | 90.33 | 89.43 | 2.50 |
| 正常类贷款 | 87.64 | 87.29 | 86.66 | 85.97 | 85.20 | 83.31 | 2.63 |
| 关注类贷款 | 4.99 | 5.03 | 5.19 | 4.53 | 5.13 | 6.12 | -0.13 |
| 不良贷款 | 7.37 | 7.68 | 8.16 | 9.50 | 9.67 | 10.57 | -2.5 |
| 次级类贷款 | 1.62 | 1.65 | 1.67 | 2.22 | 2.27 | 1.96 | -0.01 |
| 可疑类贷款 | 4.26 | 4.48 | 4.85 | 5.37 | 5.42 | 2.72 | -4.48 |
| 损失类贷款 | 1.49 | 1.55 | 1.64 | 1.91 | 1.98 | 5.89 | 1.98 |

## 5-74 晋城市地方性金融机构贷款质量统计表(四级分类)

单位:万元

| 项目＼时间 | 1月 | 2月 | 3月 | 4月 | 5月 | 6月 |
|---|---|---|---|---|---|---|
| | 余额 | 余额 | 余额 | 余额 | 余额 | 余额 |
| 正常贷款 | 636482 | 636174 | 641584 | 655651 | 675866 | 699063 |
| 不良贷款 | 124505 | 124228 | 114468 | 113996 | 114128 | 102968 |
| 逾期贷款 | 15548 | 15527 | 14661 | 13977 | 14367 | 16362 |
| 呆滞贷款 | 83432 | 83235 | 83126 | 83355 | 83098 | 80341 |
| 呆账贷款 | 25525 | 25466 | 16681 | 16664 | 16663 | 6265 |
| 各项贷款 | 760987 | 760402 | 756052 | 769647 | 789994 | 802031 |

## 5-74 晋城市地方性金融机构贷款质量统计表(四级分类)

单位:万元

| 项目＼时间 | 7月 | 8月 | 9月 | 10月 | 11月 | 12月 | |
|---|---|---|---|---|---|---|---|
| | 余额 | 余额 | 余额 | 余额 | 余额 | 余额 | 比年初增减额 |
| 正常贷款 | 724006 | 756728 | 769720 | 790935 | 801435 | 832183 | 163076 |
| 不良贷款 | 102562 | 103610 | 99910 | 100041 | 100289 | 107223 | -50657 |
| 逾期贷款 | 16157 | 17332 | 13745 | 13792 | 13936 | 19983 | -3109 |
| 呆滞贷款 | 80228 | 80102 | 80041 | 80124 | 80227 | 79687 | -28819 |
| 呆账贷款 | 6177 | 6176 | 6124 | 6125 | 6126 | 7553 | -18729 |
| 各项贷款 | 826568 | 860338 | 869630 | 890976 | 901724 | 939406 | 112419 |

注:1.本表机构包括城市信用社、农村信用社。

2.截至6月末,由于农村信用社改革,人民银行发行中央银行专项票据21048万元。

## 5-74 晋城市地方性金融机构贷款质量统计表(四级分类)

单位:%

| 项目＼时间 | 1月 | 2月 | 3月 | 4月 | 5月 | 6月 |
|---|---|---|---|---|---|---|
| | 比例 | 比例 | 比例 | 比例 | 比例 | 比例 |
| 正常贷款 | 83.64 | 83.66 | 84.86 | 85.19 | 85.55 | 87.16 |
| 不良贷款 | 16.36 | 16.34 | 15.14 | 14.81 | 14.45 | 12.84 |
| 逾期贷款 | 2.04 | 2.04 | 1.94 | 1.82 | 1.82 | 2.04 |
| 呆滞贷款 | 10.96 | 10.95 | 10.99 | 10.83 | 10.52 | 10.00 |
| 呆账贷款 | 3.36 | 3.35 | 2.21 | 2.16 | 2.11 | 0.80 |

## 5-74 晋城市地方性金融机构贷款质量统计表(四级分类)

单位:%

| 项目＼时间 | 7月 | 8月 | 9月 | 10月 | 11月 | 12月 | |
|---|---|---|---|---|---|---|---|
| | 比例 | 比例 | 比例 | 比例 | 比例 | 比例 | 比年初增减 |
| 正常贷款 | 87.59 | 87.96 | 88.51 | 88.77 | 88.88 | 88.59 | 5.36 |
| 不良贷款 | 12.41 | 12.04 | 11.49 | 11.23 | 11.12 | 11.41 | -5.36 |
| 逾期贷款 | 1.95 | 2.01 | 1.58 | 1.55 | 1.54 | 2.13 | 0.16 |
| 呆滞贷款 | 9.71 | 9.31 | 9.21 | 8.99 | 8.9 | 8.48 | -2.92 |
| 呆账贷款 | 0.75 | 0.72 | 0.70 | 0.69 | 0.68 | 0.80 | -2.6 |

# 5-75 晋城市主要银行业机构非信贷资产情况表

单位:万元

| 项目 | 1季度 余额 | 1季度 其中:不良资产 | 1季度 预计损失 | 2季度 余额 | 2季度 其中:不良资产 | 2季度 预计损失 |
|---|---|---|---|---|---|---|
| 一、现金 | 35797 | | | 33237 | | |
| 二、银行存款 | 1053 | | | 1295 | | |
| 三、贵金属 | | | | | | |
| 四、存放中央银行款项 | 294393 | | | 228391 | | |
| 五、存放同业款项 | 516493 | 1500 | 1050 | 215044 | 1550 | 1050 |
| 六、拆放同业 | 8572 | 1148 | 1148 | 8937 | 1148 | 1148 |
| 七、存放联行款项(轧差) | 1319858 | | | 1079264 | | |
| 八、应收及预付款项 | 8601 | 1080 | 401 | 64348 | 1196 | 757 |
| 其中:应收利息 | 3858 | 760 | 101 | 3787 | 528 | 97 |
| 待处理案件纠纷垫款 | 319 | 284 | 284 | 689 | 659 | 659 |
| 九、短期投资 | 957 | 300 | | 1086 | 300 | |
| 十、委托贷款及委托投资 | 70119 | | | 74255 | | |
| 十一、买入返售证券 | 56500 | | | | | |
| 十二、待处理流动资产损失 | | | | | | |
| 十三、长期投资 | 77729 | 881 | 881 | 83172 | 881 | 881 |
| 十四、固定资产净值 | 40228 | | | 40931 | | |
| 十五、固定资产清理 | 492 | 58 | 58 | 478 | 58 | 58 |
| 十六、在建工程 | 3421 | 117 | 117 | 3362 | | |
| 十七、待处理固定资产损失 | 2 | 2 | 2 | 2 | 2 | 2 |
| 十八、无形资产 | 2615 | | | 809 | | |
| 十九、递延资产 | 6051 | | | 5813 | | |
| 二十、其他非信贷资产 | 354120 | 22845 | 22287 | 357688 | 20190 | 20189 |
| 1.待处理抵债资产 | 4662 | 2624 | 2116 | 2256 | 251 | 250 |
| 2.应付福利费垫款 | | | | 5 | | |
| 3.未弥补亏损 | 20173 | 19716 | 19716 | 20040 | 19714 | 19714 |
| 4.待处理房改资产 | 212 | 212 | 212 | 212 | 212 | 212 |
| 5.待清理自办实体资产 | | | | | | |
| 6.待清理接收资产 | 293 | 293 | 243 | 13 | 13 | 13 |
| (1)待清理城信社资产 | | | | | | |
| (2)待清理城信社资产与负债差额 | | | | | | |
| (3)待清理信托资产 | 293 | 293 | 243 | 13 | 13 | 13 |
| (4)人行转来企业贷款本金 | | | | | | |
| (5)其他金融机构转来资产 | | | | | | |
| (6)其他待清理接收资产 | | | | | | |
| 7.其他非信贷资产 | 328780 | | | 335162 | | |
| 非信贷资产合计 | 2797000 | 27931 | 25944 | 2198110 | 25325 | 24085 |

注:本表机构包括农业发展银行、工商银行、农业银行、中国银行、建设银行、交通银行。

# 5-75 晋城市主要银行业机构非信贷资产情况表

单位：万元

| 项目 \ 指标 \ 时间 | 3季度 | | | 4季度 | | |
|---|---|---|---|---|---|---|
| | 余额 | 其中：不良资产 | 预计损失 | 余额 | 其中：不良资产 | 预计损失 |
| 一、现金 | 44219 | | | 21572 | | |
| 二、银行存款 | 36542 | | | 41164 | | |
| 三、贵金属 | | | | | | |
| 四、存放中央银行款项 | 237698 | | | 298094 | | |
| 五、存放同业款项 | 552897 | | | 580581 | 408 | 245 |
| 六、拆放同业 | 9497 | 2698 | 2198 | 4728 | 3315 | 2509 |
| 七、存放联行款项(轧差) | 1399723 | | | 1811439 | | |
| 八、应收及预付款项 | 71029 | 1240 | 714 | 7113 | 2072 | 1667 |
| 其中：应收利息 | 4582 | 484 | 55 | 3570 | 631 | 116 |
| 待处理案件纠纷垫款 | 694 | 659 | 659 | 664 | 660 | 660 |
| 九、短期投资 | 1767 | 300 | | 1937 | 300 | |
| 十、委托贷款及委托投资 | 76623 | | | 56101 | 8 | 7 |
| 十一、买入返售证券 | | | | | | |
| 十二、待处理流动资产损失 | | | | | | |
| 十三、长期投资 | 85359 | 881 | 881 | 96234 | 881 | 881 |
| 十四、固定资产净值 | 40136 | | | 46706 | 138 | 90 |
| 十五、固定资产清理 | 617 | 58 | 58 | 460 | 38 | 38 |
| 十六、在建工程 | 4485 | | | 3462 | | |
| 十七、待处理固定资产损失 | 2 | 2 | 2 | 2 | 2 | 2 |
| 十八、无形资产 | 821 | | | 834 | 6 | |
| 十九、递延资产 | 5378 | | | 5123 | 1872 | 1099 |
| 二十、其他非信贷资产 | 391211 | 20447 | 20198 | 410976 | 7705 | 6806 |
| 1.待处理抵债资产 | 2228 | 508 | 259 | 2078 | 1623 | 724 |
| 2.应付福利费垫款 | | | | | | |
| 3.未弥补亏损 | 27662 | 19714 | 19714 | 11341 | 6069 | 6069 |
| 4.待处理房改资产 | 212 | 212 | 212 | | | |
| 5.待清理自办实体资产 | | | | | | |
| 6.待清理接收资产 | 13 | 13 | 13 | 13 | 13 | 13 |
| (1)待清理城信社资产 | | | | | | |
| (2)待清理城信社资产与负债差额 | | | | | | |
| (3)待清理信托资产 | 13 | 13 | 13 | 13 | 13 | 13 |
| (4)人行转来企业贷款本金 | | | | | | |
| (5)其他金融机构转来资产 | | | | | | |
| (6)其他待清理接收资产 | | | | | | |
| 7.其他非信贷资产 | 361095 | | | 397545 | | |
| 非信贷资产合计 | 2958004 | 25626 | 24051 | 3386528 | 16744 | 13343 |

# 5-76 晋城市主要银行业机构表外业务情况表

单位：万元

| 项目 \ 指标 \ 时间 | 1季度 | | | 2季度 | | |
|---|---|---|---|---|---|---|
| | 余额 | 风险敞口 | 垫款期末余额 | 余额 | 风险敞口 | 垫款期末余额 |
| 一、担保类业务 | 143664.16 | 59866.76 | 825 | 141229.42 | 48983.92 | 1050 |
| 1.开出银行承兑汇票 | 110391.16 | 51133.76 | 825 | 117052.85 | 45811 | 1050 |
| 2.开出信用证 | 28152 | 12391 | | 19115.74 | 6525 | |
| 3.保函 | 5121 | –3658 | | 5060.83 | –3352.08 | |
| 4.债券发行担保 | | | | | | |
| 其中:可转换债券担保 | | | | | | |
| 5.其他担保类业务 | | | | | | |
| 二、承诺类业务 | 26935 | 26935 | | 76935 | 76935 | |
| 1.贷款承诺 | 26935 | 26935 | | 76935 | 76935 | |
| 2.循环授信额度 | | | | | | |
| 3.其他承诺类业务 | | | | | | |
| 三、金融衍生类业务 | | | | | | |
| 1.期权 | | | | | | |
| 2.互换 | | | | | | |
| 3.远期外汇 | | | | | | |

# 5-76 晋城市主要银行业机构表外业务情况表

单位：万元

| 项目 \ 指标 \ 时间 | 3季度 | | | 4季度 | | |
|---|---|---|---|---|---|---|
| | 余额 | 风险敞口 | 垫款期末余额 | 余额 | 风险敞口 | 垫款期末余额 |
| 一、担保类业务 | 131747.1 | 39826.52 | 821 | 123657.31 | 42799.93 | 821 |
| 1.开出银行承兑汇票 | 112110.67 | 49721 | 821 | 109068.94 | 51404.4 | 821 |
| 2.开出信用证 | 15525.38 | –2238 | | 10777.32 | –2918 | |
| 3.保函 | 4111.05 | –7656.48 | | 3811.05 | –5686.47 | |
| 4.债券发行担保 | | | | | | |
| 其中:可转换债券担保 | | | | | | |
| 5.其他担保类业务 | | | | | | |
| 二、承诺类业务 | 76935 | 76935 | | 850000 | 850000 | |
| 1.贷款承诺 | 76935 | 76935 | | 50000 | 50000 | |
| 2.循环授信额度 | | | | | | |
| 3.其他承诺类业务 | | | | 800000 | 800000 | |
| 三、金融衍生类业务 | | | | | | |
| 1.期权 | | | | | | |
| 2.互换 | | | | | | |
| 3.远期外汇 | | | | | | |

注:本表机构包括农业发展银行、工商银行、农业银行、中国银行、建设银行、交通银行。

# 5-77 晋城市主要银行业机构贷款按逾期时间分类表

单位:万元

| 项目 \ 指标 \ 时间 | 上年末 | 一季度 | 二季度 | 三季度 | 四季度 |
|---|---|---|---|---|---|
| | 余额 | 余额 | 余额 | 余额 | 余额 |
| 各项贷款 | 1400051 | 1326616 | 1804392 | 1593892 | 1262189 |
| 未到期贷款 | 1235281 | 1155960 | 1671155 | 1463109 | 1133239 |
| 逾期类贷款 | 164770 | 170656 | 133237 | 130783 | 128950 |
| 其中:逾期0~3个月贷款 | 8476 | 10375 | 19833 | 10174 | 11792 |
| 逾期3~6个月贷款 | 5499 | 7676 | 6113 | 9693 | 4475 |
| 逾期6~9个月贷款 | 3215 | 4710 | 4819 | 4895 | 3450 |
| 逾期9个月~1年贷款 | 1878 | 3160 | 1836 | 4269 | 3414 |
| 逾期1年以上贷款 | 145702 | 144735 | 100636 | 101752 | 105819 |

注:本表机构包括农业发展银行、工商银行、农业银行、中国银行、建设银行、交通银行。

# 5-78 晋城市主要银行业机构贷款质量迁徙情况表

迁徙矩阵：

单位：%

| 项　目 | 正常类贷款 | 关注类贷款 | 次级类贷款 | 可疑类贷款 | 损失类贷款 |
|---|---|---|---|---|---|
| 正常类贷款 | 94.85 | 3.35 | 0.93 | 0.74 | 0.12 |
| 关注类贷款 | 15.61 | 78.11 | 2.58 | 3.63 | 0.06 |
| 次级类贷款 | 2.48 | 2.88 | 64.15 | 17.27 | 13.22 |
| 可疑类贷款 | | | 5.66 | 32.81 | 61.53 |
| 损失类贷款 | | | | | 100 |

# 5-78 晋城市主要银行业机构贷款质量迁徙情况表

单位：万元

| 项　目 | 分子 | 分母 | 比例% |
|---|---|---|---|
| 1.年初不良贷款率 | 127677.52 | 948236.52 | 13.46 |
| 2.期末不良贷款率 | 133435.38 | 776166.55 | 17.19 |
| 3.不良贷款率变动情况(1.-2.) | 5757.86 | -172069.97 | 3.73 |
| 4.贷款质量总体向上迁徙率 | 15036.00 | 184237.38 | 8.16 |
| 5.贷款质量总体向下迁徙率 | 78257.68 | 565773.38 | 13.83 |
| 6.正常类贷款向下迁徙率 | 20894.48 | 405973.00 | 5.15 |
| 7.关注类贷款向下迁徙率 | 3822.00 | 60888.00 | 6.28 |
| 8.次级类贷款向下迁徙率 | 7190.00 | 23578.17 | 30.49 |
| 9.可疑类贷款向下迁徙率 | 46351.20 | 75334.21 | 61.53 |
| 10.当年新增贷款不良率 | 246.00 | 185956.17 | 0.13 |
| 11.当年新形成不良贷款率 | 13539.00 | 862201.54 | 1.57 |
| 12.贷款重组贡献度 | | 1263.00 | |
| 13.不良贷款周转率 | 354961.00 | 820559.00 | 43.26 |
| 14.不良贷款处置收现率 | 4155.14 | 6345.14 | 65.49 |
| 15.不良贷款处置以物抵债率 | | 6345.14 | |
| 16.不良贷款处置核销率 | | 6345.14 | |

注：本表机构包括农业发展银行、工商银行、农业银行、中国银行、建设银行、交通银行。

# 5-79 晋城市银行业金融机构部分行业贷款情况表

单位：万元

| 项目 \ 时间 | 1季度 | 2季度 | 3季度 | 4季度 | |
|---|---|---|---|---|---|
| | 余额 | 余额 | 余额 | 余额 | 比年初增减额 |
| 一、煤炭行业 | 484588.11 | 621173.61 | 643324.61 | 641758.30 | 177692.69 |
| 二、焦炭行业 | 15727.00 | 15919.00 | 16449.00 | 15819.00 | -908.00 |
| (1)年产60万吨以上 | 490.00 | 490.00 | 490.00 | 490.00 | |
| (2)年产40万~60万吨 | 729.00 | 2029.00 | 2559.00 | 1929.00 | 200.00 |
| (3)年产20万~40万吨 | 14400.00 | 13400.00 | 13400.00 | 13400.00 | -1000.00 |
| (4)年产20万吨以下 | 108.00 | | | | -108.00 |
| 三、冶金行业 | 100395.23 | 91562.81 | 92800.75 | 94263.11 | -11493.38 |
| (1)普通钢 | 5741.00 | 1160.00 | 1160.00 | 1160.00 | -4581.00 |
| (2)特种钢 | | | | | |
| (3)生铁 | 82032.23 | 78637.81 | 79898.75 | 81373.11 | -5750.38 |
| (4)铁合金 | | | | | |
| (5)电解铝 | | | | | |
| 四、建材行业 | 23429.84 | 22028.84 | 24424.64 | 21056.84 | -2084.15 |
| (1)水泥 | 9359.80 | 8772.10 | 10407.10 | 10472.60 | 1743.65 |
| 五、交通行业 | 215498.70 | 218725.70 | 201020.70 | 207762.70 | 238.00 |
| (1)公路 | 199498.70 | 202725.70 | 185020.70 | 191762.70 | 238.00 |
| (2)铁路 | 16000.00 | 16000.00 | 16000.00 | 16000.00 | |
| 六、化工行业 | 78748.63 | 68699.53 | 82519.22 | 190639.40 | 105219.07 |
| (1)电石 | | | | | -28.70 |
| 七、电力行业 | 14516.16 | 12942.16 | 17501.16 | 11851.56 | -7673.20 |
| 八、房地产业 | 61737.57 | 63532.19 | 67806.67 | 69860.25 | 6143.26 |
| (1)房地产开发商贷款 | 10459.00 | 9251.70 | 12573.00 | 10189.00 | -11690.00 |
| (2)住房开发贷款 | 21976.00 | 19853.00 | 19253.00 | 24293.00 | 16012.05 |
| (3)政府土地储备机构贷款 | 5250.00 | 8000.00 | 8000.00 | 8000.00 | 2250.00 |
| (4)单位购置商业用房贷款 | | | | | |
| (5)个人购房贷款 | 23849.57 | 26225.49 | 27679.67 | 27226.25 | 1714.21 |
| 九、医药制造业 | 6966.54 | 6679.44 | 7009.54 | 7210.84 | 241.30 |
| 十、机械制造业 | 19545.60 | 11458.30 | 10398.00 | 13159.00 | 1381.40 |
| 合计 | 1021153.38 | 1132721.58 | 1163254.29 | 1273381.00 | 268756.99 |

注：本表机构包括工商银行、农业银行、中国银行、建设银行、交通银行、城市信用社、农村信用社。

# 5-80 晋城市银行业金融机构部分行业不良贷款情况表(五级分类)

单位:万元

| 项目 \ 指标 \ 时间 | 1季度 | | 2季度 | | 3季度 | |
|---|---|---|---|---|---|---|
| | 余额 | 比例% | 余额 | 比例% | 余额 | 比例% |
| 一、煤炭行业 | 9000.11 | 2.17 | 6178.61 | 1.16 | 6065.61 | 1.13 |
| 二、焦炭行业 | 108.00 | 12.90 | | | | |
| (1)年产60万吨以上 | | | | | | |
| (2)年产40万~60万吨 | | | | | | |
| (3)年产20万~40万吨 | | | | | | |
| (4)年产20万吨以下 | 108.00 | 100.00 | | | | |
| 三、冶金行业 | 20971.33 | 59.11 | 15403.90 | 53.05 | 15535.36 | 49.90 |
| (1)普通钢 | 4581.00 | 100.00 | | | | |
| (2)特种钢 | | | | | | |
| (3)生铁 | 15340.33 | 83.95 | 14104.90 | 81.66 | 13193.36 | 68.04 |
| (4)铁合金 | | | | | | |
| (5)电解铝 | | | | | | |
| 四、建材行业 | 2606.84 | 32.52 | 1926.64 | 29.22 | 1894.64 | 26.63 |
| (1)水泥 | 1055.80 | 55.57 | 376.60 | 30.94 | 356.60 | 31.09 |
| 五、交通行业 | 2621.70 | 1.36 | 153.70 | 0.08 | 153.70 | 0.09 |
| (1)公路 | 2621.70 | 1.48 | 153.70 | 0.09 | 153.70 | 0.10 |
| (2)铁路 | | | | | | |
| 六、化工行业 | 8370.53 | 12.02 | 2117.53 | 3.47 | 2117.53 | 2.83 |
| (1)电石 | | | | | | |
| 七、电力行业 | 2478.16 | 19.10 | 1167.16 | 10.19 | 1187.16 | 7.58 |
| 八、房地产业 | 2328.00 | 7.18 | 805.00 | 2.56 | 799.00 | 2.50 |
| (1)房地产开发商贷款 | | | 40.00 | 0.72 | 40.00 | 0.73 |
| (2)住房开发贷款 | 1766.00 | 37.05 | 173.00 | 5.45 | 173.00 | 5.45 |
| (3)政府土地储备机构贷款 | | | | | | |
| (4)单位购置商业用房贷款 | | | | | | |
| (5)个人购房贷款 | 562.00 | 2.89 | 592.00 | 3.20 | 586.00 | 3.09 |
| 九、医药制造业 | 990.84 | 18.73 | 990.84 | 19.77 | 990.84 | 18.55 |
| 十、机械制造业 | 10508.00 | 54.41 | 3043.00 | 27.11 | 2840.00 | 27.86 |
| 合计 | 59983.51 | 7.57 | 31786.38 | 3.60 | 31583.84 | 3.56 |

注:本表机构包括工商银行、农业银行、中国银行、建设银行、交通银行。

# 5-80 晋城市银行业金融机构部分行业不良贷款情况表(五级分类)

单位:万元

| 项目 \ 指标 \ 时间 | 4季度 | | | |
|---|---|---|---|---|
| | 余额 | 比例% | 余额比年初增减 | 比例比年初增减 |
| 一、煤炭行业 | 5341.56 | 1.01 | -3473.05 | -1.29 |
| 二、焦炭行业 | | | -108.00 | -5.88 |
| (1)年产60万吨以上 | | | | |
| (2)年产40万~60万吨 | | | | |
| (3)年产20万~40万吨 | | | | |
| (4)年产20万吨以下 | | | -108.00 | |
| 三、冶金行业 | 16760.64 | 56.96 | -3186.95 | 2.09 |
| (1)普通钢 | | | -4581.00 | |
| (2)特种钢 | | | | |
| (3)生铁 | 14430.64 | 81.55 | -755.95 | 1.12 |
| (4)铁合金 | | | | |
| (5)电解铝 | | | | |
| 四、建材行业 | 5170.84 | 73.11 | 2749.55 | 42.78 |
| (1)水泥 | 338.60 | 30.99 | -676.65 | -10.60 |
| 五、交通行业 | 28.70 | 0.02 | -2593.00 | -1.37 |
| (1)公路 | 28.70 | 0.02 | -2593.00 | -1.50 |
| (2)铁路 | | | | |
| 六、化工行业 | 2111.53 | 1.16 | -5223.70 | -8.48 |
| (1)电石 | | | -28.70 | |
| 七、电力行业 | 1199.56 | 11.57 | -638.20 | 1.29 |
| 八、房地产业 | 1189.60 | 3.79 | -877.75 | -1.72 |
| (1)房地产开发商贷款 | 40.00 | 0.73 | 40.00 | 0.73 |
| (2)住房开发贷款 | 173.00 | 5.45 | -1795.35 | -32.84 |
| (3)政府土地储备机构贷款 | | | | |
| (4)单位购置商业用房贷款 | | | | |
| (5)个人购房贷款 | 824.60 | 4.43 | 725.60 | 3.95 |
| 九、医药制造业 | 990.84 | 18.36 | -60.00 | -1.28 |
| 十、机械制造业 | 2840.00 | 21.92 | -432.00 | -6.56 |
| 合计 | 35633.27 | 3.58 | -13843.10 | -2.88 |

# 5-80 晋城市银行业金融机构部分行业不良贷款情况表(四级分类)

单位:万元

| 项目 \ 指标 \ 时间 | 1季度 | | 2季度 | | 3季度 | |
|---|---|---|---|---|---|---|
| | 余额 | 比例% | 余额 | 比例% | 余额 | 比例% |
| 一、煤炭行业 | 17858.00 | 25.67 | 16137.00 | 18.41 | 16746.00 | 15.48 |
| 二、焦炭行业 | | | | | | |
| (1)年产60万吨以上 | | | | | | |
| (2)年产40万~60万吨 | | | | | | |
| (3)年产20万~40万吨 | | | | | | |
| (4)年产20万吨以下 | | | | | | |
| 三、冶金行业 | 38462.00 | 59.25 | 37370.00 | 59.77 | 33086.00 | 53.65 |
| (1)普通钢 | 1160.00 | 100.00 | 1160.00 | 100.00 | 1160.00 | 100.00 |
| (2)特种钢 | | | | | | |
| (3)生铁 | 37302.00 | 58.51 | 36210.00 | 59.01 | 31926.00 | 52.76 |
| (4)铁合金 | | | | | | |
| (5)电解铝 | | | | | | |
| 四、建材行业 | 5163.00 | 33.50 | 5111.00 | 33.11 | 5134.00 | 29.66 |
| (1)水泥 | 2043.00 | 27.39 | 2043.00 | 27.04 | 1984.00 | 21.43 |
| 五、交通行业 | | | | | | |
| (1)公路 | | | | | | |
| (2)铁路 | | | | | | |
| 六、化工行业 | 7460.00 | 81.68 | 5211.00 | 68.27 | 4868.00 | 63.78 |
| (1)电石 | | | | | | |
| 七、电力行业 | 142.00 | 9.21 | 47.00 | 3.16 | 47.00 | 2.56 |
| 八、房地产业 | 287.00 | 0.98 | 2197.00 | 6.84 | | |
| (1)房地产开发商贷款 | | | | | | |
| (2)住房开发贷款 | 230.00 | 1.34 | 2140.00 | 12.83 | | |
| (3)政府土地储备机构贷款 | | | | | | |
| (4)单位购置商业用房贷款 | | | | | | |
| (5)个人购房贷款 | 57.00 | 1.29 | 57.00 | 0.74 | | |
| 九、医药制造业 | | | | | | |
| 十、机械制造业 | 154.00 | 65.81 | 154.00 | 65.81 | 154.00 | 75.49 |
| 合计 | 69526.00 | 30.39 | 66227.00 | 26.54 | 60035.00 | 21.81 |

注:本表机构包括城市信用社、农村信用社。

# 5-80 晋城市银行业金融机构部分行业不良贷款情况表(四级分类)

单位:万元

| 项目 \ 指标 \ 时间 | 4季度 | | | |
|---|---|---|---|---|
| | 余额 | 比例% | 余额比年初增减 | 比例比年初增减 |
| 一、煤炭行业 | 16070.00 | 13.93 | -1842.00 | -7.91 |
| 二、焦炭行业 | | | | |
| (1)年产60万吨以上 | | | | |
| (2)年产40万~60万吨 | | | | |
| (3)年产20万~40万吨 | | | | |
| (4)年产20万吨以下 | | | | |
| 三、冶金行业 | 34043.00 | 52.51 | -8406.00 | -8.86 |
| (1)普通钢 | 1160.00 | 100.00 | | |
| (2)特种钢 | | | | |
| (3)生铁 | 32883.00 | 51.64 | -8406.00 | -8.86 |
| (4)铁合金 | | | | |
| (5)电解铝 | | | | |
| 四、建材行业 | 4898.00 | 35.03 | -1068.00 | -4.33 |
| (1)水泥 | 2043.00 | 21.78 | 458.00 | -3.43 |
| 五、交通行业 | | | | |
| (1)公路 | | | | |
| (2)铁路 | | | | |
| 六、化工行业 | 5924.00 | 69.17 | -1520.00 | -10.73 |
| (1)电石 | | | | |
| 七、电力行业 | 47.00 | 3.17 | -95.00 | -5.47 |
| 八、房地产业 | 398.00 | 1.04 | 341.00 | 0.82 |
| (1)房地产开发商贷款 | | | | |
| (2)住房开发贷款 | | | | |
| (3)政府土地储备机构贷款 | | | | |
| (4)单位购置商业用房贷款 | | | | |
| (5)个人购房贷款 | 398.00 | 4.62 | 341.00 | 3.42 |
| 九、医药制造业 | | | | |
| 十、机械制造业 | 154.00 | 75.49 | | 22.20 |
| 合计 | 61534.00 | 22.03 | -12590.00 | -9.01 |

# 5-81 晋城市主要银行业机构客户大额授信和零售贷款违约客户情况统计时序表

单位：个、亿元、%

| 项目/指标<br>时间 | 客户大额授信统计 | | | | | | | | 关联企业授信 | 关联企业贷款 | 零售贷款违约统计 | |
|---|---|---|---|---|---|---|---|---|---|---|---|---|
| | 客户数 | 授信额度 | 贷款余额 | 不良贷款 | 不良占比 | 预警信息 | | | | | 法人违约数 | 个人违约数 |
| | | | | | | 客户数 | 贷款 | 不良贷款 | | | | |
| 1月 | 4 | 2.93 | 10.80 | | | | | | | 0.20 | 7 | 160 |
| 2月 | 3 | 2.93 | 4.4 | | | | | | | | 7 | 171 |
| 3月 | 3 | 4.75 | 5.82 | | | | | | | | 7 | 175 |
| 4月 | 3 | 4.35 | 5.42 | | | | | | | | 8 | 170 |
| 5月 | 3 | 4.75 | 5.82 | | | | | | | | 9 | 167 |
| 6月 | 3 | 4.24 | 5.17 | | | | | | | | 8 | 156 |
| 7月 | 3 | 4.24 | 5.17 | | | | | | | | 8 | 150 |
| 8月 | 4 | 13.94 | 14.96 | | | | | | | | 6 | 144 |
| 9月 | 4 | 14.39 | 15.59 | | | | | | | | 6 | 155 |
| 10月 | 4 | 14.04 | 15.59 | | | | | | | | 5 | 177 |
| 11月 | 4 | 14.44 | 15.44 | | | | | | | | 5 | 176 |
| 12月 | 4 | 14.44 | 15.26 | | | | | | | | 5 | 166 |

注：本表机构包括工商银行、农业银行、中国银行、建设银行、交通银行。

# 5-82 晋城市银行业金融机构案件信息统计表

单位:万元、件

| 项　目 | 案　　件 | | 其中:百万元以上案件 | |
|---|---|---|---|---|
| | 本年累计发生 | 比上年同期增减 | 本年累计发生 | 比上年同期增减 |
| 经济案件数量 | 0 | 0 | 0 | 0 |
| 其中:挪用 | 0 | 0 | 0 | 0 |
| 贪污 | 0 | 0 | 0 | 0 |
| 侵占 | 0 | 0 | 0 | 0 |
| 贿赂 | 0 | 0 | 0 | 0 |
| 经济案件涉案金额 | 0 | 0 | 0 | 0 |
| 其中:挪用 | 0 | 0 | 0 | 0 |
| 贪污 | 0 | 0 | 0 | 0 |
| 侵占 | 0 | 0 | 0 | 0 |
| 贿赂 | 0 | 0 | 0 | 0 |
| 经济案件风险金额 | 0 | 0 | 0 | 0 |
| 其中:挪用 | 0 | 0 | 0 | 0 |
| 贪污 | 0 | 0 | 0 | 0 |
| 侵占 | 0 | 0 | 0 | 0 |
| 贿赂 | 0 | 0 | 0 | 0 |
| 违规经营数量 | 0 | 0 | 0 | 0 |
| 其中:违反金融法规 | 0 | 0 | 0 | 0 |
| 违反财经纪律 | 0 | 0 | 0 | 0 |
| 破坏金融秩序 | 0 | 0 | 0 | 0 |
| 违规经营涉案金额 | 0 | 0 | 0 | 0 |
| 其中:违反金融法规 | 0 | 0 | 0 | 0 |
| 违反财经纪律 | 0 | 0 | 0 | 0 |
| 破坏金融秩序 | 0 | 0 | 0 | 0 |
| 违规经营风险金额 | 0 | 0 | 0 | 0 |
| 其中:违反金融法规 | 0 | 0 | 0 | 0 |
| 违反财经纪律 | 0 | 0 | 0 | 0 |
| 破坏金融秩序 | 0 | 0 | 0 | 0 |
| 诈骗案件数量 | 0 | 0 | 0 | 0 |
| 诈骗案件涉案金额 | 0 | 0 | 0 | 0 |
| 诈骗案件风险金额 | 0 | 0 | 0 | 0 |
| 抢劫案件数量 | 0 | 0 | 0 | 0 |
| 抢劫案件涉案金额 | 0 | 0 | 0 | 0 |
| 抢劫案件风险金额 | 0 | 0 | 0 | 0 |
| 盗窃案件数量 | 0 | 0 | 0 | 0 |
| 盗窃案件涉案金额 | 0 | 0 | 0 | 0 |
| 盗窃案件风险金额 | 0 | 0 | 0 | 0 |
| 各类案件数量总计 | 0 | 0 | 0 | 0 |
| 各类案件涉案金额总计 | 0 | 0 | 0 | 0 |
| 各类案件风险金额总计 | 0 | 0 | 0 | 0 |

注:本表机构包括辖内所有银行业金融机构。

# 5-83 吕梁市银行业金融机构资产负债表

单位:万元

| 项目 \ 时间 | 1月 | 2月 | 3月 | 4月 | 5月 |
|---|---|---|---|---|---|
| | 余额 | 余额 | 余额 | 余额 | 余额 |
| 流动资产 | 2811404.53 | 2868878.26 | 2988454.33 | 3030822.8 | 3085936.78 |
| 一、现金及银行存款 | 63553.36 | 73299.95 | 71348.88 | 59903.03 | 56583.28 |
| 二、存放中央银行 | 351186.7 | 351377.3 | 347925.7 | 279894.6 | 335981.3 |
| 三、存放同业 | 133915.7 | 128425 | 138822 | 137093 | 147350 |
| 四、存放联行款项 | 853524.16 | 847522.25 | 952624.67 | 1014494.67 | 1044343.12 |
| 五、拆放同业 | 1258 | 1258 | 1264.4 | 1258 | 1058 |
| 六、短期贷款 | 1237278.84 | 1281905.4 | 1281297.71 | 1299183.63 | 1253477.83 |
| 七、应收账款 | 21512 | 24129.9 | 20151.07 | 21286.5 | 61762.3 |
| 其中:应收利息 | 4597.8 | 7667.6 | 4059.8 | 4544 | 5728.2 |
| 八、减:坏账准备 | 162 | 162 | 162 | 162 | 162 |
| 九、短期投资 | 64.8 | 71.8 | 206.6 | 80.6 | 446.6 |
| 十、减:短期投资跌价准备 | | | | | |
| 十一、委托贷款及投资 | | | | | |
| 十二、买入返售资产 | 0.9 | 0.9 | 0.9 | 0.9 | 0.9 |
| 十三、待处理流动资产损失 | | | | | |
| 十四、其他流动资产 | 149272.07 | 161049.76 | 174974.4 | 217789.87 | 185095.45 |
| 长期资产 | 300876.3 | 300790 | 310369.12 | 312148.85 | 305185.95 |
| 十五、中长期贷款 | 240317.7 | 238962.3 | 238954.8 | 240682.1 | 234046.9 |
| 十六、减:贷款损失准备 | 11674.2 | 11624.3 | 11942.38 | 11827.95 | 11883.75 |
| 十七、长期投资 | 23806.2 | 23853.2 | 33592.2 | 33582.4 | 33988.4 |
| 十八、减:长期投资减值准备 | | | | | |
| 十九、固定资产净值 | 45714.6 | 46886.8 | 47046.5 | 46884.3 | 46089.4 |
| 固定资产 | 65487.2 | 67001.4 | 67514.7 | 67109.7 | 66409.8 |
| 减:累计折旧 | 19772.6 | 20114.6 | 20468.2 | 20225.4 | 20320.4 |
| 二十、固定资产减值准备 | 124 | 124 | 165 | 164 | 164 |
| 二十一、固定资产清理 | 50 | 50 | 90 | 136 | 168 |
| 二十二、在建工程 | 2786 | 2786 | 2793 | 2856 | 2941 |
| 二十三、减:在建工程减值准备 | | | | | |
| 二十四、待处理固定资产损失 | | | | | |
| 无形递延及其他资产 | -3854.13 | -4634.83 | -4931.73 | -5084.43 | -5894.43 |
| 二十五、无形递延及其他资产 | -3391.13 | -4171.83 | -4468.73 | -4621.43 | -5431.43 |
| 二十六、减:抵债资产减值准备 | 5 | 5 | 5 | 5 | 5 |
| 二十七、减:无形资产减值准备 | 179 | 179 | 179 | 179 | 179 |
| 二十八、减:其他资产减值准备 | 279 | 279 | 279 | 279 | 279 |
| 资产总计 | 3108426.7 | 3165033.43 | 3293891.72 | 3337887.22 | 3385228.3 |

注:本表机构包括辖内所有银行业金融机构。

# 5-83 吕梁市银行业金融机构资产负债表

单位:万元

| 项目 \ 时间 | 6月 | 7月 | 8月 | 9月 | 10月 |
|---|---|---|---|---|---|
| | 余额 | 余额 | 余额 | 余额 | 余额 |
| 流动资产 | 3127603.66 | 3173718.77 | 3200758.26 | 3247743.69 | 3311509.03 |
| 一、现金及银行存款 | 69701.33 | 58611.2 | 62349.39 | 63865.93 | 55934.96 |
| 二、存放中央银行 | 305496.2 | 345251.5 | 408878.4 | 341556.99 | 384223.1 |
| 三、存放同业 | 159421 | 163344 | 156854 | 147301.24 | 147268.46 |
| 四、存放联行款项 | 1052270.19 | 1117061.94 | 1114744.26 | 1129695.04 | 1186051.82 |
| 五、拆放同业 | 1058 | 1058 | 1058 | 979 | 979 |
| 六、短期贷款 | 1231105.62 | 1210181.84 | 1248223.2 | 1273755.7 | 1289956.49 |
| 七、应收账款 | 90109.8 | 88199.31 | 92620.5 | 91136.29 | 88753.05 |
| 其中:应收利息 | 3628.6 | 4516.1 | 6305.3 | 3496.9 | 5521.42 |
| 八、减:坏账准备 | 155 | 155 | 155 | 159 | 159 |
| 九、短期投资 | 631.8 | 69.1 | 90.1 | 99.4 | 73.3 |
| 十、减:短期投资跌价准备 | | | | | |
| 十一、委托贷款及投资 | | | | | |
| 十二、买入返售资产 | 0.9 | 0.9 | 0.9 | 0.9 | |
| 十三、待处理流动资产损失 | | | | | |
| 十四、其他流动资产 | 217963.82 | 190095.98 | 116094.51 | 199512.2 | 158427.85 |
| 长期资产 | 304007.8 | 312704.9 | 311318.11 | 336739.57 | 343132.46 |
| 十五、中长期贷款 | 233808.7 | 242879.3 | 242208.8 | 232523.1 | 240604.31 |
| 十六、减:贷款损失准备 | 11724.4 | 11750.3 | 12571.49 | 11936.08 | 12699.08 |
| 十七、长期投资 | 33077.4 | 32799.8 | 32994.8 | 67215.43 | 66448.49 |
| 十八、减:长期投资减值准备 | | | | | |
| 十九、固定资产净值 | 45705.1 | 45625.1 | 45426 | 45661.98 | 45446.6 |
| 固定资产 | 66611.1 | 66696.3 | 66751.2 | 67354.21 | 67376.16 |
| 减:累计折旧 | 20906 | 21071.2 | 21325.2 | 21692.23 | 21929.56 |
| 二十、固定资产减值准备 | 82 | 108 | 108 | 108 | 108 |
| 二十一、固定资产清理 | 168 | 168 | 168 | 168.14 | 168.14 |
| 二十二、在建工程 | 3055 | 3091 | 3200 | 3215 | 3272 |
| 二十三、减:在建工程减值准备 | | | | | |
| 二十四、待处理固定资产损失 | | | | | |
| 无形递延及其他资产 | -6201.23 | -6313.96 | -6307.85 | -6373.05 | -6399.19 |
| 二十五、无形递延及其他资产 | -5917.23 | -6029.96 | -6023.85 | -6089.05 | -6194.19 |
| 二十六、减:抵债资产减值准备 | 5 | 5 | 5 | 5 | 5 |
| 二十七、减:无形资产减值准备 | | | | | |
| 二十八、减:其他资产减值准备 | 279 | 279 | 279 | 279 | 200 |
| 资产总计 | 3425410.23 | 3480109.71 | 3505768.52 | 3578110.21 | 3648242.3 |

# 5-83 吕梁市银行业金融机构资产负债表

单位:万元

| 项目 \ 时间 | 11月 | 12月 | | |
|---|---|---|---|---|
| | 余额 | 余额 | 比同期增减额 | 比同期增长% |
| 流动资产 | 3331686.61 | 3362308.99 | 734397.95 | 27.95 |
| 一、现金及银行存款 | 57788.94 | 71245.78 | 22599.83 | 46.46 |
| 二、存放中央银行 | 383991.76 | 544767.81 | 118764.81 | 27.88 |
| 三、存放同业 | 140196.21 | 103851.48 | -33079.52 | -24.16 |
| 四、存放联行款项 | 1225670.77 | 1236252.1 | 464318.36 | 60.15 |
| 五、拆放同业 | 979 | 959 | -299 | -23.77 |
| 六、短期贷款 | 1270245.61 | 1217439.23 | 59192.92 | 5.11 |
| 七、应收账款 | 85981.41 | 3202.55 | -1910.8 | -37.37 |
| 其中:应收利息 | 8243.47 | 2419.39 | -1015.51 | -29.56 |
| 八、减:坏账准备 | 164 | 262 | 100 | 61.73 |
| 九、短期投资 | 73.3 | 30.8 | -43.2 | -58.38 |
| 十、减:短期投资跌价准备 | | | | |
| 十一、委托贷款及投资 | | | | |
| 十二、买入返售资产 | | | -0.9 | -100.00 |
| 十三、待处理流动资产损失 | | | | |
| 十四、其他流动资产 | 166923.61 | 184822.24 | 104955.45 | 131.41 |
| 长期资产 | 349436.84 | 341136.9 | 40568.18 | 13.50 |
| 十五、中长期贷款 | 248397.91 | 242461.65 | 3147.35 | 1.32 |
| 十六、减:贷款损失准备 | 14087.18 | 21047.15 | 9557.57 | 83.18 |
| 十七、长期投资 | 66525.95 | 66402.43 | 42401.13 | 176.66 |
| 十八、减:长期投资减值准备 | | | | |
| 十九、固定资产净值 | 45411.02 | 50565.97 | 4519.27 | 9.81 |
| 固定资产 | 67612.66 | 69075.94 | 3400.64 | 5.18 |
| 减:累计折旧 | 22201.64 | 18509.97 | -1118.63 | -5.70 |
| 二十、固定资产减值准备 | 108 | 44 | -96 | -68.57 |
| 二十一、固定资产清理 | 24.14 | 20 | -30 | -60.00 |
| 二十二、在建工程 | 3273 | 2778 | -8 | -0.29 |
| 二十三、减:在建工程减值准备 | | | | |
| 二十四、待处理固定资产损失 | | | | |
| 无形递延及其他资产 | -6420.8 | -6573.45 | -2332.02 | 71.12 |
| 二十五、无形递延及其他资产 | -6215.8 | -6388.45 | -3010.02 | 89.10 |
| 二十六、减:抵债资产减值准备 | 5 | 5 | | |
| 二十七、减:无形资产减值准备 | | | -179 | -100.00 |
| 二十八、减:其他资产减值准备 | 200 | 180 | -99 | -35.48 |
| 资产总计 | 3674702.65 | 3696872.44 | 772234.11 | 26.40 |

# 5-83 吕梁市银行业金融机构资产负债表

单位:万元

| 项目 \ 时间 | 1月 | 2月 | 3月 | 4月 | 5月 |
|---|---|---|---|---|---|
| | 余额 | 余额 | 余额 | 余额 | 余额 |
| 流动负债 | 1552153.1 | 1526151.54 | 1607833.85 | 1635719.33 | 1670886.18 |
| 一、短期存款 | 635551.55 | 587099.27 | 632570.97 | 640069.67 | 663389.17 |
| 二、活期储蓄存款 | 676781.26 | 717285.02 | 751084.55 | 759288.13 | 762636.31 |
| 三、财政性存款 | 8352.4 | 8436.1 | 7542.2 | 7462 | 8410.1 |
| 四、向中央银行借款 | 25900 | 24800 | 24688 | 25812 | 26800 |
| 五、同业存放 | 132446 | 128224.9 | 131403.7 | 142094.4 | 148703.9 |
| 六、联行存放 | | | | | |
| 七、同业拆入 | 438 | 438 | 438 | 438 | 438 |
| 八、应解汇款及临时存款 | 5559.1 | 4855.39 | 4141.3 | 4594.35 | 3650.6 |
| 九、汇出汇款 | 9073.8 | 6515.7 | 8862.98 | 8542.8 | 5883.7 |
| 十、委托存款 | 48.2 | 31.2 | 62.3 | 9 | 6012 |
| 十一、卖出回购资产 | | | | | |
| 十二、应付及预提账项 | 37284.29 | 28890.46 | 26695.05 | 26768.58 | 24730 |
| 十三、存放短期保证金 | 17638.5 | 17764.5 | 19422.8 | 18388.4 | 19244.4 |
| 十四、发行短期债券 | | | | | |
| 十五、其他流动负债 | 3080 | 1811 | 922 | 2252 | 988 |
| 长期负债 | 1591000.85 | 1664690.63 | 1700615.28 | 1716700.61 | 1726308.11 |
| 十六、长期存款 | 23849 | 24847.4 | 34417.2 | 38565.8 | 32464.8 |
| 十七、定期储蓄存款 | 1566556.55 | 1639205.92 | 1665572.78 | 1677508.4 | 1693334.92 |
| 十八、存放长期保证金 | | | | | |
| 十九、发行长期债券 | 0.3 | 0.3 | 0.3 | 0.4 | 0.4 |
| 二十、其他长期负债 | 595 | 637.01 | 625 | 626.01 | 507.99 |
| 所有者权益 | -34727.25 | -25808.74 | -14557.41 | -14532.72 | -11965.99 |
| 二十一、实收资本 | 66952 | 73733 | 80541 | 81416 | 81719 |
| 二十二、资本公积 | 3197.4 | 3196.2 | 3196.4 | 3195.4 | 3195.3 |
| 二十三、公积金 | 8984.5 | 8984.5 | 8984.5 | 8984.6 | 8984.5 |
| 二十四、公益金 | -95.7 | -95.7 | -95.7 | -95.7 | -95.7 |
| 二十五、未分配利润 | -113765.45 | -111626.74 | -107183.61 | -108033.02 | -105769.09 |
| 其中:本年利润 | 1767.15 | 3905.76 | 11742.09 | 13501.78 | 15765.61 |
| 二十六、一般准备金 | | | | | |
| 负债总计 | 3108426.7 | 3165033.43 | 3293891.72 | 3337887.22 | 3385228.3 |

# 5-83 吕梁市银行业金融机构资产负债表

单位:万元

| 项目 \ 时间 | 6月 | 7月 | 8月 | 9月 | 10月 |
|---|---|---|---|---|---|
| | 余额 | 余额 | 余额 | 余额 | 余额 |
| 流动负债 | 1675645.02 | 1724036.18 | 1746896.56 | 1789051.84 | 1840007.84 |
| 一、短期存款 | 676913.15 | 704692.31 | 751122.06 | 785495.16 | 805690.14 |
| 二、活期储蓄存款 | 755037.07 | 759963.89 | 752960.67 | 758673.09 | 752561.86 |
| 三、财政性存款 | 7608.3 | 7422.4 | 8586.9 | 23666.81 | 24646.89 |
| 四、向中央银行借款 | 27700 | 28100 | 28400 | 27300 | 28170 |
| 五、同业存放 | 147205 | 159001.6 | 144477.6 | 130428.27 | 142619.74 |
| 六、联行存放 | | | | | |
| 七、同业拆入 | 438 | 438 | 438 | 438 | 438 |
| 八、应解汇款及临时存款 | 2553.93 | 3079.5 | 2837.24 | 3566.55 | 2558.57 |
| 九、汇出汇款 | 4249.7 | 7447.7 | 6273.7 | 4483.13 | 6884.08 |
| 十、委托存款 | 4379.2 | 4401.9 | 4405.2 | 2211.2 | 2206.98 |
| 十一、卖出回购资产 | | | | | |
| 十二、应付及预提账项 | 30031.57 | 31806.98 | 30167.49 | 34177.74 | 51781.04 |
| 十三、存放短期保证金 | 18274.1 | 16452.9 | 15770.7 | 15758.89 | 18588.54 |
| 十四、发行短期债券 | | | | | |
| 十五、其他流动负债 | 1255 | 1229 | 1457 | 2853 | 3862 |
| 长期负债 | 1753006.51 | 1758656.19 | 1758240.78 | 1769605.14 | 1785895.05 |
| 十六、长期存款 | 31029.4 | 31675.9 | 31297.2 | 30112.12 | 31525.31 |
| 十七、定期储蓄存款 | 1721320.83 | 1726217.88 | 1726110.17 | 1737293.47 | 1752288.23 |
| 十八、存放长期保证金 | | | | | |
| 十九、发行长期债券 | 0.3 | 0.4 | 0.4 | 0.3 | 0.4 |
| 二十、其他长期负债 | 655.98 | 762.01 | 833.01 | 2199.25 | 2081.11 |
| 所有者权益 | -3241.3 | -2582.66 | 631.18 | 19453.23 | 22339.41 |
| 二十一、实收资本 | 81967 | 82062 | 82156 | 82272 | 82298 |
| 二十二、资本公积 | 3195.4 | 3195.4 | 3195.3 | 3197.4 | 3197.5 |
| 二十三、公积金 | 8984.5 | 8982.6 | 8982.5 | 8982.5 | 8982.5 |
| 二十四、公益金 | -95.7 | -95.7 | -95.7 | -95.7 | -95.7 |
| 二十五、未分配利润 | -97292.5 | -96726.96 | -93606.92 | -74902.97 | -72042.89 |
| 其中:本年利润 | 24242 | 24807.84 | 27927.68 | 34525.73 | 37385.81 |
| 二十六、一般准备金 | | | | | |
| 负债总计 | 3425410.23 | 3480109.71 | 3505768.52 | 3578110.21 | 3648242.3 |

# 5-83 吕梁市银行业金融机构资产负债表

单位:万元

| 项目 \ 时间 | 11月 | 12月 | | |
|---|---|---|---|---|
| | 余额 | 余额 | 比同期增减额 | 比同期增长% |
| 流动负债 | 1849561.14 | 1859213.52 | 444365.9 | 31.41 |
| 一、短期存款 | 812751.73 | 839037.45 | 237998.68 | 39.60 |
| 二、活期储蓄存款 | 769339.7 | 769562.34 | 160175.32 | 26.28 |
| 三、财政性存款 | 27072.48 | 17236.18 | -3750.82 | -17.87 |
| 四、向中央银行借款 | 29400 | 24700 | -1910 | -7.18 |
| 五、同业存放 | 137954.5 | 121548.06 | -17160.64 | -12.37 |
| 六、联行存放 | | | | |
| 七、同业拆入 | 438 | 438 | | |
| 八、应解汇款及临时存款 | 4330.25 | 6726.9 | -3672.1 | -35.31 |
| 九、汇出汇款 | 7778.9 | 18632.44 | -5862.36 | -23.93 |
| 十、委托存款 | 2198.58 | -8005.52 | 58759.28 | -88.01 |
| 十一、卖出回购资产 | | | | |
| 十二、应付及预提账项 | 37900.17 | 49278.69 | 20289.16 | 69.99 |
| 十三、存放短期保证金 | 17438.83 | 17392.98 | -2794.62 | -13.84 |
| 十四、发行短期债券 | | | | |
| 十五、其他流动负债 | 2958 | 2666 | 2294 | 616.67 |
| 长期负债 | 1802460.41 | 1815338.81 | 262854.94 | 16.93 |
| 十六、长期存款 | 32584.11 | 31454.79 | 7537.19 | 31.51 |
| 十七、定期储蓄存款 | 1768372.72 | 1782475.16 | 261689.98 | 17.21 |
| 十八、存放长期保证金 | | | | |
| 十九、发行长期债券 | 0.3 | 0.4 | | 0.00 |
| 二十、其他长期负债 | 1503.28 | 1408.46 | -6372.23 | -81.90 |
| 所有者权益 | 22681.1 | 22320.11 | 65013.27 | -152.28 |
| 二十一、实收资本 | 82345 | 49346 | -5141 | -9.44 |
| 二十二、资本公积 | 3205.4 | 3239.1 | -1532.2 | -32.11 |
| 二十三、公积金 | 8982.5 | 45305.6 | 40644.1 | 871.91 |
| 二十四、公益金 | -95.7 | -95.7 | | |
| 二十五、未分配利润 | -71756.1 | -75474.89 | 31042.37 | -29.14 |
| 其中:本年利润 | 37672.6 | 30861.16 | 10185.52 | 49.26 |
| 二十六、一般准备金 | | | | |
| 负债总计 | 3674702.65 | 3696872.44 | 772234.11 | 26.40 |

# 5-84 吕梁市金融机构存、贷款指标

单位:万元

| 项目 \ 时间 | 1月 | 2月 | 3月 | 4月 | 5月 |
|---|---|---|---|---|---|
| | 余额 | 余额 | 余额 | 余额 | 余额 |
| 一、各项存款 | 2977459.27 | 3089375.08 | 3232186.84 | 3276737.06 | 3319924.16 |
| 1.企事业单位存款 | 383652.95 | 363614.57 | 405786.77 | 410843.47 | 401119.87 |
| (1)活期存款 | 360555.45 | 339522.97 | 372112.57 | 375679.97 | 372084.77 |
| (2)定期存款 | 23097.5 | 24091.6 | 33674.2 | 35163.5 | 29035.1 |
| 2.储蓄存款 | 2243337.81 | 2356490.94 | 2416657.33 | 2436796.53 | 2455971.23 |
| (1)活期储蓄 | 676781.26 | 717285.02 | 751084.55 | 759288.13 | 762636.31 |
| (2)定期储蓄 | 1566556.55 | 1639205.92 | 1665572.78 | 1677508.4 | 1693334.92 |
| 3.信托存款 | | | | | |
| 4.委托存款 | 38.5 | 21.5 | 51.6 | -1.7 | 1.3 |
| 5.其他存款 | 350430.01 | 369248.07 | 409691.14 | 429098.76 | 462831.76 |
| 二、各项贷款 | 1477596.54 | 1520867.7 | 1520252.51 | 1547556.73 | 1495215.73 |
| 1.短期贷款 | 1051912.2 | 1083756.5 | 1083414.6 | 1115204.83 | 1091288.53 |
| 2.中长期贷款 | 240317.7 | 238962.3 | 238954.8 | 241220.47 | 234585.27 |
| 3.信托贷款 | | | | | |
| 4.委托贷款 | | | | | |
| 5.其他贷款 | 339.34 | 248.3 | 455.21 | 1291.13 | 1431.83 |
| 6.票据融资 | 184526.3 | 197399.6 | 196926.9 | 189339.3 | 167409.1 |
| 7.各项垫款 | 501 | 501 | 501 | 501 | 501 |

注:1.本表机构包括人民银行、政策性银行、国有独资商业银行、农村信用社、邮政储汇局。

2.因工商银行于2005年6月进行了不良资产剥离,本表中各项贷款项目"余额"为资产剥离后的真实数据,"比年初增减额"为调整后的可比口径数据。贷款剥离7.18亿元。

# 5-84 吕梁市金融机构存、贷款指标

单位:万元

| 时间<br>项目 | 6月 | 7月 | 8月 | 9月 | 10月 |
|---|---|---|---|---|---|
| | 余额 | 余额 | 余额 | 余额 | 余额 |
| 一、各项存款 | 3339744.2 | 3371852.27 | 3422886.49 | 3508820.49 | 3555499 |
| 1.企事业单位存款 | 400295.75 | 409268.21 | 454229.96 | 441520.76 | 449448.29 |
| (1)活期存款 | 372716.35 | 381064.11 | 426373.76 | 415020.14 | 421840.68 |
| (2)定期存款 | 27579.4 | 28204.1 | 27856.2 | 26500.62 | 27607.61 |
| 2.储蓄存款 | 2476357.9 | 2486181.77 | 2479070.84 | 2495966.56 | 2504850.09 |
| (1)活期储蓄 | 755037.07 | 759963.89 | 752960.67 | 758673.09 | 752561.86 |
| (2)定期储蓄 | 1721320.83 | 1726217.88 | 1726110.17 | 1737293.47 | 1752288.23 |
| 3.信托存款 | | | | | |
| 4.委托存款 | -1631.5 | -1608.8 | -1605.5 | -3799.5 | -3803.72 |
| 5.其他存款 | 464722.05 | 478011.09 | 491191.19 | 575132.67 | 605004.34 |
| 二、各项贷款 | 1472605.32 | 1460752.14 | 1498123 | 1536465.8 | 1557122.8 |
| 1.短期贷款 | 1073160.33 | 1077925.73 | 1098380.83 | 1131936.72 | 1134992.92 |
| 2.中长期贷款 | 234347.07 | 243417.67 | 242747.17 | 234636.19 | 242463.65 |
| 3.信托贷款 | | | | | |
| 4.委托贷款 | | | | | |
| 5.其他贷款 | 380.72 | 340.54 | 2413 | 2168.66 | 1196.43 |
| 6.票据融资 | 164152.2 | 138549.2 | 154063 | 167005.23 | 177745.8 |
| 7.各项垫款 | 565 | 519 | 519 | 719 | 724 |

# 5-84　吕梁市金融机构存、贷款指标

单位:万元

| 项目＼时间 | 11月 | 12月 | | |
|---|---|---|---|---|
| | 余额 | 余额 | 比年初增减额 | 比年初增长% |
| 一、各项存款 | 3603686.6 | 3543764.26 | 664830.69 | 23.09 |
| 1.企事业单位存款 | 452484.12 | 473366.32 | 86694.95 | 22.42 |
| (1)活期存款 | 423817.11 | 445890.23 | 83510.46 | 23.05 |
| (2)定期存款 | 28667.01 | 27476.09 | 3184.49 | 13.11 |
| 2.储蓄存款 | 2537712.42 | 2552037.5 | 421865.33 | 19.80 |
| (1)活期储蓄 | 769339.7 | 769562.34 | 160175.29 | 26.28 |
| (2)定期储蓄 | 1768372.72 | 1782475.16 | 261690.04 | 17.21 |
| 3.信托存款 | | | | |
| 4.委托存款 | -3812.12 | -14017.22 | -14055.62 | -36603.18 |
| 5.其他存款 | 617302.18 | 532377.66 | 170326.03 | 47.04 |
| 二、各项贷款 | 1548830.52 | 1490087.88 | 164311.97 | 12.39 |
| 1.短期贷款 | 1138812.77 | 1077364.27 | 146786.07 | 15.77 |
| 2.中长期贷款 | 250511 | 244574.74 | 15790.24 | 6.90 |
| 3.信托贷款 | | | | |
| 4.委托贷款 | | | | |
| 5.其他贷款 | 452.46 | 3639.66 | 3043.75 | 510.77 |
| 6.票据融资 | 158418.29 | 163424.21 | -1892.09 | -1.14 |
| 7.各项垫款 | 636 | 1085 | 584 | 116.57 |

# 5-85 吕梁市金融机构存、贷款时序表

单位:亿元

| 时间 \ 指标 \ 项目 | 各项存款 | | | 各项贷款 | | |
|---|---|---|---|---|---|---|
| | 余额 | 比年初增减额 | 余额比同期% | 余额 | 比年初增减额 | 余额比同期% |
| 1月 | 297.75 | 13.19 | 23.83 | 147.76 | 8.00 | 8.05 |
| 2月 | 308.94 | 21.04 | 22.77 | 152.09 | 12.33 | 9.68 |
| 3月 | 323.22 | 35.33 | 23.27 | 152.03 | 12.27 | 8.30 |
| 4月 | 327.67 | 39.78 | 21.13 | 154.76 | 15.00 | 4.95 |
| 5月 | 331.99 | 44.10 | 22.11 | 149.52 | 13.69 | 0.84 |
| 6月 | 333.97 | 46.08 | 23.10 | 147.26 | 14.68 | 2.42 |
| 7月 | 337.19 | 49.29 | 23.87 | 146.08 | 13.50 | 2.36 |
| 8月 | 342.29 | 54.40 | 25.71 | 149.81 | 17.23 | 4.64 |
| 9月 | 350.88 | 62.99 | 28.43 | 153.65 | 21.07 | 6.58 |
| 10月 | 355.55 | 67.66 | 28.20 | 155.71 | 23.13 | 8.21 |
| 11月 | 360.37 | 72.48 | 28.36 | 154.88 | 22.31 | 7.74 |
| 12月 | 354.38 | 66.48 | 25.78 | 149.01 | 16.43 | 6.62 |

# 5-86 吕梁市主要银行业机构贷款质量统计表(五级分类)

单位:万元

| 项目 \ 时间 | 1月 | 2月 | 3月 | 4月 | 5月 | 6月 |
|---|---|---|---|---|---|---|
| | 余额 | 余额 | 余额 | 余额 | 余额 | 余额 |
| 正常贷款 | 636423.81 | 655309.47 | 647594.07 | 635273.19 | 605410.16 | 605719.4 |
| 正常类贷款 | 600823.2 | 621762.2 | 613590.63 | 553592.37 | 527819.63 | 534011.94 |
| 关注类贷款 | 35600.61 | 33547.27 | 34003.44 | 81680.82 | 77590.53 | 71707.46 |
| 不良贷款 | 247713.91 | 246970.52 | 246173.27 | 249930.63 | 213093.7 | 180384.91 |
| 次级类贷款 | 37665.08 | 37857.68 | 35734.84 | 35621.94 | 36495.37 | 32761.06 |
| 可疑类贷款 | 135743.59 | 133270.6 | 134076.19 | 137938.45 | 139444.09 | 110520.42 |
| 损失类贷款 | 74305.24 | 75842.24 | 76362.24 | 76370.24 | 37154.24 | 37103.43 |
| 贷款合计 | 884137.72 | 902279.99 | 893767.34 | 885203.82 | 818503.86 | 786104.31 |

# 5-86 吕梁市主要银行业机构贷款质量统计表(五级分类)

单位:万元

| 项目 \ 时间 | 7月 | 8月 | 9月 | 10月 | 11月 | 12月 | |
|---|---|---|---|---|---|---|---|
| | 余额 | 余额 | 余额 | 余额 | 余额 | 余额 | 比年初增减额 |
| 正常贷款 | 580569.21 | 607536.96 | 628011.2 | 644747.5 | 627618.98 | 627706.25 | 10712.17 |
| 正常类贷款 | 506463.34 | 534768.88 | 560510.88 | 601672.92 | 587640.33 | 601365.43 | 21399.89 |
| 关注类贷款 | 74105.87 | 72768.08 | 67500.32 | 43074.58 | 39978.65 | 26340.82 | -10687.72 |
| 不良贷款 | 179792.03 | 179605.9 | 179656.7 | 179554.22 | 179331.69 | 191558.91 | -56645.77 |
| 次级类贷款 | 32345.3 | 29754.33 | 31642.97 | 27197.57 | 26053.51 | 26791.72 | -11048.85 |
| 可疑类贷款 | 110343.3 | 112750.14 | 109674.3 | 114019.22 | 114958.75 | 44336.64 | -91948.23 |
| 损失类贷款 | 37103.43 | 37101.43 | 38339.43 | 38337.43 | 38319.43 | 120430.55 | 46351.31 |
| 贷款合计 | 760361.24 | 787142.86 | 807667.9 | 824301.72 | 806950.67 | 819265.16 | -45933.6 |

注:本表机构包括农业发展银行、工商银行、农业银行、中国银行、建设银行。

# 5-86 吕梁市主要银行业机构贷款质量统计表(五级分类)

单位:%

| 项目 \ 时间 | 1月 | 2月 | 3月 | 4月 | 5月 | 6月 |
|---|---|---|---|---|---|---|
| | 比例 | 比例 | 比例 | 比例 | 比例 | 比例 |
| 正常贷款 | 71.99 | 72.63 | 72.46 | 71.77 | 73.97 | 77.06 |
| 正常类贷款 | 67.96 | 68.91 | 68.65 | 62.54 | 64.49 | 67.94 |
| 关注类贷款 | 4.03 | 3.72 | 3.81 | 9.23 | 9.48 | 9.12 |
| 不良贷款 | 28.01 | 27.37 | 27.54 | 28.23 | 26.03 | 22.94 |
| 次级类贷款 | 4.26 | 4.2 | 4 | 4.03 | 4.46 | 4.17 |
| 可疑类贷款 | 15.35 | 14.77 | 15 | 15.58 | 17.03 | 14.05 |
| 损失类贷款 | 8.4 | 8.4 | 8.54 | 8.62 | 4.54 | 4.72 |

# 5-86 吕梁市主要银行业机构贷款质量统计表(五级分类)

单位:%

| 项目 \ 时间 | 7月 | 8月 | 9月 | 10月 | 11月 | 12月 | |
|---|---|---|---|---|---|---|---|
| | 比例 | 比例 | 比例 | 比例 | 比例 | 比例 | 比年初增减 |
| 正常贷款 | 76.36 | 77.19 | 77.76 | 78.22 | 77.77 | 76.62 | 5.3 |
| 正常类贷款 | 66.62 | 67.95 | 69.4 | 72.99 | 72.82 | 73.4 | 6.36 |
| 关注类贷款 | 9.74 | 9.24 | 8.36 | 5.23 | 4.95 | 3.22 | -1.06 |
| 不良贷款 | 23.64 | 22.81 | 22.24 | 21.78 | 22.23 | 23.38 | -5.3 |
| 次级类贷款 | 4.26 | 3.78 | 3.92 | 3.3 | 3.23 | 3.27 | -1.1 |
| 可疑类贷款 | 14.5 | 14.32 | 13.58 | 13.83 | 14.25 | 5.41 | -10.34 |
| 损失类贷款 | 4.88 | 4.71 | 4.74 | 4.65 | 4.75 | 14.7 | 6.14 |

# 5-87 吕梁市地方性金融机构贷款质量统计表(四级分类)

单位:万元

| 项目＼时间 | 1月 | 2月 | 3月 | 4月 | 5月 | 6月 |
|---|---|---|---|---|---|---|
| | 余额 | 余额 | 余额 | 余额 | 余额 | 余额 |
| 正常贷款 | 440835 | 464642 | 482619 | 511924 | 528232 | 538567 |
| 不良贷款 | 152619 | 153941 | 143868 | 142735 | 140785 | 140246 |
| 逾期贷款 | 18291 | 19894 | 19015 | 18338 | 16788 | 16746 |
| 呆滞贷款 | 122621 | 122345 | 119119 | 118668 | 118271 | 117775 |
| 呆账贷款 | 11707 | 11702 | 5734 | 5729 | 5726 | 5725 |
| 各项贷款 | 593454 | 618583 | 626487 | 654659 | 669017 | 678813 |

# 5-87 吕梁市地方性金融机构贷款质量统计表(四级分类)

单位:万元

| 项目＼时间 | 7月 | 8月 | 9月 | 10月 | 11月 | 12月 | |
|---|---|---|---|---|---|---|---|
| | 余额 | 余额 | 余额 | 余额 | 余额 | 余额 | 比年初增减额 |
| 正常贷款 | 554175 | 565906 | 583122 | 590222 | 596788 | 519978 | 141359 |
| 不良贷款 | 138525 | 137382 | 115485 | 116039 | 114909 | 120662 | -33080 |
| 逾期贷款 | 15729 | 15488 | 15633 | 15413 | 15179 | 18073 | -869 |
| 呆滞贷款 | 117071 | 116172 | 99397 | 100073 | 99177 | 102026 | -21058 |
| 呆账贷款 | 5725 | 5722 | 455 | 553 | 553 | 563 | -11153 |
| 各项贷款 | 692700 | 703288 | 698607 | 706261 | 711697 | 640640 | 108279 |

注:1.本表机构为农村信用社。
2.2005 年 4 月～12 月,农村信用社票据置换共 30187 万元。

## 5-87 吕梁市地方性金融机构贷款质量统计表(四级分类)

单位:%

| 项目 \ 时间 | 1月 | 2月 | 3月 | 4月 | 5月 | 6月 |
|---|---|---|---|---|---|---|
| | 比例 | 比例 | 比例 | 比例 | 比例 | 比例 |
| 正常贷款 | 74.28 | 75.11 | 77.04 | 78.20 | 78.96 | 79.34 |
| 不良贷款 | 25.72 | 24.89 | 22.96 | 21.80 | 21.04 | 20.66 |
| 逾期贷款 | 3.08 | 3.22 | 3.04 | 2.80 | 2.51 | 2.47 |
| 呆滞贷款 | 20.66 | 19.78 | 19.01 | 18.13 | 17.68 | 17.35 |
| 呆账贷款 | 1.98 | 1.89 | 0.91 | 0.87 | 0.85 | 0.84 |

## 5-87 吕梁市地方性金融机构贷款质量统计表(四级分类)

单位:%

| 项目 \ 时间 | 7月 | 8月 | 9月 | 10月 | 11月 | 12月 | |
|---|---|---|---|---|---|---|---|
| | 比例 | 比例 | 比例 | 比例 | 比例 | 比例 | 比年初增减 |
| 正常贷款 | 80.00 | 80.47 | 83.47 | 83.57 | 83.85 | 81.16 | 10.04 |
| 不良贷款 | 20.00 | 19.53 | 16.53 | 16.43 | 16.15 | 18.84 | -10.04 |
| 逾期贷款 | 2.27 | 2.20 | 2.24 | 2.18 | 2.13 | 2.82 | -0.74 |
| 呆滞贷款 | 16.90 | 16.52 | 14.23 | 14.17 | 13.94 | 15.93 | -7.19 |
| 呆账贷款 | 0.83 | 0.81 | 0.06 | 0.08 | 0.08 | 0.09 | -2.11 |

# 5-88 吕梁市主要银行业机构非信贷资产情况表

单位:万元

| 指标 项目 \ 时间 | 1 季度 | | | 2 季度 | | |
|---|---|---|---|---|---|---|
| | 余额 | 其中:不良资产 | 预计损失 | 余额 | 其中:不良资产 | 预计损失 |
| 一、现金 | 24862.98 | | | 24536.1 | | |
| 二、银行存款 | 836.5 | | | 1012.23 | | |
| 三、贵金属 | | | | | | |
| 四、存放中央银行款项 | 57839.88 | | | 35688.35 | | |
| 五、存放同业款项 | 1496.3 | | | 893.16 | | |
| 六、拆放同业 | 1044 | 838 | 649 | 838 | 638 | 449 |
| 七、存放联行款项(轧差) | 940588.87 | | | 1033627.5 | 46 | 29 |
| 八、应收及预付款项 | 2032.43 | 2624.59 | 1980.01 | 73780.45 | 2655.05 | 1759.43 |
| 其中:应收利息 | 2515.44 | 646.29 | 125.71 | 2135.75 | 553.64 | 455.02 |
| 待处理案件纠纷垫款 | 1013.71 | 456.2 | 441.19 | 1000.3 | 473.3 | 464.3 |
| 九、短期投资 | 189.84 | 14 | 14 | 615.42 | 13 | 13 |
| 十、委托贷款及委托投资 | 5763 | 21 | 21 | 5411 | 23 | 23 |
| 十一、买入返售证券 | 1 | | | 1 | | |
| 十二、待处理流动资产损失 | | | | | | |
| 十三、长期投资 | 9674.93 | 35 | 17 | 9763.24 | 36 | 17 |
| 十四、固定资产净值 | 33020.6 | | | 32387.6 | 522 | 326 |
| 十五、固定资产清理 | 86.26 | | | 164.26 | | |
| 十六、在建工程 | | | | | | |
| 十七、待处理固定资产损失 | | | | | | |
| 十八、无形资产 | 649.18 | | | 142.2 | | |
| 十九、递延资产 | 3042.96 | | | 2847 | 208 | 108 |
| 二十、其他非信贷资产 | 123928.01 | 25989.27 | 25569.77 | 122603.75 | 49169.48 | 49134.98 |
| 1.待处理抵债资产 | 1923 | 1402.44 | 982.94 | 1092 | 597 | 562.5 |
| 2.应付福利费垫款 | 175.35 | 175.35 | 175.35 | 37.81 | | |
| 3.未弥补亏损 | 57508 | 24410 | 24410 | 57507 | 48571 | 48571 |
| 4.待处理房改资产 | | | | | | |
| 5.待清理自办实体资产 | | | | | | |
| 6.待清理接收资产 | | | | | | |
| (1)待清理城信社资产 | | | | | | |
| (2)待清理城信社资产与负债差额 | | | | | | |
| (3)待清理信托资产 | | | | | | |
| (4)人行转来企业贷款本金 | | | | | | |
| (5)其他金融机构转来资产 | | | | | | |
| (6)其他待清理接收资产 | | | | | | |
| 7.其他非信贷资产 | 64321.66 | 1.48 | 1.48 | 63966.94 | 1.48 | 1.48 |
| 非信贷资产合计 | 1205056.7 | 29521.86 | 28250.78 | 1344311.2 | 53310.53 | 51859.41 |

注:本表机构包括农业发展银行、工商银行、农业银行、中国银行、建设银行。

# 5-88 吕梁市主要银行业机构非信贷资产情况表

单位：万元

| 项目 | 3季度 余额 | 3季度 其中：不良资产 | 3季度 预计损失 | 4季度 余额 | 4季度 其中：不良资产 | 4季度 预计损失 |
|---|---|---|---|---|---|---|
| 一、现金 | 20083.49 | | | 19901.42 | | |
| 二、银行存款 | 1081.57 | | | 850.96 | | |
| 三、贵金属 | | | | | | |
| 四、存放中央银行款项 | 37056.39 | | | 71710.97 | | |
| 五、存放同业款项 | 1724.12 | | | 781.64 | | |
| 六、拆放同业 | 759 | 559 | 370 | 739 | 739 | 739 |
| 七、存放联行款项(轧差) | 1099799.6 | 66 | 49 | 1224361 | 194 | 194 |
| 八、应收及预付款项 | 74753.59 | 2974.31 | 1741.63 | -5336.56 | 2808.81 | 2094.01 |
| 其中：应收利息 | 2801.04 | 543 | 437 | 2326.63 | 998.5 | 976.38 |
| 待处理案件纠纷垫款 | 1034.29 | 473.3 | 464.3 | 1017.26 | 997.3 | 997.3 |
| 九、短期投资 | 82 | 13 | 13 | 14 | 12 | 12 |
| 十、委托贷款及委托投资 | 6200 | 23 | 23 | 20883.17 | 34 | 34 |
| 十一、买入返售证券 | 1 | | | | | |
| 十二、待处理流动资产损失 | | | | | | |
| 十三、长期投资 | 9316.59 | 20 | 20 | 9001.29 | 197 | 197 |
| 十四、固定资产净值 | 31921.58 | 803 | 292 | 35976.36 | 880 | 880 |
| 十五、固定资产清理 | 164.26 | | | 19.76 | | |
| 十六、在建工程 | | | | 94 | | |
| 十七、待处理固定资产损失 | | | | | | |
| 十八、无形资产 | 126.12 | | | 118.84 | | |
| 十九、递延资产 | 2778.89 | 422 | 168 | 2748.08 | 692 | 692 |
| 二十、其他非信贷资产 | 124550.01 | 56767.48 | 56735.48 | 116529.33 | 53134.48 | 53134.48 |
| 1.待处理抵债资产 | 1091 | 597 | 565 | 1091 | 1091 | 1091 |
| 2.应付福利费垫款 | 62.46 | | | | | |
| 3.未弥补亏损 | 57508 | 56169 | 56169 | 52042 | 52042 | 52042 |
| 4.待处理房改资产 | | | | | | |
| 5.待清理自办实体资产 | | | | | | |
| 6.待清理接收资产 | | | | | | |
| (1)待清理城信社资产 | | | | | | |
| (2)待清理城信社资产与负债差额 | | | | | | |
| (3)待清理信托资产 | | | | | | |
| (4)人行转来企业贷款本金 | | | | | | |
| (5)其他金融机构转来资产 | | | | | | |
| (6)其他待清理接收资产 | | | | | | |
| 7.其他非信贷资产 | 65888.55 | 1.48 | 1.48 | 63396.33 | 1.48 | 1.48 |
| 非信贷资产合计 | 1410398.2 | 61647.79 | 59412.11 | 1498393.2 | 58691.29 | 57976.49 |

# 5-89 吕梁市主要银行业机构表外业务情况表

单位:万元

| 项目 \ 指标 \ 时间 | 1季度 | | | 2季度 | | |
|---|---|---|---|---|---|---|
| | 余额 | 风险敞口 | 垫款期末余额 | 余额 | 风险敞口 | 垫款期末余额 |
| 一、担保类业务 | 73196 | 32562 | 473 | 54384 | 23219.5 | 461 |
| 1.开出银行承兑汇票 | 68452 | 29398 | 473 | 52424 | 21915.5 | 461 |
| 2.开出信用证 | 4744 | 3164 | | 1960 | 1304 | |
| 3.保函 | | | | | | |
| 4.债券发行担保 | | | | | | |
| 其中:可转换债券担保 | | | | | | |
| 5.其他担保类业务 | | | | | | |
| 二、承诺类业务 | | | | | | |
| 1.贷款承诺 | | | | | | |
| 2.循环授信额度 | | | | | | |
| 3.其他承诺类业务 | | | | | | |
| 三、金融衍生类业务 | | | | | | |
| 1.期权 | | | | | | |
| 2.互换 | | | | | | |
| 3.远期外汇 | | | | | | |

# 5-89 吕梁市主要银行业机构表外业务情况表

单位:万元

| 项目 \ 指标 \ 时间 | 3季度 | | | 4季度 | | |
|---|---|---|---|---|---|---|
| | 余额 | 风险敞口 | 垫款期末余额 | 余额 | 风险敞口 | 垫款期末余额 |
| 一、担保类业务 | 57477 | 34564 | 509 | 59695 | 34363 | 1063 |
| 1.开出银行承兑汇票 | 57382 | 34469 | 509 | 59695 | 34363 | 1063 |
| 2.开出信用证 | 95 | 95 | | | | |
| 3.保函 | | | | | | |
| 4.债券发行担保 | | | | | | |
| 其中:可转换债券担保 | | | | | | |
| 5.其他担保类业务 | | | | | | |
| 二、承诺类业务 | | | | | | |
| 1.贷款承诺 | | | | | | |
| 2.循环授信额度 | | | | | | |
| 3.其他承诺类业务 | | | | | | |
| 三、金融衍生类业务 | | | | | | |
| 1.期权 | | | | | | |
| 2.互换 | | | | | | |
| 3.远期外汇 | | | | | | |

注:本表机构包括农业发展银行、工商银行、农业银行、中国银行、建设银行。

# 5-90 吕梁市主要银行业机构贷款按逾期时间分类表

单位:万元

| 项目 \ 指标 \ 时间 | 上年末 | 一季度 | 二季度 | 三季度 | 四季度 |
|---|---|---|---|---|---|
| | 余额 | 余额 | 余额 | 余额 | 余额 |
| 各项贷款 | 865199 | 893767 | 786104 | 807668 | 819265.16 |
| 未到期贷款 | 623228 | 651848 | 603049 | 622309 | 636243.89 |
| 逾期类贷款 | 241971 | 241919 | 183055 | 185359 | 183021.27 |
| 其中:逾期0~3个月贷款 | 11261 | 5306 | 13775 | 12030 | 11105.04 |
| 逾期3~6个月贷款 | 8403 | 8682 | 4650 | 9679 | 3972 |
| 逾期6~9个月贷款 | 4572 | 7637 | 8259 | 2782 | 5033.57 |
| 逾期9个月~1年贷款 | 2814 | 4237 | 6918 | 5845 | 1710 |
| 逾期1年以上贷款 | 214921 | 216057 | 149453 | 155023 | 161200.66 |

注:本表机构包括农业发展银行、工商银行、农业银行、中国银行、建设银行。

# 5-91 吕梁市主要银行业机构贷款质量迁徙情况表

迁徙矩阵:

单位:%

| 项　目 | 正常类贷款 | 关注类贷款 | 次级类贷款 | 可疑类贷款 | 损失类贷款 |
|---|---|---|---|---|---|
| 正常类贷款 | 92.78 | 5.43 | 0.65 | 1.01 | 0.13 |
| 关注类贷款 | 0.00 | 39.50 | 46.30 | 13.30 | 0.90 |
| 次级类贷款 | 1.48 | 0.08 | 42.23 | 35.84 | 20.37 |
| 可疑类贷款 | | | 1.59 | 24.92 | 73.49 |
| 损失类贷款 | | | | | |

# 5-91 吕梁市主要银行业机构贷款质量迁徙情况表

单位:万元

| 项　目 | 分子 | 分母 | 比例% |
|---|---|---|---|
| 1.年初不良贷款率 | 248205.21 | 865199.32 | 28.69 |
| 2.期末不良贷款率 | 191558.75 | 819264.95 | 23.38 |
| 3.不良贷款率变动情况(1.-2.) | -56646.46 | -45934.37 | -5.31 |
| 4.贷款质量总体向上迁徙率 | 2162.00 | 193609.85 | 1.12 |
| 5.贷款质量总体向下迁徙率 | 127173.59 | 439268.86 | 28.95 |
| 6.正常类贷款向下迁徙率 | 20393.99 | 282637.37 | 7.22 |
| 7.关注类贷款向下迁徙率 | 12203.20 | 20171.29 | 60.50 |
| 8.次级类贷款向下迁徙率 | 18583.21 | 33056.93 | 56.22 |
| 9.可疑类贷款向下迁徙率 | 75993.19 | 103403.27 | 73.49 |
| 10.当年新增贷款不良率 | 1393.00 | 343017.73 | 0.41 |
| 11.当年新形成不良贷款率 | 25839.19 | 842232.14 | 3.07 |
| 12.贷款重组贡献度 | 488.00 | 515.00 | 94.76 |
| 13.不良贷款周转率 | 314700.45 | 616994.11 | 51.01 |
| 14.不良贷款处置收现率 | 7547.69 | 81955.65 | 9.21 |
| 15.不良贷款处置以物抵债率 | | 81955.65 | |
| 16.不良贷款处置核销率 | 1362.26 | 81955.65 | 1.66 |

注:本表机构包括农业发展银行、工商银行、农业银行、中国银行、建设银行。

# 5-92 吕梁市银行业金融机构部分行业贷款情况表

单位：万元

| 项目 \ 时间 | 1季度 | 2季度 | 3季度 | 4季度 | |
|---|---|---|---|---|---|
| | 余额 | 余额 | 余额 | 余额 | 比年初增减额 |
| 一、煤炭行业 | 63889.11 | 69098.69 | 80209.48 | 91120.76 | 24502.36 |
| 二、焦炭行业 | 279036.39 | 236264.06 | 250721.84 | 258008.39 | -7818.04 |
| (1)年产60万吨以上 | 135386 | 107450 | 110808 | 118586 | -17802 |
| (2)年产40万~60万吨 | 20615 | 21978 | 32695 | 30287 | 11125 |
| (3)年产20万~40万吨 | 44081.26 | 35866.46 | 30914.29 | 40212.85 | 7530.45 |
| (4)年产20万吨以下 | 78954.13 | 70969.6 | 76304.55 | 68922.54 | -8671.49 |
| 三、冶金行业 | 142307.4 | 130779.37 | 125459.41 | 124543.32 | -20499.06 |
| (1)普通钢 | 81291.02 | 72713.5 | 65741.5 | 60200.1 | -12524.9 |
| (2)特种钢 | | | | | |
| (3)生铁 | 57912.38 | 55024.87 | 56676.91 | 61712.22 | -8147.16 |
| (4)铁合金 | 2474 | 2423 | 2423 | 2013 | 383 |
| (5)电解铝 | | | | | |
| 四、建材行业 | 35928.7 | 31541.74 | 36192.38 | 32636.06 | -3021.94 |
| (1)水泥 | 24343.56 | 23570.93 | 21734.31 | 22203.9 | -1911.16 |
| 五、交通行业 | 18474.39 | 19328.39 | 18526.39 | 14717.39 | -7760 |
| (1)公路 | 18355 | 19209 | 18419 | 14610 | -7748 |
| (2)铁路 | | | | | |
| 六、化工行业 | 40178.41 | 60109.56 | 64448.33 | 56652.17 | 17521.13 |
| (1)电石 | 1983.36 | 577.2 | 978.14 | 588.4 | -1232.1 |
| 七、电力行业 | 12905 | 11157 | 13367 | 17002 | 6195 |
| 八、房地产业 | 35349.98 | 31907.43 | 30957.77 | 28921.09 | -4212.26 |
| (1)房地产开发商贷款 | 5295 | 4970 | 4950 | 4595 | -710 |
| (2)住房开发贷款 | 796.7 | 520 | 130 | 130 | -1251.6 |
| (3)政府土地储备机构贷款 | | | | | |
| (4)单位购置商业用房贷款 | 295 | | | | -331 |
| (5)个人购房贷款 | 25879.28 | 24157.43 | 23687.77 | 22226.09 | -1018.66 |
| 九、医药制造业 | 1230.6 | 1003.6 | 1003.6 | 869.6 | 189 |
| 十、机械制造业 | 7826.55 | 6056.32 | 6159.32 | 6159.92 | -1186.13 |
| 合计 | 637126.53 | 597246.16 | 627045.52 | 630630.7 | 3910.06 |

注：本表机构包括工商银行、农业银行、中国银行、建设银行、农村信用社。

# 5-93 吕梁市银行业金融机构部分行业不良贷款情况表(五级分类)

单位:万元

| 项目 \ 指标 \ 时间 | 1季度 | | 2季度 | | 3季度 | |
|---|---|---|---|---|---|---|
| | 余额 | 比例% | 余额 | 比例% | 余额 | 比例% |
| 一、煤炭行业 | 11153.15 | 27.11 | 7884.9 | 17.21 | 7887.89 | 14.46 |
| 二、焦炭行业 | 15528.1 | 6.90 | 11801 | 6.53 | 11790 | 5.99 |
| (1)年产60万吨以上 | 3480 | 2.89 | 3480 | 3.76 | 3480 | 3.61 |
| (2)年产40万～60万吨 | | | | | | |
| (3)年产20万～40万吨 | 683 | 1.80 | 683 | 2.50 | 938 | 4.16 |
| (4)年产20万吨以下 | 11365.1 | 21.69 | 7638 | 16.94 | 7372 | 14.38 |
| 三、冶金行业 | 21528.76 | 19.09 | 17953 | 17.75 | 17953 | 19.01 |
| (1)普通钢 | 600 | 0.75 | 596 | 0.84 | 596 | 0.93 |
| (2)特种钢 | | | | | | |
| (3)生铁 | 20033.76 | 65.34 | 16513 | 59.65 | 16513 | 59.08 |
| (4)铁合金 | 895 | 36.18 | 844 | 34.83 | 844 | 34.83 |
| (5)电解铝 | | | | | | |
| 四、建材行业 | 11357.88 | 44.23 | 6464 | 30.20 | 6464 | 23.36 |
| (1)水泥 | 9001.55 | 56.17 | 5881 | 38.55 | 5881 | 42.26 |
| 五、交通行业 | 146 | 0.81 | 100 | 0.53 | 210 | 1.16 |
| (1)公路 | 110 | 0.61 | 64 | 0.34 | 174 | 0.96 |
| (2)铁路 | | | | | | |
| 六、化工行业 | 14669.47 | 43.11 | 3284 | 6.06 | 3284 | 5.66 |
| (1)电石 | 1561.5 | 78.73 | 89 | 15.42 | 89 | 9.10 |
| 七、电力行业 | 447 | 3.46 | | | | |
| 八、房地产业 | 1977.89 | 6.28 | 611.2 | 2.15 | 521.53 | 1.90 |
| (1)房地产开发商贷款 | 335 | 18.77 | 290 | 16.67 | 270 | 15.70 |
| (2)住房开发贷款 | 666.7 | 89.29 | | | | |
| (3)政府土地储备机构贷款 | | | | | | |
| (4)单位购置商业用房贷款 | 295 | 100.00 | | | | |
| (5)个人购房贷款 | 259.19 | 1.01 | 321.2 | 1.34 | 251.53 | 1.07 |
| 九、医药制造业 | 777 | 65.18 | 550 | 56.99 | 550 | 56.99 |
| 十、机械制造业 | 5827.73 | 88.54 | 4190 | 86.50 | 4190 | 87.22 |
| 合计 | 83412.98 | 16.40 | 52838.1 | 11.30 | 52850.42 | 10.65 |

注:本表机构包括工商银行、农业银行、中国银行、建设银行。

# 5-93 吕梁市银行业金融机构部分行业不良贷款情况表(五级分类)

单位:万元

| 项目 \ 指标 \ 时间 | 4季度 | | | |
|---|---|---|---|---|
| | 余额 | 比例% | 余额比年初增减 | 比例比年初增减 |
| 一、煤炭行业 | 9947 | 17.13 | -2275.16 | -10.30 |
| 二、焦炭行业 | 13380 | 6.58 | -1106.1 | -0.23 |
| (1)年产60万吨以上 | 3480 | 3.41 | | 0.55 |
| (2)年产40万~60万吨 | 652 | 2.91 | 652 | 2.91 |
| (3)年产20万~40万吨 | 703 | 2.12 | 681 | 2.04 |
| (4)年产20万吨以下 | 8545 | 18.65 | -2439.1 | -3.19 |
| 三、冶金行业 | 19281.38 | 21.41 | -2662.38 | 2.36 |
| (1)普通钢 | 2061 | 3.52 | 1461 | 2.68 |
| (2)特种钢 | | | | |
| (3)生铁 | 16376.38 | 55.45 | -4916.38 | 5.23 |
| (4)铁合金 | 844 | 41.93 | 793 | 38.80 |
| (5)电解铝 | | | | |
| 四、建材行业 | 11056 | 47.97 | 19.32 | 4.90 |
| (1)水泥 | 10379 | 77.92 | 1711.45 | 23.71 |
| 五、交通行业 | 81 | 0.57 | -89 | -0.21 |
| (1)公路 | 45 | 0.32 | -89 | -0.30 |
| (2)铁路 | | | | |
| 六、化工行业 | 3284 | 6.42 | -12007.47 | -38.68 |
| (1)电石 | 89 | 15.13 | -1472.5 | -70.65 |
| 七、电力行业 | 135 | 0.79 | -160 | -1.94 |
| 八、房地产业 | 379.78 | 1.49 | -1845.19 | -6.11 |
| (1)房地产开发商贷款 | 270 | 19.71 | -75 | 0.49 |
| (2)住房开发贷款 | | | -851.6 | -63.95 |
| (3)政府土地储备机构贷款 | | | | |
| (4)单位购置商业用房贷款 | | | -331 | |
| (5)个人购房贷款 | 109.78 | 0.50 | -176.59 | -0.75 |
| 九、医药制造业 | 550 | 65.87 | 323 | 30.51 |
| 十、机械制造业 | 4190 | 87.22 | -1640.73 | -5.32 |
| 合计 | 62284.16 | 12.77 | -21443.71 | -3.95 |

# 5-93 吕梁市银行业金融机构部分行业不良贷款情况表(四级分类)

单位:万元

| 指标 时间 项目 | 1季度 | | 2季度 | | 3季度 | |
|---|---|---|---|---|---|---|
| | 余额 | 比例% | 余额 | 比例% | 余额 | 比例% |
| 一、煤炭行业 | 11399.23 | 50.11 | 11928.28 | 51.24 | 12859.09 | 50.14 |
| 二、焦炭行业 | 19681.71 | 36.40 | 21545.02 | 38.84 | 20238.12 | 37.64 |
| (1)年产60万吨以上 | | | | | 160 | 1.11 |
| (2)年产40万~60万吨 | | | | | | |
| (3)年产20万~40万吨 | 605 | 9.89 | 605 | 7.06 | 1555 | 18.57 |
| (4)年产20万吨以下 | 19076.71 | 71.87 | 20940.02 | 80.88 | 18523.12 | 74.03 |
| 三、冶金行业 | 10716.36 | 36.26 | 11046.61 | 37.28 | 12738.61 | 41.07 |
| (1)普通钢 | 936 | 55.88 | 936 | 55.88 | 936 | 55.88 |
| (2)特种钢 | | | | | | |
| (3)生铁 | 9780.36 | 35.89 | 10110.61 | 36.98 | 11802.61 | 41.09 |
| (4)铁合金 | | | | | | |
| (5)电解铝 | | | | | | |
| 四、建材行业 | 4477.19 | 43.67 | 4477.19 | 44.17 | 4680.78 | 54.92 |
| (1)水泥 | 3783.88 | 45.50 | 3783.88 | 45.50 | 4583.97 | 58.64 |
| 五、交通行业 | 133.97 | 25.35 | 133.97 | 25.35 | 4.09 | 0.98 |
| (1)公路 | 100 | 22.47 | 100 | 22.47 | | |
| (2)铁路 | | | | | | |
| 六、化工行业 | 1479.84 | 24.05 | 1482.66 | 24.98 | 1973.99 | 30.74 |
| (1)电石 | | | | | | |
| 七、电力行业 | | | | | | |
| 八、房地产业 | 680 | 17.60 | 350 | 9.97 | 350 | 9.97 |
| (1)房地产开发商贷款 | 580 | 16.52 | 300 | 9.29 | 300 | 9.29 |
| (2)住房开发贷款 | 50 | 100 | 50 | 100 | 50 | 100 |
| (3)政府土地储备机构贷款 | | | | | | |
| (4)单位购置商业用房贷款 | | | | | | |
| (5)个人购房贷款 | 50 | 16.45 | | | | |
| 九、医药制造业 | | | | | | |
| 十、机械制造业 | 27.6 | 2.22 | 27.6 | 2.28 | 27.6 | 2.03 |
| 合计 | 48595.9 | 37.83 | 50991.33 | 39.30 | 52872.28 | 40.45 |

注:本表机构为农村信用社。

# 5-93 吕梁市银行业金融机构部分行业不良贷款情况表(四级分类)

单位:万元

| 项目 \ 指标 \ 时间 | 4季度 | | | |
|---|---|---|---|---|
| | 余额 | 比例% | 余额比年初增减 | 比例比年初增减 |
| 一、煤炭行业 | 11940.09 | 36.13 | 429.92 | -16.03 |
| 二、焦炭行业 | 18460.82 | 33.71 | -1638.85 | -4.12 |
| (1)年产60万吨以上 | 160 | 0.96 | 40 | 0.15 |
| (2)年产40万~60万吨 | | | | |
| (3)年产20万~40万吨 | 1624 | 22.97 | 1016 | 10.71 |
| (4)年产20万吨以下 | 16676.82 | 72.18 | -2694.85 | 1.20 |
| 三、冶金行业 | 12250.79 | 35.54 | 1638.43 | -0.057 |
| (1)普通钢 | 1675 | 100 | 1075 | 64.18 |
| (2)特种钢 | | | | |
| (3)生铁 | 10575.79 | 32.86 | 563.43 | -3.60 |
| (4)铁合金 | | | | |
| (5)电解铝 | | | | |
| 四、建材行业 | 5262.67 | 54.88 | 774.98 | 10.14 |
| (1)水泥 | 5166.24 | 58.15 | 1371.86 | 11.47 |
| 五、交通行业 | 104.09 | 20.16 | -229.88 | -25.69 |
| (1)公路 | 100 | 22.47 | -200 | -24.04 |
| (2)铁路 | | | | |
| 六、化工行业 | 1545.73 | 28.18 | 171.9 | 1.89 |
| (1)电石 | | | | |
| 七、电力行业 | | | | |
| 八、房地产业 | 50 | 1.43 | -630 | -16.10 |
| (1)房地产开发商贷款 | | | -580 | -16.52 |
| (2)住房开发贷款 | 50 | 100 | | |
| (3)政府土地储备机构贷款 | | | | |
| (4)单位购置商业用房贷款 | | | | |
| (5)个人购房贷款 | | | -50 | -15.67 |
| 九、医药制造业 | | | | |
| 十、机械制造业 | 27.6 | 2.04 | | -0.60 |
| 合计 | 49641.79 | 34.77 | 516.5 | -4.23 |

# 5-94 吕梁市主要银行业机构客户大额授信和零售贷款违约客户情况统计时序表

单位:个、亿元、%

| 时间＼指标项目 | 客户大额授信统计 | | | | | | | | 关联企业授信 | 关联企业贷款 | 零售贷款违约统计 | |
|---|---|---|---|---|---|---|---|---|---|---|---|---|
| | 客户数 | 授信额度 | 贷款余额 | 不良贷款 | 不良占比 | 预警信息 | | | | | 法人违约数 | 个人违约数 |
| | | | | | | 客户数 | 贷款 | 不良贷款 | | | | |
| 1月 | 4 | 6.54 | 6.54 | | | | | | | | 15 | 529 |
| 2月 | 4 | 6.35 | 6.35 | | | | | | | | 15 | 887 |
| 3月 | 2 | 3.56 | 3.56 | | | | | | | | 15 | 693 |
| 4月 | 2 | 3.12 | 3.12 | | | | | | | | 15 | 717 |
| 5月 | 2 | 3.16 | 3.16 | | | | | | | | 10 | 727 |
| 6月 | 2 | 3.04 | 3.04 | | | | | | | | 2 | 722 |
| 7月 | 2 | 3.22 | 3.22 | | | | | | | | 2 | 692 |
| 8月 | 4 | 5.59 | 5.59 | | | | | | | | 2 | 653 |
| 9月 | 2 | 2.68 | 2.68 | | | | | | | | 2 | 689 |
| 10月 | 3 | 4.69 | 4.69 | | | | | | | | 2 | 576 |
| 11月 | 12 | 10.93 | 18.66 | | | | | | | | 1 | 802 |
| 12月 | 10 | 4.81 | 16.18 | | | | | | | | 1 | 746 |

注:本表机构包括工商银行、农业银行、中国银行、建设银行。

# 5-95 吕梁市银行业金融机构案件信息统计表

单位：万元、件

| 项 目 | 案 件 | | 其中：百万元以上案件 | |
|---|---|---|---|---|
| | 本年累计发生 | 比上年同期增减 | 本年累计发生 | 比上年同期增减 |
| 经济案件数量 | 0 | 0 | 0 | 0 |
| 其中：挪用 | 0 | 0 | 0 | 0 |
| 贪污 | 0 | 0 | 0 | 0 |
| 侵占 | 0 | 0 | 0 | 0 |
| 贿赂 | 0 | 0 | 0 | 0 |
| 经济案件涉案金额 | 0 | 0 | 0 | 0 |
| 其中：挪用 | 0 | 0 | 0 | 0 |
| 贪污 | 0 | 0 | 0 | 0 |
| 侵占 | 0 | 0 | 0 | 0 |
| 贿赂 | 0 | 0 | 0 | 0 |
| 经济案件风险金额 | 0 | 0 | 0 | 0 |
| 其中：挪用 | 0 | 0 | 0 | 0 |
| 贪污 | 0 | 0 | 0 | 0 |
| 侵占 | 0 | 0 | 0 | 0 |
| 贿赂 | 0 | 0 | 0 | 0 |
| 违规经营数量 | 2 | 2 | 0 | 0 |
| 其中：违反金融法规 | 1 | 1 | 0 | 0 |
| 违反财经纪律 | 1 | 0 | 0 | 0 |
| 破坏金融秩序 | 0 | 0 | 0 | 0 |
| 违规经营涉案金额 | 32.66 | 32.66 | 0 | 0 |
| 其中：违反金融法规 | 32.66 | 32.66 | 0 | 0 |
| 违反财经纪律 | 0 | 0 | 0 | 0 |
| 破坏金融秩序 | 0 | 0 | 0 | 0 |
| 违规经营风险金额 | 0 | 0 | 0 | 0 |
| 其中：违反金融法规 | 0 | 0 | 0 | 0 |
| 违反财经纪律 | 0 | 0 | 0 | 0 |
| 破坏金融秩序 | 0 | 0 | 0 | 0 |
| 诈骗案件数量 | 1 | 1 | 0 | 0 |
| 诈骗案件涉案金额 | 13.3 | 13.3 | 0 | 0 |
| 诈骗案件风险金额 | 13.3 | 13.3 | 0 | 0 |
| 抢劫案件数量 | 0 | 0 | 0 | 0 |
| 抢劫案件涉案金额 | 0 | 0 | 0 | 0 |
| 抢劫案件风险金额 | 0 | 0 | 0 | 0 |
| 盗窃案件数量 | 0 | 0 | 0 | 0 |
| 盗窃案件涉案金额 | 0 | 0 | 0 | 0 |
| 盗窃案件风险金额 | 0 | 0 | 0 | 0 |
| 各类案件数量总计 | 3 | 3 | 0 | 0 |
| 各类案件涉案金额总计 | 45.96 | 45.96 | 0 | 0 |
| 各类案件风险金额总计 | 13.3 | 13.3 | 0 | 0 |

注：本表机构包括辖内所有银行业金融机构。

# 5-96 晋中市银行业金融机构资产负债表

单位:万元

| 项目 \ 时间 | 1月 | 2月 | 3月 | 4月 | 5月 |
|---|---|---|---|---|---|
| | 余额 | 余额 | 余额 | 余额 | 余额 |
| 流动资产 | 3828236 | 3888132 | 4054769 | 4085925 | 4162710 |
| 一、现金及银行存款 | 56210 | 51149 | 57528 | 46928 | 49223 |
| 二、存放中央银行 | 631018 | 656837 | 623814 | 597195 | 594540 |
| 三、存放同业 | 199828 | 191883 | 237636 | 231603 | 235186 |
| 四、存放联行款项 | 1108523 | 1130717 | 1266260 | 1288761 | 1358491 |
| 五、拆放同业 | 738 | 738 | 738 | 738 | 738 |
| 六、短期贷款 | 1537769 | 1535000 | 1534113 | 1549428 | 1498818 |
| 七、应收账款 | 9340 | 13606 | 6981 | 27859 | 69720 |
| 其中:应收利息 | 10774 | 14829 | 7880 | 11233 | 15037 |
| 八、减:坏账准备 | 10048 | 10044 | 8800 | 8588 | 8590 |
| 九、短期投资 | 24 | 24 | 24 | 52 | 115 |
| 十、减:短期投资跌价准备 | | | | | |
| 十一、委托贷款及投资 | | | | | |
| 十二、买入返售资产 | 160 | 160 | 160 | 160 | 160 |
| 十三、待处理流动资产损失 | | | | | |
| 十四、其他流动资产 | 294674 | 318061 | 336315 | 351789 | 364310 |
| 长期资产 | 536012 | 540497 | 555604 | 554999 | 546532 |
| 十五、中长期贷款 | 445000 | 449617 | 445666 | 444229 | 435727 |
| 十六、减:贷款损失准备 | 8040 | 8111 | 7935 | 7929 | 7657 |
| 十七、长期投资 | 30577 | 30364 | 50706 | 50723 | 50762 |
| 十八、减:长期投资减值准备 | 2689 | 2689 | 2689 | 2689 | 2689 |
| 十九、固定资产净值 | 66699 | 66846 | 66526 | 66801 | 66349 |
| 固定资产 | 94646 | 95369 | 95671 | 96236 | 95768 |
| 减:累计折旧 | 27947 | 28523 | 29145 | 29435 | 29419 |
| 二十、固定资产减值准备 | | | | | |
| 二十一、固定资产清理 | 1207 | 1207 | 67 | 67 | 175 |
| 二十二、在建工程 | 2775 | 2780 | 2780 | 3314 | 3382 |
| 二十三、减:在建工程减值准备 | | | | | |
| 二十四、待处理固定资产损失 | 483 | 483 | 483 | 483 | 483 |
| 无形递延及其他资产 | 1348 | 983 | -224 | -1130 | -2954 |
| 二十五、无形递延及其他资产 | 1643 | 1278 | 71 | -835 | -2659 |
| 二十六、减:抵债资产减值准备 | | | | | |
| 二十七、减:无形资产减值准备 | 227 | 227 | 227 | 227 | 227 |
| 二十八、减:其他资产减值准备 | 68 | 68 | 68 | 68 | 68 |
| 资产总计 | 4365595 | 4429611 | 4610149 | 4639794 | 4706288 |

注:本表机构包括辖内所有银行业金融机构。

# 5–96 晋中市银行业金融机构资产负债表

单位：万元

| 项目 \ 时间 | 6月 | 7月 | 8月 | 9月 | 10月 |
|---|---|---|---|---|---|
| | 余额 | 余额 | 余额 | 余额 | 余额 |
| 流动资产 | 4259317 | 4269524 | 4304730 | 4395224 | 4438610 |
| 一、现金及银行存款 | 56391 | 47685 | 51225 | 64961 | 54602 |
| 二、存放中央银行 | 596080 | 595699 | 602684 | 607331 | 621180 |
| 三、存放同业 | 264226 | 249630 | 249969 | 262947 | 247160 |
| 四、存放联行款项 | 1372756 | 1388546 | 1375221 | 1402748 | 1410424 |
| 五、拆放同业 | 638 | 638 | 638 | 638 | 618 |
| 六、短期贷款 | 1461135 | 1469568 | 1486493 | 1510628 | 1537942 |
| 七、应收账款 | 134511 | 137625 | 143339 | 134114 | 140771 |
| 其中：应收利息 | 6746 | 10838 | 15124 | 7167 | 10785 |
| 八、减：坏账准备 | 9757 | 9690 | 9689 | 9865 | 9859 |
| 九、短期投资 | 24 | 24 | 24 | 23 | 24 |
| 十、减：短期投资跌价准备 | | | | | |
| 十一、委托贷款及投资 | | | | | |
| 十二、买入返售资产 | 160 | 160 | 160 | 160 | 160 |
| 十三、待处理流动资产损失 | | | | | |
| 十四、其他流动资产 | 383153 | 389639 | 404666 | 421538 | 435589 |
| 长期资产 | 607102 | 598536 | 595536 | 595887 | 591129 |
| 十五、中长期贷款 | 484175 | 475850 | 473344 | 442962 | 439385 |
| 十六、减：贷款损失准备 | 7493 | 7318 | 7659 | 7588 | 7815 |
| 十七、长期投资 | 60241 | 60165 | 60257 | 91517 | 90804 |
| 十八、减：长期投资减值准备 | 2689 | 2689 | 2689 | 2689 | 2689 |
| 十九、固定资产净值 | 67935 | 67767 | 67701 | 67001 | 66685 |
| 固定资产 | 98144 | 98279 | 98277 | 98317 | 98247 |
| 减：累计折旧 | 30209 | 30512 | 30576 | 31315 | 31562 |
| 二十、固定资产减值准备 | 165 | 165 | 165 | 165 | 165 |
| 二十一、固定资产清理 | 424 | 247 | 177 | 234 | 273 |
| 二十二、在建工程 | 4191 | 4196 | 4253 | 4298 | 4334 |
| 二十三、减:在建工程减值准备 | | | | | |
| 二十四、待处理固定资产损失 | 483 | 483 | 317 | 317 | 317 |
| 无形递延及其他资产 | –5626 | –5426 | –5413 | –4970 | –4949 |
| 二十五、无形递延及其他资产 | –5558 | –5358 | –5345 | –4902 | –4901 |
| 二十六、减:抵债资产减值准备 | | | | | |
| 二十七、减:无形资产减值准备 | | | | | |
| 二十八、减:其他资产减值准备 | 68 | 68 | 68 | 68 | 48 |
| 资产总计 | 4860793 | 4862634 | 4894853 | 4986141 | 5024790 |

# 5-96 晋中市银行业金融机构资产负债表

单位:万元

| 项目 \ 时间 | 11月 | 12月 | | |
|---|---|---|---|---|
| | 余额 | 余额 | 比同期增减额 | 比同期增长% |
| 流动资产 | 4520608 | 4642715 | 1044503 | 29.03 |
| 一、现金及银行存款 | 55458 | 55625 | 24336 | 77.78 |
| 二、存放中央银行 | 638353 | 766689 | -22097 | -2.80 |
| 三、存放同业 | 251426 | 237817 | 79093 | 49.83 |
| 四、存放联行款项 | 1476313 | 1570908 | 584468 | 59.25 |
| 五、拆放同业 | 618 | 618 | -120 | -16.26 |
| 六、短期贷款 | 1518949 | 1543908 | 68229 | 4.62 |
| 七、应收账款 | 144007 | -5082 | -9818 | -207.31 |
| 其中:应收利息 | 13985 | 6760 | 152 | 2.30 |
| 八、减:坏账准备 | 19747 | 24766 | 18010 | 266.58 |
| 九、短期投资 | 20 | 20 | -16 | -44.44 |
| 十、减:短期投资跌价准备 | | | | |
| 十一、委托贷款及投资 | | | | |
| 十二、买入返售资产 | 160 | 160 | | |
| 十三、待处理流动资产损失 | | | | |
| 十四、其他流动资产 | 455051 | 496817 | 338438 | 213.69 |
| 长期资产 | 583685 | 571898 | 42361 | 8.00 |
| 十五、中长期贷款 | 429376 | 418293 | -22612 | -5.13 |
| 十六、减:贷款损失准备 | 8317 | 15451 | 4197 | 37.29 |
| 十七、长期投资 | 91131 | 90153 | 58754 | 187.12 |
| 十八、减:长期投资减值准备 | 2689 | 2689 | -500 | -15.68 |
| 十九、固定资产净值 | 67662 | 74476 | 7289 | 10.85 |
| 固定资产 | 99840 | 103023 | 7826 | 8.22 |
| 减:累计折旧 | 32178 | 28547 | 537 | 1.92 |
| 二十、固定资产减值准备 | | | -50 | -100.00 |
| 二十一、固定资产清理 | 266 | 205 | -1007 | -83.12 |
| 二十二、在建工程 | 5938 | 6595 | 3751 | 131.89 |
| 二十三、减:在建工程减值准备 | | | | |
| 二十四、待处理固定资产损失 | 317 | 317 | -166 | -34.37 |
| 无形递延及其他资产 | -5058 | -5701 | -6751 | -643.08 |
| 二十五、无形递延及其他资产 | -5010 | -5653 | -6998 | -520.37 |
| 二十六、减:抵债资产减值准备 | | | | |
| 二十七、减:无形资产减值准备 | | | -227 | -100.00 |
| 二十八、减:其他资产减值准备 | 48 | 48 | -20 | -29.41 |
| 资产总计 | 5099234 | 5208912 | 1080114 | 26.16 |

# 5-96 晋中市银行业金融机构资产负债表

单位：万元

| 项目 \ 时间 | 1月 | 2月 | 3月 | 4月 | 5月 |
|---|---|---|---|---|---|
| | 余额 | 余额 | 余额 | 余额 | 余额 |
| 流动负债 | 1890337 | 1859780 | 2002164 | 1996675 | 2022708 |
| 一、短期存款 | 871764 | 846214 | 917852 | 892650 | 906256 |
| 二、活期储蓄存款 | 662134 | 694729 | 721284 | 730652 | 734603 |
| 三、财政性存款 | 6207 | 5230 | 6971 | 7425 | 7405 |
| 四、向中央银行借款 | 35395 | 35298 | 34670 | 37177 | 38070 |
| 五、同业存放 | 170176 | 157576 | 197099 | 194016 | 199526 |
| 六、联行存放 | | | | | |
| 七、同业拆入 | 300 | 300 | 300 | 300 | 300 |
| 八、应解汇款及临时存款 | 3451 | 2747 | 1478 | 1470 | 943 |
| 九、汇出汇款 | 26769 | 14580 | 16170 | 20475 | 28022 |
| 十、委托存款 | -459 | -434 | -451 | -486 | -490 |
| 十一、卖出回购资产 | | | | | |
| 十二、应付及预提账项 | 54250 | 46191 | 46943 | 49370 | 48695 |
| 十三、存放短期保证金 | 27409 | 28193 | 31690 | 31792 | 30329 |
| 十四、发行短期债券 | | | | | |
| 十五、其他流动负债 | 32941 | 29156 | 28159 | 31834 | 29049 |
| 长期负债 | 2485641 | 2577386 | 2611408 | 2646173 | 2681713 |
| 十六、长期存款 | 104135 | 101943 | 105650 | 110236 | 112169 |
| 十七、定期储蓄存款 | 2380791 | 2474739 | 2505046 | 2535198 | 2568289 |
| 十八、存放长期保证金 | | | | | |
| 十九、发行长期债券 | | | | | |
| 二十、其他长期负债 | 715 | 704 | 712 | 739 | 1255 |
| 所有者权益 | -10382 | -7555 | -3423 | -3055 | 1867 |
| 二十一、实收资本 | 103889 | 104633 | 102744 | 103599 | 103928 |
| 二十二、资本公积 | 1058 | 1058 | 1058 | 1057 | 1057 |
| 二十三、公积金 | 5432 | 5432 | 5394 | 5477 | 5333 |
| 二十四、公益金 | -20 | -20 | -20 | -19 | -20 |
| 二十五、未分配利润 | -120741 | -118658 | -112599 | -113169 | -108431 |
| 其中：本年利润 | 4316 | 6828 | 8859 | 12475 | 16475 |
| 二十六、一般准备金 | | | | | |
| 负债总计 | 4365595 | 4429611 | 4610149 | 4639794 | 4706288 |

# 5-96 晋中市银行业金融机构资产负债表

单位:万元

| 项目 \ 时间 | 6月 | 7月 | 8月 | 9月 | 10月 |
|---|---|---|---|---|---|
| | 余额 | 余额 | 余额 | 余额 | 余额 |
| 流动负债 | 2127492 | 2094827 | 2094470 | 2136646 | 2139331 |
| 一、短期存款 | 957957 | 948368 | 934501 | 943095 | 956378 |
| 二、活期储蓄存款 | 767756 | 769089 | 778698 | 787974 | 779575 |
| 三、财政性存款 | 7915 | 7732 | 9438 | 16994 | 17214 |
| 四、向中央银行借款 | 37230 | 36830 | 37330 | 38130 | 37780 |
| 五、同业存放 | 230746 | 211918 | 213641 | 225757 | 218539 |
| 六、联行存放 | | | | | |
| 七、同业拆入 | 300 | 300 | 300 | 300 | 300 |
| 八、应解汇款及临时存款 | 2323 | 1632 | 1944 | 2756 | 1896 |
| 九、汇出汇款 | 12826 | 19240 | 17054 | 14634 | 21551 |
| 十、委托存款 | -500 | -5498 | -5476 | -22041 | -22016 |
| 十一、卖出回购资产 | | | | | |
| 十二、应付及预提账项 | 53950 | 49507 | 49257 | 55819 | 56513 |
| 十三、存放短期保证金 | 28869 | 26772 | 29651 | 33448 | 30200 |
| 十四、发行短期债券 | | | | | |
| 十五、其他流动负债 | 28120 | 28937 | 28132 | 39781 | 41401 |
| 长期负债 | 2722440 | 2753746 | 2781002 | 2812624 | 2842538 |
| 十六、长期存款 | 117340 | 128986 | 129289 | 120213 | 116644 |
| 十七、定期储蓄存款 | 2603916 | 2623891 | 2651255 | 2691042 | 2724543 |
| 十八、存放长期保证金 | | | | | |
| 十九、发行长期债券 | | | | 1 | 1 |
| 二十、其他长期负债 | 1184 | 869 | 458 | 1368 | 1351 |
| 所有者权益 | 10861 | 14062 | 19381 | 36871 | 42921 |
| 二十一、实收资本 | 105177 | 105585 | 105705 | 106477 | 107143 |
| 二十二、资本公积 | 1058 | 1058 | 1058 | 1058 | 1058 |
| 二十三、公积金 | 5333 | 5333 | 5333 | 5333 | 5329 |
| 二十四、公益金 | -20 | -20 | -20 | -20 | -20 |
| 二十五、未分配利润 | -100687 | -97894 | -92695 | -75977 | -70589 |
| 其中:本年利润 | 20910 | 23723 | 28922 | 34615 | 38691 |
| 二十六、一般准备金 | | | | | |
| 负债总计 | 4860793 | 4862634 | 4894853 | 4986141 | 5024790 |

# 5-96 晋中市银行业金融机构资产负债表

单位:万元

| 项目＼时间 | 11月 | 12月 | | |
|---|---|---|---|---|
| | 余额 | 余额 | 比同期增减额 | 比同期增长% |
| 流动负债 | 2191755 | 2242458 | 529035 | 30.88 |
| 一、短期存款 | 980638 | 951236 | 126629 | 15.36 |
| 二、活期储蓄存款 | 805374 | 821150 | 175076 | 27.10 |
| 三、财政性存款 | 16497 | 11373 | 2417 | 26.99 |
| 四、向中央银行借款 | 38580 | 40300 | 3180 | 8.57 |
| 五、同业存放 | 212747 | 253353 | 87474 | 52.37 |
| 六、联行存放 | | | | |
| 七、同业拆入 | 300 | 300 | | |
| 八、应解汇款及临时存款 | 1641 | 8270 | 2176 | 35.70 |
| 九、汇出汇款 | 17623 | 26231 | -15228 | -36.73 |
| 十、委托存款 | -27043 | -21708 | 72635 | -76.99 |
| 十一、卖出回购资产 | | | | |
| 十二、应付及预提账项 | 68722 | 67827 | 21142 | 45.29 |
| 十三、存放短期保证金 | 35149 | 46645 | 16919 | 56.92 |
| 十四、发行短期债券 | | | | |
| 十五、其他流动负债 | 41528 | 37482 | 36616 | 4228.18 |
| 长期负债 | 2877306 | 2928026 | 500214 | 20.60 |
| 十六、长期存款 | 123502 | 129168 | 32454 | 33.56 |
| 十七、定期储蓄存款 | 2752795 | 2797912 | 477980 | 20.60 |
| 十八、存放长期保证金 | | | | |
| 十九、发行长期债券 | | 1 | 1 | |
| 二十、其他长期负债 | 1008 | 945 | -10221 | -91.54 |
| 所有者权益 | 30174 | 38428 | 50864 | -409.01 |
| 二十一、实收资本 | 107877 | 92566 | -11097 | -10.70 |
| 二十二、资本公积 | 1058 | 1148 | 92 | 8.71 |
| 二十三、公积金 | 5329 | 23546 | 19893 | 544.57 |
| 二十四、公益金 | -20 | -90 | -70 | 350.00 |
| 二十五、未分配利润 | -84070 | -78742 | 42046 | -34.81 |
| 其中:本年利润 | 25209 | 22934 | 4112 | 21.84 |
| 二十六、一般准备金 | | | | |
| 负债总计 | 5099234 | 5208912 | 1080114 | 26.16 |

# 5-97 晋中市金融机构存、贷款指标

单位:万元

| 项目 \ 时间 | 1月 | 2月 | 3月 | 4月 | 5月 |
|---|---|---|---|---|---|
| | 余额 | 余额 | 余额 | 余额 | 余额 |
| 一、各项存款 | 4082446 | 4180699 | 4322089 | 4342110 | 4400973 |
| 1.企事业单位存款 | 679606 | 673280 | 725303 | 703296 | 709203 |
| (1)活期存款 | 578521 | 574387 | 624603 | 599094 | 606534 |
| (2)定期存款 | 101085 | 98893 | 100700 | 104202 | 102669 |
| 2.储蓄存款 | 3042925 | 3169469 | 3226330 | 3265850 | 3302892 |
| (1)活期储蓄 | 662134 | 694730 | 721284 | 730652 | 734603 |
| (2)定期储蓄 | 2380791 | 2474739 | 2505046 | 2535198 | 2568289 |
| 3.信托存款 | | | | | |
| 4.委托存款 | -459 | -434 | -451 | -486 | -490 |
| 5.其他存款 | 360374 | 338384 | 370908 | 373450 | 389368 |
| 二、各项贷款 | 1982769 | 1984617 | 1979779 | 1993657 | 1934545 |
| 1.短期贷款 | 1423262 | 1431558 | 1433212 | 1456224 | 1406524 |
| 2.中长期贷款 | 445000 | 449617 | 445666 | 444229 | 435727 |
| 3.信托贷款 | 0 | 0 | 0 | 0 | 0 |
| 4.委托贷款 | 0 | 0 | 0 | 0 | 0 |
| 5.其他贷款 | 0 | 0 | 0 | 0 | 0 |
| 6.票据融资 | 114107 | 103042 | 100501 | 92804 | 91914 |
| 7.各项垫款 | 400 | 400 | 400 | 400 | 380 |

注:1.本表机构包括人民银行、政策性银行、国有独资商业银行、城市信用社、农村信用社、邮政储汇局。

2.因工商银行于2005年6月进行了不良资产剥离,本表中各项贷款项目"余额"为资产剥离后的真实数据,"比年初增减额"为调整后的可比口径数据。贷款剥离13.12亿元。

# 5-97 晋中市金融机构存、贷款指标

单位:万元

| 项目 \ 时间 | 6月 | 7月 | 8月 | 9月 | 10月 |
|---|---|---|---|---|---|
| | 余额 | 余额 | 余额 | 余额 | 余额 |
| 一、各项存款 | 4531746 | 4543390 | 4578012 | 4642496 | 4662814 |
| 1.企事业单位存款 | 751806 | 752791 | 741455 | 741937 | 754314 |
| (1)活期存款 | 651565 | 640942 | 629914 | 639391 | 655703 |
| (2)定期存款 | 100241 | 111849 | 111541 | 102546 | 98611 |
| 2.储蓄存款 | 3371672 | 3392979 | 3429933 | 3478986 | 3504094 |
| (1)活期储蓄 | 767756 | 769089 | 778697 | 787972 | 779574 |
| (2)定期储蓄 | 2603916 | 2623891 | 2651236 | 2691014 | 2724520 |
| 3.信托存款 | | | | | |
| 4.委托存款 | -500 | -5498 | -5476 | -22041 | -22016 |
| 5.其他存款 | 408768 | 403118 | 412101 | 443615 | 426422 |
| 二、各项贷款 | 1945310 | 1945418 | 1959837 | 1953591 | 1977327 |
| 1.短期贷款 | 1357438 | 1380688 | 1391918 | 1404215 | 1431432 |
| 2.中长期贷款 | 484175 | 475850 | 473344 | 442962 | 439385 |
| 3.信托贷款 | | | | | |
| 4.委托贷款 | | | | | |
| 5.其他贷款 | | | | | |
| 6.票据融资 | 103697 | 88870 | 94575 | 106413 | 106510 |
| 7.各项垫款 | | 10 | | | |

# 5-97 晋中市金融机构存、贷款指标

单位:万元

| 项目 \ 时间 | 11月 | 12月 | | |
|---|---|---|---|---|
| | 余额 | 余额 | 比年初增减额 | 比年初增长% |
| 一、各项存款 | 4737122 | 4775051 | 803314 | 20.23 |
| 1.企事业单位存款 | 781878 | 762483 | 99102 | 14.94 |
| (1)活期存款 | 676550 | 652203 | 87235 | 15.44 |
| (2)定期存款 | 105328 | 110280 | 11866 | 12.06 |
| 2.储蓄存款 | 3558116 | 3618991 | 652962 | 22.01 |
| (1)活期储蓄 | 805371 | 821146 | 175072 | 27.10 |
| (2)定期储蓄 | 2752745 | 2797846 | 477889 | 20.60 |
| 3.信托存款 | | | | |
| 4.委托存款 | -27043 | -21708 | -21215 | 4303.25 |
| 5.其他存款 | 424170 | 415285 | 72466 | 21.14 |
| 二、各项贷款 | 1948325 | 1962201 | 217442 | 12.46 |
| 1.短期贷款 | 1430051 | 1410455 | 195559 | 16.10 |
| 2.中长期贷款 | 429376 | 418293 | 4601 | 1.11 |
| 3.信托贷款 | | | | |
| 4.委托贷款 | | | | |
| 5.其他贷款 | | | | |
| 6.票据融资 | 88898 | 133453 | 17282 | 14.88 |
| 7.各项垫款 | | | | |

# 5-98 晋中市金融机构存、贷款时序表

单位:亿元

| 指标 项目 时间 | 各项存款 | | | 各项贷款 | | |
|---|---|---|---|---|---|---|
| | 余额 | 比年初增减额 | 余额比同期% | 余额 | 比年初增减额 | 余额比同期% |
| 1月 | 408.24 | 11.07 | 19.47 | 198.28 | 6.62 | 2.46 |
| 2月 | 418.07 | 20.9 | 19.57 | 198.46 | 6.8 | 1.48 |
| 3月 | 432.21 | 35.04 | 20.24 | 197.98 | 7.72 | 3.23 |
| 4月 | 434.21 | 37.04 | 19.91 | 199.37 | 9.11 | 1.35 |
| 5月 | 440.1 | 42.92 | 19.48 | 193.45 | 8.86 | -3.17 |
| 6月 | 453.17 | 56 | 20.03 | 194.53 | 18.01 | 1.72 |
| 7月 | 454.34 | 57.17 | 19.21 | 194.54 | 18.02 | 0.40 |
| 8月 | 457.8 | 60.63 | 18.84 | 195.98 | 19.46 | 1.23 |
| 9月 | 464.25 | 67.08 | 18.62 | 195.36 | 20.88 | -0.21 |
| 10月 | 466.28 | 69.11 | 17.83 | 197.73 | 23.26 | 0.88 |
| 11月 | 473.71 | 76.54 | 17.87 | 194.83 | 20.36 | -0.77 |
| 12月 | 477.51 | 80.33 | 18.74 | 196.22 | 21.74 | 2.32 |

# 5-99 晋中市主要银行业机构贷款质量统计表(五级分类)

单位:万元

| 项目 \ 时间 | 1月 | 2月 | 3月 | 4月 | 5月 | 6月 |
|---|---|---|---|---|---|---|
| | 余额 | 余额 | 余额 | 余额 | 余额 | 余额 |
| 正常贷款 | 886069 | 872500 | 860973 | 842531 | 820143 | 911585 |
| 正常类贷款 | 771391 | 754429 | 750334 | 731593 | 721252 | 822033 |
| 关注类贷款 | 114678 | 118071 | 110639 | 110938 | 98891 | 89552 |
| 不良贷款 | 268502 | 268628 | 275474 | 274014 | 227185 | 149501 |
| 次级类贷款 | 44901 | 40734 | 44581 | 40534 | 50338 | 46856 |
| 可疑类贷款 | 148642 | 152796 | 155989 | 160668 | 160607 | 86405 |
| 损失类贷款 | 74959 | 75098 | 74904 | 72812 | 16240 | 16240 |
| 贷款合计 | 1154571 | 1141128 | 1136447 | 1116545 | 1047328 | 1061086 |

# 5-99 晋中市主要银行业机构贷款质量统计表(五级分类)

单位:万元

| 项目 \ 时间 | 7月 | 8月 | 9月 | 10月 | 11月 | 12月 | |
|---|---|---|---|---|---|---|---|
| | 余额 | 余额 | 余额 | 余额 | 余额 | 余额 | 比年初增减额 |
| 正常贷款 | 880217 | 881539 | 898161 | 920157 | 878414 | 924085 | 45167 |
| 正常类贷款 | 790619 | 801875 | 824271 | 855892 | 822999 | 871756 | 107997 |
| 关注类贷款 | 89598 | 79664 | 73890 | 64265 | 55415 | 52329 | -62830 |
| 不良贷款 | 149155 | 149167 | 150060 | 145029 | 155897 | 157326 | -111969 |
| 次级类贷款 | 46602 | 45657 | 13523 | 34990 | 45186 | 37124 | -8189 |
| 可疑类贷款 | 86291 | 87242 | 89532 | 93035 | 93269 | 77226 | -71658 |
| 损失类贷款 | 16262 | 16268 | 17005 | 17004 | 17442 | 42976 | -32122 |
| 贷款合计 | 1029372 | 1030706 | 1048221 | 1065186 | 1034311 | 1081411 | -66802 |

注:本表机构包括农业发展银行、工商银行、农业银行、中国银行、建设银行。

## 5-99 晋中市主要银行业机构贷款质量统计表(五级分类)

单位:%

| 项目 \ 时间 | 1月 | 2月 | 3月 | 4月 | 5月 | 6月 |
|---|---|---|---|---|---|---|
| | 比例 | 比例 | 比例 | 比例 | 比例 | 比例 |
| 正常贷款 | 76.74 | 76.46 | 75.76 | 75.46 | 78.31 | 85.91 |
| 正常类贷款 | 66.81 | 66.11 | 66.02 | 65.52 | 68.87 | 77.47 |
| 关注类贷款 | 9.93 | 10.35 | 9.74 | 9.94 | 9.44 | 8.44 |
| 不良贷款 | 23.26 | 23.54 | 24.24 | 24.54 | 21.69 | 14.09 |
| 次级类贷款 | 3.89 | 3.57 | 3.92 | 3.63 | 4.81 | 4.42 |
| 可疑类贷款 | 12.87 | 13.39 | 13.73 | 14.39 | 15.33 | 8.14 |
| 损失类贷款 | 6.49 | 6.58 | 6.59 | 6.52 | 1.55 | 1.53 |

## 5-99 晋中市主要银行业机构贷款质量统计表(五级分类)

单位:%

| 项目 \ 时间 | 7月 | 8月 | 9月 | 10月 | 11月 | 12月 | |
|---|---|---|---|---|---|---|---|
| | 比例 | 比例 | 比例 | 比例 | 比例 | 比例 | 比年初增减 |
| 正常贷款 | 85.51 | 85.53 | 85.68 | 86.38 | 84.93 | 85.45 | 8.90 |
| 正常类贷款 | 76.81 | 77.80 | 78.64 | 80.35 | 79.57 | 80.61 | 14.09 |
| 关注类贷款 | 8.70 | 7.73 | 7.05 | 6.03 | 5.36 | 4.84 | -5.19 |
| 不良贷款 | 14.49 | 14.47 | 14.32 | 13.62 | 15.07 | 14.55 | -8.90 |
| 次级类贷款 | 4.53 | 4.43 | 1.29 | 3.28 | 4.37 | 3.43 | -0.52 |
| 可疑类贷款 | 8.38 | 8.46 | 8.54 | 8.73 | 9.02 | 7.14 | -5.83 |
| 损失类贷款 | 1.58 | 1.58 | 1.62 | 1.60 | 1.69 | 3.97 | -2.57 |

# 5-100 晋中市地方性金融机构贷款质量统计表(四级分类)

单位:万元

| 项目＼时间 | 1月 | 2月 | 3月 | 4月 | 5月 | 6月 |
|---|---|---|---|---|---|---|
| | 余额 | 余额 | 余额 | 余额 | 余额 | 余额 |
| 正常贷款 | 652969 | 667454 | 686043 | 720228 | 730666 | 737632 |
| 不良贷款 | 175229 | 176036 | 157289 | 156884 | 156552 | 146591 |
| 逾期贷款 | 20806 | 21772 | 20373 | 20043 | 20066 | 17297 |
| 呆滞贷款 | 132785 | 132643 | 123678 | 123631 | 123284 | 118754 |
| 呆账贷款 | 21638 | 21621 | 13238 | 13210 | 13202 | 10540 |
| 各项贷款 | 828198 | 843490 | 843332 | 877112 | 887218 | 884223 |

# 5-100 晋中市地方性金融机构贷款质量统计表(四级分类)

单位:万元

| 项目＼时间 | 7月 | 8月 | 9月 | 10月 | 11月 | 12月 | |
|---|---|---|---|---|---|---|---|
| | 余额 | 余额 | 余额 | 余额 | 余额 | 余额 | 比年初增减额 |
| 正常贷款 | 768920 | 782465 | 781353 | 782686 | 787499 | 756379 | 163076 |
| 不良贷款 | 147126 | 146666 | 124018 | 129456 | 126514 | 124410 | -50657 |
| 逾期贷款 | 17836 | 17511 | 16692 | 19201 | 17889 | 16961 | -3109 |
| 呆滞贷款 | 118770 | 118657 | 104668 | 107601 | 105975 | 104685 | -28819 |
| 呆账贷款 | 10520 | 10498 | 2658 | 2654 | 2650 | 2764 | -18729 |
| 各项贷款 | 916046 | 929131 | 905371 | 912142 | 914013 | 880789 | 112419 |

注:本表机构包括城市信用社、农村信用社。

## 5-100 晋中市地方性金融机构贷款质量统计表(四级分类)

单位:%

| 项目＼时间 | 1月 | 2月 | 3月 | 4月 | 5月 | 6月 |
|---|---|---|---|---|---|---|
| | 比例 | 比例 | 比例 | 比例 | 比例 | 比例 |
| 正常贷款 | 78.84 | 79.13 | 81.35 | 82.11 | 82.35 | 83.42 |
| 不良贷款 | 21.16 | 20.87 | 18.65 | 17.89 | 17.65 | 16.58 |
| 逾期贷款 | 2.51 | 2.58 | 2.42 | 2.29 | 2.26 | 1.96 |
| 呆滞贷款 | 16.03 | 15.73 | 14.67 | 14.10 | 13.90 | 13.43 |
| 呆账贷款 | 2.61 | 2.56 | 1.57 | 1.51 | 1.49 | 1.19 |

## 5-100 晋中市地方性金融机构贷款质量统计表(四级分类)

单位:%

| 项目＼时间 | 7月 | 8月 | 9月 | 10月 | 11月 | 12月 | |
|---|---|---|---|---|---|---|---|
| | 比例 | 比例 | 比例 | 比例 | 比例 | 比例 | 比年初增减 |
| 正常贷款 | 83.94 | 84.21 | 86.30 | 85.81 | 86.16 | 85.88 | 8.66 |
| 不良贷款 | 16.06 | 15.79 | 13.70 | 14.19 | 13.84 | 14.12 | -8.66 |
| 逾期贷款 | 1.95 | 1.88 | 1.84 | 2.11 | 1.96 | 1.93 | -0.69 |
| 呆滞贷款 | 12.97 | 12.77 | 11.56 | 11.80 | 11.59 | 11.89 | -5.49 |
| 呆账贷款 | 1.15 | 1.13 | 0.29 | 0.29 | 0.29 | 0.31 | -2.48 |

# 5-101 晋中市主要银行业机构非信贷资产情况表

单位：万元

| 项目 \ 指标 \ 时间 | 1季度 | | | 2季度 | | |
|---|---|---|---|---|---|---|
| | 余额 | 其中：不良资产 | 预计损失 | 余额 | 其中：不良资产 | 预计损失 |
| 一、现金 | 25407.00 | | | 26493.00 | | |
| 二、银行存款 | 3010 | | | 1853 | | |
| 三、贵金属 | | | | | | |
| 四、存放中央银行款项 | 61933 | | | 40340 | | |
| 五、存放同业款项 | 432 | 70 | 70 | 995 | 70 | 70 |
| 六、拆放同业 | 538 | 538 | 168 | 438 | 438 | 68 |
| 七、存放联行款项(轧差) | 1351967 | | | 1447491 | | |
| 八、应收及预付款项 | -2399 | 2041 | 1130 | 125035 | 2210 | 1027 |
| 其中：应收利息 | 3276 | 920 | 206 | 2324 | 801 | 103 |
| 待处理案件纠纷垫款 | 1486 | 1424 | 1370 | 1135 | 1134 | 875 |
| 九、短期投资 | 24 | 24 | | 24 | 24 | |
| 十、委托贷款及委托投资 | 12426 | | | 14732 | | |
| 十一、买入返售证券 | 160 | | | 160 | | |
| 十二、待处理流动资产损失 | | | | | | |
| 十三、长期投资 | 14868 | 9111 | 2689 | 14939 | 8933 | 2689 |
| 十四、固定资产净值 | 49333 | 3391 | 2035 | 51033 | 3358 | 2015 |
| 十五、固定资产清理 | 67 | 12 | 11 | 396 | -2 | -3 |
| 十六、在建工程 | | | | | | |
| 十七、待处理固定资产损失 | | | | | | |
| 十八、无形资产 | 3493 | | | 276 | | |
| 十九、递延资产 | 2692 | | | 2467 | | |
| 二十、其他非信贷资产 | 186942 | 64745 | 62505 | 184704 | 62261 | 60102 |
| 1.待处理抵债资产 | 5359 | 5359 | 3144 | 3471 | 3471 | 1312 |
| 2.应付福利费垫款 | | | | | | |
| 3.未弥补亏损 | 57059 | 55739 | 55739 | 57059 | 55739 | 55739 |
| 4.待处理房改资产 | | | | | | |
| 5.待清理自办实体资产 | | | | | | |
| 6.待清理接收资产 | 3051 | 3051 | 3051 | 3051 | 3051 | 3051 |
| (1)待清理城信社资产 | | | | | | |
| (2)待清理城信社资产与负债差额 | | | | | | |
| (3)待清理信托资产 | | | | | | |
| (4)人行转来企业贷款本金 | | | | | | |
| (5)其他金融机构转来资产 | | | | | | |
| (6)其他待清理接收资产 | 3051 | 3051 | 3051 | 3051 | 3051 | 3051 |
| 7.其他非信贷资产 | 121473 | 596 | 571 | 121123 | | |
| 非信贷资产合计 | 1710893 | 79932 | 68608 | 1911376 | 77292 | 65968 |

注：本表机构包括农业发展银行、工商银行、农业银行、中国银行、建设银行。

# 5-101 晋中市主要银行业机构非信贷资产情况表

单位:万元

| 项目 | 3季度 余额 | 3季度 其中:不良资产 | 3季度 预计损失 | 4季度 余额 | 4季度 其中:不良资产 | 4季度 预计损失 |
|---|---|---|---|---|---|---|
| 一、现金 | 27554.00 | | | 18951.00 | | |
| 二、银行存款 | 2057 | | | 1867 | | |
| 三、贵金属 | | | | | | |
| 四、存放中央银行款项 | 37377 | | | 65898 | | |
| 五、存放同业款项 | 452 | | | 578 | | |
| 六、拆放同业 | 438 | 438 | 68 | 418 | 418 | 418 |
| 七、存放联行款项(轧差) | 1458080 | | | 1743284 | 110 | 110 |
| 八、应收及预付款项 | 124376 | 2585 | 1027 | -11482 | 3313 | 3019 |
| 其中:应收利息 | 2380 | 885 | 104 | 2703 | 711 | 487 |
| 待处理案件纠纷垫款 | 1485 | 1485 | 875 | 2454 | 2440 | 2370 |
| 九、短期投资 | 24 | 24 | | 20 | | |
| 十、委托贷款及委托投资 | 36178 | | | 36360 | 37 | 37 |
| 十一、买入返售证券 | 160 | | | 160 | 160 | |
| 十二、待处理流动资产损失 | | | | | | |
| 十三、长期投资 | 14957 | 9169 | 2689 | 13828 | 8177 | 2957 |
| 十四、固定资产净值 | 50101 | 3325 | 1995 | 55661 | 4359 | 2421 |
| 十五、固定资产清理 | 234 | 12 | 11 | 220 | 176 | 167 |
| 十六、在建工程 | | | | | | |
| 十七、待处理固定资产损失 | | | | | | |
| 十八、无形资产 | 277 | | | 276 | | |
| 十九、递延资产 | 2370 | | | 2100 | 682 | 621 |
| 二十、其他非信贷资产 | 159994 | 62311 | 60705 | 152057 | 55827 | 55325 |
| 1.待处理抵债资产 | 3453 | 3453 | 1847 | 3375 | 3375 | 2873 |
| 2.应付福利费垫款 | | | | | | |
| 3.未弥补亏损 | 57059 | 55739 | 55739 | 49401 | 49401 | 49401 |
| 4.待处理房改资产 | | | | | | |
| 5.待清理自办实体资产 | | | | | | |
| 6.待清理接收资产 | 3051 | 3051 | 3051 | 3051 | 3051 | 3051 |
| (1)待清理城信社资产 | | | | | | |
| (2)待清理城信社资产与负债差额 | | | | | | |
| (3)待清理信托资产 | | | | | | |
| (4)人行转来企业贷款本金 | | | | | | |
| (5)其他金融机构转来资产 | | | | | | |
| (6)其他待清理接收资产 | 3051 | 3051 | 3051 | 3051 | 3051 | 3051 |
| 7.其他非信贷资产 | 96431 | 68 | 68 | 96230 | | |
| 非信贷资产合计 | 1914629 | 77864 | 66495 | 2080196 | 73259 | 65075 |

# 5-102 晋中市主要银行业机构表外业务情况表

单位:万元

| 项目 | 1季度 余额 | 1季度 风险敞口 | 1季度 垫款期末余额 | 2季度 余额 | 2季度 风险敞口 | 2季度 垫款期末余额 |
|---|---|---|---|---|---|---|
| 一、担保类业务 | 22722.00 | 9959.00 | | 73747.00 | 7192.00 | |
| 1.开出银行承兑汇票 | 15051 | 2440 | | 63232 | -3057 | |
| 2.开出信用证 | | | | | | |
| 3.保函 | 7671 | 7519 | | 10515 | 10249 | |
| 4.债券发行担保 | | | | | | |
| 其中:可转换债券担保 | | | | | | |
| 5.其他担保类业务 | | | | | | |
| 二、承诺类业务 | 33880 | 33880 | | 39760 | 39760 | |
| 1.贷款承诺 | 33880 | 33880 | | 39760 | 39760 | |
| 2.循环授信额度 | | | | | | |
| 3.其他承诺类业务 | | | | | | |
| 三、金融衍生类业务 | | | | | | |
| 1.期权 | | | | | | |
| 2.互换 | | | | | | |
| 3.远期外汇 | | | | | | |

# 5-102 晋中市主要银行业机构表外业务情况表

单位:万元

| 项目 | 3季度 余额 | 3季度 风险敞口 | 3季度 垫款期末余额 | 4季度 余额 | 4季度 风险敞口 | 4季度 垫款期末余额 |
|---|---|---|---|---|---|---|
| 一、担保类业务 | 74370.00 | 8656.00 | | 93566.00 | 18722.00 | |
| 1.开出银行承兑汇票 | 63325.00 | -2076.00 | | 82068.00 | 7467.00 | |
| 2.开出信用证 | | | | | | |
| 3.保函 | 11045.00 | 10732.00 | | 11498.00 | 11255.00 | |
| 4.债券发行担保 | | | | | | |
| 其中:可转换债券担保 | | | | | | |
| 5.其他担保类业务 | | | | | | |
| 二、承诺类业务 | 18080.00 | 18080.00 | | 11160.00 | 11160.00 | |
| 1.贷款承诺 | 18080.00 | 18080.00 | | 11160.00 | 11160.00 | |
| 2.循环授信额度 | | | | | | |
| 3.其他承诺类业务 | | | | | | |
| 三、金融衍生类业务 | | | | | | |
| 1.期权 | | | | | | |
| 2.互换 | | | | | | |
| 3.远期外汇 | | | | | | |

注:本表机构包括农业发展银行、工商银行、农业银行、中国银行、建设银行。

# 5-103 晋中市主要银行业机构贷款按逾期时间分类表

单位:万元

| 项目 \ 指标 \ 时间 | 上年末 | 一季度 | 二季度 | 三季度 | 四季度 |
| --- | --- | --- | --- | --- | --- |
| | 余额 | 余额 | 余额 | 余额 | 余额 |
| 各项贷款 | 1148213.00 | 1136447.00 | 1061086.00 | 1048221.00 | 1081411.00 |
| 未到期贷款 | 899845.00 | 887712.00 | 935898.00 | 921861.00 | 957839.00 |
| 逾期类贷款 | 248368.00 | 248735.00 | 125188.00 | 126360.00 | 123571.00 |
| 其中:逾期0~3个月贷款 | 23339.00 | 15749.00 | 17185.00 | 18526.00 | 11462.00 |
| 逾期3~6个月贷款 | 11576.00 | 18788.00 | 3304.00 | 8355.00 | 2126.00 |
| 逾期6~9个月贷款 | 14139.00 | 9739.00 | 11615.00 | 1933.00 | 7019.00 |
| 逾期9个月~1年贷款 | 11699.00 | 11680.00 | 4632.00 | 11100.00 | 1519.00 |
| 逾期1年以上贷款 | 187615.00 | 192779.00 | 88452.00 | 86446.00 | 101446.00 |

注:本表机构包括农业发展银行、工商银行、农业银行、中国银行、建设银行。

# 5-104 晋中市主要银行业机构贷款质量迁徙情况表

迁徙矩阵： 单位：%

| 项　目 | 正常类贷款 | 关注类贷款 | 次级类贷款 | 可疑类贷款 | 损失类贷款 |
|---|---|---|---|---|---|
| 正常类贷款 | 94.80 | 2.07 | 1.49 | 1.61 | 0.03 |
| 关注类贷款 | 49.52 | 38.28 | 6.62 | 5.55 | 0.02 |
| 次级类贷款 | 1.04 | 9.30 | 68.75 | 18.88 | 2.03 |
| 可疑类贷款 | 0.00 | 0.65 | | 68.51 | 30.84 |
| 损失类贷款 | 0.00 | 0.00 | | | 100.00 |

# 5-104 晋中市主要银行业机构贷款质量迁徙情况表

单位：万元

| 项　目 | 分子 | 分母 | 比例% |
|---|---|---|---|
| 1.年初不良贷款率 | 269295.00 | 1148213.00 | 23.45 |
| 2.期末不良贷款率 | 157326.00 | 1081411.00 | 14.55 |
| 3.不良贷款率变动情况(1.-2.) | -111969.00 | -66802.00 | -8.91 |
| 4.贷款质量总体向上迁徙率 | 50746.00 | 228510.00 | 22.21 |
| 5.贷款质量总体向下迁徙率 | 70631.00 | 713783.00 | 9.90 |
| 6.正常类贷款向下迁徙率 | 26098.00 | 501449.00 | 5.20 |
| 7.关注类贷款向下迁徙率 | 11501.00 | 94277.00 | 12.20 |
| 8.次级类贷款向下迁徙率 | 7109.00 | 34002.00 | 20.91 |
| 9.可疑类贷款向下迁徙率 | 25923.00 | 84055.00 | 30.84 |
| 10.当年新增贷款不良率 | -44.00 | 351452.00 | -0.01 |
| 11.当年新形成不良贷款率 | 53125.00 | 1114812.00 | 4.77 |
| 12.贷款重组贡献度 | 377.00 | 4060.00 | 9.29 |
| 13.不良贷款周转率 | 286708.00 | 878918.00 | 32.62 |
| 14.不良贷款处置收现率 | 4460.00 | 156650.00 | 2.85 |
| 15.不良贷款处置以物抵债率 | 0.00 | 156650.00 | |
| 16.不良贷款处置核销率 | 5595.00 | 156650.00 | 3.57 |

注：本表机构包括农业发展银行、工商银行、农业银行、中国银行、建设银行。

# 5-105 晋中市银行业金融机构部分行业贷款情况表

单位：万元

| 项目 \ 时间 | 1季度 | 2季度 | 3季度 | 4季度 | |
|---|---|---|---|---|---|
| | 余额 | 余额 | 余额 | 余额 | 比年初增减额 |
| 一、煤炭行业 | 109690.65 | 129924.35 | 172596.97 | 149901.78 | 57007.40 |
| 二、焦炭行业 | 188535.73 | 184308.77 | 196949.15 | 225135.85 | 41853.27 |
| (1)年产60万吨以上 | 75129.00 | 85362.00 | 95055.60 | 11540.60 | -58939.40 |
| (2)年产40万~60万吨 | 40122.70 | 36574.00 | 41554.00 | 40154.00 | 1214.03 |
| (3)年产20万~40万吨 | 21455.20 | 13730.00 | 11738.00 | 5194.00 | -9469.20 |
| (4)年产20万吨以下 | 51828.83 | 48642.77 | 48601.55 | 64247.25 | 5047.84 |
| 三、冶金行业 | 31225.20 | 28580.20 | 29570.00 | 24863.00 | -7200.20 |
| (1)普通钢 | 3697.00 | 230.00 | 206.00 | 206.00 | -3552.50 |
| (2)特种钢 | 4500.00 | 4500.00 | 4500.00 | 4500.00 | 500.00 |
| (3)生铁 | 11608.20 | 7903.20 | 9917.00 | 10078.00 | -2690.70 |
| (4)铁合金 | 2465.00 | 2385.00 | 1385.00 | 1077.00 | -1504.00 |
| (5)电解铝 | 8955.00 | 8955.00 | 8955.00 | 8955.00 | |
| 四、建材行业 | 13476.75 | 12480.67 | 12855.75 | 13323.30 | 344.15 |
| (1)水泥 | 9453.01 | 8053.67 | 6879.01 | 7279.30 | -1654.11 |
| 五、交通行业 | 38365.10 | 39399.30 | 41100.00 | 39869.00 | 1038.19 |
| (1)公路 | 38225.10 | 38224.30 | 39640.00 | 38746.00 | 55.19 |
| (2)铁路 | | | | | |
| 六、化工行业 | 45125.33 | 67958.30 | 65117.30 | 65936.10 | 20197.77 |
| (1)电石 | 945.00 | 819.00 | 736.00 | 725.00 | -441.00 |
| 七、电力行业 | 125885.00 | 127713.00 | 123193.00 | 113448.00 | -7282.00 |
| 八、房地产业 | 83088.58 | 78232.00 | 82278.00 | 77034.30 | -2887.28 |
| (1)房地产开发商贷款 | 6532.00 | 12347.00 | 9953.00 | 11701.00 | 6559.00 |
| (2)住房开发贷款 | 20225.00 | 9944.00 | 15717.00 | 7825.00 | -9155.46 |
| (3)政府土地储备机构贷款 | | | | | |
| (4)单位购置商业用房贷款 | | | | | |
| (5)个人购房贷款 | 56331.58 | 55941.00 | 56608.00 | 57508.30 | -290.82 |
| 九、医药制造业 | 12473.00 | 11112.00 | 10959.00 | 10550.95 | -1652.00 |
| 十、机械制造业 | 64626.64 | 52677.64 | 38156.64 | 47166.88 | -24815.77 |
| 合　计 | 712491.98 | 732386.23 | 772775.81 | 767229.16 | 76603.53 |

注：本表机构包括工商银行、农业银行、中国银行、建设银行、城市信用社、农村信用社。

# 5-106 晋中市银行业金融机构部分行业不良贷款情况表(五级分类)

单位:万元

| 项目 \ 指标 时间 | 1季度 | | 2季度 | | 3季度 | |
|---|---|---|---|---|---|---|
| | 余额 | 比例% | 余额 | 比例% | 余额 | 比例% |
| 一、煤炭行业 | 1564.00 | 2.41 | 2616.00 | 3.01 | 2586.00 | 2.33 |
| 二、焦炭行业 | 15451.00 | 10.74 | 10958.00 | 7.81 | 10661.00 | 7.04 |
| (1)年产60万吨以上 | | | | | | |
| (2)年产40万~60万吨 | | | | | | |
| (3)年产20万~40万吨 | 525.00 | 2.98 | | | | |
| (4)年产20万吨以下 | 14926.00 | 83.61 | 10958.00 | 72.54 | 10661.00 | 71.99 |
| 三、冶金行业 | 15971.00 | 82.56 | 9896.00 | 58.23 | 9896.00 | 54.30 |
| (1)普通钢 | 3467.00 | 100.00 | | | | |
| (2)特种钢 | | | | | | |
| (3)生铁 | 3549.00 | 72.09 | 174.00 | 12.15 | 174.00 | 4.75 |
| (4)铁合金 | | | | | | |
| (5)电解铝 | 8955.00 | 100.00 | 8955.00 | 100.00 | 8955.00 | 100.00 |
| 四、建材行业 | 3681.00 | 79.33 | 2447.00 | 64.75 | 2447.00 | 64.75 |
| (1)水泥 | 3465.00 | 94.72 | 1969.00 | 86.59 | 1969.00 | 86.59 |
| 五、交通行业 | 2758.10 | 7.65 | 1596.30 | 4.34 | 2361.00 | 6.27 |
| (1)公路 | 2618.10 | 7.29 | 1596.30 | 4.34 | 2361.00 | 6.27 |
| (2)铁路 | | | | | | |
| 六、化工行业 | 19316.00 | 61.49 | 76.00 | 0.14 | 76.00 | 0.14 |
| (1)电石 | 520.00 | 94.55 | | | | |
| 七、电力行业 | 184.00 | 0.15 | | | | |
| 八、房地产业 | 4718.00 | 6.61 | 1498.00 | 2.25 | 1895.00 | 2.88 |
| (1)房地产开发商贷款 | 400.00 | 22.86 | 400.00 | 5.24 | 400.00 | 15.87 |
| (2)住房开发贷款 | 4021.00 | 22.02 | 842.00 | 10.42 | 821.00 | 6.43 |
| (3)政府土地储备机构贷款 | | | | | | |
| (4)单位购置商业用房贷款 | | | | | | |
| (5)个人购房贷款 | 297.00 | 0.58 | 256.00 | 0.50 | 674.00 | 1.33 |
| 九、医药制造业 | 1449.00 | 15.66 | 3.00 | 0.04 | | |
| 十、机械制造业 | 16074.00 | 29.42 | 699.00 | 1.70 | 698.00 | 2.72 |
| 合　计 | 81166.10 | 14.51 | 29789.30 | 5.13 | 30620.00 | 5.16 |

注:本表机构包括工商银行、农业银行、中国银行、建设银行。

# 5-106 晋中市银行业金融机构部分行业不良贷款情况表(五级分类)

单位:万元

| 项目 \ 指标 \ 时间 | 4季度 | | | |
|---|---|---|---|---|
| | 余额 | 比例% | 余额比年初增减 | 比例比年初增减 |
| 一、煤炭行业 | 2574 | 2.32 | 581.5 | -1.22 |
| 二、焦炭行业 | 12598 | 6.88 | -5058.54 | -6.45 |
| (1)年产60万吨以上 | | | | |
| (2)年产40万~60万吨 | | | | |
| (3)年产20万~40万吨 | 320 | 11.55 | 45 | 9.07 |
| (4)年产20万吨以下 | 12278 | 37.07 | -5103.54 | -48.38 |
| 三、冶金行业 | 9176 | 64.80 | -6861 | -17.82 |
| (1)普通钢 | | | -3467.5 | |
| (2)特种钢 | | | | |
| (3)生铁 | 174 | 4.18 | -3440.5 | -68.27 |
| (4)铁合金 | | | | |
| (5)电解铝 | 8955 | 100.00 | | |
| 四、建材行业 | 2320 | 68.24 | -1422.4 | -11.37 |
| (1)水泥 | 1842 | 92.52 | -1683.4 | -2.29 |
| 五、交通行业 | 1428 | 3.85 | -1413.81 | -3.98 |
| (1)公路 | 1428 | 3.85 | -1273.81 | -3.62 |
| (2)铁路 | | | | |
| 六、化工行业 | 458 | 0.85 | -19256 | -63.38 |
| (1)电石 | | | -520 | |
| 七、电力行业 | 450 | 0.41 | -644 | -0.51 |
| 八、房地产业 | 2187 | 3.67 | -2791.71 | -3.75 |
| (1)房地产开发商贷款 | 400 | 9.05 | -30 | -38.20 |
| (2)住房开发贷款 | 740 | 15.16 | -3478.46 | -10.42 |
| (3)政府土地储备机构贷款 | | | | |
| (4)单位购置商业用房贷款 | | | | |
| (5)个人购房贷款 | 1047 | 2.08 | 716.75 | 1.42 |
| 九、医药制造业 | 4943.95 | 64.76 | 3914.95 | 53.74 |
| 十、机械制造业 | 4557 | 11.95 | -11618.21 | -14.08 |
| 合计 | 40691.95 | 6.59 | -44569.22 | -9.28 |

# 5-106 晋中市银行业金融机构部分行业不良贷款情况表(四级分类)

单位:万元

| 项目 \ 指标 \ 时间 | 1 季度 | | 2 季度 | | 3 季度 | |
|---|---|---|---|---|---|---|
| | 余额 | 比例% | 余额 | 比例% | 余额 | 比例% |
| 一、煤炭行业 | 8925.00 | 19.96 | 7448.7 | 17.37 | -5496.71 | -158.82 |
| 二、焦炭行业 | 18276.73 | 40.88 | 18667.77 | 42.38 | -6188.23 | -6.13 |
| (1)年产 60 万吨以上 | 360.00 | 49.11 | 209 | 23.70 | -151 | -24.68 |
| (2)年产 40 万~60 万吨 | 2664.00 | 43.22 | 2664 | 43.22 | -2664 | -34.76 |
| (3)年产 20 万~40 万吨 | 750.00 | 19.58 | 382 | 11.03 | -82 | 2.8 |
| (4)年产 20 万吨以下 | 14502.73 | 42.68 | 15412.77 | 45.96 | -3291.23 | 0.6 |
| 三、冶金行业 | 3300.20 | 27.78 | 3106.2 | 26.81 | -1089.2 | -5.15 |
| (1)普通钢 | 230.00 | 100.00 | 230 | 100.00 | -85 | |
| (2)特种钢 | | | | | | |
| (3)生铁 | 2605.20 | 38.97 | 2491.2 | 38.50 | -500.2 | 2.13 |
| (4)铁合金 | 465.00 | 100.00 | 385 | 100.00 | -504 | |
| (5)电解铝 | | | | | | |
| 四、建材行业 | 2613.85 | 29.58 | 2287.67 | 26.29 | -711.35 | -12.71 |
| (1)水泥 | 1187.11 | 20.49 | 1017.67 | 17.61 | -249.61 | -5.02 |
| 五、交通行业 | 166.00 | 7.22 | 165 | 6.24 | -5 | -0.76 |
| (1)公路 | 166.00 | 7.22 | | | -170 | -6.67 |
| (2)铁路 | | | | | | |
| 六、化工行业 | 1955.34 | 14.26 | 991.31 | 7.69 | -1377.14 | -7.99 |
| (1)电石 | 100.00 | 25.32 | 100 | 16.00 | -45 | -9.75 |
| 七、电力行业 | 204.00 | 10.83 | 186 | 6.27 | -18 | -6.7 |
| 八、房地产业 | 1969.00 | 16.78 | 1969 | 16.88 | -4 | -4.08 |
| (1)房地产开发商贷款 | 1969.00 | 41.18 | 1969 | 41.79 | -14 | -19.68 |
| (2)住房开发贷款 | | | | | | |
| (3)政府土地储备机构贷款 | | | | | | |
| (4)单位购置商业用房贷款 | | | | | | |
| (5)个人购房贷款 | | | | | 10 | 0.14 |
| 九、医药制造业 | 114.00 | 3.54 | 76 | 2.44 | 8 | 0.23 |
| 十、机械制造业 | 882.75 | 8.84 | 3225.75 | 27.96 | -368.17 | -1.46 |
| 合 计 | 38406.87 | 25.11 | 38123.4 | 25.08 | -15249.80 | -9.45 |

注:本表机构包括城市信用社、农村信用社。

# 5-106 晋中市银行业金融机构部分行业不良贷款情况表(四级分类)

单位:万元

| 项目 \ 指标 \ 时间 | 4季度 | | | |
|---|---|---|---|---|
| | 余额 | 比例% | 余额比年初增减 | 比例比年初增减 |
| 一、煤炭行业 | 4881.93 | 12.50 | -5496.71 | -15.82 |
| 二、焦炭行业 | 14767.34 | 35.10 | 4388.70 | 6.78 |
| (1)年产60万吨以上 | 209 | 24.37 | -10169.64 | -3.95 |
| (2)年产40万~60万吨 | | | -10378.64 | -28.32 |
| (3)年产20万~40万吨 | 382 | 15.76 | -9996.64 | -12.56 |
| (4)年产20万吨以下 | 14176.34 | 45.55 | 3797.70 | 17.23 |
| 三、冶金行业 | 2403 | 22.45 | -7975.64 | -5.87 |
| (1)普通钢 | 206 | 100.00 | -10172.64 | 71.68 |
| (2)特种钢 | | | -10378.64 | -28.32 |
| (3)生铁 | 2120 | 35.81 | -8258.64 | 7.49 |
| (4)铁合金 | 77 | 100.00 | -10301.64 | 71.68 |
| (5)电解铝 | | | -10378.64 | |
| 四、建材行业 | 2052.5 | 20.68 | -8326.14 | -7.63 |
| (1)水泥 | 877.5 | 16.59 | -9501.14 | -11.73 |
| 五、交通行业 | 165 | 5.91 | -10213.64 | -22.41 |
| (1)公路 | | | -10378.64 | -28.32 |
| (2)铁路 | | | -10378.64 | |
| 六、化工行业 | 632.9 | 5.37 | -9745.74 | -22.95 |
| (1)电石 | 100 | 13.79 | -10278.64 | -14.53 |
| 七、电力行业 | 186 | 5.00 | -10192.64 | -23.32 |
| 八、房地产业 | 1965 | 11.28 | -8413.64 | -17.04 |
| (1)房地产开发商贷款 | 1955 | 26.85 | -8423.64 | -1.47 |
| (2)住房开发贷款 | | | -10378.64 | -28.32 |
| (3)政府土地储备机构贷款 | | | -10378.64 | |
| (4)单位购置商业用房贷款 | | | -10378.64 | |
| (5)个人购房贷款 | 10 | 0.14 | -10368.64 | -28.18 |
| 九、医药制造业 | 76 | 2.61 | -10302.64 | -25.71 |
| 十、机械制造业 | 2514.58 | 27.81 | -7864.06 | -0.50 |
| 合计 | 29644.25 | 19.84 | 19265.61 | -8.48 |

# 5-107 晋中市主要银行业机构客户大额授信和零售贷款违约客户情况统计时序表

单位:个、亿元、%

| 指标项目 / 时间 | 客户大额授信统计 | | | | | | | | 关联企业授信 | 关联企业贷款 | 零售贷款违约统计 | |
|---|---|---|---|---|---|---|---|---|---|---|---|---|
| | 客户数 | 授信额度 | 贷款余额 | 不良贷款 | 不良占比 | 预警信息 | | | | | 法人违约数 | 个人违约数 |
| | | | | | | 客户数 | 贷款 | 不良贷款 | | | | |
| 1月 | 14 | 31.05 | 28.33 | 2.62 | 9.25 | 1.00 | 14703 | 14703 | | | 26 | 1216 |
| 2月 | 14 | 31.65 | 28.61 | 2.62 | 9.16 | 1 | 14703 | 14703 | | | 20 | 1249 |
| 3月 | 14 | 31.65 | 28.79 | 2.31 | 8.02 | 1 | 14703 | 14703 | | | 20 | 1144 |
| 4月 | 14 | 31.65 | 27.8 | 2.62 | 9.42 | 1 | 14703 | 14703 | | | 20 | 1136 |
| 5月 | 14 | 32.56 | 27.62 | 2.62 | 9.49 | 1 | 14703 | 14703 | | | 11 | 1093 |
| 6月 | 12 | 30.19 | 28.63 | | | | | | | | 1 | 893 |
| 7月 | 14 | 40.04 | 29.79 | | | | | | | | 1 | 941 |
| 8月 | 14 | 39.14 | 29.05 | | | | | | | | 1 | 971 |
| 9月 | 14 | 39.14 | 29.91 | | | | | | | | 1 | 971 |
| 10月 | 7 | 30.41 | 22.03 | | | | | | | | 1 | 938 |
| 11月 | 15 | 41.93 | 31.29 | | | | | | | | 1 | 1025 |
| 12月 | 14 | 41.08 | 30.04 | | | | | | | | 1 | 1005 |

注:本表机构包括工商银行、农业银行、中国银行、建设银行。

# 5-108 晋中市银行业金融机构案件信息统计表

单位:万元、件

| 项　目 | 案　　件 | | 其中:百万元以上案件 | |
|---|---|---|---|---|
| | 本年累计发生 | 比上年同期增减 | 本年累计发生 | 比上年同期增减 |
| 经济案件数量 | 2 | 2 | 1 | 1 |
| 其中:挪用 | 0 | 0 | 0 | 0 |
| 贪污 | 0 | 0 | 0 | 0 |
| 侵占 | 0 | 0 | 0 | 0 |
| 贿赂 | 0 | 0 | 0 | 0 |
| 经济案件涉案金额 | 248 | 248 | 200 | 200 |
| 其中:挪用 | 0 | 0 | 0 | 0 |
| 贪污 | 0 | 0 | 0 | 0 |
| 侵占 | 0 | 0 | 0 | 0 |
| 贿赂 | 0 | 0 | 0 | 0 |
| 经济案件风险金额 | 0 | 0 | 0 | 0 |
| 其中:挪用 | 0 | 0 | 0 | 0 |
| 贪污 | 0 | 0 | 0 | 0 |
| 侵占 | 0 | 0 | 0 | 0 |
| 贿赂 | 0 | 0 | 0 | 0 |
| 违规经营数量 | 0 | 0 | 0 | 0 |
| 其中:违反金融法规 | 0 | 0 | 0 | 0 |
| 违反财经纪律 | 0 | 0 | 0 | 0 |
| 破坏金融秩序 | 0 | 0 | 0 | 0 |
| 违规经营涉案金额 | 0 | 0 | 0 | 0 |
| 其中:违反金融法规 | 0 | 0 | 0 | 0 |
| 违反财经纪律 | 0 | 0 | 0 | 0 |
| 破坏金融秩序 | 0 | 0 | 0 | 0 |
| 违规经营风险金额 | 0 | 0 | 0 | 0 |
| 其中:违反金融法规 | 0 | 0 | 0 | 0 |
| 违反财经纪律 | 0 | 0 | 0 | 0 |
| 破坏金融秩序 | 0 | 0 | 0 | 0 |
| 诈骗案件数量 | 0 | 0 | 0 | 0 |
| 诈骗案件涉案金额 | 0 | 0 | 0 | 0 |
| 诈骗案件风险金额 | 0 | 0 | 0 | 0 |
| 抢劫案件数量 | 0 | 0 | 0 | 0 |
| 抢劫案件涉案金额 | 0 | 0 | 0 | 0 |
| 抢劫案件风险金额 | 0 | 0 | 0 | 0 |
| 盗窃案件数量 | 0 | 0 | 0 | 0 |
| 盗窃案件涉案金额 | 0 | 0 | 0 | 0 |
| 盗窃案件风险金额 | 0 | 0 | 0 | 0 |
| 各类案件数量总计 | 2 | 2 | 1 | 1 |
| 各类案件涉案金额总计 | 248 | 248 | 200 | 200 |
| 各类案件风险金额总计 | 0 | 0 | 0 | 0 |

注:本表机构包括辖内所有银行业金融机构。

# 5-109 临汾市银行业金融机构资产负债表

单位:万元

| 项目＼时间 | 1月 | 2月 | 3月 | 4月 | 5月 |
|---|---|---|---|---|---|
| | 余额 | 余额 | 余额 | 余额 | 余额 |
| 流动资产 | 4831812 | 4998954 | 5393865 | 5463811 | 5548388 |
| 一、现金及银行存款 | 80183 | 98425 | 107957 | 84080 | 92642 |
| 二、存放中央银行 | 726133 | 762237 | 858530 | 742119 | 736719 |
| 三、存放同业 | 247707 | 304013 | 448354 | 403320 | 383570 |
| 四、存放联行款项 | 911811 | 921235 | 1110778 | 1227833 | 1287435 |
| 五、拆放同业 | 8069 | 8069 | 8469 | 8469 | 8469 |
| 六、短期贷款 | 2540727 | 2556731 | 2491289 | 2626013 | 2603861 |
| 七、应收账款 | 56786 | 59738 | 53872 | 51024 | 103601 |
| 其中:应收利息 | 11352 | 15040 | 8727 | 11272 | 13712 |
| 八、减:坏账准备 | 15350 | 15366 | 15986 | 16164 | 16247 |
| 九、短期投资 | 2096 | 2126 | 2222 | 2219 | 2362 |
| 十、减:短期投资跌价准备 | | | | | |
| 十一、委托贷款及投资 | | | | | |
| 十二、买入返售资产 | | | | | |
| 十三、待处理流动资产损失 | | | | | |
| 十四、其他流动资产 | 273650 | 301746 | 328380 | 334898 | 345976 |
| 长期资产 | 677193 | 677684 | 705550 | 718568 | 707475 |
| 十五、中长期贷款 | 581896 | 581350 | 580615 | 593966 | 580654 |
| 十六、减:贷款损失准备 | 14986 | 15040 | 16370 | 17021 | 16507 |
| 十七、长期投资 | 42438 | 42524 | 73182 | 73535 | 73530 |
| 十八、减:长期投资减值准备 | 14902 | 14902 | 14902 | 14902 | 14902 |
| 十九、固定资产净值 | 78875 | 79131 | 78048 | 78139 | 79985 |
| 固定资产 | 107400 | 108147 | 108146 | 108348 | 110472 |
| 减:累计折旧 | 28525 | 29016 | 30098 | 30209 | 30487 |
| 二十、固定资产减值准备 | 97 | 97 | 97 | 97 | 93 |
| 二十一、固定资产清理 | 505 | 505 | 513 | 644 | 198 |
| 二十二、在建工程 | 3450 | 4199 | 4547 | 4290 | 4596 |
| 二十三、减:在建工程减值准备 | | | | | |
| 二十四、待处理固定资产损失 | 14 | 14 | 14 | 14 | 14 |
| 无形递延及其他资产 | 9201 | 8837 | 8642 | 8300 | 5278 |
| 二十五、无形递延及其他资产 | 9708 | 9344 | 9149 | 8732 | 5710 |
| 二十六、减:抵债资产减值准备 | 52 | 52 | 52 | 52 | 52 |
| 二十七、减:无形资产减值准备 | 455 | 455 | 455 | 380 | 380 |
| 二十八、减:其他资产减值准备 | | | | | |
| 资产总计 | 5518206 | 5685475 | 6108057 | 6190679 | 6261141 |

注:本表机构包括辖内所有银行业金融机构。

# 5-109 临汾市银行业金融机构资产负债表

单位：万元

| 项目 \ 时间 | 6月 | 7月 | 8月 | 9月 | 10月 |
|---|---|---|---|---|---|
| | 余额 | 余额 | 余额 | 余额 | 余额 |
| 流动资产 | 5685263 | 5661820 | 5632752 | 5750204 | 5786704 |
| 一、现金及银行存款 | 812521 | 86882 | 90244 | 94282 | 96594 |
| 二、存放中央银行 | 805483 | 806945 | 773960 | 792071 | 798300 |
| 三、存放同业 | 410863 | 368574 | 347747 | 369353 | 358816 |
| 四、存放联行款项 | 1302964 | 1336169 | 1315429 | 1367750 | 1412125 |
| 五、拆放同业 | 8649 | 8649 | 8649 | 8549 | 8549 |
| 六、短期贷款 | 2564591 | 2555044 | 2587634 | 2614754 | 2596189 |
| 七、应收账款 | 127369 | 130504 | 130191 | 120512 | 125674 |
| 其中：应收利息 | 7123 | 11297 | 13958 | 7329 | 11322 |
| 八、减：坏账准备 | 17322 | 17478 | 17633 | 18764 | 18749 |
| 九、短期投资 | 2259 | 550 | 608 | 682 | 343 |
| 十、减：短期投资跌价准备 | | | | | |
| 十一、委托贷款及投资 | | | | | |
| 十二、买入返售资产 | | | | | |
| 十三、待处理流动资产损失 | | | | | |
| 十四、其他流动资产 | -332114 | 385981 | 395923 | 401015 | 408863 |
| 长期资产 | 741398 | 743087 | 747564 | 760397 | 767223 |
| 十五、中长期贷款 | 575809 | 576986 | 580689 | 590674 | 596860 |
| 十六、减：贷款损失准备 | 16463 | 16370 | 16204 | 15207 | 15064 |
| 十七、长期投资 | 110180 | 110123 | 110269 | 112007 | 112004 |
| 十八、减：长期投资减值准备 | 14902 | 14902 | 14902 | 14902 | 14902 |
| 十九、固定资产净值 | 82929 | 82822 | 82992 | 82230 | 82050 |
| 固定资产 | 114086 | 114240 | 114729 | 114970 | 115124 |
| 减：累计折旧 | 31157 | 31418 | 31737 | 32740 | 33074 |
| 二十、固定资产减值准备 | 146 | 146 | 143 | 143 | 143 |
| 二十一、固定资产清理 | 159 | 159 | 82 | 82 | 83 |
| 二十二、在建工程 | 3818 | 4401 | 4767 | 5642 | 6322 |
| 二十三、减：在建工程减值准备 | | | | | |
| 二十四、待处理固定资产损失 | 14 | 14 | 14 | 14 | 14 |
| 无形递延及其他资产 | 1765 | 1470 | 8830 | 9166 | 9006 |
| 二十五、无形递延及其他资产 | 2298 | 2003 | 9363 | 9699 | 9539 |
| 二十六、减：抵债资产减值准备 | 168 | 168 | 168 | 168 | 168 |
| 二十七、减：无形资产减值准备 | 365 | 365 | 365 | 365 | 365 |
| 二十八、减：其他资产减值准备 | | | | | |
| 资产总计 | 6428426 | 6406377 | 6389146 | 6519767 | 6562933 |

# 5-109 临汾市银行业金融机构资产负债表

单位：万元

| 项目 \ 时间 | 11月 | 12月 | | |
|---|---|---|---|---|
| | 余额 | 余额 | 比同期增减额 | 比同期增长% |
| 流动资产 | 5803723 | 5829667 | 1145433 | 24.45 |
| 一、现金及银行存款 | 88650 | 84799 | -581635 | -87.28 |
| 二、存放中央银行 | 848457 | 943752 | 460115 | 95.14 |
| 三、存放同业 | 370590 | 351028 | 31461 | 9.84 |
| 四、存放联行款项 | 1473115 | 1581447 | 694081 | 78.22 |
| 五、拆放同业 | 10848 | 9927 | 1788 | 21.96 |
| 六、短期贷款 | 2509937 | 2410553 | 123379 | 5.39 |
| 七、应收账款 | 128953 | 34772 | -5295 | -13.21 |
| 其中：应收利息 | 15513 | 7828 | -74 | -0.94 |
| 八、减：坏账准备 | 51874 | 58399 | 55685 | 2051.90 |
| 九、短期投资 | 323 | 303 | -1688 | -84.78 |
| 十、减：短期投资跌价准备 | | | | |
| 十一、委托贷款及投资 | | | | |
| 十二、买入返售资产 | | | | |
| 十三、待处理流动资产损失 | | | | |
| 十四、其他流动资产 | 424724 | 471484 | 478913 | -6446.54 |
| 长期资产 | 772101 | 786753 | 119894 | 17.98 |
| 十五、中长期贷款 | 600662 | 600372 | 16780 | 2.88 |
| 十六、减：贷款损失准备 | 15131 | 13623 | -13777 | -50.28 |
| 十七、长期投资 | 111986 | 111967 | 69670 | 164.72 |
| 十八、减：长期投资减值准备 | 14902 | 14902 | 1 | 0.01 |
| 十九、固定资产净值 | 82785 | 96557 | 17224 | 21.71 |
| 固定资产 | 115703 | 125018 | 17135 | 15.88 |
| 减：累计折旧 | 32918 | 28461 | -90 | -0.31 |
| 二十、固定资产减值准备 | 435 | 130 | 12 | 10.17 |
| 二十一、固定资产清理 | 69 | 68 | -438 | -86.61 |
| 二十二、在建工程 | 7053 | 6430 | 2893 | 81.81 |
| 二十三、减：在建工程减值准备 | | | | |
| 二十四、待处理固定资产损失 | 14 | 14 | | 2.26 |
| 无形递延及其他资产 | 9256 | 11108 | 1823 | 19.63 |
| 二十五、无形递延及其他资产 | 9424 | 11108 | 1316 | 13.44 |
| 二十六、减：抵债资产减值准备 | 168 | | -52 | -100.00 |
| 二十七、减：无形资产减值准备 | | | -455 | -100.00 |
| 二十八、减：其他资产减值准备 | | | | |
| 资产总计 | 6585080 | 6627528 | 1267150 | 23.64 |

# 5-109 临汾市银行业金融机构资产负债表

单位：万元

| 时间<br>项目 | 1月 | 2月 | 3月 | 4月 | 5月 |
|---|---|---|---|---|---|
| | 余额 | 余额 | 余额 | 余额 | 余额 |
| 流动负债 | 2984910 | 3055826 | 3412913 | 3447064 | 3457434 |
| 一、短期存款 | 1258709 | 1277299 | 1363079 | 1419031 | 1442595 |
| 二、活期储蓄存款 | 1284867 | 1352311 | 1495650 | 1488948 | 1491265 |
| 三、财政性存款 | 13014 | 9413 | 13900 | 16843 | 15721 |
| 四、向中央银行借款 | 58300 | 55100 | 54350 | 55750 | 56250 |
| 五、同业存放 | 151184 | 166833 | 187935 | 170174 | 170413 |
| 六、联行存放 | | | | | |
| 七、同业拆入 | 5334 | 5334 | 5334 | 5334 | 5334 |
| 八、应解汇款及临时存款 | 3503 | 7209 | 14959 | 10279 | 13273 |
| 九、汇出汇款 | 12918 | 10263 | 9948 | 15176 | 11928 |
| 十、委托存款 | -5953 | -5990 | -11992 | -14767 | -21417 |
| 十一、卖出回购资产 | | | | | |
| 十二、应付及预提账项 | 57311 | 49601 | 58050 | 60081 | 61404 |
| 十三、存放短期保证金 | 126091 | 121085 | 212982 | 212075 | 200136 |
| 十四、发行短期债券 | | | | | |
| 十五、其他流动负债 | 19632 | 7368 | 8718 | 8140 | 10532 |
| 长期负债 | 2444803 | 2523569 | 2587037 | 2630469 | 2678115 |
| 十六、长期存款 | 144821 | 149069 | 158562 | 164014 | 167395 |
| 十七、定期储蓄存款 | 2298774 | 2373246 | 2417604 | 2444150 | 2486934 |
| 十八、存放长期保证金 | | | | | |
| 十九、发行长期债券 | | | | | |
| 二十、其他长期负债 | 1208 | 1254 | 10871 | 22305 | 23786 |
| 所有者权益 | 88493 | 106080 | 108107 | 113146 | 125592 |
| 二十一、实收资本 | 149002 | 157120 | 163222 | 166540 | 170184 |
| 二十二、资本公积 | 1559 | 1559 | 1559 | 1560 | 1560 |
| 二十三、公积金 | 5704 | 5704 | 5704 | 5704 | 5704 |
| 二十四、公益金 | -141 | -141 | -141 | -141 | -141 |
| 二十五、未分配利润 | -67631 | -58162 | -62237 | -60517 | -51715 |
| 其中：本年利润 | 8476 | 17944 | 20988 | 28056 | 36922 |
| 二十六、一般准备金 | | | | | |
| 负债总计 | 5518206 | 5685475 | 6108057 | 6190679 | 6261141 |

# 5-109 临汾市银行业金融机构资产负债表

单位：万元

| 项目 \ 时间 | 6月 | 7月 | 8月 | 9月 | 10月 |
|---|---|---|---|---|---|
| | 余额 | 余额 | 余额 | 余额 | 余额 |
| 流动负债 | 3588763 | 3528566 | 3495794 | 3494141 | 3548665 |
| 一、短期存款 | 1421047 | 1455651 | 1465804 | 1399783 | 1416931 |
| 二、活期储蓄存款 | 1576293 | 1550778 | 1530332 | 1530864 | 1534873 |
| 三、财政性存款 | 12427 | 16311 | 19880 | 31708 | 34818 |
| 四、向中央银行借款 | 56850 | 55875 | 55875 | 52650 | 50150 |
| 五、同业存放 | 173193 | 146862 | 136829 | 133879 | 154884 |
| 六、联行存放 | | | | | |
| 七、同业拆入 | 5214 | 5214 | 5214 | 5214 | 5214 |
| 八、应解汇款及临时存款 | 17768 | 9711 | 12139 | 11855 | 15855 |
| 九、汇出汇款 | 11385 | 10189 | 9217 | 8473 | 12029 |
| 十、委托存款 | -16475 | -17806 | -16898 | -38809 | -36196 |
| 十一、卖出回购资产 | | | | | |
| 十二、应付及预提账项 | 73043 | 79692 | 73318 | 82355 | 100547 |
| 十三、存放短期保证金 | 250036 | 207791 | 196564 | 262546 | 245712 |
| 十四、发行短期债券 | | | | | |
| 十五、其他流动负债 | 7982 | 8298 | 7520 | 13623 | 13848 |
| 长期负债 | 2711007 | 2743763 | 2750311 | 2872687 | 2847608 |
| 十六、长期存款 | 169436 | 170922 | 164282 | 168240 | 159194 |
| 十七、定期储蓄存款 | 2520462 | 2549275 | 2562812 | 2681487 | 2665101 |
| 十八、存放长期保证金 | | | | | |
| 十九、发行长期债券 | | | | | |
| 二十、其他长期负债 | 21109 | 23566 | 23217 | 22960 | 23314 |
| 所有者权益 | 128656 | 134048 | 143041 | 152939 | 166660 |
| 二十一、实收资本 | 159237 | 160359 | 161534 | 164046 | 166915 |
| 二十二、资本公积 | 1620 | 1680 | 1680 | 1680 | 1680 |
| 二十三、公积金 | 5704 | 5704 | 5704 | 5703 | 5703 |
| 二十四、公益金 | -141 | -141 | -141 | -141 | -141 |
| 二十五、未分配利润 | -37764 | -33554 | -25736 | -18349 | -7497 |
| 其中：本年利润 | 45789 | 51542 | 59845 | 67130 | 78281 |
| 二十六、一般准备金 | | | | | |
| 负债总计 | 6428426 | 6406377 | 6389146 | 6519767 | 6562933 |

# 5-109 临汾市银行业金融机构资产负债表

单位:万元

| 时间<br>项目 | 11月 | 12月 | | |
|---|---|---|---|---|
| | 余额 | 余额 | 比同期增减额 | 比同期增长% |
| 流动负债 | 3570418 | 3594956 | 709723 | 24.60 |
| 一、短期存款 | 1453086 | 1381347 | 125037 | 9.95 |
| 二、活期储蓄存款 | 1531794 | 1593542 | 312615 | 24.41 |
| 三、财政性存款 | 34060 | 24168 | 11918 | 97.29 |
| 四、向中央银行借款 | 47250 | 48800 | -11400 | -18.94 |
| 五、同业存放 | 205427 | 162768 | 37893 | 30.35 |
| 六、联行存放 | | | | |
| 七、同业拆入 | 5514 | 4898 | -437 | -8.18 |
| 八、应解汇款及临时存款 | 22063 | 19405 | -9435 | -32.72 |
| 九、汇出汇款 | 8432 | 15865 | -8406 | -34.63 |
| 十、委托存款 | -16427 | -11348 | 78093 | -87.31 |
| 十一、卖出回购资产 | | | | |
| 十二、应付及预提账项 | 83210 | 96842 | 46943 | 94.07 |
| 十三、存放短期保证金 | 182556 | 246663 | 115550 | 88.13 |
| 十四、发行短期债券 | | | | |
| 十五、其他流动负债 | 13454 | 12006 | 11352 | 1735.78 |
| 长期负债 | 2869761 | 2888624 | 486063 | 20.23 |
| 十六、长期存款 | 148422 | 156561 | 9892 | 6.74 |
| 十七、定期储蓄存款 | 2698036 | 2708260 | 474089 | 21.22 |
| 十八、存放长期保证金 | | | | |
| 十九、发行长期债券 | | | | |
| 二十、其他长期负债 | 23303 | 23802 | 2082 | 9.59 |
| 所有者权益 | 144901 | 143949 | 71364 | 98.32 |
| 二十一、实收资本 | 167445 | 156280 | 18094 | 13.09 |
| 二十二、资本公积 | 1680 | 1687 | -3157 | -65.17 |
| 二十三、公积金 | 5703 | 18329 | 13704 | 296.28 |
| 二十四、公益金 | -141 | -141 | | |
| 二十五、未分配利润 | -29786 | -32206 | 42723 | -57.02 |
| 其中:本年利润 | 54398 | 42170 | 10770 | 34.30 |
| 二十六、一般准备金 | | | | |
| 负债总计 | 6585080 | 6627528 | 1267150 | 23.64 |

# 5-110 临汾市金融机构存、贷款指标

单位：万元

| 项目＼时间 | 1月 | 2月 | 3月 | 4月 | 5月 |
|---|---|---|---|---|---|
| | 余额 | 余额 | 余额 | 余额 | 余额 |
| 一、各项存款 | 5116765 | 5280219 | 5672451 | 5759385 | 5823986 |
| 1.企事业单位存款 | 632116 | 649117 | 705657 | 714332 | 712881 |
| (1)活期存款 | 487295 | 500048 | 547095 | 550318 | 545486 |
| (2)定期存款 | 144821 | 149069 | 158562 | 164014 | 167395 |
| 2.储蓄存款 | 3583641 | 3725557 | 3913254 | 3933098 | 3978199 |
| (1)活期储蓄 | 1284867 | 1352311 | 1495650 | 1488948 | 1491265 |
| (2)定期储蓄 | 2298774 | 2373246 | 2417604 | 2444150 | 2486934 |
| 3.信托存款 | | | | | |
| 4.委托存款 | | | | | |
| 5.其他存款 | 175663 | 171665 | 277210 | 263824 | 260505 |
| 二、各项贷款 | 3122623 | 3138081 | 3071904 | 3219979 | 3184515 |
| 1.短期贷款 | 1923280 | 1937408 | 1912195 | 1956502 | 1952853 |
| 2.中长期贷款 | 581896 | 581350 | 580615 | 593966 | 580654 |
| 3.信托贷款 | | | | | |
| 4.委托贷款 | | | | | |
| 5.其他贷款 | | | | | |
| 6.票据融资 | 615936 | 617212 | 577583 | 668000 | 651008 |
| 7.各项垫款 | 1511 | 2111 | 1511 | 1511 | 0 |

注：1.本表机构包括农业发展银行、国有独资商业银行、农村信用社、邮政储汇局。

2.因工商银行于2005年6月进行了不良资产剥离，本表中各项贷款项目“余额”为资产剥离后的真实数据，“比年初增减额”为未调整数据。贷款剥离8.45亿元。

3.本表数据仅含人民币业务。

# 5-110 临汾市金融机构存、贷款指标

单位:万元

| 时间 / 项目 | 6月 | 7月 | 8月 | 9月 | 10月 |
|---|---|---|---|---|---|
| | 余额 | 余额 | 余额 | 余额 | 余额 |
| 一、各项存款 | 5974909 | 5966432 | 5954039 | 6076014 | 6059520 |
| 1.企事业单位存款 | 699072 | 702923 | 715532 | 715300 | 689420 |
| (1)活期存款 | 529636 | 532001 | 551250 | 547060 | 530226 |
| (2)定期存款 | 169436 | 170922 | 164282 | 168240 | 159194 |
| 2.储蓄存款 | 4096755 | 4100053 | 4093144 | 4212351 | 4199974 |
| (1)活期储蓄 | 1576293 | 1550778 | 1530332 | 1530864 | 1534873 |
| (2)定期储蓄 | 2520462 | 2549275 | 2562812 | 2681487 | 2665101 |
| 3.信托存款 | | | | | |
| 4.委托存款 | | | | | |
| 5.其他存款 | 315479 | 261561 | 251820 | 319689 | 311076 |
| 二、各项贷款 | 3140400 | 3132030 | 3168323 | 3205429 | 3193049 |
| 1.短期贷款 | 1951508 | 1981862 | 2006369 | 2055527 | 2081019 |
| 2.中长期贷款 | 575809 | 576986 | 580689 | 590674 | 596860 |
| 3.信托贷款 | | | | | |
| 4.委托贷款 | | | | | |
| 5.其他贷款 | | | | | |
| 6.票据融资 | 613063 | 573182 | 581205 | 559192 | 515149 |
| 7.各项垫款 | 20 | 0 | 60 | 35 | 20 |

# 5-110 临汾市金融机构存、贷款指标

单位：万元

| 时间<br>项目 | 11月 | 12月 | | |
|---|---|---|---|---|
| | 余额 | 余额 | 比年初增减额 | 比年初增长% |
| 一、各项存款 | 6058107 | 6128904 | 1030337 | 20.21 |
| 1.企事业单位存款 | 694070 | 670356 | 3254 | 0.49 |
| (1)活期存款 | 545648 | 513794 | -6639 | -1.28 |
| (2)定期存款 | 148422 | 156561 | 9892 | 6.74 |
| 2.储蓄存款 | 4229830 | 4301803 | 786703 | 22.38 |
| (1)活期储蓄 | 1531794 | 1593542 | 312614 | 24.41 |
| (2)定期储蓄 | 2698036 | 2708260 | 474088 | 21.22 |
| 3.信托存款 | | | | |
| 4.委托存款 | | | | |
| 5.其他存款 | 257265 | 320267 | 129147 | 67.57 |
| 二、各项贷款 | 3110599 | 3010925 | 140161 | 4.88 |
| 1.短期贷款 | 2066320 | 2050198 | 167954 | 8.92 |
| 2.中长期贷款 | 600662 | 600372 | 16780 | 2.88 |
| 3.信托贷款 | | | | |
| 4.委托贷款 | | | | |
| 5.其他贷款 | | | | |
| 6.票据融资 | 443357 | 360355 | -43062 | -10.67 |
| 7.各项垫款 | 260 | 0 | -1511 | -100.00 |

# 5-111 临汾市金融机构存、贷款时序表

单位:亿元

| 时间 \ 指标项目 | 各项存款 | | | 各项贷款 | | |
|---|---|---|---|---|---|---|
| | 余额 | 比年初增减额 | 余额比同期% | 余额 | 比年初增减额 | 余额比同期% |
| 1月 | 511.68 | 1.82 | 20.54 | 312.26 | 25.19 | 6.35 |
| 2月 | 528.02 | 18.17 | 18.11 | 313.81 | 26.73 | 2.55 |
| 3月 | 567.25 | 57.39 | 19.85 | 307.19 | 201.14 | 0.10 |
| 4月 | 575.94 | 66.08 | 22.61 | 322.00 | 349.22 | 0.43 |
| 5月 | 582.40 | 72.54 | 24.62 | 318.45 | 31.38 | 0.19 |
| 6月 | 597.49 | 87.63 | 26.80 | 314.04 | 26.96 | 5.13 |
| 7月 | 596.64 | 86.79 | 28.43 | 313.20 | 26.13 | 4.59 |
| 8月 | 595.40 | 85.55 | 28.69 | 316.83 | 29.76 | 4.77 |
| 9月 | 607.60 | 97.74 | 29.10 | 320.54 | 33.47 | 6.07 |
| 10月 | 605.95 | 96.10 | 27.18 | 319.30 | 32.23 | 5.67 |
| 11月 | 605.81 | 95.95 | 23.76 | 311.06 | 23.98 | 4.70 |
| 12月 | 612.89 | 103.03 | 20.69 | 301.09 | 14.02 | 4.88 |

# 5-112 临汾市主要银行业机构贷款质量统计表(五级分类)

单位:万元

| 项目＼时间 | 1月 | 2月 | 3月 | 4月 | 5月 | 6月 |
|---|---|---|---|---|---|---|
| | 余额 | 余额 | 余额 | 余额 | 余额 | 余额 |
| 正常贷款 | 1344711 | 1380266 | 1284835 | 1323302 | 1306666 | 1323424 |
| 正常类贷款 | 1168515 | 1205381 | 1112461 | 1080424 | 1080965 | 1101888 |
| 关注类贷款 | 176196 | 174885 | 172374 | 242878 | 225701 | 221536 |
| 不良贷款 | 348842 | 347914 | 346780 | 346034 | 294104 | 257875 |
| 次级类贷款 | 92129 | 89803 | 80540 | 82393 | 82140 | 78483 |
| 可疑类贷款 | 150350 | 151588 | 158659 | 154344 | 154064 | 121513 |
| 损失类贷款 | 106363 | 106523 | 107581 | 109297 | 57900 | 57879 |
| 贷款合计 | 1693553 | 1728180 | 1631615 | 1669336 | 1600770 | 1581299 |

# 5-112 临汾市主要银行业机构贷款质量统计表(五级分类)

单位:万元

| 项目＼时间 | 7月 | 8月 | 9月 | 10月 | 11月 | 12月 | |
|---|---|---|---|---|---|---|---|
| | 余额 | 余额 | 余额 | 余额 | 余额 | 余额 | 比年初增减额 |
| 正常贷款 | 1291973 | 1263921 | 1227239 | 1173434 | 1143781 | 1099075 | -49779 |
| 正常类贷款 | 1064261 | 1042244 | 1010647 | 1024634 | 996636 | 975796 | -7390 |
| 关注类贷款 | 227712 | 221677 | 216592 | 148800 | 147145 | 123279 | -42389 |
| 不良贷款 | 257574 | 256905 | 255679 | 255152 | 256236 | 265093 | -83978 |
| 次级类贷款 | 78362 | 78555 | 78258 | 77909 | 79220 | 63465 | -28731 |
| 可疑类贷款 | 121317 | 120501 | 119581 | 119406 | 119156 | 75594 | -74906 |
| 损失类贷款 | 57895 | 57849 | 57840 | 57837 | 57860 | 126034 | 19659 |
| 贷款合计 | 1549547 | 1520826 | 1482918 | 1428586 | 1400017 | 1364168 | -133757 |

注:本表机构包括农业发展银行、工商银行、农业银行、中国银行、建设银行。

# 5-112 临汾市主要银行业机构贷款质量统计表（五级分类）

单位：%

| 项目 \ 时间 | 1月 | 2月 | 3月 | 4月 | 5月 | 6月 |
|---|---|---|---|---|---|---|
| | 比例 | 比例 | 比例 | 比例 | 比例 | 比例 |
| 正常贷款 | 79.4 | 79.87 | 78.75 | 79.26 | 81.63 | 83.69 |
| 正常类贷款 | 69 | 69.75 | 68.19 | 64.71 | 67.53 | 69.68 |
| 关注类贷款 | 10.4 | 10.12 | 10.56 | 14.55 | 14.1 | 14.01 |
| 不良贷款 | 20.6 | 20.13 | 21.25 | 20.74 | 18.37 | 16.31 |
| 次级类贷款 | 5.44 | 5.2 | 4.94 | 4.94 | 5.13 | 4.97 |
| 可疑类贷款 | 8.88 | 8.77 | 9.72 | 9.25 | 9.62 | 7.68 |
| 损失类贷款 | 6.28 | 6.16 | 6.59 | 6.55 | 3.62 | 3.66 |

# 5-112 临汾市主要银行业机构贷款质量统计表（五级分类）

单位：%

| 项目 \ 时间 | 7月 | 8月 | 9月 | 10月 | 11月 | 12月 | |
|---|---|---|---|---|---|---|---|
| | 比例 | 比例 | 比例 | 比例 | 比例 | 比例 | 比年初增减 |
| 正常贷款 | 83.38 | 83.11 | 82.76 | 82.14 | 81.7 | 80.57 | 3.87 |
| 正常类贷款 | 68.68 | 68.53 | 68.15 | 71.72 | 71.19 | 71.53 | 5.89 |
| 关注类贷款 | 14.7 | 14.58 | 14.61 | 10.42 | 10.51 | 9.04 | -2.02 |
| 不良贷款 | 16.62 | 16.89 | 17.24 | 17.86 | 18.3 | 19.43 | -3.87 |
| 次级类贷款 | 5.06 | 5.17 | 5.28 | 5.45 | 5.66 | 4.65 | -1.5 |
| 可疑类贷款 | 7.83 | 7.92 | 8.06 | 8.36 | 8.51 | 5.54 | -4.51 |
| 损失类贷款 | 3.73 | 3.8 | 3.9 | 4.05 | 4.13 | 9.24 | 2.14 |

# 5-113 临汾市地方性金融机构贷款质量统计表(四级分类)

单位:万元

| 项目 \ 时间 | 1月 | 2月 | 3月 | 4月 | 5月 | 6月 |
|---|---|---|---|---|---|---|
| | 余额 | 余额 | 余额 | 余额 | 余额 | 余额 |
| 正常贷款 | 1247197 | 1228226 | 1290097 | 1400916 | 1434826 | 1448270 |
| 不良贷款 | 182349 | 182033 | 150594 | 150142 | 149698 | 112375 |
| 逾期贷款 | 7376 | 7426 | 7312 | 7133 | 7081 | 6861 |
| 呆滞贷款 | 98357 | 98027 | 97254 | 97036 | 96682 | 91317 |
| 呆账贷款 | 76616 | 76580 | 46027 | 45972 | 45936 | 14197 |
| 各项贷款 | 1429546 | 1410259 | 1440690 | 1551058 | 1584524 | 1560645 |

# 5-113 临汾市地方性金融机构贷款质量统计表(四级分类)

单位:万元

| 项目 \ 时间 | 7月 | 8月 | 9月 | 10月 | 11月 | 12月 | |
|---|---|---|---|---|---|---|---|
| | 余额 | 余额 | 余额 | 余额 | 余额 | 余额 | 比年初增减额 |
| 正常贷款 | 1472231 | 1537087 | 1614158 | 1655969 | 1596907 | 1533657 | 343541 |
| 不良贷款 | 111582 | 111575 | 109345 | 109336 | 115405 | 114941 | -68125 |
| 逾期贷款 | 6742 | 6908 | 6963 | 7008 | 10108 | 10013 | 2330 |
| 呆滞贷款 | 90678 | 90537 | 88419 | 88402 | 91400 | 91976 | -6718 |
| 呆账贷款 | 14162 | 14130 | 13963 | 13926 | 13897 | 12952 | -63738 |
| 各项贷款 | 1583813 | 1648662 | 1723503 | 1765305 | 1712312 | 1648598 | 275416 |

注:本表机构为农村信用社。

# 5-113 临汾市地方性金融机构贷款质量统计表(四级分类)

单位:%

| 时间<br>项目 | 1月 | 2月 | 3月 | 4月 | 5月 | 6月 |
|---|---|---|---|---|---|---|
| | 比例 | 比例 | 比例 | 比例 | 比例 | 比例 |
| 正常贷款 | 87.24 | 87.09 | 89.55 | 90.32 | 90.55 | 92.80 |
| 不良贷款 | 12.76 | 12.91 | 10.45 | 9.68 | 9.45 | 7.20 |
| 逾期贷款 | 0.52 | 0.53 | 0.51 | 0.46 | 0.45 | 0.44 |
| 呆滞贷款 | 6.88 | 6.95 | 6.75 | 6.26 | 6.10 | 5.85 |
| 呆账贷款 | 5.36 | 5.43 | 3.19 | 2.96 | 2.90 | 0.91 |

# 5-113 临汾市地方性金融机构贷款质量统计表(四级分类)

单位:%

| 时间<br>项目 | 7月 | 8月 | 9月 | 10月 | 11月 | 12月 | |
|---|---|---|---|---|---|---|---|
| | 比例 | 比例 | 比例 | 比例 | 比例 | 比例 | 比年初增减 |
| 正常贷款 | 92.95 | 93.23 | 93.66 | 93.80 | 93.26 | 93.02 | 6.35 |
| 不良贷款 | 7.05 | 6.77 | 6.34 | 6.20 | 6.74 | 6.98 | -6.35 |
| 逾期贷款 | 0.43 | 0.42 | 0.40 | 0.40 | 0.59 | 0.61 | 0.05 |
| 呆滞贷款 | 5.73 | 5.49 | 5.13 | 5.01 | 5.34 | 5.58 | -1.61 |
| 呆账贷款 | 0.89 | 0.86 | 0.81 | 0.79 | 0.81 | 0.79 | -4.79 |

# 5-114 临汾市主要银行业机构非信贷资产情况表

单位:万元

| 项目 \ 指标 \ 时间 | 1季度 | | | 2季度 | | |
|---|---|---|---|---|---|---|
| | 余额 | 其中:不良资产 | 预计损失 | 余额 | 其中:不良资产 | 预计损失 |
| 一、现金 | 41323 | | | 32268 | | |
| 二、银行存款 | 1129 | | | 3542 | | |
| 三、贵金属 | | | | | | |
| 四、存放中央银行款项 | 140287 | | | 50925 | | |
| 五、存放同业款项 | 54893 | | | 16436 | | |
| 六、拆放同业 | 5445 | 5445 | 3777 | 5425 | 5425 | 3777 |
| 七、存放联行款项(轧差) | 1251412 | | | 1415371 | | |
| 八、应收及预付款项 | 38610 | 6953 | 6837 | 120724 | 6578 | 6551 |
| 其中:应收利息 | 6600 | 22 | 22 | 5678 | 4 | 4 |
| 待处理案件纠纷垫款 | 2217 | 1657 | 1541 | 1852 | 1303 | 1270 |
| 九、短期投资 | 157 | | | 315 | | |
| 十、委托贷款及委托投资 | 31280 | 571 | | 38298 | | |
| 十一、买入返售证券 | | | | | | |
| 十二、待处理流动资产损失 | | | | | | |
| 十三、长期投资 | 25827 | 18697 | 16834 | 26185 | 18697 | 16834 |
| 十四、固定资产净值 | 50295 | | | 52715 | | |
| 十五、固定资产清理 | 60 | | | 152 | | |
| 十六、在建工程 | 347 | | | 399 | | |
| 十七、待处理固定资产损失 | | | | 0 | | |
| 十八、无形资产 | 3310 | | | 896 | | |
| 十九、递延资产 | 3730 | | | 3632 | | |
| 二十、其他非信贷资产 | 96885 | 40691 | 34457 | 85424 | 37331 | 35513 |
| 1.待处理抵债资产 | 8130 | 7367 | 1133 | 5234 | 4454 | 2636 |
| 2.应付福利费垫款 | | | | | | |
| 3.未弥补亏损 | 32878 | 32878 | 32878 | 32877 | 32877 | 32877 |
| 4.待处理房改资产 | 446 | 446 | 446 | | | |
| 5.待清理自办实体资产 | | | | | | |
| 6.待清理接收资产 | | | | | | |
| (1)待清理城信社资产 | | | | | | |
| (2)待清理城信社资产与负债差额 | | | | | | |
| (3)待清理信托资产 | | | | | | |
| (4)人行转来企业贷款本金 | | | | | | |
| (5)其他金融机构转来资产 | | | | | | |
| (6)其他待清理接收资产 | | | | | | |
| 7.其他非信贷资产 | 55431 | | | 47313 | | |
| 非信贷资产合计 | 1744990 | 72357 | 61905 | 1852708 | 68031 | 62675 |

注:本表机构包括农业发展银行、工商银行、农业银行、中国银行、建设银行。

# 5-114 临汾市主要银行业机构非信贷资产情况表

单位:万元

| 项目 | 3季度 余额 | 3季度 其中:不良资产 | 3季度 预计损失 | 4季度 余额 | 4季度 其中:不良资产 | 4季度 预计损失 |
|---|---|---|---|---|---|---|
| 一、现金 | 31536 | | | 24496 | | |
| 二、银行存款 | 3673 | | | 3059 | | |
| 三、贵金属 | | | | | | |
| 四、存放中央银行款项 | 60039 | | | 81871 | | |
| 五、存放同业款项 | 7896 | | | 51996 | | |
| 六、拆放同业 | 5425 | 5425 | 3777 | 5403 | 5403 | 3569 |
| 七、存放联行款项(轧差) | 1538590 | | | 1740590 | | |
| 八、应收及预付款项 | 122674 | 6803 | 6670 | 36911 | 11575 | 9803 |
| 其中:应收利息 | 6965 | 2 | 2 | 6714 | 2768 | 1572 |
| 待处理案件纠纷垫款 | 1935 | 1376 | 1311 | 3259 | 3232 | 3066 |
| 九、短期投资 | 476 | | | 120 | | |
| 十、委托贷款及委托投资 | 58582 | | | 53511 | 701 | 701 |
| 十一、买入返售证券 | | | | | | |
| 十二、待处理流动资产损失 | | | | | | |
| 十三、长期投资 | 26105 | 18697 | 16834 | 23836 | 18855 | 16992 |
| 十四、固定资产净值 | 51836 | | | 59531 | 344 | 194 |
| 十五、固定资产清理 | 75 | | | 61 | | |
| 十六、在建工程 | 478 | | | 817 | | |
| 十七、待处理固定资产损失 | | | | | | |
| 十八、无形资产 | 672 | | | 809 | | |
| 十九、递延资产 | 3543 | | | 3206 | 1782 | 1255 |
| 二十、其他非信贷资产 | 116638 | 37255 | 35513 | 82970 | 18618 | 16694 |
| 1.待处理抵债资产 | 5158 | 4378 | 2636 | 4009 | 4004 | 2080 |
| 2.应付福利费垫款 | | | | | | |
| 3.未弥补亏损 | 32877 | 32877 | 32877 | 14614 | 14614 | 14614 |
| 4.待处理房改资产 | | | | | | |
| 5.待清理自办实体资产 | | | | | | |
| 6.待清理接收资产 | | | | | | |
| (1)待清理城信社资产 | | | | | | |
| (2)待清理城信社资产与负债差额 | | | | | | |
| (3)待清理信托资产 | | | | | | |
| (4)人行转来企业贷款本金 | | | | | | |
| (5)其他金融机构转来资产 | | | | | | |
| (6)其他待清理接收资产 | | | | | | |
| 7.其他非信贷资产 | 78602 | | | 64347 | | |
| 非信贷资产合计 | 2028234 | 68180 | 62795 | 2169187 | 57278 | 49207 |

# 5-115 临汾市主要银行业机构表外业务情况表

单位:万元

| 项目 \ 指标 \ 时间 | 1季度 | | | 2季度 | | |
|---|---|---|---|---|---|---|
| | 余额 | 风险敞口 | 垫款期末余额 | 余额 | 风险敞口 | 垫款期末余额 |
| 一、担保类业务 | 218259 | 87023 | 1511 | 209527 | 85383 | |
| 1.开出银行承兑汇票 | 189505 | 67519 | 1511 | 171734 | 59028 | |
| 2.开出信用证 | 8028 | 726 | | 13679 | 3161 | |
| 3.保函 | 20726 | 20031 | | 24114 | 23194 | |
| 4.债券发行担保 | | | | | | |
| 其中:可转换债券担保 | | | | | | |
| 5.其他担保类业务 | | -1253 | | | | |
| 二、承诺类业务 | 36600 | 36600 | | 32000 | 32000 | |
| 1.贷款承诺 | 36600 | 36600 | | 32000 | 32000 | |
| 2.循环授信额度 | | | | | | |
| 3.其他承诺类业务 | | | | | | |
| 三、金融衍生类业务 | 1 | -194 | | | -195 | |
| 1.期权 | | | | | | |
| 2.互换 | 1 | -194 | | | -195 | |
| 3.远期外汇 | | | | | | |

# 5-115 临汾市主要银行业机构表外业务情况表

单位:万元

| 项目 \ 指标 \ 时间 | 3季度 | | | 4季度 | | |
|---|---|---|---|---|---|---|
| | 余额 | 风险敞口 | 垫款期末余额 | 余额 | 风险敞口 | 垫款期末余额 |
| 一、担保类业务 | 206379 | 97156 | 890 | 216891 | 99723 | 890 |
| 1.开出银行承兑汇票 | 157689 | 57266 | 890 | 173094 | 66664 | 890 |
| 2.开出信用证 | 26201 | 18251 | | 17572 | 8001 | |
| 3.保函 | 22490 | 21639 | | 26225 | 25058 | |
| 4.债券发行担保 | | | | | | |
| 其中:可转换债券担保 | | | | | | |
| 5.其他担保类业务 | | | | | | |
| 二、承诺类业务 | 33950 | 33950 | | 28900 | 28900 | |
| 1.贷款承诺 | 33950 | 33950 | | 28900 | 28900 | |
| 2.循环授信额度 | | | | | | |
| 3.其他承诺类业务 | | | | | | |
| 三、金融衍生类业务 | 1 | -217 | | 1 | -207 | |
| 1.期权 | | | | | | |
| 2.互换 | 1 | -217 | | 1 | -207 | |
| 3.远期外汇 | | | | | | |

注:本表机构包括农业发展银行、工商银行、农业银行、中国银行、建设银行。

# 5-116 临汾市主要银行业机构贷款按逾期时间分类表

单位:万元

| 项目 \ 指标 \ 时间 | 上年末 | 一季度 | 二季度 | 三季度 | 四季度 |
|---|---|---|---|---|---|
| | 余额 | 余额 | 余额 | 余额 | 余额 |
| 各项贷款 | 1497926 | 1631615 | 1581299 | 1482918 | 1364168 |
| 未到期贷款 | 1213465 | 1338045 | 1359301 | 1265017 | 1140772 |
| 逾期类贷款 | 284460 | 293570 | 221997 | 217901 | 223397 |
| 其中:逾期0到3个月贷款 | 21180 | 17325 | 27822 | 15468 | 17651 |
| 逾期3~6个月贷款 | 15096 | 17911 | 6349 | 19398 | 5545 |
| 逾期6~9个月贷款 | 9275 | 12697 | 12740 | 5248 | 10000 |
| 逾期9个月~1年贷款 | 2189 | 9126 | 7569 | 12092 | 3202 |
| 逾期1年以上贷款 | 236720 | 236511 | 167517 | 165695 | 186999 |

注:本表机构包括农业发展银行、工商银行、农业银行、中国银行、建设银行。

# 5-117 临汾市主要银行业机构贷款质量迁徙情况表

迁徙矩阵：

单位：%

| 项　目 | 正常类贷款 | 关注类贷款 | 次级类贷款 | 可疑类贷款 | 损失类贷款 |
|---|---|---|---|---|---|
| 正常类贷款 | 90.25 | 8.54 | 0.47 | 0.58 | 0.17 |
| 关注类贷款 | 28.27 | 66.17 | 2.03 | 2.77 | 0.76 |
| 次级类贷款 | 0.00 | 0.90 | 74.54 | 9.80 | 14.75 |
| 可疑类贷款 | 0.00 | 0.10 | 0.23 | 52.66 | 47.01 |
| 损失类贷款 | 0.00 | 0.00 | 0.00 | 0.00 | 100.00 |

# 5-117 临汾市主要银行业机构贷款质量迁徙情况表

单位：万元

| 项　目 | 分子 | 分母 | 比例% |
|---|---|---|---|
| 1.年初不良贷款率 | 349071.30 | 1497925.77 | 23.30 |
| 2.期末不良贷款率 | 265093.31 | 1364168.42 | 19.43 |
| 3.不良贷款率变动情况(1.-2.) | -83977.99 | -133757.35 | -3.87 |
| 4.贷款质量总体向上迁徙率 | 33201.00 | 366184.15 | 9.07 |
| 5.贷款质量总体向下迁徙率 | 129552.21 | 810521.64 | 15.98 |
| 6.正常类贷款向下迁徙率 | 48951.18 | 501972.44 | 9.75 |
| 7.关注类贷款向下迁徙率 | 6316.00 | 113585.00 | 5.56 |
| 8.次级类贷款向下迁徙率 | 18993.00 | 77341.13 | 24.56 |
| 9.可疑类贷款向下迁徙率 | 55292.03 | 117623.07 | 47.01 |
| 10.当年新增贷款不良率 | 890.00 | 496011.83 | 0.18 |
| 11.当年新形成不良贷款率 | 18174.16 | 1431047.10 | 1.27 |
| 12.贷款重组贡献度 | | 819.00 | |
| 13.不良贷款周转率 | 533996.03 | 1148854.47 | 46.48 |
| 14.不良贷款处置收现率 | 12139.32 | 101311.15 | 11.98 |
| 15.不良贷款处置以物抵债率 | 0.00 | 101311.15 | |
| 16.不良贷款处置核销率 | 1616.82 | 101311.15 | 1.60 |

注：本表机构包括农业发展银行、工商银行、农业银行、中国银行、建设银行。

# 5-118 临汾市银行业金融机构部分行业贷款情况表

单位:万元

| 项目＼时间 | 1季度 | 2季度 | 3季度 | 4季度 | |
|---|---|---|---|---|---|
| | 余额 | 余额 | 余额 | 余额 | 比年初增减额 |
| 一、煤炭行业 | 188150 | 240868 | 218435 | 200417 | 62372 |
| 二、焦炭行业 | 297305 | 306547 | 319803 | 310504 | 66270 |
| (1)年产60万吨以上 | 174245 | 190874 | 198541 | 201408 | 56153 |
| (2)年产40万~60万吨 | 72758 | 63019 | 64093 | 65775 | 12542 |
| (3)年产20万~40万吨 | 31029 | 28610 | 38734 | 26328 | 2154 |
| (4)年产20万吨以下 | 19272 | 24045 | 18435 | 16992 | -4580 |
| 三、冶金行业 | 300871 | 288390 | 259639 | 252476 | -8423 |
| (1)普通钢 | 48038 | 54484 | 55605 | 46117 | -6459 |
| (2)特种钢 | | 130 | 130 | 495 | 495 |
| (3)生铁 | 217783 | 213666 | 194561 | 186514 | 9050 |
| (4)铁合金 | 2118 | 528 | 454 | 728 | -4149 |
| (5)电解铝 | | | | | |
| 四、建材行业 | 24484 | 27824 | 24776 | 19768 | 5390 |
| (1)水泥 | 11785 | 8681 | 11328 | 9391 | 1086 |
| 五、交通行业 | 19648 | 23418 | 26291 | 22748 | 5457 |
| (1)公路 | 14050 | 19398 | 25201 | 20310 | 8154 |
| (2)铁路 | 1529 | 3600 | 670 | 520 | -3009 |
| 六、化工行业 | 101666 | 153430 | 160853 | 140852 | 17176 |
| (1)电石 | 1752 | 233 | 233 | 132 | 8 |
| 七、电力行业 | 46505 | 47400 | 45510 | 46793 | 2333 |
| 八、房地产业 | 101266 | 140763 | 147328 | 116677 | 14267 |
| (1)房地产开发商贷款 | 12101 | 21060 | 27518 | 29040 | 21970 |
| (2)住房开发贷款 | 17396 | 17060 | 11800 | 14300 | -9489 |
| (3)政府土地储备机构贷款 | 1250 | 1680 | 1230 | | -1450 |
| (4)单位购置商业用房贷款 | 39 | | | | -62 |
| (5)个人购房贷款 | 70379 | 100963 | 106780 | 73337 | 3399 |
| 九、医药制造业 | 11208 | 7933 | 9963 | 11028 | 1242 |
| 十、机械制造业 | 24545 | 22251 | 29685 | 26926 | 1707 |
| 合计 | 1115649 | 1258824 | 1242283 | 1148189 | 167791 |

注:本表机构包括工商银行、农业银行、中国银行、建设银行、农村信用社。

# 5-119 临汾市银行业金融机构部分行业不良贷款情况表(五级分类)

单位:万元

| 项目 \ 指标 \ 时间 | 1季度 | | 2季度 | | 3季度 | |
|---|---|---|---|---|---|---|
| | 余额 | 比例% | 余额 | 比例% | 余额 | 比例% |
| 一、煤炭行业 | 10174 | 9.43 | 11156 | 7.63 | 11104 | 10.39 |
| 二、焦炭行业 | 7787 | 3.70 | 2740 | 1.28 | 2704 | 1.24 |
| (1)年产60万吨以上 | | | 315 | 0.21 | 315 | 0.20 |
| (2)年产40万~60万吨 | 924 | 1.75 | | | | |
| (3)年产20万~40万吨 | 2930 | 36.00 | | | | |
| (4)年产20万吨以下 | 3933 | 98.99 | 2426 | 22.99 | 2390 | 33.19 |
| 三、冶金行业 | 26840 | 15.11 | 15834 | 10.53 | 15116 | 12.43 |
| (1)普通钢 | 236 | 0.76 | 91 | 0.24 | 91 | 0.24 |
| (2)特种钢 | | | | | | |
| (3)生铁 | 26420 | 23.73 | 14993 | 16.12 | 14823 | 20.05 |
| (4)铁合金 | 184 | 8.69 | 203 | 38.44 | 203 | 44.70 |
| (5)电解铝 | | | | | | |
| 四、建材行业 | 2914 | 18.46 | 1953 | 9.55 | 1923 | 13.03 |
| (1)水泥 | 1621 | 41.35 | 888 | 29.18 | 888 | 29.18 |
| 五、交通行业 | 6071 | 40.74 | 1587 | 8.49 | 2254 | 10.91 |
| (1)公路 | 4161 | 44.73 | 1467 | 10.00 | 1464 | 7.48 |
| (2)铁路 | 944 | 61.74 | | | 670 | 100.00 |
| 六、化工行业 | 4642 | 4.66 | 3103 | 2.05 | 3332 | 2.10 |
| (1)电石 | | | 101 | 100.00 | 101 | 100.00 |
| 七、电力行业 | 1230 | 2.64 | 755 | 1.66 | 705 | 1.61 |
| 八、房地产业 | 2569 | 2.99 | 3957 | 3.40 | 4004 | 3.34 |
| (1)房地产开发商贷款 | | | | | | |
| (2)住房开发贷款 | 2039 | 12.41 | | | | |
| (3)政府土地储备机构贷款 | | | | | | |
| (4)单位购置商业用房贷款 | 39 | 100.00 | | | | |
| (5)个人购房贷款 | 389 | 0.57 | 3957 | 4.00 | 4004 | 3.84 |
| 九、医药制造业 | 1936 | 32.59 | 75 | 4.13 | 75 | 4.07 |
| 十、机械制造业 | 11941 | 56.48 | 1711 | 9.13 | 1711 | 7.08 |
| 合计 | 76105 | 9.69 | 42872 | 4.85 | 42928 | 5.17 |

注:本表机构为工商银行、农业银行、中国银行、建设银行。

# 5-119 临汾市银行业金融机构部分行业不良贷款情况表(五级分类)

单位:万元

| 项目 \ 指标 \ 时间 | 4季度 | | | |
|---|---|---|---|---|
| | 余额 | 比例% | 余额比年初增减 | 比例比年初增减 |
| 一、煤炭行业 | 5078 | 5.78 | -4472 | -7.41 |
| 二、焦炭行业 | 8921 | 4.30 | -292 | -0.83 |
| (1)年产60万吨以上 | 3294 | 2.00 | 3294 | 2.00 |
| (2)年产40万~60万吨 | 2446 | 9.93 | 1459 | 7.38 |
| (3)年产20万~40万吨 | 400 | 4.04 | -2920 | -53.45 |
| (4)年产20万吨以下 | 2781 | 34.09 | -2125 | -65.10 |
| 三、冶金行业 | 15937 | 14.57 | -10808 | -3.57 |
| (1)普通钢 | | | -236 | -0.65 |
| (2)特种钢 | | | | |
| (3)生铁 | 15259 | 25.26 | -11066 | -7.50 |
| (4)铁合金 | 678 | 93.13 | 494 | 89.36 |
| (5)电解铝 | | | | |
| 四、建材行业 | 1563 | 14.40 | -1366 | -15.80 |
| (1)水泥 | 1051 | 47.56 | -570 | 6.20 |
| 五、交通行业 | 2685 | 17.70 | -3511 | -24.55 |
| (1)公路 | 1081 | 8.49 | -3205 | -36.49 |
| (2)铁路 | 520 | 100.00 | -424 | 73.25 |
| 六、化工行业 | 2681 | 1.95 | -1385 | -1.39 |
| (1)电石 | | | | |
| 七、电力行业 | 706 | 1.57 | -355 | -0.82 |
| 八、房地产业 | 1109 | 1.24 | -1567 | -1.89 |
| (1)房地产开发商贷款 | | | | |
| (2)住房开发贷款 | | | -2078 | |
| (3)政府土地储备机构贷款 | | | | |
| (4)单位购置商业用房贷款 | | | -62 | |
| (5)个人购房贷款 | 1109 | 1.56 | 674 | 0.92 |
| 九、医药制造业 | 71 | 1.89 | -1865 | -40.95 |
| 十、机械制造业 | 3432 | 16.46 | -7399 | -30.89 |
| 合计 | 42184 | 5.80 | -33020 | -4.90 |

# 5-119 临汾市银行业金融机构部分行业不良贷款情况表(四级分类)

单位:万元

| 项目 \ 指标 \ 时间 | 1季度 | | 2季度 | | 3季度 | |
|---|---|---|---|---|---|---|
| | 余额 | 比例% | 余额 | 比例% | 余额 | 比例% |
| 一、煤炭行业 | 7127 | 8.89 | 3814 | 4.03 | 2725 | 2.44 |
| 二、焦炭行业 | 6095 | 7.01 | 5395 | 5.80 | 5286 | 5.17 |
| (1)年产60万吨以上 | | | | | | |
| (2)年产40万~60万吨 | 19 | 0.10 | 59 | 0.31 | 19 | 0.06 |
| (3)年产20万~40万吨 | 296 | 1.29 | 42 | 0.21 | 73 | 0.35 |
| (4)年产20万吨以下 | 5780 | 37.78 | 5294 | 39.22 | 5194 | 46.23 |
| 三、冶金行业 | 13935 | 11.30 | 10613 | 7.69 | 10074 | 7.30 |
| (1)普通钢 | 161 | 0.96 | 134 | 0.78 | 134 | 0.78 |
| (2)特种钢 | | | | | | |
| (3)生铁 | 13774 | 12.94 | 10479 | 8.69 | 9940 | 8.24 |
| (4)铁合金 | | | | 100.00 | | 100.00 |
| (5)电解铝 | | | | | | |
| 四、建材行业 | 655 | 7.53 | 411 | 5.58 | 474 | 4.73 |
| (1)水泥 | 655 | 8.33 | 411 | 7.29 | 474 | 5.72 |
| 五、交通行业 | | | 69 | 1.46 | 69 | 1.23 |
| (1)公路 | | | 69 | 1.46 | 69 | 1.23 |
| (2)铁路 | | | | | | |
| 六、化工行业 | 149 | 7.35 | 210 | 9.73 | 210 | 10.25 |
| (1)电石 | 124 | 7.08 | 132 | 100.00 | 132 | 100.00 |
| 七、电力行业 | | | | | | |
| 八、房地产业 | 200 | 1.29 | 200 | 0.82 | 200 | 0.73 |
| (1)房地产开发商贷款 | 200 | 1.65 | 200 | 1.05 | 200 | 0.81 |
| (2)住房开发贷款 | | | | | | |
| (3)政府土地储备机构贷款 | | | | | | |
| (4)单位购置商业用房贷款 | | | | | | |
| (5)个人购房贷款 | | | | | | |
| 九、医药制造业 | 67 | 1.27 | 70 | 1.14 | 67 | 0.82 |
| 十、机械制造业 | 28 | 0.84 | 62 | 1.76 | 65 | 1.17 |
| 合计 | 28257 | 8.56 | 20843 | 5.55 | 19169 | 4.65 |

注:本表机构为农村信用社。

# 5-119 临汾市银行业金融机构部分行业不良贷款情况表(四级分类)

单位:万元

| 项目＼指标＼时间 | 4季度 | | | |
|---|---|---|---|---|
| | 余额 | 比例% | 余额比年初增减 | 比例比年初增减 |
| 一、煤炭行业 | 2441 | 2.17 | -3037 | -6.17 |
| 二、焦炭行业 | 4875 | 4.74 | -2524 | -6.74 |
| (1)年产60万吨以上 | | | | |
| (2)年产40万~60万吨 | 19 | 0.05 | | -0.08 |
| (3)年产20万~40万吨 | 73 | 0.45 | -223 | -1.16 |
| (4)年产20万吨以下 | 4783 | 54.14 | -2301 | 11.53 |
| 三、冶金行业 | 7605 | 5.32 | -4443 | -5.31 |
| (1)普通钢 | 134 | 0.81 | -400 | -2.46 |
| (2)特种钢 | | | | |
| (3)生铁 | 7471 | 5.92 | -4043 | -5.93 |
| (4)铁合金 | | | | |
| (5)电解铝 | | | | |
| 四、建材行业 | 570 | 6.39 | -86 | -7.61 |
| (1)水泥 | 474 | 6.60 | -182 | -8.35 |
| 五、交通行业 | 69 | 0.91 | 69 | 0.91 |
| (1)公路 | 69 | 0.91 | 69 | 0.91 |
| (2)铁路 | | | | |
| 六、化工行业 | 214 | 6.48 | -178 | -12.93 |
| (1)电石 | 132 | 100.00 | 8 | |
| 七、电力行业 | | | | |
| 八、房地产业 | 200 | 0.73 | -1560 | -9.70 |
| (1)房地产开发商贷款 | 200 | 0.80 | -1560 | -24.10 |
| (2)住房开发贷款 | | | | |
| (3)政府土地储备机构贷款 | | | | |
| (4)单位购置商业用房贷款 | | | | |
| (5)个人购房贷款 | | | | |
| 九、医药制造业 | 67 | 0.92 | | -0.35 |
| 十、机械制造业 | 151 | 2.48 | 150 | 2.42 |
| 合计 | 16192 | 3.85 | -11609 | -6.18 |

# 5-120 临汾市主要银行业机构客户大额授信和零售贷款违约客户情况统计时序表

单位:个、亿元、%

| 时间 \ 指标项目 | 客户大额授信统计 | | | | | | | | 关联企业授信 | 关联企业贷款 | 零售贷款违约统计 | |
|---|---|---|---|---|---|---|---|---|---|---|---|---|
| | 客户数 | 授信额度 | 贷款余额 | 不良贷款 | 不良占比 | 预警信息 | | | | | 法人违约数 | 个人违约数 |
| | | | | | | 客户数 | 贷款 | 不良贷款 | | | | |
| 1月 | 12 | 41.21 | 30.55 | 1.04 | 3.40 | | | | 1.65 | 1.65 | 23 | 125 |
| 2月 | 14 | 44.51 | 31.99 | 1.04 | 3.25 | | | | 3.04 | 3.04 | 23 | 150 |
| 3月 | 16 | 47.57 | 33.5 | 1.03 | 3.08 | | | | 1.58 | 1.58 | 23 | 166 |
| 4月 | 15 | 47.65 | 34.3 | 1.04 | 3.03 | | | | 1.48 | 1.48 | 23 | 223 |
| 5月 | 9 | 23.65 | 22.63 | 1.02 | 4.51 | | | | 1.29 | 1.29 | 10 | 266 |
| 6月 | 11 | 25.64 | 24.69 | 1.03 | 4.17 | | | | 1.27 | 1.27 | 2 | 212 |
| 7月 | 9 | 23.71 | 27.12 | 1.03 | 3.80 | | | | 1.04 | 1.04 | 2 | 389 |
| 8月 | 9 | 23.74 | 27.08 | 1.03 | 3.80 | | | | 1.04 | 1.04 | 2 | 389 |
| 9月 | 7 | 23.55 | 23.98 | 1.03 | 4.30 | | | | 0.63 | 0.63 | 2 | 320 |
| 10月 | 7 | 29.7 | 27.34 | 1.03 | 3.77 | | | | 0 | 0 | 2 | 342 |
| 11月 | 8 | 14.99 | 19.36 | 1.03 | 5.32 | | | | 0 | 0 | 2 | 348 |
| 12月 | 12 | 29.59 | 23.51 | 1.03 | 4.38 | | | | 0.55 | 0.55 | 2 | 307 |

注:本表机构包括工商银行、农业银行、中国银行、建设银行。

# 5-121 临汾市银行业金融机构案件信息统计表

单位:万元、件

| 项 目 | 案 件 | | 其中:百万元以上案件 | |
|---|---|---|---|---|
| | 本年累计发生 | 比上年同期增减 | 本年累计发生 | 比上年同期增减 |
| 经济案件数量 | 2 | 2 | 0 | 0 |
| 其中:挪用 | 2 | 2 | 0 | 0 |
| 贪污 | 0 | 0 | 0 | 0 |
| 侵占 | 0 | 0 | 0 | 0 |
| 贿赂 | 0 | 0 | 0 | 0 |
| 经济案件涉案金额 | 107.1 | 107.1 | 0 | 0 |
| 其中:挪用 | 107.1 | 107.1 | 0 | 0 |
| 贪污 | 0 | 0 | 0 | 0 |
| 侵占 | 0 | 0 | 0 | 0 |
| 贿赂 | 0 | 0 | 0 | 0 |
| 经济案件风险金额 | 0 | 0 | 0 | 0 |
| 其中:挪用 | 0 | 0 | 0 | 0 |
| 贪污 | 0 | 0 | 0 | 0 |
| 侵占 | 0 | 0 | 0 | 0 |
| 贿赂 | 0 | 0 | 0 | 0 |
| 违规经营数量 | 1 | 1 | 1 | 1 |
| 其中:违反金融法规 | 1 | 1 | 1 | 1 |
| 违反财经纪律 | 0 | 0 | 0 | 0 |
| 破坏金融秩序 | 0 | 0 | 0 | 0 |
| 违规经营涉案金额 | 29310 | 29310 | 29310 | 29310 |
| 其中:违反金融法规 | 29310 | 29310 | 29310 | 29310 |
| 违反财经纪律 | 0 | 0 | 0 | 0 |
| 破坏金融秩序 | 0 | 0 | 0 | 0 |
| 违规经营风险金额 | 29310 | 29310 | 29310 | 29310 |
| 其中:违反金融法规 | 29310 | 29310 | 29310 | 29310 |
| 违反财经纪律 | 0 | 0 | 0 | 0 |
| 破坏金融秩序 | 0 | 0 | 0 | 0 |
| 诈骗案件数量 | 1 | 1 | 0 | 0 |
| 诈骗案件涉案金额 | 99.99 | 99.99 | 0 | 0 |
| 诈骗案件风险金额 | 68.62 | 68.62 | 0 | 0 |
| 抢劫案件数量 | 0 | 0 | 0 | 0 |
| 抢劫案件涉案金额 | 0 | 0 | 0 | 0 |
| 抢劫案件风险金额 | 0 | 0 | 0 | 0 |
| 盗窃案件数量 | 0 | 0 | 0 | 0 |
| 盗窃案件涉案金额 | 0 | 0 | 0 | 0 |
| 盗窃案件风险金额 | 0 | 0 | 0 | 0 |
| 各类案件数量总计 | 4 | 4 | 1 | 1 |
| 各类案件涉案金额总计 | 29517.09 | 29517.09 | 29310 | 29310 |
| 各类案件风险金额总计 | 29378.62 | 29378.62 | 29310 | 29310 |

注:本表机构包括辖内所有银行业金融机构。

# 5-122 运城市银行业金融机构资产负债表

单位：万元

| 项目＼时间 | 1月 | 2月 | 3月 | 4月 | 5月 |
|---|---|---|---|---|---|
| | 余额 | 余额 | 余额 | 余额 | 余额 |
| 流动资产 | 3397250 | 3530485.44 | 3623910.66 | 3597193.87 | 3589476.59 |
| 一、现金及银行存款 | 70024.71 | 77798.57 | 67019.81 | 69763.01 | 65912.42 |
| 二、存放中央银行 | 413493 | 458475 | 458004 | 410395 | 414275 |
| 三、存放同业 | 97535.28 | 108021.28 | 123352.28 | 112885.28 | 112130.11 |
| 四、存放联行款项 | | | | | |
| 五、拆放同业 | 1719 | 1719 | 1719 | 1719 | 1719 |
| 六、短期贷款 | 2630170.3 | 2679142.99 | 2755186.76 | 2748968.87 | 2680252.84 |
| 七、应收账款 | 24309.84 | 27418.84 | 23229.74 | 49972.55 | 98236.89 |
| 其中：应收利息 | 10869.28 | 13999.28 | 9408.28 | 10526 | 12466 |
| 八、减：坏账准备 | 9479 | 9479 | 9495 | 9495 | 9495 |
| 九、短期投资 | 133 | 133 | 133 | 177 | 133 |
| 十、减：短期投资跌价准备 | | | | | |
| 十一、委托贷款及投资 | | | | | |
| 十二、买入返售资产 | | | | | |
| 十三、待处理流动资产损失 | 14 | 14 | 14 | 14 | 14 |
| 十四、其他流动资产 | 169329.83 | 187241.76 | 204747.07 | 212794.16 | 226298.33 |
| 长期资产 | 1204317.9 | 1219019.89 | 1239400.95 | 1240717.4 | 1237543.4 |
| 十五、中长期贷款 | 1058921.9 | 1074770.89 | 1078526.95 | 1080041.4 | 1077692.4 |
| 十六、减：贷款损失准备 | | | | | |
| 十七、长期投资 | 82039 | 82073 | 99373 | 99291 | 98501 |
| 十八、减：长期投资减值准备 | | | | | |
| 十九、固定资产净值 | 57249 | 57036 | 56337 | 56144 | 55940 |
| 固定资产 | 85254 | 85472 | 85521 | 85603 | 83809 |
| 减：累计折旧 | 28005 | 28436 | 29184 | 29459 | 27869 |
| 二十、固定资产减值准备 | | | | | |
| 二十一、固定资产清理 | 1079 | 108 | 89 | 89 | 85 |
| 二十二、在建工程 | 5028 | 5031 | 5074 | 5151 | 5324 |
| 二十三、减:在建工程减值准备 | | | | | |
| 二十四、待处理固定资产损失 | 1 | 1 | 1 | 1 | 1 |
| 无形递延及其他资产 | 860.7 | 782.7 | 859.7 | 839.7 | -3166.3 |
| 二十五、无形递延及其他资产 | | | | | |
| 二十六、减:抵债资产减值准备 | | | | | |
| 二十七、减:无形资产减值准备 | | | | | |
| 二十八、减:其他资产减值准备 | | | | | |
| 资产总计 | 4602428.6 | 4750288.03 | 4864171.31 | 4838750.97 | 4823853.69 |

注：本表机构包括辖内所有银行业金融机构。

# 5-122 运城市银行业金融机构资产负债表

单位:万元

| 项目 \ 时间 | 6月 | 7月 | 8月 | 9月 | 10月 |
|---|---|---|---|---|---|
| | 余额 | 余额 | 余额 | 余额 | 余额 |
| 流动资产 | 3696123.17 | 3578551.42 | 3541494.37 | 3710779.86 | 3695526.52 |
| 一、现金及银行存款 | 75058.06 | 72647.88 | 69119.85 | 89004.61 | 72021.7 |
| 二、存放中央银行 | 422767 | 382153 | 380758 | 410412.84 | 422269.78 |
| 三、存放同业 | 139090.11 | 122214.29 | 119351.29 | 167713.23 | 162963.72 |
| 四、存放联行款项 | | | | | |
| 五、拆放同业 | 1469 | 1469 | 1469 | 1469 | 1469 |
| 六、短期贷款 | 2660970.22 | 2587934.37 | 2551122.94 | 2613646.58 | 2600875.97 |
| 七、应收账款 | 171611.41 | 176295.49 | 178906.93 | 174065.92 | 174520.27 |
| 其中:应收利息 | 6794 | 10286 | 12979.1 | 8333.56 | 10931.69 |
| 八、减:坏账准备 | 9497 | 9497 | 9495 | 9545 | 9546 |
| 九、短期投资 | 172 | 133 | 133 | 2321 | 133 |
| 十、减:短期投资跌价准备 | | | | | |
| 十一、委托贷款及投资 | | | | | |
| 十二、买入返售资产 | | | | | |
| 十三、待处理流动资产损失 | 14 | 14 | 14 | 14 | 14 |
| 十四、其他流动资产 | 234468.37 | 245187.39 | 250114.36 | 261678 | 270805.08 |
| 长期资产 | 1253493.4 | 1245226.31 | 1242539.31 | 1284999 | 1296802.56 |
| 十五、中长期贷款 | 1063072.4 | 1055054.31 | 1052272.31 | 1073457 | 1083841.99 |
| 十六、减:贷款损失准备 | | | | | |
| 十七、长期投资 | 127831 | 127619 | 127888 | 149826 | 151469.49 |
| 十八、减:长期投资减值准备 | | | | | |
| 十九、固定资产净值 | 57306 | 57171 | 57019 | 56314 | 56036.88 |
| 固定资产 | 85906 | 86020 | 86096 | 86062 | 86024.33 |
| 减:累计折旧 | 28600 | 28849 | 29077 | 29748 | 29987.45 |
| 二十、固定资产减值准备 | | | | | |
| 二十一、固定资产清理 | 85 | 84 | 84 | 70 | 90.2 |
| 二十二、在建工程 | 5198 | 5297 | 5275 | 5330 | 5363 |
| 二十三、减:在建工程减值准备 | | | | | |
| 二十四、待处理固定资产损失 | 1 | 1 | 1 | 1 | 1 |
| 无形递延及其他资产 | -5441.3 | -5511.46 | -5518.46 | -5598 | -5666.23 |
| 二十五、无形递延及其他资产 | | | | | |
| 二十六、减:抵债资产减值准备 | | | | | |
| 二十七、减:无形资产减值准备 | | | | | |
| 二十八、减:其他资产减值准备 | | | | | |
| 资产总计 | 4944175.27 | 4818266.27 | 4778515.22 | 4990180 | 4986662.85 |

# 5-122　运城市银行业金融机构资产负债表

单位:万元

| 时间<br>项目 | 11月 | 12月 | | |
|---|---|---|---|---|
| | 余额 | 余额 | 比同期增减额 | 比同期增长% |
| 流动资产 | 3290224.2 | 3197749.67 | -138163 | -4.14 |
| 一、现金及银行存款 | 57201.69 | 42630.76 | -4365 | -9.29 |
| 二、存放中央银行 | 224118.02 | 341601.3 | -172954 | -33.61 |
| 三、存放同业 | 174366.65 | 169872.43 | 78463 | 85.84 |
| 四、存放联行款项 | | | | |
| 五、拆放同业 | 1433 | 1426 | -1093 | -43.39 |
| 六、短期贷款 | 2617983.5 | 2594746.42 | 40865 | 1.60 |
| 七、应收账款 | 176870.76 | 9012.75 | -9151 | -50.38 |
| 其中:应收利息 | 10503.99 | 5849.79 | -1680 | -22.32 |
| 八、减:坏账准备 | 16113 | 13324 | 13283 | 32397.56 |
| 九、短期投资 | 133 | 122 | -11 | -8.27 |
| 十、减:短期投资跌价准备 | | | | |
| 十一、委托贷款及投资 | | | | |
| 十二、买入返售资产 | | | | |
| 十三、待处理流动资产损失 | 14 | 14 | | |
| 十四、其他流动资产 | 54216.53 | 51648.01 | -56633 | -52.30 |
| 长期资产 | 1320110.4 | 1356069.93 | 166939 | 14.04 |
| 十五、中长期贷款 | 1107988.7 | 1136448.04 | 93019 | 8.91 |
| 十六、减:贷款损失准备 | | | | |
| 十七、长期投资 | 151393.96 | 151696.24 | 69901 | 85.46 |
| 十八、减:长期投资减值准备 | | | | |
| 十九、固定资产净值 | 55250.54 | 64316.45 | 6504 | 11.25 |
| 固定资产 | 85522.42 | 89902.56 | 4215 | 4.92 |
| 减:累计折旧 | 30271.88 | 25586.11 | -2290 | -8.21 |
| 二十、固定资产减值准备 | | | | |
| 二十一、固定资产清理 | 91.2 | 21.2 | -1058 | -98.04 |
| 二十二、在建工程 | 5385 | 3587 | -1427 | -28.46 |
| 二十三、减:在建工程减值准备 | | | | |
| 二十四、待处理固定资产损失 | 1 | 1 | -1 | -50.00 |
| 无形递延及其他资产 | -5605.06 | -5952.41 | -4676 | 366.47 |
| 二十五、无形递延及其他资产 | | | | |
| 二十六、减:抵债资产减值准备 | | | | |
| 二十七、减:无形资产减值准备 | | | | |
| 二十八、减:其他资产减值准备 | | | | |
| 资产总计 | 4604729.5 | 4547867.19 | 24100 | 0.53 |

# 5-122 运城市银行业金融机构资产负债表

单位：万元

| 项目 \ 时间 | 1月 | 2月 | 3月 | 4月 | 5月 |
|---|---|---|---|---|---|
| | 余额 | 余额 | 余额 | 余额 | 余额 |
| 流动负债 | 2391227.72 | 2443721 | 2522500 | 2474612 | 2423905 |
| 一、短期存款 | 641688.2 | 618462 | 692935 | 645682 | 651274 |
| 二、活期储蓄存款 | 802700.96 | 844995 | 877270 | 864359 | 863310 |
| 三、财政性存款 | 136 | 1077 | 6103 | 5153 | 3732 |
| 四、向中央银行借款 | 33924 | 33480 | 36400 | 37980 | 41848 |
| 五、同业存放 | 90132.28 | 98256 | 119603 | 100050 | 102960 |
| 六、联行存放 | 619874.79 | 665039 | 609301 | 604749 | 573906 |
| 七、同业拆入 | 515 | 515 | 715 | 515 | 515 |
| 八、应解汇款及临时存款 | 2553.64 | 1785 | 3720 | 1788 | 3885 |
| 九、汇出汇款 | 12015.68 | 9130 | 7055 | 9509 | 5121 |
| 十、委托存款 | 187 | 301 | 78 | 101 | 292 |
| 十一、卖出回购资产 | | | | | |
| 十二、应付及预提账项 | 56025.69 | 42536 | 42100 | 72103 | 45311 |
| 十三、存放短期保证金 | 126474.03 | 121182 | 124818 | 130376 | 127957 |
| 十四、发行短期债券 | | | | | |
| 十五、其他流动负债 | 5000.45 | 6962 | 2401 | 2246 | 3794 |
| 长期负债 | 2207968.3 | 2295345 | 2328363 | 2359119 | 2386594 |
| 十六、长期存款 | 38568 | 38790 | 44599 | 64393 | 61409 |
| 十七、定期储蓄存款 | 2152797.89 | 2239641 | 2264227 | 2274272 | 2297074 |
| 十八、存放长期保证金 | | | | | |
| 十九、发行长期债券 | | | | | |
| 二十、其他长期负债 | 16602.41 | 16914 | 19537 | 20454 | 28111 |
| 所有者权益 | 3232.56 | 11222 | 13309 | 5020 | 13355 |
| 二十一、实收资本 | 68334 | 72273 | 78111 | 80001 | 80395 |
| 二十二、资本公积 | 2432 | 2432 | 2433 | 2433 | 2433 |
| 二十三、公积金 | 4875 | 4944 | 4952 | 4956 | 4956 |
| 二十四、公益金 | –6 | –6 | –6 | –6 | –6 |
| 二十五、未分配利润 | –72402.44 | –68421 | –72181 | –82364 | –74423 |
| 其中：本年利润 | 4686.41 | 8642 | 16451 | 19589 | 27532 |
| 二十六、一般准备金 | | | | | |
| 负债总计 | 4602428.58 | 4750288 | 4864171 | 4838751 | 4823854 |

# 5-122 运城市银行业金融机构资产负债表

单位:万元

| 项目 \ 时间 | 6月 | 7月 | 8月 | 9月 | 10月 |
|---|---|---|---|---|---|
| | 余额 | 余额 | 余额 | 余额 | 余额 |
| 流动负债 | 2510526 | 2384776 | 2340063 | 2476689 | 2448390 |
| 一、短期存款 | 734325 | 706483 | 719843 | 755851 | 725221 |
| 二、活期储蓄存款 | 891811 | 891851 | 885251 | 924317 | 884598 |
| 三、财政性存款 | 2279 | 1668 | 3437 | 11085 | 11733 |
| 四、向中央银行借款 | 43213 | 40712 | 41065 | 39388 | 34113 |
| 五、同业存放 | 130734 | 111644 | 111646 | 152881 | 151126 |
| 六、联行存放 | 508336 | 423069 | 367280 | 377757 | 426458 |
| 七、同业拆入 | 515 | 515 | 515 | 515 | 515 |
| 八、应解汇款及临时存款 | 4003 | 1632 | 2431 | 3587 | 3094 |
| 九、汇出汇款 | 4020 | 7719 | 4631 | 5106 | 4986 |
| 十、委托存款 | 80 | 98 | -19 | -5556 | -5576 |
| 十一、卖出回购资产 | | | | | |
| 十二、应付及预提账项 | 48392 | 46216 | 48575 | 53311 | 65092 |
| 十三、存放短期保证金 | 140039 | 150164 | 152577 | 150117 | 136546 |
| 十四、发行短期债券 | | | | | |
| 十五、其他流动负债 | 2779 | 3005 | 2831 | 8330 | 10483 |
| 长期负债 | 2397709 | 2397377 | 2386924 | 2443239 | 2463548 |
| 十六、长期存款 | 59536 | 59418 | 59932 | 62437 | 56259 |
| 十七、定期储蓄存款 | 2311667 | 2311244 | 2300368 | 2353539 | 2378589 |
| 十八、存放长期保证金 | | | | | |
| 十九、发行长期债券 | | | | | |
| 二十、其他长期负债 | 26506 | 26715 | 26624 | 27263 | 28700 |
| 所有者权益 | 35940 | 36113 | 51529 | 70251 | 74725 |
| 二十一、实收资本 | 80676 | 80996 | 81808 | 82048 | 82168 |
| 二十二、资本公积 | 2433 | 2433 | 2433 | 2432 | 2432 |
| 二十三、公积金 | 4954 | 4955 | 4955 | 4955 | 4955 |
| 二十四、公益金 | -6 | -6 | -6 | -6 | -6 |
| 二十五、未分配利润 | -52117 | -52265 | -37661 | -19178 | -14824 |
| 其中:本年利润 | 40348 | 41756 | 56392 | 66742 | 71664 |
| 二十六、一般准备金 | | | | | |
| 负债总计 | 4944175 | 4818266 | 4778515 | 4990180 | 4986663 |

# 5-122 运城市银行业金融机构资产负债表

单位:万元

| 项目 \ 时间 | 11月 | 12月 | | |
|---|---|---|---|---|
| | 余额 | 余额 | 比同期增减额 | 比同期增长% |
| 流动负债 | 2355339 | 2255545 | -99748 | -4.24 |
| 一、短期存款 | 741213 | 720474 | 112650 | 18.53 |
| 二、活期储蓄存款 | 735530 | 749160 | -24264 | -3.14 |
| 三、财政性存款 | 10536 | 4654 | 2540 | 120.13 |
| 四、向中央银行借款 | 33817 | 33650 | -3314 | -8.97 |
| 五、同业存放 | 172863 | 167821 | 69090 | 69.98 |
| 六、联行存放 | 438181 | 322673 | -340749 | -51.36 |
| 七、同业拆入 | 515 | 515 | -800 | -60.84 |
| 八、应解汇款及临时存款 | 2136 | 3814 | -2457 | -39.18 |
| 九、汇出汇款 | 6323 | 25478 | -2044 | -7.43 |
| 十、委托存款 | -5658 | -5018 | 43802 | -89.72 |
| 十一、卖出回购资产 | | | | |
| 十二、应付及预提账项 | 67135 | 65587 | 22573 | 52.48 |
| 十三、存放短期保证金 | 139495 | 159321 | 35762 | 28.94 |
| 十四、发行短期债券 | | | | |
| 十五、其他流动负债 | 13254 | 7416 | -12537 | -62.83 |
| 长期负债 | 2188975 | 2210619 | 34022 | 1.56 |
| 十六、长期存款 | 62829 | 66533 | 27916 | 72.29 |
| 十七、定期储蓄存款 | 2097122 | 2112319 | 8923 | 0.42 |
| 十八、存放长期保证金 | | | | |
| 十九、发行长期债券 | | | | |
| 二十、其他长期负债 | 29023 | 31767 | -2817 | -8.15 |
| 所有者权益 | 60415 | 81702 | 89826 | -1105.80 |
| 二十一、实收资本 | 82411 | 67262 | 20159 | 42.80 |
| 二十二、资本公积 | 2433 | 2478 | -17075 | -87.33 |
| 二十三、公积金 | 4955 | 22932 | 18961 | 477.49 |
| 二十四、公益金 | -6 | -227 | -221 | 3683.33 |
| 二十五、未分配利润 | -29378 | -10743 | 68002 | -86.36 |
| 其中:本年利润 | 57740 | 66308 | 31917 | 92.81 |
| 二十六、一般准备金 | | | | |
| 负债总计 | 4604729 | 4547867 | 24100 | 0.53 |

# 5-123 运城市金融机构存、贷款指标

单位:万元

| 项目 \ 时间 | 1月 | 2月 | 3月 | 4月 | 5月 |
|---|---|---|---|---|---|
| | 余额 | 余额 | 余额 | 余额 | 余额 |
| 一、各项存款 | 3815390 | 3925025 | 4089920 | 4089433 | 4121669 |
| 1.企事业单位存款 | 464178 | 456146 | 524871 | 510343 | 513924 |
| (1)活期存款 | 425610 | 417356 | 480272 | 445950 | 452515 |
| (2)定期存款 | 38568 | 38790 | 44599 | 64393 | 61409 |
| 2.储蓄存款 | 2955499 | 3084636 | 3141497 | 3138632 | 3160385 |
| (1)活期储蓄 | 802701 | 844995 | 877270 | 864359 | 863311 |
| (2)定期储蓄 | 2152798 | 2239641 | 2264227 | 2274273 | 2297074 |
| 3.信托存款 | | | | | |
| 4.委托存款 | 1247 | 1361 | 1136 | 1157 | 1346 |
| 5.其他存款 | 394466 | 382882 | 422416 | 439301 | 446014 |
| 二、各项贷款 | 3689092 | 3753914 | 3833714 | 3829010 | 3757945 |
| 1.短期贷款 | 2302640 | 2300820 | 2326608 | 2340651 | 2295413 |
| 2.中长期贷款 | 1058566 | 1074415 | 1078229 | 1079760 | 1077411 |
| 3.信托贷款 | | | | | |
| 4.委托贷款 | | | | | |
| 5.其他贷款 | 6538 | 5181 | 5835 | 4444 | 10013 |
| 6.票据融资 | 318655 | 370130 | 420203 | 401336 | 371840 |
| 7.各项垫款 | 2693 | 3368 | 2839 | 2819 | 3268 |

注:1.本表机构包括人民银行、政策性银行、国有独资商业银行、农村信用社、邮政储汇局。

2.因工商银行于2005年6月进行了不良资产剥离,本表中各项贷款项目"余额"为资产剥离后的真实数据,"比年初增减额"为未调整数据。贷款剥离14.82亿元。

# 5-123 运城市金融机构存、贷款指标

单位:万元

| 项目 \ 时间 | 6月 | 7月 | 8月 | 9月 | 10月 |
|---|---|---|---|---|---|
| | 余额 | 余额 | 余额 | 余额 | 余额 |
| 一、各项存款 | 4259956 | 4235854 | 4237532 | 4399736 | 4329306 |
| 1.企事业单位存款 | 592067 | 555943 | 558120 | 586848 | 532099 |
| (1)活期存款 | 532531 | 496525 | 498189 | 524411 | 475840 |
| (2)定期存款 | 59536 | 59418 | 59931 | 62437 | 56259 |
| 2.储蓄存款 | 3203478 | 3203111 | 3185619 | 3277856 | 3263187 |
| (1)活期储蓄 | 891810 | 891852 | 885250 | 924317 | 884599 |
| (2)定期储蓄 | 2311668 | 2311259 | 2300369 | 2353539 | 2378588 |
| 3.信托存款 | | | | | |
| 4.委托存款 | 1177 | 1195 | 1077 | -4460 | -4480 |
| 5.其他存款 | 463234 | 475605 | 492716 | 539492 | 538500 |
| 二、各项贷款 | 3724043 | 3642998 | 3603395 | 3687104 | 3684719 |
| 1.短期贷款 | 2264459 | 2256722 | 2259505 | 2287296 | 2295874 |
| 2.中长期贷款 | 1062791 | 1054779 | 1051997 | 1073231 | 1083617 |
| 3.信托贷款 | | | | | |
| 4.委托贷款 | | | | | |
| 5.其他贷款 | 9351 | 7036 | 2850 | 2961 | 2538 |
| 6.票据融资 | 384147 | 321186 | 285788 | 319890 | 299084 |
| 7.各项垫款 | 3295 | 3275 | 3255 | 3726 | 3606 |

# 5-123 运城市金融机构存、贷款指标

单位:万元

| 时间<br>项目 | 11月 | 12月 | | |
|---|---|---|---|---|
| | 余额 | 余额 | 比年初增减额 | 比年初增长% |
| 一、各项存款 | 4366727 | 4353090 | 671927 | 18.25 |
| 1.企事业单位存款 | 564942 | 542722 | 99530 | 22.46 |
| (1)活期存款 | 502113 | 476189 | 71614 | 17.70 |
| (2)定期存款 | 62829 | 66533 | 27916 | 72.29 |
| 2.储蓄存款 | 3290388 | 3334797 | 457978 | 15.92 |
| (1)活期储蓄 | 888012 | 909631 | 136208 | 17.61 |
| (2)定期储蓄 | 2402286 | 2425166 | 321770 | 15.30 |
| 3.信托存款 | | | | |
| 4.委托存款 | -4562 | -4325 | 36483 | 89.40 |
| 5.其他存款 | 515959 | 479896 | 77936 | 19.39 |
| 二、各项贷款 | 3725972 | 3731194 | 133883 | 3.72 |
| 1.短期贷款 | 2293027 | 2307022 | 32582 | 1.43 |
| 2.中长期贷款 | 1107779 | 1136238 | 93165 | 8.93 |
| 3.信托贷款 | | | | |
| 4.委托贷款 | | | | |
| 5.其他贷款 | 3458 | 4084 | -915 | -18.30 |
| 6.票据融资 | 317142 | 278649 | 8043 | 2.97 |
| 7.各项垫款 | 4566 | 5201 | 1008 | 24.04 |

# 5-124 运城市金融机构存、贷款时序表

单位:亿元

| 时间 \ 指标项目 | 各项存款 | | | 各项贷款 | | |
|---|---|---|---|---|---|---|
| | 余额 | 比年初增减额 | 余额比同期% | 余额 | 比年初增减额 | 余额比同期% |
| 1月 | 381.54 | 13.42 | 11.82 | 368.91 | 9.18 | 10.27 |
| 2月 | 392.5 | 24.38 | 12.96 | 375.39 | 15.66 | 12.44 |
| 3月 | 408.99 | 40.87 | 14.67 | 383.37 | 23.64 | 13.45 |
| 4月 | 408.94 | 40.82 | 14.06 | 382.9 | 23.17 | 12.14 |
| 5月 | 412.17 | 44.05 | 15.15 | 375.79 | 16.06 | 8.46 |
| 6月 | 425.99 | 57.87 | 16.81 | 372.4 | 12.67 | 6.59 |
| 7月 | 423.59 | 55.47 | 16.17 | 364.3 | 4.57 | 5.14 |
| 8月 | 423.75 | 55.63 | 16.13 | 360.34 | 0.61 | 2.34 |
| 9月 | 439.97 | 71.85 | 20.36 | 368.71 | 8.98 | 4.47 |
| 10月 | 432.93 | 64.81 | 19.47 | 368.47 | 8.74 | 6.38 |
| 11月 | 436.67 | 68.55 | 19.75 | 372.6 | 12.87 | 5.81 |
| 12月 | 435.31 | 67.19 | 18.25 | 373.12 | 13.39 | 3.72 |

## 5-125 运城市主要银行业机构贷款质量统计表(五级分类)

单位:万元

| 项目＼时间 | 1月 | 2月 | 3月 | 4月 | 5月 | 6月 |
|---|---|---|---|---|---|---|
| | 余额 | 余额 | 余额 | 余额 | 余额 | 余额 |
| 正常贷款 | 2333132 | 2390958 | 2425577 | 2392808 | 2378601 | 2435163 |
| 正常类贷款 | 2119527 | 2168351 | 2209694 | 2008699 | 1986373 | 2039970 |
| 关注类贷款 | 213605 | 222607 | 215883 | 384109 | 392228 | 395193 |
| 不良贷款 | 452389 | 452108 | 459021 | 466078 | 397304 | 329413 |
| 次级类贷款 | 86474 | 88512 | 90202 | 91323 | 92017 | 92671 |
| 可疑类贷款 | 222045 | 220158 | 222256 | 228931 | 228722 | 160581 |
| 损失类贷款 | 143870 | 143438 | 146563 | 145824 | 76565 | 76161 |
| 贷款合计 | 2785521 | 2843066 | 2884598 | 2858886 | 2775905 | 2764576 |

## 5-125 运城市主要银行业机构贷款质量统计表(五级分类)

单位:万元

| 项目＼时间 | 7月 | 8月 | 9月 | 10月 | 11月 | 12月 | |
|---|---|---|---|---|---|---|---|
| | 余额 | 余额 | 余额 | 余额 | 余额 | 余额 | 比年初增减额 |
| 正常贷款 | 2345277 | 2300415 | 2397529 | 2404758 | 2452917 | 2435369 | 174314 |
| 正常类贷款 | 1954970 | 1915782 | 2088345 | 2102591 | 2142530 | 2152419 | 92459 |
| 关注类贷款 | 390307 | 384633 | 309184 | 302167 | 310387 | 282950 | 81855 |
| 不良贷款 | 328785 | 327871 | 329240 | 320446 | 319824 | 363106 | -90260 |
| 次级类贷款 | 92177 | 92069 | 92267 | 81203 | 79555 | 106911 | 20297 |
| 可疑类贷款 | 160452 | 159645 | 160481 | 162753 | 163711 | 130735 | -92114 |
| 损失类贷款 | 76156 | 76157 | 76492 | 76490 | 76558 | 125460 | -18443 |
| 贷款合计 | 2674062 | 2628286 | 2726769 | 2725204 | 2772741 | 2798475 | 84054 |

注:本表机构包括农业发展银行、工商银行、农业银行、中国银行、建设银行。

## 5-125 运城市主要银行业机构贷款质量统计表(五级分类)

单位:%

| 项目 \ 时间 | 1月 | 2月 | 3月 | 4月 | 5月 | 6月 |
|---|---|---|---|---|---|---|
| | 比例 | 比例 | 比例 | 比例 | 比例 | 比例 |
| 正常贷款 | 83.76 | 84.10 | 84.09 | 83.70 | 85.69 | 88.08 |
| 正常类贷款 | 76.09 | 76.27 | 76.61 | 70.26 | 71.56 | 73.79 |
| 关注类贷款 | 7.67 | 7.83 | 7.48 | 13.44 | 14.13 | 14.29 |
| 不良贷款 | 16.24 | 15.90 | 15.91 | 16.30 | 14.31 | 11.92 |
| 次级类贷款 | 3.10 | 3.11 | 3.13 | 3.19 | 3.31 | 3.35 |
| 可疑类贷款 | 7.97 | 7.74 | 7.70 | 8.01 | 8.24 | 5.81 |
| 损失类贷款 | 5.17 | 5.05 | 5.08 | 5.1 | 2.76 | 2.75 |

## 5-125 运城市主要银行业机构贷款质量统计表(五级分类)

单位:%

| 项目 \ 时间 | 7月 | 8月 | 9月 | 10月 | 11月 | 12月 | |
|---|---|---|---|---|---|---|---|
| | 比例 | 比例 | 比例 | 比例 | 比例 | 比例 | 比年初增减 |
| 正常贷款 | 87.70 | 87.52 | 87.93 | 88.24 | 88.47 | 87.02 | 3.72 |
| 正常类贷款 | 73.11 | 72.89 | 76.59 | 77.15 | 77.27 | 76.91 | 1.02 |
| 关注类贷款 | 14.59 | 14.63 | 11.34 | 11.09 | 11.19 | 10.11 | 2.70 |
| 不良贷款 | 12.30 | 12.47 | 12.07 | 11.76 | 11.53 | 12.97 | -3.73 |
| 次级类贷款 | 3.45 | 3.50 | 3.38 | 2.98 | 2.87 | 3.82 | 0.63 |
| 可疑类贷款 | 6.00 | 6.07 | 5.89 | 5.97 | 5.90 | 4.67 | -3.54 |
| 损失类贷款 | 2.85 | 2.90 | 2.80 | 2.81 | 2.76 | 4.48 | -0.82 |

# 5-126 运城市地方性金融机构贷款质量统计表(四级分类)

单位:万元

| 项目 \ 时间 | 1月 | 2月 | 3月 | 4月 | 5月 | 6月 |
|---|---|---|---|---|---|---|
| | 余额 | 余额 | 余额 | 余额 | 余额 | 余额 |
| 正常贷款 | 629319 | 636563 | 690981 | 714246 | 731137 | 733219 |
| 不良贷款 | 274252 | 274285 | 258135 | 255878 | 250903 | 226248 |
| 逾期贷款 | 4937 | 5450 | 4367 | 4185 | 3715 | 3369 |
| 呆滞贷款 | 263238 | 262757 | 249238 | 247167 | 242668 | 221588 |
| 呆账贷款 | 6077 | 6078 | 4530 | 4526 | 4520 | 1291 |
| 各项贷款 | 903571 | 910848 | 949116 | 970124 | 982040 | 959467 |

# 5-126 运城市地方性金融机构贷款质量统计表(四级分类)

单位:万元

| 项目 \ 时间 | 7月 | 8月 | 9月 | 10月 | 11月 | 12月 | |
|---|---|---|---|---|---|---|---|
| | 余额 | 余额 | 余额 | 余额 | 余额 | 余额 | 比年初增减额 |
| 正常贷款 | 743450 | 750665 | 751116 | 749979 | 743207 | 719929 | 111739 |
| 不良贷款 | 225486 | 224444 | 209219 | 209536 | 210024 | 212790 | -61910 |
| 逾期贷款 | 3658 | 3842 | 4280 | 4347 | 4597 | 4469 | -453 |
| 呆滞贷款 | 220537 | 219311 | 204815 | 205065 | 205303 | 208197 | -55548 |
| 呆账贷款 | 1291 | 1291 | 124 | 124 | 124 | 124 | -5909 |
| 各项贷款 | 968936 | 975109 | 960335 | 959515 | 953231 | 932719 | 49829 |

注:本表机构包括农村信用社。

# 5-126 运城市地方性金融机构贷款质量统计表(四级分类)

单位:%

| 时间<br>项目 | 1月 | 2月 | 3月 | 4月 | 5月 | 6月 |
|---|---|---|---|---|---|---|
| | 比例 | 比例 | 比例 | 比例 | 比例 | 比例 |
| 正常贷款 | 69.65 | 69.89 | 72.8 | 73.62 | 74.45 | 76.42 |
| 不良贷款 | 30.35 | 30.11 | 27.2 | 26.38 | 25.55 | 23.58 |
| 逾期贷款 | 0.55 | 0.6 | 0.46 | 0.43 | 0.38 | 0.35 |
| 呆滞贷款 | 29.13 | 28.84 | 26.26 | 25.48 | 24.71 | 23.09 |
| 呆账贷款 | 0.67 | 0.67 | 0.48 | 0.47 | 0.46 | 0.14 |

# 5-126 运城市地方性金融机构贷款质量统计表(四级分类)

单位:%

| 时间<br>项目 | 7月 | 8月 | 9月 | 10月 | 11月 | 12月 | |
|---|---|---|---|---|---|---|---|
| | 比例 | 比例 | 比例 | 比例 | 比例 | 比例 | 比年初增减 |
| 正常贷款 | 76.73 | 76.98 | 78.21 | 78.16 | 77.97 | 77.19 | 8.3 |
| 不良贷款 | 23.27 | 23.02 | 21.79 | 21.83 | 22.03 | 22.81 | -8.3 |
| 逾期贷款 | 0.38 | 0.4 | 0.45 | 0.45 | 0.48 | 0.48 | -0.08 |
| 呆滞贷款 | 22.76 | 22.49 | 21.33 | 21.37 | 21.54 | 22.32 | -7.55 |
| 呆账贷款 | 0.13 | 0.13 | 0.01 | 0.01 | 0.01 | 0.01 | -0.67 |

# 5-127 运城市主要银行业机构非信贷资产情况表

单位:万元

| 项目 \ 指标 \ 时间 | 1季度 | | | 2季度 | | |
|---|---|---|---|---|---|---|
| | 余额 | 其中:不良资产 | 预计损失 | 余额 | 其中:不良资产 | 预计损失 |
| 一、现金 | 34142.02 | | | 37023.15 | | |
| 二、银行存款 | 1526.59 | | | 3446.4 | | |
| 三、贵金属 | | | | | | |
| 四、存放中央银行款项 | 96081.8 | | | 82134.77 | | |
| 五、存放同业款项 | 1259.06 | 48 | 48 | 1677.4 | 48 | 48 |
| 六、拆放同业 | 690 | 690 | 690 | 690 | 690 | 690 |
| 七、存放联行款项(轧差) | 143616.5 | | | 871095.2 | | |
| 八、应收及预付款项 | 12718.65 | 5375.43 | 4684.65 | 169502.9 | 4319.19 | 3743.47 |
| 其中:应收利息 | 6164.1 | 1805.19 | 1714.68 | 4137.49 | 1198.87 | 1189.23 |
| 待处理案件纠纷垫款 | 3359 | 2928 | 2928 | 3044.64 | 2621.26 | 2571.09 |
| 九、短期投资 | | | | 39.32 | | |
| 十、委托贷款及委托投资 | 74692.37 | 1600 | 1550 | 14676 | | |
| 十一、买入返售证券 | 778.74 | | | 944.45 | | |
| 十二、待处理流动资产损失 | 6197.98 | 14 | 14 | 7916.91 | 14 | 14 |
| 十三、长期投资 | 75613.44 | 718 | 718 | 75362.73 | | |
| 十四、固定资产净值 | 41446.59 | 0.31 | 0.31 | 42088.73 | 144.7 | 144.7 |
| 十五、固定资产清理 | 990.48 | | | 15 | | |
| 十六、在建工程 | 500 | | | 500 | | |
| 十七、待处理固定资产损失 | | | | | | |
| 十八、无形资产 | 1960.63 | 195.07 | 19.51 | 426.93 | | |
| 十九、递延资产 | 5789.51 | | | 5124.81 | | |
| 二十、其他非信贷资产 | 47984.34 | 45965.97 | 45786.97 | 45039.75 | 43787 | 43610 |
| 1.待处理抵债资产 | 5122.59 | 3200.59 | 3021.59 | 2173 | 1401 | 1224 |
| 2.应付福利费垫款 | 111.38 | 111.38 | 111.38 | | | |
| 3.未弥补亏损 | 42097 | 42097 | 42097 | 42248 | 42248 | 42248 |
| 4.待处理房改资产 | 138 | 138 | 138 | 138 | 138 | 138 |
| 5.待清理自办实体资产 | | | | | | |
| 6.待清理接收资产 | 419 | 419 | 419 | | | |
| (1)待清理城信社资产 | | | | | | |
| (2)待清理城信社资产与负债差额 | | | | | | |
| (3)待清理信托资产 | 419 | 419 | 419 | | | |
| (4)人行转来企业贷款本金 | | | | | | |
| (5)其他金融机构转来资产 | | | | | | |
| (6)其他待清理接收资产 | | | | | | |
| 7.其他非信贷资产 | 96.37 | | | 480.75 | | |
| 非信贷资产合计 | 545988.7 | 54606.78 | 53511.44 | 1357704 | 49002.89 | 48250.17 |

注:本表机构包括农业发展银行、工商银行、农业银行、中国银行、建设银行。

# 5-127 运城市主要银行业机构非信贷资产情况表

单位：万元

| 项目 \ 指标 \ 时间 | 3季度 | | | 4季度 | | |
|---|---|---|---|---|---|---|
| | 余额 | 其中：不良资产 | 预计损失 | 余额 | 其中：不良资产 | 预计损失 |
| 一、现金 | 47516.47 | | | 26179.07 | | |
| 二、银行存款 | 3120.63 | | | 1371.35 | | |
| 三、贵金属 | | | | | | |
| 四、存放中央银行款项 | 64897.68 | | | 94487.95 | | |
| 五、存放同业款项 | 1069.06 | 48 | 50.04 | 577.24 | 48 | 40 |
| 六、拆放同业 | 690 | 690 | 690 | 690 | 690 | 655 |
| 七、存放联行款项(轧差) | 923426.7 | | | 1148955 | 1142 | 1142 |
| 八、应收及预付款项 | 171375.9 | 4659.44 | 3992.65 | 11678.5 | 9000.78 | 7688.8 |
| 其中：应收利息 | 4506.75 | 1516.02 | 1464.66 | 3516.66 | 1659.81 | 1278.45 |
| 待处理案件纠纷垫款 | 3089.42 | 2634.42 | 2583.99 | 3078.84 | 3058.25 | 3048.35 |
| 九、短期投资 | 2187.5 | | | | | |
| 十、委托贷款及委托投资 | 16818 | | | 18365 | | |
| 十一、买入返售证券 | 1014.77 | | | 969.68 | | |
| 十二、待处理流动资产损失 | 7737.99 | 14 | 14 | 7638.89 | 14 | 14 |
| 十三、长期投资 | 73190.74 | | | 75101.38 | | |
| 十四、固定资产净值 | 41145.95 | 144.7 | 144.7 | 47658.92 | 1728 | 1478 |
| 十五、固定资产清理 | | | | 20 | | |
| 十六、在建工程 | 500 | | | | | |
| 十七、待处理固定资产损失 | | | | | | |
| 十八、无形资产 | 425.93 | | | 296.14 | | |
| 十九、递延资产 | 5030.71 | | | 4605.82 | 1722 | 1438 |
| 二十、其他非信贷资产 | 44582.36 | 43240 | 43063 | 73452.89 | 22230 | 21729 |
| 1.待处理抵债资产 | 2173 | 1401 | 1224 | 2146 | 2146 | 1645 |
| 2.应付福利费垫款 | | | | | | |
| 3.未弥补亏损 | 41701 | 41701 | 41701 | 20084 | 20084 | 20084 |
| 4.待处理房改资产 | 138 | 138 | 138 | | | |
| 5.待清理自办实体资产 | | | | | | |
| 6.待清理接收资产 | | | | | | |
| (1)待清理城信社资产 | | | | | | |
| (2)待清理城信社资产与负债差额 | | | | | | |
| (3)待清理信托资产 | | | | | | |
| (4)人行转来企业贷款本金 | | | | | | |
| (5)其他金融机构转来资产 | | | | | | |
| (6)其他待清理接收资产 | | | | | | |
| 7.其他非信贷资产 | 570.36 | | | 51222.89 | | |
| 非信贷资产合计 | 1404730 | 48796.14 | 47954.39 | 1512047 | 36574.78 | 34184.8 |

# 5-128 运城市主要银行业机构表外业务情况表

单位：万元

| 项目 | 1季度 余额 | 1季度 风险敞口 | 1季度 垫款期末余额 | 2季度 余额 | 2季度 风险敞口 | 2季度 垫款期末余额 |
|---|---|---|---|---|---|---|
| 一、担保类业务 | 276716 | 85897 | 2516 | 323311.46 | 164943.61 | 3621.22 |
| 1.开出银行承兑汇票 | 217199 | 118979 | 2516 | 254535.05 | 126133 | 3621.22 |
| 2.开出信用证 | 57956 | -33599 | | 68194.61 | 38791.61 | |
| 3.保函 | 1561 | 517 | | 581.8 | 19 | |
| 4.债券发行担保 | | | | | | |
| 其中:可转换债券担保 | | | | | | |
| 5.其他担保类业务 | | | | | | |
| 二、承诺类业务 | | | | | | |
| 1.贷款承诺 | | | | | | |
| 2.循环授信额度 | | | | | | |
| 3.其他承诺类业务 | | | | | | |
| 三、金融衍生类业务 | 1 | -128 | | 1 | 1 | |
| 1.期权 | | | | | | |
| 2.互换 | 1 | -128 | | 1 | 1 | |
| 3.远期外汇 | | | | | | |

# 5-128 运城市主要银行业机构表外业务情况表

单位：万元

| 项目 | 3季度 余额 | 3季度 风险敞口 | 3季度 垫款期末余额 | 4季度 余额 | 4季度 风险敞口 | 4季度 垫款期末余额 |
|---|---|---|---|---|---|---|
| 一、担保类业务 | 322753.39 | 134175.47 | 3727.22 | 344677.15 | 155097.85 | 5201.22 |
| 1.开出银行承兑汇票 | 258232.63 | 86059 | 3727.22 | 246679.8 | 81556 | 5201.22 |
| 2.开出信用证 | 64008.26 | 48116.47 | | 97475.85 | 73541.85 | |
| 3.保函 | 512.5 | | | 521.5 | | |
| 4.债券发行担保 | | | | | | |
| 其中:可转换债券担保 | | | | | | |
| 5.其他担保类业务 | | | | | | |
| 二、承诺类业务 | | | | | | |
| 1.贷款承诺 | | | | | | |
| 2.循环授信额度 | | | | | | |
| 3.其他承诺类业务 | | | | | | |
| 三、金融衍生类业务 | 1 | 1 | | 1 | 1 | |
| 1.期权 | | | | | | |
| 2.互换 | 1 | 1 | | 1 | 1 | |
| 3.远期外汇 | | | | | | |

注：本表机构包括农业发展银行、工商银行、农业银行、中国银行、建设银行。

# 5-129 运城市主要银行业机构贷款按逾期时间分类表

单位：万元

| 项目 \ 指标 \ 时间 | 上年末 | 一季度 | 二季度 | 三季度 | 四季度 |
|---|---|---|---|---|---|
| | 余额 | 余额 | 余额 | 余额 | 余额 |
| 各项贷款 | 2714419 | 2884598 | 2764576 | 2726794 | 2798478 |
| 未到期贷款 | 2333093 | 2530425 | 2498706 | 2471644 | 2517022 |
| 逾期类贷款 | 381327 | 354173 | 265870 | 255150 | 281456 |
| 其中：逾期0～3个月贷款 | 20484 | 22377 | 44191 | 29208 | 40902 |
| 逾期3～6个月贷款 | 15135 | 14125 | 15386 | 33848 | 19613 |
| 逾期6～9个月贷款 | 18713 | 11410 | 5861 | 10659 | 31444 |
| 逾期9个月～1年贷款 | 7162 | 18193 | 3499 | 7106 | 9483 |
| 逾期1年以上贷款 | 319833 | 288068 | 196932 | 174329 | 180014 |

注：本表机构包括农业发展银行、工商银行、农业银行、中国银行、建设银行。

# 5-130 运城市主要银行业机构贷款质量迁徙情况表

迁徙矩阵：

单位：%

| 项　目 | 正常类贷款 | 关注类贷款 | 次级类贷款 | 可疑类贷款 | 损失类贷款 |
|---|---|---|---|---|---|
| 正常类贷款 | 89.32 | 7.33 | 2.17 | 1.18 | |
| 关注类贷款 | 18.04 | 72.96 | 4.92 | 4.08 | |
| 次级类贷款 | 0.14 | 4.98 | 78.70 | 3.30 | 12.88 |
| 可疑类贷款 | 0.67 | 1.02 | | 69.86 | 28.43 |
| 损失类贷款 | | | | 0.15 | 99.85 |

# 5-130 运城市主要银行业机构贷款质量迁徙情况表

单位：万元

| 项　目 | 分子 | 分母 | 比例% |
|---|---|---|---|
| 1.年初不良贷款率 | 453366 | 2714419 | 16.70 |
| 2.期末不良贷款率 | 363105.3 | 2798478 | 12.98 |
| 3.不良贷款率变动情况(1.-2.) | -90260.7 | 84059.01 | -3.73 |
| 4.贷款质量总体向上迁徙率 | 37479.02 | 465859.51 | 8.05 |
| 5.贷款质量总体向下迁徙率 | 212556.69 | 1746109.9 | 12.17 |
| 6.正常类贷款向下迁徙率 | 144830.55 | 1356171 | 10.68 |
| 7.关注类贷款向下迁徙率 | 15415.22 | 171212.88 | 9.00 |
| 8.次级类贷款向下迁徙率 | 13043 | 80612.04 | 16.18 |
| 9.可疑类贷款向下迁徙率 | 39267.92 | 138114 | 28.43 |
| 10.当年新增贷款不良率 | 14040.63 | 976447.55 | 1.44 |
| 11.当年新形成不良贷款率 | 101601.69 | 2756448.5 | 3.69 |
| 12.贷款重组贡献度 | 21 | 6467.02 | 0.32 |
| 13.不良贷款周转率 | 737796.19 | 2261053 | 32.63 |
| 14.不良贷款处置收现率 | 13339.62 | 185395.37 | 7.20 |
| 15.不良贷款处置以物抵债率 | 1646 | 185395.37 | 0.89 |
| 16.不良贷款处置核销率 | 3416 | 185395.37 | 1.84 |

注：本表机构包括农业发展银行、工商银行、农业银行、中国银行、建设银行。

# 5-131 运城市银行业金融机构部分行业贷款情况表

单位：万元

| 项目＼时间 | 1季度 | 2季度 | 3季度 | 4季度 | |
|---|---|---|---|---|---|
| | 余额 | 余额 | 余额 | 余额 | 比年初增减额 |
| 一、煤炭行业 | 22491.4 | 26134.8 | 33567.3 | 32442.3 | 12101.9 |
| 二、焦炭行业 | 118245.13 | 130050.87 | 149610.87 | 145572.87 | 37022.84 |
| (1)年产60万吨以上 | 54167 | 68867 | 85432 | 85311 | 38848 |
| (2)年产40万~60万吨 | 13286 | 14076 | 13180 | 12617 | -269 |
| (3)年产20万~40万吨 | 36279.5 | 37245.5 | 34151.5 | 33171.5 | -1239 |
| (4)年产20万吨以下 | 14512.63 | 9862.37 | 16847.37 | 14473.37 | -317.16 |
| 三、冶金行业 | 618694.02 | 653257.68 | 679743.06 | 727915.91 | 180280.59 |
| (1)普通钢 | 108046.89 | 117326 | 108041 | 147783.38 | 56466.49 |
| (2)特种钢 | | | | | |
| (3)生铁 | 36022.38 | 32054.68 | 26625.68 | 26943.68 | -3272 |
| (4)铁合金 | 3733 | 5392 | 5868 | 4604.85 | 2725.85 |
| (5)电解铝 | 434750 | 492249 | 528759 | 542660 | 133860 |
| 四、建材行业 | 22399.33 | 21521 | 20327 | 18472 | -4736.33 |
| (1)水泥 | 21806.33 | 21052 | 20010 | 17755 | -4850.33 |
| 五、交通行业 | 30741.79 | 20871 | 20085 | 20789 | -9974.1 |
| (1)公路 | 30310.5 | 20871 | 20085 | 20789 | -9512.5 |
| (2)铁路 | | | | | |
| 六、化工行业 | 190235.25 | 171654.6 | 217566.88 | 179119.88 | -826.39 |
| (1)电石 | 59 | 40 | 40 | 40 | -19 |
| 七、电力行业 | 60210 | 60210 | 69210 | 78110 | 18400 |
| 八、房地产业 | 170890.79 | 175866.07 | 186215.22 | 188225.62 | 25222.23 |
| (1)房地产开发商贷款 | 3700.79 | 3087 | 3392 | 2953.56 | -776.49 |
| (2)住房开发贷款 | 39070.64 | 39352.64 | 37615.05 | 34347 | -1680.64 |
| (3)政府土地储备机构贷款 | 802 | 702 | 663 | 653 | -150 |
| (4)单位购置商业用房贷款 | 320 | 50 | 45 | 40 | -285 |
| (5)个人购房贷款 | 126997.36 | 118920.43 | 132428.17 | 150232.06 | 28114.36 |
| 九、医药制造业 | 44845.79 | 41830.05 | 33825.05 | 37708.55 | -5628 |
| 十、机械制造业 | 78005.87 | 51887.51 | 47623.51 | 41273.51 | -36045.86 |
| 合计 | 1356759.37 | 1353283.58 | 1457773.89 | 1469629.64 | 215816.88 |

注：本表机构包括工商银行、农业银行、中国银行、建设银行、农村信用社。

# 5-132 运城市银行业金融机构部分行业不良贷款情况表(五级分类)

单位:万元

| 项目 \ 指标 \ 时间 | 1季度 | | 2季度 | | 3季度 | |
|---|---|---|---|---|---|---|
| | 余额 | 比例% | 余额 | 比例% | 余额 | 比例% |
| 一、煤炭行业 | 4001.6 | 19.24 | 655 | 2.63 | 653.5 | 2.02 |
| 二、焦炭行业 | 7369.58 | 8.38 | 4489.54 | 4.47 | 3140.54 | 2.62 |
| (1)年产60万吨以上 | | | | | | |
| (2)年产40万~60万吨 | | | 800 | 17.70 | 800 | 21.54 |
| (3)年产20万~40万吨 | 1219 | 4.54 | 2058 | 7.36 | 1169 | 4.69 |
| (4)年产20万吨以下 | 6150.58 | 89.91 | 1631.54 | 70.28 | 1171.54 | 12.51 |
| 三、冶金行业 | 10613.64 | 1.76 | 7472 | 1.17 | 7420 | 1.11 |
| (1)普通钢 | 1817.89 | 1.70 | 823 | 0.71 | 837 | 0.78 |
| (2)特种钢 | | | | | | |
| (3)生铁 | 5552 | 24.08 | 3880 | 19.95 | 3830 | 27.08 |
| (4)铁合金 | 802 | 23.89 | 892 | 17.79 | 890 | 16.21 |
| (5)电解铝 | 1170 | 0.27 | 550 | 0.11 | 550 | 0.10 |
| 四、建材行业 | 8567.83 | 46.80 | 1785 | 10.17 | 1934 | 11.65 |
| (1)水泥 | 8443.83 | 46.44 | 1785 | 10.17 | 1934 | 11.65 |
| 五、交通行业 | 1048.785 | 3.43 | 493 | 2.38 | 367 | 1.84 |
| (1)公路 | 617.5 | 2.05 | 493 | 2.38 | 367 | 1.84 |
| (2)铁路 | | | | | | |
| 六、化工行业 | 21081.06 | 11.50 | 6008.41 | 3.63 | 5937.41 | 2.81 |
| (1)电石 | 40 | 100.00 | 40 | 100.00 | 40 | 100.00 |
| 七、电力行业 | | | | | | |
| 八、房地产业 | 6501.63 | 3.88 | 2298.53 | 1.33 | 2571.33 | 1.40 |
| (1)房地产开发商贷款 | 1331 | 45.17 | 1331 | 56.98 | 1711 | 64.06 |
| (2)住房开发贷款 | 3963 | 10.32 | 115 | 0.30 | 115 | 0.31 |
| (3)政府土地储备机构贷款 | 802 | 100.00 | 702 | 100.00 | 663 | 100.00 |
| (4)单位购置商业用房贷款 | 265 | 82.81 | | | | |
| (5)个人购房贷款 | 140.63 | 0.11 | 150.53 | 0.13 | 82.33 | 0.06 |
| 九、医药制造业 | 4042.49 | 9.21 | 2412.25 | 5.91 | 2412.25 | 7.34 |
| 十、机械制造业 | 23115.87 | 30.07 | 2937.51 | 5.77 | 2937.51 | 6.29 |
| 合　计 | 86342.485 | 6.68 | 28551.24 | 2.21 | 27373.54 | 1.96 |

注:本表机构包括工商银行、农业银行、中国银行、建设银行。

# 5-132 运城市银行业金融机构部分行业不良贷款情况表(五级分类)

单位:万元

| 项目 \ 指标 \ 时间 | 4 季度 | | | |
| --- | --- | --- | --- | --- |
| | 余额 | 比例% | 余额比年初增减 | 比例比年初增减 |
| 一、煤炭行业 | 711.5 | 2.28 | -3359.1 | -19.57 |
| 二、焦炭行业 | 4635.54 | 3.99 | -3107.94 | -5.93 |
| (1)年产 60 万吨以上 | | | | |
| (2)年产 40 万~60 万吨 | 800 | 25.39 | 800 | 25.39 |
| (3)年产 20 万~40 万吨 | 2287 | 9.55 | 943 | 4.15 |
| (4)年产 20 万吨以下 | 1548.54 | 22.16 | -4850.94 | -70.73 |
| 三、冶金行业 | 7386.85 | 1.03 | -3276.79 | -0.97 |
| (1)普通钢 | 14 | 0.01 | -1789.89 | -1.99 |
| (2)特种钢 | | | | |
| (3)生铁 | 3779 | 25.69 | -1823 | -7.24 |
| (4)铁合金 | 942.85 | 22.30 | 140.85 | -31.09 |
| (5)电解铝 | 550 | 0.10 | -620 | -0.19 |
| 四、建材行业 | 1943 | 13.53 | -6701.83 | -31.98 |
| (1)水泥 | 1943 | 13.53 | -6577.83 | -31.62 |
| 五、交通行业 | 491 | 2.37 | -598.1 | -1.20 |
| (1)公路 | 491 | 2.37 | -136.5 | 0.28 |
| (2)铁路 | | | | |
| 六、化工行业 | 5876.41 | 3.40 | -14531.23 | -8.40 |
| (1)电石 | 40 | 100.00 | | |
| 七、电力行业 | | | | |
| 八、房地产业 | 2822.37 | 1.52 | -3765.61 | -2.61 |
| (1)房地产开发商贷款 | 1321 | 59.17 | -10 | 14.45 |
| (2)住房开发贷款 | 115 | 0.34 | -3905 | -11.02 |
| (3)政府土地储备机构贷款 | 653 | 100.00 | -150 | 0.00 |
| (4)单位购置商业用房贷款 | | | -265 | -81.54 |
| (5)个人购房贷款 | 733.37 | 0.49 | 564.39 | 0.35 |
| 九、医药制造业 | 2885.55 | 7.83 | -1157.7 | -1.72 |
| 十、机械制造业 | 2962.51 | 7.34 | -20375.36 | -23.36 |
| 合 计 | 29714.73 | 2.11 | -56873.66 | -5.18 |

# 5-132 运城市银行业金融机构部分行业不良贷款情况表(四级分类)

单位:万元

| 指标 时间 项目 | 1季度 | | 2季度 | | 3季度 | |
|---|---|---|---|---|---|---|
| | 余额 | 比例% | 余额 | 比例% | 余额 | 比例% |
| 一、煤炭行业 | | | 188.4 | 15.39 | 188.4 | 15.39 |
| 二、焦炭行业 | 105.85 | 0.35 | 4130.53 | 13.90 | 4183.53 | 14.17 |
| (1)年产60万吨以上 | | | | | | |
| (2)年产40万~60万吨 | | | 123 | 1.29 | 123 | 1.30 |
| (3)年产20万~40万吨 | | | 537 | 5.79 | 597 | 6.48 |
| (4)年产20万吨以下 | 105.85 | 1.38 | 3470.53 | 46.02 | 3463.53 | 46.27 |
| 三、冶金行业 | 311.88 | 2.05 | 3928.38 | 27.06 | 3686.38 | 25.90 |
| (1)普通钢 | | | 671 | 85.92 | 570 | 91.94 |
| (2)特种钢 | | | | | | |
| (3)生铁 | 311.88 | 2.41 | 3235.38 | 25.66 | 3094.38 | 24.79 |
| (4)铁合金 | | | 22 | 5.84 | 22 | 5.84 |
| (5)电解铝 | | | | | | |
| 四、建材行业 | 200 | 4.89 | 1717 | 43.34 | 1507 | 40.48 |
| (1)水泥 | 200 | 5.52 | 1546 | 44.26 | 1467 | 43.07 |
| 五、交通行业 | | | 70 | 43.75 | | |
| (1)公路 | | | 70 | 43.75 | | |
| (2)铁路 | | | | | | |
| 六、化工行业 | 133 | 1.94 | 3630.19 | 60.38 | 3689.47 | 61.20 |
| (1)电石 | 19 | 100.00 | | | | |
| 七、电力行业 | | | | | | |
| 八、房地产业 | | | 512.8 | 15.79 | 580.8 | 20.47 |
| (1)房地产开发商贷款 | | | 365 | 48.60 | 365 | 50.62 |
| (2)住房开发贷款 | | | | | | |
| (3)政府土地储备机构贷款 | | | | | | |
| (4)单位购置商业用房贷款 | | | | | | |
| (5)个人购房贷款 | | | 147.8 | 7.72 | 215.8 | 13.93 |
| 九、医药制造业 | | | 79 | 8.03 | 79 | 8.07 |
| 十、机械制造业 | | | 564 | 60.19 | 564 | 60.19 |
| 合计 | 750.73 | 1.16 | 14820.3 | 24.06 | 14478.58 | 23.97 |

注:本表机构包括农村信用社。

# 5-132 运城市银行业金融机构部分行业不良贷款情况表(四级分类)

单位:万元

| 项目 \ 指标 \ 时间 | 4季度 | | | |
|---|---|---|---|---|
| | 余额 | 比例% | 余额比年初增减 | 比例比年初增减 |
| 一、煤炭行业 | 188.4 | 15.39 | -174.4 | -5.81 |
| 二、焦炭行业 | 4204.83 | 14.25 | -372.92 | -0.75 |
| (1)年产60万吨以上 | | | | |
| (2)年产40万~60万吨 | 123 | 1.30 | -39 | -0.36 |
| (3)年产20万~40万吨 | 597 | 6.48 | 43 | 0.64 |
| (4)年产20万吨以下 | 3484.83 | 46.56 | -376.92 | -2.32 |
| 三、冶金行业 | 3470.38 | 24.60 | -1161.5 | -5.39 |
| (1)普通钢 | 570 | 91.94 | -389 | 6.23 |
| (2)特种钢 | | | | |
| (3)生铁 | 2878.38 | 23.53 | -772.5 | -4.12 |
| (4)铁合金 | 22 | 5.84 | | |
| (5)电解铝 | | | | |
| 四、建材行业 | 1212 | 29.47 | -531.5 | -11.92 |
| (1)水泥 | 1172 | 34.51 | -390.5 | -7.34 |
| 五、交通行业 | | | -167 | -64.98 |
| (1)公路 | | | -167 | -64.98 |
| (2)铁路 | | | | |
| 六、化工行业 | 3685.47 | 60.10 | -115.16 | 5.58 |
| (1)电石 | | | -19 | -100.00 |
| 七、电力行业 | | | | |
| 八、房地产业 | 240.8 | 8.63 | -266 | -5.34 |
| (1)房地产开发商贷款 | 111 | 15.40 | -174 | -22.40 |
| (2)住房开发贷款 | | | | |
| (3)政府土地储备机构贷款 | | | | |
| (4)单位购置商业用房贷款 | | | | |
| (5)个人购房贷款 | 129.8 | 8.65 | -92 | -1.34 |
| 九、医药制造业 | 79 | 9.04 | -35 | -2.26 |
| 十、机械制造业 | 564 | 60.19 | -210.5 | 0.96 |
| 合计 | 13644.88 | 22.51 | -3033.98 | -2.80 |

# 5-133 运城市主要银行业机构客户大额授信和零售贷款违约客户情况统计时序表

单位：个、亿元、%

| 指标项目 / 时间 | 客户大额授信统计 | | | | | | | | 关联企业授信 | 关联企业贷款 | 零售贷款违约统计 | |
|---|---|---|---|---|---|---|---|---|---|---|---|---|
| | 客户数 | 授信额度 | 贷款余额 | 不良贷款 | 不良占比 | 预警信息 | | | | | 法人违约数 | 个人违约数 |
| | | | | | | 客户数 | 贷款 | 不良贷款 | | | | |
| 1月 | | | | | | | | | | | 3 | 215 |
| 2月 | | | | | | | | | | | 3 | 388 |
| 3月 | | | | | | | | | | | 3 | 568 |
| 4月 | | | | | | | | | | | 3 | 551 |
| 5月 | | | | | | | | | | | 3 | 1342 |
| 6月 | | | | | | | | | | | 3 | 1376 |
| 7月 | | | | | | | | | | | 3 | 1305 |
| 8月 | | | | | | | | | | | 3 | 1407 |
| 9月 | | | | | | | | | | | 3 | 1751 |
| 10月 | | | | | | | | | | | 3 | 1817 |
| 11月 | | | | | | | | | | | 3 | 1832 |
| 12月 | | | | | | | | | | | 3 | 1869 |

注：本表机构包括工商银行、农业银行、中国银行、建设银行。

# 5-134 运城市银行业金融机构案件信息统计表

单位:万元、件

| 项 目 | 案 件 | | 其中:百万元以上案件 | |
|---|---|---|---|---|
| | 本年累计发生 | 比上年同期增减 | 本年累计发生 | 比上年同期增减 |
| 经济案件数量 | 2 | 0 | 2 | 0 |
| 其中:挪用 | 0 | 0 | 0 | 0 |
| 贪污 | 0 | 0 | 0 | 0 |
| 侵占 | 2 | 0 | 2 | 0 |
| 贿赂 | 0 | 0 | 0 | 0 |
| 经济案件涉案金额 | 933.00 | 0 | 933.00 | 0 |
| 其中:挪用 | 0 | 0 | 0 | 0 |
| 贪污 | 0 | 0 | 0 | 0 |
| 侵占 | 933.00 | 0 | 933.00 | 0 |
| 贿赂 | 0 | 0 | 0 | 0 |
| 经济案件风险金额 | 880.00 | 0 | 880.00 | 0 |
| 其中:挪用 | 0 | 0 | 0 | 0 |
| 贪污 | 0 | 0 | 0 | 0 |
| 侵占 | 880.00 | 0 | 880.00 | 0 |
| 贿赂 | 0 | 0 | 0 | 0 |
| 违规经营数量 | 0 | 0 | 0 | 0 |
| 其中:违反金融法规 | 0 | 0 | 0 | 0 |
| 违反财经纪律 | 0 | 0 | 0 | 0 |
| 破坏金融秩序 | 0 | 0 | 0 | 0 |
| 违规经营涉案金额 | 0 | 0 | 0 | 0 |
| 其中:违反金融法规 | 0 | 0 | 0 | 0 |
| 违反财经纪律 | 0 | 0 | 0 | 0 |
| 破坏金融秩序 | 0 | 0 | 0 | 0 |
| 违规经营风险金额 | 0 | 0 | 0 | 0 |
| 其中:违反金融法规 | 0 | 0 | 0 | 0 |
| 违反财经纪律 | 0 | 0 | 0 | 0 |
| 破坏金融秩序 | 0 | 0 | 0 | 0 |
| 诈骗案件数量 | 0 | 0 | 0 | 0 |
| 诈骗案件涉案金额 | 0 | 0 | 0 | 0 |
| 诈骗案件风险金额 | 0 | 0 | 0 | 0 |
| 抢劫案件数量 | 0 | 0 | 0 | 0 |
| 抢劫案件涉案金额 | 0 | 0 | 0 | 0 |
| 抢劫案件风险金额 | 0 | 0 | 0 | 0 |
| 盗窃案件数量 | 0 | 0 | 0 | 0 |
| 盗窃案件涉案金额 | 0 | 0 | 0 | 0 |
| 盗窃案件风险金额 | 0 | 0 | 0 | 0 |
| 各类案件数量总计 | 2 | 0 | 2 | 0 |
| 各类案件涉案金额总计 | 933.00 | 0 | 933.00 | 0 |
| 各类案件风险金额总计 | 880.00 | 0 | 880.00 | 0 |

注:本表机构包括辖内所有银行业金融机构。

# 6

# 图表

Chart

## 2005年山西省金融机构各项存款、贷款时序图

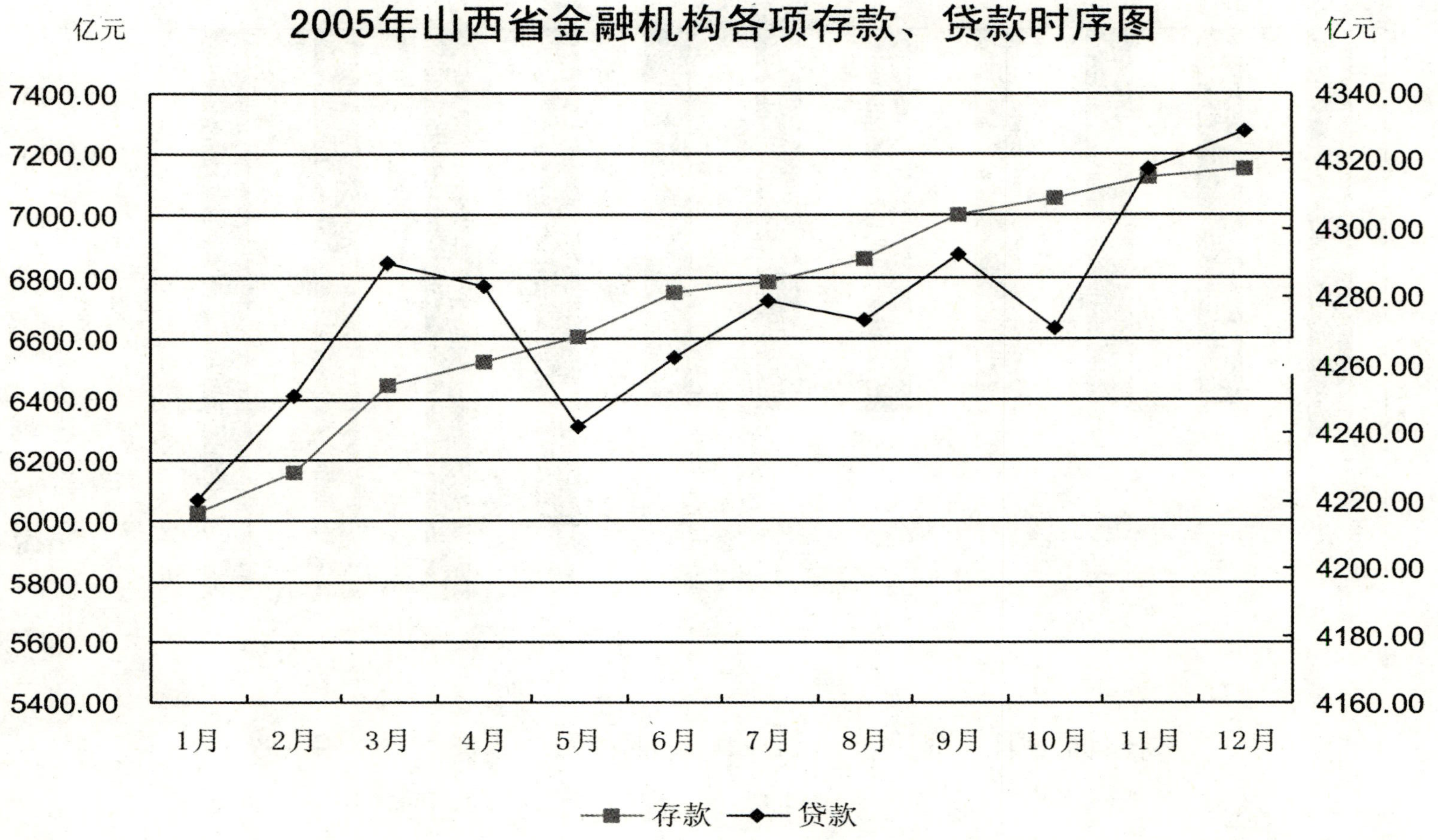

## 2005年山西省主要银行业机构不良贷款余额、比例时序图

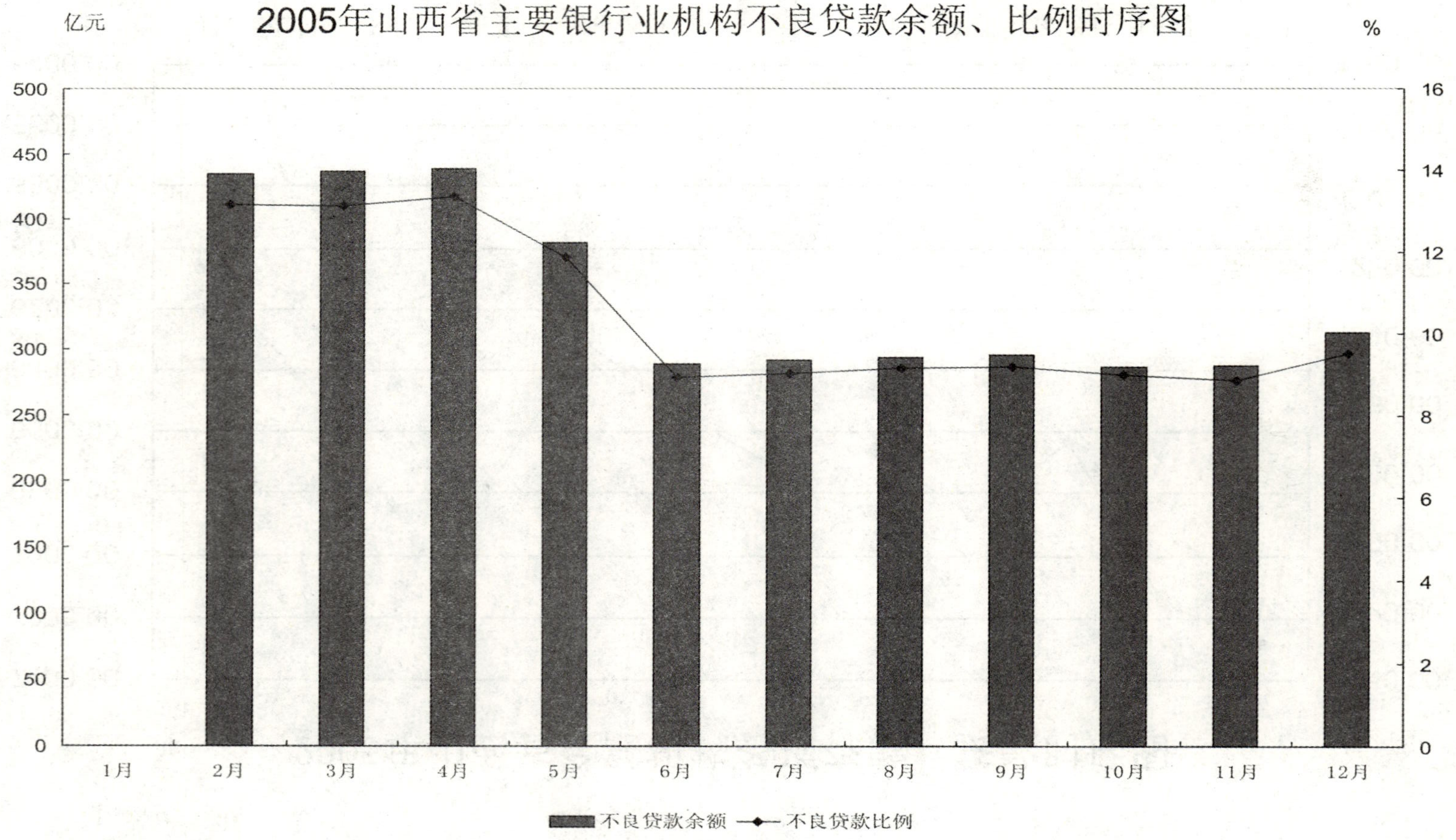

## 2005年山西省银行业金融机构利润时序图

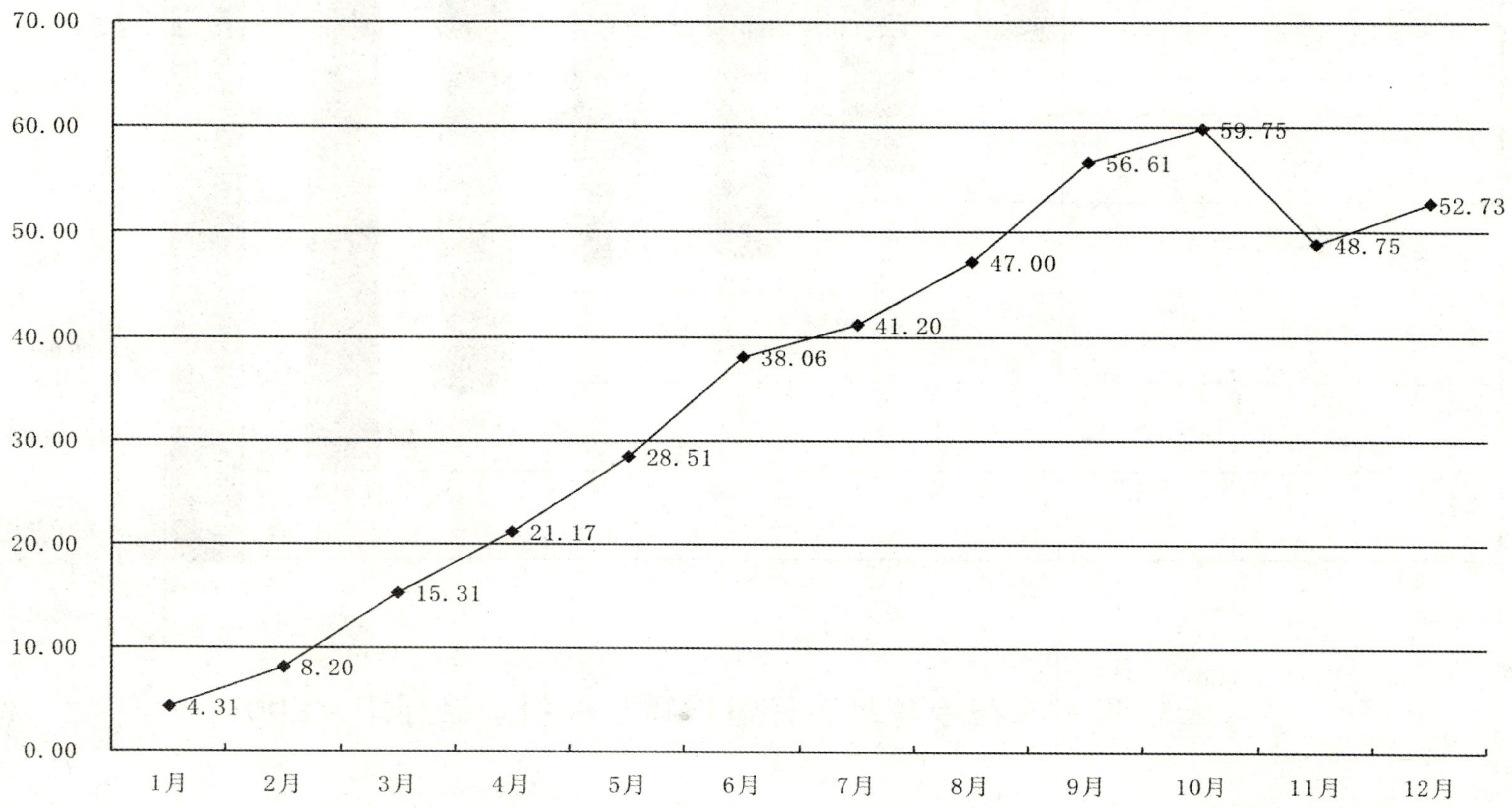

## 2005年山西省银行业金融机构各项存款余额前十位排序

单位：亿元

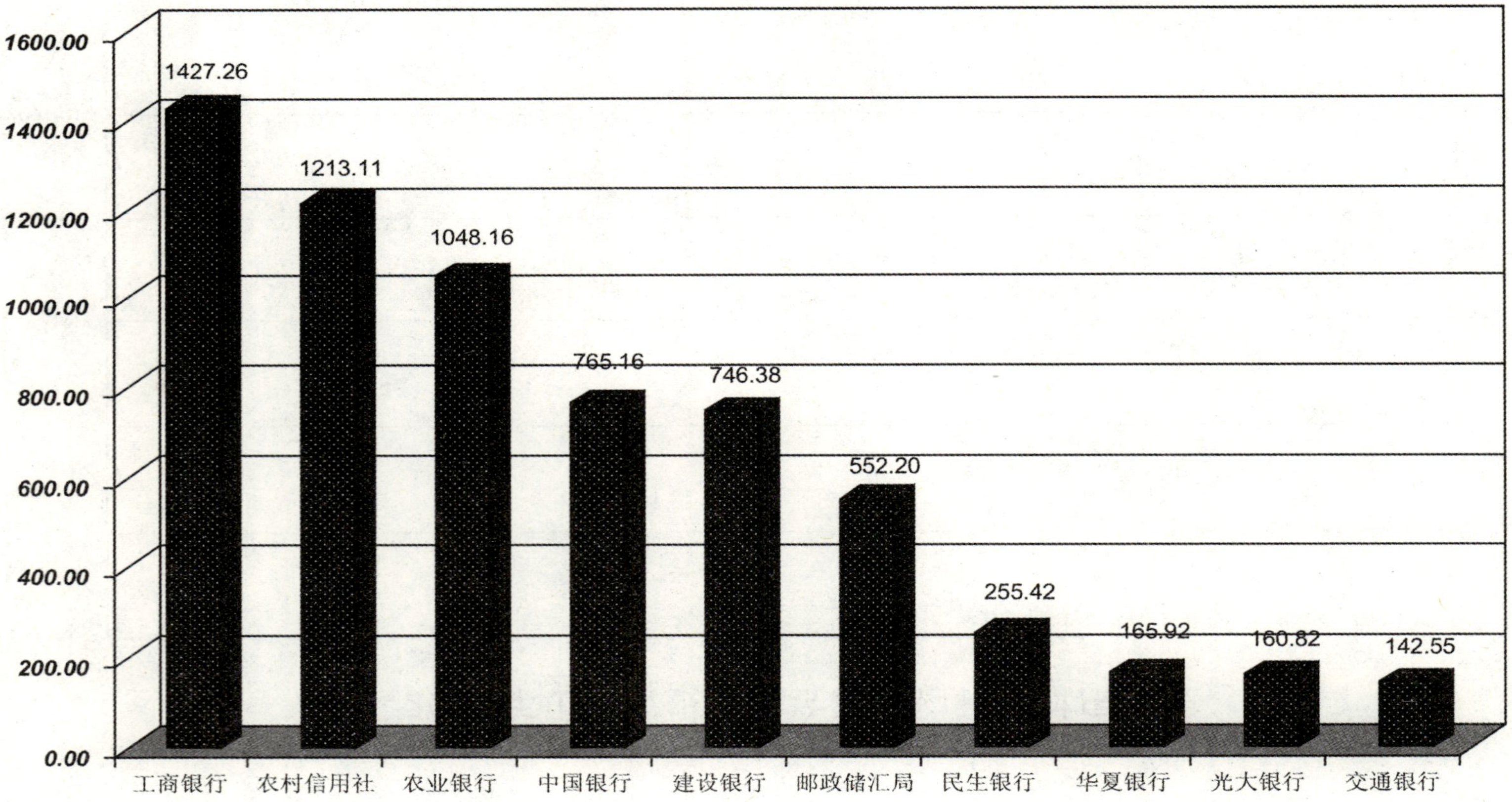

## 2005年山西省银行业金融机构各项贷款余额前十位排序

单位：亿元

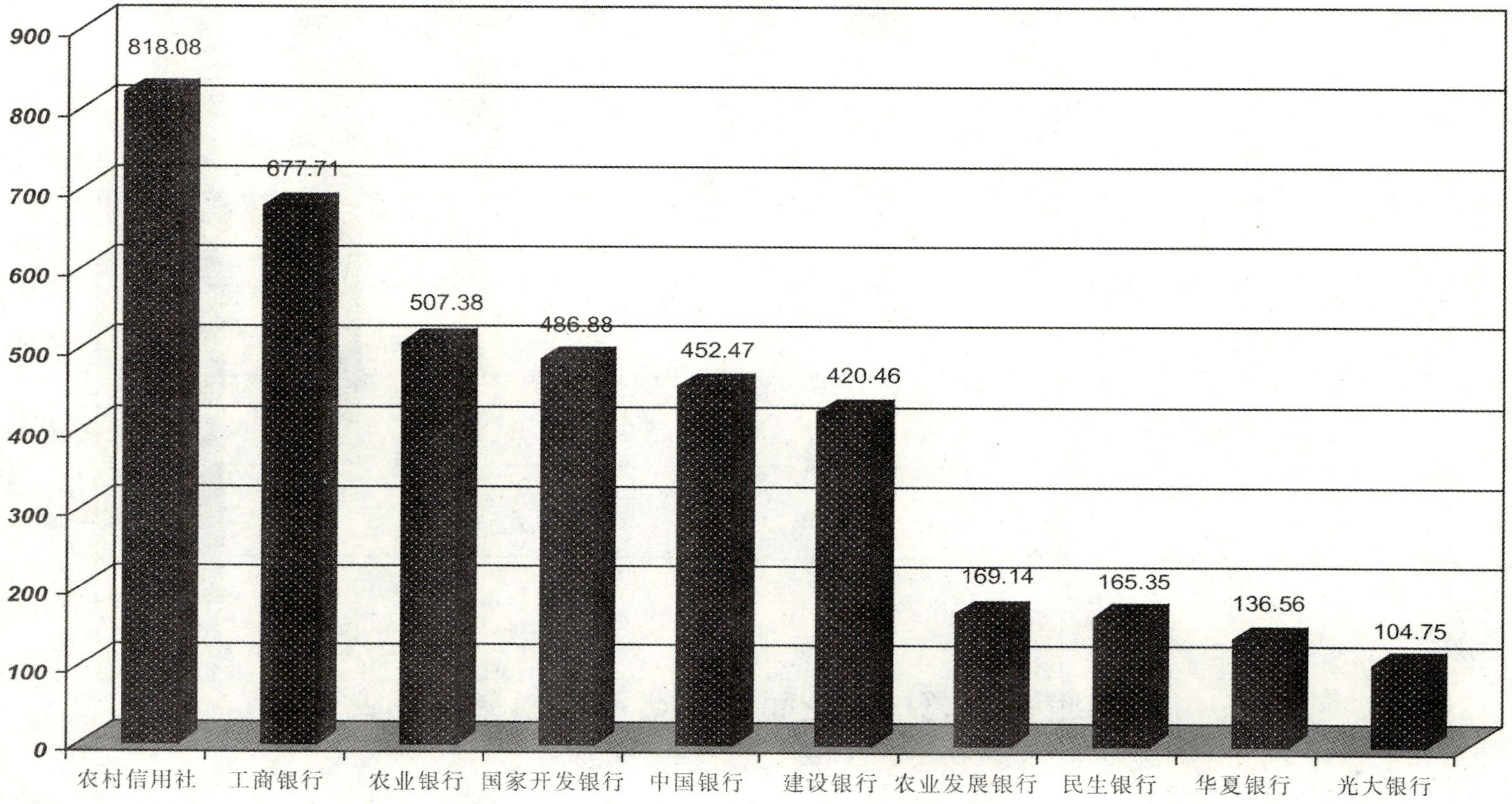

## 2005年山西省银行业金融机构不良贷款余额前十位排序

单位：亿元

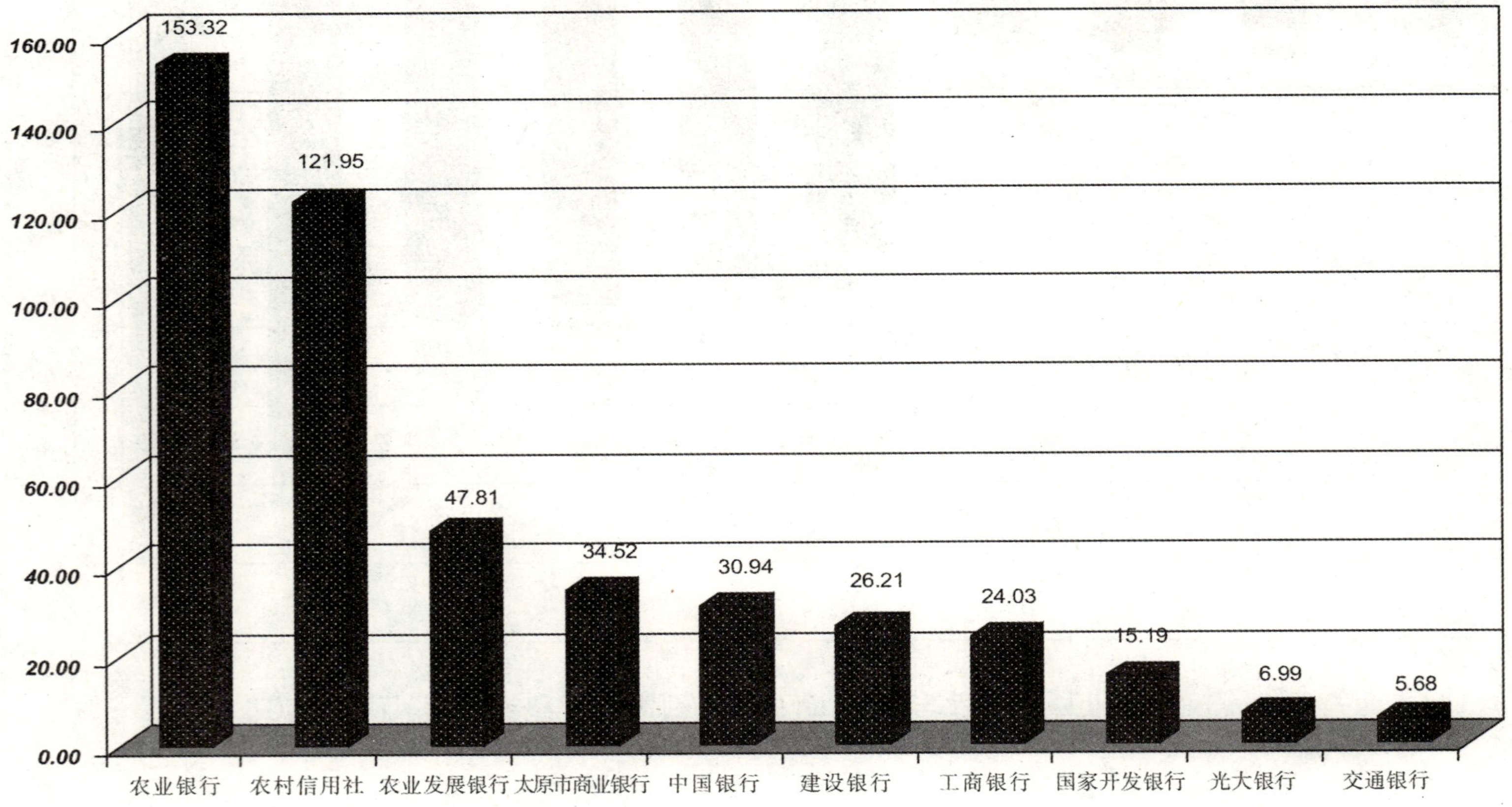

## 2005年山西省银行业金融机构利润前十位排序

单位：亿元

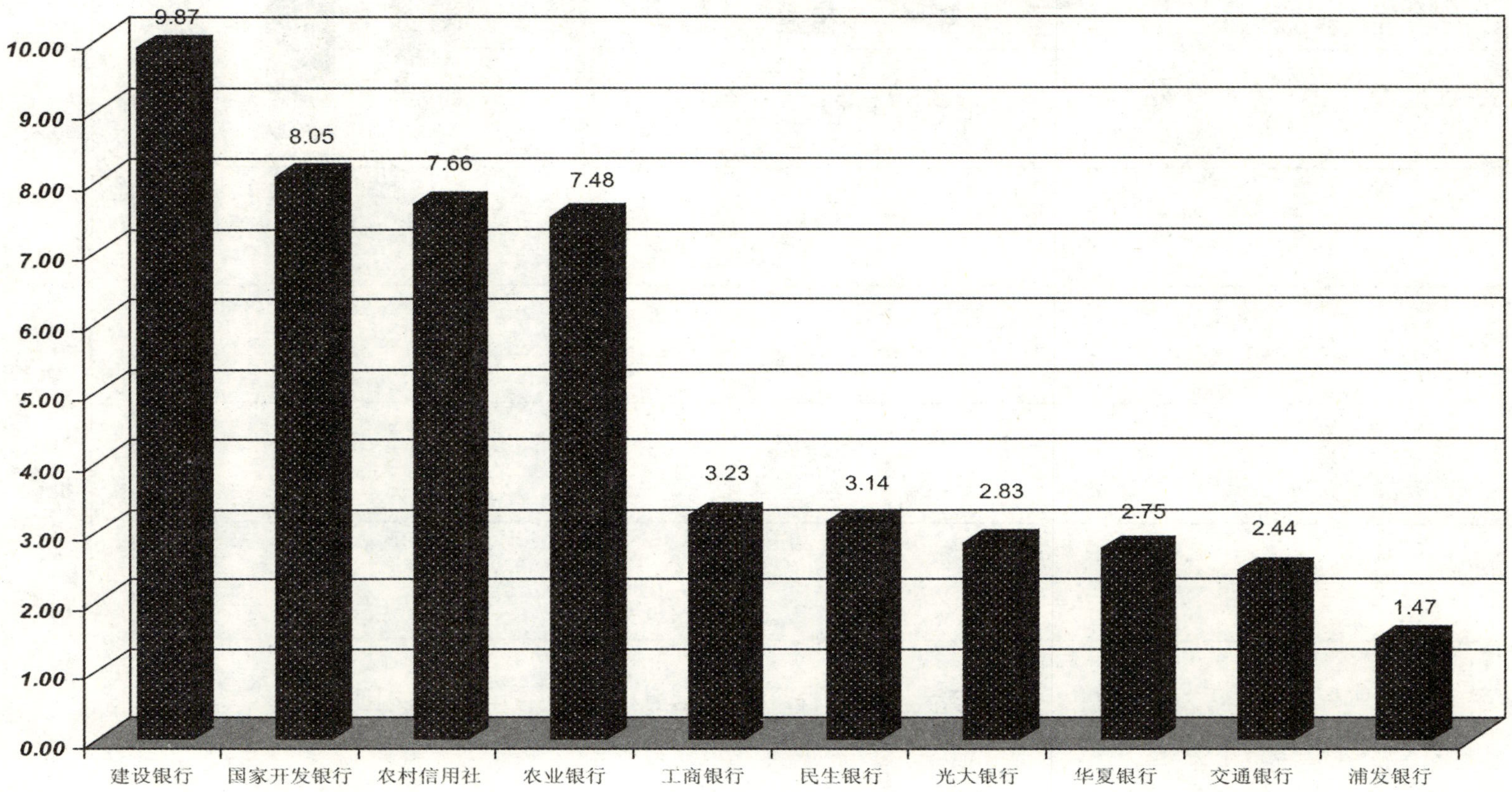

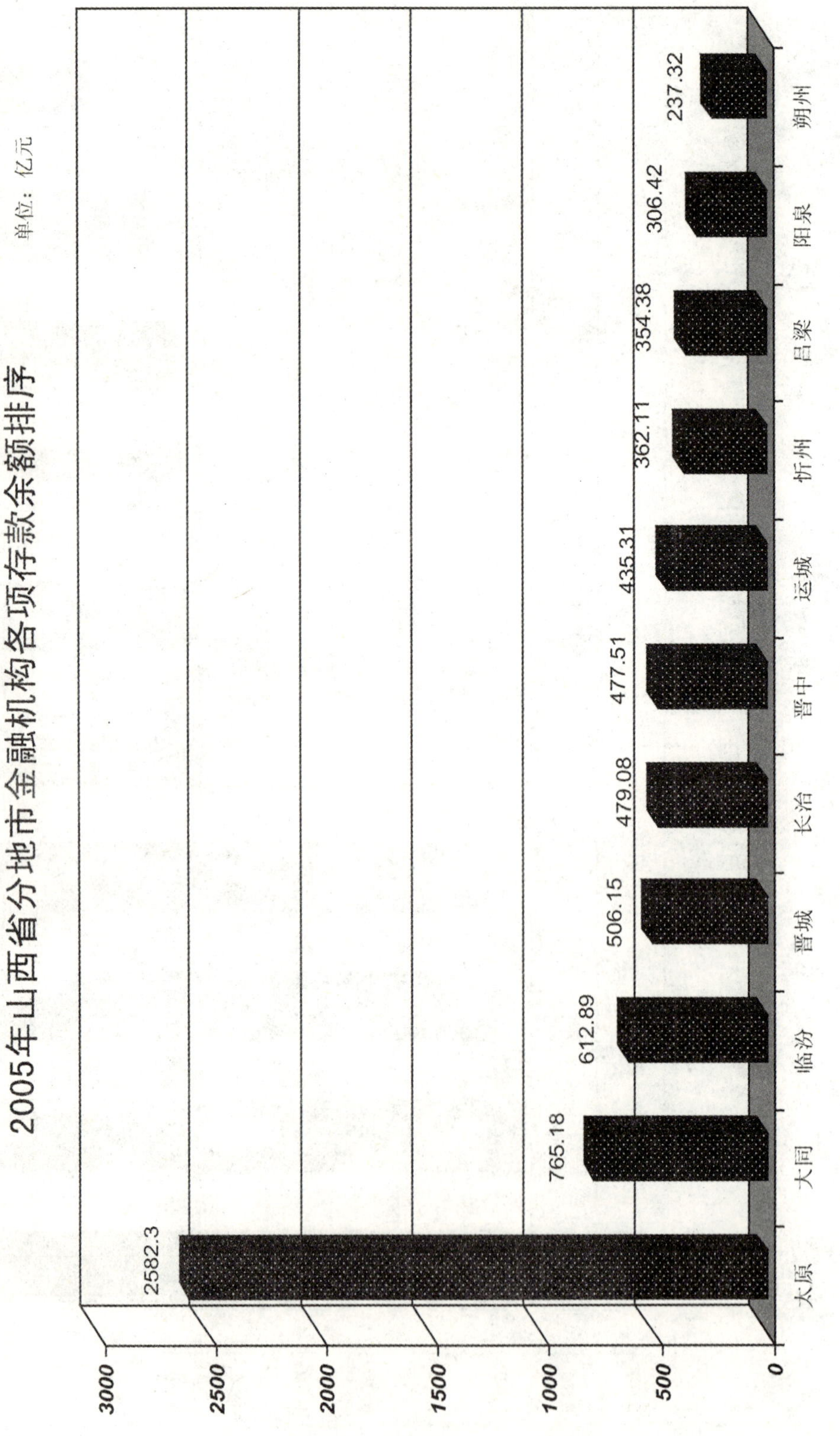
2005年山西省分地市金融机构各项存款余额排序
单位：亿元
3000
2500
2000
1500
1000
500
0
2582.3
765.18
612.89
506.15
479.08
477.51
435.31
362.11
354.38
306.42
237.32
太原
大同
临汾
晋城
长治
晋中
运城
忻州
吕梁
阳泉
朔州

## 2005年山西省分地市金融机构各项贷款余额排序

单位：亿元

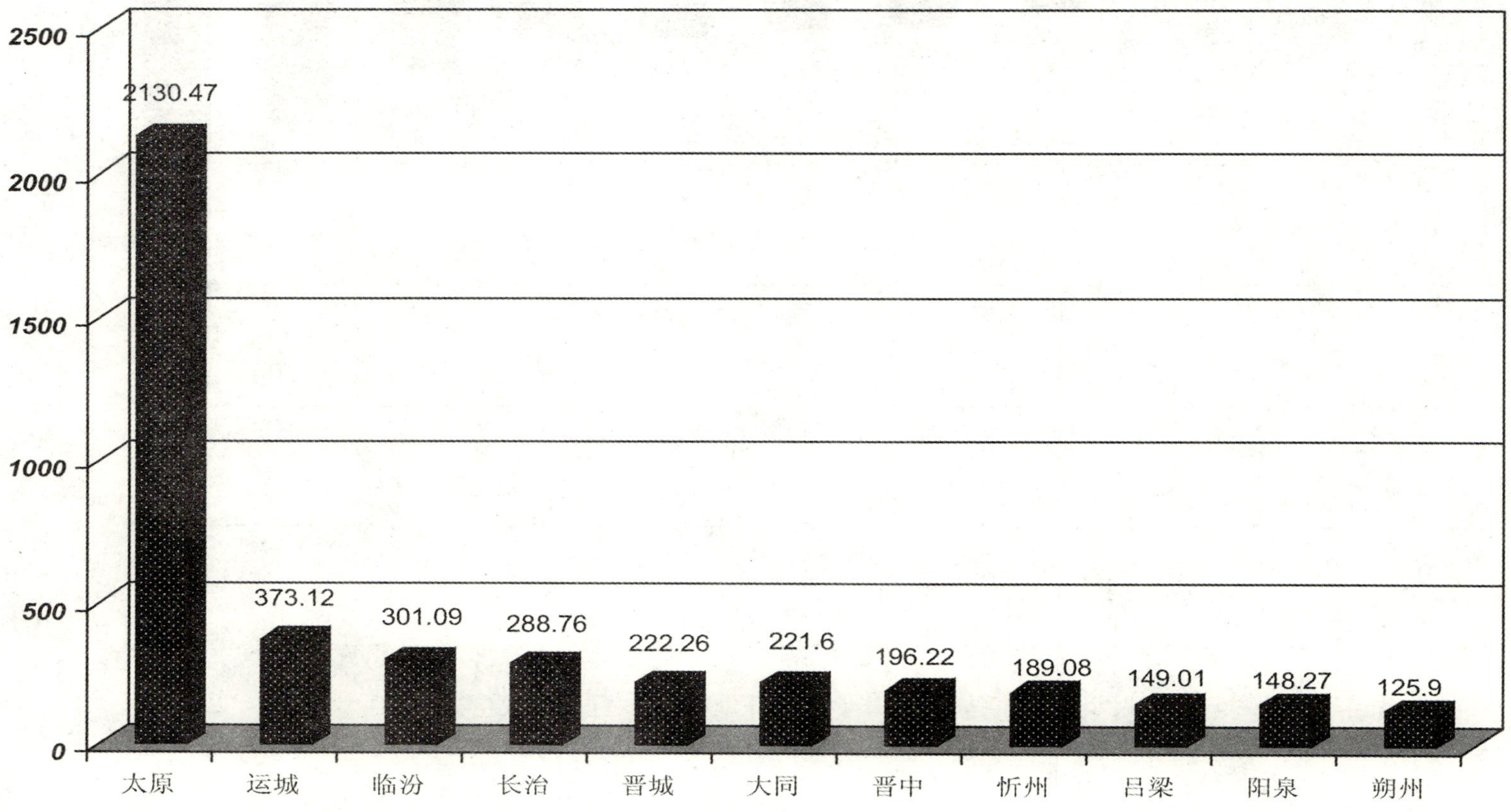

2005年山西省分地市主要银行业机构不良贷款余额排序 单位：亿元

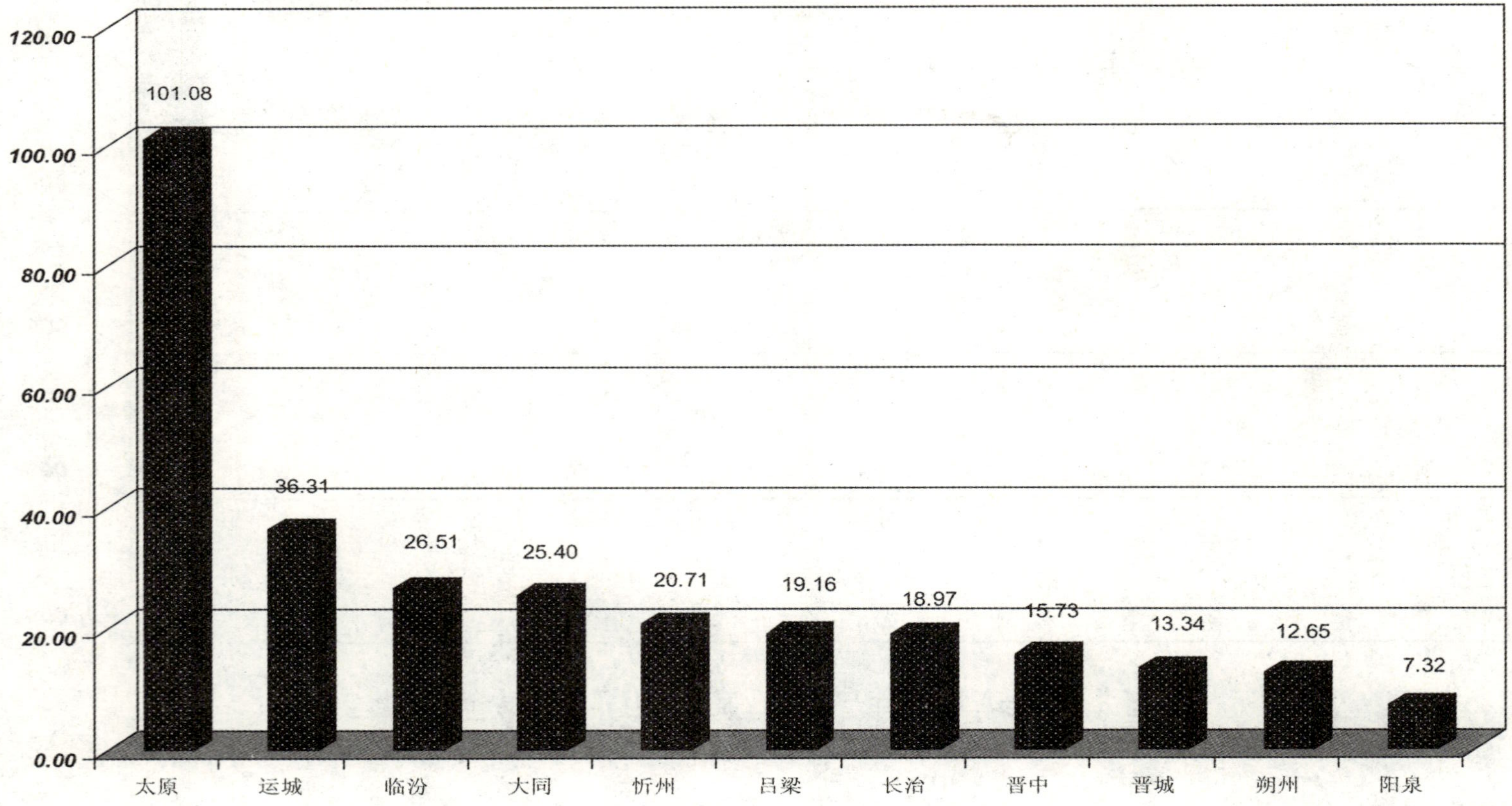

附：

# 主要统计指标解释

1. 各项存款指各银行业金融机构吸收存款单位和居民个人存入的货币资金。包括：企事业单位存款、私营及个体存款、机关团体部队存款、居民储蓄存款、财政预算外存款、保险公司定期存放（协议存款）、住房公积金机构存款、各项保证金存款、应解汇款及临时存款等。金融机构汇总各项存款中包括人民银行吸收的财政存款和非银行金融机构吸收的信托存款、委托存款。

2. 各项贷款指各银行业金融机构对非金融机构融出货币资金形成的资产。主要包括贷款、贸易融资、票据融资、融资租赁、从企事业单位买入返售资产、信用卡透支、各项垫款等。目前各项贷款口径中不包括同业拆放。金融机构汇总各项贷款中包括人民银行发放的专项贷款和非银行金融机构发放的信托贷款、委托贷款。

3. 短期贷款是指期限在一年以内（含一年）的各类流动资金贷款。

4. 中长期贷款是指金融机构发放的期限在一年以上的各项贷款，主要包括基本建设贷款、技术改造贷款、房地产贷款等。

5. 贷款质量情况表中，贷款五级分类主要依据是《贷款风险分类指导原则》（银发[2001]416号文件），以及《中国银行业监督管理委员会关于推进和完善贷款风险分类工作的通知》（银监发[2003]22号文件）相关要求。其中：

正常类贷款：是指借款人能够履行合同，没有足够理由怀疑贷款本息不能按时足额偿还的贷款。

关注类贷款：是指尽管借款人目前有能力偿还贷款本息，但存在一些可能对偿还产生不利影响因素的贷款。

次级类贷款：是指借款人的还款能力出现明显问题，完全依靠其正常营业收入无法足额偿还贷款本息，即使执行担保，也可能会造成一定损失的贷款。

可疑类贷款：是指借款人无法足额偿还贷款本息，即使执行担保，也肯定要造成较大损失的贷款。

损失类贷款：是指在采取所有可能的措施或一切必要的法律程序之后，本息仍然无法收回，或只能收回极少部分的贷款。

6. 表外业务是指商业银行已经发生但不涉及或尚未涉及资金增减变化，未计入资产负债表的业务。其中：

开出银行承兑汇票：是指由出票人签发并向开户银行申请，经开户银行承兑的商业汇票。

保函：是指商业银行应合约关系一方当事人的要求，以其自身信誉向合约关系的另一方当事人，为担保该合约项下的某种责任或义务的履行，而做出的一种具有一定金额、一定期限、承担某种支付责任或经济赔偿责任的书面付款保证。

承诺类业务：是指商业银行在未来某一日期按照事先约定的条件向客户提供约定的信用业务。

7. 客户大额授信统计制度“统计内容”：授信额度在1亿元以上（含1亿元）的各个客户情况。

8. “零售贷款违约客户情况统计制度”统计内容：房地产、汽车零售贷款连续违约三个月以上（含三个月）的客户情况。

9．部分行业贷款情况统计表中：

焦炭行业年产 60 万吨以上：是指年产量在 60 万吨以上（含 60 万吨）的焦炭企业，其炭化室高度为 4.3 米以上。

焦炭行业年产 40 万～60 万吨：是指年产量在 40 万～60 万吨之间（含 40 万吨，不含 60 万吨）的焦炭企业，其炭化室高度为 2.8～4.3 米。

焦炭行业年产 20 万～40 万吨：是指年产量在 20 万～40 万吨之间（含 20 万吨，不含 40 万吨）的焦炭企业，其炭化室高度为 2.5～2.8 米。

焦炭行业年产 20 万吨以下：是指年产量不足 20 万吨的焦炭企业，即土焦、改良焦。

10．贷款质量迁徙表中：

正常类贷款迁徙率 = 期初正常类贷款向下迁徙金额 /（期初正常类贷款余额 – 期初正常类贷款减少金额）× 100%

关注类贷款迁徙率 = 期初关注类贷款向下迁徙金额 /（期初关注类贷款余额 – 期初关注类贷款减少金额）× 100%

次级类贷款迁徙率 = 期初次级类贷款向下迁徙金额 /（期初次级类贷款余额 – 期初次级类贷款减少金额）× 100%

可疑类贷款迁徙率 = 期初可疑类贷款向下迁徙金额 /（期初可疑类贷款余额 – 期初可疑类贷款减少金额）× 100%